Wertgen/Vergangenheitsbewältigung: Interpretation und Verantwortung

Politik- und Kommunikationswissenschaftliche Veröffentlichungen der Görres-Gesellschaft

Herausgegeben von
Hans Maier, Heinrich Oberreuter, Otto B. Roegele und Manfred Spieker

In Verbindung mit Gottfried Arnold (Düsseldorf),
Louis Bosshart (Freiburg/Schweiz),
Günther Gillessen (Freiburg/Br.),
Helmuth Herles (Bonn),
Rupert Hofmann (Regensburg), Wolfgang Mantl (Graz)
und Franz-Martin Schmölz (Salzburg)

Band 20

Werner Wertgen

Vergangenheits-bewältigung: Interpretation und Verantwortung

Ein ethischer Beitrag zu ihrer theoretischen Grundlegung

2001

Ferdinand Schöningh
Paderborn · München · Wien · Zürich

Die Deutsche Bibliothek – CIP-Einheitsaufnahme

Wertgen, Werner:
Vergangenheitsbewältigung: Interpretation und Verantwortung; ein ethischer Beitrag zu ihrer theoretischen Grundlegung / Werner Wertgen. – Paderborn; München; Wien; Zürich: Schöningh, 2001
(Politik- und Kommunikationswissenschaftliche Veröffentlichungen der Görres-Gesellschaft; 20)
Zugl.: Saarbrücken, Univ., Diss., 1999
ISBN 3-506-76830-1

Einbandgestaltung: Anna Braungart, Regensburg, unter Verwendung einer römischen Münze mit der Darstellung des doppelgesichtigen Ianus.

Gedruckt auf umweltfreundlichem, chlorfrei gebleichtem und alterungsbeständigem Papier ⊗ ISO 9706

(Verlag Ferdinand Schöningh GmbH, Jühenplatz 1, D-33098 Paderborn)

Internet: www.schoeningh.de

Printed in Germany
Herstellung: Ferdinand Schöningh, Paderborn
ISBN 3-506-76830-1

Vorwort

Bei dem vorliegenden Buch handelt es sich um die gekürzte Fassung meiner Dissertation, die im Sommersemester 1999 unter dem Titel „Vergangenheit zwischen Interpretation und Verantwortung. Ein experimenteller Beitrag zu einer Theorie der Vergangenheitsbewältigung aus ethischer Sicht“ von der Philosophischen Fakultät der Universität des Saarlandes in Saarbrücken angenommen wurde.

Betreut hat die Arbeit Herr Prof. Dr. Konrad Hilpert, der auch das Erstgutachten erstellte. Ihm gilt mein herzlicher Dank. Ebenso danke ich Herrn Prof. Dr. Hansgeorg Hoppe für seine Bereitschaft, das Zweitgutachten zu übernehmen.

Der Görres-Gesellschaft und ihrem Präsidenten, Herrn Prof. Dr. Paul Mikat, sowie den Herausgebern der „Politik- und Kommunikationswissenschaftlichen Veröffentlichungen der Görres-Gesellschaft“, Herrn Prof. Dr. Hans Maier, Herrn Prof. Dr. Heinrich Oberreuter, Herrn Prof. Dr. Otto B. Roegele und Herrn Prof. Dr. Manfred Spieker, bin ich für die großzügige Aufnahme dieses Buches in ihre Schriftreihe zu großem Dank verpflichtet.

Im April 2000 — Werner Wertgen

Inhaltsübersicht

Annäherung an die Aufgabenstellung

1. Die Problemlage

Vergangenheitsbewältigung: Die Thematisierung einer Frage

Das Wort „Vergangenheitsbewältigung" ist nach dem Zweiten Weltkrieg aufgekommen und zwar im Zusammenhang mit der Frage, wie die Deutschen mit ihrer nationalsozialistischen Vergangenheit umgehen sollten. Wer das Wort geprägt hat, läßt sich nicht mehr verläßlich rekonstruieren.[1] Sicher ist, daß es von Theodor Heuss, dem ersten Bundespräsidenten, in vielen Reden aufgegriffen und so in den allgemeinen Sprachgebrauch eingeführt wurde. Was war mit diesem Wort gemeint?

Angesichts der Unermeßlichkeit der begangenen Verbrechen und des zugefügten Leids war es mehrheitlicher – allerdings nicht ausnahmsloser! – Konsens, daß man nicht einfach zur Normalität würde übergehen können. Doch *was* zu geschehen habe, *wer wem gegenüber in welchem Ausmaß* und für *welche Dauer* in der Pflicht stand, war nicht nur umstritten, sondern – auch für die, die eine Verpflichtung nicht in Abrede stellten – zunächst einigermaßen unklar.[2] Die Rede von Vergangenheitsbewältigung beinhaltete nämlich alles andere als ein allgemein anerkanntes Konzept. Sie war viel mehr die Thematisierung und das Offenhalten einer Frage als die Benennung konkreter Notwendigkeiten, bestimmter Maßnahmen und exakter Ziele. Die Vokabel „Vergangenheitsbewältigung" beschrieb einen Problembereich, gab aber selbst noch keine Antwort.

Kritik am Terminus „Vergangenheitsbewältigung"

Von Anbeginn an wurde der Neologismus kritisiert. Er sei ungeeignet, wenig hilfreich, unpassend wie nur denkbar, eigentümlich und problematisch.[3] Was

---

1 Zur Genese dieser Vokabel vgl. Hoffmann, *Aufklärung und Ahndung totalitären Unrechts*, 35; Dudek, *„Vergangenheitsbewältigung"*, 46; Reichel, *Vergangenheitsbewältigung als Problem unserer politischen Kultur*, 146; Jesse, *„Vergangenheitsbewältigung" in der Bundesrepublik Deutschland*, 550. Das Wort „Vergangenheitsbewältigung" könnte auf eine Veranstaltung der Evangelischen Akademie Berlin im Sommer 1955 zurückgehen. Die Urheberschaft wird aber auch dem Direktor des Göttinger Max-Planck-Instituts für Geschichte, Hermann Heimpel, oder Theodor Heuss zugeschrieben.

2 Vgl. Reichel, *Vergangenheitsbewältigung als Problem unserer politischen Kultur*, 147.

3 So Dudek, *„Vergangenheitsbewältigung"*, 44; Richter, *Wer nicht leiden will muß hassen*, 53; Jesse, *„Vergangenheitsbewältigung" in der Bundesrepublik Deutschland*, 550; Wielenga, *Schatten deutscher Geschichte*, 14.

war der Grund für die Kritik? Horst-Eberhard Richter[4] bemängelt, „Bewältigung“ bedeute ihrer etymologischen Herkunft nach soviel wie überwältigen, bezwingen, vergewaltigen. Dies aber sei gewiß der falsche Ansatz beim Umgang mit dem Nationalsozialismus. Friso Wielenga und andere sind ähnlicher Auffassung. Die Vokabel sei eine contradictio in terminis, die suggeriere, die Vergangenheit könne ein Objekt gegenwärtigen Handelns sein, deren Bewältigung man durchführen und dann endgültig abschließen könne. Dies jedoch sei falsch. Der Umgang mit Vergangenheit sei kein endlicher, sondern ein kontinuierlicher Prozeß.[5]

Schaut man sich diese Kritiken genauer an, dann fällt auf, daß sie nur vordergründig dem – zugegebenermaßen unglücklichen – Wort gelten. Die Bedeutung eines Wortes ist, so Ludwig Wittgenstein, sein Gebrauch in der Sprache[6], weshalb man mit semantisch unpassenden Wörtern eine Sache prinzipiell dennoch angemessen thematisieren kann. Deshalb hat sich „der Begriff der Vergangenheitsbewältigung in Deutschland in der politischen und wissenschaftlichen Diskussion durchgesetzt.“[7] Er gehört „zum Kernbestand unserer politisch-sozialen Sprache“[8] und hat mittlerweile Eingang in die internationale Diskussion gefunden.[9]

Unterschiedliche Ansätze beim Umgang mit Vergangenheit

Die Kritik am Terminus ist im Grunde eine Stellungnahme zu der *Sache*, deren terminologischer Platzhalter das Wort „Vergangenheitsbewältigung“ ist. Die sehr unterschiedlichen – und zum Teil miteinander unverträglichen – Vorstellungen zur Sache der Vergangenheitsbewältigung zeigen, daß es sehr unterschiedliche (unausdrückliche) Theorien zu der Frage gibt, wie mit Vergangenheit – und insbesondere mit der NS-Vergangenheit – umzugehen sei.

So lehnten manche eine Vergangenheitsbewältigung rundweg ab, weil Vergangenheit doch vorbei sei, und was vorbei sei, könne nicht mehr bewältigt werden. Andere variierten diese Vorstellung und vertraten die Auffassung, Vergangenheitsbewältigung überfüttere die Menschen mit Soll-Vorstellungen und blockiere wirklichkeitsgerechtes Denken.[10] Oder, Vergangenheitsbewältigung sei ein Instrument zur Disqualifizierung des deutschen Volkes und müsse deshalb ein Ende haben.[11] Dritte sahen im Aufbau eines demokratischen (West-) Deutschlands eine ausreichende Reaktion auf die nationalsozialistische Katastrophe, weil doch die diktatorischen Verhältnisse für die

---

[4] Richter, *Wer nicht leiden will muß hassen*, 53.
[5] Wielenga, *Schatten deutscher Geschichte*, 14f.
[6] Wittgenstein, *Philosophische Untersuchungen*, § 43.
[7] Hoffmann, *Aufklärung und Ahndung totalitären Unrechts*, 35. Vgl. auch Jesse *„Entnazifizierung“ und „Entstasifizierung“ als politisches Problem*, 11ff.
[8] Reichel, *Vergangenheitsbewältigung als Problem unserer politischen Kultur*, 146.
[9] Vgl. Dudek, *„Vergangenheitsbewältigung“*, 44.
[10] So Mohler, *Vergangenheitsbewältigung*, 11.
[11] So Hellmut Diwald in der ersten Fassung seiner umstrittenen *„Geschichte der Deutschen“*; vgl. Reichel, *Vergangenheitsbewältigung als Problem unserer politischen Kultur*, 146.

Verbrechen verantwortlich gewesen seien.[12] Wieder andere forderten Versöhnung und einen Schlußstrich[13], woraufhin als Gegenposition die Einschätzung formuliert wurde, bis in die achtziger Jahre hinein (und noch länger) habe es nur Verdrängung, Vertuschung und Leugnung gegeben, eine „Unfähigkeit zu trauern", die zu einer „zweiten Schuld" geworden sei.[14]

Jeder dieser – in Auswahl und vergröbert dargestellten – Einschätzungen liegen (implizite) Theorien zum Problemkreis zugrunde, der mit dem Terminus „Vergangenheitsbewältigung" umschrieben wird. Zum Beispiel die Theorie Richters, Vergangenheitsbewältigung bedeute ein „Durchleiden" der eigenen Geschichte.[15] Oder die Auffassung Adornos (er spricht von der „Aufarbeitung der Vergangenheit"), der diese Aufarbeitung dann für durchgeführt hält, wenn die ökonomischen Ursachen des Vergangenen beseitigt sind.[16] Andere halten Vergangenheitsbewältigung für eine (straf-) rechtliche Aufgabe[17] oder für einen Auftrag an die (Geschichts-) Pädagogik.[18] Wann kann man von einer erfolgreichen Vergangenheitsbewältigung sprechen? Etwa, wenn die Erinnerung wachgehalten wird[19], oder wenn die politische Ordnung verändert und ein „Elitentausch" vorgenommen wurde?[20]

Jede dieser Theorien für sich genommen erfaßt m.E. nur Aspekte, die als Aspekte jedoch durchaus wichtig sein können. *Ausschließlich* pädagogische, historiographische, juristische etc. Maßnahmen hinterlassen offensichtlich eine unvollständige Vergangenheitsbewältigung. Heißt dies nun, es gebe keine geeigneten Kriterien für Vergangenheitsbewältigung[21], denn es sei unklar, „was genau zu verarbeiten ist, wie das genau zu geschehen hat und welche Maßstäbe zu beachten sind"[22]? Peter Reichel schreibt: „Unüberhörbar trägt [...] der Ausdruck ‚Vergangenheitsbewältigung' Aufforderungscharakter. Aber an wen richtet sich der Appell? An jene, die das nationalsozialistische

[12] Man denke beispielsweise an die Redeweise von der „Normalisierung" Deutschlands aufgrund der Entwicklung seiner „streitbaren Demokratie".

[13] Man denke etwa an das sogenannte „Gnadenfieber" und an die „Schlußstrichdebatten"; vgl. Pampel, *Was bedeutet „Aufarbeitung der Vergangenheit"?*, 28.

[14] Vgl. Dudek, *„Vergangenheitsbewältigung"*, 48; Mitscherlich, *Die Unfähigkeit zu trauern*; Giordano, *Die zweite Schuld oder Von der Last ein Deutscher zu sein*; Giordano, *„Wie kann diese Generation eigentlich noch atmen?"*.

[15] Richter, *Wer nicht leiden will muß hassen*, 53. Ähnlich auch die ebenfalls an Freud angelehnte These der Mitscherlichs vom Erinnern-Wiederholen-Durcharbeiten.

[16] Vgl. Adorno, *Was bedeutet: Aufarbeitung der Vergangenheit.*

[17] Vgl. Weber/Steinbach (Hg.), *Vergangenheitsbewältigung durch Strafverfahren?*; Isensee (Hg.), *Vergangenheitsbewältigung durch Recht.*

[18] Zu dieser Auffassung vgl. die Ausführungen bei Dudek, *„Der Rückblick auf die Vergangenheit wird sich nicht vermeiden lassen"*.

[19] So geißelt Adorno, *Was bedeutet: Aufarbeitung der Vergangenheit*, 139, ein Zerrbild der Vergangenheitsbewältigung, die zu einem „kalten Vergessen" ausgeartet sei, wozu Jesse, *„Vergangenheitsbewältigung" in der Bundesrepublik Deutschland*, 551, bemerkt: „Wäre das Gegenteil der Vergangenheitsbewältigung tatsächlich das ‚Vergessen', dann stünde es um die Vergangenheitsbewältigung nicht so schlecht, denn daß die ‚Vergangenheit' und deren Bewältigung in aller Munde sind, dieser Sachverhalt ist unleugbar."

[20] So Pampel, *Was bedeutet „Aufarbeitung der Vergangenheit"?*, 32.

[21] Vgl. Jesse, *„Vergangenheitsbewältigung" in der Bundesrepublik Deutschland*, 551.

[22] Wielenga, *Schatten deutscher Geschichte*, 15.

Regime [...] ermöglicht haben [...]? Sind dabei nur die Führer und Funktionäre gemeint oder auch die Millionen Mitläufer und Angepaßten? Richtet sich die Aufforderung [...] auch an die Nachkommen jener ‚Volksgenossen' – und bis in welche Generation? Oder ist dies eine Aufgabe, die man besser Stellvertretern überträgt oder auch einfach überläßt? Seien es nun die Sieger oder seien es die Schriftsteller, Künstler und Intellektuellen des eigenen Landes – für die einen das sogenannte Gewissen der Nation, für die anderen bloß ‚Nestbeschmutzer'. Seien es aber auch die Richter und Staatsanwälte der eigenen Justiz [...]. Und was konkret an dieser Vergangenheit zu bewältigen ist, wie das geschehen soll, und ob Vergangenheitsbewältigung überhaupt möglich ist, darüber sagt der Begriff nichts aus."[23]

Vergangenheitsbewältigung wird also sehr unterschiedlich verstanden. Genauer: Es werden sehr unterschiedliche Antworten auf die Frage gegeben, die mit dem Terminus „Vergangenheitsbewältigung" angesprochen ist. Es gab – und gibt – keine allgemeine Theorie der Vergangenheitsbewältigung. Folglich wird die Problematik aus jeweils sehr speziellen Perspektiven (und Interessen) heraus angegangen. Solange es keine allgemeine Theorie der Vergangenheitsbewältigung gibt, eignet sich das Wort „Vergangenheitsbewältigung" „für eine sehr subjektive Füllung und damit auch für [...] unsachliche Diskussionen"[24]. Heißt dies, daß sich Vergangenheit – zumindest die nationalsozialistische – „angemessen überhaupt nicht bewältigen läßt"[25]? Sicherlich: das Ausmaß der nationalsozialistischen Greuel läßt jeden ratlos werden, der sich fragt, wie auf sie zu reagieren sei. Angemessen wäre es, diese Vergangenheit ungeschehen zu machen. Doch das ist nicht möglich. Also muß es darum gehen, innerhalb der Möglichkeiten, die uns zur Verfügung stehen, angemessen zu reagieren. In diesem – verglichen mit dem Geschehenen – zu engen, aber einzig möglichen Rahmen, *muß* nach einer angemessenen Vergangenheitsbewältigung gesucht werden. Ihre Möglichkeit *prinzipiell* zu bestreiten, hieße nämlich, es könne kein planvolles und zielgerichtetes Reagieren angesichts vergangener Geschehnisse geben. Das bedeutete, es könne *kein* oder nur ein *beliebiges* Reagieren geben. Vergangenheitsbewältigung wäre unmöglich oder eine Sache der Beliebigkeit.

Die Notwendigkeit einer Theorie der Vergangenheitsbewältigung

Die Tatsache der sehr unterschiedlichen Vorstellungen vom richtigen und gesollten Reagieren auf die nationalsozialistische Vergangenheit läßt auch einen anderen Schluß zu: Es ist notwendig, die Frage, die mit dem Platzhalterterminus „Vergangenheitsbewältigung" angesprochen wird, systematisch anzugehen, und alle Problemkreise, die mit dieser Frage im Zusammenhang stehen, explizit zu untersuchen. Kurz, es gilt, die *Struktur* von Vergangenheitsbewältigung aufzudecken, um eine *Theorie* der Vergangenheitsbewältigung entwickeln zu können. Denn ohne eine allgemeine Theorie der

[23] Reichel, *Vergangenheitsbewältigung als Problem unserer politischen Kultur*, 147.
[24] Wielenga, *Schatten deutscher Geschichte*, 16.
[25] Dudek, *„Vergangenheitsbewältigung"*, 44.

Vergangenheitsbewältigung ist die Problematik, die mit dem Wort „Vergangenheitsbewältigung" angesprochen wird, funktionalen Teilsystemrationalitäten ausgeliefert (wie man im Vorgriff auf den fünften Kreis dieser Arbeit sagen könnte).[26]

Wenn es allerdings eine Theorie der Vergangenheitsbewältigung gibt, dann wird sich zeigen, daß sie eine *allgemeine* Theorie der Vergangenheitsbewältigung ist. Das heißt, sie bezieht sich nicht alleine auf die Frage nach dem Umgang mit der NS-Vergangenheit, sondern sie beschreibt *grundsätzlich*, was vergangene Geschehnisse für Menschen bedeuten und wie auf sie zu reagieren ist.[27] Das relativiert die Grauen der NS-Greuel keineswegs, denn extreme Geschehnisse werden nicht dadurch relativiert, daß es auch weniger extreme gibt, die ebenfalls der Bewältigung bedürfen.[28] Eine Theorie der Vergangenheitsbewältigung muß sich auf *jede* Vergangenheit anwenden lassen: auf eine gute wie auf eine schlechte, auf eine alltägliche wie auf eine außergewöhnliche, auf eine individuelle wie auf eine sozialsystemische, und das Ergebnis der Vergangenheitsbewältigung hängt von der zu bewältigenden Vergangenheit ab, so wie das Ergebnis einer mathematischen Formel von den einzusetzenden Termen abhängt.[29]

2. Ziel und Inhalt der Untersuchung

Es wird deutlich: In der vorliegenden Arbeit geht es *nicht* speziell um die Aufarbeitung der NS-Vergangenheit, auch wenn aus dieser Thematik des öfteren Beispiele zur Verdeutlichung des Gemeinten gewählt werden. Es geht überhaupt nicht um die Bewältigung einer konkreten Vergangenheit, sondern um einen *Beitrag zu einer allgemeinen Theorie* der Vergangenheitsbewältigung.[30] Konkrete Bezugnahmen dienen stets der Verdeutlichung oder der beispielhaften Anwendung der jeweiligen theoretischen Erkenntnis. Das Wort „Vergangenheitsbewältigung" hat zwar seine historisch spezielle Gene-

---

[26] In diesem Zusammenhang wird auch die Frage diskutiert, inwieweit Vergangenheitsbewältigung als interessegeleiteter Kulturkampf verstanden werden kann. Vgl. dazu Dudek, *„Vergangenheitsbewältigung"*, 46, der auf Hans-Gerd Jaschke, *Streitbare Demokratie und innere Sicherheit*, Opladen 1991, 277ff., verweist.

[27] Anders Wolfrum, *Geschichtspolitik in der Bundesrepublik Deutschland 1949-1989*, 5. Er meint, „Vergangenheitsbewältigung" beziehe sich ausschließlich auf die NS-Vergangenheit. Wolfrum dürfte mit der Eingrenzung von „Vergangenheitsbewältigung" auf den Nationalsozialismus nur die Wortverwendung meinen, wenn er in der Sache nicht in die Schwierigkeiten geraten will, die Vergangenheitsbewältigung so beliebig machten.

[28] Vgl. dazu die hilfreichen Ausführungen bei Grosser, *Verbrechen und Erinnerung*, 45ff.

[29] Wenn nämlich, wie sich noch zeigen wird, Individuen wie soziale Systeme den Rückgriff auf die Geschichte benötigen, um ihre Existenz verläßlich gestalten zu können, dann kann sich dieser Rückgriff nicht nur auf eine schuldhafte oder gescheiterte Geschichte beziehen. Allerdings bezieht sich der *Terminus* „Vergangenheitsbewältigung" üblicherweise auf eine solche, so daß das umfassende Unternehmen eigentlich mit einem anderen, im gängigen Sprachgebrauch nicht vorhandenen Wort bezeichnet werden müßte.

[30] Es geht, so könnte man vielleicht sagen, um formale, nicht um materiale Ergebnisse.

se, die *Sache* jedoch, die damit angesprochen wird, ist eine Problematik, die aus der Situation des Menschen in dieser Welt resultiert. Vergangenheitsbewältigung ist ein – im Alltag in der Regel unspektakulärer – Aspekt der menschlichen Lebensführung, der allerdings in Extremsituationen zu einem übergroßen und drängenden Problem werden kann, das eigens thematisiert und behandelt werden muß. Daß der Nationalsozialismus eine solche Extremsituation darstellt, dürfte unumstritten sein. Wegen des schier unfaßbaren Ausmaßes der nationalsozialistischen Greuel war Vergangenheitsbewältigung in dieser Sache nicht mehr als Alltagsgeschäft zu betreiben.

Wenn im folgenden die Aspekte, die beim Umgang mit Vergangenheit eine Rolle spielen, problematisiert werden, dann ist das eine unverzichtbare Methode der Theorieentwicklung. Wenn man diese Problematisierung aber auf die NS-Geschichte anwendet, dann könnte der Eindruck entstehen, es ginge um eine unbillige Relativierung des Grauens.[31] Dem ist nicht so. Die Anwendung der Theorie der Vergangenheitsbewältigung mag an das jeweilige Bewältigungsobjekt kritische Fragen stellen, doch unbillig relativieren kann diese Theorie nicht; das wäre vielmehr ihre Falsifizierung. In der Jerusalemer Holocaust-Gedenkstätte „Yad Vashem“ werden die historischen Quellen auf Herz und Nieren geprüft; nicht, um sie zu relativieren, sondern um die Gewißheit zu haben, daß die Quellen, die den Prüfungen standhalten, als gesichert gelten können. Ähnlich verhält es sich hier. Wenn der hier geleistete Beitrag zu einer Theorie der Vergangenheitsbewältigung verläßlich sein soll, dann muß er auch auf Extremsituationen anwendbar sein; nicht, um diese Extremsituationen zu bagatellisieren, sondern um zu zeigen, daß Vergangenheitsbewältigung auch – und gerade – in bezug auf Extremsituationen möglich und nötig ist und daß es keine Veranlassung gibt, auf Vergangenheitsbewältigung zu verzichten und der Beliebigkeit das Feld zu überlassen. Denn Beliebigkeit dürfte in den seltensten Fällen den Opfern Gerechtigkeit bringen.

Was ist eine „allgemeine Theorie der Vergangenheitsbewältigung“?

Wenn Vergangenheitsbewältigung – also die Reaktion auf vergangene Geschehnisse – nicht interessegeleitet, teilsystemfunktional oder beliebig sein soll, dann bedarf es einer allgemeinen Theorie der Vergangenheitsbewältigung. Was ist darunter zu verstehen? Da Reaktionen auf vergangene Geschehnisse konkret sein müssen und von den vergangenen Geschehnissen sowie den aktuellen Bedingungen abhängen, hat eine Theorie der Vergangenheitsbewältigung die Struktur aufzuzeigen, gemäß der eine konkrete Reaktion konzipiert sein muß. Sie ist sozusagen eine „Formel“, die aus Variablen besteht. Anhand dieser „Formel“ können dann konkrete Maßnahmen (etwa die schon angesprochenen pädagogischen, juristischen, historiographischen, politischen Maßnahmen etc.) ihren Platz und ihre Bedeutung finden. Die vorliegende Arbeit widmet sich der *Struktur* dieser „Formel“ und ist insofern theoretisch.

---

[31] So könnte der – unzutreffende – Eindruck entstehen, durch einen interpretativen Zugang würden das Leid der Opfer und die Realität des Unrechts relativiert oder gar geleugnet.

Welche Faktoren muß die „Formel" berücksichtigen? Sicherlich ist es nicht möglich, in einer einzelnen Untersuchung alle oder auch nur die meisten Faktoren einzubeziehen, die für die Struktur von Vergangenheitsbewältigung eine Bedeutung haben. Deshalb soll es hier darum gehen, grundlegende Faktoren in den Blick zu nehmen. Sie ergeben sich, wenn man (1) fragt, wie Geschehnisse zustande kommen und was (vergangene) Geschehnisse für Menschen bedeuten; und wenn man (2) die Differenzpunkte der verschiedenen Verständnisse von Vergangenheitsbewältigung näher in den Blick nimmt. Drei zentrale Kernprobleme spielen dann eine Rolle.

Drei Kernprobleme

(1) Das erste Kernproblem dreht sich um die Frage, über welche Freiheit der Mensch verfügt. „Ist der Mensch überhaupt in der Lage, verantwortungsethisch zu handeln?"[32] Diese Frage wird – in Abwandlungen – immer wieder mehr oder weniger direkt gestellt. Wenn der Mensch beispielsweise ein Produkt von genetischer Disposition, Prägung, Erziehung und Lenkung ist, dann kann er sich seines angeborenen Programms oder massiver gesellschaftlicher Zwänge nicht erwehren. Dann ist er nicht nur frei von Verantwortung für sein Tun oder Mittun im sozialen System, dann ist er auch nicht in der Lage, Vergangenheitsbewältigung zu betreiben.

Die Problematik der menschlichen Freiheit auf die Frage nach Vergangenheitsbewältigung anzuwenden, ist keine akademische Spitzfindigkeit, sondern eine gängige Praxis mit dem Ziel der Exkulpierung, die sich auf seriöse wissenschaftliche Untersuchungen stützen kann. Es gibt neuere Theorien, die geeignet sind, an der menschlichen Freiheit zu zweifeln. Der Frage nach der Freiheit muß also nachgegangen werden, um herauszufinden, ob Vergangenheitsbewältigung nicht schon an dieser elementaren Voraussetzung prinzipiell scheitert, wie es von mancher Seite mehr oder weniger deutlich behauptet wird.

Wenn Menschen jedoch (eine gewisse) Freiheit besitzen, dann können sie handeln. Was aber macht eine Handlung aus? Sind z.B. Gespräche mit Stasifunktionären Kollaborationen oder notwendige Übel, um gute Zwecke zu erreichen? Nicht nur der „Fall Stolpe" wirft diese Fragen auf. Handlungen – als Manifestationen der Freiheit – sind sowohl Gegenstand als auch Mittel von Vergangenheitsbewältigung. Handlungstheoretische Klärungen sind also, wie anthropologische Klärungen, elementare Voraussetzungen für die Entwicklung einer Theorie von Vergangenheitsbewältigung. Zur eigentlichen „Formel" tragen sie nicht viel bei. In Anlehnung an eine Formulierung von Hans Jonas[33] kann man sagen: Die Überlegungen zur Anthropologie und zur Handlungstheorie sind zwar nur Vorüberlegungen, doch ohne diese Vorüberlegungen ist eine seriöse Behandlung der Thematik nicht möglich.

---

[32] Pampel, *Was bedeutet „Aufarbeitung der Vergangenheit"?*, 31.

[33] Jonas, *Macht oder Ohnmacht der Subjektivität*, 7, zur Begründung von Ausführungen zum Leib-Seele-Problem im Rahmen seiner ethischen Überlegungen.

(2) Das zweite Kernproblem betrifft die Frage, was Vergangenheit für Menschen und Gesellschaften überhaupt bedeutet, wo sie doch vergangen, also nicht mehr da ist. Diese Frage spielt nicht nur eine Rolle, wenn es darum geht, ob das Verfließen von Zeit die Bedeutung vergangener Geschehnisse mindert, sondern auch dann, wenn es darum geht, *wie* Vergangenheit überhaupt richtig verstanden und bewertet werden kann.[34] Hierher gehören auch die Fragen nach der Zuverlässigkeit von Erinnerungen (was z.B. bei NS-Prozessen regelmäßig eine Rolle spielte), von historiographischen Darstellungen und Deutungen vergangener Geschehnisse (man denke etwa an die Auseinandersetzung um die sogenannte „Wehrmachtsausstellung“[35]). Alfred Grosser beginnt sein lesenswertes Buch „Verbrechen und Erinnerung“ mit dem Satz: „Objektivität gibt es nicht“. Wie zuverlässig und „objektiv“ kann man über Geschichte reden? Ist Geschichte ein Machtinstrument? Wenn Vergangenheit einfach vorbei ist oder sich in Interpretationen erschöpft, die man über sie erstellt, ist sie dann nicht beliebig oder unwichtig, lassen sich dann aus der Vergangenheit überhaupt irgendwelche bedeutsamen und verbindlichen Konsequenzen für die Gegenwart ableiten? Das zweite Kernproblem betrifft also erkenntnistheoretische und geschichtstheoretische Fragen.

(3) Das dritte Kernproblem bezieht sich auf die Realität sozialer Systeme. Wie funktionieren sie, welche Bedeutung hat für sie Vergangenheit und wie läßt sich in sozialen Systemen Verantwortung ansiedeln? Von Eichmann ist ja bekannt, daß er sich in Jerusalem als Opfer des Systems darstellte. Wenn auch die Täter „nur ihre Pflicht tun“ und damit systemkonform handeln, wer trägt dann Verantwortung für vergangenes und gegenwärtiges gesellschaftliches bzw. systemisches Handeln? Von Deutschland ging ein Krieg aus, der die bislang größte Katastrophe über die Menschheit brachte. Wem ist dafür Verantwortung zuzuschreiben?[36] Diesen und ähnlichen Problemen widmen sich die Ausführungen zur Soziologie.

Der sechste Kreis versucht, eine Antwort zu geben auf die Frage nach Handlungs- und Bewertungsmaßstäben. Der siebte Kreis beleuchtet exemplarisch einige Methoden der Vergangenheitsbewältigung.

Die vorliegende Arbeit widmet sich also nicht praktischen Durchführungsfragen von Vergangenheitsbewältigung, sondern ihrer Struktur, ihrer „Formel“. Ihr Erkenntnisinteresse ist also ein sehr spezielles und grundsätzliches.[37]

---

[34] Man denke z.B. an die Diskussion um die „Historisierung“ vergangener Geschehnisse. Vgl. dazu z.B. Dudek, *„Vergangenheitsbewältigung“*, 49f.

[35] Vgl. Thiele (Hg.), *Die Wehrmachtsausstellung*.

[36] Diese Problematik schlägt sich auch im subjektiven Verantwortungsgefühl für systemisches Handeln nieder. Bezüglich der NS-Vergangenheit vgl. die Ausführungen bei Reichel, *Vergangenheitsbewältigung als Problem unserer politischen Kultur*, 157ff. Vgl. auch die Unterscheidung der individuell-moralischen von der praktisch-politischen Ebene durch Eugen Kogon und die Kritik daran bei Pampel, *Was bedeutet „Aufarbeitung der Vergangenheit“?*, 28.

[37] Illustrierend könnte man sagen: Das Verhältnis dieser Überlegungen zur praktischen Durchführung von Vergangenheitsbewältigung entspricht ungefähr dem spezieller und grundsätzlicher rechtsphilosophischer und rechtstheoretischer Überlegungen zur praktischen Rechtsprechung in einem Gerichtsprozeß.

Zum Aufbau der Arbeit

Die Arbeit beginnt mit sehr grundlegenden Fragen und erarbeitet sukzessive ihren Beitrag zu einer Theorie der Vergangenheitsbewältigung. Daß dabei „Schleifen" und Doppelungen entstehen, ist nicht grundsätzlich zu vermeiden, hat zuweilen sogar den Vorteil, Zusammenhänge immer wieder deutlich zu machen. Dies ist wichtig, weil verschiedene Aspekte, die erarbeitet werden, voneinander abhängen.

Die Kapitel werden mit Bedacht „Kreise" genannt, weil die Ausführungen die Thematik immer wieder „umkreisen", sich wie Baumringe – nur in umgekehrter, nämlich enger werdender Reihenfolge – um die Frage nach Vergangenheitsbewältigung legen und so der Problematik der Vergangenheitsbewältigung immer näher kommen. Das heißt, im Laufe der Untersuchung geht es immer mehr direkt um die Frage nach Vergangenheitsbewältigung, ihrer Struktur, ihrer „Formel".

Die Notwendigkeit der Theoriediskussion

Wenn man bei der Behandlung der genannten Kernprobleme von unterschiedlichen theoretischen Ansätzen ausgeht, kommt man zu sehr verschiedenen Schlußfolgerungen und damit zu ganz verschiedenen „Formeln" der Vergangenheitsbewältigung. Es hat einen eminenten Einfluß auf das Verständnis von Vergangenheitsbewältigung, ob man beispielsweise die menschliche Freiheit fast bis zu ihrem Verschwinden eingeschränkt sieht, oder ob man sie in gewissem Umfang für gegeben hält.

Nun gibt es – und das macht die Problematik aus – zu den drei Kernproblemen jeweils aktuelle Theorieansätze, die zwar nicht in bezug auf die Thematik der Vergangenheitsbewältigung entwickelt wurden, aber bei ihrer Behandlung angewendet werden können. Bei diesen Theorien, die gegenwärtig eine sehr lebhafte Rezeption erfahren, handelt es sich um die Soziobiologie, den („Radikalen") Konstruktivismus und die soziologische (funktional-strukturelle) Systemtheorie autopoietischer Systeme. Diese Theorien sind allem Anschein nach unverträglich mit dem Anliegen von Vergangenheitsbewältigung, sie scheinen es unmöglich zu machen. Denn ihre Anwendung auf die Frage nach dem rechten Umgang mit (schuldhafter) Vergangenheit könnte zu den offensichtlich verheerenden Ergebnissen führen, die Freiheit des Menschen (auch die der Täter) zu bestreiten, Vergangenheit (und damit auch die Leiden der Opfer) als reines und beliebiges Gedankenkonstrukt zu relativieren sowie soziale Systeme und die in ihnen tätigen Individuen jeglicher Verantwortung zu entheben. Das wäre geradezu Munition für rechtsgerichtete Agitation und die Zurückweisung jeglicher Vergangenheitsbewältigung, zumindest, insofern sie mit moralischen Kategorien betrieben wird.[38]

Diese drei Theorien lassen sich nicht einfach ignorieren, wenn man nicht den Eindruck erwecken will, in Unkenntnis der aktuellen Theoriediskussion zu argumentieren. Eine Theorie der Vergangenheitsbewältigung, die im Ver-

---

[38] Manche Positionen, die die Möglichkeit von Vergangenheitsbewältigung bestreiten oder für überflüssig halten, stützen sich auf Argumente, die diesen Theorien entlehnt sein könnten.

dacht stünde, auf einer überholten Theoriebasis zu gründen, wäre von fragwürdigem Wert. Deshalb müssen die Fragen, die im Zusammenhang mit der Problematik von Vergangenheitsbewältigung entstehen, in Auseinandersetzung mit diesen drei Theorien beantwortet werden. Damit kann deutlich werden, wie Vergangenheitsbewältigung auch unter Einbezug, ja, sogar unter maßgeblichem Rückgriff auf diese drei Theorien notwendig ist und wie sie aussehen kann. Zu diesem Zweck läßt es sich nicht umgehen, zumindest ansatzhaft zu prüfen, ob die Theorien jeweils in sich stimmig sind oder ob sie bestimmter Korrekturen oder Ergänzungen bedürfen. Nach dieser Prüfung ist zu fragen, ob die verbleibenden Theoriefassungen tatsächlich zu den verheerenden Konsequenzen führen, wenn man sie auf die Problematik der Vergangenheitsbewältigung anwendet.[39]

Ein Schwerpunktpaar
Für die vorliegende Arbeit bedeutet der starke Bezug auf die drei Theorien, daß das primäre Interesse, einen Beitrag zu einer Theorie der Vergangenheitsbewältigung zu leisten, von der Notwendigkeit begleitet wird, in die Theoriediskussion der drei Theorien einzusteigen. Damit werden zwar nicht zwei unterschiedliche Themen parallel abgehandelt (nämlich die Frage nach einer Theorie der Vergangenheitsbewältigung und die Theoriediskussion um die drei genannten Theorien), sondern die Frage nach einer Theorie der Vergangenheitsbewältigung wird unter so starkem Einbezug der drei Theorien gestellt, daß deren Diskussion breiten Raum einnimmt. Angesichts der gegenwärtig lebhaften Rezeption dieser drei Theorien scheint mir dies notwendig und angemessen zu sein, auch wenn das die Lektüre der vorliegenden Arbeit etwas erschweren mag.

Eine aktuelle Theoriediskussion ist für überraschende Wendungen immer offen. Daher sind auch meine Beiträge als vorläufig zu betrachten. Deshalb ist der Ertrag der vorliegenden Arbeit ein *experimenteller* Beitrag, der offen ist für das, was er zur Prüfung der Gültigkeit von Theorien selbst verlangt: Kontrainterpretationen. Wie sieht dieser experimentelle Betrag zu einer Theorie der Vergangenheitsbewältigung in groben Zügen aus?

3. Die These

Bei Hegel kann man lesen, daß keine Philosophie sich ein schlechteres Ansehen geben könne als dadurch, unmittelbar mit einer Definition zu beginnen.[40] Was Hegel alleine auf die Philosophie bezog, gilt sicherlich auch für

[39] Insofern Theorien keine isomorphen Formulierungen der Realität darstellen, sondern Verstehensangebote sind, ist auch der hier entwickelte Beitrag zu einer Theorie der Vergangenheitsbewältigung ein Verstehensangebot, ein „Werkzeug" im Sinne Michel Foucaults. Das heißt, es kann verschiedene Theorien, verschiedene Zugangsweisen zum Problemkomplex geben, ohne daß dadurch notwendigerweise die einen richtiger, die anderen weniger richtig sein müssen.

[40] G.W.F. Hegel, *Differenz des Fichteschen und Schellingschen Systems der Philosophie*, zitiert nach Zimmerli, *Dürfen wir, was wir können?*, 37.

eine Untersuchung wie die vorliegende Arbeit, die sich um interdisziplinäre Perspektiven bemüht. Dennoch scheint es mir angemessen, bereits an dieser Stelle die zentrale These zur Vergangenheitsbewältigung in einer erklärenden Definition darzustellen und zu erläutern. Es dürfte nämlich einfacher sein, die weiteren Ausführungen in ihren Einzelheiten als eine einheitliche Bemühung und somit in ihrem Zusammenhang zu begreifen, wenn man den Kern kennt, um den sich alles dreht (um den die „Kreise" ihren Bogen schlagen). Die Darstellung der These soll hier – *in sehr grober Skizze* – ungefähr in der Abfolge entwickelt werden, die sich in der Anordnung der Kapitel (der „Kreise") dieser Arbeit wiederfindet.

Vergangenheitsbewältigung bedeutet, Geschichtsinterpretationen und Identitätszuschreibungen zu orientieren und zu parallelisieren sowie die Konsequenzen zu ziehen, die sich aufgrund dieser Interpretationen und Zuschreibungen ergeben

Bei allen Einschränkungen, die aufgrund aktueller humanwissenschaftlicher Forschungsergebnisse gemacht werden müssen, läßt sich der Mensch als ein Wesen beschreiben, dem ein markantes Maß an Freiheit – und damit Verantwortlichkeit – gegeben ist. Er entbehrt zum großen Teil der instinktiven teleologischen Steuerung des Verhaltens, von der Tiere geprägt sind, und muß deshalb sein Leben handelnd führen. Handeln heißt, bewußt auf die Umwelt, so wie man sie wahrnimmt, zu reagieren. Da die Wahrnehmung der Welt immer schon eine Interpretation ist, sind Handlungen, als bewußte Reaktionen auf die Umwelt, zugleich Interpretationen der Umwelt. Die eigenen Handlungen sind interpretatorische Stellungnahmen. Einer anderen Person ein Handeln zuzuschreiben bedeutet, das Verhalten dieser Person zu interpretieren und ihm eine Bedeutung, ein Stellungnehmen zuzuschreiben. Das gilt auch für Sprachhandlungen.

Wenn es um die Beschreibung (und damit die Deutung) vergangener Geschehnisse geht, dann müssen Handlungen und Widerfahrnisse, die in der Vergangenheit stattfanden, jeweils als solche interpretiert werden. Da nun die Vergangenheit präsentisch nicht existiert, stellen auch die Handlungen und Widerfahrnisse der Vergangenheit als solche kein präsentisches Objekt (mehr) dar. Vergangene Geschehnisse existieren als Objekte der Gegenwart nur in Form von Erzählungen.

Wenn es um die Frage geht, ob und wie auf vergangene Geschehnisse reagiert werden soll, dann muß zuerst geklärt werden, was überhaupt geschehen ist. Das heißt, es müssen zuverlässige Geschichten erzählt werden. Geschichten sind nur dann zuverlässig, wenn alle möglichen Indizien mit der Geschichte in Einklang gebracht werden können. Eine grundlegende Aufgabe von Vergangenheitsbewältigung ist deshalb die Schaffung von tragfähigen Geschichten und das Bloßlegen von Legenden. Das Herstellen von tragfähigen Geschichten wird – aus erkenntnistheoretischen Gründen – hier „Orientierung von Geschichtsinterpretationen" genannt. Sofern Vergangenheitsbewältigung sich im sozialen Bereich abspielt, muß es einen Prozeß geben, der geeignet ist, die tragfähigen Geschichten allen Individuen zu vermitteln.

Die Geschichtsinterpretationen müssen – so die hier verwendete Terminologie – „parallelisiert" werden.

Wenn Geschichten von Personen handeln, geben sie Auskunft über das Agieren von Personen, über deren „Charakter". Sie geben aber auch Auskunft über die Bedingungen, denen Personen unterworfen sind und die ihr Agieren mitbestimmen. Geschichten sind Beiträge für die Identitätszuschreibung an Personen. Umgekehrt bedeutet dies: Mit der Identität wird die Art beschrieben, in der man Geschehnisse (Handlungen und Widerfahrnisse) Personen zuschreiben kann. Die Identität von Personen beschreibt ihre Schuld und ihre Verantwortung, ihre Ansprüche und ihre Möglichkeiten sowie Bedingtheiten. Durch Geschichten werden Personen identifiziert. Darum bedeutet Vergangenheitsbewältigung, Geschichtsinterpretationen und Identitätszuschreibungen zu orientieren und zu parallelisieren. Wenn es um soziale Systeme geht, ist zu klären, wen genau diese Zuschreibungen in welcher Weise betreffen.

Was haben Identitätszuschreibungen für eine Bedeutung, wie ist mit ihnen umzugehen? Die Moral kann Kriterien zur Verfügung stellen, anhand derer (unter Einbezug der konkreten Umstände) aus Identitätszuschreibungen an freie und handlungsfähige Individuen und soziale Systeme Konsequenzen abgeleitet werden können und müssen. *Deshalb bedeutet Vergangenheitsbewältigung, Geschichtsinterpretationen und Identitätszuschreibungen zu orientieren und zu parallelisieren sowie die Konsequenzen zu ziehen, die sich aufgrund dieser Interpretationen und Zuschreibungen ergeben.* Etwas anders ausgedrückt: *Vergangenheitsbewältigung ist ein Unternehmen der Orientierung und Parallelisierung von Interpretationen über vergangenes Geschehen, die identifikatorische Zuordnung der – aktiv oder passiv – Beteiligten sowie die Veranschlagung von Interpretations-, Handlungs-, Interaktions- und Strukturkonsequenzen.* Insofern ist Vergangenheitsbewältigung keine historiographische Maßnahme um der Historiographie willen, sondern ein Unternehmen zur Gestaltung von Gegenwart und Zukunft. (In existentialhermeneutischer Diktion könnte man vielleicht sagen: Vergangenheitsbewältigung ist ein Prozeß des Daseins-Entwerfens.)

Welche Mittel, Maßnahmen, Wege und Konsequenzen bei Vergangenheitsbewältigung wichtig sein können, wird an ausgewählten Beispielen im siebten Kreis dieser Arbeit in den Blick genommen. Allerdings gilt festzuhalten: Der grundlegende Mechanismus, das elementare „Werkzeug" der Vergangenheitsbewältigung, ist der hermeneutisch-moralische Diskurs. Er ist die Methode, über die die theoretischen Erkenntnisse und Notwendigkeiten praktisch werden können.

Erläuternde Bemerkungen

Die vorliegende Arbeit bleibt, bei allen Bemühungen, eine grobe Skizze. So wird oft nur von Tätern oder Opfern gesprochen, ohne auf Abstufungen (z.B. Mitläufer) einzugehen. Aus dem Erkenntnisinteresse der vorliegenden Arbeit ist diese vergröberte Herangehensweise legitim. Differenzierungen, die sich in der praktischen Anwendung ergeben, können getrost dem hermeneutisch-moralischen Diskurs der konkreten Vergangenheitsbewältigung überlassen werden.

Ebenso wird meist der Fall einer schuldhaften bzw. schmerzlichen Vergangenheit als Ausgangspunkt zur Entwicklung der Gedanken angenommen, obwohl natürlich auch eine heroische und eine angenehme Vergangenheit ihre Bedeutung für die Gegenwart haben. Allerdings wird eine negative Vergangenheit eher als ausdrücklich bewältigungsbedürftig empfunden.

In diesem Zusammenhang wird auffallen, daß mehr von Tätern als von Opfern die Rede ist. Damit werden die Opfer keineswegs ausgeblendet. Vielmehr sind für die Konstruktion einer Theorie wie auch für die praktische Durchführung von Vergangenheitsbewältigung die Täter die problematischere Gruppe. Das ist der Grund dafür, daß ihnen ein größeres Augenmerk gilt.

Weil die Tragfähigkeit einer Theorie von Vergangenheitsbewältigung sich in schwierigen und extremen Fällen beweisen muß, sind die Beispiele meist aus solchen extremen Fällen gewählt, obwohl prinzipiell jede Vergangenheit ihre Gegenwartsbedeutung hat.[41] Doch im Alltagsfall läuft Vergangenheitsbewältigung geradezu automatisch-unbemerkt ab.[42] Nur im Krisenfall bedarf sie der expliziten und systematischen Durchführung.

Gebhard Rusch[43] meint, Geschriebenes sei notwendig mißverständlich, weil der Autor das Vorverständnis der Leserinnen und Leser nicht korrigieren könne. Je brisanter der Gegenstand ist, desto größer dürfte diese Gefahr sich wohl auswirken.

Bereits Friedrich Nietzsche mußte die Erfahrung machen: „Wenn man sich ein Haus fertig gebaut hat, merkt man, unversehens etwas dabei gelernt zu haben, das man schlechterdings hätte wissen müssen, bevor man zu bauen anfing. Das ewige leidige ‚Zu spät!' – Die Melancholie alles Fertigen."[44] Nietzsches Erfahrung gilt auch für die vorliegende Arbeit.

Friedrich Cramer formuliert die Einsicht: „45 Jahre experimenteller Forschung haben mich die Offenheit, die Unvollendetheit aller möglichen Konzepte gelehrt."[45] Auch diese Erkenntnis gilt hier.

---

[41] Ein solcher extremer Fall ist zweifellos der Nationalsozialismus. Das heißt aber nicht, daß alle Probleme, die prinzipiell bei Vergangenheitsbewältigung auftreten können, auch bei der Bewältigung des Nationalsozialismus notwendigerweise auftreten. So gibt es das prinzipielle Problem der Prüfung von Geschichten auf ihre Tragfähigkeit. Der prinzipielle Charakter des Problems bedeutet deshalb aber nicht, die Leidensgeschichten der NS-Opfer seien zweifelhaft. Es bedeutet, daß die Tragfähigkeit ihrer Geschichten festgestellt werden kann – und festgestellt wurde – mit Methoden, mit denen Geschichten prinzipiell geprüft werden müssen. Vielleicht läßt sich die Problematik anhand eines Beispiels verdeutlichen: Alle All-Sätze sind Hypothesen. So ist auch der All-Satz, daß alle Menschen sterben müssen, eine Hypothese. Kann man aufgrund des hypothetischen Charakters dieses Satzes Hoffnung schöpfen, nicht sterblich zu sein? Wohl kaum, denn dieser All-Satz dürfte als bewährt gelten, obwohl er vom theoretischen Prinzip her im strengen Sinne nicht bewiesen ist. In ähnlicher Weise müssen auch viele historiographische Erzählungen als bewährt gelten.

[42] Man könnte sagen, Vergangenheitsbewältigung sei ein ständig sich vollziehender Prozeß der Vergewisserung oder – im pervertierten Fall – der Verschleierung.

[43] Vgl. Rusch, *Auffassen, Begreifen und Verstehen*, 246.

[44] Zitiert nach Schlosser, *Einheit der Welt und Einheitswissenschaft*, VIII.

[45] Cramer, *Der Zeitbaum*, 9.

Nicht alleine aus diesen Gründen erhebt die vorliegende Arbeit keinen größeren Anspruch als den, ein experimenteller Beitrag zu sein.[46]

[46] Zugunsten besserer Lesbarkeit wird in dieser Arbeit auf die prinzipiell wünschenswerte Verwendung geschlechtsneutraler oder -paritätischer Formulierungen weitgehend verzichtet.

Erster Kreis: Anthropologische Grundlagen

Vergangenheitsbewältigung ist Sache des Menschen. Auch wenn es um Vergangenheitsbewältigung in sozialen Systemen geht, sind Menschen als Träger und Akteure der sozialen Systeme die eigentlichen Subjekte der Vergangenheitsbewältigung.[1] Darum empfiehlt es sich, die Überlegungen zu einer Theorie der Vergangenheitsbewältigung mit anthropologischen Klärungen zu beginnen, näherhin mit der Frage: Ist der Mensch zur Vergangenheitsbewältigung überhaupt in der Lage, besitzt er eine ausreichende Freiheit? In zweifacher Hinsicht ist Freiheit vonnöten, damit Vergangenheitsbewältigung stattfinden kann. (1) Auf der Seite der Täter muß ein ausreichendes Maß an Freiheit für das Handeln vorausgesetzt werden, das zu den Umständen führte, die es zu bewältigen gilt. Im Falle ihrer Ermangelung kommt nämlich keine Verantwortung zustande, und Vergangenheitsbewältigung hat hinsichtlich der Verursachung für das Geschehene keinen Gegenstand. (2) Freiheit muß für die gegeben sein, die Vergangenheitsbewältigung betreiben sollen, damit sie in der Lage sind, den Bewältigungsprozeß zu führen.

1. Das Problem von Freiheit und Verantwortlichkeit

Die Problemlage

In jüngerer Zeit läßt sich ein merkwürdiges Phänomen beobachten. Boulevard-Zeitschriften, Magazine und populärwissenschaftliche Periodika greifen die Ergebnisse biologischer Forschung auf, um mit ihrer Hilfe eine These von der Unfreiheit, ja Determiniertheit des Menschen zu konstruieren. Die maßgeblichen Theorien, auf die man sich dabei stützt, sind die Soziobiologie und der erkenntnistheoretische Konstruktivismus. Offensichtlich ist es „chic", mit der eigenen Unfreiheit und Determiniertheit zu kokettieren. Was macht es so begehrenswert, unfrei und determiniert zu sein? Was treibt die Akribie an, mit der man seine eigene Selbstbestimmtheit in Abrede stellt?

Ich vermute, dies hat etwas mit der Situation der „neuen Unübersichtlichkeit" (Habermas) zu tun, der sich die Mitglieder unserer postmodernen Gesellschaft gegenübersehen. Wo Handlungen und Konsequenzen, wo Ursachen und Wirkungen nicht mehr linear zu verfolgen sind, sondern fast unabhängig voneinander zu sein scheinen, zumindest aber unverfolgbar, da werden Freiheit und Verantwortlichkeit unangenehm, ja gefährlich. Wer

[1] Ausführlicheres dazu findet sich im fünften Kreis dieser Arbeit.

möchte schon verantwortlich Handelnder sein in einem Geflecht, das Handlungen in ihren Wirkungen offenbar neutralisieren oder potenzieren kann – und dies in unvorhersehbarer und dementsprechend unkalkulierbarer Weise? Diese Unübersichtlichkeit, die Unsicherheiten hervorrufen kann, wirkt dabei „unwirklich", denn sie entgleitet der kalkulierenden Übersicht, auf die ein zum handelnden Sein-Leben-Führen „verdammtes" Wesen angewiesen ist. Darum ist es einfacher, die Realitätskontakte des Menschen zu leugnen, als in einer unübersichtlichen Realität verantwortlich zu agieren.

Beide Aspekte zusammengenommen – die Schwierigkeit verantwortlichen Handelns und das Problem einer schwer durchschaubaren und schwer handhabbaren (eben einer „unwirklichen") Welt – führen zu der Verlockung, die Freiheit des Menschen und seinen Realitätszugang in Frage zu stellen oder ganz zu leugnen. Dazu bieten sich die Theorien der Soziobiologie und des (Radikalen) Konstruktivismus geradezu an. Sie bieten eine naturwissenschaftliche Erklärung für die Abdankung der Freiheit und des Realitätszugriffs des Menschen. Sie erlauben in der populärwissenschaftlich und alltagspraktisch aus ihnen gezogenen Konsequenz ein Agieren in einer unübersichtlichen und komplizierten Welt, ohne den Auflagen verpflichtet zu sein, die man freien und verantwortungsfähigen Wesen macht. Dies mag einer postmodernen Geisteslage entsprechen, für die Idee einer Vergangenheitsbewältigung sind diese Vorstellungen jedoch geradezu vernichtend. Also müssen die Thesen der Soziobiologie und des Konstruktivismus geprüft werden. Sie lassen sich nicht ignorieren, wenn man sich zu einem Thema äußern will, das sehr eng mit dem Problem der Freiheit des Menschen und dem seines kognitiven Realitätszugangs verbunden ist. Dabei ist die Frage nach der Freiheit eine anthropologische Frage. Deshalb wird auf die Soziobiologie und die sich von ihr her nahelegende monistische Position in der Leib-Seele-Problematik in diesem Kapitel zur Anthropologie eingegangen. Die konstruktivistische Frage nach dem Realitätskontakt des Menschen ist eine solche erkenntnistheoretischer Art. Sie wird im Rahmen der erkenntnistheoretischen Überlegungen behandelt.

Freiheit als Voraussetzung für Vergangenheitsbewältigung

Vergangenheitsbewältigung setzt Individuen voraus, denen in ausreichendem Maß Freiheit und Verantwortlichkeit zu eigen sein muß.[2] Determinationen jedweder Art schränken diese notwendigen Voraussetzungen ein oder heben sie ganz auf. Wer in seinem Verhalten nicht frei, sondern vorprogrammiert ist, muß zwar die Folgen seines Verhaltens im Sinne kausaler Konsequenzen in Kauf nehmen, wird sich zu ihnen jedoch nicht reflexiv verhalten können. Aber genau in dieser Fähigkeit besteht die menschliche Freiheit. Freiheit ist dann gegeben, wenn sich der Mensch zu den Faktoren, die sein Handeln bedingen, in Beziehung setzen und wenn er sich zu ihnen willentlich, d.h. reflexiv und interpretatorisch, verhalten kann. Damit ist zumindest ein Minimum

---

[2] Zur Bedeutung des Verhältnisses von Freiheit und Geschichte vgl. Essen, *Geschichte als Sinnproblem*, 326.

an Einflußnahme möglich, und das Prinzip menschlichen Handelns funktioniert nicht als automatischer Regelkreis von handlungsevozierender Situation, determiniertem menschlichem Handeln, Veränderung der Situation und damit zugleich Herstellung einer neuen handlungsevozierenden Situation.

Problematische Theorien
Die noch relativ junge humansoziobiologische These[3] versteht in ihrer totaldeterministischen Variante jedes menschliche Agieren als ein von genetisch programmierter Teleologie bestimmtes Verhalten, ähnlich dem der Tiere. Träfe dies zu, dann bliebe für eine eigenständige Zielsetzung und für eine ethische Motivierung des Handelns kein Platz.[4]

In diesem Zusammenhang muß auch auf die monistische Position in der Leib-Seele-Diskussion eingegangen werden. Sie bildet gewissermaßen die Bewußtseinstheorie eines Totaldeterminismus, indem sie den subjektiven Eindruck der Freiheit, der Denk- und Reflexionsfähigkeit des Individuums als Täuschung über unbeeinflußbare Kausalabläufe neuro-physiologischer Vorgänge versteht. Doch damit wäre jedes Stellungnehmen und jedes Sich-in-Beziehung-Setzen zur eigenen Situation ein determinierter Ablauf, zu dem es gehörte, auf der subjektiven Seite von einem „Freiheitsgefühl" begleitet zu sein. Aber ohne tatsächliche Reflexionsfähigkeit gibt es keine Freiheit und keine Verantwortlichkeit.[5]

2. Die Freiheitsfrage im Licht der Verhaltensforschung

Die Soziobiologie ist eine Variante der Ethologie. Ihre Ergebnisse lassen sich besser würdigen und in ihrer extremen Form besser verstehen, wenn man sie auf dem Hintergrund der „klassischen" vergleichenden Verhaltensforschung

---

3 Sie wurde etwa Mitte der siebziger Jahre in ihrer heutigen Form entwickelt. Angeknüpft wurde an Ideen, die etwa fünfzig Jahre zuvor bereits versuchten, auch altruistisches Verhalten mit einem Vorteil für den Betreffenden zu erklären, dies jedoch mangels der noch nicht verfügbaren genetischen Kenntnisse nicht schlüssig vermochten.

4 Nicht die Kausalgesetzlichkeit der Natur, sondern die Voraussetzung einer teleologischen Festlegung des möglichen Handlungsergebnisses steht im Widerspruch zur Freiheit, wie schon Nicolai Hartmann bemerkte; vgl. Apel, *Die Situation des Menschen als Herausforderung an die praktische Vernunft*, 31. Dies festzustellen ist wichtig, um möglichen Mißverständnissen zu begegnen. Wenn nämlich „Freiheit" z.B. verstanden wird als die Möglichkeit nicht kausal determinierten Handelns, dann bedeutet dies, daß in einem System der theoretischen Vernunft, in dem Kausalität eine Grundkategorie zum Erfassen und Beschreiben von Phänomenen darstellt, „Freiheit" zur „Irrationalität" würde. Freiheit heißt nicht Grund- oder Ursachenlosigkeit. Vgl. dazu Krings, *Freiheit*, 495, und – aus soziobiologischer Perspektive! – auch Badcock, *Evolution and Individual Behavior*, 94-99.

5 Mit Hans Jonas, *Macht oder Ohnmacht der Subjektivität*, 7, muß man feststellen, daß die Behandlung der Leib-Seele-Problematik in diesem Zusammenhang unentbehrlich ist, ihre Unentbehrlichkeit aber lediglich in der „Hinwegräumung eines Irrtums [besteht], dessen Herrschaft eine Begründung der Ethik [und damit eine Zuschreibung von Verantwortung] unmöglich macht, ohne daß die Hinwegräumung für eine solche Begründung mehr tut als sie eben zu ermöglichen."

begreift, zu der sie in Konkurrenz getreten ist.[6] Denn die Soziobiologie entstand aus dem Versuch, die Erklärungslücken der „alten" Verhaltensforschung in bezug auf die Determination tierischen und menschlichen Verhaltens zu schließen. Das heißt, die Leistung der Soziobiologie ist es, die Schwächen der alten Ethologie aufzuzeigen. Das ist wichtig, weil der Biologismus der alten Ethologie geeignet ist, den Sinn und die Notwendigkeit von Vergangenheitsbewältigung in Frage zu stellen. Doch die Soziobiologie wirft zugleich neue Probleme auf, die ihrerseits Vergangenheitsbewältigung als überflüssig – oder gar unmöglich – erscheinen lassen. Also müssen beide ethologischen Ansätze behandelt werden, weil sie beide für Vergangenheitsbewältigung ein potentielles Problem darstellen.

2.1 Die „alte" Ethologie

Die Theorie der „alten" Ethologie

Bereits die „klassische" Verhaltensforschung eines Konrad Lorenz, Irenäus Eibl-Eibesfeldt, Niko Tinbergen, Desmond Morris oder Hans Hass geht von „Vorprogrammierungen" sozialen Verhaltens durch stammesgeschichtlich erworbene und vererbte Anpassungen aus; sowohl in der Tierwelt, als auch beim Menschen. Sie nimmt an, daß der Prozeß der Evolution Mechanismen hervorgerufen hat, die tierisches (und menschliches) Verhalten so steuern, daß dadurch der Erhaltung der jeweiligen Art gedient wird. Dieses Prinzip der Arterhaltung habe ein Verhalten determiniert, welches zwar zuweilen dem betreffenden Individuum nicht nützt, sondern sogar schadet – wie etwa die Brutpflegehilfe, die „selbstlose" Verteidigung des Nachwuchses und vieles mehr –, das aber der Erhaltung der Spezies dienlich sei. Konrad Lorenz nennt dies ein „moralanaloges" Verhalten, weil es die Wirkung und den Anschein altruistischen Verhaltens hat. Zu diesem moralanalogen Verhalten zählen die Verhaltensforscher auch den Verzicht auf die Tötung arteigener Individuen, den sie einer angeborenen „Tötungshemmung" zuschreiben.

Auch der Mensch sei in dieser Weise zur Arterhaltung determiniert. Sich gemäß diesen Determinierungen zu verhalten, sei die „natürliche" Verhaltensweise. Die Zivilisation habe dieses Gleichgewicht der Determinanten jedoch gestört und das menschliche Verhalten aus der Reihe gebracht, z.B. durch Kriegstechnik, die die Tötungshemmungsmechanismen übertölple, die zwar beim Kampf von Individuum gegen Individuum funktionierten, aber bei Ferntötungen, etwa durch Raketen, versagten. Doch bestehe die Hoffnung, daß der evolutive Mechanismus auch fernerhin greife und Verhaltensdeterminanten schaffe, die unter den veränderten Bedingungen wieder arterhaltend wirken – wenn man sich diesen „natürlichen" Determinanten gemäß verhalte.

---

[6] Beide Spielarten der Ethologie werden hier terminologisch unterschieden, indem von der „klassischen", der „alten" oder einfach von der „Verhaltensforschung" oder „Ethologie" gesprochen wird im Gegensatz zur „neuen Ethologie" resp. „neuen Verhaltensforschung" oder der „Soziobiologie".

Freiheit und Verantwortung aus der Sicht der „alten“ Ethologie
Es gibt gemäß der Theorie der „alten“ Verhaltensforschung durchaus Freiheitsräume für den Menschen, denn er kann sich – anders als Tiere – über die „natürlichen“ Determinierungen zugunsten der Arterhaltung hinwegsetzen; und zwar in einem Umfang, der wohl immer wieder von den Auswirkungen stammesgeschichtlicher Prägungen begrenzt und geformt wird, insgesamt aber ausreichend groß ist, um dem Menschen Verantwortung zuzusprechen.

Weil – so das „Credo“ der Verhaltensforschung „alten“ Stils – die natürliche Verhaltensdetermination auf Arterhaltung, auf „artdienlichen Gemeinnutz statt selbstbezogenen Eigennutz“[7] ausgerichtet sei, hätten sich kulturelle und moralische Normen an den natürlichen Vorgaben zu orientieren.[8] Damit behauptet die „alte“ Ethologie zweierlei: nämlich (1) daß der Mensch einen Freiheitsraum besitzt, den er verantwortlich gestalten muß, und (2) daß diese Gestaltung sich an genau *den* „natürlichen“ Vorgaben zu orientieren habe, die in bestimmtem Maße überwinden zu können gerade seine Freiheit ausmacht. Dieser „normative Biologismus“[9] zieht verheerende Konsequenzen nach sich, die sich an einigen – zugegebenermaßen extremen – Beispielen aufzeigen lassen.

Die Konsequenzen des „normativen Biologismus“
„Der Glaube an ein subjektiven Moralvorstellungen übergeordnetes Naturprinzip“[10] brachte einige prominente Naturwissenschaftler dazu, die „rassenhygienischen“ Vorstellungen der Nationalsozialisten im Dritten Reich zu unterstützen, denn „als evolutions- und vererbungsbiologisch denkender Wissenschaftler war man nicht dem Schicksal einzelner Menschen verpflichtet, sondern dem Wohl des Ganzen, *dem Volk* und *der Rasse*. In der Gewißheit, der ‚Einzelmensch‘ sei ‚so gut wie nichts‘, dagegen ‚Rasse und Volk alles‘, empfahl zum Beispiel Konrad Lorenz 1940 das ‚Ausmerzen‘ von Menschen und konnte noch vier Jahrzehnte später überzeugt sein, es sei in wissenschaftlicher Fürsorgepflicht um die ‚biologische Vollwertigkeit des Menschen‘ geschehen.“[11] „Zweifel an der Moralität solcher Empfehlungen werden mit dem Hinweis auf das evolutionäre Naturprinzip der Selektion ausgeräumt.“[12] Victor von Weizsäcker meinte 1933: „Der Staat ist es, der die Frage nach dem Erhaltungswürdigen stellt. [...] Eine Sozialpolitik, die nur Erhaltungspolitik betreiben will, [liefert sich] einer Illusion [aus]. [...] Auch als Ärzte sind wir verantwortlich beteiligt an der Aufopferung des Individu-

---

7 Vogel, *Vom Töten zum Mord*, 16.

8 So z.B. Eibl-Eibesfeldt, *Der vorprogrammierte Mensch*, 12. Solche Äußerungen finden sich durchgängig in der „alten“ Ethologie. Vgl. dazu die Belege bei Herbig/Hohlfeld, *Natur als normgebende Instanz?*; Vogel, *Ethische Überlegungen zur Anthropologie und Ethologie*.

9 So Donald Champbell, *Social morality norms as evidence of conflict between biological human nature and social requirements*, zitiert nach: Herbig/Hohlfeld, *Natur als normgebende Instanz?*, 110.

10 Herbig/Hohlfeld, *Natur als normgebende Instanz?*, 107.

11 Herbig/Hohlfeld, *Natur als normgebende Instanz?*, 107.

12 Herbig/Hohlfeld, *Natur als normgebende Instanz?*, 108.

ums für die Gesamtheit.“[13] Noch in unseren Tagen wird die These vertreten, die angeborene Fremdenfurcht führe unvermeidlich zur Fremdenfeindlichkeit, was ethologisch eine Berechtigung habe, weil die Erhaltung der eigenen Art gefährdet werde.[14] Folgt man dieser Argumentation, dann sind in letzter Konsequenz fremdenfeindliche Ausschreitungen, ja sogar „ethnische Säuberungen“, biologisch begründet und im Sinne eines normativen Biologismus sogar sinnvoll. Eine Vergangenheitsbewältigung, die den normativen Kriterien des normativen Biologismus folgt, hat keine Veranlassung, solche Maßnahmen als verwerflich zu betrachten.

Einwände gegen die Theorie der „alten“ Ethologie

Die Fehlerhaftigkeit einer solchen Argumentation muß nicht in allen Einzelheiten nachgewiesen werden, denn sie krankt an prinzipiellen Schwächen. Zum einen ist der unmittelbare Schluß von natürlichen Gegebenheiten auf ihre Normativität oder Präskriptivität schon längst als „naturalistischer Fehlschluß“ entlarvt[15], zum anderen hat die Soziobiologie die biologische Grundannahme der „alten“ Ethologie widerlegt, die darin besteht, die Evolution habe ein Verhaltensprinzip der Arterhaltung geschaffen. Darum ist die „alte“ Verhaltensforschung in ihren ethologischen Behauptungen entkräftet.[16]

Weil „nicht nur Lorenz' Voraussetzung des Arterhaltungsinstinkts [...] überholt zu sein [scheint], sondern auch sein Begriff des ‚moralanalogen‘ Verhaltens bei Tieren und [in zurückgebildeter Form] beim Menschen“[17], zeigt sich weiterhin, daß die naturoptimistische Sicht der „alten“ Ethologie nicht haltbar ist. „Eine Anpassung der moralanalogen Verhaltensdispositionen an die Gegenwartssituation durch die ‚großen Konstrukteure‘ der Evolution [Mutation und Selektion]“[18] ist nicht zu erwarten. Vielmehr stellt „die vom Menschen durch eine Spaltung zwischen ‚Merkwelt‘ und ‚Wirkwelt‘ herbeigeführte Veränderung seiner Grundsituation [...] in erster Linie eine Herausforderung an die menschliche Vernunft dar“[19]; genauer: eine Herausforderung an die ethisch-praktische Vernunft.

Doch genau in diese Erkenntnisse hinein streut die Soziobiologie, die bei der Kritik der „alten“ Ethologie entscheidende biologische Argumente lie-

---

[13] Zitiert nach Herbig/Hohlfeld, *Natur als normgebende Instanz?*, 108f.

[14] Diese Argumentation findet ihre Anhänger z.B. im „Heidelberger Manifest“ des „Schutzbundes für das deutsche Volk“ vom 17. Juni 1981, das von einem guten Dutzend deutscher Professoren unterzeichnet wurde und in dem Sätze vorkommen wie dieser: „Nur eigene Kinder sind die alleinige Grundlage der deutschen [...] Zukunft“, weshalb die „Unterwanderung des deutschen Volkes durch Zuzug von [...] Ausländern“ „mit großer Sorge“ beobachtet werde. Vgl. Herbig/Hohlfeld, *Natur als normgebende Instanz?*, 114f.

[15] Zu diesem Terminus und zu seiner Bedeutung vgl. Moore, *Principia Ethica*, 40f., und öfter. Bezogen auf den „normativen Biologismus“ deckt z.B. Vogel, *Ethische Überlegungen zur Anthropologie und Ethologie*, diesen Fehlschluß auf.

[16] Ein bleibendes Verdienst der „alten“ Ethologie besteht darin, Determinanten im menschlichen Verhalten aufgezeigt und milieutheoretische Ansätze relativiert zu haben.

[17] Apel, *Die Situation des Menschen als Herausforderung an die praktische Vernunft*, 27.

[18] Apel, *Die Situation des Menschen als Herausforderung an die praktische Vernunft*, 29.

[19] Apel, *Die Situation des Menschen als Herausforderung an die praktische Vernunft*, 30.

ferte, ihre Zweifel, indem sie – in einer totaldeterministischen Spielart der Humansoziobiologie – die Freiheit des Menschen und damit seine Fähigkeit zur Vergangenheitsbewältigung bestreitet. Deshalb, und weil sich die soziobiologischen Grundannahmen immer nachhaltiger durchzusetzen scheinen[20], gilt es, ihre Thesen kritisch zu prüfen.

2.2 Die Soziobiologie

Die soziobiologische Theorie: genstrategischer Eigennutz als Verhaltensdeterminante

Die These der „alten" Ethologie, die Evolution habe Mechanismen installiert, die der Arterhaltung dienen, wird von der Soziobiologie entschieden zurückgewiesen. Das Arterhaltungsprinzip mit seinen Hilfshypothesen (etwa den von den Tötungshemmungsmechanismen, dem moralanalogen Verhalten, der Gruppenselektion u.ä.) sei ein grundlegender Irrtum. Grundlage der Zurückweisung ist die in einem entscheidenden Punkt andere Auffassung von den Selektionsmechanismen der Evolution. Ähnlich wie Charles Darwin versteht sie diese als „natürliche Zuchtwahl", die zunächst nicht die Art, sondern das Einzelwesen betrifft[21], und die nur die Geeignetsten überleben läßt.[22] *Die* Individuen werden ihre Art fortpflanzen, die selbst erfolgreich an das Ökosystem angepaßt sind und überleben, und die diese erfolgreiche Ausstattung durch eine zahlreiche Nachkommenschaft weiterzugeben bereit sind. Ist die Anpassung nicht optimal, werden die Individuen möglicherweise nicht bis zur Fortpflanzung kommen, weil sie den Widrigkeiten der Lebenswelt früh erliegen; fehlt die ausreichend große Nachkommenschaft, wird eine möglicherweise optimale Anpassung mit dem entsprechenden Individuum sterben. Das heißt, eine Art überlebt – wenn überhaupt – in ihren (im geschilderten Sinne) erfolgreichsten Individuen. Eine Art verändert

---

[20] Zu den Thesen, zur Rezeption und Kritik der Soziobiologie vgl. z.B. Dawkins, *Das egoistische Gen*; Wickler/Seibt, *Das Prinzip Eigennutz* (mit einer zweiten, grundlegend überarbeiteten Auflage); Wilson, *Sociobiology*; Hemminger, *Der Mensch – Eine Marionette der Evolution?*; Gould, *Biologische Potentialität contra biologischer Determinismus*; Caplan (Hg.), *The Sociobiology Debate*; Apel, *Die Situation des Menschen als Herausforderung an die praktische Vernunft*; sowie Apels Verteidigung, sich auf die Soziobiologie zu stützen, in: Apel/Böhler/Rebel (Hg.), *Funkkolleg: Praktische Vernunft/Ethik*, Bd. 3, 959.

[21] Vgl. zur ausführlichen Darstellung und Begründung den Aufsatz von Mayr, *Die Darwinsche Revolution und der Widerstand gegen die Selektionstheorie*.

[22] Vgl. Lefèvre, *Die Entstehung der biologischen Evolutionstheorie*, 69ff. Dieser Überlegung Darwins liegt nicht, wie zuweilen unterstellt, ein teleologisch-finalistischer Zirkelschluß zugrunde; vgl. Mayr, *Die Darwinsche Revolution und die Widerstände gegen die Selektionstheorie*, 58f. Der Radikale Konstruktivismus kritisiert die Beschreibung des evolutiven Ausleseerfolges als „survival of the fittest". Vielmehr müsse ein Prinzip negativer Auslese (death of the unfit) angenommen werden. (So Gebhard Rusch, zitiert nach: Nüse/Groeben/Freitag/Schreier, *Die Erfindung/en des Radikalen Konstruktivismus*, 11.) Damit einher geht auch eine Kritik seitens des Radikalen Konstruktivismus an der Evolutionären Erkenntnistheorie, die auf die Optimierung der Erkenntnisfähigkeit durch die Evolution baut.

sich aber auch in dem Maße, wie sie unter der Einwirkung von Mutation[23] und Selektion eine „verbesserte" Nachkommenschaft produziert.[24] Denn diese „verbesserten" Individuen werden sich stärker fortpflanzen als ihre Konkurrenten. Damit wird ihre individuelle Erbinformation im durchschnittlichen Erbgut ihrer Art häufiger. Daraus folgt, daß die Größe, die durch die Selektion primär verändert wird, nicht das Einzelwesen ist, auch nicht die Spezies, sondern das gesamte Erbgut der Art, ihr „Gen-Pool".[25]

Weil nun aber jeweils *das* Erbgut weitergegeben wird, das seine Träger darauf programmiert, es durch Fortpflanzung weiterzugeben, ist dies die genetische Information, die letztlich alles Verhalten bestimmt. Anders ausgedrückt: Nur *die* Gene werden im evolutiven Kampf bestehen bleiben, die ihre Träger determinieren, alles zu ihrer Weitergabe Nötige zu unternehmen. Kurz, die Evolution „programmiert" und „honoriert" eine „genstrategische"[26] Prägung des Verhaltens, eine „Strategie" der optimalen Genvervielfältigung.

In genau dieser Entwicklung sieht die Soziobiologie[27] die Grundlagen für eine weitgehende Verhaltensdeterminierung der Individuen und eine starke Prägung des Phänotyps (also der „Individualität") eines Individuums durch seinen Genotyp (seine erbliche Ausstattung). Der Effekt läßt sich so beschreiben: Es gibt eine erbliche Veranlagung, die Weitergabe des eigenen Genotypes zu betreiben. Christian Vogel formuliert die sich daraus ergebende soziobiologische These so: „Genetischer Eigennutz geht vor kollektivem Gemeinnutz."[28] Was sich vielleicht harmlos anhört, nimmt sich bei näherer

---

23 Auf die Tatsache, daß es in der Regel weniger die Mutation als vielmehr die zufällige und damit variationsfreudige Kombination der elterlichen Erbinformationen ist, die veränderte Exemplare entstehen läßt und dann der Auswahl durch Selektion anheimstellt, weist Mayr mit Nachdruck hin. Dies ist – in nuce – schon die Infragestellung von Determinationen geschichtlicher Abläufe; vgl. Mayr, *Die Darwinsche Revolution und die Widerstände gegen die Selektionstheorie*, 60. 62f. 66f.

24 Von Bertalanffy, *Biologie und Weltbild*, 17f., sieht in dieser Höherentwicklung einen Grund, jeden biologischen Reduktionismus und Mechanismus kritisch anzufragen; denn die Entstehung immer komplizierterer und höher organisierter Organismen erscheine aus dem Blick des Zweiten Hauptsatzes des Thermodynamik (der besagt, daß physikalische Vorgänge üblicherweise in Richtung der Einebnung von Differenzierungen verlaufen) eher unwahrscheinlich.

25 Vgl. Hemminger, *Der Mensch – Eine Marionette der Evolution?*, 23f.; Apel, *Die Situation des Menschen als Herausforderung an die praktische Vernunft*, 21f.

26 Diese bildhafte und analoge Redeweise ist ein durchaus gebräuchlicher Terminus; vgl. Apel, *Die Situation des Menschen als Herausforderung an die praktische Vernunft*, 30f.

27 Soweit im folgenden kritisch von der Soziobiologie die Rede ist, beziehen sich die Argumente auf den humansoziobiologischen Ansatz, der zu fast totaldeterministischen Thesen kommt.

28 Vogel, *Vom Töten zum Mord*, 35. Doch darf die Soziobiologie nicht als sozialdarwinistischer Ansatz mißverstanden werden. Die gen-zentrierte Sicht lehnt die „moralanalogen" Interpretationen ab und betrachtet die Vorgänge in der Natur moral-indifferent. Dadurch verlieren sie jede Vorbildfunktion für Konstrukte einer „natürlichen" Moral, die sich, wie Sozialdarwinismus und Eugenik, in einem naturalistischen Fehlschluß ergehen, indem sie biologischen, evolutiven Fakten Normativität zuerkennen. Vgl. dazu Vogel, *Ethische Überlegungen zur Anthropologie und Ethologie*. Anders sieht das die US-amerikanische Wissenschaftlergruppe „Science for the People"; vgl. Allen, *Against Sociobiology*. Dem schließen sich auch deutsche Wissenschaftler an, z.B. Hemminger, *Der Mensch – eine Marionette der Evolution?*

Betrachtung als weitestgehende Verhaltensdetermination aus, denn die soziobiologische Behauptung besteht darin, daß der evolutive Mechanismus alle (erblichen) Eigenschaften und Verhaltensweisen diesem Ziel der optimalen Genweitergabe dienlich gemacht habe. Alles unterstehe diesem Programm – und nur diesem Programm.[29] Durch die Beobachtung tierischen Verhaltens konnte die soziobiologische Theorie eine vielfache Bestätigung finden.[30]

Die soziobiologischen Konsequenzen

Insofern die genstrategische Ethologie tierische Verhaltensweisen im Rahmen der Evolutionsforschung analysiert, dürfte sie von aufschlußreichem Wert sein.[31] Es gibt jedoch eine Spielart des soziobiologischen Ansatzes, die mit dieser Theorie fast sämtliches tierisches wie menschliches Verhalten erklären will.[32] Ihr Menschenbild beruht auf der Annahme, daß das menschli-

---

[29] Genetisch liegt der Ausgangspunkt dieser Theorie in der Erkenntnis, daß eine bestimmte Information aus dem Erbgut eines Tieres nur mit der Wahrscheinlichkeit von 50 % in das Erbgut einer Ei- oder Samenzelle gelangt, da die Reduktionsteilung, d.h. die Teilung des Chromosomenpaares auf einen einfachen, haploiden Satz im Rahmen der Reifeteilung der Keimzellen, den doppelten Chromosomensatz zufallsmäßig aufteilt. Damit besitzt der durch die Befruchtung entstandene Organismus eine bestimmte genetische Information eines Elternteils nur in der Hälfte der Fälle in seinem Erbgut. Bei den Enkeln beträgt die Wahrscheinlichkeit nur noch 25 %; und so weiter. (Freilich ist die genetische Übereinstimmung sehr viel höher. Sogar zwischen Menschen und Schimpansen beträgt sie 99 %. Hier sind *die* Gene [Allele] gemeint, die sozusagen die freie Dispositionsmasse der Vererbung darstellen. Also nicht, ob die Nachkommenschaft ebenfalls Beine, Arme, Ohren etc. hat, sondern ob sich die spezifischen Eigenheiten des Individuums vererben, also die genotypisch grundgelegten Spezifika des Phänotyps. Es geht also um *die* Gene, von denen es überhaupt verschiedene Versionen [verschiedene Allele] gibt.) So lassen sich die genetischen Verwandtschaften in horizontaler und vertikaler Richtung genau berechnen. Zur Ausbreitung neu entstandener wertvoller genetischer Information bedarf es demnach einer hohen Nachkommenschaft; bzw. anders herum gesehen: nur diejenigen lebenszuträglichen Mutationen werden sich ausbreiten, die mit hoher Reproduktionstendenz einhergehen. Der evolutive Prozeß belohnt es also, wenn Individuen eine gesicherte Fortpflanzungsrate besitzen. Das wiederum heißt, durch die geschilderten Zusammenhänge hatten die genotypischen Varianten einen Selektionsvorteil und konnten sich schließlich durchsetzen, die in ihrem Fortpflanzungsverhalten um eine möglichst große und gesicherte Nachkommenschaft besorgt waren. Dies wiederum bedeutet: Im Prozeß von Mutation und Selektion prägte sich ein genetisch determiniertes Verhalten aus, das eine möglichst zahlreiche und sichere Weitergabe des eigenen Erbgutes betrieb.

[30] So verhält sich beispielsweise der „Pascha“ im Löwenrudel nur der eigenen Nachkommenschaft gegenüber „altruistisch“ und tötet zugleich die Nachkommen seiner Vorgänger. Dies ist offensichtlich kein arterhaltendes, sondern ein „genstrategisches“ Verhalten.

[31] So z.B. für die Erklärung „altruistischen“ Verhaltens wie etwa das der Arbeiterinnen einer Bienenpopulation oder wie das der Bruthilfe bei Tieren; vgl. Gribbin, *Ein Prozent Vorteil*, 166ff.; Hemminger, *Der Mensch – eine Marionette der Evolution?*, 14. 56. 60-77. Mit dem Löwenbeispiel ist auch Lorenz' Theorie von einem „Tötungshemmungsmechanismus“ erschüttert. Allerdings findet man auch Erklärungslücken und -mängel in der soziobiologischen Theorie tierischen Verhaltens, etwa wenn es um doppelte Urheberschaften eines Phänomens geht, wie etwa die Gallbildung durch Wespen bei Buchen; vgl. dazu Wickler, *Von der Ethologie zur Soziobiologie*, 182ff.

[32] Etwa Wilson, *Sociobiology*, Kap. 27, Dawkins und – etwas vorsichtiger – Wickler und Seibt. Ebenso Alexander, *Darwinism and human affairs*. Andererseits gibt es aber auch Soziobiologen, die die Absolutheit der Determinierung nicht nachvollziehen. Vgl z.B. Gribbin, *Ein Prozent Vorteil*, 135.

che Verhalten als Anpassung an den natürlichen Ausleseprozeß der Evolution im streng darwinistischen Sinne zu verstehen sei. Dieser Grundsatz schließt praktisch jede Freiheit und damit jede Verantwortlichkeit für das Handeln aus. Der Mensch wäre demnach das Produkt seiner „egoistischen Gene"[33], die ihn dazu determinierten, sein Handeln eigennützig, d.h. zugunsten eigener Selektionsvorteile und der größtmöglichen Verbreitung der eigenen Gene zu gestalten.[34]

Wäre dieser Spielart der Soziobiologie in vollem Umfange beizupflichten, dann müßte die vorliegende Arbeit an genau dieser Stelle zu ihrem Ende kommen, denn das Handeln – bzw. das Verhalten – von in diesem Umfang determinierten Individuen und ihrer Sozialgebilde ist weder bewertbar noch sinnvollerweise reflektierbar, weil aus dieser Reflexion keinerlei fruchtbare Erkenntnisse gewonnen werden könnten. Vergangenheitsbewältigung wäre unmöglich, denn determiniertes Verhalten ist so, wie es ist und wird sich – vorbehaltlich evolutiver Einflüsse – nicht ändern, ganz gleich, wie seine unmittelbaren Folgen sein mögen. Jegliche Überlegungen im Rahmen einer praktischen Philosophie und ihrer verwandten Disziplinen wären grundlose und folgenlose Spiegelfechtereien und Illusionen eines sich über das Maß seiner Freiheit täuschenden Bewußtseins. Dieser Art der Soziobiologie gegenüber werden jedoch nachhaltige Einwände erhoben.[35]

Einwände gegen die Theorie der Soziobiologie

Ein gravierender Einwand liegt in der Beobachtung, daß die als genstrategisch determiniert bezeichneten Verhaltensweisen offensichtlich nicht überall anzutreffen sind, wie es zu erwarten wäre. Der Kindesmord an fremder Nachkommenschaft aus genstrategischen Gründen z.B. müßte überall üblich (gewesen) sein. Dem ist nicht so. Ähnliches gilt für den Mädchenmord in polygynen Gesellschaften.

Aber auch die Genetik hat Einwände. So ist es heute eine gut gesicherte Erkenntnis, daß selbst bei Tieren komplexere Merkmale meist von vielen verschiedenen erblichen Informationen beeinflußt und verändert werden. Für das Verhalten gilt dies in noch stärkerem Maße als für biochemische oder anatomische Merkmale. So konnte an Mäusen festgestellt werden, daß alle Verhaltensmerkmale, die eine gewisse Komplexität haben, in der Regel nur eine mäßige Erblichkeit aufweisen. Umwelt und Erbgut wirken zusammen,

---

33 So der Titel von Dawkins' Buch. Er geht soweit zu sagen, der Mensch sei wie jeder andere Organismus nur eine große Überlebensmaschine, die zum Wohle ihrer Gene programmiert sei.

34 Die Soziobiologen der „strengen Observanz" erklären auf diese Weise so gut wie jede individuelle und kollektive Lebensäußerung des Menschen, beginnend bei der Gestaltung des Körperschmucks über Art und Inhalt der Weltanschauung, Begräbnissitten, Erbrecht, Heiratsregeln, Strafrecht, religiöse Überzeugungen, Tanzen, ethische Regeln, Regierungsformen, Homosexualität, bis hin zur kulturellen Sitte einiger Naturvölker, weibliche Neugeborene zu töten; vgl. Hemminger, *Der Mensch – eine Marionette der Evolution?*, 12. Dabei bleibt letztlich kein Raum für eigenverantwortliches Handeln übrig.

35 Ausführlich werden diese Einwände dargestellt bei Hemminger, *Der Mensch – eine Marionette der Evolution?*; Gould, *Biologische Potentialität contra biologischer Determinismus.*

um ein Verhaltensmerkmal hervorzubringen. Für Menschen dürften sich die Fakten noch komplizierter und verwickelter darstellen.[36]

Die Human-Soziobiologie nimmt an, daß das menschliche Verhalten erblich determiniert ist und daß sich dieses Verhalten im evolutiven Ausleseprozeß auszahlte. Auf dem Hintergrund dieser Annahme wurde versucht, die bei ca. fünf Prozent der US-amerikanischen Männer auftretende Homosexualität als Selektionsvorteil zu begreifen[37], indem man vermutete, daß in urtümlichen Gesellschaften die homosexuellen Sippenmitglieder ihren Verwandten derart hilfreich zur Seite getreten seien, daß diese deshalb mehr Kinder haben konnten als im Falle der Verweigerung dieser Hilfe. Somit hätten sich auch die Gene der Homosexuellen – inklusive der speziell „homosexuellen Gene" – vermehrt. Daher sei es über verwandtschaftliche Beziehungen möglich gewesen, daß sich „homosexuelle Gene" und somit Homosexualität vererben konnten.[38] Doch es gibt keinerlei Belege dafür, daß Homosexuelle die Nachkommenschaftsquote ihrer Verwandten je einmal erhöht haben. Zudem müßte der bewirkte Zuwachs sehr hoch sein, um Homosexualität zu einem in der evolutiven Selektion vorteilhaften erblichen Verhalten zu machen.[39] Von alledem kann man begründetermaßen – jedenfalls aufgrund empirischer Daten – nicht ausgehen.[40] Und wie läßt sich die bei acht Prozent der Männer auftretende angeborene Störung im Farbensehen evolutionistisch erklären? Genstrategisch sicherlich nicht.[41] Selbst wenn dieses Merkmal – und noch andere – als Fehlanpassung gedeutet werden müßte[42], so ist doch damit noch keine Erkenntnis über das Ausmaß einer erblichen Determination gewonnen.

---

[36] Vgl. Hemminger, *Der Mensch – eine Marionette der Evolution?*, 38f.; Gribbin, *Ein Prozent Vorteil*, 49f.; Tembrock, *Grundlagen der Tierpsychologie*, 107. Vgl. auch die Ausführungen zur „Simultanverursachung" bei Mayr, *Die Darwinsche Revolution und die Widerstände gegen die Selektionstheorie*, 67.

[37] Auf die Frage, ob Homosexualität überhaupt erblich ist, soll hier nicht eingegangen werden.

[38] Wilson geht von der Annahme aus, daß verwandte Individuen mit einer gewissen Wahrscheinlichkeit erbliche Merkmale auch dann teilen, wenn diese sich nicht manifest auswirken. Diese Theorie verwendet die Evolutionstheorie zur Erklärung einer sogenannten „Sippenselektion" bzw. „Verwandtenselektion" oder „kin-selection"; vgl. Hemminger, *Der Mensch – eine Marionette der Evolution?*, 42-53; Badcock, *Evolution and Individual Behavior*, 72-79.

[39] Vgl. Hemminger, *Der Mensch – eine Marionette der Evolution?*, 45-50. 57-77.

[40] Es kommt noch ein Faktor hinzu, den Sahlins, *The Use and Abuse of Biology*, beschreibt. Seinen Untersuchungen gemäß gibt es kein System menschlicher Verwandtschaftsbeziehungen, das nach den genetischen Koeffizienten der Soziobiologie organisiert ist. (Vgl. dazu Herbig/Hohlfeld, *Eine Biologie von Ethik und Philosophie?*, 150.)

[41] Vgl. Hemminger, *Der Mensch – eine Marionette der Evolution?*, 41.

[42] Für die Farbenblindheit dürfte diese Deutung nicht anwendbar sein. Ansonsten kann es Fehlanpassungen geben, nämlich solche, die bei veränderten Rahmenbedingungen kontraproduktiv wirken. Z.B. könnte die erhöhte männliche Aggressivität, die sogenannte „Gruppenaggressivität", ein stammesgeschichtliches Relikt aus Jäger-und-Sammler-Zeiten unserer savannenbewohnender Vorfahren sein, das sich heute eher störend auswirkt; vgl. Hemminger, *Der Mensch – eine Marionette der Evolution?*, 24-26. 54f. In den Reihen der Biologen ist die Zahl derer recht hoch, die die gesamte Entwicklung des Menschen für eine Fehlanpassung halten, die im Untergang zu enden drohe; so z.B. Hans Mohr, Konrad Lorenz, Hoimar von Ditfurth u.a.; vgl. auch Herbig/Hohlfeld, *Eine Biologie von Ethik und Philosophie?*, 156ff.

Als weiteres kommt hinzu, daß die darwinistische Evolutionsmechanik nur auf *die* Merkmale eines Lebewesens anwendbar ist, die zumindest teilweise erblich bedingt sind und durch selektive Anpassung entstanden. Für die Homosexualität etwa trifft dies nicht zu, selbst wenn sie erblich wäre; ebensowenig für alle anderen Erbinformationen, die nicht als Anpassungen an Umweltbedingungen deutbar sind.[43] Dies zu betonen ist deshalb wichtig, weil dadurch deutlich wird, daß nicht alle Erbanlagen genstrategisch ausgebildet wurden.

Es tritt also genau das ein, was Wilson – und die anderen Soziobiologen – vermeiden wollten: Die soziobiologische These kann offensichtlich *nicht* alle Phänomene erklären, kann dementsprechend auch nicht die totaldeterministische These begründen, jegliche Verhaltensweise sei genstrategisch motiviert.

Somit steht die Möglichkeit offen, daß die Gestaltung des Gen-Pools des Menschen anders vonstatten ging als ausschließlich durch eine genstrategische Selektion. Anders ausgedrückt, es muß damit gerechnet werden, daß Erbinformationen sich fortpflanzen konnten, obwohl sie keinen Selektionsvorteil darstellten. Augenscheinlich ist also die Möglichkeit gegeben, die natürlichen Evolutionsmechanismen zu übertrumpfen. Genau diese Fähigkeit liegt beim Menschen vor und sichert ihm – trotz vielfältiger genetisch determinierter Veranlagungen – zumindest ein Minimum an Freiheit. Es handelt sich dabei um die Fähigkeit individueller Lernvorgänge, die es ihm gestatten, sein Verhalten an die Erfordernisse der Umwelt anzupassen.[44] Der Mensch kann seine Determinanten reflektieren und zu ihnen Stellung nehmen, er ist also nicht völlig festgelegt, sondern besitzt Freiheit. Damit kann er projektiv tätig werden, also handeln. Er besitzt Empathiefähigkeit und die Möglichkeit, durch kulturelle Reglementierung individuelles Handeln – in Grenzen – zu lenken. Er ist somit, anders als die Tiere, ein moralisch verantwortliches Wesen.

Die soziobiologische These (in ihrer totaldeterministischen Form) trifft also nicht ohne weiteres auf den Menschen zu.[45] Vielmehr können ihm (grundsätzlich) Freiheit und Verantwortlichkeit in einem ausreichenden Maße zugeschrieben werden, so daß für ihn Vergangenheitsbewältigung möglich ist.

2.3 Bedingungen und Umstände der menschlichen Freiheit

Der Grund für die moralische Verantwortlichkeit des Menschen ist in seiner Reflexionsfähigkeit zu suchen. Die im Laufe der Evolution immer komplexer gewordenen Ordnungsstrukturen des Lebens ließen stufenweise ein lernfähiges Gehirn entstehen, das in der Lage ist, Erfolg oder Mißerfolg von

[43] Vgl. Hemminger, *Der Mensch – eine Marionette der Evolution?*, 29ff. 40.
[44] In dieser grundsätzlichen Form gilt das natürlich auch für viele Tierarten.
[45] Vgl. dazu Gould, *Biologische Potentialität contra biologischer Determinismus.*

Handlungen registrieren und bewerten zu können. Es ist ein System mit offenen Programmen, also ein solches, das Verhalten aufgrund der Rückmeldungen steuern und verändern kann. Dies ist der Anfang von Lernfähigkeit, von kurzfristiger Verhaltenssteuerung und kurzfristiger Anpassung. „Die streng darwinistische Evolution von Verhaltensmerkmalen hebt sich teilweise selbst auf, indem sie ein hochgradig lernfähiges Gehirn hervorbringt."[46] Der Grund dafür ist, daß die individuelle Anpassung des Verhaltens an die Umwelt über Lernprozesse viel schneller und effektiver funktioniert als die Anpassung geschlossener Programme durch natürliche Auslese. So stellt die Lernfähigkeit einen enormen Selektionsvorteil dar[47] und ist damit in der Lage, die genstrategische Selektion auszuschalten. Daher erreicht der moderne homo sapiens sapiens[48] seine darwinistische Fitneß nicht mehr vorwiegend durch stammesgeschichtliche Anpassung einzelner Verhaltensweisen, sondern durch seine überwältigende Fähigkeit zum persönlichen Erlernen selbst schwierigster Fertigkeiten. Eine daraus resultierende Konsequenz ist die, daß nicht jedes lebensdienliche Verhaltensmerkmal zur Steigerung der Fortpflanzungsrate führt. Andere als reproduktionsmaximierende Kriterien sind entscheidend geworden. Damit mag es verhaltenssteuernde Determinanten geben, sie greifen aber nicht unbedingt und ausnahmslos.

Um aus dem menschlichen Freiheitspotential Verantwortlichkeit werden zu lassen, muß die Empathiefähigkeit hinzukommen, die tatsächlich nur beim Menschen anzutreffen ist.[49] Denn erst die Empathie, als das „selbstbewußte Gewahrwerden des Bewußtseins des anderen", wie Christian Vogel dies formuliert[50], ermöglicht dem Individuum, leidensfähige Subjekte von Dingen zu unterscheiden. Wer alle und alles andere außerhalb seiner selbst nur als Gegenstände der Umwelt wahrnimmt, hat nicht die Möglichkeit, zwischen Sachen und Subjekten zu unterscheiden, und ist weder fähig, noch dazu veranlaßt, zwischen sich und den „Dingen" nach einem Unparteilichkeitsprinzip zu verfahren oder sich auf einen hypothetischen Rollentausch einzulassen, um sein Handlungswirken aus der Perspektive der anderen zur

[46] Hemminger, *Der Mensch – eine Marionette der Evolution?*, 84. Vgl. auch von Ditfurth, *Gefährliche Zwiespältigkeit*, 143. „Lernen ist dem sehr ähnlich, was die Embryologen Determination nennen"; so Konrad Lorenz in einem Interview, abgedruckt in: Knopp (Hg.), *Fragen zur Zeit*, 103.

[47] Zu Ausnahmen davon vgl. Hemminger, *Der Mensch – eine Marionette der Evolution?*, 85.

[48] „Homo sapiens sapiens" wird verstanden als der „moderne Jetztmensch"; vgl. Moore, *Die Evolution*, 171; Rudolph/Tschohl, *Systematische Anthropologie*, 72f.

[49] Die Empathiefähigkeit fußt in *biologischer* Hinsicht auf einer Entwicklung, die mit der Vergrößerung der Hirnrinde und dem Entstehen des Scheitellappens die Fähigkeit zur Raumvorstellung und damit die Begabung, Objekte der Außenwelt ordnen, Subjekt und Objekt unterscheiden und personale Identität erfassen zu können hervorbringt; vgl. dazu von Ditfurth, *Evolution und Transzendenz*, 325; Lorenz, *Psychologie und Stammesgeschichte*, 62ff.; Vogel, *Vom Töten zum Mord*, 100.

[50] Vogel, *Vom Töten zum Mord*, 100. Empathiefähigkeit darf nicht mit Emotionsfähigkeit verwechselt werden. Auch höhere Tiere sind zu Gefühlen fähig, nämlich zu Gefühlen bezogen auf die eigene Lage. Einfühlungsvermögen in andere, das so etwas wie die Fähigkeit zum hypothetischen Rollentausch voraussetzt, ist alleine dem Menschen möglich. Belege dafür finden sich bei Vogel.

Kenntnis zu nehmen. Wer die Welt außerhalb seiner selbst als „Sachen" versteht, hat keinen Grund, einen Menschen anders zu behandeln als einen Stein. Vielmehr dürfte naheliegen, daß in dieser Sichtweise alles vom subjektiven Erleben her qualifiziert wird. Die Empathiefähigkeit, als Teil der Emanzipation von einer Totaldeterminierung, gehört demnach ebenso wie die Reflexionsfähigkeit zu den Voraussetzungen freien und verantwortlichen Handelns und ist somit eine Bedingung für die Möglichkeit von Vergangenheitsbewältigung.

3. Die Freiheitsfrage im Licht der „Leib-Seele-Problematik"[51]

Die Problemlage

Auf dem Gebiet der „Leib-Seele-Problematik" gibt es Ansätze, die darauf hinauslaufen, die Reflexionsfähigkeit den Menschen – und damit seine Freiheit und sittliche Verantwortlichkeit – gänzlich zu bestreiten, indem sie alle psychischen Phänomene und das Bewußtsein[52] als reine Epiphänomene oder als „Innenansichten" der bio-chemischen Gehirnaktivitäten verstehen. Damit könnten „Gedanken" nichts bewirken, sie wären abhängige Nebenphänomene „materieller", neurophysiologischer Abläufe. Wer dächte, daß er aus einem Gedanken einen weiteren entwickeln kann, täuschte sich, weil diese Abfolge ein Zufall materieller Kausalität wäre.[53] Die Menschen wären angesichts der ausschließlich naturgesetzlichen Steuerung ihrer Handlungsent-

---

[51] Die Benennung der unter dieser Bezeichnung verhandelten Frage kennt verschiedene Varianten. Vogeley, *Repräsentation und Identität*, 134f., wählt z.B. die Formulierung „Gehirn-Geist-Philosophie", weil er jedes der drei Wörter „Leib", „Seele", „Problematik" für unglücklich oder verwirrend hält. Zur umfassenderen Behandlung dieser Problemfrage sei auf die folgende ausgewählte Literatur hingewiesen (die recht grob das Spektrum von „Substanz-Dualismus", z.B. bei Jonas, Seifert und Eccles, „Funktionalismus", z.B. bei Putnam, dem „Erfinder" dieser These, bis hin zum „logischen Behaviorismus", z.B. bei Ryle, abdeckt und auch geraffte Übersichten über die diversen Positionen bietet, z.B. Gadenne/Oswald): Seifert, *Das Leib-Seele-Problem und die gegenwärtige philosophische Diskussion*; Eccles/Popper, *Das Ich und sein Gehirn*; Wuketits, *Zustand und Bewußtsein*; von Ditfurth, *So laßt uns denn ein Apfelbäumchen pflanzen*, 342ff.; von Ditfurth, *Kritische Anmerkungen zur monistischen Interpretation des Leib-Seele-Problems*; Jonas, *Macht oder Ohnmacht der Subjektivität?*; Vollmer, *Evolutionäre Erkenntnistheorie und Leib-Seele-Problem*; Ryle, *Der Begriff des Geistes*; Gadenne/Oswald, *Kognition und Bewußtsein*, bes. Kap. 4; Putnam, *Vernunft, Wahrheit und Geschichte*; Vogeley, *Repräsentation und Identität*; Beckermann, *Eigenschafts-Physikalismus*; verschiedene Aufsätze in der Zeitschrift *Ethik und Sozialwissenschaften* 6 (1995) Heft 1, 69-156.

[52] Das Wort „Bewußtsein" kann sehr unterschiedlich verwendet werden. (Gadenne/Oswald, *Kognition und Bewußtsein*, bes. Kap. 3, beschäftigen sich ausführlich mit den verschiedenen Verwendungen des Wortes und den verschiedenen Vorstellungen von „Bewußtsein".) Hier sind jene Innenaspekte des Erlebens gemeint, die ausschließlich subjektiv und individuell erlebt werden; vgl. Vollmer, *Evolutionäre Erkenntnistheorie und Leib-Seele-Problem*, 34.

[53] Vgl. von Ditfurth, *Kritische Anmerkungen zur monistischen Interpretation des Leib-Seele-Problems*, 301; Jonas, *Macht oder Ohnmacht der Subjektivität?*

scheidungen und Gedankenabläufe bloß „Puppen der Weltkausalität“, und Freiheit und Verantwortung wären lediglich eine „epiphänomenalistische Illusion“.[54] Die in Wahrheit vollständig determinierten Verhaltens- und Gedankenabläufe wären im subjektiven Erleben bloß von einem „Freiheits*gefühl*“ begleitet.[55]

Neben der Bestreitung von Freiheit und Verantwortlichkeit führt ein solcher „Monismus“ auf dem Gebiet der Handlungstheorie zu einem „analytischen“ Ansatz, der für einen Prozeß der Vergangenheitsbewältigung unzureichend ist. Ein Monismus stellt also die Möglichkeit von Vergangenheitsbewältigung in Frage.

Kritik am Monismus

Innerhalb der heutigen Naturwissenschaften gibt es so etwas wie einen stillschweigenden Konsens darüber, von einem monistischen Menschenbild auszugehen.[56] Das ist keineswegs verwunderlich, denn die Naturwissenschaften sind dem Kausalitätsdenken und der Orientierung an Naturgesetzlichkeiten verpflichtet. Doch gerade das ist im vorliegenden Fall ihre Schwäche und ihre Versuchung. Von Ditfurth meint denn auch: „Monisten sind – zugespitzt formuliert – Leib-Seele-Theoretiker, die sich vor dem Dualismus fürchten.“[57] Diese Furcht hat mehrere Gründe.

Der erste besteht darin, daß die naturwissenschaftliche Methode notwendigerweise positivistisch ist. Sie beschränkt sich ausdrücklich auf quantifizierbare und objektivierbare Naturphänomene. Das ist eine pragmatische Engführung der Erkenntnisweise und des Gegenstandes, die um der damit verbundenen Vorteile willen vorgenommen wird. Das ist legitim. Damit werden allerdings manche Phänomene – wie das Bewußtsein – methodologisch ausgeklammert. Dies läßt dann aber keine – wie auch immer geartete – dualistische Position mehr zu.

Ein weiterer Grund für eine monistische Position dürfte darin liegen, daß die Monisten – gemäß naturwissenschaftlichen Vorgaben – „Getreue der Kausalität“ sind. Die Anerkennung einer selbständigen und gleichberechtigten Rolle des Psychischen, des Bewußtseins, neben dem materiellen Gehirn – und damit der Möglichkeit, daß psychische Zustände auf körperliche Vorgänge einwirken – würde das physikalische Weltbild erschüttern. „Der Dua-

[54] Vgl. von Ditfurth, *So laßt uns denn ein Apfelbäumchen pflanzen*, 347. Es verwundert nicht, wenn die Soziobiologie in ihrer totaldeterministischen Variante dem Monismus zuneigt, den sie in der „evolutionären Erkenntnistheorie“ zu ihrer erkenntnistheoretischen Grundlage macht. Vgl. Riedl/Bonet (Hg.), *Entwicklung der Evolutionären Erkenntnistheorie*; Riedl/Wuketits (Hg.), *Die Evolutionäre Erkenntnistheorie*. Kritisch dazu Herbig/Hohlfeld, *Eine Biologie von Ethik und Philosophie?*

[55] Sehr anschaulich wird dies von dem Monisten Arthur Schopenhauer in einer Parabel geschildert; vgl. Schopenhauer, *Preisschrift über die Freiheit des Willens*. Ein solches Gefühl als Epiphänomen ist jedoch für die Evolution entbehrlich und damit seine Entstehung höchst unwahrscheinlich; vgl. Vollmer, *Evolutionäre Erkenntnistheorie und Leib-Seele-Problem*, 37.

[56] Eine Übersicht über die Diskussion bietet Vollmer, *Evolutionäre Erkenntnistheorie und Leib-Seele-Problem*, 11.

[57] Von Ditfurth, *So laßt uns denn ein Apfelbäumchen pflanzen*, 348.

list müßte [...] ein gedankliches Durchbrechen von Naturgesetzen tolerieren", schreibt Wuketits.[58]

Die Selbsterfahrung fordert vom Menschen, der psychischen Dimension keine geringere Realität zuzuschreiben als der körperlichen, von der man erst mit ihrer Hilfe erfährt. Dieser Forderung „widerspricht der Monist nun mit dem Hinweis auf das Naturgesetz"[59], genauer: auf das Gesetz von der Erhaltung der Energie, demzufolge eine nicht-materielle Ursache eines materiellen (körperlichen) Geschehens eine unmögliche Vorstellung sei. Wer jedoch die Möglichkeit einer psychischen Ursache für eine körperliche Reaktion bestreitet, nimmt ein größeres Wissen für sich in Anspruch, als die Wissenschaften bereitstellen können. Die Unwissenheit über solche Zusammenhänge bedeutet noch nicht ihre Widerlegung.[60] Zudem ist von totaler Naturdeterminierung in den Wissenschaften heutzutage keine Rede mehr. Dementsprechend sind die „Naturgesetze" keine in der Natur vorfindlichen Kausalitätsbeschreibungen, sondern Regeln, die Menschen aufgrund statistisch verallgemeinernder Beobachtungen formulieren.[61] Daher sind die Naturgesetze vielleicht gar nicht so unerbittlich, wie man das meist voraussetzt. Wir brauchen „das Gesetz nicht anzubeten [...], denn wir haben es selbst konstruiert."[62] Darum ist es zumindest eine Frage wert, ob auch dann die Naturgesetzlichkeit als Argument die nötige Stärke hat, wenn ein Festhalten an ihren Regeln eher Probleme anhäuft als sie zu lösen.

Schlußfolgerungen

Diese Argumente sind keine strengen Beweise, aber Plausibilitätsprüfungen. Freilich ist das Bewußtsein an ein lebendes Gehirn gebunden und im Prozeß der Evolution hervorgetreten, jedoch muß dies nicht in der monistischen Weise zu verstehen sein. Es gibt durchaus andere Deutemodelle[63] die uns die monistischen Konsequenzen ersparen. Angesichts der Schwäche sämtlicher monistischer Spielarten und der Plausibilität der Selbsterfahrung darf die Totaldetermination des Menschen als unbewiesen und unbegründet betrachtet werden. Mit Hans Jonas läßt sich vorsichtig formulieren: „Mein Gefühl sagt

---

58 Wuketits, *Zustand und Bewußtsein*, 221.

59 Von Ditfurth, *Kritische Anmerkungen zur monistischen Interpretation des Leib-Seele-Problems*, 305.

60 Das legt – etwas ausführlicher – von Ditfurth, *Kritische Anmerkungen zur monistischen Interpretation des Leib-Seele-Problems*, 307, dar.

61 Vgl. dazu die Ausführungen des Nobelpreisträgers Prigogine, *Vom Sein zum Werden*, 37f.

62 Von Ditfurth, *Kritische Anmerkungen zur monistischen Interpretation des Leib-Seele-Problems*, 308.

63 Freilich handelt es sich um *Modelle* der *Deutung*. Solche Modelle entwickeln z.B. von Ditfurth, *So laßt uns denn ein Apfelbäumchen pflanzen*, 354ff., und Rohs, *Eine neue Hypothese zur Einheit von Gehirn und Geist*. Seitens der modernen Hirnforschung sei auf die Publikationen von Eccles verwiesen, der sich auch zusammen mit Popper für eine dualistische Position ausspricht; vgl. z.B. Eccles, *The Human Mystery*; Eccles/Popper, *Das Ich und sein Gehirn*. Allerdings gibt es noch andere „duale" oder „dualistische" Modelle, die keineswegs in der Tradition von Descartes stehen und die auch mit Eccles' Ansatz nicht übereinstimmen, z.B. Sperry, *Naturwissenschaft und Wertentscheidung*.

mir, daß das richtige, wenn es überhaupt je zu haben ist, ganz anders aussehen würde [...]. Worauf es bei meiner Konstruktion [...] alleine ankommt, ist, daß sie [so glaube ich] in sich sauber ist und ‚die Phänomene rettet', damit zeigend, daß man diesen auch auf andere Weise gerecht werden kann als durch die Aufopferung eines von ihnen [...]. Im letzten vindiziert die Macht der Subjektivität sich selbst, indem wir denken, und sollte des Umwegs der Hinwegräumung eines künstlich dagegen errichteten Interdikts nicht erst bedürfen."[64]

Abschließen lassen sich diese Überlegungen mit einem Zitat aus (neuro-)biologischer Perspektive, die zwar einen ontologischen Dualismus im Sinne von Descartes und Eccles ablehnt, aber zu dem Ergebnis kommt: „Zwischen Gehirn und Bewußtsein besteht [...] keine kausal determinierte Abhängigkeit [...] [und auch] keine Identität, sondern [...] [eine] Anisomorphie [eine Strukturverschiedenheit]. [...] Die Aussage, es handle sich um zwei verschiedene Seiten ein und derselben Sache [...], trifft nicht den Punkt [...]."[65] „[...] Bewußtsein ist nicht eine andere Form von neurophysiologischer Hirntätigkeit, sondern die Manifestation eines kategorial verschiedenen Wirklichkeitsbereiches, eben des Geistes oder Mentalen, dessen eigene Qualität und Inhalte zwar durch – vielleicht besondere – neuronale Tätigkeiten vermittelt, aber durch sie nicht zureichend begründet und erklärbar sind."[66]

Damit dürfte die an früherer Stelle aufgeworfene Frage, ob der Mensch eine für den Prozeß der Vergangenheitsbewältigung ausreichende Freiheit (und Verantwortlichkeit) besitzt, beantwortet sein. Die in der aktuellen Diskussion erhobenen Einwände der Ethologie (und speziell der Soziobiologie) und die der monistischen Position in der Leib-Seele-Diskussion können die notwendigen Voraussetzungen für einen Prozeß der Vergangenheitsbewältigung nicht wirklich bestreiten. Jedoch ist deutlich geworden: Seinen Freiheitsraum muß sich der Mensch durch bewußte Reflexion gegen eine Vielfalt von determinierenden und prägenden Einflüssen erarbeiten.

4. Ausmaß und Grenzen der Freiheit

Die Problemlage

Nicht alles, was jemand tut oder verursacht, kann ihm verantwortlich zugeschrieben werden. Hans Lenk hat darauf hingewiesen, daß man zwar umgangssprachlich auch bei einer reinen Verursachung davon spricht, jemand sei für das Geschehene verantwortlich; ja, sogar bei Naturkausalitäten findet man diesen Sprachgebrauch („... das Wetter ist für die Mißernte verantwortlich ..."). Jedoch hängt die Zuschreibung einer *normativen* Verantwortlichkeit von zusätzlichen Faktoren ab, u.a. vom Ausmaß der Freiheit des

---

64 Jonas, *Macht oder Ohnmacht der Subjektivität?*, 83ff.
65 Oeser/Seitelberger, *Gehirn, Bewußtsein und Erkenntnis*, 105.
66 Oeser/Seitelberger, *Gehirn, Bewußtsein und Erkenntnis*, 106.

Agierenden.[67] Die Identität eines Akteurs, um den es bei Vergangenheitsbewältigung geht, bestimmt sich vornehmlich über die normativen Verantwortlichkeiten. Sie gilt es, angemessen und treffend zuzuschreiben.

Ein wichtiges Zuschreibungskriterium ist das Ausmaß der Freiheit, über das der Handelnde verfügte. Diese Freiheit wird ex negativo bestimmt durch determinierende Einflüsse, denen jemand unterliegt. Die Determinanten wiederum sind sehr vielfältig. Nur im konkreten Falle läßt sich klären, was das jeweilige Handeln (bzw. Verhalten) einer bestimmten Person – unwillentlich resp. unwissentlich – mitbestimmt hat. Doch auch dies ist nur möglich, wenn man weiß, in welchen Bereichen man nach Determinanten suchen soll. Weil die Freiheitsfrage im Rahmen von Vergangenheitsbewältigung eine eminente Bedeutung besitzt, ist es wichtig, sich einen groben Überblick zu verschaffen über die Faktoren, die die prinzipiell gegebene Freiheit im Einzelfall einschränken können.

Die Vielfalt freiheitseinschränkender Determinanten

Um einen Eindruck von den determinierenden Einflüssen zu gewinnen, die auf den Menschen wirken, ist es hilfreich, sich an den Strukturmomenten zu orientieren, innerhalb derer sich die menschliche Existenz abspielt. Idealtypisch lassen sie sich in den biologischen, psychischen und sozialen Aspekt der menschlichen Existenz einteilen[68], entsprechend der anthropologischen Erkenntnis, daß „der Mensch als Lebewesen“[69] im Organischen fußt, über eine psychische Dimension verfügt und sozial bedürftig ist.

Daß es genetisch grundgelegte „Vorprogrammierungen“ gibt, dürfte unstrittig sein. Was die Recherche des möglichen *Ausmaßes* genetischer Determinierungen angeht, sei auf die – nicht unumstrittenen[70] – Ergebnisse der Zwillingsforschung verwiesen.[71] Demnach gibt es bei eineiigen Zwillingen, selbst wenn sie unmittelbar nach der Geburt getrennt wurden und dann in unterschiedlichen Kulturen aufwuchsen, Verhaltensparallelen, die über ein zufälliges Maß hinausgehen. Eineiige Zwillinge haben den gleichen Gen-Bestand. Die frappierenden Übereinstimmungen im Verhalten lassen keinen anderen Schluß zu als den, daß genetische Prägung für dieses Phänomen verantwortlich ist. Dabei zeigt sich auch, daß diese Prägung in einer Veranlagung besteht, die zu gewissen Präferenzen bei Alternativentscheidungen führen[72]; sie bedeutet jedoch keine einlinige und alternativlose Verhaltensvorschrift, denn dann dürfte es ja so gut wie keine Verhaltensunterschiede zwischen diesen Zwillingspaaren geben.

---

[67] Vgl. dazu z.B. Lenk, *„Verantwortung“ als Beziehungs- und Zuschreibungsbegriff*.

[68] Diese Einteilung hat – obgleich es keine „klassische“ Einteilung ist – einiges für sich (zumindest in unserem Zusammenhang) und wird aus Klassifizierungsgründen häufig gewählt. So orientiert sich z.B. die siebenbändige *„Neue Anthropologie“* von Gadamer und Vogler an diesem Schema.

[69] So ein Aufsatztitel von Plessner.

[70] Vgl. Hemminger, *Der Mensch – eine Marionette der Evolution?*, 32f.

[71] Z.B. bei von Ditfurth, *So laßt uns denn ein Apfelbäumchen pflanzen*, 289ff. Dort weitere Literaturangaben. Zum genetischen Aspekt vgl. Freye, *Humangenetik*, 178-188.

[72] Gribbin, *Ein Prozent Vorteil*, 67, nennen die genetischen Vorgaben ein „‚Angebot‘ an Entwicklungsmöglichkeiten“. Vgl. auch Murken, *Aggressivität als Problem der Genetik*, 124.

Psychische Prägungen (die sich je nach Grad und Stärke als Verhaltensdeterminierungen auswirken können) resultieren aus genau der Fähigkeit, die dem Menschen die Überwindung der genetischen Vorprogrammierungen erlaubt. Es ist die individuelle Lernfähigkeit, die es dem Menschen gestattet, aufgrund von interpretierten Erfahrungen eigene Ziele zu setzen. Diese Erfahrungen sind – als offene Programme – natürlich beeinflußbar und fehleranfällig. Durch Sanktionierung bestimmter Verhaltensweisen kann eine Erfahrung erzeugt werden, die zukünftiges Verhalten bestimmt. Das kann allerdings auch ein maladaptives (ein, bezogen auf die Erfordernisse der konkreten Situation, unzuträgliches) und kontraproduktives Verhalten sein.[73] Prozesse dieser Art sind in der Regel sehr kompliziert, weil sie durch vielerlei Einflüsse ausgelöst werden und oft in kybernetischer Weise funktionieren.[74]

Kulturelle bzw. soziale Prägungen, die sich auf das Individuum determinierend auswirken können, entstehen aus der Notwendigkeit des „Mängelwesens" Mensch, in organisierten Gemeinschaften zu leben. Diese Ge meinschaften sichern nicht nur das Überleben, wozu sie gewisse Ordnungsstrukturen geschaffen (und zu ihrer Stabilisierung zuweilen metaphysisch überhöht) haben, die die Freiheit und die Möglichkeiten des Individuums mitbestimmen, sondern sie bieten auch Strukturen und/oder Methoden zur Daseinsdeutung, Existenzerhellung und Angstbewältigung.[75] Die soziale Realität wirkt auf die Individuen handlungsbestimmend, prägend, determinierend. Doch zugleich sind es die Individuen, die die soziale Realität konstituieren. Es gibt also eine Interdependenz, die Verantwortung sowohl auf der individuellen als auch auf der sozialen Seite ansiedelt und dementsprechend Vergangenheitsbewältigung sowohl von den Individuen als auch vom sozialen System verlangt.

Freilich konstituieren sich diese Strukturmomente in vielfältiger Abhängigkeit voneinander.[76] Deshalb – und weil es hier darum geht, das Ausmaß und die Grenzen der menschlichen Freiheit zu *skizzieren*, um für einen Prozeß der Vergangenheitsbewältigung die Notwendigkeit deutlich zu machen, den faktischen Freiheitsrahmen der beteiligten Individuen zu recherchieren – wird in den folgenden Beispielen zwischen den prägenden Einflüssen der menschlichen Strukturmomente nicht säuberlich getrennt. Vielmehr scheint es sinnvoll, sie in ihrer gegenseitigen Interdependenz aufzuzeigen.

---

[73] Dazu gehören auch innerpsychische Abläufe, Ängste, Phantasien etc.; vgl. beispielhaft Mentzos (Hg.), *Angstneurose*, und die sehr instruktiven Ausführungen bei Bettelheim, *Die Geburt des Selbst*, bes. Teil 1.

[74] Dieser komplizierte Bereich wird etwa vom psychologischen Konstruktivismus (Watzlawick u.a.) untersucht.

[75] Zu letzterer vgl. Riemann, *Grundformen der Angst*, 7.

[76] Zum Beispiel können psychische Gegebenheiten von genetischen Vorgaben abhängen, ebenso kulturelle. Auch haben die psychischen und kulturellen Momente Einflüsse aufeinander. Spätestens seit den Erkenntnissen der psychosomatischen Medizin wissen wir, daß zwar einzig die genetischen Bedingungen nicht unmittelbar von psychischen und sozialen Umständen abhängen, wohl aber die körperlich-seelischen.

Zum Beispiel: der Versuch von Solomon Asch
Paul Watzlawick berichtet von einem Experiment des Psychologen Solomon E. Asch.[77] Dieser stellte Gruppen von sieben bis neun Studenten zusammen, denen er jeweils zwei Tafeln zeigte. Auf der ersten Tafel war eine senkrechte Linie zu sehen, auf der zweiten drei vertikale Linien verschiedener Länge. Asch erklärte seinen Versuchspersonen, daß es sich um ein Experiment in visueller Diskrimination handele und daß es ihre Aufgabe sei, diejenige Linie auf Tafel Nr. 2 zu identifizieren, die ebenso lang wie die eine Linie auf Tafel Nr. 1 sei. Bei den ersten beiden Tafelpaaren waren sich die Studenten in ihren Antworten einig. Beim dritten Versuch jedoch wich einer in seiner Antwort von der einmütigen Einschätzung der anderen ab. Beim nächsten Versuch ebenfalls. Der Dissident war erstaunt, ja, bestürzt über diese Entwicklung. Er wurde im weiteren Verlauf zunehmend unschlüssig, er zögerte, seine Antwort schien ihm peinlich zu sein. Er wußte nicht, daß er die einzige wirkliche Versuchsperson war und die anderen nach vorheriger Absprache mit Asch bewußt falsch votierten. Damit befand er sich in einer „höchst ungewöhnlichen und beunruhigenden Lage: Entweder [...] [mußte] er der nonchalant und einstimmig abgegebenen Meinung der anderen widersprechen und ihnen daher in seiner Wirklichkeitsauffassung merkwürdig gestört vorkommen, oder er [...] [mußte] der Evidenz seiner eigenen Wahrnehmung mißtrauen. Wie unglaublich es auch scheinen mag, verfielen 36,8 % der Versuchspersonen dieser zweiten Alternative und unterwarfen sich dem ihnen selbst so offensichtlich falschen Urteil der Gruppe.

Asch führte dann gewisse Modifikationen in den Verlauf des Versuchs ein und konnte nachweisen, daß das Ausmaß der Opposition, das heißt die Zahl der Personen, die den Antworten der Versuchsperson widersprechen, von ausschlaggebender Bedeutung ist. Wenn es sich nur um ein Mitglied der Gruppe handelte, war die Wirkung fast Null, und die Versuchsperson hatte kaum Schwierigkeiten, ihre unabhängige Urteilsfähigkeit zu bewahren. Sobald die Opposition auf zwei Personen erhöht wurde, stieg die Unterwerfung der Versuchsperson unter die falschen Antworten auf 13,6 % an. Bei drei Opponenten erreichte die Fehlerkurve der Versuchsperson 31,8 % und flachte dann ab, um schließlich das obengenannte Höchstmaß von 36,8 % zu erreichen. Umgekehrt erwies sich die Gegenwart eines Partners, der dieselbe [richtige] Meinung vertrat, als wirksame Hilfe gegen den Druck der Gruppenmeinung und für die Aufrechterhaltung der eigenen Urteilsfähigkeit."[78]

Der Erkenntnisgewinn aus dem Versuch von Solomon Asch
Der Versuch von Solomon Asch zeigt die unter bestimmten Konstellationen fast überwältigende Macht determinativer Einflüsse. Die Integration in die Gruppe der Artgenossen darf als Existenzbedingung für sozial lebende Wesen angesehen werden. Dies gilt so sehr, daß alle nicht lebensnotwendigen

[77] Vgl. Watzlawick, *Wie wirklich ist die Wirklichkeit?*, 92ff.; vgl. auch die Deutung dieses Experimentes in: Schwartz, *Wie Lorenz auf die Graugans kam ...*, 37-45.
[78] Watzlawick, *Wie wirklich ist die Wirklichkeit?*, 93f.

Erkenntnisse dem unterzuordnen sind. Von daher läßt sich leicht verstehen, daß das Bedürfnis, in Harmonie zur Gruppe zu stehen, andere Bedürfnisse – samt dem, der eigenen Erkenntnisfähigkeit zu trauen und nach eigenen Maßgaben zu handeln – unterdrücken kann. Dieser gruppendynamische Effekt dürfte auf den evolutiven Mechanismen beruhen, die den Menschen zu einem sozial bedürftigen Wesen machen. Alles, was das Individuum von der Sozietät trennt, wird als gefährlich erlebt und löst Angst aus.[79]

Watzlawick kommentiert das Versuchsergebnis so: „Die Bereitschaft, sich unterzuordnen, die individuelle Urteilsfreiheit und die damit verbundene Verantwortlichkeit für das Linsengericht der konfliktfreien Kollektivität zu verschachern, ist jene menschliche Schwäche, die Demagogen und Diktatoren zur Macht bringt."[80]

Von hier aus die Linie zu ziehen zu Situationen in der Geschichte, in denen diese menschliche Neigung tatsächlich zu katastrophalen Konsequenzen führte, bedarf keiner großen Phantasie. Biographische Untersuchungen bei ehemaligen Hitlerjungen zeigen den Konformitätsdruck, dem diese Minderjährigen damals ausgesetzt waren und der ihnen, die aufgrund ihres Alters bzw. ihrer Jugend kaum etwas dagegensetzen konnten, keine andere Wahl zu lassen schien, als mitzumachen – zum Teil auch gegen den Willen der Eltern.[81] Ein Prozeß der Vergangenheitsbewältigung hat in solchen Fällen nicht den Zweck, die Beteiligten mit dem Hinweis auf die (über-) mächtige Disposition zu entschuldigen[82]. Man rufe sich in Erinnerung, daß in der Versuchsreihe eine Mehrheit immerhin zu dem stand, was sie für richtig hielten. Diese Disposition ist zwar eine Veranlagung, ein Drang, sich gruppenkonform zu verhalten, eine unüberwindliche Determinante ist sie aber nicht. Der

---

[79] Vgl. z.B. Riemann, *Grundformen der Angst*; Mentzos (Hg.), *Angstneurose*. Dies kann sich im bewußten, aber auch im unbewußten Bereich abspielen, so daß möglicherweise alleine psychosomatische Körperreaktionen die Gefahr zum Ausdruck bringen. Vgl. dazu z.B. Lowen, *Körperausdruck und Persönlichkeit*; ders., *Bio-Energetik*; Siems, *Dein Körper weiß die Antwort*; Seifert, *Unterentwickelte Sinne als Quelle unerfüllter menschlicher Beziehungen*, 72.

[80] Watzlawick, *Wie wirklich ist die Wirklichkeit?*, 95. Daß die Korrektur der eigenen Wahrnehmung durch die Erkenntnis anderer zuweilen seine Berechtigung haben kann, ja haben muß, wird hier nicht bestritten und ist hier auch nicht das Thema. An dieser Stelle geht es um die Frage nach verhaltensdeterminierenden Veranlagungen.

[81] Vgl. Kudera, *Erfahrungen des Nationalsozialismus in kleinbürgerlichen Gruppen*, 72f.; Rosenthal, *Die Hitlerjugend-Generation*, 233ff.

[82] So auch Draber, *Nationalsozialistische Gewaltverbrechen vor Gericht – Problematik der NSG-Verfahren aus der Sicht des Richters*, 110. Jedoch weiß auch er, daß solche Erkenntnisse zur gerechten Beurteilung von Geschehenem ihren Eingang in die Bewertung einer Situation finden müssen. So läßt sich als Unbeteiligter schnell die Frage stellen, warum es so wenige Widerständler in Diktaturen gibt. Zieht man z.B. die Ergebnisse des Experimentes von Asch ins Kalkül, wird man mit solchen Vorhaltungen vorsichtiger umgehen. Freilich gilt auch: Nach dem Sturz einer Diktatur ist bei der Besetzung wichtiger Positionen durchaus zu fragen, ob das Kriterium, Widerständler, Mitläufer oder Parteigänger gewesen zu sein, ein Qualifikationsmerkmal darstellt. Diese Frage ist unter moralischen, unter Gerechtigkeitsaspekten zu stellen, aber auch unter dem Aspekt des Selbstverständnisses des betreffenden Gemeinwesens, also seiner Identität, ebenso unter dem Aspekt seiner Glaubwürdigkeit und Interaktionsfähigkeit, aber auch unter dem Aspekt, ob Personen, die fähig waren, einer Diktatur zu widerstehen, dadurch ein selbstbewußtes und nützliches Persönlichkeitsmerkmal präsentieren.

Mensch kann sich – unter schlechten Gefühlen zwar – zu dieser Disposition verhalten. In diktatorischen Systemen ist dies freilich ungleich schwerer als im Experiment von Solomon Asch, doch ein Blick in die Geschichte zeigt, daß ernsthafter Widerstand möglich ist.

Zum Beispiel: das Milgram-Experiment

Ein anderes Experiment, das sogenannte „Milgram-Experiment“[83], das wegen seiner Ergebnisse auch das „Eichmann-Experiment“ genannt wurde, zeigt, daß Gruppenkonformität offensichtlich durch Autoritätshörigkeit ersetzt (oder symbolisiert) werden kann. Es bedarf keiner Androhung von Nachteilen, um konformes Verhalten zu erreichen, es genügt die Einordnung in eine autoritäre Struktur. Die Autorität übernimmt bzw. ersetzt den Gruppendruck und befreit den Handelnden oftmals vom Verantwortungsbewußtsein für sein Tun. Stanley Milgram brachte Versuchspersonen unter dem Vorwand, ein wissenschaftliches Experiment über Lernen durch Strafen durchzuführen, dazu, anderen Menschen – vermeintlich – schwere bis lebensbedrohende Elektroschocks zuzufügen. Die Autorität des Versuchsleiters und der vorgeblichen Wissenschaftlichkeit des vermeintlichen Experimentes genügte. „Die weitestreichende Konsequenz [...] ist, daß jemand sich *vor* der ihn leitenden Autorität verantwortlich fühlt, aber keinerlei Verantwortungsgefühle *für* die ihm von der Autorität vorgeschriebenen Handlungen hat. [...] Die untergeordnete Person empfindet Scham oder Stolz, je nachdem sie die von der Autorität verlangten Handlungen ausgeführt hat.“[84] Freilich gab es auch im Milgram-Experiment Ausnahmen. Die Versuchsanordnung zeigt Parallelen zu den Verantwortungs- und Rangstrukturen im Nationalsozialismus. Tatsächlich hat Adolf Eichmann in Jerusalem zu seiner Verteidigung vorgebracht: „Ich klage die Regierenden an, daß sie meinen Gehorsam mißbraucht haben [...]. Bei einer guten Staatsführung hat der Untergebene Glück, bei einer schlechten Unglück. Ich hatte kein Glück.“[85] Der Drang nach Konformität macht es autoritären Systemen offensichtlich leicht, entschuldigt die Individuen aber nicht.[86]

Der Erkenntnisgewinn aus dem Milgram-Experiment

Ein Prozeß der Vergangenheitsbewältigung hat aus diesen Erkenntnissen Konsequenzen zu ziehen. Etwa die, daß Meinungsfreiheit als Grundrecht ga-

---

[83] Milgram, *Das Milgram-Experiment*; vgl. auch Schwartz, *Wie Lorenz auf die Graugans kam ...*, 46-66.

[84] Milgram, *Das Milgram-Experiment*, 170.

[85] Zitiert in Arendt, *Eichmann in Jerusalem*, 216. Eichmann ist mit dieser Auffassung beileibe kein Einzelfall. Vgl. dazu auch Bettelheim, *Erziehung zum Überleben*, 266-284 („Eichmann – Das System – Die Opfer“).

[86] In diesen Zusammenhang gehört auch die oft bemühte Berufung auf tatsächlich nicht vorhandenen Befehlsnotstand bei DDR-Mauerschützen und bei Angeklagten wegen NS-Verbrechen, wobei Rückerl, *Staatsanwaltschaftliche Ermittlungen der NS-Verbrechen – Schwierigkeiten und Ergebnisse*, 81, feststellt, es habe sich in keinem der NS-Prozessen ein Befehlsnotstand glaubwürdig nachweisen lassen, wohl aber Fälle, in denen Befehlsverweigerung keinerlei negative Folgen hatte.

rantiert wird, daß oppositionelle Zusammenschlüsse ermöglicht werden, daß kontroverse Fragen einen (gesellschaftlichen) Diskurs durchlaufen, daß es keine entlastend-entmündigenden Autoritätsstrukturen gibt und vieles mehr. All dies wären Maßnahmen, die sicherstellten, daß Andersdenkende nicht aus der Gemeinschaft ausgestoßen würden, daß sie sich vielmehr zusammenschließen und somit vor der Vereinzelungsangst bewahren könnten, daß man Verantwortung nicht einfach an anonyme Strukturen delegieren könnte usw. Zudem wäre es wichtig, dafür zu sorgen, daß Systemrationalitäten übergeordneten (moralischen) Kriterien unterworfen werden. All das und vieles mehr wäre nötig, wenn ein Prozeß der Vergangenheitsbewältigung die von Asch, Milgram und anderen verdeutlichten Determinanten im menschlichen Verhalten berücksichtigte.

Eine weitere Erkenntnis läßt sich hier gewinnen. Wenn das Bedürfnis, sozial akzeptiert zu werden, dermaßen stark ist, wie es hier zum Vorschein kommt, dann kann der von Asch aufgedeckte Mechanismus genutzt werden, um sozial schädliche Verhaltensweisen durch gesellschaftliche Ächtung zu verhindern. Die gesellschaftliche Parallelisierung von Interpretationen hat also auch den Zweck, die einzelnen Mitglieder der Gesellschaft an diese Interpretation zu binden. Es ist nicht leicht, sich einem gesellschaftlichen Konsens zuwider zu verhalten. Wenn beispielsweise das nationalsozialistische Gedankengut in einem gesellschaftlichen Konsens verworfen wird, dann ist die Gefahr einer nationalsozialistischen Renaissance geringer, als wenn es keine derartig parallelisierte Interpretation der NS-Ideologie gibt. Darum ist es wichtig, sich um einem solchen Konsens immer wieder zu bemühen.

Was die Aufdeckung früherer Untaten angeht, so kann dieser Mechanismus seitens der Täter allerdings auch die Verhaltenstendenz begünstigen, die Tatsachen zu vertuschen und zu verheimlichen, um erst gar nicht in die Situation der sozialen Ächtung zu geraten. Das bedeutet, bekannt gewordenes Unrecht bekommt eine stärkere Dynamik in Richtung ihrer Bewältigung, noch unentdeckte Übeltaten erhalten eine stärkere Tendenz zur Vertuschung. Und schließlich: Untaten, die mehrheitlich begangen oder geduldet wurden, dürften unter diesen Umständen mit einiger Wahrscheinlichkeit eine verharmlosende Uminterpretation erfahren, die es der Mehrheit gestattet, sich als schuldlos darzustellen. In dieser Situation ist es wichtig, auf einer geordneten Prüfung der Geschichtsinterpretationen zu bestehen und eine Verweigerung dieser Prüfung nicht hinzunehmen. Daß die Verweigerung einer ehrlichen Aufarbeitung schwerlich ein geeigneter Fluchtweg aus der Last der Vergangenheit darstellen, sondern – im Gegenteil – zu einer gesellschaftlichen Belastung werden kann, mag zu einer redlichen Vergangenheitsbewältigung motivieren.[87] Der Angst vor einer gesellschaftlichen Aufarbeitung kann vielleicht durch den Hinweis die Spitze genommen werden, daß Vergangenheitsbewältigung nicht von vorne herein der Verurteilung und erst recht nicht der Erniedrigung oder Ausschaltung von Menschen dient.

---

[87] Vgl. dazu Schwan, *Politik und Schuld*.

Die Freiheitsmöglichkeit des Menschen

Der Mensch befindet sich in einem Netz von determinierenden Einflüssen,[88] die so lange (fast) ungehindert wirken können, wie sie als Determinanten nicht „entdeckt" werden. Sie aufzudecken und zu überwinden ist in einem reflexiven Stellungnehmen ihnen gegenüber jedoch möglich.[89]

Der Mensch identifiziert sich gewissermaßen mit dem Vollzug seiner determinierter Anlagen, so daß er sie nicht als Freiheitsbeschränkungen erlebt.[90] Das Verhalten, das den determinierten Anlagen entspricht, wird als Trieberfüllung, Lustgewinn oder als etwas ähnliches erlebt; etwa wenn man seinen Hunger stillt oder sich der Müdigkeit im Schlaf hingibt. Doch der Mensch ist prinzipiell der Askese fähig, des Triebverzichtes. Die Askesemöglichkeit gibt einen vagen und groben Hinweis auf den menschlichen Freiheitsrahmen. Die Verhaltenstendenzen, denen der Mensch widerstehen kann, mögen veranlagt sein, sie gehören aber zur Dispositionsmasse seiner Freiheit. Nicht widerstehen kann er z.B. unwillkürlichen Reflexen. Viele andere Veranlagungen unterliegen – mehr oder weniger – seiner kognitiven Reflexionsmöglichkeit.

Dazu ein Beispiel: Am 9. Dezember 1994 berichteten die Medien, ein fünfzehnjähriger Schüler habe gestanden, einen sudanesischen Studenten in Greifswald niedergestochen und schwer verletzt zu haben. Zum Motiv sagte der Täter, daß „er Ausländer nicht leiden" könne.[91] Man wird zugestehen müssen, daß man auf Stimmungen und Gefühle nur begrenzt einen willentlichen Einfluß hat. Es läßt sich dem Realschüler vielleicht zugute halten, daß seine Aversionen gegen „Ausländer" in stammesgeschichtlich entstandenen Vorbehalten disponiert gewesen sein mögen.[92] Möglicherweise resultierte seine Abneigung auch aus psychischen Übertragungen. Jedenfalls sei dem Fünfzehnjährigen zugestanden, daß er unter dem Druck ablehnender Emotionen gestanden habe (wobei damit *nicht* vorausgesetzt ist, daß längerfristig solche gefühlsmäßigen Vor-Urteile nicht veränderbar sind). Doch die daraus resultierende Straftat ist keineswegs mehr aus deterministisch-kausaler Notwendigkeit zu erklären. Hier setzt der „Freiheitshebel" an, der Menschen für ihre Taten verantwortlich macht[93], wenn sie nicht durch eine psychische Krankheit weitgehend in

[88] Bemerkenswert in diesem Zusammenhang ist sicherlich die These von Odo Marquard, *Merkende Vernunft*, 256f.: Die Menschen sind „frei durch Freiheiten im Plural, die ihnen zufallen, indem die Determinanten, die determinierend auf sie einstürmen, durch Determinantengedrängel einander wechselseitig beim Determinieren behindern [...]. Nicht die Nulldetermination [...] macht den Menschen frei, sondern die Überfülle an Determinanten tut es."

[89] Damit ist ein wichtiges Freiheitskriterium erfüllt, das Krings, *Freiheit*, 497, benennt: „Frei sein heißt einmal, innerhalb eines durchgängig determinierenden Systems sich zu eben diesem System ins Verhältnis zu setzen."

[90] Es ist sogar so, daß das Verhindern von determinierten Verhaltensvollzügen als Freiheitsbeschneidung empfunden werden kann; etwa wenn man jemanden an einer Trieberfüllung hindert, z.B. durch Schlafentzug o.ä.

[91] Vgl. *Trierischer Volksfreund* vom 9. Dezember 1994.

[92] Das behauptet jedenfalls Eibl-Eibesfeldt. Vgl. dazu Eibl-Eibesfeldt, *Universalien im menschlichen Sozialverhalten*, 83ff. Daran gibt es allerdings Kritik; vgl. Herbig/Hohlfeld, *Natur als normgebende Instanz?*.

[93] Die gleiche Argumentation gilt allerdings auch für altruistisches Handeln. Auch hier sind Determinanten im Spiel, aber ebenso auch Spielräume für frei gewähltes Handeln.

ihrer Selbstbestimmung eingeschränkt sind. Aufgrund dieser Freiheitsspanne ist Vergangenheitsbewältigung möglich und nötig.

Bildlich könnte man die verschiedenen Prägungen[94] und Determinanten mit Schneisen vergleichen, die durch den Wald möglicher Handlungsalternativen geschlagen sind und die zu durchgehen man aufgefordert ist. Zumindest sind sie der am leichtesten gangbare Weg, weil bereits präpariert. Zumeist folgen wir diesem Weg auch. Doch sind wir in der Lage – und niemand kann uns hindern (wenn nicht starke Einschränkungen vorliegen) – zu reflektieren und einzelne Abschnitte querfeldein zu gehen. Die Schneisen sind also keine bindenden Schienenwege. Es mag sein, daß das Querfeldeingehen schwieriger, anstrengender und möglicherweise mit Unsicherheitsgefühlen besetzt ist. Manchmal so sehr, daß das „Unterholz“ (also vorhandene Determinationen) Querfeldeinwege faktisch ausschließt. Deshalb ist in konkreten Fällen der Vergangenheitsbewältigung der tatsächliche Freiheitsrahmen der Akteure sorgfältig zu recherchieren.

Das Ausmaß der menschlichen Verhaltensdetermination läßt sich vielleicht besser begreifen, wenn man sich vorstellt, daß die angeborenen Verhaltenstendenzen und emotionalen Reaktionsweisen des Menschen ihre bis heute wirksame Ausprägung vor ungefähr 100.000 bis 50.000 Jahren erhalten haben. „Damals [...] war Homo sapiens, der moderne Mensch, in seiner heutigen Form aus archaischen Frühmenschentypen hervorgegangen. In dieser Epoche muß der erste Mensch auf der Erde gelebt haben, der sich genetisch nicht mehr von uns unterschied. Die erbliche Ausstattung, über die er zum Zeitpunkt ‚Null‘ menschlicher Zivilisation und Kultur verfügte, ist bis heute die gleiche geblieben. Auch wir haben mit ihr auszukommen. Diese Ausstattung aber entspricht natürlich einer Anpassung an Bedingungen, unter denen sie entstand.“[95] Die Mängel müssen wir mit unserer Reflexionsfähigkeit kompensieren. Darin besteht die Freiheit.

5. Die Konsequenz der Freiheit: Der Mensch als handelndes Wesen

Die Reflexionsfähigkeit des Menschen und sein damit verbundener Freiheitsspielraum sind die Folge evolutiver Entwicklungen und unterscheiden ihn vom Tier. Der Mensch ist instinktreduziert, dafür aber mit einer hohen Lernfähigkeit ausgestattet. Er ist, wie schon Herder formulierte, ein „Mängelwesen“[96], das „sein Leben führen“[97] muß. Das heißt, ihm sind nicht gene-

94 Prägungen sind in erkenntnistheoretischer Hinsicht gewissermaßen „hermeneutische Brillen“, „Verstehensvorlagen“ für den Menschen, der mit der Welt umgehen will. Sie sind Interpretationsschemata für das Handeln und Verstehen. Vgl. dazu Lenk, *Interpretationskonstrukte*, 95ff.

95 von Ditfurth, *So laßt uns denn ein Apfelbäumchen pflanzen*, 317. So ähnlich äußert sich auch Mohr, *Biologische Grenzen des Menschen*, 191-195.

96 Diese Charakterisierung wurde von Gehlen mehrfach aufgegriffen, z.B. Gehlen, *Der Mensch*, 83.

97 So Plessner, *Der Mensch als Lebewesen*, 16. 17. 25; ders., *Conditio Humana*, 70.

rell Handlungsmuster vorgegeben, sondern er muß sich entscheiden, das eine zu tun und das andere zu lassen. Der Mensch agiert reflektiert, er muß im Rahmen seiner Freiheitsspielräume sein Tun und Lassen bewußt vollziehen. Damit ist er zwar einerseits „in der Lage [...], die natürliche Selektion zu übertrumpfen"[98], andererseits ist er aber damit zum Handeln „verdammt".

Wenn sein Handeln erfolgreich sein soll, ist der Mensch auf stabile Einschätzungen seiner Umwelt (inklusive der handelnden Mitmenschen) angewiesen. Diese Einschätzungen gewinnt er durch diachrone Erfahrungen. Deshalb braucht der Mensch Geschichte, d.h. Deutungen vergangenen Geschehens zum Zwecke stabiler Einschätzungen von Personen und Abläufen.[99] Damit wird Vergangenheitsbewältigung wichtig als eine Vergewisserungsmaßnahme. Vergangenheitsbewältigung ist der Versuch, unter Rückgriff auf Geschichte zu Deutungen von Personen, Systemen und Geschehnissen zu kommen, die die Grundlage für aktuelles Handeln bilden. Insofern hat Vergangenheitsbewältigung einen funktionalen Charakter.[100]

Insofern das Handeln (und darin eingeschlossen auch Vergangenheitsbewältigung) eine Anwendung freier Entscheidungen ist, ist es in zweifacher Hinsicht bewertbar: in funktionaler und in moralischer Hinsicht bzw. – in Anlehnung an Aristoteles – in poietischer und in praktischer Hinsicht.

Handeln können heißt: Verantwortung tragen

Dies wiederum bedeutet: Handeln heißt, Verantwortung zu tragen. Der Mensch ist nämlich zur Empathie fähig[101], zu dem, was Theodor Litt als „Reziprozität der Perspektiven" bezeichnet hat.[102] Der Mensch kann, aufgrund seiner „exzentrischen Positionalität"[103], in ein dialogisches Verhältnis zur Welt und zu den Menschen treten. Diese Fähigkeit ist eine conditio sine qua non für moralisch verantwortetes Handeln, weil nur dadurch der Andere als Subjekt begriffen werden kann. Der hypothetische Rollentausch wird möglich, Unparteilichkeit und Universalisierungsfähigkeit.[104] Damit ist die Sensibilität für Moral gegeben.[105] Sollte sich Moral – was im sechsten Kreis dieser Arbeit untersucht wird – als unbedingtes Kriterium erweisen und nicht nur als ein kontingentes Sollensgefühl, dann muß die Lebensführung sich an moralischen Grundsätzen ausrichten. Damit unterliegt auch Vergangenheitsbewältigung moralischen Kriterien. Es geht dann bei der Interpreta-

---

[98] Wickler/Seibt, *Das Prinzip Eigennutz*, 77f.

[99] Ausführlicheres dazu findet sich im vierten Kreis dieser Arbeit.

[100] Dieser funktionale Charakter kann für Täter Anlaß zu Manipulationen sein, um eine andere Identität zu präsentieren als die, die man tatsächlich hat.

[101] Vgl. Vogel, *Vom Töten zum Mord*, 70f. 81. 100ff.

[102] Vgl. Plessner, *Der Mensch als Lebewesen. Adolf Portmann zum 70. Geburtstag*, 116.

[103] So Plessner erstmals in seinem Werk *„Die Stufen des Organischen und der Mensch"* im Jahre 1928. Später wiederholt in einer Vielzahl von Aufsätzen.

[104] Vgl. dazu auch Rudolph/Tschohl, *Systematische Anthropologie*, 95f.

[105] Apel, *Geschichtliche Phasen der Herausforderung der praktischen Vernunft und Entwicklungsstufen des moralischen Bewußtseins*, 58, versteht das „Gegenseitigkeitsprinzip als entwicklungsgeschichtliche [‚genetische'] Wurzel und als virtuelles [...] Gültigkeitsprinzip aller Moral." Das aber ist letztlich nur denkbar für Wesen, die Empathie besitzen.

tion von Geschichten nicht nur darum, eine Einschätzung von sich selbst in seiner Umwelt zu gewinnen, die ein möglichst risikoarmes Leben erlaubt, sondern auch darum, bestimmte Kriterien und Maßstäbe bei der Interpretation von Geschichten, bei der eigenen Lebensführung und damit einschlußweise auch bei der Gestaltung der Interaktionen zu berücksichtigen. Diese Formulierung mag sich recht harmlos, fast belanglos anhören. In der Praxis geht es um nicht weniger als um die Orientierung an rationalen und kognitivistischen Moralgrundsätzen.

Der Mensch muß sein Leben handelnd führen. Dabei unterliegen Handlungen den Anforderungen des Moralprinzips. Jedoch ist nicht alles menschliche Agieren bereits ein Handeln. Wann kann man davon sprechen, jemand handle?

Zweiter Kreis: Handlungstheoretische Klärungen

1. Was ist „Handeln"? Kriterien und Funktionsweisen

Handeln ist zielgerichtetes, motiviertes Tun aufgrund intellektueller verantwortlicher Leistung[1], ist ein Akt der „Selbstplanung"[2], der „Veränderung der Natur zum Zwecke des Menschen"[3], des „Stellungnehmens nach außen"[4] sowie „gegenüber sich selbst und anderen"[5]. Damit schließt der Begriff des Handelns im engeren Sinne aus, daß der Handelnde nicht weiß, was er tut, oder zu seinem Tun gezwungen wird.[6] „Zum Handeln gehören: [1] Voraussicht der [notwendigen oder möglichen] Folgen des Tuns und [2] Absicht."[7]

Allerdings kann dieses bewußte Tun und Gestalten viele Formen haben. Man kann etwas gestalten, indem man etwas verändert, Veränderungen unterläßt oder sie verhindert. Wenn man davon spricht, daß jemand handelt, dann interpretiert man das Verhalten dieser Person in Abhängigkeit von mehreren Komponenten, zu denen als wichtigste die Zielsetzung des Handelnden und die herrschenden Kontextumstände zu zählen sind. Eine Handlung ist offensichtlich nicht einfach ein beobachtbares Geschehen, sondern eine interpretatorische Zuschreibung. Weil nun derjenige, der Vergangenheitsbewältigung betreibt, selbst handeln muß und dabei nach dem Handeln von Menschen fragt, ist es wichtig, sich etwas näher mit den konstitutiven Strukturelementen dieser fundamentalen menschlichen Lebensäußerung zu befassen, um (1) für die Beschreibung und Bewertung von Handlungen tragfähige Kriterien zu gewinnen, und um (2) zu einem Handlungsbegriff zu gelangen, der für die Beantwortung der Frage, was Vergangenheitsbewältigung sei und wie sie handelnd betrieben werden müsse, hilfreiche Erkenntnisse beisteuern kann.

Dabei ist zu berücksichtigen, daß Handeln sich nicht nur auf gegenständliche Veränderungen (resp. ihre Verhinderung) bezieht, sondern auch auf

---

1 Vgl. dazu auch Kamlah, *Philosophische Anthropologie*, Erster Teil, § 3 und § 5.

2 Riedel, *Handlungstheorie als ethische Grunddisziplin*, 18.

3 Gehlen, *Anthropologische Forschung*, 17.

4 Gehlen, *Der Mensch*, 32.

5 Riedel, *Handlungstheorie als ethische Grunddisziplin*, 19.

6 Aristoteles, *Nikomachische Ethik*, III, 1-5, spricht von der Prohairesis, der Entscheidung, die beim Handeln gegeben sein muß. Schwemmer, *Verstehen als Methode*, 29, beschreibt deshalb das Handeln als ein Tun, das argumentationszugänglich ist.

7 Riedel, *Handlungstheorie als ethische Grunddisziplin*, 34.

sprachliche Akte. Denn die Sprache schafft die Wirklichkeit[8], die Vergangenheitsbewältigung überhaupt erst möglich macht. Wegen dieser Bedeutung der Sprache sei zunächst das sprachliche Handeln näher in den Blick genommen.

1.1 Sprachliches Handeln

Gehlen nennt die Sprache eine „Zwischenwelt“ zwischen menschlichem Verhalten und der Realität.[9] Plessner hebt die Versachlichung und Abstraktion durch sprachliche Bezeichnung hervor, ebenso aber die Weltbildprägung durch Sprache.[10] Sie virtualisiert die Wirklichkeit.[11] Sprechen schafft zudem nicht nur Wirklichkeit und bezeichnet sie, sondern *ist* Wirklichkeit und verändert sie. Sprechen ist Handeln.[12]

Aber nicht nur das. Sprechen ist der Modus des Begreifens, denn nur durch Sprache kann Bedeutungszuweisung geschehen, also Sinnstiftung. Damit ist Sprache konstitutiv für jegliches Verstehen und damit für jegliches Handeln. Doch Sprache ist kein Instrument des solipsistischen Bewußtseins, sondern ein kulturelles Gut. Damit ist die Sprache für das Individuum gewissermaßen eine transzendentale Vorgabe.[13] Die Grundzüge der Bedeutungszuweisung werden mit dem Spracherwerb verinnerlicht; allerdings in einer für das individuelle kognitive System selbstreferentialen Weise. Das führt dazu, daß sprachliche Bedeutungen flexibel sind und potentiellen Kommunikationsstörungen ausgeliefert. Weil Sprache in dieser Weise sowohl das quasi transzendentale, kommunikativ vermittelte Instrument des Begreifens, als auch – wegen der Konstruktivität dieses Begreifens – das kommunikative Instrument der Prüfung der eigenen Vorstellungen (der kognitiven Konstrukte) darstellt[14], existieren Bedeutungen nur kommunikativ[15], also nur kulturell; und zwar nur als sprachliche Bedeutungszuweisungen, also nur narrativ.[16] Begreifen verlangt Sprechen und Sprechen ist Handeln.

---

[8] Vgl. z.B. Keller, *Sprachphilosophie*, 121-141.

[9] Gehlen, *Anthropologische Forschung*, 51.

[10] Plessner, *Conditio Humana*, 58ff. Vgl. auch Whorf, *Sprache-Denken-Wirklichkeit*, 5. 11f. 74ff. und öfter. Um Differenzierung – gerade auch Whorf gegenüber – und um Relativierung der These von der Weltbildprägung durch Sprache bemühen sich Furth, *Denkprozesse ohne Sprache*; Heeschen, *Grundfragen der Linguistik*; Wandruszka, *Die Strukturen unserer Erlebniswelt und die Strukturen unserer Sprache*; Betz, *Verändert Sprache die Welt?*, 32-47.

[11] Vgl. Keller, *Sprachphilosophie*, 136ff.

[12] Vgl. dazu Morris, *Sprechen und menschliches Handeln*; Schneider, *Pragmatik als Basis von Semantik und Syntax*, bes. S. 11ff.; Keller, *Sprachphilosophie*, 142f.; von Savigny, *Zum Begriff der Sprache*, 151-158; Austin, *Zur Theorie der Sprechakte*, 112. Deshalb begreift Searle, *Sprechakte*, 31, die Sprachtheorie als einen Teil von Handlungstheorie.

[13] Vgl. Angehrn, *Geschichte und Identität*, 31-35.

[14] Vgl. Apel, *Sprechakttheorie und transzendentale Sprachpragmatik zur Frage ethischer Normen*, 29.

[15] Vgl. Apel, *Sprechakttheorie und transzendentale Sprachpragmatik zur Frage ethischer Normen*, 33ff.

[16] Vgl. dazu Vaassen, *Die narrative Gestalt(ung) der Wirklichkeit.*

Diese etwas verwickelte Konstruktion ist für Vergangenheitsbewältigung von großer Bedeutung. Es wird sich sowohl zeigen, daß die Erfassung von Handlungen und geschichtlichen Abläufen für das verstehende Subjekt letztlich nur als sprachlich fundiertes kognitives Interpretationskonstrukt faßbar ist, als auch, daß ein Prozeß der Vergangenheitsbewältigung über sprachlich fundierte Interpretationskonstrukte vermittelt und betrieben werden muß (weshalb Vergangenheitsbewältigung mit der Formulierung tragfähiger Geschichtserzählungen zu beginnen hat). Damit ist die Sprache das maßgebliche Begriffs- und Handlungsinstrument für Prozesse der Vergangenheitsbewältigung.

Analytische Aspekte der Sprachtheorie: die Sprechakttheorie

Analysiert und theoretisch beschrieben wurden Sprache und Kommunikation vom „Ordinary Language Approach" der analytischen Philosophie[17], ausgehend von Theorien des späten Wittgenstein – besonders seiner Sprachspieltheorie[18] – und entscheidend systematisiert von John L. Austin.[19] Ausgehend von Wittgensteins Einsicht, die Bedeutung eines Wortes bestehe in seinem Gebrauch in der Sprache[20], fragt Austin, was man tut, wenn man spricht. Es fiel ihm auf, daß eine Äußerung verschiedene Bedeutungen haben kann. So kann die Aussage: „Morgen komme ich", eine *Mitteilung*, ein *Versprechen* oder eine *Drohung* sein. Die reine Mitteilung, den puren Informationsgehalt eines Satzes, nennt Austin den „lokutionären Akt" einer Aussage. Die damit transportierte Drohung bzw. das Versprechen o.ä. bezeichnet Austin als den „illokutionären Akt"; dieser drückt aus, was mit der Aussage *getan* wird.[21] Die Illokution kann explizit formuliert werden, etwa indem man sagt: „Ich verspreche dir, morgen komme ich." Austin nennt diese Form der Illokution „explizit performativ". Die Art des Versprechens in unserem kurzen Beispiel transportiert die Versprechenshandlung unausdrücklich. Austin nennt sie „primär performativ". Performative Äußerungen können nicht wahr oder falsch sein, weil sie als illokutionäre Akte den *Vollzug* einer

---

17 Maßgeblich betrieben wurde dieser Ansatz im angelsächsischen Raum; vgl. Warnock, *Englische Philosophie im 20. Jahrhundert*.

18 Hauptsächlich in seinen *„Philosophischen Untersuchungen"*. Als übersichtliche Einführung ist dienlich: Schulte, *Wittgenstein*, 130-173. Vgl. auch Lenk, *Zu Wittgensteins Theorie der Spachspiele*.

19 Austin entwickelte seine Theorie im Laufe von Jahren in seinen Vorlesungen. Zu Lebzeiten hat er nicht sehr viel veröffentlicht. Somit stellen seine wenigen Publikationen Stationen auf dem Weg zu seiner Theoriebildung dar. Einen Überblick über den fortgeschrittensten Stand seiner Thesen bieten die letzten fünf Kapitel seiner posthum edierten Vorlesungsmanuskripte in *„How to do things with Words"* (*Zur Theorie der Sprechakte*), besonders in der zweiten Auflage, die sich um noch getreuere Textwidergabe müht, als dies in der ersten Auflage möglich war.

20 Vgl. Wittgenstein, *Philosophische Untersuchungen*, § 43.

21 „Nehmen wir beispielsweise an, daß ich im Laufe einer Hochzeitszeremonie ‚Ja' [...] sage. Oder [...] daß ich dir auf den Fuß trete und sage: ‚Ich bitte um Verzeihung'. [...] In allen diesen Fällen wäre es absurd, das Gesagte als Bericht über die zweifellos vollzogene Handlung [...] aufzufassen. Man würde vielmehr sagen, daß ich durch das Gesagte tatsächlich die betreffende Handlung vollziehe." (Austin, *Performative Äußerungen*, 138).

Handlung darstellen.[22] Wer sagt: „Ich verspreche ...“, der übt damit den Akt des Versprechens aus. Ebenso derjenige, der im geeigneten Kontext den Inhalt des Versprechens bestätigt, wenn er auf die Frage, ob er am folgenden Tag auch ganz sicher kommen werde, antwortet: „Morgen komme ich!“

Albert Keller[23] hat darauf aufmerksam gemacht, daß es angebracht ist, den illokutionären Akt nochmals zu unterscheiden von seiner appellativen Rolle. Letztere bezeichnet das, was die performative Äußerung nach *üblicher Verwendung* bei ihrem Adressaten bewirken soll; der illokutionäre Zweck gibt an, wozu die Äußerung nach *Absicht des Sprechers* dienen soll. „Daß ein Appell vorliegen kann, ohne daß er illokutionär beabsichtigt wäre, läßt sich am Beispiel des spontanen unartikulierten Schreiens etwa eines Ertrinkenden erläutern, der durchaus als Appell zur Rettung verstanden werden muß, auch wenn er ohne appellative Absicht geäußert wird.“[24] Als weiteres Beispiel läßt sich der Fall denken, daß jemand einem Abenteurer gegenüber die Warnung vor der Expedition in ein gefährliches Gebiet ausspricht, insgeheim aber damit rechnet und erhofft, daß genau dies den Mann zu dem Wagnis anspornen wird.

Erreicht der Appell bzw. die Illokution die intendierte Reaktion beim Adressaten, dann nennt Austin dies den „perlokutionären Akt“ einer Äußerung. Mit ihm wird beschrieben, was eine Sprachhandlung tatsächlich bewirkt. Nehmen wir zur Anschauung nochmals die Aussage: „Morgen komme ich“, und denken diesen Satz als Warnung. Wenn ihn der Adressat ebenso verstanden hat, dann wird er daraufhin Vorsichtsmaßnahmen ergreifen. Damit wird – gewissermaßen in seiner Wirkungsgeschichte – fortgeschrieben, was der Sprecher in seinem Sprechakt tut und bewirkt: Er warnt oder droht und veranlaßt andere möglicherweise zur Flucht oder schüchtert sie ein o.ä. „Ob der perlokutionäre Akt vollbracht wird, hängt also davon ab, ob dank der Äußerung noch etwas Zusätzliches geschieht; ob der illokutionäre Akt vollbracht wird, hängt nicht davon ab, ob dank der Äußerung noch etwas Zusätzliches geschieht.“[25] Wer sagt: „Ich bitte um Verzeihung“, tut damit, was er sagt; wer sagt: „Ich warne dich“, tut auch, was er sagt, ist jedoch im Effekt nur erfolgreich, wenn die Warnung beachtet wird.[26] Der perlokutionäre Akt gehört deshalb im strengen Sinne nicht zum Sprechakt selbst, sondern zu dessen Wirkungsgeschichte.

Transzendentalpragmatische Aspekte der Sprechakttheorie

Karl-Otto Apel und Jürgen Habermas haben die Theorie der Sprechakte aufgegriffen[27] und die Tatsache, daß Sprechakte einen propositionalen Inhalt und eine illokutionäre Kraft besitzen, als performativ-propositionale Doppelstruk-

---

[22] Vgl. Austin, *Performative und konstatierende Äußerung*, 140.
[23] Keller, *Sprachphilosophie*, 147ff.
[24] Keller, *Sprachphilosophie*, 148.
[25] von Savigny, *J.L. Austins Theorie der Sprechakte*, 9, in: Austin, *Zur Theorie der Sprechakte*.
[26] Vgl. Keller, *Sprachphilosophie*, 148. Dieser Umstand tut also dem illokutionären Charakter dieser Aussage keinen Abbruch! Vgl. von Kutschera, *Sprachphilosophie*, 170f.
[27] Sie beziehen sich vornehmlich auf Searle.

tur der Sprechakte bezeichnet. Die beiden Elemente dieser Doppelstruktur sind funktionsverschieden. Der propositionale Inhalt bezieht sich auf Sachverhalte. Der illokutionäre bzw. performative Akt richtet sich an den Adressaten. „Mit einem Sprechakt sagt ein Sprecher nicht nur etwas über etwas aus, sondern er verdeutlicht zugleich auf einer *kommunikativen Ebene*, welchen Status oder kommunikativen Modus seine Äußerung hat. Er verdeutlicht gegenüber seinem Ko-Subjekt, ob er beispielsweise den propositionalen Inhalt als wahr behauptet oder bestreitet, vom Adressaten fordert, daß er den Sachverhalt verwirklicht [Befehl, Aufforderung] oder selbst dafür einsteht, daß der genannte Sachverhalt zustande kommt [Versprechen].“[28] Apel und Habermas fassen diesen kommunikativen Aspekt in den Terminus des Geltungsanspruchs. Wer spricht, erhebt vier Geltungsansprüche: den auf *Wahrheit* bezüglich des propositionalen Bestandteils, den der *Wahrhaftigkeit* der Äußerung, den der *Richtigkeit* bzw. Korrektheit der gewählten illokutionären Rolle und den der *Verständlichkeit* des Ausdrucks.[29] Es ist Sache des Adressaten, die Geltungsansprüche zu akzeptieren oder zurückzuweisen, also dem Sprechakt zu seinem perlokutionären Erfolg zu verhelfen oder ihn zu verweigern.

Damit hat die Illokution einer Äußerung – nach Apel und Habermas – eine *kommunikationsbezogene* Funktion.[30] Weil jede Äußerung mit einer Illokution verbunden ist, steckt in jeder Äußerung auch eine Kommunikationsabsicht, indem gegenüber den Adressaten die Geltungsansprüche erhoben werden. Jedes Sprechen ist auf die Bestätigung der Geltungsansprüche durch „Ko-Subjekte“ ausgerichtet. Weil Denken, als Bedeutungszuweisen, auf Sprache angewiesen ist, ist auch jedes Denken auf die Bestätigung der mit ihm erhobenen Geltungsansprüche ausgerichtet und somit kommunikationsbezogen. Der propositionale Gehalt einer Äußerung oder eines Gedankens bezieht sich auf die „interpretative Gegenstandskonstitution“, der illokutionäre Akt bezieht sich auf die „geltungsreflexive Verständigung“.[31] Ein „konstativer Sprechakt“, also der Behauptungsaspekt einer Äußerung, transportiert die Illokution: „Ich behaupte hiermit gegenüber jedem möglichen Diskussionspartner, daß ...“.[32] Der performative Charakter jeder Äußerung und jedes Gedankens besteht demnach mindestens im Erheben der Geltungsansprüche, denn jede Äußerung enthält einen Behauptungsaspekt.[33]

---

28 Leilich, *Die unbeantwortete Frage*, 46.

29 Apel und Habermas äußern sich verschiedentlich zu den Geltungsansprüchen. Z.B. Habermas, *Theorie und Praxis*, 24; Habermas, *Was heißt Universalpragmatik*, 354f.; Habermas, *Theorie des kommunikativen Handelns*, Bd. 1, 367ff.; Apel, *Die Vernunftfunktion der kommunikativen Rationalität*, 22f.; Apel, *Interview*, 56; Apel, *Normative Begründung der „Kritischen Theorie“ durch Rekurs auf lebensweltliche Sittlichkeit?*, 18. Apel spricht statt vom Verständlichkeitsanspruch vom Sinnanspruch, stimmt in der Sache jedoch mit Habermas überein.

30 Bezüglich dieser Auffassung gibt es eine Kontroverse mit John R. Searle; vgl. dazu Leilich, *Die unbeantwortete Frage*.

31 Vgl. Apel, *Sprechakttheorie und transzendentale Sprachpragmatik zur Frage ethischer Normen*, 32.

32 Apel, *Sprechakttheorie und transzendentale Sprachpragmatik zur Frage ethischer Normen*, 33.

33 Auch wer etwas verspricht, behauptet etwas, nämlich, daß er etwas verspricht. Wer fragt, behauptet, daß er fragt etc.

Diese Einsicht hat weitreichende Konsequenzen. Während performative Sprechakte, wie die des Eheschließens, konventions- und kontextabhängig sind, handelt es sich bei den performativ erhobenen Geltungsansprüchen der Rede um normative Bedingungen der Möglichkeit der Argumentation selbst.[34]

Sprechen ist Handeln. Durch Apels Interpretation der Sprechakttheorie wird deutlich: Wer spricht, handelt – aufgrund der transzendentalpragmatischen Performativität des Sprechens – unter Erhebung von Geltungsansprüchen, die, wie im sechsten Kreis der vorliegenden Arbeit ausgeführt wird, den sprechend Handelnden (und, weil jedes Handeln als ein solches sprachabhängig ist, jeden Handelnden) moralisch binden. *Wer spricht, handelt nicht nur, sondern unterstellt sich dem Moralprinzip.*[35] Damit trägt man Verantwortung für seine Äußerungen und für seine Interpretationen. Deshalb hat sich ein Prozeß der Vergangenheitsbewältigung an den Kriterien der Moral auszurichten. Darum ist der Diskurs der Vergangenheitsbewältigung nicht bloß ein hermeneutischer, der ein Geschehen analysieren und in einen Bedeutungszusammenhang einrücken will, sondern ein *hermeneutisch-moralischer*, der zusätzlich das Geschehen nach den Kriterien des Moralprinzips (und nicht nur nach den Kriterien eines kontingenten Verstehenshorizontes oder nach funktionalen Interessen) bewertet und ggf. Konsequenzen einfordert.

Institutionelle und transzendentalpragmatische Illokutionen und ihre Funktionsbedingungen

Zweierlei Illokutionen sind also zu unterscheiden: (1) die „institutionell“ (Searle) geltenden Illokutionen, die sich auf eine Konvention beziehen, und (2) die transzendentalpragmatische Illokution, die sich in den Geltungsansprüchen der Rede ausdrückt. Letztere ist mit *jedem* Sprechakt verbunden und verpflichtet den Sprecher zur Einhaltung des Moralprinzips. Erstere ist konventionsabhängig und funktioniert nur im Rahmen und unter Bezugnahme auf eine entsprechende Konvention.

Beide Arten von Illokutionen bzw. performativen Äußerungen können mißlingen oder „verunglücken“[36], und zwar dann, wenn ihre jeweiligen Konstitutionsbedingungen nicht eingehalten werden. Institutionell festgelegte, also durch Konvention konstituierte Sprechakte mißlingen, wenn die konventionellen Rahmenbedingungen nicht gegeben sind oder nicht beachtet werden bzw. wenn die Konvention falsch angewendet wird oder lückenhaft ist.[37] So konstituiert eine Hochzeitszeremonie, die bei Spielfilmaufnahmen

---

[34] Apel, *Sprechakttheorie und transzendentale Sprachpragmatik zur Frage ethischer Normen*, 83.

[35] Apel, *Sprechakttheorie und transzendentale Sprachpragmatik zur Frage ethischer Normen*, 104ff.

[36] Austin, *Performative Äußerungen*, 140, nennt das Fehlschlagen einer performativen Äußerung einen „Unglücksfall“.

[37] Vgl. von Savigny, *J.L. Austins Theorie der Sprechakte*, 12ff., in: Austin, *Zur Theorie der Sprechakte*; Austin, *Performative und konstatierende Äußerung*, 141f; Austin, *Performative Äußerungen*, 141.

durchgeführt wird, keine Ehe, weil die notwendigen Kriterien der Konvention nicht gegeben sind. Der Gehalt einer konventionell abhängigen Illokution hängt also nicht alleine von der Absicht des Sprechers ab, auch nicht vom lokutionären Inhalt, sondern auch von der Konvention, innerhalb derer der Sprecher sich äußert, also vom „Ritus". Dieser hat die Funktion, den Rahmen für den Erfolg konventionell abhängiger performativer Äußerungen festzulegen.[38] Das heißt, Sprechakte können durch unzureichende Beherrschung der konventionellen Regeln mißlingen; etwa wenn jemand ermutigen will, seine Äußerung jedoch als Drohung verstanden wird, wenn sich jemand entschuldigen will, dies aber mißverstanden wird, oder wenn jemand Betroffenheit äußert, doch die Rahmenbedingungen machen seine Äußerung unglaubwürdig.[39] Problematisch wird die Situation, wenn die Regeln nicht klar sind oder seitens der Beteiligten divergent. Bei der Kommunikation über kulturelle Grenzen hinweg dürfte diese Problematik auftreten.[40]

Die Illokution, mit der die – von Austin und Searle noch nicht erkannten – transzendentalpragmatischen Geltungsansprüche erhoben werden, scheitert, wenn der Sprecher sich nicht auf die Kommunikation einläßt, die er durch seine Rede begonnen hat.[41] Damit setzt er sich in einen „performativen Selbstwiderspruch". Beide Arten von Illokutionen bzw. performativen Sprechakten haben für die Praxis von Vergangenheitsbewältigung große Bedeutung. Die Performativität der Kommunikation, die durch die Geltungsansprüche entsteht, führt, wie schon angedeutet, zur Verpflichtung auf das Moralprinzip. Dieser Zusammenhang ist so bedeutsam, daß auf ihn im sechsten Kreis der vorliegenden Arbeit ausführlicher eingegangen wird. An dieser Stelle muß noch etwas näher auf die Bedeutung der institutionell bzw. konventionell abhängigen illokutionären Sprechakte geschaut werden.

Die Bedeutung institutioneller Sprechakte bei Vergangenheitsbewältigung

Im Rahmen von Vergangenheitsbewältigungsprozessen dürfte illokutionären Sprechhandlungen eine enorme Bedeutung zukommen. Das Eingeständnis von Schuld, die Bitte um Vergebung, das Versprechen der Besserung etc. sind nicht nur Schall und Rauch, sondern – wenn ehrlich vollzogen – Handlun-

---

38 Vgl. Keller, *Sprachphilosophie*, 146. Die konventionelle und „rituelle" Abhängigkeit sprachlicher Äußerungen wurde bereits 1923 von Ogden und Richards beschrieben (Ogden/Richards, *Die Bedeutung der Bedeutung*, 244). Vgl. auch Lenk, *Interpretationskonstrukte*, 547ff.

39 Der so mißverstandene Sprecher dürfte in aller Regel das Mißgeschick bemerken und alles daransetzen, die Dinge wieder zurechtzurücken. Bietet sich diese Korrekturmöglichkeit nicht, so gibt es kaum die Chance, die „wahre Intention" des Sprechers zu erfahren, denn Searle's Kriterium, daß ein Sprechakt „genau dann erfüllt [ist], wenn der entsprechende psychische Zustand [des Sprechers] erfüllt ist" (Searle, *Intentionalität*, 27), dürfte kaum überprüfbar sein.

40 In diesem Feld bewegt sich auch die Problematik der Inkulturation, da es bei Divergenzen konventioneller Regeln schwierig ist, die Kompatibilität bzw. die Äquivalenz von Bedeutungen zu prüfen; erst recht, wenn verschiedene Kulturen Sprachspiele darstellen, die sich kaum aufeinander oder auf eine gemeinsame Basis reduzieren lassen.

41 Weil Austin den transzendentalpragmatischen Charakter der Geltungsansprüche nicht erkennt, faßt er den Bruch des Wahrhaftigkeitsanspruchs nicht als Verletzung der kommunikativen Ebene auf, sondern er glaubt, die Illokution werde dadurch lediglich in ihrer Qualität gemindert.

gen an der eigenen Vergangenheit und kommunikative Handlungen[42] in bezug auf eventuelle Opfer und/oder die Kommunikationsgemeinschaft; auch wenn sich Vergangenheitsbewältigung nicht im verbalen Handeln erschöpfen darf. Dies gilt allerdings nur dann, wenn es entsprechende konventionelle Grundlagen gibt; das heißt z.B., daß es eine Einigung darüber geben muß, Vergangenheitsbewältigung zu betreiben, und daß man sich über Ziele, Zwecke und Methoden des Prozesses verständigt hat. Ist dies der Fall, dann kann möglicherweise schon das pure Zugeben von historischen Sachverhalten eine Illokution (und nicht bloß eine Lokution) sein.[43] In seiner Rede am 8. Mai 1985 hat der damalige Bundespräsident Richard von Weizsäcker u.a. Sinti und Roma, Homosexuelle und Geisteskranke als Opfer des Nationalsozialismus benannt.[44] Alleine schon diese Aufzählung wird vom Vorsitzenden des Zentralrates Deutscher Sinti und Roma, Romani Rose, als „Anerkennung als einer eigenständigen ethnischen Minderheit und damit gleichzeitig [als] die Anerkennung als eines festen Bestandteils der deutschen Bevölkerung"[45] gewertet. Dies wohl zu recht. Zudem werden durch die Tatsachenfeststellung die Opfer als solche anerkannt. Dies ist – wie sich noch zeigen wird – von Bedeutung für die Identitätsprägung. Das Benennen von Fakten kann also aufgrund der illokutionären Komponente als Geschichtsinterpretation und Identitätszuweisung wirksam werden. Das Akzeptieren von Fakten, die anerkanntermaßen mit ethischen oder rechtlichen Konsequenzen belastet sind, bedeutet die Anerkenntnis dieser Konsequenzen. Insofern handelt es sich um eine Illokution, die perlokutionäre Folgen hat. Dies dürfte einer der Gründe sein, der die Geschichtsschreibung oft kontrovers macht, und der häufig zu einer „Sieger-Geschichtsschreibung" führt. Dies ist wohl auch einer der Gründe dafür, warum eine Verständigung über Geschichte zwischen ehemaligen Konfliktparteien wichtig, aber auch ebenso schwierig ist. Vergangenheitsbewältigung muß also mit Geschichtsinterpretationen und deren gesellschaftlicher Parallelisierung beginnen.

In einem entsprechend konventionierten[46] Rahmen kann es angebracht sein, Trauer zu bekunden über geschehenes Leid und Scham wegen der Übeltaten, obwohl der Redner im Moment seiner Äußerungen nicht traurig

---

[42] „Kommunikatives Handeln zeichnet sich gegenüber strategischen Interaktionen dadurch aus, daß alle Beteiligten illokutionäre Ziele vorbehaltlos verfolgen, um ein Einverständnis zu erzielen, das die Grundlage für eine einvernehmliche Koordinierung der jeweils individuell verfolgten Handlungspläne bietet." (Habermas, *Theorie des kommunikativen Handelns*, Bd. 1, 397f).

[43] Da es keine „Fakten an sich" gibt, sondern nur gedeutete, ist das Benennen von Sachverhalten schon eine Interpretation. Sie findet in einem Kontext statt, der den Deuterahmen der Lokution abgibt. Darüber hinaus wird hier die interaktionelle Bedeutung von gemeinsamen Interpretationen deutlich. Das Akzeptieren eines historischen Sachverhaltes in einer bestimmten Deutung kann interaktionelle Auswirkungen haben, auch dann, wenn sich aus dieser bestimmten Deutung keine weiteren Konsequenzen ergeben.

[44] Vgl. von Weizsäcker, *Ansprache in der Gedenkstunde im Plenarsaal des Deutschen Bundestages am 8.5.1985*, 19.

[45] Rose, *Erinnerung an die Vergangenheit – Verantwortung für die Gegenwart*, 27.

[46] Der Terminus „Konventionierung" ist die Substantivbildung der Verbalform „konventionieren" durch die Anfügung eines Suffixes, das ein Geschehen oder einen Vorgang zum Ausdruck

ist und sich nicht schämt. „Trauer" und „Scham" meinen in den Zusammenhängen öffentlicher Reden nicht (unbedingt) die individuellen, subjektiven Gefühle, sondern die Rede von Trauer und Scham ist eine Illokution. Ausgedrückt werden soll: Ich stelle mich unter die Bedeutungskriterien von Trauer und Scham; ich anerkenne, daß diese Taten im Individualkontext unter den Kriterien der Moralität Trauer und Scham auslösen müssen; ich bin bereit, die entsprechenden Konsequenzen zu tragen. Damit wird eine entsprechende Interpretation des Geschehenen vorgenommen, und die Konsequenzen werden akzeptiert, etwa die Verpflichtung zu Wiedergutmachungsleistungen. Dies kann jedoch scheitern, wenn die Illokution nicht glaubwürdig oder nicht stimmig erscheint, weil die Konstitutionsregeln für illokutionäre Akte, etwa die Geltungskriterien der Rede, verletzt wurden.

Ein Beispiel für die Gefährdung illokutionärer Sprechakte
Ein Ereignis der jüngeren deutschen Vergangenheit kann als Beispiel für die Gefährdung illokutionärer Sprechakte angeführt werden. Zum fünfzigsten Jahrestag der Reichspogromnacht hielt der damalige Bundestagspräsident Philipp Jenninger im Deutschen Bundestag die Gedenkrede. „Philipp Jenninger hatte einen Skandal verursacht und mußte zurücktreten, weil er im Bundestag ohne ersichtliche Veränderung seiner Tonlage jenen Abschnitt in seinem Redetext vorgetragen hatte, der in indirekter Rede zitiert, was 1938 die vielen Deutschen, die sich Hitler angeschlossen hatten, sagten und dachten [...]."[47] Von ihrem Wortlaut her war die Rede „von bemerkenswerter Treffsicherheit und Bestimmtheit"[48]. Diese Einschätzung wurde von den Presseorganen, nachdem ihnen der Wortlaut schriftlich vorlag, mehrheitlich geteilt, vorausgesetzt, sie besaßen die Courage, ihr zunächst gefälltes und voreilig publiziertes vernichtendes Urteil zu revidieren.[49] Am Wortlaut kann der Skandal um Jenninger also nicht gelegen haben. Bei Jenningers Vortrag war jedoch nicht klar auszumachen, wann er zitierte und wann er seine eigene Meinung äußerte.[50] Der illokutionäre Akt – nämlich der Greueltat zu gedenken und die Deutschen mit dieser Erinnerung nicht aus der Verantwortung zu entlassen – war gescheitert, weil die appellative Rolle als illokutionärer Zweck mißverstanden wurde. Das heißt, es hätte so scheinen können, als ob Jenninger sich die NS-Parolen zu eigen gemacht hätte, statt sie als

---

bringt. Er hat die Bedeutung: „eine Konvention schaffen", „einer Konvention unterstellen", „einer Konvention folgen". Vaassens Terminus der „Konventionalisierung", mit dem „die Tendenz zur Organisation von Wirklichkeit durch [narratives] Ein- und Abgrenzen und durch Aufstellen von Regeln" gemeint ist (vgl. Vaassen, *Die narrative Gestalt[ung] der Wirklichkeit*, 133) wird nicht übernommen, weil dieser terminologisch dem schon besetzten Terminus des wissenschaftstheoretischen „Konventionalismus" zu nahe kommt.

47 Grosser, *Verbrechen und Erinnerung*, 144.

48 Grosser, *Verbrechen und Erinnerung*, 144. Wielenga, *Schatten deutscher Geschichte*, 15, spricht von einer „inhaltlich ausgezeichneten, aber rhetorisch tragisch mißglückten Rede".

49 Vgl. den Wortlaut der Rede und die Dokumentation der Reaktionen bei Laschet/Melangré (Hg.), *Philipp Jenninger*.

50 Vgl. Buruma, *Erbschaft der Schuld*, 315.

Spiegel zu verwenden, den er der deutschen Geschichte vorhalten wollte.[51] Ob das nur am Sprecher lag oder auch an – manchen – Hörern, die bereits im Vorfeld einen Kontext geschaffen hatten, in dem es schwierig sein *mußte*, die Illokutionen unmißverständlich zu plazieren – indem sie quasi die Konvention für eine solche Sprechhandlung aufkündigten[52] – mag hier dahingestellt bleiben.[53] Auf alle Fälle wird die Gefährdung deutlich, der sich Sprachhandlungen aussetzen, wenn sie sehr stark auf das Funktionieren des „Ritus“, der Konvention, angewiesen sind, die Konvention ihrerseits aber sehr unsicher ist. Bei der Vergangenheitsbewältigung dürfte sich diese wenig angenehme Situation öfter finden.[54]

Sprechen als Gegenstand von Vergangenheitsbewältigung

Sprechen ist Handeln. Darum sind Sprechakte nicht nur Mittel der Vergangenheitsbewältigung, sondern können selbst ihrer bedürfen. So sind beispielsweise illokutionäre Akte mit einer verdeckten appellativen Absicht[55] Manipulationen der kommunikativen Praxis, für deren perlokutionären Effekte Verantwortlichkeiten bestehen und die Frage nach der Rolle des solchermaßen Agierenden innerhalb der Kommunikationsgemeinschaft aufwerfen; erst recht dann, wenn dieses Doppelspiel aufgedeckt wird. Dann taucht die Frage nach der künftigen Glaubwürdigkeit und Interaktionsfähigkeit des Betreffenden auf. Ähnliches gilt für Warnungen und Drohungen, die zwar kein brachiales Handeln nach sich ziehen, aber dennoch zu gewaltigen perlokutionären Erfolgen führen. Damit sind z.B. auch die Sprachhandlungen von Demagogen bewältigungsrelevant. Denn „Perlokutionen [sind] eine spezielle Klasse strategischer Interaktionen.“[56]

Man denke beispielsweise an Menschen, die in einem totalitären System le-

---

51 Zu Buruma sagte Jenninger später: „Ich wollte den Deutschen einen Spiegel vorhalten.“ (Vgl. Buruma, *Erbschaft der Schuld*, 310.)

52 Es gab Abgeordnete, die bereits im vorhinein die gesamte Gedenkveranstaltung verwarfen; vgl. Laschet/Melangré (Hg.), *Philipp Jenninger*, 34.

53 Die Vorgänge um den Rücktritt Jenningers dürften wohl selbst eine Vergangenheitsbewältigung wert sein!

54 So schreibt Peter Steinbach, *Die Vergegenwärtigung von Vergangenem*, 5, bezüglich der Jenninger-Rede: „Ein einziger falscher Ton in einer öffentlichen Rede, im mündlichen Vortrag nicht eigens vorgetragene Anführungszeichen können verhängnisvoll sein. Zuhörer identifizieren Reden offensichtlich nicht immer nach dem Inhalt, sondern auch nach dem Kontext, in dem Redner und Gedenksituationen verortet sind. [...] Deutlicher läßt sich nicht machen, in welchem Maße die Auseinandersetzungen mit der Geschichte, und mittlerweile selbst das Gedenken, kontext-, situations-, gruppen- und personenbezogen sind.“

55 Wenn z.B. jemand einen Abenteurer vor einer gefährlichen Expedition absichtlich in einer Weise warnt, die dazu angetan ist, ihn zur Durchführung der Expedition zu bewegen.

56 Habermas, *Theorie des kommunikativen Handelns*, Bd. 1, 395. Bezüglich der NS-Verbrechen zitiert Rückerl, *Staatsanwaltschaftliche Ermittlungen der NS-Verbrechen – Schwierigkeiten und Ergebnisse*, 80, einen Mitarbeiter der Zentralen Stelle der Landesjustizverwaltungen zur Aufklärung nationalsozialistischer Verbrechen in Ludwigsburg: „Ist [...] [die Schuld derer, die in den Vernichtungslagern töteten,] wirklich soviel schwerwiegender als die Schuld derjenigen, die etwa als Propagandaredner den Antisemitismus und den Rassenwahn angeheizt haben [...]?“

ben und aufgrund der gesamten Umstände inklusive der sprachlichen Bedeutungskonventionen den Eindruck gewinnen müssen, eine Abweichung von dem Verhalten, das die totalitäre Obrigkeit wünscht, habe für sie selbst katastrophale Folgen. Wenn die Obrigkeit diesen Eindruck durch illokutionäre Sprechakte so verdeutlichen kann, daß sich die Menschen daraufhin in der perlokutionären Konsequenz dem Wunsch der Obrigkeit gemäß verhalten, dann trägt die Obrigkeit einen entscheidenden Anteil der Verantwortung für dieses Tun, selbst dann, wenn z.B. die illokutionär in Aussicht gestellten Pressalien niemals umsetzbar gewesen wären. Denn „Sprache ist *auch* ein Medium von Herrschaft und sozialer Macht."[57] Dieses Beispiel läßt sich anwenden auf die Verantwortung der SED-Herrschenden für die Schüsse an der deutsch-deutschen Grenze. Auch ohne daß für die Schützen ein Befehlsnotstand herrschte, war die Staatsführung mitverantwortlich. Denn bei einer vereitelten Republikflucht wurden *positive*, belohnende Konsequenzen für den Grenzsoldaten in Aussicht gestellt.[58] Strafverfahren können – wie später noch zu sehen sein wird – diese illokutionäre Mittäterschaft kaum ahnden. Ein Prozeß der Vergangenheitsbewältigung hat diese Zusammenhänge durchaus in Betracht zu ziehen.

(Post-) Strukturalistische Aspekte der Sprache

Wenn Sprache, wie Habermas es ausdrückt, auch ein Medium von Herrschaft und sozialer Macht darstellt, dann weist er damit darauf hin, daß Sprache ein „Wirklichkeitskonstrukteur" ist. Die Menschen brauchen Sprache, um Bedeutungszuweisungen vorzunehmen, also auch um erkennen und denken zu können. Doch Sprache ist ein vorgegebenes System von Bedeutungszuweisung. Weil Sprache das Medium des Weltbezuges ist, prägt Sprache die Art, wie man die Welt versteht und mit ihr umgeht. Wer auf die Sprache Einfluß nehmen kann, kann Einfluß nehmen auf die Weltinterpretation.[59] Insofern Vergangenheitsbewältigung mit der Interpretation vergangenen Geschehens beginnen muß, hängt Vergangenheitsbewältigung nicht unerheblich von den zur Verfügung stehenden Sprachmustern ab. Weil man auf Vergangenheit nur durch das Erzählen von Geschichten zugreifen kann, beruhen die Möglichkeiten der Geschichtsinterpretation auch auf den narrativen Möglichkeiten, die zur Verfügung stehen.

Auch wenn man Derridas extreme Position nicht nachvollzieht[60], die nur Texte kennt, außerhalb derer sich keine Wirklichkeit mehr findet, so gilt doch zweifellos, daß die Menschen ihre Wirklichkeit narrativ[61] gestalten; und zwar mit Hilfe der Sprache als dem entscheidenden Instrument. Darum ist

---

57 Habermas, zitiert nach Schoch, *Vorarbeiten zu einer pädagogischen Kommunikationstheorie*, 14.

58 „Sie wurden [...] in der Regel belobigt, prämiiert oder gar befördert." (Koop, *„Der inneren Einheit einen guten Dienst erwiesen"*).

59 Vgl. Vaassen, *Die narrative Gestalt(ung) der Wirklichkeit*, 6f. Als literarisches Beispiel vgl. Orwells Roman *„1984"*.

60 Kritisch gegenüber Derrida ist Oehler, *Über die Grenzen der Interpretation aus der Sicht des semiotischen Pragmatismus*.

61 „Narration bezeichnet eine spezifisch kulturelle Organisation einer textuell verstandenen Wirklichkeit", so Vaassen, *Die narrative Gestalt(ung) der Wirklichkeit*, 126. Vgl. auch die

„die Wirklichkeit, die wir erfahren [...] [ein] ‚Effekt‘ der Kommunikation“[62]. Die Bedeutung dieser Tatsache für die Problematik der Vergangenheitsbewältigung läßt sich leicht erkennen. Die Interpretation vergangener Geschehnisse muß narrativ geschehen, ebenso die Zuschreibung von Identität. Geschichten sind das Medium, mit dem Vergangenheitsbewältigung maßgeblich betrieben werden muß. Die Verwiesenheit auf Sprache bringt natürlich Probleme mit sich.

Potentielle Manipulierbarkeit durch Sprache
Die Sprache kann z.B. sublim demagogisch eingesetzt werden. Das liegt daran, daß Sprache mehrdeutig verwendbar ist.[63] Da dem Individuum die gesellschaftliche Konvention als eine quasi-realistische Beschreibung der Dinge entgegentritt, hat derjenige Macht über den Gebrauch von Lokutionen, Illokutionen und Perlokutionen, der Macht über die Regeln hat. Martin Spieles hat in einer sprachwissenschaftlichen Arbeit untersucht, wie Ausländer in der deutschen Sprache vorkommen.[64] Dabei wird deutlich: Durch die Verwendung von Wörtern mit konnotativen Bedeutungen läßt sich für oder gegen Ausländer Stimmung machen. „Die meisten Begriffe sind bereits Instrumente in gesellschaftlichen Auseinandersetzungen.“[65] Manchmal enthalten schon einzelne Vokabeln (etwa „Jude“ während der NS-Zeit) Illokutionen, die zu perlokutionären Folgen führen können. Nicht ohne Grund betont Spieles, auch der politische, soziale und juristische Hintergrund von Sprachverwendungen müsse beachtet werden.[66] Vergangenheitsbewältigung hat darüber hinaus auch politische, soziale und juristische *Konsequenzen* aus einem demagogischen illokutionär-perlokutionären Sprachgebrauches zu ziehen.[67] Die Ausrede, mit einer bestimmten Vokabel oder einer Formulierungsfigur habe man nicht demagogisiert, weil doch *das Wort an sich* nur diese oder jene deskriptive Bedeutung *habe*, ist natürlich kein Entschuldigungsargument. Die Bedeutung sprachlicher Äußerungen ist gebrauchsabhängig.[68]

Konstruktivistische Aspekte der Kommunikation
Natürlich sind die Menschen nicht hilflos der Weltbild- und Wirklichkeitsprägung durch Sprache ausgeliefert. Die exzentrische Positionalität bringt es mit sich, daß die Menschen die Eindrücke, die auf sie einfließen, erst verar-

Bedeutung von Geschichten und der narrativen Einheit des Lebens bei MacIntyre, *Der Verlust der Tugend*.

62 Vaassen, *Die narrative Gestalt(ung) der Wirklichkeit*, 8.

63 Vgl. dazu Lenk, *Interpretationskonstrukte*, 196ff.

64 Spieles, *Ausländer in der deutschen Sprache*.

65 Knight/Kowalsky, *Deutschland nur den Deutschen?*, 165.

66 Vgl. Spieles, *Ausländer in der deutschen Sprache*, 9.

67 Unter umgekehrten Vorzeichen ist auch sprachliche Verharmlosung ggf. demagogisch. Etwa wenn während der Nazizeit Zwangsarbeiter als „Ostarbeiter“ euphemisiert wurden.

68 Im Umfeld dieser Problematik dürfte auch Sloterdijks Verwendung des Wortes „Selektion“ bei seinen „Menschenzucht“-Überlegungen in seiner umstrittenen „Elmauer Rede“ 1999 anzusiedeln sein. Vgl. dazu Sloterdijk, *Regeln für den Menschenpark*, 12, und die Kritik von Tugendhat, *Es gibt keine Gene für die Moral*, 34.

beiten – und das heißt interpretieren – müssen, bevor sie sich ein Bild von diesen Eindrücken machen.[69] Freilich wird sich die individuelle Verarbeitung und Bedeutungszuweisung in der Regel an den sozial vermittelten Bedeutungszuweisungen orientieren, um in der sozialen Interaktion nicht zu konfligieren. Dennoch gilt, verkürzt ausgedrückt: Menschen nehmen interpretativ[70] wahr. Für die Kommunikation bedeutet diese Einsicht, daß mit Komplikationen zu rechnen ist, die von unterschiedlichen Interpretationen der Situation herrühren. Der Effekt kann dem ähneln, der im Zusammenhang mit dem Scheitern von Illokutionen beschrieben wurde.

Die Beziehungsabhängigkeit der sprachlichen Kommunikation
Paul Watzlawick und seine Mitarbeiter vom „Mental Research Institute Palo Alto" in Kalifornien[71] haben durch ihre Kommunikationstheorie einiges Licht auf die verzweigten Kommunikationsstrukturen werfen können, indem sie die Pragmatik der *Kommunikation* untersuchten, also die Bedeutung des Beziehungsaspektes. Dieser spielt auch im kommunikativen Verständnis des illokutionären Sprechaktes und in der Art einer eventuellen perlokutionären Konsequenz eine Rolle. So hängt etwa die Reaktion auf illokutionäre Sprechakte davon ab, ob man dem Sprecher zutraut, den illokutionären Gehalt ernst gemeint zu haben. Erich Mielkes Versicherung vor der DDR-Volkskammer: „Ich liebe doch alle; alle Menschen", konnte die vermutlich angezielte beruhigende Wirkung nicht entfalten. Kaum jemand glaubte dem damaligen Stasi-Chef.[72] Ob der illokutionäre Akt einen (perlokutionären) Effekt hat – und wenn ja, welchen –, hängt demnach also nicht nur von allgemeinen (gesellschaftlichen) Konventionen ab, sondern auch von ganz speziellen Beziehungskonstellationen, also davon, wie man sein Gegenüber einschätzt, d.h. interpretiert. Das hat eine eminente Bedeutung für Vergangenheitsbewältigungs-Prozesse. Aussöhnung kann es nur geben, wenn die Täterseite sich zur Täterschaft bekennt, sie verurteilt und um Aussöhnung bittet. Diese Bitte kann aber nur dann perlokutionäre Erfolge haben, wenn die Opfer die Ernsthaftigkeit der Umkehr bereits voraussetzen, die von den Tätern im illokutionären Sprechakt zum Ausdruck gebracht wird, der wiederum nur dann wirksam ist, wenn die Opferseite die Umkehrbereitschaft bereits voraussetzt etc.

Im strengen Sinne kann man also sagen, daß Wörter und Sätze für sich genommen eigentlich nichts bedeuten. Sinn und Bedeutung bekommen sie erst im kommunikativen Prozeß. „Weder Sätze noch Wörter noch Symbole kön-

---

[69] Vgl. dazu etwa Lenk, *Konstruktive Interpretationsprozesse in der Kognition*.

[70] Der Terminus der „Interpretativität" ist eine Prägung Abels.

[71] Z.B. Watzlawick/Beavin/Jackson, *Menschliche Kommunikation*. Schulz von Thun, *Miteinander reden: Störungen und Klärungen*, hat den Ansatz Watzlawicks weiterentwickelt und differenziert vier Aspekte der Kommunikation: den Inhalts-, Selbstoffenbarungs-, Beziehungs- und den Appellaspekt.

[72] Freilich war auch dies eine (unbeabsichtigte) Illokution mit einer (unerwünschten) Perlokution. „Man kann eben nicht nicht kommunizieren" (Vgl. Watzlawick/Beavin/Jackson, *Menschliche Kommunikation*, 53).

nen Akte vollziehen, sondern nur Sprecher mit Hilfe von Sätzen, Wörtern und Symbolen."[73] Aber nicht nur der Sprecher legt seinen Sprechakten Bedeutungen bei, auch der Hörer deutet für sich, was er wahrnimmt. Erkenntnistheoretisch betrachtet sind Illokution und Perlokution keine Eigenschaften oder Modi der Lokutionen, sondern sie sind Hypothesen von Sprecher und Hörer, die sie sich voneinander und von ihrer Beziehung machen und die durchaus divergieren können.[74] Darum ist Kommunikation, ist Sprechen ein ständiges Hypothesenerstellen und Beziehungsgestalten. Somit ist auch Vergangenheitsbewältigung ein Konstruieren, Interpretieren und Interagieren.

Man stelle sich einen Prozeß der Vergangenheitsbewältigung vor, bei dem es um die Bewertung einer Unrechtssituation geht. Einerseits ist von den vormaligen Tätern auf der Ebene der Sprachhandlungen ein illokutionärer Akt erfordert, der die eigene Vergangenheit – in den entscheidenden Aspekten – verwirft, der Schuld eingesteht, der um Verzeihung bittet, der Besserung verspricht und ähnliches mehr. Zugleich ist dieser Akt hinsichtlich der Absicht, Aussöhnung herzustellen und Vertrauen zu erwecken, aufs höchste gefährdet durch die verdorbene oder gar zerstörte Beziehungsebene (nämlich aufgrund des vergangenen Unrechts). Hier wird deutlich, was ein Prozeß der Vergangenheitsbewältigung von ehemaligen Opfern abverlangt; weiterhin, daß die früheren Täter damit rechnen müssen, in der Redlichkeit ihrer illokutionären Akte angezweifelt zu werden; darüber hinaus, daß nichtsprachliche Handlungen die Qualität der illokutionären Akte belegen müssen. Insofern durch einen Prozeß der Vergangenheitsbewältigung die Interaktionsverhältnisse verbessert werden sollen, gehört zu den Konsequenzen, die aus den orientierten und parallelisierten Geschichtsinterpretationen und Identitätszuweisungen gezogen werden müssen, die Notwendigkeit von Beziehungsklärungen, wobei dieser Auftrag von der Täterseite die Schaffung glaubwürdiger Beziehungsgrundlagen verlangt. Vergangenheitsbewältigung kann also sehr leicht scheitern.

---

73 Nolte, *Sprachphilosophische Aspekte der Ethik*, 88. Searle spricht sogar von der „Produktion" des Symbols.

74 Sprechakte sind somit Kommunikations- bzw. Hypothesenverhältnisse. Die Illokution ist sozusagen eine Hypothese des Sprechers über seine Beziehung zur Hörerschaft, indem er (a) davon ausgeht, daß die Hörerschaft ihm gegenüber in einem Verhältnis steht, das ihm (dem Sprecher) eine erfolgreiche Modifikation dieses Verhältnisses gestattet; und indem er (b) davon ausgeht, daß sein Modifikationsimpuls tatsächlich verstanden, d.h. umgesetzt wird. Erfolgt die erwartete Reaktion der Hörerschaft – also die Perlokution –, dann ist die Hypothese des Sprechers bestätigt. Seitens der Hörerschaft ist die Illokution ebenfalls eine Beziehungshypothese, insofern die Art der Illokution, so wie der Hörer sie versteht (bitten, entschuldigen, befehlen, danken, etc.), dem Hörer erlaubt, dem Sprecher eine Beziehungshypothese zu unterstellen. Die Perlokution ist seitens des Sprechers eine Hypothese über das, was sich beim Hörer aufgrund der Illokution abspielt. Seitens des Hörers ist die Perlokution eine Hypothese über seine aktuelle Beziehung zum Sprecher. Statt Hypothese könnte man auch jeweils (Interpretations-) Konstrukt sagen. Im Rahmen der konstruktivistischen Erkenntnistheorie (die weiter unten besprochen wird) wird diese komplizierte Verschachtelung einleuchtender.

Zwischenergebnis
Die Sprache, als System von Bedeutungszuweisung, ist die Voraussetzung, um denken und handeln zu können. Zugleich ist das Sprechen selbst eine Form des Handelns. Sprachliches Handeln ist somit bewältigungsbedürftig. Zugleich ist es ein Mittel zur Vergangenheitsbewältigung, denn die Orientierung und Parallelisierung von Geschichtsinterpretationen und Identitätszuweisungen muß narrativ erfolgen. Dabei drücken illokutionäre Sprechakte nicht nur Wertungen und Intentionen aus (etwa ein Verwerfen oder ein Bekunden), sondern sie verpflichten den Sprecher – aufgrund ihrer transzendentalpragmatischen Funktionsweise – auf das Moralprinzip. Sprechen schafft eine kommunikative Wirklichkeit, die man nur bei Strafe eines performativen Selbstwiderspruchs mißachten kann.

In welchem Verhältnis steht Sprechen zum nicht-sprachlichen Handeln? Wenn Sprache für die Bedeutungszuweisung unerläßlich ist, dann erhält ein Handeln dadurch Bedeutung, daß man es beschreibt bzw. beschreiben kann. Handeln ist nicht einfachhin ein Tun, sondern ein bedeutungsvolles Tun. Welche Theorie ist geeignet, um Handlungen angemessen beschreiben und bewerten zu können? Welche Handlungstheorie kann die für Vergangenheitsbewältigung nötigen Bedeutungskriterien bieten?

1.2 Nicht-sprachliches Handeln

Bezogen auf die aktuelle handlungsphilosophische Diskussion kann man zwei Ansätze einander gegenüberstellen, die sich mit einem unterschiedlichen Theoriegerüst dem Phänomen „Handlung" nähern. Es sind dies die analytische und die hermeneutische Handlungstheorie[75].

Die analytische Handlungstheorie
Die analytische Handlungstheorie hat ihre Wurzeln im Neopositivismus und vertritt die sogenannte „Einheitsthese" der Wissenschaft. Als einheitliches Programm gilt der neopositivistische Ansatz. Für die analytische Handlungstheorie bedeutet dies, daß von Kontextelementen möglichst abgesehen bzw. ihr Anteil beim Beschreiben, Erklären und Verstehen von Handlungen möglichst gering veranschlagt wird. Handlungen werden auf ihre „Basis" hin analysiert: die physikalisch faßbaren Erscheinungen, die körperlichen Bewegungen.[76]

[75] Der Terminus „analytische Handlungsphilosophie" bzw. „analytische Handlungstheorie" wird in unterschiedlicher Weise gebraucht. Einmal in dem von Riedel, *Was heißt „Handeln"?*, 168, eingeführten und auch im vorliegenden Zusammenhang verwendeten Sinne als „behavioristisches" Gegenstück zur „hermeneutischen" Handlungsphilosophie. Zweitens als Metatheorie der Handlungslogik, wie sie im Rahmen der analytischen Philosophie verwendet wird. Aufschluß über die letztere Art geben die Aufsätze in Meggle (Hg.), *Analytische Handlungstheorie,* Bd. I; Poser, *Probleme einer Philosophie der Handlung*, 19ff.; Lenk, *Handlung als Interpretationskonstrukt*, 279ff.

[76] Diese Art der Handlungstheorie geht einher mit einer monistischen Position in der Leib-Seele-Diskussion; vgl. Connolly, *Philosophische Handlungstheorie,* Bd. II, 73.

Demnach ist die Perspektive dieser Handlungstheorie die Außenperspektive, die versucht, die Handlungsverläufe nach allgemeinen Gesetzmäßigkeiten zu beschreiben: entweder deduktiv-nomologisch oder statistisch-nomologisch, in jedem Falle aber nomologisch.[77] Daß dies – auch handlungslogisch – nicht möglich ist, wurde besonders von neowittgensteinscher Seite ausführlich aufgezeigt.[78] Zudem ist diese Perspektive für das Unternehmen einer Vergangenheitsbewältigung unzureichend. Als Handlung bleiben dabei nämlich nur unmittelbare, isolierte funktionale Tätigkeiten, die ganz konkrete, einlinige (idealtypische) Mittel-Zweck-Relationen beschreiben. Mehr nicht.[79] Eine Beschränkung auf die Beobachtung der Außenperspektive einer Handlung, wie die „Analytiker" das fordern, wird dieser nicht gerecht. Vielmehr ist die Gefahr groß, daß dadurch die „Eichmann-Perspektive" gefördert wird.[80]

Mängel der analytischen Handlungstheorie
Die analytische Handlungstheorie erklärt im Grunde nichts[81], jedenfalls nicht in ausreichender Weise, um normative Verantwortung zuschreiben zu können. Wenn z.B. jemand seine Mittäterschaft oder sein Mitläufertum als „Schreibtischtäter" in einem totalitären System zu bagatellisieren trachtet, indem er ausführt, er habe bloß irgendwelche Formulare ausgefüllt, dann ist diese Erklärung wertlos. Denn eine von allen Kontexten losgelöste Beschreibung *alleine* stellt weder eine *Be*lastung noch eine *Ent*lastung bei der Frage nach der Verstrickung in die Untaten des Systems dar. Die Frage, was Handlung heißt, fällt nämlich nicht damit zusammen, wie man eine Handlung beschreibt.[82] Das hat seinen Grund darin, daß Handlungen neben einem Außenaspekt auch einen Innenaspekt besitzen; also neben der Perspektive des neutralen Beobachters (die allein Thema der analytischen Handlungsphilosophie ist) auch die des Handelnden selbst, der sein Tun *vollzieht*. Diese

---

77 Vgl. die Ausführungen bei Hempel, *Aspekte wissenschaftlicher Erklärung*.

78 Zu erwähnen wäre z.B. das mittlerweile zum „Klassiker" gewordene Standardwerk neowittgensteinscher Handlungsphilosophie: Anscombe, *Intention*. Vgl. auch Connolly, *Philosophische Handlungstheorie,* Bd. I, 49.

79 Zur Illustration: Der praktische Syllogismus in der Version von G.H. von Wright enthält in der ersten Prämisse den Handlungszweck bzw. die Absicht des Handelnden, in seiner zweiten Prämisse die notwendigen Mittel und in der Conclusio den Entschluß. Z.B.: B will die Video-Überwachungsanlage einer Bank warten; dazu muß er die Anlage abschalten; B hat die Video-Überwachung abgeschaltet. Als Handlung gilt nach der analytischen Theorie jeweils nur der Schlußsatz. Das ist unzureichend oder mehrdeutig, weil schon die Formulierung des Zwecks eine Sache der Interpretation ist und die gleiche Handlung aufgrund verschiedenartiger Prämissen erfolgen könnte.

80 Adolf Eichmann verteidigte sein Mittun, indem er es ziemlich kontextlos als Verwaltungstätigkeit beschrieb. Auf diese Weise können Verantwortlichkeiten leicht „wegdefiniert" werden.

81 Das sei an einem einfachen Beispiel illustriert: Jemand öffnet das Fenster. Will er den Raum lüften oder den Vortrag eines Redenden stören? Will er, daß die Anwesenden sich erkälten? Oder beabsichtigt er vielleicht, damit einem Komplizen ein Zeichen zu geben? Weder die Beschreibung einer einzelnen „Basishandlung" noch die einer isolierten komplexen Handlung offenbart den Sinn der Handlung.

82 Vgl. Rescher, *Handlungsaspekte*.

Perspektiven sind keine Alternativen beim Versuch, eine Handlung zu verstehen, sondern sind – als „zwei Seiten derselben Münze“ – aufeinander bezogene Dimensionen des gleichen Geschehens. Beide Aspekte sind nur auf dem Hintergrund des jeweils anderen verständlich und deutbar. Sie ergeben nur dann einen Sinn, wenn sie in ihrer Interdependenz gesehen werden.[83]

Brauchbare Aspekte der analytischen Handlungstheorie
Der Vorschlag der analytischen Handlungsphilosophie, das Handeln von der Körperbewegung her zu beschreiben, ist sachlich jedoch insoweit gerechtfertigt, als komplexe Handlungen sich aus Teilhandlungen aufbauen.[84] Bedeutsam ist die Analyse solcherart „vermittelter Handlungen“, um gegebenenfalls ein Mißlingen von beabsichtigten Handlungen rekonstruieren und begreifen zu können. Man denke beispielsweise an Verständigungsprobleme aufgrund kultureller Differenzen. Wenn man die Teilhandlungen Schritt für Schritt prüft, kann man feststellen, bei welcher Teilhandlung das Mißlingen seinen Ausgang nimmt, um daraufhin Maßnahmen zu ergreifen, die geeignet sind, die aufgetretene Problematik zu überwinden.

Die Notwendigkeit einer „synthetischen“ Sicht
Die Analyse komplexer Handlungen und ihr methodisches Zerlegen in Komponenten (nicht in „Basishandlungen“) kann also im Komplikationsfall aufschlußreich sein. Dies ist insofern keine Übernahme von Positionen der analytischen Handlungsphilosophie, als hierbei nicht auf selbständige Basishandlungen rekurriert wird, deren Addition eine komplexe Handlung ergibt, sondern es wird die komplexe Handlung – zu der der gesamte Kontext gehört – nach einzelnen *Bedeutungselementen* befragt. Dies müssen keine Handlungen sein. Es kann sich auch um Konventionen o.ä. handeln.[85] Hinzu kommen noch Rahmenbedingungen, die nicht unmittelbar zur Handlung gehören, aber zu ihrer Deutung unerläßlich sind. Segnen macht z.B. nur dann einen Sinn, wenn man entsprechende Transzendenzvorstellungen zugrunde legt. Daraus folgt: Handlungen werden zu solchen durch den Kontext, in dem sie erfolgen.[86] Sie entstehen erst durch Interpretation. Und Interpretation ist mehr als eine Beschreibung. Interpretation versucht Sinn- oder Bedeutungszusammenhänge aufzuzeigen. Diese sind aber keine gegenständlichen Fakten, sondern relationale Verhältnisse. Solche werden aber durch betroffene Individuen konstituiert, was dazu führen kann, daß ein und

[83] Das wird etwa dann bedeutsam, wenn Intention und Handlung nicht zusammenpassen. Wenn z.B. ein Helfer am Unfallort in bester Absicht das Unfallopfer durch seine Maßnahmen tötet. Oder wenn eine geplante Übeltat aus unvorhergesehenen Umständen zu einer Wohltat wird.

[84] Vgl. Lenk, *Handlung als Interpretationskonstrukt*, 286ff. Zur genauen Analyse von zusammengesetzten Handlungen und zum dazugehörigen Handlungsverständnis vgl. Anscombe, *Intention*, Thema III, Abschnitt 26; Connolly, *Philosophische Handlungstheorie*, Bd. II, 33-39.

[85] Es sei daran erinnert, welche Bedeutung Konventionen für das Zustandekommen institutioneller illokutionärer Sprechakte besitzen.

[86] Zur Kontextualität von Handlungsbedeutungen vgl. Baecker/Borg-Laufs/Duda/Matthies, *Sozialer Konstruktivismus*.

dieselbe Handlung aufgrund unterschiedlicher Kontexte verschieden gedeutet wird und sich sozusagen als „mehrere Handlungen“ widerspiegelt.[87] Das läßt sich am Beispiel des vorhin exemplarisch herangezogenen Schreibtischtäters näher erläutern. Was das Ausfüllen von Formularen in einer Amtsstube eines totalitären Systems bedeutet, wird deutlich, wenn man diese Tätigkeit in ihren Zusammenhang stellt. So könnte z.B. die Aufgabe des Schreibtischtäters darin bestanden haben, Menschen für den Abtransport in Vernichtungslager auszusuchen bzw. die dafür verlangten Unterlagen zusammenzustellen. Erst im Rahmen des funktionierenden Vernichtungssystems ist das Tun des Schreibtischtäters ein Beitrag zum Mord. Würde jemand unter völlig anderen Umständen genau die gleiche Tätigkeit ausüben, nämlich die persönlichen Daten von bestimmten Menschen zusammenstellen dann hätte das keinen Effekt oder einen völlig anderen. Nur wenn es das System gibt, innerhalb dessen diese bestimmte Tätigkeit genau diese Funktion hat, kommt dem konkreten Tun diese Bedeutung zu. Umgekehrt heißt dies: Dieses konkrete Tun ist innerhalb dieses Systems nicht bedeutungsfrei, sondern mit ganz bestimmten Funktionen belegt. Wer den Systemkontext kennt, kann eben nicht sagen, er habe bloß Formulare ausgefüllt. Allerdings ist der Kontext – man kann auch sagen: die systemische Einbindung – damit noch nicht ausreichend beschrieben. Der Schreibtischtäter könnte antworten, durch sein Tun habe er die eine oder andere Person schützen können. Das wäre nicht der Fall gewesen, hätten andere auf seinem Posten gesessen. Nehmen wir an, er habe – etwa durch Verzögerungen seiner Arbeitsabläufe – tatsächlich verhindert, daß manche Personen weggeschafft wurden. Diese Handlung als „Rettung von Menschen“ zu beschreiben, ist auch nur möglich auf dem Hintergrund der Einschätzung des Systems und der konkreten Verbringungsvorgänge als mörderisches Geschehen.[88] Wer sich z.B. aus Gründen des Zeitvertreibs die Aufgabe stellt, persönliche Daten einer bestimmten Personengruppe zusammenzutragen, und dabei seinen vorgesehenen Ablauf verzögert, der rettet niemanden, weil niemand in Gefahr war. Schließlich könnte der Schreibtischtäter einwenden, sein eigener Kontext habe ihm keine andere Wahl gelassen. Er habe eine Familie zu versorgen gehabt. Im Weigerungsfalle hätte er mit den schlimmsten Folgen für sich und die Seinen rechnen müssen.[89] Damit will der Schreibtischtäter seinem Handeln eine andere Qualität beilegen als dem Handeln eines anderen, das in deskriptiver – in analytischer – Hinsicht genau so beschaffen war wie das seine, das aber von den anderen Handelnden mit Tötungsabsichten be-

---

[87] Vgl. dazu Lenk, *Handlung als Interpretationskonstrukt*, 293ff.; ders., *Philosophie und Interpretation*, 169ff.

[88] Die Dinge lassen sich freilich stufenlos verkomplizieren. So ist es denkbar, daß jemand mit grundsätzlich vernichtendem Vorsatz bei den Aktionen mitmacht, in Einzelfällen aber Menschen rettet usw.

[89] Diese Gefahr muß u.U. nicht einmal wirklich bestanden haben. Allerdings muß der Betreffende diese Gefahr mit guten Gründen angenommen haben. Hier liegt das Problem mancher nachträglich als Exkulpierung gedachter Hinweise auf – faktisch nicht nachzuweisende – Befehlsnotstände.

trieben wurde. Hier liegt der differenzierende Kontext sozusagen im Handelnden selbst.

Deshalb gehört zum Handlungsverständnis auch der Handelnde, der ja seinen Intentionen und seinen Entscheidungen bereits einen Sinn bzw. eine Bedeutung beilegt.[90] Für diese „synthetische" – im Unterschied zur „analytischen" – Art der Handlungstheorie hat sich der Terminus „hermeneutische Handlungsphilosophie" eingebürgert.

Die hermeneutische Handlungstheorie

Die hermeneutische Handlungstheorie geht von der „Warum-Frage" (in praktischer Hinsicht, also im Sinne einer Gründe-Erklärung[91]) aus, die sie an eine Handlung stellt und durch die sie eine Handlung als solche identifiziert. Dadurch bezieht sie den Handelnden mit seinen Intentionen und Absichten, also mit seiner Handlungsdeutung[92], in die Beschreibung einer Handlung ein. Das erschwert die Arbeit einer Handlungstheorie natürlich, denn sie hat nun die Rekonstruktion von Motiven und deren Zusammenhänge mit dem faktischen Handeln zu klären. Damit vollzieht sie den Schritt von Handlungsbeschreibungen über Handlungserklärungen zum Problemkomplex der Handlungsbegründungen. Trotz aller Schwierigkeiten, denen sich eine hermeneutische Handlungsphilosophie gegenübersieht, ist alleine sie in der Lage, bei einem Prozeß der Vergangenheitsbewältigung hilfreich zu sein. Denn nur im Rahmen von Handlungsbegründungen ist eine moralische Bewertung von Handlungen möglich, weil nur in diesem Zusammenhang die Verbindung von Zielen, Motiven und Maximen rekonstruierbar ist.

Handeln als strategisches und als moralisches Agieren

Jürgen Habermas hat die aristotelische Unterscheidung von Poiesis und Praxis aufgegriffen und Arbeit von Interaktion unterschieden. Bei Aristoteles meint Poiesis das technische Hervorbringen von Gütern, Praxis die Verwirklichung sittlicher Werte.[93] Bei Habermas ist Arbeit ein strategisches, Interaktion ein kommunikatives Handeln. Kommunikation erhebt Geltungsansprüche. Insofern Handeln, als Bedeutungszuweisen, nur sprachvermittelt denkbar ist, erhebt es in seiner kommunikativen Komponente die Geltungs-

---

[90] „Sinn" oder „Bedeutung" sind regelgebundene und damit kommunikative Qualitäten. Dennoch gilt, daß „die Angemessenheit der Beschreibung [...] eines gesprochenen Satzes oder einer Handlung [...] nur mit Bezugnahme auf das Wissen des Subjektes, das die Äußerung hervorgebracht hat, geprüft werden" kann. (Habermas, *Vorlesungen zu einer sprachtheoretischen Grundlegung der Soziologie*, 17).

[91] Das ist die Frage nach der Rechtfertigung einer Handlung. Daneben gibt es die Warum-Frage als Frage nach Ursachen und Erklärungen von Handlungen. Zu diesen Unterschieden vgl. Riedel, *Normative oder kommunikative Ethik?*, 82ff.

[92] Diese Vokabel meint keine psychische Introspektion, sondern die Interpretation des Handelnden für sein eigenes Handeln. Vgl. dazu Lenk, *Handlung als Interpretationskonstrukt*, 295-299.

[93] Aristoteles, *Nikomachische Ethik*, VI, 4-5 (1140a1 – 1140b7); ders., *Metaphysik*, VI, 30 (1025b). Auf den „Theoria"-Aspekt muß hier nicht weiter eingegangen werden. Vgl. Ebert, *Praxis und Poiesis*; Müller, *Praktisches Folgern und Selbstgestaltung nach Aristoteles*; ders., *Praktische und technische Teleologie*.

ansprüche und verpflichtet somit auf die Einhaltung des Moralprinzips. Strategisches (poietisches) Handeln gelingt, wenn das technische Ziel erreicht ist, wenn das geplante Werk vollendet ist. Kommunikatives (praktisches) Handeln gelingt, wenn die erhobenen Geltungsansprüche eingelöst werden können, wenn das Handeln dem Moralprinzip genügt.[94] Da jedem Handeln die kommunikative Komponente inhärent ist, wird Handeln immer auch durch den Grad seiner Moralität qualifiziert.

Da Moralität eine Qualität des freien handelnden Subjekts ist, qualifiziert das Handeln den Handelnden. Handeln prägt Identität; und insofern sich Vergangenheitsbewältigung mit dem früheren Handeln beschäftigt, ist sie eine Anfrage an die Identität des Handelnden. Damit hat Vergangenheitsbewältigung bei der Interpretation von Geschehnissen, bei der Zuschreibung von Identität und bei der Festlegung der zu ziehenden Konsequenzen moralische Maßstäbe anzulegen (im Unterschied zu interessengeleiteten oder funktionalen). In der Terminologie von Habermas ausgedrückt hieße das: Vergangenheitsbewältigung hat ein Geschehen auf seinen Interaktionsaspekt hin zu prüfen und die Maßstäbe des kommunikativen Handelns anzulegen.

2. Die Perspektive des Handelnden

Zu einer angemessenen Handlungsbeschreibung gehören auch die Motive des Handelnden und die Interpretation, die er selbst seinem Handeln beilegt. Welche Faktoren formen die Perspektive des Handelnden?

Interdependenz zwischen Handeln und Kontext

Vorgängig zu jeder Handlungsentscheidung sieht sich der Handelnde in Rahmenbedingungen gestellt. So, wie Handeln nur in seinem Kontext verständlich wird, vollzieht es sich auch in einem Kontext. Handeln steht in einem Zusammenhang, auf den der Handelnde reagiert und innerhalb dessen seine Handlung einen ganz bestimmten Sinn bekommt. Wer nicht in einem diktatorischen System lebt, muß sich beispielsweise gar nicht erst entscheiden, ob er zum Widerständler werden soll oder nicht. Der Druck der Rahmenbedingungen ist bei der Bewertung von Handeln also in Rechnung zu stellen. Bedeutsam wird dieser Umstand insbesondere, wenn die Zusammenhänge vom Handelnden falsch eingeschätzt werden und deshalb eine unangemessene Handlung zustande kommt. Man denke beispielsweise an die Kontroverse, ob das Münchener Abkommen mit Hitler ein den Umständen entsprechend geeigneter Versuch zur Friedenssicherung war, oder ob es die Kriegspolitik Hitlers nicht vielmehr begünstigte.[95]

---

[94] Der Unterschied zu Aristoteles dürfte darin bestehen, daß dieser letzte Sinngeltungen als bereits vorausgesetzt annimmt – die Eudaimonia –, während Habermas alle Zielvorgaben dem Diskurs anheimstellt.

[95] Man denke beispielsweise auch an die Bemühungen der bundesdeutschen „Ostpolitik", im Verhältnis zur DDR einen „Wandel durch Annäherung" zu erreichen, die im nachhinein

Handeln findet aber nicht nur im Kontext statt, sondern es schafft auch selbst wiederum einen Kontext, der den Hintergrund für weiteres Handeln bildet. Der Handelnde befindet sich also in einem „fließenden" (oder möglicherweise kybernetischen) Kontext, an dessen Bewegung er selber beteiligt ist und der gegebenenfalls stets Reaktionen erfordert. So kann es sein, daß mehrfach Handlungsänderungen vonnöten sind, um die gleiche Intention in sich ändernden Kontexten durchzusetzen. Nehmen wir beispielsweise die Situation während der Nazizeit in Deutschland. Behinderte wurden als „lebensunwert" umgebracht. Konstruieren wir den Fall von Menschen, die sich aktiv an der Verbringung von Behinderten in die Vernichtungslager beteiligten, glaubend oder nur den Glauben vorgebend, es handele sich um Pflegeanstalten. Derjenige, der unter diesen Umständen, um die Wahrheit wissend, diese den Helfershelfern publik gemacht hätte, hätte damit nicht nur selbst in einem bestimmten Kontext gehandelt, sondern hätte den Handlungskontext der Helferschaft aufs deutlichste offengelegt und somit verändert. Damit wäre das bisherige Tun dieser Leute in neuem Licht erschienen, und der Kontext für das weitere Handeln wäre ein völlig neuer geworden. Beim weiteren Verbringen von Behinderten unterstützend mitzuwirken – also die gleichen Abläufe vorzunehmen wie bisher –, wäre zu einer gänzlich anderen Handlung geworden. Im Rahmen einer Vergangenheitsbewältigung wäre das gleiche Tun vor und nach der Information über die wahren Vorgänge gänzlich anders zu deuten und zu bewerten.

Dieses Beispiel lenkt den Blick auf die grundlegende Entscheidung des zur Stellungnahme aufgerufenen Individuums. Es ist die Entscheidung, entweder handelnd tätig zu werden, oder auf jegliches resp. auf ein konkretes Handeln zu verzichten. Nach der Aufklärung über die Sachverhalte könnten die bisherigen Helfer sich nämlich entschließen, dem Vernichtungsprogramm jede weitere Unterstützung zu versagen. Auch dies wäre eine Handlung, allerdings in Form einer Verweigerung oder einer Unterlassung. Auch wer nichts tut, nimmt zum Kontext Stellung. Man kann nicht nicht handeln.

Die verschiedenen Modi des Handelns

Demnach vermag eine Handlung produktiv (hervorbringend), präventiv (verhindernd, vorbeugend) oder intermissiv (unterlassend) zu sein.[96] Für den Fall der Vergangenheitsbewältigung ist dies bedeutsam, da auch intermissive Handlungen rechtlich und moralisch relevant sein können. In welchen Fällen diese Relevanz eintritt, kann klarer werden, wenn man die Unterlassungen noch einmal unterscheidet. Da gibt es zunächst das Sein-Lassen oder Geschehen-Lassen. Dies liegt vor, wenn jemand indifferente Zustände nicht abändert oder in unabänderliche Ereignisabläufe nicht eingreift, z.B. ein Fen-

kontrovers diskutiert werden, wobei von Kritikern den damals Handelnden eine Fehleinschätzung der tatsächlichen Lage vorgeworfen wird. Die verfolgte Strategie – so der Einwand – habe Veränderungen erschwert, statt sie zu unterstützen und zu beschleunigen.

[96] Vgl. Riedel, *Handlungstheorie als ethische Grunddisziplin*, 28ff., in Anlehnung an G.H. von Wright, *Handlungslogik*, 10, in: Hans Lenk, *Normenlogik*, München 1974.

ster offenstehen läßt oder beim Sterben unheilbar Kranker auf weitere Maßnahmen verzichtet. Das zweite Beispiel zeigt, wie sehr diese Art des Handelns, die Zeugnis gibt für die Unwichtigkeit oder, wie beim Sterbenlassen, für die Unabänderlichkeit eines Zustandes oder Vorganges, von der richtigen Einschätzung der Sachverhalte abhängt. Sind die Dinge wirklich irrelevant oder unabänderlich, so ist der Grad der Verantwortlichkeit (verschwindend) gering. Handelt es sich bei dem Kranken aber um einen hilfebedürftigen Menschen, der gerettet werden kann, so ist das Nicht-Tun ein Unterlassen und damit ein zu verantwortendes Handeln. Dies wäre die andere Variante des Nicht-Tuns. „Von Unterlassungen im engeren Sinne wird entweder dann gesprochen, wenn ein bestimmtes Handeln erwartet wird, aber nicht erfolgt, wenn etwa einer auf eine Frage keine Antwort gibt oder einen versprochenen Brief nicht schreibt [a], oder wenn in bestimmten Situationen ein bestimmtes Handeln erfordert, aber nicht vollzogen wird, z.B. Hilfe bei Unglücksfällen [b]. Umgangssprachlich redet man hier auch von ‚Versäumnissen' oder davon, daß einer dem anderen etwas ‚schuldig' bleibt [...]. Ein dritter Fall liegt bei Unterlassungen vor, die unmittelbar unter Strafe gestellt, d.h. durch Regelungen des Gesetzgebers als ‚unzulässig' definiert sind [c], z.B. ‚unterlassene Hilfeleistung' und ‚Vernachlässigung eines Kindes' [§ 170b-d StGB]. Unterlassungen dieses Typs ‚ereignen' sich nicht nur; sie können genauso wie Handlungen ‚geplant' [‚beabsichtigt', ‚gewollt'] sein [...].“[97] Unterlassungen dieser Art sind, weil bewußt vorgenommen, Handlungen, die das Ziel haben, etwas zu verändern oder aber bewußt nichts zu verändern. Auf jeden Fall sind sie zielgerichtet.

Im Zuge von Vergangenheitsbewältigungs-Prozessen können alle Varianten des intermissiven Handelns vorkommen. Da gibt es z.B. – um nur ganz grob einige Unterscheidungen zu treffen – die „Nicht-Täter“. Darunter verstehe ich solche Personen, die bewußt jedes Unterstützen oder Mitmachen bei Unrechtshandlungen vermeiden, die aber auch den Weg des Widerstandes nicht gehen. „Innere Emigration“ ließe sich diese Einstellung nennen.

Dann findet man die „Zuschauer“, die dem Geschehen tatenlos zusehen, sich nicht distanzieren, aber auch nicht mitlaufen. Ihre Haltung ist sozusagen – wenn diese merkwürdige Wortkombination erlaubt ist – ein passives Sichheraushalten, während die „Inneren Emigranten“ sich aktiv heraushalten, also durch aktiven Antrieb sich passiv verhalten. Die „Zuschauer“ distanzieren sich auch innerlich nicht von dem, was sie beobachten. Während die „Inneren Emigranten“ die Unvereinbarkeit der eigenen Maximen mit denen der Täter spüren und sich im Konfliktfall zwischen ihrer Emigration und dem Widerstand entscheiden müssen, liegt bei den „Zuschauern“ die Unvereinbarkeit der eigenen Maximen mit denen der Täter entweder nicht vor, weil etwa die Handlungen der Täter von den Maximen der „Zuschauer“ nicht verworfen werden, oder es gibt im Sinne der Tiefeninterpretation[98] eine Maxime seitens der Zuschauer, die es ihnen erlaubt, die Handlungen der

---

[97] Riedel, *Handlungstheorie als ethische Grunddisziplin*, 29f.
[98] Vgl. Lenk, *Interpretationskonstrukte*, 187ff.

Täter mit den eigenen Maximen in Einklang zu bringen. Solche Zuschauer können diejenigen sein, die eine Unrechtstat oder ein Unrechtssystem dulden und dadurch stützen. Man denke etwa an die Zuschauer des Brandanschlages auf das Asylbewerberheim in Rostock oder an die schweigende Menge im NS-Staat. Zuschauer können aber auch diejenigen sein, die sich außerhalb des Zugriffsbereiches eines Unrechtssystems befinden und sich vom geschehenden Unrecht nicht beeindrucken lassen. Hier wären die Verhaltensweisen von Staaten zu untersuchen, die sehenden Auges Unrecht in anderen Ländern geschehen lassen, nichts unternehmen oder sogar durch stabile (Handels-) Beziehungen das System stützen.[99]

Intermissives Handeln, verstanden als ein bewußtes Unterlassen, kann schließlich auch von aktiven Veränderungsabsichten getragen sein. Man denke etwa an Befehlsverweigerer in Terrorsystemen oder an Menschen, die bewußt Informationen gegenüber Unrechtsorganisationen verschweigen. Die Bewertung intermissiver Handlungen hängt, wie auch die Bewertung produktiver oder präventiver Handlungen, von vielfältigen Faktoren und Kontextumständen ab. Auf alle Fälle gilt: Auch Unterlassungen sind prinzipiell Handlungen. Alles was im folgenden von Handlungen gesagt wird, gilt somit entsprechend auch für Unterlassungen.

Die Unvermeidbarkeit des Handelns

Man kann nicht nicht handeln. Jede Art der Stellungnahme einem Kontext gegenüber ist, wenn Alternativen offenstanden, ein zu verantwortendes Handeln. Auch das Mitmachen als „kleines Rädchen im System", auch norm-, funktions- oder institutionsrationales Verhalten konstituiert Verantwortlichkeiten, wenn auch die Art der zur Verfügung stehenden Alternativen und das Ausmaß möglicher Einflußnahme in Rechnung zu stellen ist. Dies muß gerade Mitläufern und „Zuschauern" gegenüber deutlich betont werden. Als im jungen Nachkriegsdeutschland das Verhalten Willy Brandts als Widerständler während der NS-Zeit als schändliches und vaterlandsschädigendes Fehlverhalten diffamiert wurde, geschah dies nicht selten durch Personen, die ihrerseits ein ähnliches Verhalten nicht gezeigt und dadurch die politischen Bedingungen der Nazidiktatur unangetastet gelassen hatten. Doch dadurch hatten sie sich aus den Unrechtszuständen nicht herausgehalten, sondern Stellung genommen. Nichts zu tun oder einfach mitzumachen, entbindet also nicht von Verantwortung. Auch die rechtliche Bewertung ist kein eindeutiges Indiz für die Qualität einer Handlung, weil Rechtsvorschriften funktional bedingt sind.[100] Wegen der Funktionalität von Rechtsnormen und anderen teilsystemischen Bewertungskriterien, muß Vergangenheitsbewältigung ausdrücklich auf das Moralprinzip rekurrieren, das jeder

[99] Bei der Gedenkveranstaltung am 27. April 1995 in Bergen-Belsen meinte Bundespräsident Herzog: „Auch das ist die Lektion von Bergen-Belsen: Man ist nicht nur verantwortlich für das, was man tut, sondern auch für das, was man geschehen läßt. [...] Wer es zuläßt, daß anderen die Würde genommen wird, der verliert am Ende die eigene Würde." (Herzog, *Wir tragen Verantwortung*, 235).

[100] Vgl. dazu die Ausführungen im sechsten und siebten Kreis.

Denkende, Sprechende und Handelnde ja schon immer anerkannt hat. Darum gehört zur Vergangenheitsbewältigung auch ein ausdrücklicher ethischer Diskurs.[101]

Die Entscheidung zum Handeln: das „Wollen"

Zum Kontext einer Handlung gehört die Perspektive des Handelnden, die ihrerseits aus der Interpretation der Umstände und der Handlungsabsicht besteht. Dabei ist es nicht ganz einfach, anzugeben, was eine Handlungsabsicht (eine Intention) ausmacht und wie sie zustande kommt. Deshalb ist es bisher auch nicht gelungen, einen praktischen Syllogismus zu konstruieren, dessen Prämissen mit Notwendigkeit zur tatsächlichen Umsetzung der Conclusio führen. Die Ursache dafür dürfte in der kognitiven Struktur des Menschen liegen, der seine Wahrnehmungen selbstreferential verarbeitet und auf diese Weise für sein Handeln, Wahrnehmen und Deuten zu Kriterien (zu den Schemata) kommt, die von Außenstehenden, aber auch vom Subjekt selbst, in ihrem Zustandekommen und in ihren Wirkmechanismen nicht in allen Einzelheiten rekonstruierbar sind.[102] Die Konsequenz: *Ex ante* bietet der praktische Schluß für einen Beobachter nur eine gewisse Wahrscheinlichkeit dafür, was eine bestimmte Person wohl tun wird; *ex post* läßt sich mit dem praktischen Schluß der handlungslogische Entscheidungs- und Umsetzungsprozeß des Handelnden mit einer bestimmten Plausibilität rekonstruieren. Dabei können Irrtümer nicht ausgeschlossen werden, weil auch die Kombination von zwei falschen Prämissen zur beobachteten Conclusio führen kann.[103] Praktische Syllogismen haben also nur einen probabilistischen Wert, wenn es um Handlungsvorhersagen und einen Wahrscheinlichkeitswert, wenn es um die intentionale Rekonstruktion von Handlungen geht. Der Handelnde selbst ist durchaus in der Lage, gewissen Prämissen zuzustimmen und die daraus folgende Conclusio dennoch nicht zu tun. Das legt die Vermutung nahe, daß – wenn Handeln nicht von purem Zufall verursacht wird (was, sozusagen als Pendant zur Determination, eine Verantwortlichkeit ausschlösse) – es hinter der bekundeten Absicht, die sich in den Prämissen des praktischen Schlusses ausdrückt, ein umfassenderes Wollen gibt, das die handelnde Umsetzung der Prämissen verhindert. Dieses Wollen mag dem Handelnden oft nicht reflexiv präsent sein, so daß er auf die Frage nach der Inkonsistenz seines praktischen Schlusses vielleicht nur antworten kann: „Ich weiß um meine Inkonsistenz, aber irgendwie kann ich nicht anders."[104]

---

[101] Vgl. dazu den sechsten Kreis.

[102] Vgl. dazu von Foerster, *Lethologie. Eine Theorie des Lernens und Wissens angesichts von Unbestimmbarkeiten, Unentscheidbarkeiten, Unwißbarkeiten.*

[103] Sehr illustrativ ist das Beispiel, das Connolly, *Philosophische Handlungstheorie,* Bd. I, 53, anführt. Vgl. auch Tenbruck, *Zur Anthropologie des Handelns*, 121. In Strafprozessen können solche falsche Syllogismen zu eklatanten Fehlurteilen führen; vgl. Opp, *Zur Anwendbarkeit der Soziologie im Strafprozeß.*

[104] Das Paulus-Wort: „Ich will das Gute und tue das Böse" (Röm 7,19), könnte hier einen Platz haben. Diese Inkonsistenz wird auch von dem Psychologen Norbert Groeben untersucht, der dafür – neben „Handeln" und „Verhalten" – den Terminus des „Tuns" einführt. Vgl. Lenk, *Philosophie und Interpretation*, 176ff.

Das macht eine Bewertung von Handlungen nicht einfach. Gegebenenfalls wird man einem Übeltäter daraufhin eine verminderte Schuldfähigkeit zugestehen. Andererseits macht dieses Phänomen das Handeln dieses Subjekts unberechenbar; man denke an Psychopathen oder Triebtäter. Schließlich kann die Bekundung: „Ich wollte das nicht", auch eine wohlfeile Ausrede darstellen, die mit der Hoffnung verknüpft ist, milder beurteilt zu werden. Diese Ausrede ist auf *unmittelbare* Weise nicht zu entlarven, weil das Wollen nicht gegenständlich vorfindbar und beschreibbar ist. Was aber macht das Wollen aus, das ein wichtiges Kriterium zur Handlungsbewertung darstellt?

Wenn man davon ausgeht, daß die Handlungsmaximen der Menschen teils genetisch bestimmt sind, teils gesellschaftlich geprägt und teils selbstgeschaffen[105], dann bündeln sich in einem Individuum möglicherweise miteinander unverträgliche „Programme".[106] Dies könnte die Ursache inkohärenten und inkonsistenten Verhaltens sein. Denn diese Mischung führt dazu, „daß eine Person [...] nicht völlig in den kulturellen Mythen aufgeht, sondern Trägerin eines einzigartigen Musters von Mythen und Sprachfiguren ist".[107] Der Mensch ist sozusagen eine „Personperson"[108]. „Diese Metapher erklärt auch die häufig empfundene Inkohärenz des eigenen Verhaltens und die hinlänglich bekannte Diskrepanz zwischen Einstellung und Verhalten."[109] Das heißt: Zum Wollen, also zu den Handlungsantrieben eines Menschen, gehören nicht nur die „mentalen Komponenten"[110], also das, was ihm „durch den Kopf geht", was er auf Anfrage als bewußte Absicht formulieren würde, sondern auch die untrennbar zu ihm gehörenden interiorisierten bzw. angelegten Handlungsantriebe, die Prägungen, die er auf Anfrage nicht zu beschreiben vermöchte.[111]

Deshalb läßt sich das Wollen im Endeffekt nur am faktischen Handeln ablesen. Der Handelnde will, was er tut.[112] Das heißt, unter Zugrundelegung seiner – ihm nicht in allen Einzelheiten bewußten und auch fehlbaren – Situationsdeutung will der Handelnde die Handlung in der Weise, wie sein kognitives System[113] sie veranlaßt. Das schließt widerstreitende Absichten des Subjekts nicht aus, offenbart aber seinen „intentionalen Schwerpunkt". Eine

---

[105] Vgl. dazu auch die erkenntnistheoretischen Ausführungen in dieser Arbeit.

[106] Dabei gilt, daß die genetischen und gesellschaftlichen Vorgaben und Prägungen oft nicht als solche erlebt werden, sondern als individuelle Neigung o.ä.; vgl. Baecker/Borg-Laufs/Duda/Matthies, *Sozialer Konstruktivismus*, 129ff.

[107] Baecker/Borg-Laufs/Duda/Matthies, *Sozialer Konstruktivismus*, 131.

[108] Baecker/Borg-Laufs/Duda/Matthies, *Sozialer Konstruktivismus*, 131.

[109] Baecker/Borg-Laufs/Duda/Matthies, *Sozialer Konstruktivismus*, 131f.

[110] Lenk, *Handlung als Interpretationskonstrukt*, 285.

[111] Das Wollen besteht also aus einer Gemengelage von Antrieben. In diesem Sinne kann man mit Tenbruck resümieren: „So bleibt die Bildung und Rechtfertigung seiner einzelnen Ziele dem Handelnden undurchsichtig. Er kann seine teils widersprüchlichen, teils unvergleichbaren Ziele nur sehr bedingt akzentuieren, geschweige denn sie durchordnen. [...] Für die Chance zur Durchordnung des eigenen Handelns bleibt die Rationalität der Einzelentscheidungen ziemlich unwichtig." (Vgl. Tenbruck, *Zur Anthropologie des Handelns*, 120).

[112] Vgl. Wittgenstein, *Philosophische Untersuchungen*, §§ 613ff.

[113] Das kognitive System stellt den rezeptiven wie kreativen Interpretationsapparat des Menschen dar; vgl. dazu die Ausführungen im dritten Kreis.

Interpretation der Handlung und eine Identitätszuschreibung hätte sicherlich zu berücksichtigen, daß der Handelnde in seiner Absicht schwankend war oder die Handlung „eigentlich nicht wollte". Andere Handlungen wären als Vergleichsbasis heranzuziehen, wodurch nicht ein singuläres Handeln zur Grundlage der Identitätszuschreibung wird, sondern die „Geschichte" dieser Person.[114] Freilich ändert das nichts an einer entsprechenden Verantwortlichkeit für jede einzelne Handlung.

Handlungsziele als Konkretisierungen von Maximen

Die Identitätszuschreibung ist für das Subjekt selbst von Bedeutung, um sich in Kontinuität zu erleben. Die Identitätszuschreibung an Mitmenschen ist wichtig, um verläßliche Interaktionseinschätzungen vornehmen zu können.[115] In handlungstheoretischer Hinsicht beschreibt die Identität einer Person deren „Art" zu handeln, also deren oberste Handlungsregeln. Diese zu kennen bedeutet, das Handeln der betreffenden Person verläßlich bewerten und einschätzen zu können. Nun kann es vorkommen, daß verschiedene Geschichten, die von einer Person erzählt werden, von völlig unterschiedlichen und miteinander unverträglichen Zielsetzungen im Handeln dieser Person zu zeugen scheinen. Man denke etwa an Personen, die jahrzehntelang in wohlsituierten Verhältnissen lebten, von denen aber eines Tages eine verbrecherische Nazi-Vergangenheit bekannt wurde. Wie lassen sich solche Diskrepanzen erklären?

Im Zusammenhang mit dem Wollen war die Rede davon, daß der Handlungsgrund in den Schemata eines Subjekts zu suchen sei. Darauf ist nun zurückzukommen. Menschen nehmen wahr, indem sie interpretieren. Die Grundlage der Interpretationen ist der Verstehenshorizont, sind die kognitiven Schemata. Ob unterschiedliche Handlungsweisen miteinander in Einklang zu bringen sind, hängt davon ab, ob sie sich in den Verstehenshorizont integrieren lassen. Handlungstheoretisch bedeutet dies: Jeder Mensch hat oberste Handlungsnormen, die Maximen.[116] Sie müssen dem Individuum nicht reflexiv bewußt sein, dennoch entscheiden sie darüber, wie das Individuum handelt. Natürlich können sich diese Maximen im Lebensverlauf ändern. Die Maximen können so geartet sein, daß sie – wie bei den Nazischergen, die „gute Familienväter" und Massenmörder zugleich waren – scheinbar unverträgliche Handlungsweisen nebeneinander zulassen. Wenn man die Maximen der so Handelnden kennt, kann deutlich werden, warum der Handelnde seine Handlungen als miteinander verträglich empfindet (wobei dadurch weder die Maximen noch die Handlungen als gerechtfertigt gelten

---

[114] Freilich konstituiert sich die Identität nicht lediglich über das Handeln; das käme der Auffassung von Karl Marx sehr nahe. Aber Handeln ist eine wichtige Komponente der Identitätsausprägung.

[115] Näheres dazu wird im vierten Kreis ausgeführt.

[116] Hier kann man durchaus Kants Definition heranziehen: „Maxime aber ist das subjektive Prinzip zu handeln, was sich das Subjekt selbst zur Regel macht [wie es nämlich handeln will]." (Kant, *Die Metaphysik der Sitten*, Einleitung, AB 26.) Vgl. auch Bubner, *Handlung, Sprache und Vernunft*, 185-200.

können). Auch Maximen erheben die Geltungsansprüche und sind daher dem Moralprinzip verpflichtet. Deshalb gehört es zu einem Prozeß der Vergangenheitsbewältigung, im Rahmen der Identitätszuschreibung auch die Maximen aufzudecken, zu bewerten und Konsequenzen zu fordern.

In anderen Fällen als denen der Nazischergen mögen unverträglich erscheinende Handlungsweisen durch das Aufdecken der Handlungsmaximen plötzlich in ihrer berechtigten Verträglichkeit deutlich werden. Man denke an einen Anwalt in einem totalitären System, der seine Maxime, der Gerechtigkeit zu dienen, in das Ziel umsetzt, politisch Verfolgten durch seine Anwaltstätigkeit zu helfen. Es könnte vorkommen, daß der Anwalt dazu eine dosierte Zusammenarbeit mit der Staatsmacht pflegen muß. Für den Blick von außen wird das Handeln verständlich, wenn man (1) die Handlungsmaxime (seine Interpretationsschemata) kennt und (2) weiß, wie der Anwalt die Rahmenbedingungen einschätzt. Ähnlich kann es auch Unterlassungsfälle geben, die nachvollziehbar und berechtigt erscheinen, wenn man die Maximen und die Kontextinterpretationen der Handelnden kennt. So schildert z.B. Werner Heisenberg[117] seine und seiner Professorenkollegen Absicht, zu Beginn des „Dritten Reiches" ihre Professuren demonstrativ aus Widerstandsgründen niederzulegen. Max Planck überzeugte die Leipziger Dozenten davon, diesen Plan fallenzulassen, da er aller Wahrscheinlichkeit nach wenig Erfolg und zu viele kontraproduktive Nebenwirkungen habe. Der Verzicht auf die Demission stellte demnach keine Inkonsequenz dar, sondern – unter Abwägung aller Kontextumstände inklusive der erwünschten und der für wahrscheinlich angenommenen Folgen – eine Entscheidung nach dem Prinzip der Vorzugswahl.[118] Der externe Beobachter hätte hier wohl Probleme, die Stringenz von Maximen, Zielen, Motiven und Handlungen nachzuvollziehen, wenn er nicht eine ähnliche Kontexteinschätzung gewinnt wie Planck und Heisenberg.

Bei vermeintlichen Diskrepanzen stehen mindestens zwei Interpretationsmöglichkeiten offen. Entweder gibt es zwischen Betrachter und Handelndem divergierende Kontextdeutungen, die zu unterschiedlichen Handlungsinterpretationen führen, oder es liegen beim Beobachter und beim Handelnden unterschiedliche Handlungsmaximen vor. Die Prüfung von Maximen verlangt jedoch eine „Tiefeninterpretation" im Sinne Hans Lenks.[119]

Zusammenfassend kann man sagen, daß „Handlungen nicht absolute, an sich existierende Phänomene sind, sondern wesentlich auf Interpretationen, Zuschreibungen und Beschreibungen beruhen, ja, durch derartige Deutungen erst konstituiert und erfaßbar werden: Handlungen sind Interpretationskonstrukte. Handeln kann aufgefaßt werden als situations-, kontext- und institutionsabhängiges, regelbezogenes normen-, wert- oder zielorientiertes, systemhaft eingebettetes, wenigstens partiell ablaufkontrollieretes oder teilbewußtes motiviertes Verhalten eines personalen oder kollektiven Akteurs,

[117] Heisenberg, *Der Teil und das Ganze*, 178ff.
[118] Zur Vorzugswahl vgl. Schüller, *Der menschliche Mensch*, 66ff.
[119] Vgl. Lenk, *Interpretationskonstrukte*, 187ff.

das diesem als von ihm durchgeführt zugeschrieben wird."[120]

Vergangenheitsbewältigung hat in handlungstheoretischer Hinsicht Handlungen zu interpretieren, d.h. auch: die Interpretationen und Maximen der Handelnden aufzudecken, um sie hermeneutisch-moralisch zu bewerten, sie so der Identität der Handelnden zuzuschreiben und daraufhin ggf. Konsequenzen zu fordern. Die handlungstheoretischen Ausführungen, wie auch zuletzt die Aufgabenbeschreibung von Vergangenheitsbewältigung, beziehen sich auf kognitive Mechanismen, die einer eingehenderen erkenntnistheoretischen Erläuterung bedürfen.

---

[120] Lenk, *Handlung als Interpretationskonstrukt*, 345. Vgl. auch ebd., 293. 295.

Dritter Kreis: Erkenntnistheoretische Bedingungen und Mechanismen

Problemanzeige

Eine Handlung ist nicht einfachhin ein vorfindliches Faktum, sondern ein Interpretationskonstrukt. Das Verhalten von Menschen wird nämlich in Abhängigkeit von Kontextbedingungen *interpretiert*. Die Grundlage der Interpretation ist der Verstehenshorizont des Interpreten. Das gilt auch für den Handelnden als Interpreten des eigenen Handelns. So kann es vorkommen, daß die gleiche Handlung von verschiedenen Personen mit unterschiedlichen Bedeutungen belegt wird. Wenn man einmal den sicherlich nicht seltenen Fall außer acht läßt, daß die einer verwerflichen Handlung Beschuldigten sich wider besseres Wissen und wider bessere Einsicht um Geschichtsglättung und Beschönigung, um Verdrehung, Selektion und Umdeutung bemühen, in der Hoffnung, damit überzeugen und günstiger abschneiden zu können[1], dann bleibt das sicherlich nicht weniger seltene Phänomen, daß um Rekonstruktionen, Deutungen und Bewertungen tatsächlich allen Ernstes gerungen werden muß. Der Grund dafür liegt nicht allein in der Komplexität der betreffenden Situation, deren Klärung zu einem „objektiven", „angemessenen" und allseits „einleuchtenden" Umgang mit der zur Debatte stehenden Vergangenheit führen könnte. Das Problem ist vielmehr ein prinzipielles. Jedes Erkennen – und noch vielmehr jedes Werten – ist Deutung.

Folgt daraus, eine Handlungsdeutung sei letztlich beliebig, man könne eine Handlung in jeder gewünschten Weise interpretieren, oder gar, eine Handlung löse sich bei dieser Sicht in Interpretation auf und werde dadurch ihrer Realität entkleidet und verharmlost? Solche Sorgen sind nicht ganz unberechtigt. Es gibt nämlich einen Theorieansatz, der die Tatsache, daß die Menschen nur in Form von Interpretationen wahrnehmen können und daß somit alle ihre Wahrnehmungen stets „interpretationsimprägniert"[2] sind, unter Zugrundelegung bestimmter neurobiologischer Forschungsergebnisse in einer Weise deutet, die das Interpretieren von jeglichem Realitätsbezug loslöst. Müßte man dieser Theorie, dem Radikalen Konstruktivismus, folgen, dann lösten sich Handlungen tatsächlich vollständig in subjektive Interpre-

[1] Freilich ist dies auch eine Art der Vergangenheitsbewältigung, insofern dadurch Identität ausgeprägt wird, die moralisch bewertbar ist.

[2] So ein immer wiederkehrender Terminus bei Hans Lenk, z.B. in ders., *Interpretationskonstrukte*, 23. 52. 60 und öfter. Abel spricht statt dessen von der „Interpretativität"; vgl. z.B. Abel, *Was ist Interpretationsphilosophie?*, 16.

tationen auf, dann verschwände die Vergangenheit in die Elaboration von Konstrukten, dann wäre Vergangenheitsbewältigung praktisch nicht mehr möglich.

Die Bedeutsamkeit einer erkenntnistheoretischen Klärung

Der Umstand der interpretativen Wahrnehmung muß als Faktum anerkannt werden. In dieser Diagnose sind sich die zur Zeit maßgebenden Kognitionstheorien[3] einig. Das Erkennen ist demnach nicht als ein isomorphes Projizieren der Realität in den Erkenntnisapparat zu verstehen, sondern als ein Vorgang des Konstruierens oder Interpretierens, also als eine schöpferische Leistung des Erkenntnisapparates.[4] Die Frage lautet daher nicht, *ob* man von einem interpretativen Kognizieren ausgehen muß, sondern sie lautet, *wie* dieses interpretative Kognizieren funktioniert und welche Folgen es hat. Im vorliegenden Zusammenhang heißt die Frage, wie Vergangenheitsbewältigung angesichts der interpretativen Art des menschlichen Kognizierens möglich ist und wie sie aussehen muß. Dabei kann der Theorieansatz des Radikalen Konstruktivismus nicht einfach ignoriert werden. Er stützt sich auf empirische Forschungen und erlebt gegenwärtig eine lebhafte Rezeption. Bedeutet dies nun, daß diesem Ansatz gefolgt und Vergangenheitsbewältigung als eine Illusion verstanden werden muß? Oder hat dieser Ansatz Schwächen, so daß alternativen Theorien der Vorzug zu geben ist? Welche Konsequenzen folgen daraus für eine Theorie und Praxis der Vergangenheitsbewältigung?

Die Tatsache der interpretativen Wahrnehmung ist nicht nur handlungstheoretisch von großer Bedeutung, sondern wirkt sich auf *alle* Aspekte aus, die im Zusammenhang mit Vergangenheitsbewältigung von Belang sind: auf die Bereiche der Geschichtstheorie, der Sozialtheorie und der Moraltheorie. Darum läßt es sich nicht umgehen, die Frage nach dem menschlichen Kognizieren ausführlicher zu behandeln, denn im Bereich der Kognitionstheorie entscheidet sich vieles für eine Theorie der Vergangenheitsbewältigung.

---

[3] Die Termini „Kognition" und „Kognizieren" sind Fachbegriffe konstruktivistischer Erkenntnis- (bzw. „Kognitions"-) Theorien. Sie sollen zum Ausdruck bringen, daß es nicht um irgendeine Art des Wahrnehmens und Erkennens geht, sondern um die (biologisch fundierte) Art, die die Operationsweise eines selbstreferential kognizierenden Subjektes ausmacht. „Kognition, könnte man sagen, ist Konstruktinterpretation [...]." (Lenk, *Von Deutungen zu Wertungen*, 91f.) Es geht beim Gebrauch dieser Wörter also nicht um die Einführung von Neologismen, sondern um eine inhaltliche Füllung, die in Vokabeln wie „Wahrnehmen", „Denken" oder „Erkennen" so nicht enthalten ist. Daher wird in der vorliegenden Arbeit an den entsprechenden Stellen vornehmlich vom „Kognizieren" die Rede sein. Näheres zur Wortbedeutung und Wortverwendung bei Luhmann, *Die operative Geschlossenheit psychischer und sozialer Systeme*, 123; Maturana, *Kognition*; Roth, *Autopoiesie und Kognition*.

[4] Damit unterscheidet sich der moderne Konstruktivismus vom klassischen Idealismus, insofern letzterer „Eindrücke von Gegenständen als Gegenstände von Eindrücken mißdeutet" (von Kutschera, *Der erkenntnistheoretische Realismus*, 30). Der Interpretationskonstruktivismus dagegen kann nicht „im Sinne einer Fichte'schen Urproduktivität" verstanden werden, die „zu einem Interpretationsidealismus" führt (Lenk, *Interpretationskonstrukte*, 308).

1. Grundlagen

Biologische Bedingungen
Daß der Mensch sich unter den Bedingungen der Evolution entwickelte, führte dazu, daß seine Konstitution sich nach dem Maßstab einer optimierten (Über-) Lebensdienlichkeit ausbildete. Dies gilt auch für seine Erkenntnisfähigkeit, für sein „kognitives System“. Demnach ist „das Gehirn [...] ursprünglich eben kein Organ zum Erkennen der Welt, sondern bloß ein Organ zum Überleben“[5]. Ein wichtiger evolutiver Entwicklungsschritt bestand darin, daß die durch „Fernsinne“ empfangenen Reize in einem zentralen Nervensystem verarbeitet wurden, was – wegen der Möglichkeit frühzeitiger Aktion vor dem Eintreffen der Außeneinflüsse (also eines projektiven Agierens statt des Ausgeliefertseins an unmittelbare Beeinflussungen durch Außenreize) – einen Selektionsvorteil darstellte, der zur Entwicklung des Gehirns führte, eines Gehirns, das zum Kontakt mit der externen Welt auf die Signale des neuronalen Systems angewiesen ist. Diese Signale, die in Gestalt von undifferenziert codierten neuronalen Impulsen, nämlich frequenzmodulierten Potentialänderungen elektrophysiologischer Zustände, das Gehirn erreichen[6], lösen dort erregungsbahnspezifische und verarbeitungsortabhängige Zustandsveränderungen aus.[7] Das Gehirn erfährt also „die Einwirkung der Umwelt nicht direkt, sondern nur an und in sich selbst.“[8] Damit wird deutlich, daß das kognitive System[9] keinen unmittelbaren „Wirklichkeitskontakt“ besitzt, sondern über neuronale Reize „informiert“ wird. Erst das kognitive System konstruiert Bedeutungen.[10]

---

[5] von Ditfurth, *An der Grenze zwischen Geist und Biologie*, 198.

[6] Vgl. Oeser/Seitelberger, Gehirn, *Bewußtsein und Erkenntnis*, 44ff. Die Erregungszustände einer Nervenzelle codieren nur die Intensität, nicht jedoch die Natur der Erregungsursache. Eine gereizte Nervenzelle gibt einen Impuls von 0,1 Volt längs der Nervenfaser ab („Aktionspotential“). Je größer die Störung, desto schneller die Frequenz der Abgabe („Frequenzmodulation“). Das ist bei allen Nervenzellen gleich. Für Bedeutungszuweisungen ist das Gehirn zuständig, dessen verschiedene Regionen evolutionsbedingt die einlaufenden Signale unterschiedlich deuten. Vgl. z.B. von Foerster, *Über das Konstruieren von Wirklichkeiten*, 30f.; ders., *Erkenntnistheorien und Selbstorganisation*, 138f.; Schmidt, *Der Radikale Konstruktivismus*, 77, Anmerkung 8; Roth, *Erkenntnis und Realität*, 233; aber auch die in ihrer Deutung etwas anderen Ausführungen bei Oeser/Seitelberger, *Gehirn, Bewußtsein und Erkenntnis*, 44ff.

[7] Die Erregungsbahnspezifität und die Ortsabhängigkeit der Zustandsveränderungen im Gehirn, die aufgrund der einlaufenden neuronalen Signale stattfinden, ist eine evolutionsbiologische Errungenschaft.

[8] Roth, *Erkenntnis und Realität*, 243.

[9] Das Gehirn ist ein – materieller – Teil des kognitiven Systems. Im folgenden wird terminologisch nicht immer säuberlich unterschieden.

[10] Vgl. Roth, *Kognition*, 108. Bedeutung ist ein Zusammenhang, der in Regeleinbindungen und dispositionell ausgeprägten Zuweisungspraktiken zum Ausdruck kommt, ein Interpretationsmuster, ein Interpretationskonstrukt, das seinerseits dem Interpretieren als Leitschema dient; vgl. Lenk, *Interpretationskonstrukte*, 433ff.; Lassahn, *Pädagogische Anthropologie*, 180. Schmidt, *Der Radikale Konstruktivismus*, 29: „Bedeutung ist eine kontextuelle Relation.“

Mechanismen des Kognizierens

Das Gehirn ist nicht in der Lage, isomorphe Abbildungen der Realität zu konstruieren. Kontakt zur Realität hat es lediglich über das Kriterium der Adaptivität bzw. Viabilität seiner Interpretationen. Unter diesen Voraussetzungen kann es sich bei der Ausgestaltung seiner eigenen Ordnung (also bei der Konzipierung der „Software“, mit der kogniziert wird) auf nichts anderes beziehen, als auf seine neurophysiologischen Voraussetzungen und auf seine schon miteinander verglichenen und verknüpften Informationen, also auf die selbst konstruierten Bedeutungen und Erfahrungen; kurz: auf seine eigene Geschichte bzw. seine eigene Selbsterfahrung.[11]

Bei seinem Kognizieren (also bei der Bearbeitung von Informationen durch Anwendung der „Software“) kann sich das Gehirn auf nichts anderes stützen, als auf seine eigenen Zustände und auf seine eigene Geschichte, d.h. auf die bisher geleisteten und nicht an rekursiven Wirklichkeitsprüfungen gescheiterten selbstreferential erstellten Bedeutungszuweisungen. Dies gilt so sehr, daß unser Gedächtnis als unser wichtigstes Sinnesorgan begriffen werden muß.[12] Was andere wahrnehmen, läßt sich also nie unmittelbar wissen, weil jeder im strengen Sinne nur die Zustände des eigenen kognitiven Systems kennt, das die neuronalen Signale, die es von den Sinneszellen bekommt – welche wiederum aufgrund externer Affektionen (z.B. dem Verhalten anderer Menschen) stimuliert wurden – nach eigengeschaffenen Prinzipien deutet.

Beim Denken interagiert das kognitive System mit einigen seiner inneren Zustände so, als ob diese unabhängige Größen wären. Denken ist die kognitive Reaktion auf kognitive Prozesse. Das Gehirn reagiert sozusagen auf sich selbst. Das kognitive System erzeugt also beim Wahrnehmen und Denken aufgrund exogener resp. endogener Affektionen eine der Struktur des kognitiven Systems entsprechende[13] *Vorstellung*, indem es die neuronal vermittelten Informationen speichert und miteinander verknüpft, neue Informationen mit dem bisherigen Informationsbestand und den sich aus ihrer Verknüpfung ergebenden Informationen vergleicht und daraus wieder eine neue – erweiterte, korrigierte, anders gruppierte – Informations- und Informationsverknüpfungssituation herstellt usw. Diese internen Verknüpfungskonstellationen sind „Bedeutungen“. In diesem Prozeß, bei dem die neuronalen Interaktionen Zustandsveränderungen auslösen, die ihrerseits wiederum als Reaktionen neuronale Reaktionen hervorrufen, werden die jeweiligen neuronalen Interaktionen durch die daraufhin erfolgenden Zustände „repräsentiert“. Das sind gewissermaßen die „Erfahrungen“.

---

[11] Vgl. Lenk, *Interpretationskonstrukte*, 425.; Lassahn, *Pädagogische Anthropologie*, 179ff.

[12] So Schmidt, *Der Radikale Konstruktivismus*, 16, in Anknüpfung an Roth. Deshalb, so Schmidt, ebd., 23, sind lebende Systeme historische Systeme.

[13] Diese Abhängigkeit der Vorstellung von der Struktur des kognitiven Systems ist gemeint, wenn von der „Strukturdeterminiertheit“ des Kognizierens geredet wird. Zu dieser Struktur im weitesten Sinne gehören auch die genetischen Veranlagungen, die als Interpretationsschemata auf einer primären Ebene wirken.

Diese anthropologischen bzw. neurobiologischen Grundlagen dürften unumstritten sein. Allerdings lassen sie sich in unterschiedlicher Weise zur Konstruktion einer Kognitionstheorie verwenden. Eine solche Theorie ist der Radikale Konstruktivismus.

2. Der Ansatz des Radikalen Konstruktivismus

Die Theorie des Radikalen Konstruktivismus
Der sogenannte „Radikale Konstruktivismus“[14] bildet keine einheitliche Doktrin, sondern besteht aus unterschiedlichen Spielarten und Zugangsweisen. Aus u.a. biologischer (z.B. Maturana), kybernetischer (z.B. von Foerster), sprach- und entwicklungspsychologischer (z.B. von Glasersfeld) Richtung kommend, stimmen diese Ansätze darin überein, (1) eine Erklärung der „biologischen Eigenart der Phänomene Kognition und Realität“[15] bieten zu können und (2) diesen erkenntnistheoretischen Ansatz stringent weiterzudenken und bei seiner Anwendung auf die unterschiedlichsten Fragestellungen nicht in realistische Positionen zu verfallen, d.h. keinerlei realistische Annahmen vorauszusetzen.[16] Die These des Radikalen Konstruktivismus besagt, das kognitive System sei operational geschlossen. Daraus leiten die Radikalen Konstruktivisten ab, das kognitive System besitze keinerlei Möglichkeiten, etwas Zuverlässiges über die externe Realität zu erfahren. Die Selbstreferentialität der Bedeutungszuweisung führe dazu, daß die eigenen Konstrukte nichts mit der externen Realität zu tun hätten. Deren Existenz müsse man aus logischen Gründen voraussetzen, beweisbar oder gar kontaktierbar sei sie aber nicht.

Konsequenzen des Radikalen Konstruktivismus
Diese Sicht führt zu mehreren schwerwiegenden Konsequenzen, deren eine in der Schlußfolgerung besteht, Konstrukte über die externe Realität seien unabhängig von dieser. Damit fielen – träfe dies zu – alle verbindlichen Aussagen über Handeln und Erleiden sowie über geschichtliche Ereignisse dahin.

Eine andere Konsequenz des Radikalen Konstruktivismus bezieht sich auf dessen Definition von „Verstehen“. Landläufig bezeichnet Verstehen die kognitive Leistung eines Beobachters oder eines Adressaten. Dieser hat eine Äußerung oder einen Sachverhalt dann verstanden, wenn die Bedeutungszu-

---

[14] Der Terminus stammt von Ernst von Glasersfeld. Für einen ersten Überblick über den Radikalen Konstruktivismus vgl. Schmidt (Hg.), *Der Diskurs des Radikalen Konstruktivismus*; Schmidt (Hg.), *Kognition und Gesellschaft*.

[15] Maturana, zitiert nach: Schmidt, *Vorbemerkung*, in: ders. (Hg.), *Der Diskurs des Radikalen Konstruktivismus*, 7.

[16] Schmidt, *Der Radikale Konstruktivismus*, 40, sagt, es sei nicht möglich, radikal konstruktivistische und realistische Positionen zu mixen. Doch Nüse/Groeben/Freitag/Schreier, *Die Erfindung/en der Radikalen Konstruktivismus*, erheben gegenüber dem Radikalen Konstruktivismus den Vorwurf, genau dies zu tun.

weisung, die der Urheber dem Verstehensobjekt beilegte oder die der Sache in anderer Weise zukommt, vom Beobachter bzw. Adressaten nachvollzogen wird. Dieser Verstehensbegriff setzt voraus, daß der Nachvollzug in irgendeiner Weise kontrolliert werden kann. Wenn ein kognitives System jedoch von der externen Realität abgetrennt ist und, wie der Radikale Konstruktivismus behauptet, ausschließlich die eigenen Konstrukte kennt, dann läßt sich nie erfahren, was andere Menschen denken und empfinden. Man kann nicht wissen, was sie verstehen. Der Nachvollzug einer Bedeutungszuweisung ist demnach unkontrollierbar.

Das Verstehen im Sinne des Radikalen Konstruktivismus ist folglich keine *Leistung* des Adressaten bzw. des Beobachters, sondern eine *Zuschreibung* an ihn. Man schreibt jemandem zu, etwas verstanden zu haben, wenn dieser sich so verhält, wie man erwartet, daß er sich verhalten würde, wenn er die gleiche Bedeutungszuweisung vornimmt, die man selbst dem Verstehensobjekt gegenüber vorgenommen hat. Ein Verstehen bekommt derjenige zugeschrieben, der erwartungsgemäß reagiert. Jemandem eine Information zu geben, die dieser verstehen soll, ist damit der Versuch, jemanden in seinem Verhalten zu beeinflussen bzw. zu „orientieren“. „Verstehen bedeutet, einer Orientierungserwartung zu entsprechen.“[17] Aber diese Entsprechung festzustellen, ist nur dem Agierenden möglich, der im Erfolgsfalle diese Entsprechung dem Orientierten als ein Verstehen zuschreibt. *Warum* der Orientierte sich jedoch so verhalten hat, wie er es tat, muß für alle (außer dem Orientierten) letztlich unbeantwortbar bleiben. Aus der Sicht des Radikalen Konstruktivismus ist diese Frage sogar irrelevant, weil es nach radikal-konstruktivistischer Lehre aufgrund der Realitätsunabhängigkeit des Erkennens keine pragmatische Bedeutung des Verstehensobjektes gibt. Diese Ansicht wird hier nicht geteilt, was für ein Verständnis von Vergangenheitsbewältigung nicht unerhebliche Auswirkungen haben wird.

Von sich selbst zu sagen, man habe einen anderen verstanden, erfordert „eine Art Simulation der Vorgänge [...], die üblicherweise in Orientierungsinteraktionen ablaufen, speziell eine Art Simulation der Sichtweise des Orientierenden.“[18] Das heißt, man konstruiert aufgrund der neuronalen Signale, die man als Handlung oder Äußerung des anderen deutet, eine Absicht, die man dem anderen unterschiebt.[19]

Mit dieser Auffassung blendet der Radikale Konstruktivismus die pragmatische Dimension des Verstehensobjektes und die kommunikative Funktion des Verstehensaktes aus und macht Verstehen nicht nur unabhängig vom Verstehensobjekt, sondern auch unabhängig von gemeinsamen Bedeutungszuweisungen. Auf zwei Aspekte des radikal-konstruktivistischen Verstehenskonzeptes muß deshalb besonders hingewiesen werden: (1) Das Einrücken in einen gemeinsamen Bedeutungshorizont gilt als unmöglich und damit auch ein Verstehen, das nicht zugleich zu einer vom Orientierenden

[17] Rusch, *Auffassen, Begreifen und Verstehen*, 224.
[18] Rusch, *Auffassen, Begreifen und Verstehen*, 226.
[19] Vgl. Rusch, *Auffassen, Begreifen und Verstehen*, 229.

beabsichtigten Handlungsweise beim Adressaten führt, sondern seitens des Adressaten die Bedeutungszuweisungen zwar nachvollzieht, das Verstehensobjekt inhaltlich aber ablehnt. (2) Ebenso ist ein einfühlendes Verstehen, also ein empathisches Bedeutungszuweisen beim Hören von Opfergeschichten, kaum kontrollierbar und muß deshalb als zweifelhaft gelten. Beide Konsequenzen würden ein Bewerten von Handlungen und Widerfahrnissen erschweren oder sogar unmöglich machen. Denn nach dem radikal-konstruktivistischen Verstehenskonzept gibt es kein Kriterium für ein angemessenes Verstehen, weil es keinen gemeinsamen Referenzrahmen für Bedeutungszuweisungen gibt. Es gibt nur die Möglichkeit, seitens des Orientierenden den Erfolg seines Orientierungsversuchs festzustellen. Dies verhält sich anders, wenn der Radikale Konstruktivismus in seinen extremen Behauptungen zurückgewiesen und ein hermeneutisches Verstehen als möglich aufgezeigt werden kann.

Jedoch bleibt festzuhalten: Verstehen ist ein Interpretationskonstrukt. Der Mensch handelt immer so, *als ob* die Dinge so *seien*, wie er sie konstruiert. Weil das Unterschieben von Absichten und Bedeutungen nur in dem Maß funktioniert, wie es durch Rückmeldungen bestätigt wird, hat derjenige Macht, der die Rückmeldungen steuern kann; z.B. indem er bestimmtes Verhalten in bestimmter Weise sanktioniert.[20] Die rekursive Prüfung durch den gesellschaftlich konventionierten (Wahrheits- bzw. Bedeutungs-) Standard kann durch denjenigen manipuliert werden, der den gesellschaftlich konventionierten Standard manipulieren kann. Dadurch ist es natürlich auch möglich, die Deutung und den Umgang mit Vergangenheit zu manipulieren.

Exkurs: eine terminologische Klärung

Der Terminus „Orientierung“ verlangt einige erklärende Worte, weil er für das Verständnis von Vergangenheitsbewältigung in dieser Arbeit eine wichtige Rolle spielt. Der Radikale Konstruktivismus spricht von „Orientieren“, wenn das Handeln einer Person bei einer anderen ein Verhalten auslöst, das die erste Person als ein Handeln deutet, das sie (die orientierende Person) auszulösen intendierte. „Orientiert werden“ meint, durch einen Auslöser zu einem bestimmten Handeln veranlaßt zu werden.[21] *Warum* dieses Handeln letztlich zustande kommt, kann der Orientierende genauso wenig wissen wie der Orientierte wissen kann, ob sein Handeln, zu dem er veranlaßt wurde, tatsächlich vom Gegenüber intendiert war. Für den Radikalen Konstruktivismus zählt das Faktum des Handelns, das ausgelöst wird. Dieser Aspekt ist ausschlaggebend dafür, daß der Terminus „Orientierung“ für die Bemühung um tragfähige Interpretationen im Zuge von Vergangenheitsbewältigung übernommen wird. Es kommt bei Vergangenheitsbewältigung nämlich nicht nur darauf an, zu einer

---

[20] Vgl. Rusch, *Auffassen, Begreifen und Verstehen*, 231ff. Das muß nicht mit Gewalt geschehen und den Betreffenden nicht einmal als Manipulation vorkommen Zur Manipulation durch mediale Berichterstattung vgl. Kepplinger, *Theorien der Nachrichtenauswahl als Theorien der Realität*.

[21] Zur Orientierungsproblematik im Radikalen Konstruktivismus vgl. Rusch, *Erkenntnis, Wissenschaft, Geschichte*, 136ff.

tragfähigen Geschichtsinterpretation zu gelangen, sondern auch darauf, daß diese Geschichtsinterpretation *wirkmächtig* ist. Das heißt, sie muß, wenn nötig, ein Handeln auslösen können. Allerdings fehlt der radikal-konstruktivistischen Vorstellung von Orientierung der hermeneutische Aspekt.

Darum fließt in den Terminus der Orientierung, wie er hinsichtlich der Vergangenheitsbewältigung in der vorliegenden Arbeit verwendet wird, auch die hermeneutische Überlegung ein, daß Kommunikation und Interaktion ein Vermitteln von Bedeutungen ist. Weil Bedeutungen nur in ihrem Referenzsystem verständlich sind, geht es bei der Kommunikation auch immer um ein Verstehen im hermeneutischen Sinne, also um den Nachvollzug von Bedeutungszuweisungen bzw. um die Rekonstruktion von Referenzsystemen. Es wird also angenommen, daß die (relative) Übereinstimmung bzw. Divergenz von Bedeutungszuweisungen feststellbar ist. „Orientierung" in dieser Verwendungsweise schließt deshalb immer ein, daß Interpretationen beeinflußt und Schemata geprägt werden. Orientierung meint deshalb ein wirkmächtiges Einflußnehmen auf Interpretationen oder sogar auf Schemata. Ziel der Orientierung ist es, daß der Orientierte sich zurecht findet, und zwar unter Zugrundelegung bestimmter Deuteschemata. Insofern erhebt eine Orientierung präskriptive Ansprüche[22], deren Berechtigung freilich jeweils zu prüfen ist.

3. Kritik am Radikalen Konstruktivismus

Die biologische – oder soll man sagen biologistische[23] – Fundierung führt zu einem Selbstverständnis des Radikalen Konstruktivismus als einer „Kognitionstheorie". Doch genau hier setzt auch die Kritik an. Seitens des methodischen Konstruktivismus der Erlanger Schule[24] wird bemängelt, daß der Radikale Konstruktivismus die naturwissenschaftlichen Erkenntnisse unbefragt übernehme und die vielfältige Theorie- und Interessenbeladenheit der gesellschaftlich konventionierten Denkstrukturen, wissenschaftlichen Fragestellungen und ihrer Ergebnisse nicht bedenke. Das sei sein pragmatisches Defizit.[25] Darüber hinaus erkenne der Reduktionismus von Physik und Biologie, dem sich der Radikale Konstruktivismus anschließe, nur das an, was systemtheoretisch aus Energie- und Stoffumsatz erklärt werden könne. Deshalb habe der Radikale Konstruktivismus ein normatives Defizit, er sei selbst reduktionistisch.[26]

---

[22] Vgl. dazu Lübbe, *„Orientierung"*, 7ff.

[23] So Janich, *Die methodische Ordnung von Konstruktionen*, 34. Lenk, *Interpretationskonstrukte*, 415, schlägt daher auch den Namen „biologischer Strukturdeterminismus" vor.

[24] Dem methodischen Konstruktivismus der Erlanger (und Konstanzer) Schule geht es um die Aufdeckung der heimlichen Implikationen bei unserem Reden, Hypothesenaufstellen und Wissenschafttreiben, sowie um die Rekonstruktion nicht-zirkelschlüssiger Argumentationswege.

[25] Vgl. Janich, *Die methodische Ordnung von Konstruktionen*, 36.

[26] Vgl. Janich, *Die methodische Ordnung von Konstruktionen*, 32ff.

Diese Kritik wird von anderer Seite noch ergänzt.[27] Der Radikale Konstruktivismus ist demnach keineswegs stringent konstruktivistisch, sondern muß eine Reihe realistischer Annahmen machen, ohne die er nicht bestehen kann. Des weiteren überzieht er die ihn stützenden Argumente durch nicht mehr haltbare Schlußfolgerungen. So stellt die „Strukturdeterminiertheit" des kognitiven Systems keineswegs eine Geschlossenheit dar, die dem kognitiven System *jeglichen* Zugang zur externen Welt verwehrt.[28] Denn die „Subjektgebundenheit der Erkenntnis, [impliziert] nicht die Inexistenz realitätsadäquater Theorien"[29], wenn auch gilt, daß diese Realitätsadäquatheit nie bewiesen werden kann, weil wir immer nur interpretativ wahrnehmen. „Gerade weil man nicht aus dem ‚Schleier der Ideen' heraustreten, gerade weil man nicht zeigen kann, daß es eine Entsprechung von Theorie und Wirklichkeit gibt, kann auch nicht gezeigt werden, daß unsere Theorien prinzipiell falsch sind."[30] Sie sind allerdings immer schon eine Deutung, ein Interpretationskonstrukt. Mit der Behauptung der *generellen* Unzugänglichkeit der externen Realität gerät der Radikale Konstruktivismus in Selbstwidersprüche, die seinen erkenntnistheoretischen Status betreffen und die letztlich in der These münden: „Wenn der Radikale Konstruktivismus recht hat, dann hat er unrecht."[31]

Die Konsequenz: Die *Spezifika* und das *„Radikale"* an dieser Version des Konstruktivismus lassen sich so nicht aufrecht erhalten. Das kognitive System hat in bestimmter Weise Kontakte mit der externen „realen" Welt. Wenn nämlich die Reaktionen des kognitiven Systems den Zweck haben, für das Individuum lebensdienlich zu wirken, dann läßt sich – vereinfacht ausgedrückt – vermuten, daß genau diese „strukturelle Koppelung"[32] ein Hin-

---

[27] Vgl. Nüse/Groeben/Freitag/Schreier, *Die Erfindung/en des Radikalen Konstruktivismus*; Oeser/Seitelberger, *Gehirn, Bewußtsein und Erkenntnis*, 133-138; Lenk, *Interpretationskonstrukte*, 412-435.

[28] „Strukturdeterminiertheit" besagt lediglich, daß man ein System nicht zu einem Verhalten zwingen kann, das es nicht in seinem Repertoire hat, und die „Geschlossenheit" sagt lediglich etwas über die Art aus, wie sich Systeme am Leben erhalten; vgl. Nüse/Groeben/Freitag/ Schreier, *Die Erfindung/en des Radikalen Konstruktivismus*, 64f. 35ff. Die Tatsache, daß das Gehirn nur interne Signale verarbeiten kann, also selbstreferential funktioniert, bedeutet nicht, daß es keinen „Zugang" zur Welt hat. Wären Außenreiz und Reaktion des kognitiven Systems völlig unabhängig voneinander, wie könnte dann die „strukturelle Koppelung" entstehen, die das System so adaptiv auf die (Einflüsse der) Umwelt reagieren läßt, daß damit sein Überleben gesichert wird? (Vgl. dazu Nüse/Groeben/Freitag/Schreier, *Die Erfindung/en des Radikalen Konstruktivismus*, 66ff. 79.

[29] Nüse/Groeben/Freitag/Schreier, *Die Erfindung/en des Radikalen Konstruktivismus*, 89. Vgl. dazu auch Oeser/Seitelberger, *Gehirn, Bewußtsein und Erkenntnis*, 44ff.

[30] Nüse/Groeben/Freitag/Schreier, *Die Erfindung/en des Radikalen Konstruktivismus*, 90.

[31] Nüse/Groeben/Freitag/Schreier, *Die Erfindung/en des Radikalen Konstruktivismus*, 223. Die diese These stützenden Argumente beziehen sich – in Kurzform – auf (1) die (Un-) Möglichkeit, Aussagen über den fehlenden Zugang zur Realität zu machen – wenn man ihn nicht hat, (2) die (Un-) Zulässigkeit der Folgerung, daß alles nur Konstruktion sei – wenn alles nur Konstruktion ist und (3) die (Un-) Denkbarkeit der Wahrheit des Radikalen Konstruktivismus – denn wenn er wahr ist, dann ist er inkohärent und damit falsch. Vgl. auch Nüse/Groeben/ Freitag/Schreier, *Die Erfindung/en des Radikalen Konstruktivismus*, 244-265.

[32] Vgl. dazu Nüse/Groeben/Freitag/Schreier, *Die Erfindung/en des Radikalen Konstruktivismus*, 67f.

weis darauf ist, daß die Vorstellungen des kognitiven Systems relativ realitätsadäquat sind.[33] Wären sie es nicht, dann könnten sie kaum lebensdienliche Reaktionen evozieren. Freilich, realitätsadäquat ist nicht isomorph. Das heißt, alles Erkennen ist unhintergehbar interpretativ, aber es interpretiert eine reale Welt; und zwar in Reaktion auf sie.[34] Damit ist auch die soziale Dimension keine subjektive Fiktion, sondern eine interpretative Konstruktion.

4. Der Ansatz des Interpretationskonstruktivismus

Die Schwächen des Radikalen Konstruktivismus sollen in der vorliegenden Arbeit vermieden werden, denn die Behauptung der *totalen* Unzugänglichkeit der realen Welt läßt die Frage aufkommen, ob so etwas wie Vergangenheitsbewältigung überhaupt möglich und nötig ist. Nach streng radikal-konstruktivistischer Auslegung wäre beispielsweise das Leid von Menschen für meine Wahrnehmung nur ein von mir selbst erzeugtes Konstrukt; ohne Aussagewert über die Realität des Leids. Die Gefahr bestünde, die so verstandene Konstruktivität des Leids dazu zu nutzen, dieses geradezu „wegzudefinieren". Geschichtsdeutungen stellten Konstrukte dar, die mit einem vergangenen Geschehen nichts zu tun hätten, die vielmehr als Ausdruck der gegenwärtigen Befindlichkeit des Deutenden zu verstehen wären. Abgesehen von der als prinzipiell angenommenen Schwierigkeit, sich überhaupt über Konstrukte zu verständigen, wären solche Geschichtsdeutungen zum Zwecke einer Vergangenheitsbewältigung völlig untauglich, denn sie interpretierten Geschichten und Identitäten ohne einen Bezug zu Gegebenheiten außerhalb des kognitiven Systems. Diese Auffassung kann so nicht vertreten werden.

Wahrnehmen heißt, die Realität zu interpretieren

Allerdings läßt sich die „Interpretativität"[35] jedes Erkennens und Handelns grundsätzlich nicht leugnen. Deshalb stützen sich die erkenntnistheoretischen Ausführungen vornehmlich auf einen anderen konstruktivistischen Ansatz, den „Interpretationskonstruktivismus"[36] von Hans Lenk, der in enger Verwandtschaft zu Günter Abels von Nietzsche inspirierter „Interpretationsphilosophie"[37] steht. Der Radikale Konstruktivismus ist damit nicht einfachhin

---

[33] Vgl. Nüse/Groeben/Freitag/Schreier, *Die Erfindung/en des Radikalen Konstruktivismus*, 127.

[34] „Dementsprechend dürfte die Konsequenz angemessener sein, daß es das, *was* Organismen sehen, unabhängig von diesen Organismen in der Welt gibt, daß aber die Art, *wie* [...] [sie] die Dinge der Welt sehen und *als was* sie sie sehen, von deren spezieller Struktur abhängig ist." (Nüse/Groeben/Freitag/Schreier, *Die Erfindung/en des Radikalen Konstruktivismus*, 149; zum Begriff der „Struktur" vgl. ebd., 23-34). „Die Wahrnehmung liefert eben nur ein *Bild* von der Welt." (ebd., 160).

[35] So der terminus technicus bei Abel; vgl. z.B. Abel, *Was ist Interpretationsphilosophie?*, 16.

[36] Man könnte auch sagen „kritische Philosophie der Interpretation" oder „Philosophie der Interpretationskonstrukte"; vgl. Lenk, *Interpretationskonstrukte*, 11.

[37] Vgl. Abel, *Interpretationsphilosophie*; ders., *Interpretationswelten*; ders., *Was ist Interpretationsphilosophie?* Freilich gibt es auch Einwände gegen die Philosophie der Interpretation. Vgl. etwa die Beiträge in der *Allgemeinen Zeitschrift für Philosophie* 21 (1996) Heft 3, 253-288, und in der *Deutschen Zeitschrift für Philosophie* 44 (1996) Heft 5, 855-916, die sich stärker

überholt. Doch befreit uns der Ansatz Lenks meines Erachtens von den Problemen des normativen Defizits und den daraus resultierenden ganz speziellen Schlußfolgerungen des Radikalen Konstruktivismus. Lenk betont zwar, daß wir über „keinen interpretationsunabhängigen Zugang zur Welt" verfügen, da die Welt „durch unsere menschlichen Bedürfnisse, Fähigkeiten und Möglichkeiten erst konstruiert" wird, sowohl was die „organischen Erkenntnismöglichkeiten wie auch [...] die begrifflichen Darstellungsmöglichkeiten durch die Sprache" betrifft.[38] Doch zugleich hält er seinen „transzendentalen Interpretationismus" für vereinbar mit einem empirischen Realismus im Kantischen Sinne, da „den Strukturierungen durch uns der Idee nach doch so etwas entspricht wie eine dahinterliegende ‚Welt an sich'".[39]

Auch dem pragmatischen Defizit versucht Lenk zu begegnen. Sein Ansatz versteht sich nämlich als eine pragmatische Erkenntnistheorie „insofern, als von uns als den interpretierenden, deutenden Wesen abhängig ist, wie Formen gebildet werden, durch die jegliche Erfassung im Denken, Erkennen und Handeln strukturiert wird."[40]

Verstehen ist demnach das Einrücken in einen Bedeutungszusammenhang, ist Bedeutungszuweisung. Diese wiederum gibt es – wegen ihrer Angewiesenheit auf Sprache – bei aller Selbstreferentialität des Kognizierens nur als ein kommunikatives Geschehen. Damit ist ein empathisches Verstehen möglich. Auch kann ein Verstehen richtig oder falsch sein, denn es ist wahrheitsfähig. Es erhebt die Geltungsansprüche der Kommunikation und hat sich deshalb ggf. auch einer diskursiven Prüfung zu stellen.

Das ändert allerdings nichts an der Interpretativität oder Interpretationsimprägniertheit jeglichen Erkennens und Verstehens. Informationen, Sachverhalte, Realitäten werden ausschließlich als Interpretationskonstrukte erfahrbar. Für das Bewußtsein gibt es keine interpretationsfreie Realität; bereits die Suche nach „objektiven Tatbeständen" ist ein interpretatorisch motiviertes und interpretierend sich vollziehendes Konstruieren (von Bedeutung). „Wir haben keinen interpretationsunabhängigen Zugang zur Welt."[41] „Es gibt keinen Königsweg zu den Sachen selbst."[42] Daraus folgt: Das kognitive System *rekonstruiert* die Bedeutungen nicht, sondern es *konstruiert* sie. Alle Bewußtseinsinhalte sind Interpretationskonstrukte. Dies gilt auch für die Rekonstruktion historischer Sachverhalte und deren Bedeutung.

---

auf Abels Interpretationsphilosophie beziehen. Kritik an Lenks Interpretationsverständnis äußert Kaleri, *Verstehen als fundamentaler Begriff von Erkenntnistheorie und Ontologie.*

38 Lenk, *Interpretationskonstrukte*, 21.

39 Lenk, *Interpretationskonstrukte*, 22. Zur Realitätsangewiesenheit der Möglichkeit von Interpretation vgl. Oehler, *Über Grenzen der Interpretation aus der Sicht des semiotischen Pragmatismus.*

40 Lenk, *Interpretationskonstrukte*, 22.

41 Lenk, *Interpretationskonstrukte*, 21. Dabei umfaßt Interpretation „diejenigen Vorgänge, in denen Wirklichkeit [...] überhaupt erst als eine So-und-So-Wirklichkeit bestimmt wird. [...] Realität, Wirklichkeit und Sinn können als Funktion der Interpretation aufgefaßt werden." So Abel, zitiert nach Lenk, *Interpretationskonstrukte*, 24. Lenk selbst versteht Interpretation „als das Auslösen und Auswählen sowie das primäre Ausbilden oder biologisch-genetisch angelegte, aber interaktiv auszu‚prägende' Konstituieren [Ausprägen] von Schemata." (Ebd., 24.) Vgl. auch ebd., 87ff.

42 Lenk, *Interpretationskonstrukte*, 30.

„Die Grenzen der Interpretation sind die Grenzen der *erfaßbaren* Welt."[43] Das hat zur Folge, daß ein reines Dasein nicht unmittelbar zu erkennen ist, sondern nur über ein So-Sein. Es gibt kein isomorphes Erkennen und Verstehen der Dinge und Verhältnisse, so wie sie sind. Weil Informationen für das kognitive System erst als gedeutete Gestalt annehmen, existieren *für das Erkenntnissubjekt* nur die selbst konstruierten Bedeutungen. Darum haben „Objekte an sich" keine Bedeutung, sondern sie haben eine solche nur als in Zusammenhänge eingeordnete Funktionen.[44] Bedeutungen sind also auf Regeln bezogene Relationen. Regeln wiederum sind Kontinuitäten, die als solche durch die Interpretationskonstanz des kognitiven Systems (aufgrund seines „historischen Charakters") konstituiert werden. Diese Konstanz und Regelhaftigkeit wird als solche manifest durch intersubjektive Anwendung (und Kontrolle). Damit sind Bedeutungen kommunikativ vermittelte Relationen in der Interpretationswelt des Subjektes.

Zwar kann man seine Konstrukte der intersubjektiven Prüfung entziehen und ihnen ausschließlich im Verhältnis zu seinen bisherigen Interpretationskonstrukten[45] Bedeutung beilegen, aber solche „autistischen" Weltbilder laufen Gefahr, maladaptiv und schädlich zu wirken. Zumindest aber sind nicht intersubjektiv geformte Konstrukte inkommunikabel und unüberprüfbar, weil sie ja kein Kriterium an sich heranlassen, das einem anderen Interpretationsensemble entstammt als das, von dem das Konstrukt selbst gebildet wurde.[46] Weil Menschen nun einmal metainterpretierende Wesen sind, also die eigene Interpretationsweise noch einmal interpretieren können[47], sind sie auch für ihre Interpretationsmethode verantwortlich und damit auch für die ethischen Maßstäbe ihrer Lebensäußerungen, für ihr Handeln, Interpretieren und Werten.

Interpretieren bedeutet, Schemata anzuwenden

Deuten und Interpretieren – und damit auch Handeln, Erkennen, Verstehen etc. – sind kognitive Prozesse, die teils bewußt, teils gleichsam automatisch Strukturierungen zustande bringen, die man „Schemata" nennen kann.[48] Sie dienen dazu, Einzelerfahrungen in einen Zusammenhang zu bringen, um sie typisieren, wiedererkennen und mit ihnen umgehen zu können. Schemata sind keine konkreten Inhalte, sondern Strukturkriterien, vergleichbar mit Computerprogrammen. Demnach enthalten Schemata Variablen. Beim Interpretieren, Verstehen, Erinnern und Handeln spielen Strukturierungen durch Schemata eine große Rolle. Man nimmt auf dem Hintergrund eines

---

43 Lenk, *Interpretationskonstrukte*, 55.

44 Vgl. Lenk, *Interpretationskonstrukte*, 547ff.

45 Diese sind jedoch bereits kommunikativ entstanden.

46 Auch solche Konstrukte können sehr stabil sein. Aberglaube gehört beispielsweise in diese Kategorie.

47 Der Terminus „Metainterpretation" ist eine Wortprägung Lenks. Vgl. z.B. Lenk, *Interpretationskonstrukte*, 55. 427f.; ders., *Das metainterpretierende Wesen*.

48 Vgl. Lenk, *Interpretationskonstrukte*, 85. Natürlich ist die Einführung von „Schemata" ein Interpretationskonstrukt.

Schemas wahr[49], und Interpretieren ist die Zuordnung zu bzw. die Integration in ein Schema und/oder die Veränderung eines Schemas. So kann es vorkommen, daß ein und dieselbe Sache durch – unter Umständen miteinander unverträgliche – Schemata interpretiert werden kann.[50] „Was unsere eigenen Augen sehen", so könnte man dies mit Theodor Seifert beschreiben, „ist nicht unbedingt ‚die Welt, wie sie ist', es sagt öfters mehr über den Sehenden als über das beobachtete Objekt aus."[51] Da auch Handeln ein Interpretieren ist, ereignet sich auch das Handeln im Rahmen von Schemata. So ist die Bedeutung einer Handlung ihre Situierung im Kontext. Dabei ist auch die Beschreibung und die Bedeutung des Kontextes ist ein schemaabhängiges Interpretationskonstrukt. So rücken Schemata als erkenntnistheoretische Interpretationskonstrukte in die Nähe dessen, was in pragmatischer Hinsicht als Maxime bezeichnet wurde. Interpretieren ist das Auslösen oder Auswählen von Schemata und deren versuchsweise Anwendung auf Informationen, sowie die Überprüfung der Stimmigkeit dieser Konstruktion. „Unsere Schemata sind unser Wissen."[52] Das aber heißt: der Mensch denkt und versteht schematisch.[53]

Die Konsequenz daraus ist, daß das Interpretieren, und mit ihm das Handeln, Erkennen und Verstehen, sozusagen bestimmten im kognitiven System vorhandenen (genetisch vorgegebenen oder sich selbstorganisierend zugelegten) Grundtypologien nachkommt, die zu ändern oder deren Reichweite zu vergrößern einen mühseligen Prozeß vieler hermeneutischer „Spiralen" erfordert. Weltbilder zu beeinflussen, Vorurteile zu korrigieren, Prägungen zu verändern, ist also ein kompliziertes Unterfangen.

Die Stabilität von Interpretationsschemata – die Hartnäckigkeit von Vorurteilen

Der Mechanismus, der für die Stabilität von Bedeutungszuweisungen, also für eine gleichbleibende Methode der Interpretation sorgt, wird als „cognition management" bezeichnet. Die Selbstreferentialität des kognitiven Systems, also der Umstand, daß der Input nach den strukturell vorgegebenen Mustern des kognitiven Systems, also schematisch, verarbeitet wird, hat zur Folge, daß die Meldungen der Sinnesrezeptoren so interpretiert werden, daß diese zum bestehenden Hypothesensystem passen. Hermeneutisch ausgedrückt hieße dies: Die neuen Informationen erweitern nicht den (Vorver-

---

49 Auch angeborene Prägungen, wie z.B. Instinkte, sind Schemata. Vgl. Lenk, *Interpretationskonstrukte*, 96.

50 Deshalb gilt, was Maier, *Die Gegenwart der Vergangenheit*, 21, schreibt: „Meinungsverschiedenheiten unter Historikern gehen letztlich darum, was wichtig ist und was nicht. Und das läuft immer auf die Frage hinaus, was für wen wichtig ist." Als Beispiel aus dem optischen Bereich für schematische Wahrnehmungen können die Vexier-Figuren dienen, aus denen zwei ganz unterschiedliche Abbildungen zu ersehen sind. Man denke z.B. an die „Rubinsche Vase".

51 Seifert, *Unterentwickelte Sinne als Quelle unerfüllter menschlicher Beziehungen*, 69.

52 Rumelhart, *Schemata*, 15.

53 Wie auf diese Weise sehr leicht Fehlurteile in Gerichtsprozessen zustande kommen können, zeigt Opp, *Zur Anwendbarkeit der Soziologie im Strafprozeß*.

ständnis-) Horizont; sondern die Tatsache, daß Erkennen und Verstehen nur als Interpretation möglich ist, erlaubt es, die neuen Erkenntnisse so aufzunehmen, daß sie in den bestehenden Horizont integriert werden können, daß sie also zu bestehenden Hypothesen passen. Dies ist eine Struktur, nach der z.B. Vorurteile funktionieren, aber auch historische Legendenbildungen.[54]

Die Fähigkeit zur Metainterpretation

Allerdings erschöpft sich das Kognizieren nicht in diesem einfachen Schematisieren. Das Faktum der exzentrischen Positionalität wirkt sich dahingehend aus, daß das kognitive System die getätigten Interpretationen und die ausgeprägten Schemata nochmals interpretieren kann, also „reflexiv hat". Anders ausgedrückt: Die (Selbst-) Reflexionsfähigkeit des Menschen spiegelt sich erkenntnistheoretisch in seinen metainterpretierenden Fähigkeiten. Diese erlauben ihm, sein schematisches Interpretieren nochmals mit seinen Interpretationskonstrukten abzugleichen und so zu deuten, zu interpretieren, zu verstehen. So können Schemata – unter Zurhilfenahme der Rückmeldungen aus intersubjektiven Diskursen und Interaktionen – selbstreferential verändert und neue Schemata gebildet werden. Allerdings wird diese Fähigkeit begrenzt durch apriorisch bzw. genetisch vorgegebene Schemata und schematische Festlegungen durch interaktionelle Prägungen, sowie durch Schema-Ausbildungen, die die Effekte des cognition management derart verstärken, daß sie sich als psychische Auffälligkeiten zeigen, oder durch Schema-Inkompatibilitäten, die zur Gefährdung der Person-Identität werden können.

Diese metainterpretative Struktur des kognitiven Systems zeichnet den Menschen als Menschen aus und erlaubt ihm dreierlei: Sie erlaubt ihm (1) das, was er bei anderen wahrnimmt emotional nachzuvollziehen; sie verleiht ihm Empathiefähigkeit. Dadurch erlangt er seine Universalisierungsfähigkeit, seine Fähigkeit zum hypothetischen Rollentausch aus. Damit zusammenhängend gibt sie ihm (2) die Fähigkeit zum moralischen Urteil, die ihn für sein Interpretieren verantwortlich macht. Und (3) schließlich gibt sie ihm die Fähigkeit zum systematischen Test darüber, ob seine konstruierten Bedeutungen irgendeinen Bezug zur externen Realität besitzen. Das sind drei fundamentale Begabungen, die einen Prozeß der Vergangenheitsbewältigung möglich machen und die man von einem Menschen erwarten kann.

In metaphorischer Weise kann man davon sprechen, diese selbstreflexive, metainterpretative Struktur erzeuge einen „Beobachter".[55] Damit ist gemeint, daß die schematische Interpretation und Bedeutungszuweisung ihrerseits vom kognitiven System wahrgenommen (also durch einen Kognitionsakt „repräsentiert") und durch die Stimmigkeitsprüfung mit den grundlegenden Schemata mit einer Bedeutung belegt wird. Der Beobachter ist die

[54] Paul Watzlawicks Buch „*Wie wirklich ist die Wirklichkeit*" ist eine Fundgrube an Beispielen für diese Struktur.

[55] Der „Beobachter", der *ungefähr* mit dem Bewußtsein und – im Selbstbezug – mit dem Selbstbewußtsein gleichgesetzt werden kann, ist die Funktion der Repräsentationsstruktur des kognitiven Systems. Vgl. Hauptmeier/Rusch, *Erfahrung und Wissenschaft*, 4ff.

kognitive Instanz, die ein Kognizieren als bedeutungsvoll *erlebt* und immer dann „verstehen" kann, wenn es sich mit der bisherigen Erkenntnis irgendwie verbinden läßt: sei es als Erkenntniszuwachs, sei es durch die Ablehnung, neue Informationen Einfluß auf die bisherigen Konstrukte nehmen zu lassen. (Diese erkenntnistheoretische Position läßt sich als strukturähnlich mit der Gadamerschen Hermeneutik begreifen.) Damit wird deutlich: Wahrnehmungen sind subjektiv. Bereits die Recherche historischer Fakten ist von den Erkenntnisvoraussetzungen der aktiven Personen bestimmt und durchtränkt; umso mehr die Bewertungen. Das läßt sich auch durch keine individuelle Reflexion beheben, denn auch diese ist ja ein dem kognitiven System interner Vorgang.

Welche Konsequenzen haben diese erkenntnistheoretischen Voraussetzungen für das Verständnis von Vergangenheitsbewältigung und für eine diesbezügliche Theorie?

5. Die Auswirkungen einer interpretationskonstruktivistischen Kognitionstheorie auf eine Theorie und Praxis von Vergangenheitsbewältigung

Die Interpretativität von Handlungsbeschreibungen und Handlungsdeutungen

Wegen der Selbstreferentialität des Kognizierens ist es unmöglich, auf Denkinhalte anderer Personen zurückzuschließen, weil sie in persönlich-codierter Form verarbeitet werden. Das Wollen eines Menschen, das ihn letztlich sein Handeln vollbringen läßt, ist erkenntnistheoretisch und neurophysiologisch nicht vorhersehbar und nicht zwingend nachvollziehbar. Es läßt sich nur aufgrund des *faktischen Handelns* rekonstruieren. Deshalb besitzen praktische Syllogismen ex ante bestenfalls probabilistischen und ex post bestenfalls rekonstruktiven Charakter.

Für den externen Beobachter einer Handlung stellt sich das als eine Problematik dar, die bereits im Rahmen der Handlungstheorie beschrieben wurde: Es ist eine Interpretationsleistung, aus einem Ensemble von Fakten, Abfolgen und Umständen eine Handlung zu konstruieren und sie jemandem zuzuschreiben. Diese Zuschreibung zudem unter dem Aspekt der Absichtlichkeit vorzunehmen, ist noch schwieriger, denn „eine Handlung als absichtlich zu bezeichnen, heißt soviel wie zu sagen, daß sie in irgendeiner von ihr gegebenen Beschreibung absichtlich ist."[56] Um ein an früherer Stelle gewähltes Beispiel heranzuziehen: Jemandem vorzuwerfen, absichtlich einen Vortrag zu stören, bedeutet, die Tatsache, daß er ein Fenster öffnete, auf den Effekt hin zu beschreiben, daß der eindringende Lärm stört, und die so beschriebene Handlung dem Verursacher unter Vernachlässigung anderer Effekte als absichtlich zuzuschreiben. Ähnlich selektiv ist es, wenn jemand für

[56] G.E.M. Anscombe, zitiert nach Lenk, *Interpretationskonstrukte*, 351.

sich in Anspruch nimmt, in einem totalitären System „nur seine Pflicht getan" zu haben; gleiches gilt, wenn man diese Person als Mittäter betrachtet.

Wenn man eine Handlung als ein Interpretationskonstrukt verstehen muß, dann gilt dies vom Wollen und vom Motiv erst recht. Damit die Rekonstruktion des Wollens nicht „schiefgeht" und dem Handelnden völlig falsche Motive unterstellt, ist ein Rekurs auf die Geschichte und die Identität des Handelnden (als „Extrakt" der „geronnenen Biographie") vonnöten. Denn das „Wollen selbst", also die neuronalen Vorgänge, die das Handeln auslösen, sind für Außenstehende prinzipiell unzugänglich.[57] Das Individuum selbst dagegen hat, als Gefühl des Wollens, prinzipiellen Zugriff auf die neuronalen Abläufe. Zumindest kann es sie nochmals repräsentieren. Es kann zu seinem Wollen Stellung nehmen. Dieses Stellungnehmen ist ein Akt des Bedeutungzuweisens, also ein Handeln, das Geltungsansprüche erhebt und somit dem Moralprinzip verpflichtet ist. In gleicher Weise ist auch das Deuten von Handlungen anderer Menschen ein Handeln seitens des Deutenden, das Geltungsansprüche erhebt und dem Anspruch des Moralprinzips unterliegt.

Den unauflösbaren Doppelcharakter des Handelns als eines Deutens und des Deutens als eines Handelns meint Hans Lenk, wenn er schreibt: „Der Mensch [...] ist das deutende und handelnde Wesen, das, indem es handelt, notwendig [unerläßlich] auch deutet und, indem es deutet und erkennt, notwendig handelt und sogar sich selbst, seine Modellrepräsentationen und -deutungen sowie die Welt, die ‚seine' Welt ist, auch dabei ändert. Kurz: der Mensch ist [...] das interpretierend handelnde Wesen. [...] Dies zeigt den tiefen Zusammenhang zwischen Handeln und Deuten."[58] Damit ist dreierlei ausgesagt: (a) es gibt keine „Fakten an sich"; (b) was nicht interpretierbar, was mit den bestehenden Erkenntnisstrukturen nicht in Verbindung zu bringen ist, was nicht als Konstrukt gebildet werden kann, ist unverständlich;[59] (c) der Mensch kann sich selbst nur als ein (in einer Selbstauslegung) interpretierter „haben", weshalb jedes Handeln, das ein So-Sein konstituiert (also auch jedes Erkennen, Deuten und Verstehen, also auch jedes Interpretieren) identitätsstiftende Bedeutung hat.

Auf Vergangenheitsbewältigung bezogen heißt dies: (a) jede Vergangenheitsbewältigung ist ein Interpretationsgeschehen; (b) jedes Handeln ist identitätskonstituierend (weil es ein So-Sein des Daseins formt) und auch (c) jedes Bewältigen ist identitätskonstituierend (weil auch Interpretationen, Wertungen und – darin eingeschlossen – die ihnen zugrunde liegenden Maximen und Ziele die Identität der Beteiligten ausprägen).

Aufgrund der exzentrischen Positionalität, die den Menschen zu einem metainterpretierenden Wesen macht, erhebt man mit jedem Interpretieren und mit jedem Handeln die transzendentalpragmatischen Geltungsansprüche und ist somit für sein Handeln und Interpretieren normativ verantwortlich.

---

[57] In strittigen komplizierten Fällen – etwa wenn es um die Frage der Schuldfähigkeit geht – ist diese Rekonstruktion ein schwieriges Unterfangen.

[58] Lenk, *Interpretationskonstrukte*, 17.

[59] Mit einer Anleihe bei Wittgenstein könnte man sagen: Was man nicht interpretieren kann, darüber kann man nicht reden.

Vergangenheitsbewältigung als Interpretationskonstrukt

Wenn es bei Vergangenheitsbewältigung darum geht, Handlungen und Widerfahrnisse der Vergangenheit zu beschreiben (und sie damit unweigerlich zu deuten), sie zu bewerten und ggf. daraus Konsequenzen zu ziehen, dann ist Vergangenheitsbewältigung ein Interpretationskonstrukt mit „illokutionären" Eigenschaften. Anders ausgedrückt: Vergangenheitsbewältigung ist eine Deutung von Geschehnissen, deren Zusammenhängen und deren Wirkungsgeschichten, bezogen auf die – als Subjekte oder Objekte – Betroffenen, denen sie damit ein So-Sein, also Identität zuschreibt. Da der propositionale Gehalt dieser Interpretationen den Ansprüchen des Moralprinzips unterliegt, ist die Wirklichkeit, die deutend beschrieben wurde, nach den Maßstäben der Moral zu bewerten, was ggf. zu Handlungs- oder Veränderungsaufforderungen führt. Vergangenheitsbewältigung ist also nicht nur ein wertender Rückblick, sondern Wirklichkeitsdeutung und Wirklichkeitsgestaltung in der Gegenwart und für die Zukunft; besonders dann, wenn aus dem Interpretationsergebnis Konsequenzen gezogen werden müssen.

Wenn Vergangenheitsbewältigung als Interpretationskonstrukt bezeichnet wird, dann heißt das nicht, historische Fakten wären Phantasieprodukte, die beliebig gedeutet werden könnten. Es dürfte bisher deutlich geworden sein, daß die Rede von Interpretationskonstrukten eine *erkenntnistheoretische* Sichtweise beschreibt, nämlich die *Art*, wie Subjekte an die Realität herankommen, und die damit verbundenen Probleme. Es gibt eine externe Realität[60], aber sie ist nur interpretativ erreichbar. Selbst Beobachtungen und Beobachtungsaussagen sind von theoretischen Konzepten und Strukturierungen, also von Interpretationen und Schemata abhängig. Sich im Zuge von Vergangenheitsbewältigung über Geschichte zu verständigen heißt, einen Konsens bezüglich der Interpretation eines vergangenen Geschehens anzustreben, heißt, Geschichtsinterpretationen zu orientieren.

Ist Interpretation beliebig?

Ist Interpretation damit nicht *doch* beliebig? Kann das Individuum Deutungen konstruieren, die mit der externen Realität nichts mehr zu tun haben? Dies ist freilich möglich. *Faktisch* kann niemand daran gehindert werden, beispielsweise die nationalsozialistischen Verbrechen zu leugnen.[61] Darin besteht ja eines der Probleme bei Vergangenheitsbewältigung. Normalerweise werden Interpretationen, die sich mit der Realität nicht in Einklang bringen lassen, durch den intersubjektiven Diskurs geächtet. Wer mit seinen Interpretationen stark von den gesellschaftlich konventionierten Interpretationen abweicht, wird

[60] Damit geht Lenk über den „internen Realismus" (z.B. Putnam, *Repräsentation und Realität*) hinaus, der Realität nur aus lebenspragmatischen Gründen postuliert. Lenk dagegen begreift die externe Realität als mit guten Gründen anzunehmende Wirklichkeit. Vgl. Lenk, *Interpretation und Realität*, 68ff.; Lenk, *Interpretationskonstrukte*, 41ff.

[61] Es ist eine andere Frage, ob diejenigen, die den millionenfachen Mord als „Auschwitz-Lüge" leugnen, *tatsächlich* glauben, diese brutalen Verbrechen hätten nie stattgefunden, oder ob sie nicht vielmehr diese Scheußlichkeiten einfach bestreiten, wohl wissend, daß sie damit die Wahrheit vergewaltigen.

Kommunikations- und Interaktionsprobleme bekommen. Doch ein Individuum, das sich von diesen Korrekturen nicht beeindrucken läßt (oder das den Widerspruch der „verdorbenen“ Gesellschaft als Bestätigung der eigenen Position erlebt), kann zu Interpretationen kommen, die mit der Realität nichts zu tun haben. Wenn das Interpretationsschema nur ausreichend falsifikationsresistent ist, wird *jede* Information schemakonform gedeutet werden können.

Im Alltagssprachgebrauch spricht man dann von „verbohrten“ oder „ideologisch verblendeten“ Auffassungen, denen argumentativ nicht beizukommen ist. Hier muß Vergangenheitsbewältigung versuchen, die Denkmuster, d.h. die Schemata der Betreffenden zu erschüttern (worauf später noch näher eingegangen wird). Im ungünstigen Falle kommt Vergangenheitsbewältigung hier an ihre Grenzen. Doch auch, wenn man den Fall der Verbohrtheit einmal beiseite läßt, bleibt die Frage, ob Interpretationen beliebig sind oder auf ihre Realitätsadäquatheit hin geprüft werden können.

Die Grenzen einer subjektiven Prüfung der Realitätsadäquatheit

Eine subjektive Prüfung[62], selbst wenn sie mit bester Absicht vorgenommen wird, kann nur begrenzt die Realitätsadäquatheit von Interpretationskonstrukten ermitteln, weil das Subjekt bei seinem selbstreferentialen Kognizieren seinen eigenen Erkenntnisvoraussetzungen verhaftet bleibt. Es ist das gleiche kognitive System, das durch Interpretation der Außenreize, die nach dem gezielten Handeln eintreffen, deutend die „Gegenprobe“ seiner Hypothese über die externe Realität ausführt, wie es selbst die Interpretation und Struktur für diese Gegenprobe zur Verfügung stellt. Deshalb kommt es immer wieder zu Mißverständnissen und Fehleinschätzungen[63], etwa dergestalt, daß die „Gegenprobe“ aufgrund der Erkenntnisvoraussetzungen so interpretiert wird, daß sie die anfängliche These stützt. Damit greift der Mechanismus, der eine Hypothesenoptimierung des kognitiven Systems erschwert: das cognition management.

Das hat für einen Prozeß der Vergangenheitsbewältigung bedeutsame Konsequenzen. Beispielsweise wird jemand, der in einem totalitären System indoktriniert wurde, die anerzogenen Ziele und Werte wahrscheinlich übernehmen und sich darin nur schwerlich verunsichern lassen; zumindest nicht durch einsame Reflexion. Biographische Recherchen bei ehemaligen Hitlerjungen belegen dies eindrücklich.[64] Zwei Lehren sind daraus zu ziehen, eine für die Methode und eine für die Ziele einer Vergangenheitsbewältigung.

(1) Ein Prozeß der Vergangenheitsbewältigung muß kommunikativ verlaufen und damit beginnen, die Strukturen ideologischer Verführung und ideologischer Verblendung aufzuzeigen.[65] Denn eine paränetische Mahnung zur

---

[62] Etwa dadurch, daß die eigenen Interpretationen auf ihre Viabilität hin an der Wirklichkeit getestet werden. Vgl. dazu Lenk, *Interpretationskonstrukte*, 87f.

[63] Watzlawick, *Wie wirklich ist die Wirklichkeit?*, 77, spricht in diesem Zusammenhang deshalb auch davon, daß Augenzeugenberichte notorisch unzuverlässig seien.

[64] Vgl. Rosenthal (Hg.), *Die Hitlerjugend-Generation*. Kudera, *Erfahrungen des Nationalsozialismus in kleinbürgerlichen Gruppen*, bes. 73f.

[65] Daß dies nicht auf dem Wege akademischer Erläuterungen stattfinden darf, ist eine Selbstverständlichkeit. Das in den USA in den sechziger Jahren an einer Schule durchgeführte

Umkehr wird nichts nützen, wenn die Ermahnten eine Umkehr für unnötig oder gar unangebracht halten.[66] Argumentative Aufforderungen werden nur dann fruchtbar sein können, wenn die Aufgeforderten für Argumente zugänglich sind. Wer einmal begriffen hat, daß sich unsere Erkenntnisse nicht isomorph zur externen Realität verhalten, der wird eher bereit sein, seine Erkenntnisse (d.h. seine Interpretationen, Konstrukte und Schemata) auf den Prüfstand zu stellen. Zum hermeneutisch-moralischen Diskurs einer Vergangenheitsbewältigung gehören also auch erkenntnistheoretische Inhalte.

(2) Die zweite Lehre bezieht sich auf die Ziele von Vergangenheitsbewältigung. Vergangenheitsbewältigung muß u.a. dafür sorgen, daß indoktrinäre Zustände (ebenso wie systemrationale Engführungen) strukturell vermieden werden und intersubjektive, kommunikative Tests von Argumenten möglich sind, ja zur kulturellen Selbstverständlichkeit werden. Dazu gehört auch das Bemühen, über die geschilderten erkenntnistheoretischen Dispositionen des Menschen aufzuklären, um so Einsicht in die Notwendigkeit intersubjektiver Tests von Argumenten und Ansichten zu wecken.

Die kommunikative bzw. diskursive Prüfung von Interpretationskonstrukten

Wer interpretiert, erhebt Geltungsansprüche gegenüber allen anderen interpretationsfähigen Subjekten. Damit wird die intersubjektive Prüfung von Interpretationen durch einen kommunikativen Diskurs[67] nicht nur deshalb zur Notwendigkeit, weil die subjektive Prüfung die Realitätsadäquatheit[68] von Interpretationen nicht verläßlich feststellen kann, sondern auch deshalb, weil die kommunikative Prüfung mit dem Charakter der Geltungsansprüche korreliert.

In *erkenntnistheoretischer* Hinsicht besteht die Methode der intersubjektiven Verständigung darin, die eigenen Interpretationskonstrukte dem interaktionellen Diskurs anheim zu stellen und sie so auf ihre interaktionelle (und soziale) Verträglichkeit zu prüfen. Zwar ist dieser Weg noch indirekter als der subjektive Realitätstest[69], doch insgesamt gesehen dürfte der Weg der interaktionellen Bewährung einiges für sich haben[70].

---

pädagogische Experiment, das später in einem Spielfilm mit dem Titel „*Die Welle*" verfilmt wurde, könnte ein Beispiel dafür sein, wie dieses Ziel zu erreichen ist.

[66] Vgl. dazu Schüller, *Die Begründung sittlicher Urteile*, 15-57.

[67] Daß ein solcher möglich ist, dürfte auf dem Hintergrund der Ausführungen zur „strukturellen Koppelung" einleuchtend sein.

[68] Aus den in diesem Abschnitt dargelegten Gründen ist mit den Termini „Realitätsnähe" bzw. „Realitätsadäquatheit" der „Umfang der mit einem Konstrukt viabel bzw. einem geringen Grad der Kontrainterpretierbarkeit abdeckbaren Varianten einer Situation (-sdarstellung)" gemeint.

[69] Denn das Interpretationskonstrukt einer Person muß vom selbstreferentiellen kognitiven System einer anderen Person rezipiert, d.h. interpretiert werden, worauf diese Person ihre Interpretation des Interpretationskonstruktes der ersteren Person der Kommunikationsgemeinschaft zwecks interpretativer Rezeption zur Verfügung stellt.

[70] Lenk, *Interpretationskonstrukte*, 83: „Niemand interpretiert verläßlich für sich allein." Ein Erfolg ist auch hier nicht garantiert. Gegen „verbohrte" Einstellungen (gegen ein verfestigtes cognition management) gibt es keine argumentativen Einwirkungsmöglichkeiten.

Alle Wirklichkeitsbilder sind interpretatorische Konstrukte, deren Brauchbarkeit sich interaktionell bewähren muß.[71] So lange man seine Deutungen nicht im kommunikativen Diskurs der Bewährung aussetzt, wird man fruchtlos über Wertungen und Bedeutungen streiten.

Grenzen der kommunikativen Prüfung von Interpretationskonstrukten
Freilich hat auch die kommunikative Prüfung von Interpretationskonstrukten ihre Grenzen. In der Alltagspraxis wird ein Interpretationskonstrukt dann als tragfähig erachtet, wenn es in der alltäglichen Kommunikation Zustimmung erfährt. Nun ist die alltägliche Kommunikationsgemeinschaft eine sehr begrenzte. Meist handelt es sich dabei um die Interpretationsgemeinschaft, in die man hineingeboren wurde und die einem die Interpretationsmuster vermittelt hat, die subjektiv prägend wurden. Die Mitglieder einer Interpretationsgemeinschaft aktivieren im Interagieren also ähnliche Konstrukte.[72] Diese Gemeinsamkeit des Interpretationshorizontes wirkt sich gleichermaßen als *Möglichkeit* zur Realitätsprüfung[73] der eigenen Interpretationskonstrukte aus (weil durch die gemeinsamen Interpretationsschemata das gegenseitige Verstehen in gewisser Weise erleichtert wird) wie auch als *Beschränkung* der Interpretationsmöglichkeiten (weil durch die kulturell vermittelten Interpretationsschemata andere – vielleicht in anderen Kulturen geübte – Interpretationsschemata zunächst ausgeschlossen werden). „Interpretieren ist kein bloßes Geschehen, sondern ein sozio-kulturelles Handeln, das in zutiefst konventionalisierte [...] Lebensformen eingebettet ist."[74]

Die gesellschaftlich-sprachliche Schematisierung, die das Interpretieren prägt, ist ein unbewußtes Korsett der bewußten Interpretationsfähigkeit. Wenn man Vergangenheitsbewältigung betreibt, agiert man zunächst aus dem „Vorurteil" der mit der Sprache vermittelten Schemata des eigenen Kulturkreises. In einer Kommunikationsgemeinschaft, die durch ein einheitliches Korsett vorgeprägt ist, können Einseitigkeiten oder Vorurteile deshalb unbemerkt bleiben. Denn die übersubjektiven Schemata treten dem Individuum als quasi-objektive Wirklichkeitsdeutung entgegen. In der Gruppe oder in der Gesellschaft, innerhalb derer sie gelten, werden sie ja – von Ausnahmen abgesehen – nicht in Frage gestellt; vielmehr sind sie geradezu die Basis für eine sozial konfliktfreie Kommunikation. Darum ist es umso wichtiger, ihre Interpretativität zu erkennen, sie als Konstrukte zu „entlarven" und sie dann ggf. selbst zum Gegenstand kritischer hermeneutisch-morali-

---

71 Vgl. Lenk, *Interpretationskonstrukte als Interpretationskonstrukte*, 48ff.

72 Ähnlich wie sich in den Schemata und in den Konstrukten des Individuums – aufgrund der Selbstreferentialität des kognitiven Systems – dessen Geschichte spiegelt, repräsentieren die Schemata und Konstrukte einer Interpretationsgemeinschaft deren Geschichte. Damit wird deutlich, daß eine gemeinsame Kultur die an ihr partizipierenden Subjekte in deren Geschichte und somit in deren Identität verstrickt. Das ist ein Grundmotiv für Vergangenheitsbewältigung in sozialen Systemen.

73 „Realität" meint hier die intersubjektiv vereinbarte Bedeutung von Phänomenen. Vgl. dazu Lenk, *Interpretationskonstrukte als Interpretationskonstrukte*, 48ff.

74 Lenk, *Interpretationskonstrukte*, 84.

scher Diskurse zu machen, sie also zu „verunsichern“. Die Kontingenz der realen Sprachgemeinschaft und die Tatsache, daß jede Argumentation, insofern sie einen Wahrheitsanspruch erhebt, implizit davon ausgehen muß, in *jeder* Kommunikationsgemeinschaft einen Konsens unter den Mitgliedern zu erreichen, führt zur Forderung nach einem Diskurs in der idealen Kommunikationsgemeinschaft. Vereinfacht ausgedrückt: (Vernünftig) argumentieren heißt, bereit zu sein, die eigenen Geltungsansprüche einer unbegrenzten, idealen Kommunikationsgemeinschaft auszusetzen.

Ein zweites mögliches Problem für die kommunikative Prüfung von Interpretationskonstrukten ist die Manipulierbarkeit der Sprache. Sprache ist ein sozial vermitteltes Interpretationskonstrukt, das selbst wiederum unabdingbar ist für jegliches Interpretieren, ohne das man nichts erfassen, nichts verstehen, nicht handeln kann.[75] Da man „Welt“ nur als interpretierte „haben“ kann, ist Sprache Realitätskonstruktion für das kognitives System. So wird „Sprache [...] zum Medium gemeinsamer Wirklichkeitskonstruktion.“[76] Damit können durch sprachliche Formulierungen der Interpretationsgemeinschaft Deutungen vorgegeben werden, die eine fraglose Geltung erlangen.[77] Wer Macht über Sprachkonventionen hat, hat Macht über Interpretationen. Man denke etwa an die negative Konnotierung des Wortes „Kulaken“ durch Stalins Propaganda, die deren Unterdrückung geradezu per definitionem rechtfertigte.[78]

„Sprache ist *auch* ein Medium von Herrschaft und sozialer Macht. Sie dient der Legitimation von Beziehungen organisierter Gewalt. Soweit die Legitimationen das Gewaltverhältnis, dessen Institutionalisierung sie ermöglichen, nicht aussprechen, soweit dieses in den Legitimationen sich nur ausdrückt, ist Sprache *auch* ideologisch. Dabei handelt es sich nicht um Täuschungen in einer Sprache, sondern um Täuschungen mit der Sprache als solcher.“[79]

Sprachliche Konventionen – auch die mit Macht und Gewalt durchgesetzten – können also manipulativ wirken. Dies wird nicht auffallen, solange die Schemata ungeprüft gelten. Ein von der gesellschaftlichen Konvention abweichender Sprachgebrauch wird als falsch, merkwürdig oder verwerflich eingestuft, solange die alten Schemata in Kraft sind. Wenn man sich aber nur insoweit komplikationsfrei verständigen kann, wie man sich an die herrschenden Konventionen hält, läßt sich eine schemakritische Äußerung nicht komplikationsfrei in den Konventionen des geltenden Schemas vermitteln. Diese Manipulationen lassen sich aufdecken, wenn sie dem Diskurs in einer Kommunikationsgemeinschaft ausgesetzt werden, die größer ist als der Ein-

[75] Vgl. Lenk, *Interpretationskonstrukte*, 461ff.

[76] Vaassen, *Die narrative Gestalt(ung) der Wirklichkeit*, 32. Ebd., 7f.: „Wirklichkeit erscheint als ein kulturelles Phänomen, als eine sprachlich-kulturelle Gestalt[ung] [...]. Die Wirklichkeit, die wir erfahren, stellt einen ‚Effekt‘ der Kommunikation dar.“ Vaassen entfaltet diese Aussage jedoch im Rückgriff auf Jacques Derrida.

[77] Vgl. dazu die aufschlußreichen Analysen von Schüller, z.B. ders., *Der menschliche Mensch*, 100-119. Vgl. auch Spieles, *Ausländer in der deutschen Sprache*.

[78] Vgl. Bullock, *Hitler und Stalin*, 353ff.

[79] Jürgen Habermas, zitiert nach Schoch, *Vorarbeiten zu einer pädagogischen Kommunikationstheorie*, 14.

flußbereich der Demagogen. Doch in der Praxis ist ein solcher Diskurs nicht immer möglich, wie das Beispiel der stalinistischen Diktatur lehrt.

Interpretation bedeutet nicht Beliebigkeit

Jedoch, auch die Maßnahme der intersubjektiven Bewährung führt nicht zu „letzten", zu „objektiv richtigen" Interpretationen der Bedeutung von Geschehnissen. Solche gibt es nicht, weil „Realität" als *erfaßte* schon eine gedeutete ist, ein Interpretationskonstrukt. Das bedeutet allerdings nicht Beliebigkeit.[80] Für Vergangenheitsbewältigung ist dies von großer Bedeutung. Denn eine völlige Beliebigkeit der Konstruktbildung müßte zu einer völligen Gleichgültigkeit der den Konstrukten zugrunde liegenden Phänomene führen. Die unvorstellbare Grausamkeit von Auschwitz wäre eine beliebige Deutung eines in erkenntnistheoretischer Hinsicht indifferenten Faktums, das man getrost auch anders interpretieren könnte. Weil aber die Konstruktbildung nicht beliebig ist, ist auch die Deutung von Auschwitz nicht beliebig.

Interpretationskonstrukte sind Verständnisleistungen des interpretierenden Subjektes. Sie gründen auf seinem Vorverständnis. Insofern offenbaren sie, als Produkt der Persönlichkeit, ein Stück der Identität des Interpretierenden. Weil sie keine isomorphen Abbildungen der Realität sind, sondern vom Vorverständnis gestaltete Konstrukte, ist der Interpret für seine Interpretation im Rahmen der Realitätsprüfungsmechanismen verantwortlich. Die Realitätsprüfungsmechanismen halten, bei aller Subjektivität der Interpretation, den angemessenen Bezug zur Realität aufrecht. Wer Auschwitz verharmlost, verstößt gegen die Grundmechanismen, der eine Interpretation gehorchen muß, wenn sie nicht maladaptiv werden will. Anders ausgedrückt: Jede Erkenntnis muß Überprüfungsmechanismen standhalten. Im negativen Fall kann es zu verheerenden Konsequenzen kommen. Wer, um diese These an einem simplen Beispiel zu verdeutlichen, glaubt, ohne Hilfsmittel fliegen zu können, und diese Auffassung nicht sorgsam auf ihre Adaptivität hin prüft, könnte bei der praktischen Anwendung seiner These den Tod finden. Nun gibt es keinen Grund, irgendwelche Interpretationskonstrukte der Realitätsprüfung zu entziehen, denn alle Interpretationskonstrukte erheben die vier Geltungsansprüche. Also sind auch die Deutungen der nationalsozialistischen Konzentrationslager diesen Prüfungsmechanismen zu unterwerfen. Aufgrund des bisher Ausgeführten heißt das, (1) auf der Basis der eigenen Erfahrungen anderen Menschen in jeweiligen Situationen entsprechende Befindlichkeiten zu

---

[80] Der Interpretationsspielraum und die Grenzen der Interpretation lassen sich am Vexierbild der Rubinschen Vase verdeutlichen. Personen, die das Vexierbild nicht kennen, sehen entweder eine griechische Vase oder zwei Gesichter im Profil. Würde man Personen, die im Bild eine Vase erkennen, mit solchen über das Bild reden lassen, die Gesichter erkennen, dann glaubten die Gesprächspartner aufgrund ihrer jeweiligen Schilderungen wahrscheinlich, verschiedene Bilder gezeigt bekommen zu haben. Aufgrund des Bildes läßt sich nicht sagen, die eine Interpretation sei richtig, die andere dagegen sei falsch. Auch wer sagte, er sehe Farbflächen oder Felder, der interpretiert wohl ungewöhnlich, aber noch im Rahmen des Möglichen. Wer jedoch behauptete, das Bild zeige ein Segelschiff oder einen Rennwagen, der dürfte für seine Interpretation kaum Plausibilität in Anspruch nehmen können. Sie ist falsch.

„unterschieben".[81] Daß schon mit dieser einfachen Übung die Situation in den Vernichtungslagern als brutal, grausam und leidvoll zu erkennen ist, dürfte sich von selbst verstehen. Wer aber darüber noch im Zweifel sein sollte, hat (2) seine Interpretation der Bewährung durch den hermeneutisch-moralischen Diskurs in der (idealen) Kommunikationsgemeinschaft auszusetzen. (3) Wer dies nicht will oder nicht tut, der sollte zumindest – aufgrund der Einsicht in die Subjektabhängigkeit jeder Interpretation – bereit sein, die Grundlagen seiner eigenen Interpretation in Frage stellen zu lassen, was dann die unter (1) und (2) genannten Mechanismen in Gang setzen müßte.

Dieses Procedere dürfte auf alle Fälle als Ergebnis zeitigen, daß Auschwitz eben nicht beliebig deutbar und verharmlosbar ist. Es gibt brauchbare Mechanismen zur Realitätsprüfung von Interpretationskonstrukten. Jedoch, die grundsätzliche Bereitschaft zur Realitätsprüfung kann ebenso wenig erzwungen werden wie moralisches Verhalten.

Vergangenheitsbewältigung zu betreiben heißt also, um Rekonstruktionen, Deutungen, Bewertungen und die notwendigen Konsequenzen in einem geregelten Verfahren zu ringen, nämlich in der Weise eines hermeneutisch-moralischen Diskurses. Das Geregelte an diesem Verfahren besteht (1) darin, daß die Interpretationen diskursiv erarbeitet und geprüft werden, also in der Weise der kommunikativen Argumentation, die bereit ist, die Einlösbarkeit der erhobenen Geltungsansprüche nachzuweisen. Es besteht (2) darin, daß die Handlungen und Widerfahrnisse in ihrem hermeneutischen Aspekt ernstgenommen werden, also darin, daß die Bedeutungen, die die Betroffenen ihrem Handeln und Erleben selbst beilegen, bei der Interpretation berücksichtigt werden. (Dieser Aspekt ist im Begriff des Diskurses zwar schon enthalten, verdient aber angesichts analytischer Interpretationsmöglichkeiten eine ausdrückliche Betonung.) (3) Schließlich besteht das Geregelte des Verfahrens darin, daß moralische Kriterien entscheidende Bewertungsmaßstäbe darstellen. (Auch dieser Aspekt ist im Diskursbegriff – zumindest dem der Diskursethiken – bereits eingeschlossen. Doch angesichts funktionaler Interpretationspraktiken verdient auch dieser Aspekt eine besondere Betonung.)

Das Ziel des Diskurses besteht darin, (1) zu einer tragfähigen Interpretation des zu bewältigenden Geschehnisses zu gelangen, also die Interpretation eines vergangenen Geschehens zu orientieren. Da Interpretationen dann als tragfähig gelten können, wenn sie im Diskurs bestehen, ist es das Ziel des Diskurses der Vergangenheitsbewältigung, die Interpretationen des betreffenden Geschichtsereignisses zu parallelisieren, also bei den Diskursteilnehmern zu parallelen, d.h. zu strukturähnlichen Interpretationen zu gelangen. Zu strukturähnlichen Interpretationen gelangt man nur durch die Ausprägung ähnlicher Schemata. Die Schemata werden von den Individuen allerdings selbstreferential ausgeprägt. Deshalb ist die Installierung parallelisierter Schemata nur möglich über hermeneutisches Verstehen. Diese Parallelisierung ist auch die Voraussetzung dafür, erfolgreiche Interaktionen in den Bereichen aufbauen zu können, in denen Geschichte eine bedeutsame Rolle

[81] Das ist freilich eine Interpretation, deren Angemessenheit geprüft werden muß.

spielt. Solche Bereiche sind in erster Linie die der Identitätszuweisung und der moralischen Bewertung. Da Handlungen und Widerfahrnisse die Identität der Betreffenden prägen (worauf im vierten Kreis dieser Arbeit näher eingegangen wird), besteht das Ziel des Diskurses der Vergangenheitsbewältigung (2) auch darin, den Beteiligten eine entsprechende Identität zuzuschreiben. Die Interpretation der Geschichte und der Identität führt (3) schließlich wegen der Geltungsansprüche, die mit diesen Interpretationen und mit den Handlungen, die zu diesen Interpretationen führten, erhoben werden, zu der Notwendigkeit einer moralischen Bewertung, die ihrerseits ggf. Konsequenzen verlangt (worauf im sechsten Kreis eingegangen wird). Die zulässigen Mittel des Diskurses sind vielfältig. Auf sie wird im siebten Kreis dieser Arbeit exemplarisch eingegangen.

Die Notwendigkeit der Metainterpretation

Eine bestimmte Maßnahme dürfte bei der Prüfung von Interpretationskonstrukten unverzichtbar zu sein: der Diskurs über die kognitiven Schemata, die den Interpretationen zugrunde liegen. Wenn im Diskurs Interpretation auf Interpretation stößt und deshalb gemeinsame Geschichtsinterpretationen und Identitätszuweisungen unmöglich sind, dann liegen die Differenzen in den Schemata, mit deren Hilfe interpretiert wird.

Darum sind diese Schemata offenzulegen und intersubjektiv zu prüfen – so gut dies eben geht. Wenn die Schemata nicht offengelegt werden und damit auch nicht geprüft werden können, wenn vielmehr bestimmte Interpretationen einfach verworfen werden, dann mag dies den Anschein der Willkür annehmen. Dabei könnte die unerquickliche Situation eintreten, daß Überzeugungstäter für ihre Tat verurteilt werden, die sie selbst für ein Heldenstück halten. So lassen sich zwar Strafprozesse führen. Vergangenheitsbewältigung wird sich daraus schwerlich ergeben. Die Täter würden sich vielmehr ungerecht behandelt fühlen. Also müssen „Einstellungen“, Schemata, offengelegt, diskursiv geprüft, „verunsichert“ und verändert werden.[82]

Zur Offenlegung von Schemata ist es aber nötig, daß die Beteiligten sich über die konstruktivistische Weise des Erkennens und Handelns im Klaren sind.[83] Damit wird die Bedeutung der vorliegenden erkenntnistheoretischen Ausführungen deutlich.

---

[82] Straffällig gewordene Neo-Nazis dürften durch Gerichtsverfahren alleine nicht beeindruckbar sein. Man muß sie zusätzlich überzeugen. Nur so werden sie ihre Auffassungen – und somit ihr Selbstverständnis – ändern. Und dies ist ja ein eminentes Ziel von Vergangenheitsbewältigung.

[83] Da Vergangenheitsbewältigung kein rein akademisches Unterfangen sein kann, muß diese Einsicht in die Allgemeinbildung hinein vermittelt werden, z.B. durch den Geschichtsunterricht oder den Politikunterricht. Entsprechende Ansätze gibt es. Vgl. z.B. die Projekte, die bei Dovermann/Henke-Bockschatz/Hoffmann/Huhn/Möhring/Wollschläger, *vergangenes sehen. Perspektivität im Prozeß historischen Lernens*, dokumentiert werden. Vgl. auch Sutor, *Politikunterricht und moralische Erziehung*; Schiele, *Politische Bildung in Richtung auf das Jahr 2000.*

6. Die Bedeutsamkeit hermeneutischen Verstehens

Verstehen ist wichtig – Verstehen ist möglich

Um ein Geschehen angemessen deuten zu können, ist es nicht nur wichtig, die Täter zu verstehen, also zu wissen, wie diese ihre Situation deuteten, den Kontext interpretierten und was sie erreichen wollten. Mindestens ebenso wichtig ist es, die Opfer zu verstehen, also zu wissen, wie diese das Geschehene wahrnahmen und was das Geschehene mit ihnen körperlich wie seelisch „machte".

Nur wenn man die pragmatische Dimension des Wahrnehmens kennt (die in der Existentialhermeneutik[84] unter dem Begriff des Verstehens entfaltet wird), wird man (1) den Beteiligten – vor allem den Opfern – Gerechtigkeit widerfahren lassen und ihren Diskursbeitrag im Rahmen von Vergangenheitsbewältigung angemessen würdigen können. (2) Nur dann wird man auch Vergangenheitsbewältigung in sozialen Systemen fruchtbar und wirkmächtig betreiben können, denn dann weiß man, wie Parallelisierungen zu erreichen sind. Vergangenheitsbewältigung muß also stets die hermeneutische Dimension der Existenz und des Verstehens berücksichtigen.

Jedes Verstehen (also jeder Nachvollzug von Bedeutungszuweisungen) ist ein Konstruieren. Da ein kognitives System selbstreferential arbeitet, ist jedes Verstehen im Grunde ein Selbstverstehen. Und dennoch kann dieses Verstehen ein angemessenes Wahrnehmen eines anderen sein. Denn die Menschen verfügen nicht nur über große Gemeinsamkeiten im Genbestand und in den neurobiologischen Funktionsmechanismen, die ein konstruktives „Unterschieben" zu einem angemessenen Verstehen machen können. Die Menschen nehmen darüber hinaus Bedeutungszuweisungen vor, die nur durch kommunikative Vermittlung möglich sind. Darum ist bei aller Selbstreferentialität ein hermeneutisches Verstehen *prinzipiell* möglich. Verstehen im hermeneutischen Sinne heißt, etwas in einen gemeinsamen Verstehenshorizont einrücken, im selben Sprachspiel interagieren zu können.

Verstehen heißt prüfen

Verstehen heißt noch nicht, zu akzeptieren, gutzuheißen oder zu billigen. Denn es gibt „Widersprüche, welche durch das Ineinander von Sinn und Unsinn, intendierter Handlungen und naturhaft determinierter Reaktionen bedingt sind und dem ‚Verstehen' eine Grenze setzen."[85] Um diese Widersprüche aufzudecken kann eine „Tiefeninterpretation" im Sinne Hans Lenks[86]

---

[84] Es gibt eine nicht geringe Kritik an der Existentialhermeneutik. Besonders erwähnt sei hier die Kritik Apels, der Gadamer vorwirft, das refelxiv-überholende und somit kritische Moment allen Verstehens zugunsten der Autorität der kontingenten Tradition zu verkürzen und somit den Boden für einen Postmodernismus zu bereiten, der sich auf „Üblichkeiten", auf faktische lebensweltliche Praxis stützt und Begründungsansprüche frühzeitig und leichtfertig aufgibt. Vgl. Apel, *Zurück zur Normalität?*, 382ff. Trotz aller Kritik lassen sich einige Momente der Philosophie Heideggers und Gadamers positiv aufnehmen und fruchtbar verwenden.

[85] Apel, *Szientistik, Hermeneutik, Ideologiekritik*, 38f.

[86] Vgl. Lenk, *Interpretationskonstrukte*, 187ff.

notwendig sein, wodurch „Faktoren, die den verantwortlich Handelnden überhaupt nicht als Sinnmotive bewußt wurden“[87], sichtbar gemacht werden. Auf diese Weise führt das Verstehen nicht einseitig zur Beeinflussung des Verstehenden (unter quasi-autoritärer Anerkennung des Verstehensobjekts[88]), sondern es kann zur Kritik, zur „Ideologiekritik“ am zu verstehenden Gegenstand werden.[89] „Eine Lebensform *kritisch verstehen* heißt [...] [nämlich], einerseits ihren theoretischen und praktischen Wahrheitsanspruch überhaupt zu verstehen [...] und andererseits zu prüfen, ob dieser Anspruch uneingeschränkt zustimmungsfähig ist [und zwar sowohl innerhalb dieser Lebensform selbst als auch in Auseinandersetzung mit etwa konkurrierenden Lebensformen], um mangelnde Zustimmungsfähigkeit an theoretischer und [insbesondere] praktischer Wahrheit zu kritisieren.“[90] Verstehen erlaubt erst den Diskurs über die Konstrukte und die (wertende) Interpretation der Schemata. Ohne Verstehen also keine Vergangenheitsbewältigung, sondern höchstens vorurteilsgebundene Deutung. Und ohne Kommunikation über die basalen Schemata kein angemessenes Verstehen.

Verstehen als „Existenzial“ (Heidegger)

Die Dinge der externen Realität (inklusive der anderen Menschen) verstehen zu wollen, ist kein Interesse, auf das die Menschen auch verzichten könnten, sondern es ist eine existentielle Notwendigkeit. Ohne ein angemessenes Verstehen der anderen und der Welt könnten die eigenen Handlungen unpassend sein und schädlich wirken. Nun *muß* der Mensch aber handeln, weil er instinktarm „in die Welt geworfen“ (Heidegger) ist. Das Dasein ist ihm gegeben, sein So-Sein muß er gestalten. Die Wahrnehmung der Realität ist demnach bestimmt von der Absicht und von der Notwendigkeit, sein Leben zu führen. Die Objekte der externen Realität verstehen zu wollen heißt nicht, ihr „Wesen“ erkunden zu wollen, sondern Möglichkeiten zu prüfen, wie das eigene Leben entworfen und geführt werden kann. Verstehen ist ein Akt der Selbstauslegung und Selbstplanung. Verstehen ist die Antwort auf die Frage, welches potentielle Möglichsein für mich und meinen eigenen Lebensentwurf in Frage kommt.

Insofern einige Möglichkeiten der Lebensführung umgesetzt, andere verworfen werden, prägt das Subjekt ein So-Sein aus, das die Grundlage und den „Horizont“ für das weitere Verstehen und Lebenführen bildet. Deshalb existiert der Mensch sowohl auf Zukunft vor, als auch aus Vergangenheit

---

87 Apel, *Szientistik, Hermeneutik, Ideologiekritik*, 40.

88 Eine Kritik an Gadamer besteht ja in dem Vorwurf, er führe die Tradition als ein „allmächtiges“ Subjekt und damit als ein geradezu autoritäres Kriterium ein. Vgl. z.B. Leschke, *Metamorphosen des Subjekts*, Teil 1, 19ff.

89 „Eine Lebensform hermeneutisch ernst nehmen kann offenbar weder bedeuten, ihren Wahrheitsanspruch ohne weiteres zu akzeptieren noch ihn relativistisch zu neutralisieren, sondern doch wohl allein, sich mit ihm auseinanderzusetzen.“ (Koppe, *Hermeneutik der Lebensform – Hermeneutik als Lebensform*, 229. Vgl. dort auch auf S. 231 die Bemerkung zur „kritischen“ Hermeneutik).

90 Koppe, *Hermeneutik der Lebensform – Hermeneutik als Lebensform*, 235f.

heraus. Das So-Sein ist nur als ein diachronisches zu erfassen. Der Mensch ist ein geschichtliches Wesen.

Verstehen heißt: bereit sein zur Veränderung

Weil das Verstehen ein Einrücken in den Verstehenshorizont bedeutet, läßt sich nur das verstehen, was aus dem eigenen Horizont heraus, d.h. mit den eigenen Schemata, deutbar ist. Das bedeutet im Umkehrschluß: Das Verstehen neuer Möglichkeiten verändert diesen Horizont. Verstanden habe ich nur dann, wenn ich das Objekt des Verstehens mit meinem Daseinsentwurf zustimmend und integrierend oder ablehnend in Verbindung bringen kann. Verstehen heißt, sich in Frage stellen zu lassen und prinzipiell zur Veränderung bereit zu sein. Auch wenn die Veränderung alleine in der Erkenntnis bestehen sollte, aufgrund des ganzen hermeneutischen Prozesses das Objekt des Verstehens nicht als Möglichkeitsentwurf für sich selbst übernehmen zu wollen oder den Möglichkeitsentwurf des zu verstehenden Objektes geradezu in seiner Verwirklichung verhindern zu müssen.[91]

Vergangenheitsbewältigung, insofern sie einen hermeneutischen Verstehensprozeß auslösen kann, ist demnach ein wirkmächtiger Veränderungsprozeß durch verstehende Interpretation. Das Verstehen, also die Horizontveränderung, läßt sich nach moralischen Maßstäben bewerten. Damit ist nicht nur das vergangene Geschehen moralisch und identitätsmäßig relevant, sondern auch das, was sich im Prozeß der Vergangenheitsbewältigung – oder auch in seiner Ablehnung oder Verweigerung – abspielt.

Verstehen und Diskurs

Das Verstehensobjekt ist eine Anfrage an den Verstehenshorizont und das Schemaensemble des Verstehenssubjekts, wie umgekehrt Horizont und Schemata des Subjekts das Verstehensobjekt kritisch bewerten. Dieses Spannungsverhältnis läßt sich verläßlich nur diskursiv lösen. Das gilt auch für das Verstehen und die Bewertung des eigenen vergangenen Handelns.

Weil jedes Interpretieren nur sprachvermittelt möglich ist, erhebt es transzendental die Geltungsansprüche. Geltungsansprüche zu erheben impliziert, die Einwände anderer und deren Geltungsansprüche verstehen zu wollen. Das ist im Grunde die Unparteilichkeits- bzw. die Universalisierungsforderung, die auch potentielle Einwände berücksichtigt, indem sie einen *virtuellen* Diskurs mit einer *idealen* Kommunikationsgemeinschaft führt.[92] Das bedeutet, daß in der *realen* Kommunikationsgemeinschaft auch Argumente konstruiert und berücksichtigt werden, die aktuell nicht benannt wurden; etwa weil die Betroffenen sich nicht angemessen äußern können (wenn es beispielsweise um die Lebensbedingungen zukünftiger Generationen geht oder um bereits verstorbene Menschen).

---

[91] Das wäre beispielsweise ein Verstehensprozeß, der jemanden zum Widerständler werden läßt oder zu einem „Reformator", der sich für Strukturveränderungen einsetzt. Die Ausarbeitung des deutschen Grundgesetzes z.B. war auch von der zuletzt beschriebenen Motivation getragen.

[92] Vgl. dazu Baumgartner, *Geltung durch Antizipation?*, 49f.

Lernen durch Verstehen

Um dies zu erreichen, ist es angebracht, die Erfahrungen zu berücksichtigen, die aus der Interpretation der Vergangenheit herrühren. Vergangenes Handeln, vergangene Interaktion, vergangene Argumentationen lassen sich daraufhin prüfen, ob ihr Geltungsanspruch im Zeitraum bis zur jeweiligen Gegenwart bestätigt oder widerlegt wurde. Ausgehend von dem Prinzip, daß Interpretationen sich dadurch bewähren, daß sie im Diskurs bestätigt werden, lassen sich die Interpretationen und Handlungen der Vergangenheit in ihrer kommunikativen Geltung bewerten.

Durch diese „Bewährungsprüfung" der Vergangenheit läßt sich testen, inwiefern ähnlich gelagerte Interpretationsansätze in der Gegenwart in ihrem Geltungsanspruch aller Wahrscheinlichkeit nach fraglich und bedenklich sind. So dürfte beispielsweise aufgrund der nationalsozialistischen Vergangenheit entsprechendes Gedankengut auch heutzutage disqualifiziert sein. Insofern hat Vergangenheitsbewältigung einen indirekten und mittelbaren Wert für die Gültigkeitsprüfung von Interaktionen in der Gegenwart, auch wenn Vergangenheitsbewältigung nicht in einer idealen, sondern in der realen Kommunikationsgemeinschaft stattfindet. Es wäre ein Lernen aus der Vergangenheit, das die Identität der Beteiligten verändert. Vielleicht kann man sogar sagen: es wäre ein Lernen aufgrund einer Identitätsveränderung, nämlich des Verstehens.[93]

Wer die eigenen Geltungsansprüche der Bewährung durch die ideale Kommunikationsgemeinschaft und damit allen potentiell möglichen Einwänden aussetzt, setzt damit einschlußweise die ihnen zugrunde liegenden Schemata der Bewährung aus. Wer dies tut, ist bereit, sich von Rückmeldungen „beeindrucken" und auf diese Weise verändern zu lassen. Wer demnach ernsthaft Vergangenheitsbewältigung betreibt, muß damit rechnen, durch den Verstehensprozeß des interaktionellen Diskurses über das vergangene Geschehen verändert zu werden, neue oder andere Interpretationskonstrukte zu gewinnen, anders zu deuten, zu erkennen, zu handeln, oder gar zu veränderten Schemata (zu modifizierten Horizonten und – in der Folge – zu anderen Lebensweisen) zu kommen.

Verstehen ist nicht erzwingbar

Doch die Entscheidung zugunsten einer ernsthaften Vergangenheitsbewältigung ist nicht erzwingbar; ein Verstehensprozeß – und somit ein Veränderungsprozeß – läßt sich nicht mit Gewalt, nicht gegen den Willen des Betreffenden herbeiführen. Er ist eine moralische Notwendigkeit, die jeder verweigern kann, der bereit ist, die daraus resultierenden Konsequenzen zu tragen. Das ist ernüchternd, aber es ist eine Tatsache.[94] Wenn z.B. das cogni-

---

[93] Meines Erachtens liegt dieser Mechanismus als hermeneutisches Schema auch dem Prinzip von Hans Jonas, *Das Prinzip Verantwortung*, 70-75, zugrunde, beim Handeln in der technischen Zivilisation den schlechten Prognosen ein größeres Gehör zu schenken.

[94] Dies läßt sich anhand vieler Beispiele belegen. So steht es kaum zu erwarten, daß die sowjetische Vergangenheit systematisch aufgearbeitet wird. Der Umgang der weißen Siedler in

tion management stark genug ist oder wenn es zur schematischen Struktur des selbstreferential gebildeten kognitiven Systems gehört, Informationen, die sich von den bestehenden Schemata nicht problemlos interpretieren lassen, zu verdrängen oder als Unsinn abzutun – selbst wenn das zu gravierenden interaktionellen Problemen führen sollte –, dann findet Verstehen nur sehr eingeschränkt statt. Vergangenheitsbewältigung ist dann kaum zu erwarten.[95] Dagegen läßt sich wohl auch nichts unternehmen; es sei denn, in therapeutischer Weise. Die Diskussion, wie unverbesserlichen Alt- und Neonazis, verbohrten Rechtsradikalen und anderen Überzeugungsextremisten „beizukommen" sei, offenbart die Hilflosigkeit in dieser Situation. Pädagogische Projekte und sozialarbeiterische Maßnahmen sind es, die z.B. jungen rechtsradikalen Gruppen zur „Einsicht" – sprich: zu einer universalisierungsfähigen Sicht – verhelfen sollen.[96]

Solche extremen Gruppierungen werden im ungünstigen Fall bereits die Notwendigkeit einer Vergangenheitsbewältigung nicht einsehen. Aber auch das prägt Identität und beeinflußt die Interaktionssituation. Allerdings ist es eine Identität, auf die die Personen aus solchen Gruppen eher stolz sind. Ihre kognitiven Schemata vermitteln ihnen entsprechende Interpretationen und verhindern jegliche Schemaveränderung oder -verunsicherung. Lediglich Interventionen, die in der Art einer „Tiefeninterpretation" das metainterpretative Verhalten (also z.B. den faktischen Vorrang des cognition management vor den Einflüssen der Metainterpretation) zu spiegeln in der Lage sind, also therapeutische Ansätze, die die Persönlichkeitsstruktur reflektieren, haben Chancen, die Mechanismen des kognitiven Systems zu verändern.

Die Möglichkeit der Prüfung, Orientierung und Parallelisierung von Interpretationen hängt von der Bereitschaft und der Fähigkeit der Beteiligten ab, sich auf einen Verstehensprozeß einzulassen. Ein Verstehensprozeß ist ein Veränderungsprozeß, der die Identität der Betreffenden verändert. Die Fähigkeit und die Bereitschaft zum Verstehen ist der Dreh- und Angelpunkt bei den subjektiven Voraussetzungen von Vergangenheitsbewältigung.

Nordamerika mit den Indianern ist von einer Bewältigung soweit entfernt wie je. Es ist nicht absehbar, daß sich daran etwas ändert. Moralität kann von denen, die die nötige Macht dazu haben, straflos mißachtet, und Vergangenheit nach ihrer Interessenlage umgedeutet werden. Dem entgegenzuwirken, ist eine Aufgabe von Vergangenheitsbewältigung.

[95] Vgl. dazu etwa Marx, *Rechtsradikale Jugendgewalt. Psychoanalytische Frageperspektiven.*

[96] Vgl. z.B. Krahfeld, *Außerschulische Jugendarbeit mit „rechten" Gruppierungen*; Krahfeld, *Jugendarbeit mit rechten Jugendszenen*; Sander, *Rechtsextremismus als pädagogische Herausforderung für Schule und politische Bildung*; Scherr, *Möglichkeiten und Grenzen der Jugendarbeit mit rechten Jugendlichen*; Koch, *Deeskalation der Gewalt*; Geretshauser/Lenfert/Weidner, *Konfrontiert rechtsorientierte Gewalttäter mit den Opferfolgen*; Castner/Castner, *Rechtsextremistische Strömungen in der Schule und pädagogische Gegenmaßnahmen*; Vahsen, *„Gebt mir `ne echte Aufgabe" – Vom Umgang der Pädagogik mit Rechtsextremismus.*

Vierter Kreis: Geschichtstheoretische Fundamente

Vergangenheitsbewältigung zu betreiben heißt, Geschichtsinterpretationen zu orientieren und zu parallelisieren, daraufhin Identitätszuschreibungen vorzunehmen und gegebenenfalls entsprechende Konsequenzen zu ziehen. Zwei Fragen müssen geklärt werden, damit diese Beschreibung von Vergangenheitsbewältigung plausibel wird. Erstens, die Vergangenheit ist doch vorbei, warum soll man sie nicht einfach ruhen lassen, warum soll man sich überhaupt mit ihr beschäftigen? Zweitens, was hat der Blick auf die Vergangenheit mit der Identität von Menschen zu tun, die – nach der vorgelegten Definition – von einem Prozeß der Vergangenheitsbewältigung berührt wird? Beide Fragen, so wird sich zeigen, hängen eng miteinander zusammen. Sie müssen schlüssig beantwortet werden, wenn Vergangenheitsbewältigung nicht zu einem beliebigen Unternehmen werden soll, das man genauso gut auch unterlassen könnte.

Dabei ist der Hinweis auf das Vergangene der Vergangenheit nicht nur im alltagspraktischen Umgang mit Geschichte ein Argument zur Verhinderung von Vergangenheitsbewältigung. Auch aus konstruktivistischer Sicht könnte der Eindruck entstehen, Vergangenheit sei ein pures Konstrukt ohne jeglichen Rückhalt in der Realität und damit ohne Bewältigungsrelevanz. Vergangenheit ist per definitionem nicht (mehr), und eine rekursive Prüfung von Geschichtsinterpretationen an ihrem Gegenstand ist unmöglich. Dieser Umstand lädt zu Relativierungen und Bagatellisierungen vergangener Geschehnisse ein. Nur wenn belegt werden kann, daß eine extreme konstruktivistische Deutung nicht haltbar ist, läßt sich zeigen, inwiefern Geschichte und Vergangenheitsbewältigung wichtig sind. Diesem Problemfeld widmet sich der vierte Kreis.

1. Die Vergegenwärtigung von Geschichte

Wegen seiner exzentrischen Positionalität muß der Mensch sein Leben führen, planend die Welt verändern und auf Veränderungen reagieren. Er muß Abhängigkeiten und Entwicklungen erkennen, begreifen und handhaben können. Zu diesem Zweck hat das kognitive System sich einen Ordnungsmechanismus geschaffen, der subjektiv als das Verfließen von Zeit erlebt wird. Zeit ist also keine naturgegebene Größe, sondern ein Interpretationskonstrukt.[1]

---

[1] Aus der Fülle der Literatur dazu vgl. z.B. Lauth, *Die Konstitution der Zeit im Bewußtsein*; Knapp, *Die vierte Dimension – meßbar aber unfaßbar*; Gendolla, *Zeit*; Müller, *Zentrale*

1.1 Vergangenheit als Interpretationskonstrukt

Mit „Vergangenheit" bezeichnet man einen Zustand, der verändert wurde. Das heißt, Vergangenheit ist kein Objekt der externen Realität. „Während nämlich gegenwärtige Ereignisse wie die Dinge der Außenwelt sichtbar, hörbar usw. sind, gilt dies weder für vergangene, noch für zukünftige Ereignisse."[2] So „haben" wir von der Vergangenheit nur die Vorstellung, die wir uns von der Gegenwart her machen, und die „Überreste", die „Quellen", die wir in der Gegenwart auffinden. „Es ist ganz einfach so, daß wir mit unseren Vorstellungen von der Vergangenheit nicht auch Erfahrungen in der Vergangenheit, sondern nur in der Gegenwart machen können. Damit ist ausgeschlossen, etwa die Descriptivität von Aussagen, die sich auf vergangene Ereignisse beziehen, feststellen zu können."[3] Zweierlei bleibt also zum Rückgriff auf die Vergangenheit: (1) die Erinnerung, das Gedächtnis und (2) Relikte, Überreste, die „Quellen". Und beides ist nur in der Gegenwart zugänglich.

Konstruktivistische und realistische Ansätze in der Geschichtswissenschaft
Wegen der „Objektlosigkeit" der Geschichtswissenschaft setzen sich immer stärker konstruktivistische Ansätze in der Historiographie durch.[4] Führen sie dazu, vergangene Geschehnisse in beliebige Interpretationskonstrukte aufzulösen? Wäre das der Fall, dann erschöpfte sich ein Streit um die Deutung von Vergangenheit in einem Streit darum, welche selbstreferential erzeugten kognitiven Konstrukte sich durchsetzen.[5] Das wäre ein Streit, der völlig unabhängig von jeglicher Anknüpfung an eine Wirklichkeit auszutragen wäre.[6] Für Vergangenheitsbewältigung ist deshalb die Frage von Bedeutung, ob Vergangenheit *ausschließlich* eine Realität kognitiver Konstrukte ist oder ob sie eine wie auch immer zu beschreibende Wirklichkeit eigener Art besitzt.

Um hier zu einer Antwort zu kommen, empfiehlt es sich, realistische und konstruktivistische Ansätze der Historiographie in den Blick zu nehmen und ihre Thesen zu prüfen. Gebhard Rusch, der selbst eine radikal-konstruktivistische Position vertritt, skizziert zwei Varianten eines historiographischen Realismus, von denen er sein eigenes Konzept distanziert. Der Vergleich der

Aspekte und philosophische Implikationen des Zeitbegriffs in den Naturwissenschaften; Rusch, *Theorie der Geschichte, Historiographie und Diachronologie*; Luhmann, *Die Zukunft kann nicht beginnen*; Pöppel, *Über die zeitliche Struktur des Bewußtseins*; Cramer, *Der Zeitbaum*; Mörth, *Einleitung: Umrisse und Perspektiven der Zeitsoziologie*.

[2] Rusch, *Erkenntnis, Wissenschaft, Geschichte*, 383.

[3] Rusch, *Erkenntnis, Wissenschaft, Geschichte*, 284.

[4] Vgl. Lorenz, *Konstruktion der Vergangenheit*.

[5] Der Streit um die Rekonstruktion und die Interpretation von Vergangenheit hätte dann ungefähr einen Stellenwert wie eine moralische Auseinandersetzung in der Auffassung von Emotivisten. Es handelte sich letztlich um bloße Machtspiele.

[6] Folgerichtig meint denn auch Gebhard Rusch, *Geschichte als Wirklichkeit*, 13, „daß die von Historikern erforschte und dargestellt Geschichte kausal von vergangenem Geschehen absolut unabhängig ist".

unterschiedlichen Ansätze kann hilfreich sein, um zu einer Antwort auf die Frage zu kommen, wie es um die Beliebigkeit und Realitätsbezogenheit von Interpretationskonstrukten über vergangene Geschehnisse bestellt ist.

Die Position eines „historiographischen metaphysischen Realismus"[7] charakterisiert Rusch mit vier Thesen: (1) Die Geschichte ist Realität; sie besteht aus der Menge allen vergangenen Geschehens und der Menge der Beziehungen zwischen diesen Geschehnissen. (2) Die Geschichte ist unabhängig davon, ob und wie sie von menschlichen Urteilen beschrieben/dargestellt wird. (3) Es gibt eine und nur eine wahre und vollständige Beschreibung/Darstellung der Geschichte. (4) Es ist menschenmöglich, die Geschichte zu erkennen, d.h., wir sind in der Lage, wahre und vollständige Beschreibungen/Darstellungen der Geschichte oder einzelner Geschichtsteile zu geben.

Der „historiographische epistemische Realismus"[8] vertritt, so Rusch, ebenfalls die Thesen (1) und (2), lehnt die beiden anderen aber ab bzw. interpretiert sie anders. Demnach ist die Geschichtserkenntnis „vielfältig durch kontingente Faktoren wie Subjektivismen und Parteilichkeiten [...] [etc.] kontaminiert; aber diese Kontaminationen können entdeckt und allmählich immer weiter verringert werden [...]. Man könnte diese Realismusversion auch als eine Art Kritischen Realismus bezeichnen."[9]

Rusch kritisiert die beiden Realismus-Varianten mit dem Argument, das zentrale Problem des Realismus in seinen verschiedenen Spielarten sei das der Wahrheitsprüfung. Er führt aus: „Die Aporie ist genauer gesagt die, daß der Realist, um die Wahrheit seiner Aussagen über die Wirklichkeit überprüfen zu können, einen Standpunkt einnehmen können müßte, der es ihm gestattete, das behauptete Verhältnis seiner Aussagen zur Wirklichkeit [...] unabhängig bzw. frei von kognitiven/konzeptuellen/theoretischen/methodischen Größen, d.h. unabhängig von seiner eigenen Art und Weise des Erkennens festzustellen. Gelingt dies nicht, so kann die Realismus-These von der Unabhängigkeit der Wirklichkeit von ihrer Erkenntnis nicht mehr aufrechterhalten werden."[10]

Meines Erachtens identifiziert Rusch damit das Erkennen der Realität mit ihrer ontischen Qualität, so, als ob es nur das gäbe, was wahrgenommen und mit Bedeutung belegt wird. Daß das Beilegen von Bedeutungen eine kognitive Leistung ist, steht außer Frage. Doch das Kognizieren ist keine kreatorische Tätigkeit, die Sein bzw. Dasein verleiht; wohl eine solche, die ein So-Sein verleiht. Wahrnehmungen sind immer interpretativ. Das schließt aber nicht aus, sondern ein, daß diese Wahrnehmungen sich auf Daten der externen Realität beziehen, welche eine eigenständige Existenz für sich in Anspruch nehmen können.

---

[7] Rusch, *Geschichte als Wirklichkeit*, 6ff. Vertreten wird diese Position nach Rusch in der Materialistischen Historiographie, in der Strukturalistischen Geschichtswissenschaft, in der „New History", sowie in den sogenannten historischen Hilfswissenschaften.

[8] Rusch, *Geschichte als Wirklichkeit*, 9ff.

[9] Rusch, *Geschichte als Wirklichkeit*, 10.

[10] Rusch, *Geschichte als Wirklichkeit*, 12.

Allerdings stellt die Betonung der Interpretativität jeden Erkennens auch die Gewißheit der Thesen (3) und (4) des „metaphysischen Realismus" in Frage. Die *Beschreibung* bzw. die *Darstellung* von Geschehenem ist nämlich nicht die externe Realität selbst, sondern ein kognitives Konstrukt über dieselbe; und so ist sie immer schon Interpretation.[11] Interpretationen können sich aber auf eine Realität beziehen, sind also wahrheitsfähig. Gilt das auch für Interpretationen über die Vergangenheit, die ja kein Objekt in der externen Realität (mehr) besitzt?

Vergangenheit ist eine temporale Beschreibung von Veränderungen. Das setzt voraus, daß sich etwas verändert hat. Radikale Konstruktivisten werden zwar sagen, es seien die kognitiven Strukturen, die sich verändert hätten. Doch insofern die kognitiven Strukturen aufgrund eines interpretativen Realitätsbezuges angelegt und verändert wurden, bezieht sich die Interpretation von Vergangenheit (auch) auf Modi der externen Realität.

Daß es Vergangenheit präsentisch nicht gibt, ist eine triviale Einsicht, die niemand in Abrede stellen wird. Doch die Vergangenheit in einer Weise zu bestreiten, die es unmöglich macht, sich ihr im Rahmen realistischer Überlegungen zu nähern (also solchen, die der Vergangenheit ein Referat außerhalb des kognitiven Systems zuerkennen), wird eine Antwort auf die Frage schuldig bleiben, wie man die (gegenwärtig andauernde) Konstellation eines Zustandes (zukünftig im Rückblick) beschreiben kann, nachdem er verändert wurde. Zumindest wird die Antwort so tun müssen, als dürfe sie auf die dann veränderte (also vergangene) Konstellation nicht rekurrieren, weil mit der Veränderung die Wahrheitsprüfung unmöglich geworden ist. Kurz, der Radikale Konstruktivismus muß so tun, als sei eine mittlerweile veränderte Konstellation nie etwas anderes gewesen als eine kognitive Repräsentation neuronaler Interaktionen.[12] Im Grunde scheitert er an der Frage, wie man die beiden Aspekte miteinander in Einklang bringen kann, daß es (1) Zustände nur präsentisch gibt und daß (2) Zustände sich ändern können. Damit bestreitet der Radikale Konstruktivismus letztlich die Möglichkeit von Veränderung. Diese versteht er ausschließlich als Ordnungskonstrukt des kognitiven Systems, dem aber nichts in der externen Realität entspricht. Aus rein kognitiver Notwendigkeit geht er zwar von Veränderungen aus bzw. unterstellt solche, muß aber zugleich behaupten, sie hätten nichts mit der externen Realität zu tun, während der Interpretationskonstruktivismus davon ausgeht, daß man Zustände und deren Veränderungen nur als *Interpretation* von Zuständen und Veränderungen *wahrnehmen* kann, wobei dies nicht bedeutet, daß diese Interpretation kein Pendant in der Realität hätte.

Die *kognitive Elaboration von Vergangenheit* ist durchaus ein Konstrukt.[13] Aber es ist ein solches, das prinzipiell davon ausgehen muß, sich auf

---

[11] Dieser Einwand betrifft auch den „epistemischen Realismus", wie Rusch ihn beschreibt, insofern dieser die Möglichkeit einer vollständigen Beschreibung der Geschichte behauptet.

[12] Das erinnert an die provozierende These Russells, die Vorstellung, unsere gesamte Welt mit allem, was dazugehört, sei erst vor zehn Minuten entstanden, sei unwiderlegbar. Doch was erklärt diese These?

[13] „Die grundlegende Vorstellung von Vergangenheit und Gegenwart findet sich in Gestalt einer Konstruktion der logischen Ordnung, nicht als nackte Tatsache", so der in strukturalistischer

ein Pendant in der externen Realität zu beziehen. Dazu gibt es weder theoretische noch praktische Alternativen. So zu tun, als sei das Konstrukt „Vergangenheit" völlig referenzlos bezüglich der externen Realität, stellt eine zumindest negative Aussage bezüglich der externen Realität dar und damit einen Widerspruch zur radikal-konstruktivistischen These, die ja die Möglichkeit von Realitätsaussagen bestreitet. Zudem bietet dieses Bestreiten keine fruchtbare Erklärungsalternative. Man denke an Wittgensteins Bemerkung: „Wir sind in der Versuchung, zu sagen: Nur die Erfahrung des gegenwärtigen Augenblicks hat Realität. [...] Soll das heißen, daß ich heute früh nicht aufgestanden bin? [Denn das wäre bedenklich.] Aber das meinen wir nicht. Heißt es, daß ein Ereignis, dessen ich mich in diesem Augenblick nicht erinnere, nicht stattgefunden hat? Auch nicht."[14]

Der Ansatz des Interpretationskonstruktivismus

Die *radikal*-konstruktivistische Entrealisierung von Vergangenheit wird hier nicht nachvollzogen, wohl aber die konstruktivistische These vom konstruktiven Rückgriff auf Vergangenheit. Die Menschen haben keinen unmittelbaren Zugriff auf Vergangenheit, können aber konstruktivistisch (und existentialphilosophisch) klären – und das heißt: interpretieren –, was Vergangenheit für sie bedeutet. Diese Anstrengung bezeichnet man als Geschichtsschreibung oder kurz als Geschichte.[15] Also läßt sich sagen: die Beschäftigung mit Vergangenheit ist ein Interpretationskonstrukt; Geschichte ist ein Interpretationskonstrukt. Darum kann man sich den Positionen anschließen, die in der aktuellen Geschichtswissenschaft zunehmend und mehrheitlich vertreten werden und die Wolfgang J. Mommsen so skizziert: „Wir können nicht mehr davon ausgehen, daß es die eine Geschichte in einem objektiven Sinne gibt, oder daß der geschichtliche Prozeß einen objektiven Sinngehalt in sich trägt, der sich bei genügend intensiver voraussetzungsloser Inspektion der Quellen objektiv erfassen und explizieren läßt, wie die Historisten optimistisch annahmen."[16]

In der vorliegenden Arbeit wird ein konstruktivistischer Ansatz für das Verständnis unseres *Umgangs* mit Vergangenheit als angemessen und am

---

Tradition stehende und aus der „Schule" der von Marc Bloch und Lucien Febvre gegründeten „Annales" kommende Vertreter der „Nouvelle Histoire" Jacques Le Goff. „Die Vergangenheit ist ein Konstrukt und wird fortwährend neu interpretiert." (Le Goff, *Geschichte und Gedächtnis*, 31. 144). Zur „Schule" der „Annales" (*„Annales d'histoire economique et sociale"*, eine 1929 von Marc Bloch und Lucien Febvre in Straßburg gegründete Zeitschrift, ab 1945 mit dem Titel: *„Annales. Economies. Sociétés. Civilisations."*), die eine strukturalistische und nicht eigentlich eine konstruktivistische Richtung repräsentiert und einen theoretischen und keinen narrativen Grundansatz der Geschichtswissenschaft vertritt, vgl. Le Goff, *Geschichte und Gedächtnis*, 155; Reinalter, *Konstruktivistische Geschichtswissenschaft und Mentalitätshistorie – ein neues Paradigma*, 50; Groh, *Die französische Strukturgeschichte und ihre Methoden*; Burke, *Offene Geschichte. Die Schule der „Annales"*; Raphael, *Die Erben von Bloch und Febvre.*

[14] Wittgenstein, *Philosophische Bemerkungen*, § 54.

[15] Das Wort „Geschichte" wird in verschiedener Weise verwendet. So bezeichnet man mit ihm das historische Geschehen, aber auch die Wahrnehmung dieses Geschehens, das Erzählen von historischem Geschehen und die systematische Beschäftigung damit.

[16] Mommsen, *Der perspektivische Charakter historischer Aussagen und das Problem von Parteilichkeit und Objektivität historischer Erkenntnis*, 449.

meisten aufschlußreich betrachtet; er kann – insgesamt gesehen – am meisten erklären. Doch die *radikal*-konstruktivistische Auffassung von Vergangenheit als purem Konstrukt, dem nichts in der externen Realität entspricht, wird nicht geteilt. Vergangenheit ist nur als Interpretationskonstrukt, nur als Geschichte greifbar. Aber gerade darin entfaltet sich ihre Wirklichkeit, verstanden als Wirksamkeit.[17]

Konsequenzen eines interpretationskonstruktivistischen Vergangenheitskonzeptes für Vergangenheitsbewältigung

Für Vergangenheitsbewältigung ergeben sich daraus verschiedene Konsequenzen. Die Bindung von Geschichte an Realität enthebt sie der Willkür, denn sie macht Geschichtsentwürfe kritikfähig und kritikbedürftig, bestreitet das Recht des Stärkeren bei der Durchsetzung von Vergangenheitsdeutungen, macht es notwendig, verschiedene tragfähige Interpretationen miteinander zu vergleichen bzw. miteinander in Beziehung zu setzen und dergleichen mehr. Damit ist bereits die Forderung erhoben, jeder Art von Sieger-Geschichte zu wehren und das Andenken der Unterlegenen, der Verlierer, der Opfer zu pflegen.[18]

Des weiteren ergibt sich, daß nur *die* Vergangenheit bewältigungsfähig ist, von der es Geschichte gibt. „If there once happened an event concerning which no shred of evidence now survives, that event is no part of any historian's universe; it is no historian's business to discover it."[19] Damit gibt es keine Möglichkeit, dieses Ereignis zu bewältigen. Geschichte, die ihre Wirksamkeit verloren hat, verliert ihre Bewältigungswürdigkeit. Der Zweite Punische Krieg z.B. mag ein interessanter Gegenstand der historiographischen Forschung sein, bewältigungsrelevant ist er kaum. Oder vielleicht in dem Maße, in dem – um an die Bemerkung anzuknüpfen, es solle das Gedenken der Opfer gepflegt werden – das Schicksal von Opfern rekonstruiert werden kann. Das bestärkt die Forderung, die Kenntnis um das Leid von Opfern nicht dem Vergessen anheim fallen zu lassen. Dies bedeutet z.B.: Je mehr die Geschehnisse der nationalsozialistischen Unrechtstaten in eine Vergangenheit sinken, an die sich immer weniger Menschen selbst erinnern, desto stärker ist es nötig, ein Gedenken zu installieren, das die Opfer vor dem Vergessen bewahrt. Oder in den Worten von Siegfried J. Schmidt: „Wenn in wenigen Jahren die letzten Augenzeugen des Dritten Reiches gestorben sein werden, wird alles darauf ankommen, wer welchen Anlaß zur Nutzung von

[17] „Allzu geläufig ist ja die Gleichsetzung von Vergangensein und Nicht-mehr-Sein im Sinne des Nicht-mehr-Wirklichseins. Wenn damit das Nicht-mehr-Vorhandensein gemeint ist, [...] dann ist diese Gleichsetzung wohl richtig. Falsch wird sie, wenn ‚Wirklichkeit' als Wirksamkeit verstanden ist. In diesem Sinne ist hier davon die Rede: wirklich ist, was Wirkung auszuüben vermag, was wirksam anwesend, wirksam gegenwärtig ist." (Kohli-Kunz, *Erinnern und Vergessen*, 7).

[18] Ein Anliegen, das Walter Benjamin mit Nachdruck vertrat; vgl. Moses, *Eingedenken und Jetztzeit*, 390.

[19] R.G. Collingwood, *Essays in the Philosophy of History*, Texas 1965, 99; zitiert nach Rusch, *Theorie der Geschichte, Historiographie und Diachronologie*, 8.

Erinnerungsanlässen an das Dritte Reich sieht und wie dann Erinnerungsanlässe, die die Archive bereithalten, gebraucht werden."[20] Dieses Erinnern ist ein Gedenken der Opfer und ein Innewerden der Mechanismen, die zum Unheil führten, mit dem Zweck, eine Wiederholung auszuschließen.

Wenn Vergangenheit in ihrer Wirksamkeit wirklich ist, dann kann allerdings auch die gegenteilige Forderung gelten: Damit Opfer nicht endlos von traumatischen Erinnerungen an erlittenes Leid gepeinigt werden, heißt Bewältigung hier, die Wirksamkeit zu beenden.

Die Vergangenheit ist als Interpretationskonstrukt in der Gegenwart präsent

Wenn Vergangenheit nicht mehr ist, wie kann sie dann eine präsentische Wirkung haben? Wirken kann ja nur etwas, das existiert. Vergangenheit hat (nur) insofern eine Wirkung, als Phänomene, Dinge oder Konstellationen, die gegenwärtig vorfindlich sind, in ihrer Verursachung einer vergangenen, also mittlerweile veränderten Konstellation zugeschrieben werden. Diese Zuschreibung geschieht durch das Erzählen einer Geschichte. Dabei werden die gegenwärtig vorfindlichen Phänomene, Dinge oder Konstellationen, die als Indiz für das Nachwirken vergangener Konstellationen dienen, auf narrative Weise so in diese behauptete vergangene Konstellation eingebunden, daß dadurch die Existenz der Indizien am plausibelsten erklärt werden kann. Von dieser vergangenen Konstellation wiederum werden Veränderungen erzählt, die zu einer Beschreibung dessen führen, was man in der Gegenwart vorfindet. Kurz: die Indizien werden in eine möglichst konsistente und möglichst wenig kontrainterpretierbare Geschichte eingebettet, die dann als Erzählung von Vergangenem aufgefaßt wird. Dieses Vergangene, für das die Indizien nun ein Beleg sind, kann damit seinerseits als Ursache für gegenwärtige Wirkungen – einschließlich des gegenwärtigen Vorkommens der Indizien – verstanden werden. Zu den Indizien gehören Erinnerungen ebenso wie Relikte. Beide zeugen nur dann von Vergangenheit, wenn man sie mit einer Geschichte von veränderten Konstellationen verbinden kann. Die Deutung von Erinnerungen und Relikten als Zeugnisse vergangener Konstellationen folgen dem gleichen erkenntnistheoretischen Schema. Erinnerung ist gewissermaßen das erkenntnistheoretische Paradigma für den Umgang mit der Vergangenheit, auch in der Geschichtswissenschaft. Es werden Interpretationskonstrukte (Erinnerungen oder auch die Interpretation von etwas, das man für eine „Quelle" oder für ein „Relikt" hält) mit einer Realität, die sich verändert hat, in Zusammenhang gebracht. So wird Geschichte konstruiert. Mit Dilthey kann man demnach sagen: historisches Wissen hat die Struktur von Erinnerung.[21] Wenn nämlich die Verbindung zwischen vergangenen und gegenwärtigen Konstellationen konstruiert werden muß, um als solche erkennbar zu sein, dann muß diese Verbindung im kognizierenden Individu-

[20] Schmidt, *Gedächtnisforschungen*, 51.

[21] „Geschichte ist Erinnerung", so Wilhelm Dilthey; zitiert nach Kohli-Kunz, *Erinnern und Vergessen*, 16.

um liegen, das Vergangenheit als Interpretationskonstrukt herstellt. Dieses konstruktive Herstellen funktioniert nach einem Mechanismus, den man als „Erinnerung" bezeichnet. Die Konsequenz daraus ist, daß „die Vergangenheit" in (der Struktur, im Modus) der Erinnerung wirklich-wirksam[22] ist. Das heißt, sowohl das Erhalten als auch das Beenden der Wirksamkeit von Vergangenheit geschieht in erster Linie durch das Erinnern. Wenn man nach dem Funktionieren von Vergangenheitsbewältigung fragt, muß man sich also mit dem Phänomen der Erinnerung befassen. Denn nur so hat man einen Zugang zu dem kognitiven Konstrukt, das man als „Vergangenheit" versteht.

1.2 Die kognitive Elaboration von Vergangenheit durch Erinnern

Das radikal-konstruktivistische Erinnerungskonzept und seine Schwächen
Der Radikale Konstruktivismus versteht Erinnerung als eine Art, mit Erlebnissen umzugehen, für die aktuell keine sensorischen Stimulationen auszumachen sind.[23] Erinnerung ist also ein bestimmtes Bewußtseinskonzept. „Die wichtigste Konsequenz dieser Überlegungen aber liegt darin, daß sie ein von der Vergangenheit als Objekt unabhängiges Kriterium für Erinnerungen darstellt. [...] Erinnerungen brauchen nicht mehr als mehr oder weniger gelungene Re-Konstruktionen [...] vergangener Ereignisse zu erscheinen, und man kann soweit gehen, zu sagen, daß Erinnerungen, um sinnvoll zu sein, keinerlei Referenz auf ein wie auch immer vorgestelltes Objekt Vergangenheit nötig haben."[24] Damit kehrt sich das Verhältnis von Vergangenheit und Erinnerung um. „Nicht die Erinnerung hängt von der Vergangenheit ab, sondern die Vergangenheit [als Objekt] gewinnt Identität erst durch die Erinnerung und abhängig von deren Modalitäten."[25] Denn die Vergangenheit als Objekt läßt sich gemäß dieser Auffassung ja nicht ohne Bezug auf Erinnerung bestimmen.

Für einen Prozeß der Vergangenheitsbewältigung scheint dies eine katastrophale, ja geradezu ruinöse These zu sein. Wird hier nicht den Leugnern und Verdrängern in die Hände gespielt? Ist dies nicht die ideale Munition für die Vertreter der These von der Auschwitz-Lüge? Da diese Gefahr tatsächlich besteht, muß auf die Mängel des radikal-konstruktivistischen Erinnerungskonzepts hingewiesen werden.

Weil der Radikale Konstruktivismus davon ausgeht, daß das kognitive System ausschließlich mit eigenen Zuständen interagiert und von der externen Realität nichts weiß, sind folglich auch Erinnerungen nicht als kognitive Korrelate zu Objekten der externen Realität entstanden, sondern sie sind

[22] Die Wortzusammensetzungen „wirklich-wirksam" und „gegenwärtig-wirksam" sind Prägungen von Alice Kohli-Kunz.
[23] Vgl. Rusch, *Erkenntnis, Wissenschaft, Geschichte*, 391.
[24] Rusch, *Erkenntnis, Wissenschaft, Geschichte*, 392.
[25] Rusch, *Erkenntnis, Wissenschaft, Geschichte*, 392.

Zustände von kognitiven Strukturen, die im Verlauf des selbstreferentialen Kognizierens gebildet wurden. Damit gilt gemäß der radikal-konstruktivistischen These auch für Erinnerungen, daß sie nichts über die Realität berichten, sondern – und dies sei ihre ausschließliche Funktion – die Autopoiesis des kognitiven Systems aufrecht erhalten, weshalb sich „jene kognitive Funktion, die wir Gedächtnis nennen, als ein zur Konservierung unserer Erlebnisse völlig ungeeignetes Instrument“ erweist.[26]

Der kardinale Fehler dieses radikal-konstruktivistischen Erinnerungskonzeptes besteht in der erkenntnistheoretischen Annahme, daß das kognitive System ausschließlich mit eigenen Zuständen interagiert und keinerlei Zugang zur externen Realität besitzt. Daß diese These auf einer Mißdeutung der strukturellen Geschlossenheit basiert, wurde bereits dargestellt. Das kognitive System hat durchaus indirekte, vermittelte Kontakte zur externen Realität. Wäre dem nicht so, dann könnten die Aktivitäten des kognitiven Systems aufgrund der strukturellen Koppelung nicht zur Aufrechterhaltung der Autopoiesis wirksam werden. Wenn jedoch das kognitive System gewisse realistische Außenbeziehungen besitzt, die die kognitiven Strukturen und die Schemata prägen, dann verfügt das Subjekt damit auch über einen realitätsbezogenen Zugriff auf den Modus der Vergangenheit, denn der Kognitionsprozeß, der in der Vergangenheit stattfand, war ja eine interpretative und konstruktive Reaktion (auch) auf die externe Realität. Erinnerungen haben also einen Realitätsbezug.

Erinnerungen als kognitive Strukturen

Kann man folglich bei der Interpretation vergangenen Geschehens im Rahmen von Vergangenheitsbewältigung auf Erinnerungsinhalte zurückgreifen, um – wenn nicht eine objektive Darstellung des Geschehenen „wie es gewesen“ – so doch zumindest das authentische Erleben derer, die sich erinnern, zum Zeitpunkt des Geschehens rekonstruieren zu können? Das ist leider nicht so einfach der Fall. Denn das Kognizieren legt keinen „Wissensspeicher“ an, sondern formt kognitive *Strukturen*. Erinnern bedeutet, daß diese Strukturen aktiviert werden. Die neuronalen Aktivitäten, die dabei entstehen und die sich dem Subjekt selbst als Gedanken bzw. Erinnerungen darstellen, werden von den Schemata des kognitiven Systems auf ihre Bedeutung und Sinnhaftigkeit geprüft. Das heißt, Erinnerungen werden vom cognition management des aktuellen Schemabestandes „zensiert“, interpretiert, geformt. Erinnerungen sind demnach nicht die Reproduktion gespeicherter Gedächtnisinhalte, sondern das Erleben vergangener Ereignisse in dem Sinne, daß kognitive *Strukturen*, die bei früherem Kognizieren ausgebildet wurden, den Inhalt von aktuellen Interpretationskonstrukten prägen.[27] Damit wird der

---

[26] Rusch, *Erkenntnis, Wissenschaft, Geschichte*, 353.

[27] Die moderne Gedächtnisforschung scheint mehrheitlich diese These zu favorisieren. Vgl. z.B. Oeser/Seitelberger, *Gehirn, Bewußtsein und Erkenntnis*, 45f. 73, und Bertaux/Bertaux-Wiame, *Autobiographische Erinnerungen und kollektives Gedächtnis*, 149. Die zu Beginn des 20. Jahrhunderts entwickelte Theorie von den „Engrammen“, die beim Kognizieren als

weiter oben verwendete Satz erläutert, die Vergangenheit stelle das Schema zur Verfügung, mit dem das Individuum die Gegenwart gestaltet und die Zukunft entwirft.

Erinnerungen können das Kognizieren verändern und sie können selbst verändert werden

Allerdings nehmen Erinnerungen (wie alle kognitiven Konstrukte) ihrerseits, wenn sie immer wieder aktiviert werden, Einfluß auf die Schemata. Wenn sich der Bestand der häufig genutzten kognitiven Strukturen ändert (etwa durch neue Einsichten, veränderte Lebensumstände etc.), verändern sich auch die Elaborationsmöglichkeiten von Erinnerungen.[28] Das heißt, unter veränderten Umständen kann sich die Erinnerung an vergangene Geschehnisse verändern.[29] Erinnerungen können also täuschen.[30] Die Einsicht in die konstruktive und interpretatorische Art und damit in die Fehlbarkeit von Erinnerung ist im Rahmen von Vergangenheitsbewältigung durchaus hilfreich. Während man nämlich bei einem Speichermodell des Gedächtnisses fragen müßte, wie es geschehen kann, daß die Speicherinhalte, die von zwei Personen hervorgeholt werden, unterschiedlich ausfallen können, kann dagegen das konstruktivistische Erinnerungskonzept diese Differenzen auf die sich ständig entwickelnde Subjektivität der Individuen zurückführen.

So werden sich z.B. diejenigen, die während der Nazi-Zeit an der Begehung von Verbrechen beteiligt waren, möglicherweise nur in einer interpretatorisch sehr verzerrten Form daran erinnern. Die Scheußlichkeiten passen nicht zum gegenwärtigen Selbstbild. Also werden sie in der Erinnerung verändert. (Das bedeutet *nicht*, daß alle Täter, die ihre Taten leugnen, unter solchen Erinnerungsverzerrungen leiden. Hier geht es um Mechanismen des kognitiven Systems, mit denen man rechnen muß.) Eine Speichertheorie des Gedächtnisses wird die Version, die diese Täter heute vortragen, den konkurrierenden Erinnerungen, die von anderen berichtet werden, entgegenstellen müssen. Doch die Einsicht in die konstruktive Art des Erinnerns wird

---

Gedächtnisinhalte entstünden (vgl. dazu Scharfe, *Erinnern und Vergessen*, 30ff.), ist ebenso obsolet geworden wie die zunächst erfolgversprechenden Versuche in den sechziger und siebziger Jahren, Gedächtnissubstanzen (Gedächtnismoleküle) zu isolieren (vgl. dazu von Ditfurth/Arzt, *Dimensionen des Lebens*, 183ff.; Vester, *Denken, Lernen, Vergessen*, 56ff.).

28 Vgl. Rusch, *Erkenntnis, Wissenschaft, Geschichte*, 363. Das wäre eine Erklärung z.B. dafür, warum sich die Schulzeit in der Erinnerung so oft vergoldet. Hinsichtlich der Erinnerung an die Erlebnisse während des „Dritten Reiches" findet sich dieser Effekt nicht selten; vgl. Rosenthal (Hg.), *„Als der Krieg kam, hatte ich mit Hitler nichts mehr zu tun"*.

29 Vgl. Bertaux/Bertaux-Wiame, *Autobiographische Erinnerungen und kollektives Gedächtnis*, 150f.; Galliker, *Sprechen und Erinnern*, 119; Berger/Luckmann, *Die gesellschaftliche Konstruktion der Wirklichkeit*, 157ff.; Rosenthal (Hg.), *„Als der Krieg kam, hatte ich mit Hitler nichts mehr zu tun"*; Jäger, *Die Autobiographie als Erfindung von Wahrheit*; Schmidt, *Gedächtnisforschungen*, 38; Rusch, *Erkenntnis, Wissenschaft, Geschichte*, 374.

30 Die einschlägige Literatur bietet eine fast unüberschaubare Menge von Beispielen. Vgl. z.B. Kuczynski, *Lügen, Verfälschungen, Auslassungen, Ehrlichkeit und Wahrheit*, bes. 24ff. Die Ansicht von Tellenbach, *Erinnern und Vergessen*, 318, der glaubt, „das in individuellen Erinnerungen bewahrte Erleben [erfahre] meist in der Zeit nur geringe Veränderungen", dürfte falsch sein.

dazu führen (müssen), einen hermeneutisch-moralischen Diskurs anzustrengen, der die verzerrenden Eingriffe des cognition management offenlegt. Damit wird ein Mechanismus aufgedeckt, den Nietzsche so beschrieb: „‚Das habe ich getan', sagt mein Gedächtnis. ‚Das kann ich nicht getan haben', sagt mein Stolz und bleibt unerbittlich. Endlich – gibt das Gedächtnis nach."[31]

Das konstruktivistische Erinnerungskonzept vermag sogar solchen Erinnerungen eine aufschlußreiche Bedeutung abzugewinnen, die der intersubjektiven Realitätsprüfung nicht standhalten. Diese Erinnerungen stellen sich nämlich dar als das Resultat eines früheren Kognizierens im „Verschnitt" mit der (sich in Reaktion darauf entwickelnden) Persönlichkeit der sich Erinnernden. Wenn ein Opfer ein überwältigendes Unrechtserlebnis als traumatischen Eindruck verarbeitet hat, dann mag es vorkommen, daß beim Erinnern der traumatische Eindruck reproduziert wird und die Umstände und Abläufe des Geschehens – aus Gründen einer konsistenten Erinnerungselaboration und Erzählbarkeit – zu diesem Eindruck in konsistenter Weise hinzukomponiert werden. Dies *kann* so sein. Freilich kann die Erinnerungselaboration auch die Umstände und Abläufe in einer Weise darstellen, die jeder Faktenprüfung standhalten. Worauf es aber ankommt, ist die Rehabilitierung und die Anerkennung einer Erinnerung, die sich in einem traumatischen Eindruck erschöpft und die deshalb leicht der Unseriosität bezichtigt wird, was bezüglich ihres existentiellen Wertes eine ungerechtfertigte Verdächtigung darstellt. Solche Erinnerungen mögen einen nur eingeschränkten Wert haben, wenn es um die Rekonstruktion von Geschehnissen und die Zuschreibung von Handlungsanteilen und Verantwortungen geht, was freilich für einen Prozeß der Vergangenheitsbewältigung sehr wichtig ist. Aber sie stellen ein Stück der Wirkungsgeschichte des Geschehnisses dar und enthüllen, wie das Opfer seine Leiden verstanden hat, was die Leiden mit dem Opfer existentiell „gemacht" haben.

Hier wird deutlich, was gemeint ist, wenn die Vergangenheit bzw. das Erinnern als Funktion der Gegenwart bezeichnet werden. Jedes Erinnern, jedes Bewußtwerden von Vergangenheit geschieht aufgrund der aktuellen Schemalage. Damit wird nur das erinnert, was beim Kognizieren in der Vergangenheit Strukturen ausgeprägt hat, die beim aktuellen Kognizieren Interpretationskonstrukte formen.[32] Und es wird nur *so* erinnert, wie diese Strukturen von der *aktuellen* Schemalage aktiviert werden können.

Umgekehrt stellt die Vergangenheit die Schemata zur Verfügung, auf deren Basis man sein Dasein verstehen, also interpretieren, entwerfen und gestalten kann. Die Erinnerungen, also die Aktivierungen geschichtlich ge-

---

[31] Nietzsche, *Jenseits von Gut und Böse*, Viertes Hauptstück, Nr. 53, S. 197.

[32] Nur *das* Kognizieren legt Strukturen an, das vom kognitiven System als bedeutsam erachtet wird. Was jemand als irrelevant *empfindet*, wird er nicht erinnern, auch wenn es sich später in bestimmten Zusammenhängen als bedeutsam erweist. Vgl. dazu Kohli-Kunz, *Erinnern und Vergessen*, 16ff.; Engelkamp, *Das menschliche Gedächtnis*, 28; Gadenne/Oswald, *Kognition und Bewußtsein*, 6-17. Bei Gerichtsverfahren – auch NS-Verfahren – spielt dieser Umstand regelmäßig eine Rolle; vgl. Rückerl, *Staatsanwaltschaftliche Ermittlung der NS-Verbrechen – Schwierigkeiten und Ergebnisse*, 78ff.

formter Strukturen, prägen so das aktuelle Interpretationsrepertoire mit. Das So-Sein erschließt sich also erst unter einer diachronen Betrachtungsweise.

Vergangenheit prägt. Diese Prägung ist zwar – in bestimmtem Umfang – revidierbar, aber sie ist zunächst vorhanden. Revidierbar ist sie, weil nicht nur verfestigte Interpretationen zu kognitiven Strukturen führen, die verändernden Einfluß auf Schemata nehmen, sondern weil umgekehrt die Schemata auch Einfluß auf die Inhalte der Interpretation nehmen. Hinzu kommen noch zwei weitere Umstände. (1) Strukturen, die kaum „genutzt" werden, können sich „auflösen". Erinnerungen können also vergehen oder an Bedeutung verlieren. (2) Neue Interpretationen können alte Strukturen verändern. Das heißt, Erinnerungen können verändert, Vergangenheit kann – unter veränderten Umständen – in anderem Licht gesehen, also anders interpretiert, anders erinnert werden.[33]

Die Frage nach der Realitätsadäquatheit von Erinnerungen

Wenn die Ursache für eine gegenwärtig andauernde Wirkung nicht erinnert werden kann, dann läßt sich diese Wirkung keiner konkreten vergangenen Situation zuschreiben. Aber selbst wenn es Erinnerungen an die Vergangenheit gibt, ist ihre Modulationsfähigkeit für Vergangenheitsbewältigung ein Problem. Deshalb müssen Erinnerungen auf ihre Realitätsadäquatheit hin geprüft werden. Doch diese Prüfung stellt sich nicht ganz so einfach dar, wie man glauben könnte. Das Individuum selbst besitzt ja keine Kontrollinstanz über die Invarianz und die Realitätsnähe seiner Strukturen und Schemata.[34] Darum muß die Realitätsprüfung über intersubjektive Diskurse verlaufen. Doch auch dieser Prüfmechanismus bietet durchaus potentielle Probleme. In der Alltagspraxis mag es als Bestätigung der Realitätsadäquatheit einer Erinnerung gelten, wenn jemand die Schilderung seiner Erinnerungen von damaligen Zeugen als zutreffend bestätigt bekommt. Eine solche gegenseitige Bestätigung führt dazu, daß man die eigene Erinnerung für eine geschichtliche Realität hält. Obwohl weder Erzähler noch Zuhörer die eigenen Konstrukte mit denen der anderen vergleichen können, reicht dieser Mechanismus aus, um von der Objektivität der eigenen Kognition überzeugt zu werden. Allerdings endet eine solche Gemeinsamkeit zuweilen dann, wenn es um die Frage nach der Übereinstimmung in Erinnerungsdetails geht. Dieses Phänomen hat seinen Grund darin, daß ein Geschehnis in seiner *Bedeutung* „gespeichert" wird, die es vom kognitiven System beigelegt bekam. Die Einzelheiten

---

[33] Eugen Roth hat dies in einem seiner Gedichte beschrieben. Die Realität ist allerdings nicht immer so amüsant wie Roths Gedicht, das den Titel trägt: „Legendenbildung". „Ein Mensch, vertrauend auf sein klares / Gedächtnis, sagt getrost ‚So war es!' / Er ist ja selbst dabei gewesen – / Doch bald schon muß ers anders lesen. / Es wandeln sich, ihm untern Händen, / Wahrheiten langsam zu Legenden. / Des eignen Glaubens nicht mehr froh / Fragt er sich zweifelnd: ‚War es so?' / Bis schließlich überzeugt er spricht: / ‚Ich war dabei – so war es nicht!'" (Roth, *Das Eugen Roth Buch*, 25).

[34] Eine Invarianzkontrolle ist in bestimmten Grenzen durch Verschriftlichung von Erinnerungserzählungen möglich. Doch ist ein späteres Lesen und ein Vergleich von Erzählungen bereits selbst ein Interpretationskonstrukt, und auch das Erzählen, das Verbalisieren, ist selbst ein Interpretationskonstrukt.

werden, wenn das Geschehnis als Erinnerung „reproduziert" wird, so dazugefügt, wie sie aus der Sicht der Gegenwart damals wahrscheinlich hätten sein können.[35]

Erinnerungen sind veränderlich und in einem hohen Maße interpretativ[36] und von ihrer Struktur her notwendigerweise perspektivisch. Pluralismus oder Heterogenität in der Darstellung von Geschehnissen aufgrund von Erinnerungen ist nicht nur zu erwarten, sondern strukturell unvermeidlich.[37]

Was bedeutet das für einen Prozeß der Vergangenheitsbewältigung? Gibt es ein Qualitätskriterium für Erinnerungen oder besitzen alle den gleichen Realitätswert? Ist einem Albert Speer zu glauben, wenn er behauptet, von den Endlösungs-Plänen und deren praktischer Umsetzung so gut wie nichts gewußt und lediglich „eine vage Ahnung" gehabt zu haben?[38] Wessen Aussagen wiegen mehr: die des KZ-Personals, wie z.B. die der Ehefrau des KZ-Kommandanten von Buchenwald Karl Koch, Ilse Koch, die behauptete, „mit dem ganzen Lagerbetrieb [...] überhaupt keine Kontakte gehabt", „nie etwas gesehen", kurz: nie Unrecht begangen zu haben? Oder die der über siebenhundert Zeugen, die, laut Anklageschrift, Ilse Koch brutalste Mißhandlungen bis hin zur Anstiftung zum Mord vorwarfen?[39] Oder sind gar alle Erinnerungen gleichermaßen gültig?[40]

Offensichtlich gibt es bei aller Subjektivität und Perspektivität von Wahrnehmung und Erinnerung Geschehnisbeschreibungen, die sich schwerlich in ihrem zentralen Gehalt beliebig oder auch nur signifikant different interpretieren lassen. Daß im „Dritten Reich" Millionen Menschen in Lager verbracht und dort getötet wurden, ist eine solche wohl kaum kontrainterpretierbare Realitätsbeschreibung, wenn man die Indizien nicht in einer Weise wegdeuten will, die mehr argumentative Probleme schafft und Fragen aufwirft, als sie zu lösen und zu beantworten vermag. Auch Erinnerungen erheben Geltungsansprüche, die diskursiv eingelöst werden müssen. Freilich besitzen alle Teilnehmerinnen und Teilnehmer des Diskurses keinen objektiven Vergangenheitszugang. Dennoch gibt es Prüfmechanismen. Sie wirken indirekt, weil sie sich nicht auf die Erinnerungen selbst beziehen (was nicht geht, weil Erinnerungen ja neuronale Aktivitäten sind), sondern auf deren Verbalisierung. Zweierlei

---

35 Vgl. z.B. Galliker, *Sprechen und Erinnern*, 123; Rusch, *Erkenntnis, Wissenschaft, Geschichte*, 401.

36 Vgl. dazu Bruck/Fenner, *Erinnern und Vergessen im Forschungsprozeß*, 144ff.; Degen, *Die Illusion: Ich sah es kommen. Wie Erinnerung die Wirklichkeit verändert*; Sallinen-Gimpl, *Das „Goldene Karelien" in der Vorstellung der Umsiedlerkarelier in Finnland*, bes. 372ff.

37 Vgl. Rusch, *Erkenntnis, Wissenschaft, Geschichte*, 415f.

38 Vgl. dazu Schmidt, *Albert Speer: Das Ende eines Mythos*, 215ff.

39 Vgl. Durand, *Die Bestie von Buchenwald*, 139.

40 Bei Albert Speer und Ilse Koch dürfte es sich wohl nicht um tatsächliche Erinnerungen handeln, wenn sie sich als unbescholten charakterisieren. Dennoch muß zumindest methodisch die Frage gestellt werden, wie mit diesen kontroversen Aussagen umzugehen ist. Diese Frage stellt sich auf alle Fälle, wenn tatsächlich Erinnerungsdivergenzen auftreten. Aber auch wenn Erinnerungen nur behauptet werden, bleibt das Problem. Denn *ob* Erinnerungen nur behauptet werden, läßt sich oft von außen kaum feststellen. Die Frage bleibt: Gibt es irgendwelche Evaluierungsmöglichkeiten bei Erinnerungen?

kann geprüft werden: (1) Ist die Geschichte, die als verbalisierte Erinnerung vergangener Vorgänge erzählt wird, bei wiederholtem Erzählen in ihren Kernpunkten gleich, oder verändert sie sich im Laufe der Zeit? (2) Stimmt die Geschichte mit anderen verfügbaren Indizien überein, und hält sie den Prüfkriterien stand, denen historiographische Erzählungen genügen müssen?[41]

1.3 Erinnerungen „leben“ in Geschichten

Das Erzählen nimmt Einfluß auf den Inhalt

Nur als erzählte haben Erinnerungen eine Bedeutung[42], sind kommunizierbar und prüfbar. Eine erzählte Erinnerung ist ein mehrfaches Interpretationskonstrukt. Der kognitive Vorgang des Wahrnehmens ist Interpretation, ebenso der Vorgang der Erinnerung und schließlich auch die Verbalisierung durch Sprachsymbole. Die Verbalisierung trägt dazu bei, die Erinnerungen zu erhalten. Doch das Erzählen zwingt dazu, die Erinnerung in kulturell standardisierte Sprachformen zu gießen. Damit hängt die Darstellung der Vergangenheit von den Bedingungen des Erzählens ab.[43] Mehr noch: „Die konversationellen Bedingungen [manifestieren] jene durch eine erste Verbalisation getroffene Festlegung.“[44] „Die Erzählung, das Erinnerte, die Vorstellung und das Wissen von dem, was sich einmal ereignet hat, bilden eine so feste Einheit, daß es unmöglich erscheint, das eine vom anderen – anders als analytisch – zu unterscheiden.“[45] „In diesem Sinne erzwingt das Erzähl-Schema den konsistenten *Entwurf einer Geschichte*, der jedoch in dem Maße, wie ihm Konsistenz und Schlüssigkeit, Wahrscheinlichkeit und Anschaulichkeit und schließlich Interesse und Zustimmung anderer zukommt, seinen Entwurfscharakter immer mehr verliert, weil es immer schwieriger wird, gegen die Überzeugungskraft eines komplexen konsistenten Systems zu denken, und weil es eine immer größere Anstrengung und schließlich eine Unmöglichkeit bedeuten würde, die durch ein solches System einmal gewonnene Konsonanz, die Sicherheit und das Vergnügen ohne Not preiszugeben. Damit wird das kognitive System gewissermaßen ein Opfer seiner eigenen Verführungskünste; es kann die Kohärenz, die es erzeugt, nicht leugnen, und erliegt dadurch selbst der Überzeugungskraft, auf die hin seine Konstruktionen angelegt sind.“[46]

Nur erzählend läßt sich über Vergangenheit kommunizieren, lassen sich Geschichtsinterpretationen orientieren und parallelisieren. Diese Tatsache zieht einige Konsequenzen nach sich, die bei der Interpretation von Ge-

---

[41] Diese Prüfkriterien werden weiter unten dargestellt.

[42] Wie zentral der narrative Aspekt auch für Vergangenheitsbewältigung ist, geht aus der Bemerkung von Young, *Beschreiben des Holocaust*, 14, hervor, daß sogar „die Fakten des Holocaust letztlich nur in ihrer erzählenden und kulturellen Rekonstruktion Bestand haben [...].“

[43] Vgl. dazu Galliker, *Sprechen und Erinnern*, 125-146; Rath, *„Erinnern ist Übersetzungsarbeit ...“*, 67f., der sogar davon spricht, Erinnerungen würden zur „Darstellbarkeit verzerrt“.

[44] Rusch, *Erkenntnis, Wissenschaft, Geschichte*, 367.

[45] Rusch, *Erkenntnis, Wissenschaft, Geschichte*, 374.

[46] Rusch, *Erkenntnis, Wissenschaft, Geschichte*, 374.

schichte berücksichtigt werden müssen. Denn Sprache kann ein unzureichendes Mittel der Bedeutungszuweisung sein.

Verbalisierung ist Bedeutungszuweisung
So kann ein traumatisches Erlebnis für ein Opfer unausdrückbar sein, weil es in der Alltagssprache keinen passenden Ausdruck findet.[47] Dies hängt damit zusammen, daß sprachliche Bedeutungszuweisungen auf typisierende und strukturierende Interpretationsmuster bauen.[48] Der Nachteil dieser Muster ist ihre standardisierende Wirkung. Ihr Vorteil besteht darin, daß mit ihrer Hilfe Geschehnisse, die die Dimension der Wahrnehmung übersteigen, identifiziert und interpretiert werden können. Erlebte bzw. erinnerte Facetten lassen sich so übergeordneten Bedeutungen (und Zusammenhängen) zuordnen. Aus vielen Facetten und Episoden entstehen damit Geschichten, die zeitlich und logisch gegliedert sind, aber einen inneren Zusammenhang besitzen, der durch das thematische Subjekt oder Objekt hergestellt wird.[49] Auf diese Weise gewinnt das Subjekt bzw. Objekt der Erzählung seine Identität. Und sofern dieses Subjekt bzw. Objekt der Erzählung mit dem Erzähler identisch ist, gewinnt dieser Erzähler seine persönliche Identität durch die narrative Elaboration von Erinnerungen. Erst die Erzählung kreiert eine synchrone und diachrone Identität von Elementen, auf die sich die kognitiven Strukturen beziehen, die nicht mit den Interpretationen gegenwärtigen Kognizierens verrechenbar sind. Mit anderen Worten: erst in Geschichten werden die Inhalte des Erinnerns mit einer Bedeutung belegt. Umgekehrt dienen alle Gegenstände, die in diesem Zusammenhang mit einer Bedeutung belegt wurden, als Indiz und Bestärkung der erzählten Erinnerung. Diese Bestärkung wirkt so lange, wie die Geschichte und die Indizien sich gegenseitig stützen können.

Erinnerungsgeschichten als subjektive Realität und ihre Bedeutung für Vergangenheitsbewältigung
Wie sehr die beschriebene Subjektivität von Erinnerung ihre Auswirkungen auf den Bereich der Vergangenheitsbewältigung hat, läßt sich leicht denken

---

47 Beate Hoffmann, „*Wie schmeckt eigentlich Menschenfleisch?*“, beschreibt, gestützt auf die Erfahrungen des Berliner Behandlungszentrums für Folteropfer, die regelrechte Sprachlosigkeit der Erinnerung bei Folteropfern; ebenso Christian Schneider, *Kaum Schutz für die Folteropfer*, gestützt auf die Erfahrungen des Münchner Therapiezentrums für Folteropfer. Vgl. auch Guth, *Erinnern, Erzählen, Vergessen*, 306. Diese Sprachlosigkeit ist das Symptom eines Verdrängungs-, d.h. eines Vergessensprozesses, der für ein Opfer lebensnotwendig sein kann, indem er mithilft, das psychische Gleichgewicht zu wahren. Vgl. dazu Vester, *Denken, Lernen, Vergessen*, 67. Auch auf Täterseite kommt die Sprachlosigkeit der Erinnerung vor. Wenn Erinnerung sich im Erzählen manifestiert und verfestigt, dann ist auch hier die Sprachlosigkeit ein Indiz für den Versuch, die Erinnerung zu verändern resp. zu verdrängen, also Teile der Vergangenheit zu beseitigen. Vgl. dazu Kudera, *Erfahrungen des Nationalsozialismus in kleinbürgerlichen Gruppen*, 75ff. Zu den verschiedenen Arten und Zwecken des Vergessens vgl. die Aufstellung von Karl Acham, *Fragmentarisches Erinnern und selektives Vergessen*, 4.

48 Vgl. dazu Schmidt, *Gedächtnisforschungen*, 38, der ausführt: „Die Ordnung des erzählten Geschehens ist weitgehend eine Funktion des Erzählens, nicht der Ordnung des erzählten Geschehens.“

49 Vgl. dazu Rusch, *Erkenntnis, Wissenschaft, Geschichte*, 397.

und mit einem Beispiel illustrieren, das Utz Jeggle von seiner Großmutter berichtet. „Uns haben se die Hälfte des Lebens gestohlen", so pflegte die alte Dame zu resümieren. „‚Uns' – das war sie und ihre Familie, die Hälfte, das waren der Erste Weltkrieg und die Hungerjahre danach, dann der Zweite Weltkrieg, dessen Schatten bis an den Beginn des Wirtschaftswunders reichten. Und ‚se', die Diebe, das waren anonyme Zeitraffer, die arme Opfer in die Katastrophen deutscher Politik und Geschichte führten, aus deren Verantwortung", so Jeggle, „sich meine Großmutter durch die pronominale Trennung von ‚uns' und ‚se' verabschiedete. Sie stieg kurzerhand aus der Gesellschaftsgeschichte aus und setzte eine private dagegen [...]. Eine Diebesgeschichte ersetzt die Bibliothek der Zeitgeschichte [...]. Schon rein äußerlich arbeitet Großmutters Rechenmodell arithmetisch nachlässig. [...] Der Krieg scheint einen größeren Erinnerungsraum zu beanspruchen als dies die Jahreszahlen vermuten lassen. Die historische Zeit unterscheidet sich von der Zeiterfahrung meiner Großmutter [...]. Hat diese Geschichte nicht doch auch eine innere Logik? [...] Das Grauen des Krieges endet noch längst nicht, wenn der Waffenstillstand geschlossen ist. [...] Das Rechenexempel meiner Großmutter zeigt aber auch", und das dürfte im Zusammenhang mit Vergangenheitsbewältigung von besonderer Bedeutung sein, „daß sie zumindest in zwei Referenzsystemen dachte und vermutlich auch lebte und diese je nach Bedarf deckungsgleich machen oder aber wechseln konnte. [...] Die biographische Dimension trennt sich von der kollektiven in Krisen oder Katastrophenzeiten [...]. Je weniger das externe System beibringt, desto weiter geht die Schere auf, die einen von der gesellschaftlichen Verantwortung abschneidet. Wenn's schiefging, war, modern gesagt, die Gesellschaft schuld."[50]

Ich wage die Vermutung, daß Vergangenheitsbewältigung in solchen Fällen nicht einfach sein wird; zumindest wenn es um Vergangenheitsbewältigung im gesellschaftlichen Ausmaß und um die eigene Verwicklung in die historischen Geschehnisse geht. Die eigene Erinnerung *ist* für den Erinnernden die Vergangenheit. Das wird im zitierten Beispiel deutlich. Anonyme oder zumindest nicht näher bezeichnete Mächte haben der erinnernden Person das halbe Leben gestohlen. Jeder Einwand gegen diese Deutung wäre wohl als weiteres Unrecht empfunden worden. Schon der Versuch einer Kontrainterpretation hätte als Bestreitung der persönlichen Geschichte, als Infragestellung der persönlichen Identität und Integrität verstanden werden müssen. Die Zuweisung von Erlebnissen zu zwei Referenzsystemen wurde wohl nicht als Interpretation und Zuschreibungsleistung verstanden, sondern als Wahrnehmung der faktischen Umstände. Aber natürlich sind Zuschreibungen *keine* vorfindlichen Fakten, sondern Zusammenhänge, die es als solche erst durch die Zuschreibungen gibt. Diese wiederum werden durch Erzählungen vorgenommen. „Geschichten", meint dazu Utz Jeggle, „mißachten zahlenmäßige Häufigkeiten, und zudem verleugnen sie oft die Chronologie, die unserem Zeitverständnis wichtig ist."[51]

---

50 Jeggle, *Auf der Suche nach der Erinnerung*, 89f.

51 Jeggle, *Auf der Suche nach der Erinnerung*, 93.

Das Zeitverständnis des Menschen ist seine Methode zur Auflösung von Komplexitäten. Wenn Geschichten der Erinnerung die „historische“ Chronologie verleugnen, dann heißt dies doch, daß Erinnerungen primär nicht an Datensammlung und -organisation interessiert sind, sondern an der Auflösung einer Komplexität, in die sich die erinnernde Person gestellt sieht.

Erinnerungselaborationen, also das *Deuten* von Kognitionen, die durch geschichtlich geprägte und nun aktivierte kognitive Strukturen geformt sind, haben eine gegenwartsbewältigende Bedeutung. Diese Einsicht bestreitet keineswegs die historischen Fakten. Vielmehr gesteht sie ihnen eine Bedeutung zu, die sich nicht im Bloß-Historischen erschöpft, sondern auf das aktuelle Dasein einwirkt. Dies bietet die Chance, in Geschichten innere Wahrheiten zu entdecken, die einiges aussagen über die „Abbilder und Eindrücke“, die ein Geschehen „im Kopf und der Seele“ der Menschen hinterläßt.[52]

Was das bedeutet, kann man an einem zweiten Beispiel nachvollziehen, das Utz Jeggle bietet.[53] Ein Arzt erzählt ein Erlebnis, das ihm gleich zu Beginn des „Rußlandfeldzuges“ das „Wesen des Krieges klar machte“. Nachdem er einen schwerverwundeten russischen Gefangenen pflichtgemäß behandelt hatte, wurde dieser von einem Gefreiten an Ort und Stelle erschossen. „Der Erzähler will mehr als eine Episode berichten, er führt die Geschichte als bedeutungsvoll für das Wesen dieses Krieges [...] [an]. So wie er ihn in diesem Moment erlebt hat, so ist er gewesen. Das Memorat ist mehr als eine Erinnerung [...], [es] erhebt den Anspruch, die Struktur, das Wesen des Krieges offenkundig werden zu lassen. [...] Die Geschichte ist so eine Art Schlüssel für die Einordnung jeder weiteren Erfahrung, ein Deutungsmuster, das im außerordentlichen Geschehen die Regelhaftigkeit wahrzunehmen vermag.“[54] Natürlich konnte der Arzt in einem singulären Geschehen nicht die Regelhaftigkeit des Krieges *wahrnehmen*. Eher umgekehrt: die Erzählung erst deutet die Erinnerung als Erfahrung des „Wesens“, der Regelhaftigkeit.[55] Die Geschichte läßt die Erinnerung an ein Erlebnis zu Beginn des Krieges als Paradigma zum Verständnis eines komplexen Geschehens werden. Ein Geschehnis hat kognitive Strukturen ausgeprägt, die interpretative Wirkung auf weiteres Erleben und auf die Deutung von (erinnerten) Erlebniszusammenhängen haben.

Man ist für seine Erinnerungsgeschichten verantwortlich

In den Beispielen wird deutlich: Die in einer Erzählung dargebotenen Erinnerungen sind eben nicht die punktuelle und punktgenaue Rekonstruktion

[52] Jeggle, *Auf der Suche nach der Erinnerung*, 93. Freilich ist in einem Prozeß der Vergangenheitsbewältigung die durch die Erinnerung gegebene Interpretation der Vergangenheit kritisch zu prüfen.

[53] Jeggle, *Auf der Suche nach der Erinnerung*, 93f.

[54] Jeggle, *Auf der Suche nach der Erinnerung*, 94.

[55] Diese Regelhaftigkeit wiederum ist das Interpretationsmuster, mit dem dann die Einzelereignisse gedeutet werden. Denn „das, was wirklich geschehen ist, [kann] als historisches Geschehen nur nachträglich beschrieben werden.“ (Fellmann, *Das Ende des Laplaceschen Dämons*, 118).

eines vergangenen Geschehens, sondern die Darbietung von Bedeutungen, die ihrerseits als Interpretationsmuster zur Auflösung von Erlebniskomplexitäten wirksam werden. Insofern Vergangenheitsbewältigung es mit Erinnerungen zu tun hat, hat sie es immer mit solchen interpretatorischen Konstruktionen zu tun. Doch Interpretation ist stets subjektabhängig; bei den Erinnerungen von Jeggles Großmutter wird das besonders augenfällig. Da es für Menschen keinen Weg aus dieser Interpretationsimprägniertheit gibt, muß die Prüfung von Erinnerungen diskursiv vorgenommen werden. Aufgrund ihrer Subjektabhängigkeit gibt es eine Verantwortung des Subjekts für die eigenen Erinnerungen. Die Erinnerungen von Utz Jeggles Großmutter z.B. sind nicht einfachhin nun mal so, wie sie sind, weil die Dinge nun einmal so gewesen wären. Sie sind vielmehr so aufgrund der Wahrnehmungs- und Interpretationsmuster, die ihrerseits wiederum einen Teil der Selbstauslegung des Menschen darstellen. Sie verraten etwas über das Selbst- und Weltbild, über den Umgang mit Verantwortung und über die Praxis der Konstruktion von Kausalitäten und Zuschreibungen etc. Sie verraten etwas über den Schemabestand, der das Kognizieren interpretatorisch gestaltet.[56] Ein der Metainterpretation fähiges Wesen kann den eigenen Schemabestand im Rahmen gewisser Grenzen reflektieren und beeinflussen. Darum sind Erinnerungen nicht bloß die Reproduktion rezeptiver Wahrnehmungen, sondern aktive Interpretationsleistungen und als solche ggf. bewältigungsbedürftig. Der „Blick zurück in die Vergangenheit", wie ihn Utz Jeggle von seiner Großmutter beschreibt, ist kontrainterpretierbar. Es dürfte sicherlich schon eine vergangenheitsbewältigende Leistung sein, die Kontrainterpretierbarkeit solcher Erinnerungen als ein berechtigtes Unternehmen plausibel und akzeptabel zu machen. Dadurch würde mancher Erinnerung ihre Harmlosigkeit genommen. Aber die Einsicht in die Subjektabhängigkeit von Erinnerungen scheint mir nur dann erreichbar, wenn die Strukturen des Kognizierens offengelegt werden. Die Darstellung der Interpretativität des menschlichen Kognizierens muß darum ein Teil von Vergangenheitsbewältigungs-Prozessen sein.

Es geht dabei nicht darum, die Zeugnisse der Opfer in Frage zu stellen[57], sondern eine Geschichtsdarstellung zu gewinnen, die dem Geschehenen angemessen ist. Es geht darum, Geschichtsfälschungen zu vermeiden, und darum, Zusammenhänge zu erkennen. So mag ein einzelnes Opfer schildern können, was es erlebt und erlitten hat, wie mit ihm umgegangen wurde und was es von den Tätern wahrnahm. Doch die Systematik der nationalsoziali-

---

[56] Darum sind Zeitzeugen weder „objektive" noch unangreifbare Interpreten der bezeugten Zeit.

[57] Allerdings kann es auch Aufgabe von Vergangenheitsbewältigung sein, die unberechtigte Behauptung, man sei Opfer, als solche aufzudecken. Man denke etwa an Eichmanns Verteidigung vor dem Tribunal in Israel, er sei ein verführtes und mißbrauchtes Instrument der Regierenden gewesen. Vgl. dazu Arendt, *Eichmann in Jerusalem*, 216. Ähnlich äußerten sich auch viele ehemalige Hitlerjungen, wobei die Sache hier jedoch anders zu bewerten ist als bei Eichmann. Doch beidemal gilt: „Mit dieser Sichtweise reiht man sich selbst eher in die Rolle der Opfer des Nationalsozialismus ein als in die seiner Unterstützer." So Kudera, *Erfahrungen des Nationalsozialismus in kleinbürgerlichen Gruppen*, 74. Ggf. wird dabei zutage treten, daß jemand zugleich oder sukzessive Täter und Opfer war.

stischen Vernichtungspraxis ergibt sich erst aus dem Einordnen dieser einzelnen Zeugenaussage in das Ensemble derartiger Indizien.[58]

Die Kenntnis um die Interpretativität und Selektivität von Geschichtsinterpretationen macht auch sensibel für die sprachlosen Opfer, deren Zeugnis vernachlässigt oder unterdrückt wurde bzw. wird. Man denke etwa an die Sklaven in feudalistischen Systemen oder an die Urbevölkerung Amerikas, deren Erleben der „Entdeckung" ihres Kontinents kaum geschichtlichen Niederschlag findet. Die Aufdeckung der Interpretativität von Geschichte beinhaltet die Kritik einer Sieger-Geschichte. „Eine demokratische Zukunft bedarf einer Vergangenheit, in der nicht nur die Oberen hörbar sind. Viele Bemühungen der neueren Sozialgeschichte sind deshalb darauf gerichtet, auch und gerade diejenigen ins Geschichtsbild zu holen, die nicht im Rampenlicht gestanden haben. Dem stehen jedoch nicht nur Interessen gegenüber [...], sondern vor allem die Grenzen der Quellenüberlieferung selbst. Wieviel sagt uns die Konjunktur der Getreidepreise über die Lebenswirklichkeit der Bauern, wieviel Gestapoprotokolle über Antriebe, Möglichkeiten, Hoffnungen und Leiden derer, die Widerstand gegen das NS-Regime leisteten?"[59] Wenn die Erinnerungen und Wahrnehmungen einzelner Beteiligter nicht zugänglich sind, dann ist ein Unternehmen der Rekonstruktion von Vergangenheit umso mehr der Interpretativität der zugänglichen Zeugnisse ausgeliefert, die dann möglicherweise nur unvollkommen dem Test einer Kontrainterpretation unterzogen werden können.

Die Subjektivität und Selektivität von Erinnerungen in ihrer Bedeutung für Vergangenheitsbewältigung

Was heißt dies nun für einen Prozeß der Vergangenheitsbewältigung? Zunächst muß mit der potentiellen Unsicherheit und Lückenhaftigkeit von Erinnerungen gerechnet werden. Adalbert Rückerl, seinerzeit Oberstaatsanwalt und Leiter der Zentralen Stelle der Landesjustizverwaltungen zur Aufklärung nationalsozialistischer Verbrechen in Ludwigsburg, spricht deshalb von Zeugen als den „fragwürdigsten Beweismitteln"[60]. Dabei geht es ihm keineswegs um die Diskreditierung der überlebenden Opfer, sondern – ganz im Gegenteil – um juristisch tragfähige Weisen, die Sachverhalte aufzudecken. Nicht nur die Tatsache, daß das cognition management – ganz abgesehen von bewußter Täuschung – die Aussagen der Täter und der ihnen nahestehenden Zeugen verfälschen kann, muß ein Richter in Rechnung stellen, sondern auch die Möglichkeit des Vergessens und des Überformtwerdens von Erinnerungen – auch bei den Opfern.[61] Solche Umstände können im

---

[58] Burkhard Liebsch, *Für das Vergangene die Augen öffnen*, 198f., meint: „Je verwickelter geschehen[d]e Geschichte ist, desto weniger wird von ihr unvermittelt sichtbar. Gerade Augenzeugen können nicht überall zugleich sein."

[59] Niethammer, *Einführung*, 7.

[60] Rückerl, *Staatsanwaltschaftliche Ermittlungen der NS-Verbrechen – Schwierigkeiten und Ergebnisse*, 78.

[61] Vgl. Rückerl, *Staatsanwaltschaftliche Ermittlungen der NS-Verbrechen – Schwierigkeiten und Ergebnisse*, 78f.

ungünstigsten Falle ein Strafverfahren scheitern lassen, dürfen aber nicht dazu führen, daß die Vergangenheitsbewältigung daran scheitert. Im Gegenteil, die Probleme einer vielfach modulierten Erinnerung können unter Umständen als Faktoren der Wirkungsgeschichte des historischen Geschehens verstanden und berücksichtigt werden. Und die Wirkungsgeschichte gehört zur auslösenden Situation dazu.[62]

Wenn das Gedächtnis in den *Strukturen* besteht, die durch intensive Erlebnisse angelegt werden, dann verweist die Erinnerung auf die Ereignisse, die für das Ausprägen der Strukturen ursächlich waren. Grauenvolle Geschehnisse prägen auf diese Weise das Kognizieren bzw. das Erleben. Diese Strukturen können immer wieder als Erinnerungen erlebt werden. So kann durchlittenes Grauen in der Gegenwart immer wieder aktualisiert werden. Auf diese Weise können Traumata entstehen. Dabei ist der aktuell erlebte Schrecken völlig real, auch wenn er in erkenntnistheoretischer Hinsicht ein aktuelles Interpretationskonstrukt darstellt. Er ist so real wie das ihm zugrunde liegende Ereignis, das – in seiner erkenntnistheoretischen Struktur – ebenfalls ein Interpretationskonstrukt ist, da es vom Individuum ja nur interpretatorisch erlebt werden kann. Interpretationskonstruktivismus ist also alles andere als eine Leugnung oder Verharmlosung von Realität. Aufgrund der Realität des Leids, die auf eine historische Realität des Erleidens verweist, kann man mit Utz Jeggle sogar vermuten, „es seien die leidenden Subjekte die eigentliche Stimme der Vergangenheit."[63]

Angesichts der Tatsache, daß Erlebnisse kognitive Strukturen anlegen, wird deutlich und begreiflich, warum die von Opferseite zuweilen betonte Unterscheidung, man könne zwar vergeben, aber nicht vergessen, aus erkenntnistheoretischer Sicht sehr einleuchtend ist. Vergessen würde ja bedeu-

---

[62] Das Kognizieren in der Situation des Opferseins kann Strukturen anlegen und Schemata beeinflussen, und diese Beeinflussung kann lebenslang virulent bleiben. Vgl. dazu Bettelheim, *Erziehung zum Überleben*, 28ff. 126ff. Bezüglich Folteropfer vgl. Graessner/Gurris/Pross, *Folter*; Brüser, *„Wahrnehmen des Unsagbaren"*. In extremen Fällen kann diese Belastung im weiteren Leben so übermächtig werden, daß der (Frei-) Tod als einziger Ausweg erscheint, wie bei der 22jährigen Jüdin und Auschwitz-Überlebenden Alina Graubard, die sich im Juni 1955 das Leben nahm; vgl. Graubard, *In den Fängen des Todes*. Eine „Opferpersönlichkeit" kann in späteren Jahren sogar die nachkommende Generation noch beeinflussen. William Niederland (vgl. Niederland, *Folgen der Verfolgung*; ders., *Psychiatrie der Verfolgten und seelischer Verfolgungsschäden*; sowie Bude, *Bilanz der Nachfolge*, 27ff.) hat festgestellt, daß die nach 1945 geborenen Kinder Verfolgter oftmals geradezu in das Schicksal ihrer Eltern verwickelt wurden. Nicht nur, daß sie lebenslang das Gefühl begleitet, eine Mission erfüllen und einer gefährlichen Welt wehren zu müssen, sondern auch die grausame Frage der Eltern, ob sie als Überlebende das Weiterleben überhaupt „verdient" hätten, lebt in ihnen fort. Niederland hat dieses „Überlebenden-Syndrom" beschrieben, das sich in der „Überlebensschuld" äußert: Warum habe ich überlebt, während die anderen sterben mußten? Diese unbeantwortbare Frage prägt das vielfach das Lebensgefühl der Überlebenden. Das führt zu der grausamen Ironie, „daß weniger die Täter und Vollstrecker des Völkermordes als vielmehr deren Opfer an einer Überlebensschuld zu leiden haben." (Bude, *Bilanz der Nachfolge*, 28.) Das Überlebenden-Syndrom wird ebenfalls beschrieben von Bettelheim, *Erziehung zum Überleben*, 34ff. Die Literatur zu dieser Thematik ist sehr zahlreich.

[63] Jeggle, *Auf der Suche nach der Erinnerung*, 96.

ten, die durch das Erleben des Unrechts geprägten kognitiven Strukturen zurückzubilden. Es ist zwar möglich, diese Strukturen – durch „Bearbeitung" im psychotherapeutischen Sinne – zu verändern (was ein Unternehmen der Vergangenheitsbewältigung auf Opferseite wäre); auch ist es möglich, daß kognitive Strukturen durch „Nichtgebrauch" zerfallen, daß man also etwas vergißt; jedoch ist dieses Vergessen von den Opfern weder erwartbar noch einfachhin herstellbar. Kurzum, man kann nicht willentlich vergessen, also durch Konzentration auf bestimmte kognitive Strukturen diese zum „Verschwinden" bringen.[64] Das wäre ein paradoxes Unterfangen. Abgesehen davon stellt sich die Frage, ob ein einfaches Vergessen überhaupt eine erstrebenswerte Weise der Vergangenheitsbewältigung sein kann.

Um Vergangenheitsbewältigung betreiben zu können, ist es wichtig, auf die historischen Ereignisse zurückzugreifen. Erinnerungen jedoch sind historiographisch unsicher. Welchen Stellenwert hat dann die Erinnerung? „Wenn [...] [sie] *kein* Sehen in der Vergangenheit ist, wie wissen wir dann überhaupt, daß sie mit Beziehung auf die Vergangenheit zu deuten ist?"[65] Wir wissen es auf keine andere Weise als durch einen intersubjektiven, kommunikativen Diskurs. Was zählt, ist demnach die Intersubjektivität von Erinnerungen und die Plausibilität der aus Erinnerungen konstruierten konsistenten Vorstellung über die Vergangenheit.[66]

1.4 Vergangenheit existiert als Geschichte

Historische Daten als Interpretationskonstrukte

Wenn die „Rekonstruktion" vergangener Konstellationen durch Erinnerungen eine ungenaue Sache ist, läßt sich dann nicht zur Sicherheit auf „Quellen" als Zeugnisse und Beweisstücke zurückgreifen? Geschriebene Texte beispielsweise sind doch eindeutig. Photographien, Dokumente, archäologische Funde: offensichtlich unbestechliche Fakten, aus denen sich vergangenes Geschehen unzweifelhaft rekonstruieren lassen muß. Es mag Lücken im Indizienmaterial geben, aber ansonsten sind solche Relikte doch unzweideutige Belege. Sie müßten die Orientierung auf eine bestimmte Interpretation eindeutig machen können.

Das ist eine Hoffnung, die von der zeitgenössischen Historiographie fast einhellig schon lange nicht mehr geteilt wird. Reinhart Koselleck hat zwar

---

64 „Wer vergessen *will*, erinnert sich umso schmerzlicher." (Watzlawick in einem kommentierenden Text in: ders. (Hg.), *Die erfundene Wirklichkeit*, 160).

65 Wittgenstein, *Philosophische Bemerkungen*, § 50.

66 Dies scheint „sogar in juristischen Verfahren nicht anders zu sein, wo in der Regel Zeugenaussagen und selbst das Geständnis eines Angeklagten zählen, die jedoch nichts anderes als verbalisierte Erinnerungen sind; Erinnerungen werden hier zur Sicherung eines Tatbestandes herangezogen, um eine Basis für die Urteilsfindung abzugeben. Dabei bemißt sich die Wahrheit oder Falschheit der Aussagen jedoch nicht etwa an ihrer Übereinstimmung mit der objektiven Vergangenheit, sondern zum Beispiel an der Glaubwürdigkeit der Zeugen, am Zusammenpassen der von verschiedenen Zeugen gemachten Aussagen usw.", so Rusch, *Erkenntnis, Wissenschaft, Geschichte*, 393.

einmal vom „Vetorecht“ der Quellen gesprochen, doch zugleich betont, daß Quellen zu solchen erst durch theoretische Vorentscheidungen werden[67], man könnte auch sagen: durch Interpretation werden sie zu solchen. Denn „die Überreste sind ‚da‘, gegenwärtig, aber, wie es das Wort sagt, der Historiker nimmt sie [d.h. *interpretiert* sie] als bloß übriggebliebene, nicht zur Gegenwart gehörende Fremdkörper, als heute funktionslos gewordene Reste einer vergangenen Zeit; sie sind ihm [d.h. er *interpretiert* sie als] Quellen der Erkenntnis über ihre Zeit. [...] Ein Text oder irgendein Gegenstand aus früherer Zeit ist also nicht an sich schon eine Quelle, sondern wird erst Quelle für den Historiker.“[68]

Die Anerkennung einer Quelle als Quelle folgt dem gleichen kognitiven Schema wie die Erarbeitung von bestimmten kognitiven Strukturen als Erinnerungen. Vorfindlich sind zunächst irgendwelche Daten, Gegenstände, Schriftstücke etc. *in der Gegenwart*. Zur Quelle, zum Relikt, zum Zeugnis werden sie, indem sich ihre Entstehung bzw. ihre Existenz ursächlich mit einem vergangenen Geschehen in Verbindung bringen läßt. Das historische Konstrukt entsteht durch die Verbindung von Relikten mit dem, was man von einem vergangenen Geschehen sagen zu können glaubt.

Der konstruktivistische Ansatz setzt sich zunehmend durch, wenn sich auch in der geschichtswissenschaftlichen Alltagspraxis immer wieder objektivistische Vergangenheits- und Geschichtsverständnisse bemerkbar machen.

Theorien sind narrativ abhängig

Wenn man Relikte in Abläufe einordnet, dann konstruiert man Zusammenhänge, dann differenziert man diachronisch, dann *erzählt* man. Interpretationskonstrukte über vergangene Geschehnisse zu bilden heißt, Geschichten zu erzählen. Erzählung ist nicht nur Darstellungsform von Geschichte, sie ist auch Konstruktionsform bzw. -verfahren. Vergangenes Geschehen kann nur so konstruiert werden, wie es sich konsistent erzählen läßt, denn die Erzählung ist (1) die einzig mögliche Methode von Bedeutungszuweisung, besonders wenn es um das Erfassen von Bedeutung zeitlicher Abläufe, also von Veränderungen geht[69], und sie ist (2) die einzige Methode, um die Plausibilität von Konstrukten über vergangenes Geschehen zu prüfen.[70] Erzählungen dienen also zunächst dazu, das historisch Geschehene zu beschreiben bzw. – genauer – *das* zu beschreiben oder zu umschreiben, was man als historisches Geschehen annimmt. Durch Erzählung wird ein kommunizierbares Konstrukt über vergangenes Geschehen erst erstellt. Erzählung kreiert erst das Geschichtsobjekt, insofern Zusammenhänge und Bedeutungen Interpretationen sind, die zu ihrer diachronen Differenzierung des narrativen Modus bedürfen. Man muß Geschichten erzählen, um die „Fakten“ zu erhe-

---

67 Koselleck, *Standortbindung und Zeitlichkeit*, 45.

68 Kohli-Kunz, *Erinnern und Vergessen*, 12.

69 Vgl. dazu Jörn Rüsen, *Historisches Lernen*, 31.

70 In diesem Zusammenhang gilt auch die Bemerkung von Danto, *Analytische Philosophie der Geschichte*, 230, daß Erzählung auch Erklärung sei.

ben, deren Zustandekommen man dann durch Theorien zu erklären versuchen kann. Aber schon die Deutung bzw. die „Rekonstruktion" der „Fakten" ist ein Interpretationsunternehmen, dessen Schlüssigkeit nur narrativ geklärt werden kann. Deswegen ist die Etablierung tragfähiger Geschichten eine fundamentale Maßnahme von Vergangenheitsbewältigung.

Was können Theorien für die Interpretation von Geschichte leisten?
Theorie, im weiten Sinne verstanden, ist die Beschreibung der impliziten oder expliziten Voraussetzungen und Deutehinsichten, die jedem Kognizieren und Konstruieren – und damit auch jeder historiographischen Beschäftigung – immer zugrunde liegen. Theorien im engeren Sinn sind bewußt ausgesuchte Deutehinsichten, die als Ergebnis von Regelmäßigkeitsbeobachtungen oder -vermutungen auf Einzelereignisse angewendet werden, um auf diese Weise Klassifizierungen zu schaffen, die Erklärungen und Prognosen erlauben.[71] Solche Theoriekonstruktionen sind freilich Interpretationskonstrukte. Sie lassen die zu untersuchenden Objekte voraussetzungsgemäß in einem bestimmten Licht erscheinen. Theorien können nur das zutage fördern, was ihre Voraussetzungen zulassen. „Hypothesen sind Netze: Nur der wird fangen, der auswirft", schreibt Novalis.[72] Theorien – so kann man den Gedanken von Novalis weiterführen – „ähneln netzartigen Hypothesengefügen, die gleichsam über die Welt geworfen werden, um die entsprechenden, in den mehr oder minder engen Maschen sich fangenden oder darstellbaren Phänomene zu ‚erfassen', zu beschreiben und somit auch der Vorhersage und technischen Manipulation zugänglich zu machen."[73] Die Konzeption einer Theorie beeinflußt ihre Resultate.[74] Theorien sind Interpretationskonstrukte.[75] Wie Erzählungen sind sie keine isomorphen Erfassungen der Realität, sondern schemageleitete Interpretationsversuche. Dabei ist das Ziel der Theorie, durch Verallgemeinerungen „Gesetze" aufstellen und Prognosen tätigen zu können. Daß dies im Rahmen der Geschichtswissenschaft nicht funktioniert[76], zeigt sehr deutlich den Primat der Erzählung.[77]

---

[71] Da sich die Geschichtswissenschaft der unterschiedlichsten Theorien bedient, liegt ihre Einheit nicht im einheitlichen Theorietypus, sondern in der zugrunde liegenden Erzählung. Vgl. dazu Baumgartner, *Erzählung und Theorie in der Geschichte*, 271f. 276.

[72] Zitiert nach Lenk, *Interpretationskonstrukte*, 168.

[73] Lenk, *Interpretationskonstrukte*, 171f. Von Albert Einstein stammt der Satz: „Die Theorie bestimmt, was wir beobachten können." Vgl. Watzlawick, *Wie Wirklich ist die Wirklichkeit*, 57. 70. 73.

[74] Bei Wittgenstein, *Philosophische Bemerkungen*, § 33, heißt es: „*Wie* man sucht, drückt irgendwie aus, was man erwartet." Ähnlich § 27. Vgl. auch Kroner, *Psychologie und Präsentismus*, 35.

[75] Lenk, *Interpretationskonstrukte*, 175: „Theorien [...] sind Interpretationskonstrukte [...] und [können] nur im Lichte interpretativer Grundlagen gedeutet werden [...]. Das Problem der Theoretizität ist ein Unterfall des Problems der Interpretativität."

[76] In diesem Sinn hat Reinhart Koselleck des Topos der „historia magistra vitae" verabschiedet; vgl. Koselleck, *Historia Magistra Vitae. Über die Auflösung des Topos im Horizont neuzeitlich bewegter Geschichte*. Vgl. dazu auch Lübbe, *Wieso es keine Theorie der Geschichte gibt*, 70ff. 77ff.

[77] Vgl. dazu Baumgartner, *Erzählung und Theorie in der Geschichte*, 273f.

Geschichten als Konstruktionsweisen von Geschichte
Erzählung konstituiert und konstruiert Geschichte.[78] „Narratio ist eine Strukturform der Konstitutionsebene Geschichte und nicht Oberflächenelement von Texten über Geschichte.“[79] Nur durch die Prüfung von Geschichten läßt sich ein tragfähiges Geschichtsbild herstellen. Für Vergangenheitsbewältigung und das darin eingeschlossene Orientierungs- und Parallelisierungsunternehmen ist dies eine zentrale Einsicht. Das Interpretationskonstrukt Geschichte muß sich an Kohärenz- und Konsistenzkriterien bewähren. Orientierung ist eine Orientierung durch Geschichten auf Geschichten. Parallelisierung ist eine Parallelisierung von Geschichten und somit von Interpretationskonstrukten. Erzählung ist das zentrale Konstitutions- und Prüfelement von Geschichte.

Geschichten als Perspektiven
Arthur C. Danto hat aus sprachanalytischer Sicht das Konzept der narrativen Geschichtstheorie entwickelt. Eine Erzählung, führt Danto aus, sei etwas grundsätzlich anderes als eine „Reproduktion“ von Ereignissen.[80] So beurteilt der Historiker im Rückblick vergangenes Geschehen z.B. mit dem Wissen um seine Wirkungsgeschichte.[81] Das ist dem Zeitgenossen nicht möglich.[82]

Geschichte wird also aus einer bestimmten Perspektive und aus einem bestimmten Horizont heraus erzählt und folgt einem leitenden Erkenntnisinteresse. Eine Gesellschaft und ihre Entwicklung kann z.B. unter dem Aspekt ihrer demokratischen Organisation, ihrer wirtschaftlichen Prosperität, ihrer imperialistischen Außenpolitik, ihrer wissenschaftlichen Leistungsfähigkeit, der Gesundheitsfürsorge für ihre Mitglieder und unter vielen anderen Aspekten beschrieben werden, und innerhalb dieses leitenden Erzählgedankens ist es eine konstruktive Leistung, bestimmte Daten zu einer Erzählung zu verbinden und andere nicht. Aber nicht nur das. Vielmehr können sogar die gleichen Daten bzw. die gleichen Interpretationen in verschiedener Weise zu unterschiedlichen Geschichten verbunden werden.[83]

Geschichten strukturieren und schaffen Zusammenhänge
Einer Geschichte liegt ein Konzept zugrunde, von dem her die Ereignisse miteinander in Verbindung gebracht und dementsprechend auch ausgewählt

---

[78] „Das narrative Schema liegt weder auf der Ebene des Geschehens noch des dispositionalen Diskurses des Textes der Geschichte, sondern ist Konstitutionsmerkmal von Geschichte selbst“, so Baumgartner, *Erzählung und Theorie in der Geschichte*, 267f.

[79] Baumgartner, *Erzählung und Theorie in der Geschichte*, 268.

[80] Vgl. Danto, *Analytische Philosophie der Geschichte*, 183.

[81] Dies betont auch die strukturalistische Schule der „Annales“. Man denke etwa an Marc Blochs regressive Methode. Vgl. dazu Le Goff, *Geschichte und Gedächtnis*, 23. 47 und öfter.

[82] Vgl. dazu Baumgartner, *Erzählung und Theorie in der Geschichte*, 264ff.

[83] Geschichte kreiert, wie man mit Fritz Wallner sagen könnte, eine „Mikrowelt“; vgl. dazu Brunner, *Fiktion der Wirklichkeit*, 41; Billmann-Mahecha/Wallner/Parfy, *Doppelte Realitätskonstruktion in den Sozial- und Humanwissenschaften*, 57ff.

werden.[84] Damit ist die Historie „eine Art Organisation der Vergangenheit“[85], die durch die Konstruktion einer Geschichte vorgenommen wird. Das kann nicht anders sein, weil Erzählung nicht nur ein Darstellungsmittel von Geschichtsschreibung und Geschichtsforschung ist, sondern ihr inneres Prinzip.[86] Narrativ drückt sich diese Organisation darin aus, daß „historiographische Texte [...] mindestens einen narrativen Satz [enthalten], in dem mindestens zwei zeitdifferente Ereignisse [d.h. Anfang und Ende der Geschichte] so aufeinander bezogen sind, daß sie ein explizierbares Ganzes, ein *temporal whole* bilden, in das mindestens ein weiteres Ereignis als zwischen Anfang und Ende vermittelndes Erzählelement einbezogen ist.“[87] Jedes Ereignis, das in der Geschichte vorkommt, empfängt seine eigentliche Bedeutung von der Konzeption, die der Erzählung zugrunde liegt.[88]

Woher kommt die übergreifende Konzeption der Geschichte? Danto ist davon überzeugt, daß sie durch „die jeweiligen topischen Interessen dieses oder jenes Individuums“[89] bestimmt sind. „Die Geschichten, die die Historiker erzählen, müssen nicht bloß relativ zu ihrer zeitlichen Lage sein, sondern zugleich auch zu den nicht-historischen Interessen, die die Menschen, als Menschen, haben. Es gibt demnach [...] in der historischen Beschreibung einen unausrottbaren Faktor der Konvention und der Willkür“[90] oder – so müßte man ergänzen – der interpretatorischen Konstruktion. Konstrukte werden in einer Erzählung miteinander verbunden und aufeinander verwiesen, Abhängigkeiten und Folgen werden geschildert. *Welche* Konstrukte ausgewählt werden und unter Anwendung welcher Schemata sie verbunden werden, ist nicht unbedingt, wie Danto es formuliert, „Willkür“, aber es ist eine schemageleitete Entscheidung, deren leitendes Interesse vielleicht nur durch eine Tiefeninterpretation deutlich gemacht werden kann.

Diesen Gedanken führt Hans Michael Baumgartner weiter aus. „Geschichte“, so schreibt er, ist „überhaupt nicht als Prozeß zu begreifen, sondern ausschließlich als Bewußtseinsphänomen menschlicher Bewältigung des Vergangenen im Hinblick auf mögliche Sinngebung für heute und morgen.“[91] Zwei Aussagen stecken in diesem Zitat: (1) Der Prozeß der Geschichte, ihre Kontinuität, ist nichts in den Dingen und Ereignissen vorfindliches, sondern ein Modus, mit Veränderungen umzugehen. (2) Dieses Umgehen ist ein Akt in der Gegenwart, unter den Bedingungen der Gegenwart und aus Interessen heraus, die gegenwärtig herrschen. Auf beide Aspekte ist näher einzugehen,

---

[84] Vgl. Danto, *Analytische Philosophie der Geschichte*, 215.
[85] Danto, *Analytische Philosophie der Geschichte*, 183.
[86] Vgl. Baumgartner, *Erzählung und Theorie in der Geschichte*, 268f.
[87] Baumgartner, *Erzählung und Theorie in der Geschichte*, 267.
[88] So schreibt Stierle, *Erfahrung und narrative Form*, 93: „Mit der Bildung der narrativen Achse kann jedes auf dieser Achse situierte Ereignismoment in seiner Bedeutung vereindeutigt werden. [...] So ist die Geschichte selbst interpretierbar als ein Prinzip, das allen in sie integrierten Geschehensmomenten seine Bedeutung zuweist.“
[89] Danto, *Analytische Philosophie der Geschichte*, 231.
[90] Danto, *Analytische Philosophie der Geschichte*, 33f.
[91] Baumgartner, *Kontinuität und Geschichte*, 253.

weil sie die Bedingungen von Vergangenheitsbewältigung umschreiben. Wenn nämlich Geschichte ein Konstrukt ist und kein Mensch die Möglichkeit hat, für sich alleine die Angemessenheit dieses Konstruktes zu prüfen, dann kann es konkurrierende Konstrukte geben, und die Aufgabe von Vergangenheitsbewältigung besteht zunächst darin, durch einen geordneten Prüfprozeß die geeigneten Interpretationskonstrukte von den ungeeigneten zu scheiden; d.h akzeptable Geschichtsdeutungen müssen von unakzeptablen getrennt werden. Weil dies nicht anders als kommunikativ geht, stellt dieser Prüfprozeß den Beginn eines Unternehmens der Orientierung und Parallelisierung von Geschichtsdeutung dar. Wenn, des weiteren, Geschichtsdeutung immer unter den Konditionen der Gegenwart vorgenommen wird, dann bedeutet dies prinzipiell eine gewisse „Kontamination" der Geschichtsschreibung durch aktuelle Einflüsse. Geschichtsdeutung ist also niemals erschöpfend und sie ist niemals abgeschlossen. Das Prüfunternehmen zur Feststellung der Qualität von Geschichtsdeutungen hat dies zu berücksichtigen.

Geschichte als Interpretetionskonstrukt

Die Geschichte ist also keine Rekonstruktion und kein Abbild vergangenen Geschehens, sondern das Begreifen (d.h. das Interpretieren) eines vergangenen Daseins in seinen Zusammenhängen und damit das Begreifen dieses vergangenen Daseins als ein bestimmtes So-Sein. Nur als So-Sein ist ein Dasein verstehbar. Nur interpretativ ist vergangenes Geschehen verstehbar. Interpretation ist aber immer Auswahl, ist Perspektive.[92]

Geschichte entsteht durch Interpretation von Daten und Geschehnissen; genauer: Geschichte entsteht erst durch die Interpretation, Kombination und Bedeutungszuweisung von Konstrukten, die man auf vergangenes Geschehen bezieht. Geschichte gibt es nur post eventum. Geschichte ist also ein Interpretationskonstrukt. Das Identifizieren von kognitiven Konstrukten als Erinnerungen und von vorfindlichen Daten als Relikten, das Beilegen von Bedeutungen und somit das Konstruieren von Zusammenhängen und das Komponieren einer Geschichte ist ein theoriebeladenes bzw. ein schemageleitetes Interpretationsunternehmen, zu dem es auch gehört, manche Daten als bedeutsam, andere als unwichtig zu erachten und sich überhaupt dafür zu entscheiden, Geschichte „machen"[93] zu wollen.

---

[92] Geschichte ist nicht die Rekonstruktion eines Einzelereignisses, auch nicht die bloße Aneinanderfügung von Einzelereignissen, sondern die interpretatorische Deutung von Ereignisgeflechten in ihren Kausalitäten, Abhängigkeiten, Wirkungen etc. Insofern besitzt die Geschichtswissenschaft, wie Lévi-Strauss meint, „kein genaues Objekt", denn Geschichte sei eine notwendige Abstraktion, weil uns eine totale Geschichte mit dem Chaos konfrontierte (Lévi-Strauss, *Das wilde Denken*, 302. 296). Ähnlich äußerten sich auch Max Weber *(Gesammelte Aufsätze zur Wissenschaftslehre*, zitiert bei Le Goff, *Geschichte und Gedächtnis*, 151) und Wolfgang J. Mommsen *(Der perspektivische Charakter historischer Aussagen und das Problem von Parteilichkeit und Objektivität historischer Erkenntnis*, 449).

[93] Im Sinne von Le Goffs „Faire de l'histoire": „Geschichte machen", aber auch „sich mit Geschichte befassen", „Geschichte erforschen", „Geschichte formulieren", „Geschichte aufbauen". Vgl. die Fußnote des Übersetzers in Le Goff, *Geschichte und Gedächtnis*, 9. Vgl. auch Fleischer, *Was kann „Theoriegebrauch" sonst noch heißen?*, 222.

Es gibt also nicht nur eine Fülle von Einzeldaten, die interpretierend in ihrem So-Sein wahrgenommen werden müssen, sondern diese Daten (und bereits die Interpretation ihres So-Seins) werden unter einer erkenntnisleitenden Theorie bzw. auf dem Hintergrund von Interpretationsschemata zu einer Ereignissequenz zusammengefügt. So und nur so entstehen geschichtliche Bedeutungen. So und nur so entsteht Geschichte. Geschichte entsteht also auf dem Hintergrund von Schemata, sie ist nicht einfachhin und unabänderlich „objektiv" gegeben. Historiographie ist also ein konstruierendes, schemageleitetes Unternehmen der Bedeutungszuweisung aus der Situation und unter den Umständen der Gegenwart. Weil der Mensch zur Metainterpretation fähig ist, ist er auch in der Lage, die Konsistenz und die moralische Tragfähigkeit seiner Schemata zu überprüfen. Darum trägt jeder die Verantwortung für die Interpretations-, Auswahl- und Kombinationskriterien, mit denen er Geschichte konstruiert. Aus sich „sagen" die „Quellen" gar nichts. Sie sagen etwas, wenn sie konsistent unter einem leitenden Schema zu einer Geschichte verbunden werden können und innerhalb dieser Geschichte eine Erklärungsfunktion erfüllen bzw. eine Bedeutung haben.

Geschichte als Perspektive und Funktion der Gegenwart

Die Perspektivität bzw. Subjektivität historischer Erkenntnis impliziert zugleich die Gegenwartsgebundenheit von Geschichte.[94] Denn Geschichte ist ja ein Konstrukt und Konstrukte gibt es nur in der Gegenwart und unter den Bedingungen der Gegenwart. Perspektivität und Gegenwartsgebundenheit sind zwei Seiten einer Münze. Der Zugriff auf Vergangenheit ist ein aktuelles Konstruieren unter den Rahmenbedingungen der aktuellen Schemalage. Darum ist es eine Illusion zu glauben, man könne vergangenes Geschehen aus dem Verständnis der damaligen Zeit heraus begreifen.[95] Alles, was man begreift, begreift man in der Gegenwart und unter den Konstitutionsbedingungen der Gegenwart. In diesem Sinne kann Herbert Lüthy die „Geschichte als Funktion unserer Gegenwart"[96] bezeichnen.

Die Arbeit des Historikers „ist auf die Gegenwart bezogen und wird durch neue, andere Interpretationen überholt werden. Auch die historische Frage ist letztlich eine Frage aus der Gegenwart an die Vergangenheit, ist von den gegenwärtig relevanten Interessen und Problemen bewegt."[97] Helmut

[94] Dieser Aspekt wird sehr deutlich von Walter Benjamin profiliert; vgl. Moses, *Eingedenken und Jetztzeit*, 385ff.

[95] Damit wird das Unterfangen des Historismus als nicht durchführbar erwiesen, wenn damit gemeint ist, eine Vergangenheit aus deren eigenem Horizont heraus zu interpretieren. Dennoch ist die Historisierung vergangener Geschehnisse nicht sinnlos, wenn damit der Versuch gemeint ist, „historische Ereignisse in geschichtliche Zusammenhänge einzufügen" (Steinbach, *Der Historikerstreit*, 106.) Jedoch ist die Historisierung ein Interpretationskonstrukt aus der Gegenwart und nicht die Überwindung der Perspektivität. Zur Vielfalt der Verwendung des Wortes und zum unterschiedlichen Verständnis der Sache „Historismus" vgl. Scholtz (Hg.), *Historismus am Ende des 20. Jahrhunderts*.

[96] So betitelt er einen Aufsatz. Auch Le Goff, *Geschichte und Gedächtnis*, 148, schreibt, sich auf Collingwood stützend: „Die Vergangenheit ist ein Aspekt oder eine Funktion der Gegenwart." Dies ist auch ein Ergebnis der Studie von Galliker, *Sprechen und Erinnern*.

[97] Kohli-Kunz, *Erinnern und Vergessen*, 18.

Reinalter formuliert diese Abhängigkeit recht deutlich: „Die Geschichtsschreibung ist von praktischen Interessen abhängig, die aus ihrem gesellschaftlichen Kontext resultieren." Die Perspektiven, unter deren leitendem Interesse Geschichte geschrieben wird, sind potentiell unendlich vielfältig. Deshalb gibt es – im Rahmen der später noch zu nennenden Prüfkriterien für Geschichten – keine Gründe, „die für oder gegen einen bestimmten Typ der Historiographie sprechen würden, z.B. gegen eine Geschichte der gekrönten Häupter, gegen eine Geschichte literarischer Motive, stilistischer Prinzipien oder dergleichen."[98] Welche Perspektive als lohnend oder als sinnvoll erachtet wird, hängt nicht zuletzt von (gesellschaftlichen) Interessen ab.[99] Darum ist es wichtig, diese Interessen zu prüfen, die die Basis bilden, von der aus Fragen an die Geschichte gestellt werden. Sie erheben – wegen ihrer unvermeidlichen Sprachgebundenheit – die Geltungsansprüche, die sie dem Moralprinzip verpflichten.

Was das aus erkenntnistheoretischer Perspektive bedeutet, hat bereits Giambattista Vico bemerkt, als er erklärte, der Mensch könne nur erkennen, was er selbst geschaffen hat.[100] Das meint, nur *die* Geschichten erscheinen als akzeptabel, die verständlich sind, die vom *aktuellen* Schemabestand her sinnvoll gedeutet werden können. Ändert sich der Schemabestand, so fällt in dem Maße auch die Plausibilität der Erzählungen dahin. Historisches Geschehen dem Wirken von numinosen Mächten zuzuschreiben, ist deshalb nur so lange einleuchtend, wie derartige Mächte für existierend und wirkmächtig gehalten werden.[101]

Auch Interessenänderungen können auf diese Weise Geschichten inakzeptabel werden lassen. Brechts Gedicht „Fragen eines lesenden Arbeiters" stellt die Herrschergeschichten einer traditionellen Historiographie in Frage. Daß Alexander Indien und Caesar Gallien erobert hat, wird in dieser ausschließlich herrscherzentrierten Formulierung als falsch empfunden.[102] In ähnlicher Weise läßt sich eine männlich zentrierte und dominierte Geschichtsschreibung kritisieren. So wirft z.B. die feministische Theologie der (christlichen) Tradition vor, die Anteile und die Leistungen von Frauen im Leben (der Kirche) mißachtet oder gar unterdrückt zu haben. Das berechtigte Interesse der Frauen verlange eine Revision des tradierten Geschichtsbildes.[103] Dies ist durchaus eine Forderung nach Vergangenheitsbewältigung, denn es geht um die Aufkündigung einer über lange Zeiten hinweg praktizierten Parallelität der Schemata bei der Interpretation von (Kirchen-) Geschichte. Versucht

---

98 Rusch, *Theorie der Geschichte, Historiographie und Diachronologie*, 25.

99 Vgl. dazu Rusch, *Theorie der Geschichte, Historiographie und Diachronologie*, 26.

100 Vgl. Lüthy, *Geschichte als Funktion unserer Gegenwart*, 100f.

101 Vgl. dazu Brunner, *Fiktion der Wirklichkeit*, 39f.

102 Diese Ansicht hat im Bundesland Hessen Verfassungsrang. Artikel 56 verlangt mit objektivistischem Anspruch: „Der Geschichtsunterricht muß auf getreue, unverfälschte Darstellung der Vergangenheit gerichtet sein", und legt dann fest, daß „die großen Wohltäter der Menschheit, die Entwicklung von Staat, Wirtschaft, Zivilisation und Kultur, nicht aber Feldherrn, Kriege und Schlachten" in den Vordergrund zu stellen seien.

103 Vgl. z.B. Heine, *Wiederbelebung der Göttinnen?*, 90ff.

wird eine Umorientierung. Aus einer aktuellen emanzipatorischen Interessenlage heraus werden ganze Zusammenhänge und bisher gültige Deutungen angefragt. Geschichten werden neu und anders erzählt.

Beispiele für die Perspektivität und Gegenwartsabhängigkeit von Geschichtsinterpretationen

Die Gegenwartsgebundenheit von Geschichtsinterpretationen läßt sich durch zwei Beispiele aus unserer jüngeren deutschen Geschichte illustrieren. Bei der Bundestagsdebatte um die sogenannten Ostverträge mit Polen und der Sowjetunion gab es einen Streit um das Verständnis der Deutschen als Nation.[104] Der Redebeitrag Richard von Weizsäckers schien die Reichsgründung von 1871 als konstitutiv für unser heutiges Verständnis von einer deutschen Nation anzusehen. Staatlichkeit und Nationalstaatlichkeit verstand er als untrennbar miteinander verbunden. Horst Ehmke, Erhard Eppler und Carlo Schmid dagegen trennten diese Aspekte. Horst Ehmke verwies auf die Ausgrenzung ganzer Bevölkerungsgruppen (Katholiken und Sozialdemokraten), um deutlich zu machen, daß der Bismarck-Staat die Nation nicht schuf und nicht formte. Diese Bundestagsdebatte war eine historische Auseinandersetzung auf damals aktuellem Hintergrund. Zweierlei Beeinflussungsrichtungen sind bemerkbar. (1) Mit dem Argument der Deckungsgleichheit von Staat und Nation, das genetisch an der ersten Reichsgründung festgemacht wurde, wollte der Redner der Opposition seine Einwände gegen die Ostverträge begründen, nämlich dagegen, früheres Reichsgebiet „abzutreten". Das sei eine Verletzung der deutschen Nation, so könnte man den Argumentationsstrang in Worte fassen. Die Geschichte wurde zum Argument in der politischen Gegenwart. (2) Weil die Geschichte als politisches Argument verwendet wurde, mußten die Redner der Regierungskoalition – wollten sie dem Vorwurf der Opposition, die Ostverträge verletzten die deutsche Nation, entgehen – diese Deckungsgleichheit durch historische Argumente bestreiten. Damit wurde die Gegenwart zum Motiv für eine bestimmte Sicht der Vergangenheit.

Das zweite Beispiel bezieht sich auf den sogenannten Historikerstreit der Jahre 1986/1987. Am 11. Juli 1986 wurde durch einen Artikel von Jürgen Habermas in der Wochenzeitung „Die Zeit" eine Debatte eröffnet[105], die hauptsächlich in Form von Artikeln und Leserbriefen in Zeitungen ausgetragen[106] und die als „Historikerstreit" bekannt wurde. In dieser Auseinandersetzung, bei der keine einzige Quelle neu erschlossen[107], keine einzige Tatsa-

[104] Dargestellt in Faber, *Geschichte in unserer Gegenwart*, 28ff.

[105] Habermas' Artikel wird in der Regel als Beginn der Kontroverse genannt. Doch Habermas reagierte auf „verschiedene, seit Jahren bewußt in eine breite Öffentlichkeit getragene Vorstöße eines neokonservativen Revisionismus, der sich aus sehr verschiedenen Strömungen zusammensetzt. Diese Vorstöße besitzen unstreitig den Primat der Attacke." (Wehler, *Entsorgung der deutschen Vergangenheit?*, 12).

[106] Vornehmlich waren es die *„Frankfurter Allgemeine Zeitung"* und *„Die Zeit"*, in denen die Beträge erschienen. In geringerem Ausmaß waren es andere Tages- oder Wochenzeitungen. Fachperiodika wurden kaum als Medium genutzt.

[107] Vgl. die Ausführungen bei Wielenga, *Schatten deutscher Geschichte*, 67f.

che neu erforscht wurde, ging es ausschließlich um die Deutung und Bewertung an sich bekannten Materials; näherhin um den Versuch, die Entrechtung, Verfolgung und Ermordung der europäischen Juden neu zu bestimmen. „Der Streit", so erklärt Peter Steinbach den zeitgeschichtlichen Zusammenhang, „brach Mitte der achtziger Jahre und damit zu einem Zeitpunkt aus, in dem in der Bundesrepublik die Auseinandersetzungen um die Geschichte vielfältiger und zunehmend zu einem Politikum geworden waren."[108] Der Grund dafür lag in dem Versuch, Deutschland – und damit die deutsche Geschichte – von der Last des Nationalsozialismus zu „emanzipieren".

Emanzipierung verlangt eigentlich, zu sich selbst, zur eigenen Identität, also auch zur eigenen Geschichte zu stehen. Doch der (vordergründig) einfachere Weg scheint zu sein, Geschichte neu zu erzählen, positive Aspekte stärker zu betonen, negative neu zu deuten. Wenn die gegenwärtige Identität historische Verfehlungen nicht durch „Trauerarbeit" integriert, tritt an deren Stelle „Stolzarbeit".[109] Herrscht diese vor, dann muß aus dem Interesse der Gegenwart heraus Geschichte so gedeutet werden, daß sie zu der auf selektiven Wahrnehmungen und Fundierungen gebauten Identität paßt. Diese Tendenz schien in den achtziger Jahren zuzunehmen.

Über eine Art der Historisierung der NS-Zeit, die die Entstehung dieses Systems und seine Aktivitäten quasi-kausal aus zeitbedingten Konstellationen erklärte, ohne die Verantwortung für diese quasi-kausalen Reaktionen angemessen zu betonen, wurde dieser Abschnitt der deutschen Geschichte in seinen verbrecherischen Ausmaßen relativiert. Die Ursachen der Verbrechen wurden quasi zu Widerfahrnissen uminterpretiert. Der Nationalsozialismus wurde zu einer etwas brutalen Reaktion auf sowjetische Vernichtungsdrohungen reduziert. Das ließ den Naziterror verständlicher erscheinen und im Geschichtsbild „erträglicher" werden.

Bei der Neubewertung der NS-Zeit ging es „also nicht um die Sache der Vergangenheit allein, sondern [...] um die Beeinflussung des Gefühls für den historischen Ort der Deutschen, um die Überwindung einer angeblichen ‚Selbstzerknirschung'. [...] Es ging um die Deutung der Zeitgeschichte aus politischer Absicht. [...] Nun wurde die Verbindung zwischen den Deutern der Geschichte und der Politik, der gedeuteten Vergangenheit und angeblich historisch geprägten politischen Optionen deutlich."[110] Friso Wielenga, Politologe in Utrecht und Groningen, schreibt: „Kern der Debatte [war die Frage]: Welche Bedeutung hatte vierzig Jahre nach 1945 die NS-Vergangenheit für die Identität der Bundesrepublik und welche Bedeutung *sollte* sie haben?"[111] Charles Maier, Historiker in Harvard, stellt fest: „Die Kontroverse erschien mir als ein Kampf um die Kontrolle der politischen und kulturellen Diskurse in der Bundesrepublik. [...] Hier wurde [...] eine Auseinanderset-

[108] Steinbach, *Der Historikerstreit*, 102.
[109] Vgl. Steinbach, *Der Historikerstreit*, 104.
[110] Steinbach, *Der Historikerstreit*, 111.
[111] Wielenga, *Schatten deutscher Geschichte*, 67f.

zung über die Orientierung und die Grundwerte der Bundesrepublik geführt. [...] [Es war] ein Konflikt über die kollektive Identität der Westdeutschen als Nation [...][112]." Es ging um die aktuelle Bestimmung der deutschen Identität „im Schatten Hitlers"[113]. Und diese aktuelle Interessenlage war das Erkenntnisschema für diejenigen, die im Historikerstreit für eine bestimmte Form der Historisierung und für eine ganz bestimmte relativierende bzw. verharmlosende Deutung des Nationalsozialismus und seiner Verbrechen plädierten.

Hier wird deutlich, wie sehr Vergangenheitsbewältigung mit der Orientierung und Parallelisierung von Geschichtsinterpretationen beginnen und strategische Tendenzen zur Instrumentalisierung von Geschichte aufdecken muß. Wenn die Interpretation von Geschichte eine Aktivität, ja, eine Funktion der Gegenwart ist, dann verlangt die Prüfung von Geschichtsinterpretationen nicht weniger als die Prüfung des eigenen Schemabestandes, und eine Veränderung von Geschichtsinterpretationen verlangt, daß die Gegenwart verändert wird, des näheren: der Schemahorizont bzw. der Schemabestand, der das Interpretieren und somit auch das Selbstinterpretieren, das Selbstverständnis des Individuums, ausmacht. Es ist nicht weniger verlangt als eine Identitätsänderung oder eine Identitätsentwicklung. Das ist allerdings ein schwieriges Unterfangen. Denn „Menschen haben ein so großes Interesse daran, die innere Konsistenz ihrer konzeptuellen Systeme zu bewahren, daß sie mit Abwehrreaktionen antworten, wenn Erfahrungsdaten nicht in ihre Selbsttheorie integrierbar sind."[114]

Historie, so läßt sich resümieren, geschieht nicht, Historie wird gemacht; und zwar durch interpretatives Erzählen. Das, was tatsächlich geschehen ist bzw. was als Geschehenes wahrgenommen, und das heißt: gedeutet wird, wird mit Bedeutungen belegt und zueinander in Beziehung gesetzt. Historie baut auf historischen Fakten auf. Diese sind tatsächlich geschehen – jedoch in der Vergangenheit; und darum gegenwärtig nur als Historie zugänglich.

Führen Perspektivität und Interpretativität zur Beliebigkeit von Geschichtserzählungen?

Wird Geschichte damit beliebig? Keineswegs. Denn die Geschichten müssen sich dem Test der Kontrainterpretierbarkeit und den übrigen Prüfmechanismen aussetzen, die über die Seriosität der Geschichten entscheiden. Jedoch gilt, daß unter den geschilderten konstruktivistischen Bedingungen die Forderung nach Objektivität gegenstandslos ist, wenn Objektivität so etwas wie das von Erkenntnisbedingungen unbeeinflußte isomorphe Nachzeichnen der externen Realität meint. Geschichten können angemessen sein oder unangemessen, sie können in sich und mit den verfügbaren Quellen kohärent sein oder unstimmig, sie können parteilich sein in dem Sinne, daß sie nur dann plausibel erscheinen, wenn Kontrainterpretationen unterdrückt werden, oder

---

112 Maier, *Die Gegenwart der Vergangenheit*, 7f.

113 Eine Untersuchung zum Historikerstreit trägt diesen Titel: Evans, *Im Schatten Hitlers?*

114 Schmidt, *Gedächtnisforschungen*, 45.

sie können unparteilich sein. In diesem Sinne können Geschichten auch wahrhaftig sein oder verlogen, aufrichtig oder unseriös, moralisch unbedenklich oder verdorben. Und weil sie mit einem bestimmten Anspruch auftreten, sich auf die Realität zu beziehen, können sie durchaus – im Rahmen dessen, was konstruktivistisch möglich ist – wahr oder falsch sein. Nur, objektiv sind sie nie und fraglos plausibel auch nicht, denn den Anspruch, die Dinge so zu berichten, wie sie gewesen sind, können sie aus den genannten Gründen niemals erheben.

Allerdings gibt es bei der Rekonstruktion (d.h. bei der Interpretation) vergangener Geschehnisse unterschiedliche „Grade“ an Interpretativität. Das ist ein für Vergangenheitsbewältigung wichtiger Umstand. So stellt Geschichte eine interpretatorische Konstruktion von Zusammenhängen dar. Deshalb ist sie ein *mehrfaches* Interpretationskonstrukt. Besonders perspektivabhängig ist die narrative Verknüpfung von Einzeldaten und Fakten zu Begründungszusammenhängen und Folgenschilderungen. Die Einzeldaten und Fakten ihrerseits – wiewohl auch sie nur interpretativ wahrgenommen werden können – sind eher überprüfbar. So läßt sich – vereinfacht – sagen: Die Frage nach den Ursachen für die Entstehung des „Dritten Reiches“ bezieht sich auf keinen beobachtbaren Umstand, sondern auf die *Beziehung* von Einzeldaten. Die Frage nach der Existenz der nationalsozialistischen Vernichtungslager dagegen bezieht sich zunächst auf gegenständliche Daten und ist deshalb erheblich weniger durch Perspektivität und Interpretativität beeinflußbar als die Frage nach geschichtlichen Zusammenhängen. Ob der Zweite Weltkrieg ein Präventivkrieg war, der von bolschewistischer Bedrohung ausgelöst wurde, ist (wobei diese These als unzutreffend gelten muß) eher eine klärungsbedürftige Frage der Historiographie, als die nach dem Faktum der Massenvernichtung von Menschen. Je nach dem worauf sich historiographische Fragen beziehen und was bewältigt werden soll, ist mit stärkerer Interpretativität und Perspektivität der Darstellung zu rechnen oder mit einer geringeren.

Als Zwischenbilanz läßt sich festhalten: Geschichte ist ein Interpretationskonstrukt und das gleich in mehrfacher Hinsicht. Es beginnt, um nur einige der in den vorangegangenen Ausführungen angesprochenen Aspekte zu nennen, mit der zeitlichen Deutung ihres Verlaufscharakters, setzt sich fort in der von wechselseitiger Abhängigkeit bestimmten Isolierung von Einzeldaten und ihrer Kombination zu Verläufen, zu Geschichten.[115] Bestimmt wird diese Komposition von vorgängigen Schemata, die sozusagen das Thema vorgeben, unter dem die Geschichte entsteht und das leitend ist für die Auswahl und die Charakterisierung der einzelnen Faktoren wie der ganzen Geschichte. Nicht alles, was geschieht, spielt in der Geschichte eine Rolle, und was vorkommt, ist von (interessegeleiteten) Akzenten imprägniert. (Zum

---

[115] Die wechselseitige Abhängigkeit besteht darin, daß die Geschichte wiederum den Horizont bildet, in dessen Plazierung etwas zu einem identifizierbaren Einzeldatum wird. Zur Diskussion dieser wechselseitigen Abhängigkeit in der Historik vgl. die Aufsätze in Acham/Schulze (Hg.), *Teil und Ganzes*.

Beispiel: War der 8. Mai 1945 ein Tag der Niederlage oder ein Tag der Befreiung?)[116] Zu diesen Akzenten, die auf schematische Interpretationen zurückgehen, gehört auch das, was im Rahmen der Handlungstheorie als Kontexteinordnung beschrieben wurde und was ein Einzeldatum in seinem So-Sein charakterisiert. (Zum Beispiel: *Was* hat jemand getan: Eisenbahnwaggons rangiert, geholfen, Menschen in Lager zu verbringen, das eigene Leben – damit – gerettet und der Familie den Ernährer, Deutschland „judenrein“ gemacht, etc.?) Auch die Zuschreibung eines Geschehens ist davon betroffen. (Zum Beispiel: *Wer* hat die Menschen in das Lager verbracht: der Rangiermeister der Eisenbahn, der Lokomotivführer, der Kommandeur vor Ort, die politischen Entscheidungsträger, etc.?)[117] Das sind Fragen, die eine intersubjektiv zustimmungsfähige Zuschreibung von (gedeuteten) Vorgängen an konkrete Urheber erschweren und die Kontrainterpretierbarkeiten von Geschichten eröffnen. Geschichte konstituiert sich, indem sie erzählt wird. Das Erzählen setzt ein leitendes und ordnendes Interesse voraus, das die „Fakten“ zu einer „Geschichte“ interpretiert.

1.5 Geschichte existiert in Erzählungen. Funktionsmechanismen und Probleme am Beispiel der historiographischen Elaboration des Holocaust

Kann man mit einer solchen Theorie Vergangenheitsbewältigung betreiben oder spottet sie nicht eher der Opfer, wenn sie deren Leidensgeschichte als interpretative Wahrnehmung versteht, die in der Gegenwart nur als Erzählung greifbar ist? Sie spottet der Opfer durchaus nicht. Die Realität der Leiden wird nicht bestritten. Daß es sich bei den Leiden um eine interpretative Wahrnehmung handelt, bedeutet, daß das Opfer sein Leiden auf seine eigene, reale Weise erlebte. Jedes Erleben ist relativ zum Erlebenden. Eine Verharmlosung ist damit nicht verbunden. Weil die Leidensgeschichte selbst vorbei ist, muß man von ihr erzählen, um sie kommunikabel zu machen und präsentisch vorfindliche Relikte mit ihr in Verbindung bringen zu können.

Nur narrativ läßt sich auf Vergangenheit zugreifen. Auch damit ist eine Verharmlosung nicht verbunden. Als „Gewährsmann“ für diese Auffassung sei auf James E. Young verwiesen und auf seine Untersuchung „Beschreiben des Holocaust“.[118] Young dürfte über jeden Verdacht erhaben sein, mit seinem in den USA zum Standardwerk gewordenen und mit dem Preis „Choice Outstanding Academic Book of 1989“ ausgezeichneten Buch die natio-

---

[116] Vgl. beispielsweise die Reaktion von Lorenz Niegel, *Der 8. Mai 1945 – kein Tag der Befreiung für ganz Deutschland*, auf die Rede des Bundespräsidenten von Weizsäcker am 8. Mai 1985.

[117] Dies ist keineswegs eine fingierte Fragestellung. Vgl. Rückerl, *Staatsanwaltschaftliche Ermittlung der NS-Verbrechen – Schwierigkeiten und Ergebnisse*, 79f.

[118] Young, *Beschreiben des Holocaust. Darstellung und Folgen der Interpretation*. Der Titel der Originalausgabe lautet: *Writing and Rewriting the Holocaust. Narrative and the Consequences of Interpretation*.

nalsozialistische Judenverfolgung verharmlosen zu wollen. Im Gegenteil, als „Assistant Professor for English and Judaic Studies" an der Universität von Massachusetts geht es ihm darum, angesichts der Elaborationsmöglichkeiten von Vergangenheit und der damit verbundenen Relativierungsgefahren die Realität der Ereignisse zu betonen und die Leiden der Opfer ernstzunehmen. Doch gerade deshalb kann er die potentiell relativierenden Mechanismen nicht ignorieren, sondern muß sie in seine Überlegungen einbeziehen.[119] Insofern ähnelt sein Anliegen dem der vorliegenden Arbeit.

Der Holocaust ist ohne jeden Zweifel eine der größten Tragödien der Menschheit. Mittlerweile dürfte er zu den historiographisch am besten untersuchten und dokumentierten Vorgängen gehören. Deshalb können die Geschichten über die Untaten der Täter und die Leiden der Opfer als gesichert, realitätsadäquat und kontrainterpretationsstabil gelten. Und dennoch unterliegen die Berichte über den Holocaust prinzipiell den geschilderten Mechanismen der Elaboration von Geschichten. Dies zeigt auch die Untersuchung von Young.

Die narrative Konstruktion der Geschichte des Holocaust nach Young

„Die moderne Literatur- und Geschichtstheorie", so führt Young aus, „hat den Holocaust-Forschern zunehmend bewußt gemacht, daß man die Darstellung des Holocaust und die Ereignisse des Holocaust nicht losgelöst voneinander interpretieren kann. Denn sowohl die Ereignisse als auch ihre Darstellungen sind letztlich von den Formen, der Sprache und der kritischen Methode abhängig, mit denen sie erfaßt werden. In der Holocaust-Literatur werden [...] historische Ursachen und Wirkungen reflektiert und zugleich produziert. Was vom Holocaust erinnert wird, hängt davon ab, wie es erinnert wird, und wie die Ereignisse erinnert werden, hängt wiederum von den Texten ab, die diesen Ereignissen heute Gestalt geben."[120] „Die Geschichte entfaltet sich niemals unabhängig davon, wie wir sie verstehen."[121]

Young gelangt also zu Resultaten, die dem sehr nahe kommen, was in der vorliegenden Arbeit über die Zugangsmöglichkeiten zu vergangenem Geschehen entwickelt wurde: Alles, was wir haben, haben wir nur in der Gegenwart und unter ihren Konstitutionsbedingungen, und Geschichtsschreibung ist Erzählung. Geschichten jedoch schildern Zusammenhänge so, wie sie für den Erzähler wichtig sind.

Dabei spielt es eine Rolle, daß man Geschichten nur im Rückblick erzählen kann. Dies führt mit einiger Wahrscheinlichkeit dazu, „daß die Art und Weise, wie der Verfasser seine Memoiren gestaltet, weit mehr mit seinen gegenwärtigen Interessen zu tun hat als mit den Ereignissen, die er beschreibt. [...] In diesem Zusammenhang fällt auf, daß der Überlebende Me-

[119] Young bezieht sich allerdings weniger auf den Konstruktivismus als vielmehr auf den Dekonstruktivismus von Derrida.

[120] Young, *Beschreiben des Holocaust*, 13f. Das Wort „Holocaust", anstatt Shoah oder Churban, wird im Anschluß an Young verwendet, ohne damit umstrittene Konnotationen zu verbinden. Vgl. dazu Young, *Beschreiben des Holocaust*, 139ff.

[121] Young, *Beschreiben des Holocaust*, 20.

moirenschreiber [...] sein Zeugnis im vollen Wissen um den Ausgang der Ereignisse beginnt, was unweigerlich dazu führt, daß vergangene Erfahrungen im Lichte der späteren in einen Kontext eingeordnet werden. Wenn er sich beispielsweise der Einzelheiten einer ersten Deportation erinnert, kann der Überlebende das Ziel des Transports nun nicht mehr einfach ignorieren. Rückblickend betrachtet, erhalten frühere Aktionen sehr viel stärker eine böse Vorbedeutung, und die Arglosigkeit, mit der die erste Deportation damals erlebt wurde, ist nicht mehr da. [...] Der Überlebende [verschmilzt] unweigerlich sein Bild mit seinem Wissen um den Ausgang der Ereignisse. Wir dürfen niemals vergessen, daß seine Zeugnisse post factum entstanden sind und das Verständnis der Ereignisse einerseits durch das Erzählen dieser Ereignisse erzeugt ist, wie andererseits das ursprüngliche Verständnis der Ereignisse dadurch, daß sie post factum erzählt werden, verlorengeht. Indem der Memoirenschreiber die Ereignisse darstellt, gibt er ihnen eine Ordnung. [...] Die Vergangenheit [wird] [...] durch den Geist der Gegenwart und die an diese Gegenwart gebundenen Formen des Wissens geordnet."[122]

Deshalb folgert Young: „Der historische Diskurs folgt nicht der Realität, sondern unterlegt ihr nur eine Bedeutung."[123] „Die harten Fakten der Geschichte und die Erinnerung an bestimmte Ereignisse sind wohl stets der Bedeutung dieser Geschichte, ihrer Interpretation im Rahmen der Tradition und der Gestalt, die die traditionellen Paradigmata im Gefolge solcher Geschichten annehmen, untergeordnet."[124] Das meint: „Harte Fakten" gibt es nicht als solche, sondern nur als gedeutete, sie gewinnen ihre Bedeutung im Rahmen der Geschichte. Wichtig ist also, was die „harten Fakten" für das erlebende Subjekt bedeuten.

Damit sind, auch bezüglich der historischen Erfassung eines solch wichtigen und bewältigungsbedürftigen Komplexes wie es der Holocaust ist, alle die zentralen Mechanismen in Geltung, die in den vorausgegangenen Ausführungen als Konstitutionsmechanismen von Geschichte beschrieben wurden: Vergangenheit läßt sich nur in Form von Geschichte begreifen. So ist Geschichte, auch die über den Holocaust, ein narratives, kommunikativ vermitteltes Interpretationskonstrukt in der Gegenwart und unter den Konstitutionsbedingungen der Gegenwart, mit dem Anspruch, sich auf eine Realität (die sich inzwischen verändert hat) zu beziehen.

Konsequenzen der narrativen Konstruktion

„Autoren und Kritiker der Holocaust-Literatur gehen davon aus, daß sich eine Darstellung umso besser als beweiskräftiges Zeugnis ungeheuerlicher Ereignisse eignet, je realistischer sie ist."[125] Das aber heißt: „Damit das Zeugnis des Überlebenden glaubhaft wird, muß es natürlich und unkonstruiert erscheinen."[126]

Ganz abgesehen von der unumgänglichen Interpretativität jeden Erkennens ist eine nüchterne Darstellung von Opfern nicht zu verlangen, ja, sie

---

[122] Young, *Beschreiben des Holocaust*, 58.
[123] Young, *Beschreiben des Holocaust*, 27.
[124] Young, *Beschreiben des Holocaust*, 22f.
[125] Young, *Beschreiben des Holocaust*, 36.
[126] Young, *Beschreiben des Holocaust*, 36.

wäre geradezu eine Verfälschung ihrer eigenen Erlebnisse.[127] Damit wird deutlich: Interpretation ist ein *Moment* der Realität, und nicht etwas, was sie von außen verformt oder entstellt. Doch üblicherweise werden Interpretation und Perspektivität leicht als Verfälschung, sich objektiv gebende Berichte dagegen als dokumentarische Darstellungen verstanden. Aber diese objektivistische Sicht kann sich leicht „als bedenklich und unverantwortlich erweisen. Denn wenn der Kritiker die vermeintlich dokumentarische Funktion der Holocaust-Literatur über ihre wertvolle interpretatorische Leistung stellt, läuft er Gefahr, diese Literatur dort, wo einander widersprechende ‚Zeugnisse' vorliegen, unverdienten – und letztlich irrelevanten – Angriffen hinsichtlich ihrer historischen Faktizität auszusetzen."[128] Das heißt zum Beispiel: „Die chassidischen Juden, die Bundisten, die Labour-Zionisten, die Revisionisten und selbst die zum Katholizismus übergetretenen Juden, sie alle teilten wohl ‚das gleiche' Schicksal, aber jedes Opfer ‚sah', das heißt verstand *und* bezeugte seine Bedrängnis anders, je nach seiner eigenen Geschichte, seinen eigenen religiösen Paradigmen und ideologischen Erklärungen."[129] Damit kann es zu unterschiedlichen Darstellungen des Geschehenen kommen, die keine interpretatorischen Verformungen der historischen Faktizität darstellen, sondern die alle gleichermaßen wahr sind. „Die ‚Fiktionen', die in den Berichten der Überlebenden auftauchen, sind keine Abweichung von der ‚Wahrheit', sondern Bestandteil der Wahrheit, die in jeder einzelnen Version liegt."[130] Wer von einer objektivistischen Möglichkeit von Geschichte ausgeht, der kann die Dichotomie, die sich unvermeidlich zwischen Fakten und Erzählungen ergibt und die zu unterschiedlichen Erzählungen führt, ausschlachten und gegen die Zeugnisse selbst verwenden, wie es aus revisionistischer Ecke geschieht.[131] Die überlebenden Opfer des Holocaust, die vom Geschehenen zeugen, treibt diese Verleugnung um so mehr dazu, „auf der unbedingten Faktizität [...] [ihrer] Zeugnisse zu bestehen"[132]. Das führt aber nicht weiter, denn diese Dichotomie bleibt unüberwindlich. Interpretation und Perspektivität sind weder Verfälschung noch Beliebigkeit (wenn die Geschichten den Prüfkriterien standhalten), sondern die Art des menschlichen Realitätskontaktes.

Narration und Realität: ein schmerzliches Spannungsverhältnis

Die Einsicht in die Tatsache, daß Vergangenheit nicht unmittelbar vergegenwärtigt werden kann, sondern nur als narratives Interpretationskonstrukt, ist

---

[127] Vgl. dazu die Ausführungen Friedländers in Young, *Beschreiben des Holocaust*, 35.

[128] Young, *Beschreiben des Holocaust*, 37.

[129] Young, *Beschreiben des Holocaust*, 52.

[130] Young, *Beschreiben des Holocaust*, 61. So schreibt auch Katina Lair, *Berichte vom Überleben*, 90: „Sechs Frauen beschreiben in ganz unterschiedlicher Weise ihr Überleben in Auschwitz. Und trotz dieser Unterschiede schreiben sie alle über das gleiche: über Angst und Verzweiflung [...]."

[131] Young, *Beschreiben des Holocaust*, 45, führt z.B. die Aktivitäten von Arthur Butz und seinem „Institute for Historical Review" an, die von neofaschistischen Organisationen in den USA unterstützt werden.

[132] Young, *Beschreiben des Holocaust*, 46.

für die Opfer des Holocaust, die von den selbst erlebten Geschehnissen berichten, eine schmerzliche Erfahrung. So meint Young aus dekonstruktivistischer Perspektive, die aber die Problematik durchaus verdeutlichen kann: „Wenn Zeugnis von Ereignissen ablegen heißt, an diesen Ereignissen beteiligt gewesen zu sein, ja, selbst zur Spur dieser Ereignisse zu werden, dann scheint der Autor den Akt des Zeugnisablegens nachgerade als eine Bestätigung seiner eigenen Verkettung mit der Erfahrung zu erleben. Wenn aber das literarische Zeugnis dann die Funktion erhält, Fakten und Beweise zu liefern, wird dem Autor als erstem schlagartig klar, daß er der Literatur offenbar Unmögliches abverlangt. Denn jetzt merken die Tagebuch- und Memoirenschreiber auf einmal, worauf die Forderung, die Literatur müsse die Fakten des Holocaust liefern oder Beweise für das Geschehene erbringen, letztlich hinausläuft. Das hieße nämlich, daß Worte nicht nur Erfahrungen *bedeuten*, sondern, genau wie die Autoren selbst, zu *Spuren* ihrer Erfahrung werden müßten. Das Unmögliche, womit sie nunmehr konfrontiert sind, besteht darin, irgendwie zeigen zu müssen, daß ihre Worte materielle Fragmente von Erfahrungen sind, daß die gegenwärtige Existenz ihrer literarischen Darstellung ein kausaler Beweis dafür ist, daß ihre Themen auch in der historischen Zeit existent waren.“[133]

Das ist die Problematik der Verifizierung von Erinnerungen und der Identifizierung von Relikten. Es handelt sich dabei unabänderlich um interpretationskonstruktivistische Maßnahmen, da es keinen Zugriff auf vergangenes Geschehen als solches gibt. Die innere Gewißheit, die der Zeuge in bezug auf die Realitätsnähe seines Zeugnisses hat, besteht für Außenstehende nicht fraglos. „Für den Leser jedoch, der nur Worte auf einem Blatt Papier vor sich hat [ebenso wie für den Hörer einer Erzählung], fehlt diese Verbindung. [...] Was für den Autor im Moment des Schreibens ein Beweis war, ist jetzt, nachdem er es aus der Hand gegeben hat, nur noch ein losgelöstes, ein frei schwebendes Zeichen und als solches allen, die es lesen und mißverstehen, auf Gedeih und Verderb ausgeliefert. [...] Für die Überlebenden des Holocaust, die nur überlebt haben, um Zeugnis abzulegen, und die glaubten, sie könnten mit ihren Worten die *Realien* ihrer Erfahrungen in der Zeit lebendig erhalten, wird die Wahrnehmung nahezu unerträglich, daß ihre Erfahrungen sich nun unter ihrer Feder entmaterialisieren. Die Möglichkeit, daß das Zeugnis eines Zeugen, einmal zu Papier gebracht, nicht, wie er beabsichtigt hat, als Spur von Realität, sondern als deren Erzeugung begriffen werden könnte, muß dem Zeugen buchstäblich als eine Verhöhnung seines Lebenssinns erscheinen. [...] Je heftiger der überlebende Autor sich bemüht, die ‚verlorene Verbindung‘ zwischen seinem Text und seinen Erfahrungen im Text wiederherzustellen, desto mehr betont er nolens volens seine Rolle als Erzeuger des Texts [...].“[134] Erzählungen sind eben Konstrukte; auch die Erzählungen über

[133] Young, *Beschreiben des Holocaust*, 46f.

[134] Young, *Beschreiben des Holocaust*, 48f. Hinzu kommt noch, daß auch solche Geschichten nur post factum möglich sind; vgl. Young, *Beschreiben des Holocaust*, 45.

so unermeßliche Greuel wie die des Holocaust. Erzählungen sind nicht die vergangene Realität, sie sind nicht einmal der Spiegel der Realität. Sie sind vielfache sprachlich konstruierte Bedeutungszuweisungen von kognitiven Konstrukten, die den Anspruch erheben, sich auf Konstellationen zu beziehen, die sich mittlerweile verändert haben, und die notwendigerweise interpretativ erlebt wurden.

Die Plausibilität der Erzählungen liegt für Dritte nicht darin, daß sie auf Konstrukte zurückgehen, die der Erzähler mit guten Gründen als von Erlebnissen (bezüglich der externen Realität) ausgelöst wahrnimmt – denn das ist nicht überprüfbar, ja nicht einmal unbedingt offensichtlich, selbst wenn dem faktisch so ist –, sondern sie liegt in ihrer inneren Kohärenz und Konsistenz und in ihrer Stabilität gegenüber Kontrainterpretationen.[135]

Die Berechtigung fiktionaler Elemente bei Geschichtserzählungen

Wenn man Vergangenheit darstellen will, dann muß man sie mit Bedeutung belegen, anders ist sie nicht darstellbar. Das bedeutet umgekehrt: Wenn man darstellen will, welche Bedeutung ein vergangenes Geschehen für bestimmte Personen hatte, dann können fiktionale Aufbereitungen durchaus legitim sein. „Verdeutlichen läßt sich das damit angesprochene Problem etwa durch das Beispiel des Films ‚Holocaust'. In den Diskussionen, die dieser Film provozierte, wurde immer wieder die Frage gestellt, ob es denn wirklich so gewesen sei."[136] So gewesen ist sicherlich die Angst und das Leid der Opfer, auch wenn es vielleicht bestimmte Personen mit Namen, wie sie im Film vorkamen, nicht gab. Wenn die Orientierung der Geschichtsinterpretation in diesem Punkt durch den Film unterstützt wurde, hat er sicherlich seine Berechtigung.[137]

Aber welche Orientierungen sind legitim, welche Interpretationen angemessen?[138] „Der Völkermord an den Juden scheint der [...] Narrativitätsthese auf den ersten Blick ihre Grundlage zu entziehen. [...] Es fällt [...] schwer, die Relevanzkriterien und die normativen Gehalte anzugeben, die durch die Massenvernichtung berührt sind", meint Sandkühler[139] und fährt fort: „Gleichwohl ist es nicht fruchtlos, auch im Umgang mit dem Holocaust von verschiedenen Formen der narrativen Perspektivierung dieses Ereignisses auszugehen." Die Festlegung oder zumindest die Prüfung der leitenden Interpretationsschemata, aufgrund deren die Narrationen akzeptiert resp. verworfen werden und die die Richtung der Orientierung festlegen, ist eine Frage, die zu einem Prozeß der Vergangenheitsbewältigung gehört und die nur durch einen hermeneutisch-moralischen Diskurs geklärt werden kann.

---

135 Welche tragischen Konsequenzen das haben kann, zeigt das Beispiel der Auschwitzflüchtlinge Vrba und Wetzler, deren Berichten nicht geglaubt wurde, weil man meinte, sie hielten Kontrainterpretationen nicht stand. Vgl. Young, *Beschreiben des Holocaust*, 55.

136 Friedrich, *Aus Geschehen wird Geschichte*, 288.

137 Vgl. dazu Young, *Beschreiben des Holocaust*, 110ff.

138 Man denke etwa an die Kapitalismuskritik, die das heftig kritisierte Grundmotiv von Peter Weiss' Stück *„Die Ermittlung"* ausmacht.

139 Sandkühler, *Aporetische Erinnerung und historisches Erzählen*, 146.

2. Die „Wirklich-Wirksamkeit“ von Geschichte in der Gegenwart

Vergangenes Geschehen ist nur in aktuellen Interpretationskonstrukten gegenwärtig wirksam.[140] Diese These ist keineswegs selbstverständlich. Alltagssprachlich geht man eher von objektivistischen Geschichtsauffassungen aus und davon, daß sich die Vergangenheit (in Form von Erinnerungen und Relikten) eindeutig erkennen und ihre Wirkung sich als solche feststellen läßt. Damit wäre die Konstruktion von Geschichten und ihre interpretatorische Orientierung und Parallelisierung unnötig (ja, unmöglich). Ist dem so? Gibt es andere Formen des Gegenwärtig-Wirksamseins von Vergangenheit als die konstruktivistische?

2.1 Formen des „Gegenwärtig-Wirksamseins“ von Vergangenheit

Alice Kohli-Kunz glaubt, drei nicht-konstruktivistische Weisen des Gegenwärtig-Wirksamseins von Vergangenheit ausmachen zu können: Institutionen, Traditionen und „sinnloses Geschehen“.[141] Institutionen, so meint sie im Rückgriff auf Peter Berger und Thomas Luckmann[142], beruhten auf einem Konsens und einer Praxis der Vergangenheit, entfalteten jedoch gegenwärtig ihre Wirkung. Traditionen, so führt sie aus und stützt sich auf Max Scheler[143] und Hans-Georg Gadamer[144], seien Denk- und Handlungsmuster, deren Plausibilität aus vergangenen Konstellationen stamme, die aber das Individuum oder ein soziales System noch gegenwärtig leiteten, oftmals sogar, ohne daß das Individuum bzw. das soziale System diese (nach Scheler indoktrinierende) Beeinflussung als solche merke.[145] „Sinnloses Geschehen“ schließlich sei, so Alice Kohli-Kunz, eine Handlungspraxis, die unter den herrschenden Umständen nicht als sinnvoll zu erkennen sei, die vielmehr nur als unbewußte Reaktion auf verdrängte Erlebnisse in der Vergangenheit verständlich werde. Sie rekurriert dabei auf die Psychoanalyse Sigmund Freuds.

Die Ausführungen von Alice Kohli-Kunz und ihren „Gewährsleuten“ müssen nicht im Detail dargestellt und untersucht werden, um die Frage beantworten zu können, ob sich in den genannten Phänomenen die Wirksam-

140 Zu den Termini „wirklich-wirksam“ und „gegenwärtig-wirksam“ vgl. Kohli-Kunz, *Erinnern und Vergessen*.

141 Vgl. Kohli-Kunz, *Erinnern und Vergessen*.

142 Berger/Luckmann, *Die gesellschaftliche Konstruktion der Wirklichkeit*, bes. S. 56ff. („Ursprünge der Institutionalisierung“).

143 Vgl. Kohli-Kunz, *Erinnern und Vergessen*, 55ff., die sich dabei auf zwei Werke von Max Scheler stützt: „*Die Wissensformen und die Gesellschaft*“ sowie „*Vom Umsturz der Werte*“.

144 Vgl. Gadamer, *Wahrheit und Methode*.

145 Wegen der unterschiedlichen Bewertung von Tradition durch Scheler und Gadamer behandelt Kohli-Kunz die beiden Ansätze jeweils für sich, was in den vorliegenden Ausführungen nicht nötig ist.

keit vergangener Ursachen zeigt. Vielmehr genügt eine grundsätzliche Überlegung. Obwohl nämlich nicht bestritten werden kann, daß die beschriebenen Phänomene wirken, so wirken sie doch in der *Gegenwart*. Nur wenn ihre Wirksamkeit *interpretativ* mit vergangenen Ursachen in Verbindung gebracht werden kann, läßt sich sagen, die Wirksamkeit resultiere aus der Vergangenheit. Diese Verknüpfung mit einer vergangenen Ursache ist aber ein *aktuelles* Interpretieren. Läßt sich diese Interpretation nicht vornehmen, dann kann man zwar die präsentisch wirkenden Phänomene feststellen, ihre Ursache – und damit ihren Charakter als Wirkung vergangenen Geschehens – jedoch nicht. Vergangenes Geschehen ist als solches nur dann gegenwärtig-wirksam, wenn es als ein solches konstruiert wird. Es hilft nicht weiter, wie Scheler die „Position Gottes"[146] einzunehmen und zu behaupten, das Tückische dieser Wirksamkeiten sei, daß die Vergangenheit als Ursache verborgen bleibe. Wenn sie verborgen bleibt, kann man sie nicht als Ursache benennen. Wer so spricht, nimmt größeres Wissen für sich in Anspruch als er nach seiner eigenen Beschreibung haben darf.

Es bleibt dabei: weil Vergangenheit nicht ist, kann sie nicht wirken. Was wirkt, sind *aktuelle* Konstellationen, deren Entstehung historisch erklärt wird. Die Wirkung vergangenen Geschehens in der Gegenwart zu behaupten, ist eine Zuschreibung, und Zuschreibungen sind immer kognitive Leistungen, sind Interpretationskonstrukte. Freilich können Einflüsse der externen Realität Veränderungen bewerkstelligen und (kognitive) Strukturen ausprägen, die später noch wirksam sind. Doch ein vergangenes Geschehen ist nur dann *als* vergangenes Geschehen wirksam, wenn es als solches interpretiert wird. Insofern gibt es zwar Wirkungen, deren Ursache nebulös ist, aber keine Wirkungen, die ohne kognitive Interpretationsleistung als in der Vergangenheit verursacht bezeichnet werden können. Mit anderen Worten: Die Identifikation einer Ursache mit einem vergangenen Geschehen funktioniert *immer* nach der Art der Erinnerungselaboration.

2.2 Das „Gegenwärtig-Wirksamsein" von vergangenem Geschehen in (narrativen) Interpretationskonstrukten

Die Bedeutung eines interpretationskonstruktivistischen Geschichtsverständnisses

Warum, so lassen sich diese Überlegungen abschließen, ist es überhaupt wichtig, festzustellen, daß vergangenes Geschehen als solches nur durch Interpretation, nur als Konstrukt, und niemals „selbst" in der Gegenwart wirksam sein kann? Man könnte auch fragen: Was bringt die konstruktivistische Skepsis (bzw. eine konstruktivistische Historik) in der Praxis? Wenn die Konstrukte immer besser – sprich: immer brauchbarer – werden, dann ist es doch letztlich gleichgültig, ob man „nur" interpretationskonstruktivistisch

[146] Diese Wortwahl ist angelehnt an Putnam, *Vernunft, Wahrheit und Geschichte*, 75, der vom „Auge Gottes" spricht.

oder ob man auch „realistisch" Geschichte schreiben kann. Dieser Einwand ist ernst zu nehmen. Er sollte dazu führen, daß man gut geprüfter Geschichte eine realitätsähnliche Qualität zugesteht. Dennoch, der konstruktivistische Modus bleibt. Und manchmal ist es wichtig, sich der Konstruktivität der Erkenntnisse zu vergewissern, um falsche Sicherheiten zu erschüttern.

Als es um die Vergegenwärtigung von Geschichte ging, habe ich gegen die These Ruschs argumentiert, Vergangenheit gebe es nur als Konstrukt. Hier vertrete ich selbst die These, vergangenes Geschehen sei nur als Konstrukt gegenwärtig-wirksam. Habe ich mich damit in Widersprüche verwickelt? Ich denke, das ist nicht der Fall. Gebhard Rusch entwickelt aus seinen erkenntnistheoretischen Voraussetzungen ontologische Aussagen über die externe Realität. Abgesehen davon, daß der Radikale Konstruktivismus (den Rusch vertritt) aufgrund seiner eigenen Theorie alle ontologischen Aussagen für unmöglich erachten und sich ihrer enthalten muß, scheint es mir keine zwingende Verbindung von erkenntnistheoretischen Aussagen zu ontologischen Behauptungen zu geben. Darum habe ich Ruschs Gedankengang nicht mitvollzogen. Bei der Frage nach dem Gegenwärtig-Wirksamsein vergangenen Geschehens dagegen geht es nicht um den ontologischen Status vergangenen Geschehens oder seines Wirksamseins in der Gegenwart, sondern um die Möglichkeit der Identifizierung von Wirkungen als Wirkungen vergangenen Geschehens bzw. um genetische Verknüpfungen von Wirkungen mit vergangenem Geschehen. Identifizierung und Verknüpfung ist eine kognitive Leistung. Also handelt es sich hier um eine erkenntnistheoretische Problemstellung. Ihre Bedeutsamkeit sei an Beispielen illustriert.

Beispiele für die Bedeutung eines interpretationskonstruktivistischen Vergangenheitszugangs

Als der israelische Präsident Ezer Weizmann im Januar 1996 bei einem Deutschlandbesuch an die deutsche Jugend gewendet mahnte: „Lernt aus der Vergangenheit, warum das Schreckliche geschah, wie es geschehen konnte und wie ihr es in Zukunft verhindern könnt!"[147], ließ sich die Frage stellen, warum diese Mahnung besonders an die *deutsche* Jugend zu richten sei, da sie doch mit den Schrecken und Verbrechen der NS-Zeit ebensoviel oder ebensowenig zu tun hat, wie alle anderen Nachgeborenen, wie junge Franzosen, Amerikaner, Chinesen oder gar Israelis. Doch die Mahnung an die deutsche Jugend ist ein aktuelles Zuschreibungsgeschehen, das vergangenes Geschehen genetisch mit einer sozialen Gruppe (den Deutschen der NS-Zeit) und diese wiederum in einer Identitätskontinuität mit einer sozialen Gruppe in der Gegenwart verbindet.[148] Ohne diese konstruktive Verbindung hat die Zuordnung von jungen Deutschen zu einer Verantwortung, die aus einem Geschehen erwächst, das vor ihrer Geburt liegt, keinen Sinn. Eine sol-

[147] Zitiert nach: Landeszentrale für politische Bildung/Staatskanzlei Rheinland-Pfalz, *Aufklärung über den Nationalsozialismus in Rheinland-Pfalz 50 Jahre nach der Landesgründung*, 19.

[148] Auf die Bedeutung von Identitätskontinuität und ihre Implikationen wird weiter unten ausführlicher eingegangen.

che Zuordnung ist nur möglich, wenn Gegenwart und Verantwortung mit einer bestimmten Vergangenheit in Beziehung gesetzt werden können. Das ist im vom Präsidenten Weizmann angesprochenen Zusammenhang gegeben.

Am Beispiel des „Nazi-Goldes" in den Depots schweizer Banken wird deutlich, daß solche Zusammenhänge erst dann eine Bedeutung gewinnen, wenn sie konstruiert werden. Erst in unseren Tagen wird auch die schweizer Bankenwelt in einen bestimmten Verantwortungszusammenhang mit den Kriegsfinanzen Hitlers gebracht, obwohl man diesen Zusammenhang in die dreißiger und vierziger Jahre des zwanzigsten Jahrhunderts datiert. Doch erst heute wird dieser Zusammenhang gewissermaßen „verantwortungsaktuell", weil erst heute dieser Zusammenhang kognitiv konstruiert wird. Also, warum ist es wichtig, zu wissen, daß vergangenes Geschehen nur als Interpretationskonstrukt gegenwärtig wirksam ist?

Sechs Gründe für die Bedeutsamkeit eines interpretationskonstruktivistischen Geschichtskonzeptes

Es sind mindestens sechs Gründe, die sich als Antwort anführen lassen.

(1) Wenn man von einer interpretationskonstruktivistischen Erkenntnistheorie ausgeht, dann ergibt sich diese Auffassung vom Wirksamsein vergangenen Geschehens am konsistentesten. Eine andere Auffassung verlangt einen anderen erkenntnistheoretischen Ansatz, der nicht weniger plausibel sein darf als der Interpretationskonstruktivismus.

(2) Eine „realistische" Behauptung von kausalen Zusammenhängen in der Geschichte verlangt objektive Belege. Widersprüchlichkeiten stellen die Zusammenhänge in Frage. Es handelt sich um die Problematik, die auch Young angesprochen hat. Wenn Zeugen sich widersprechen, gilt das als Gegenargument gegen deren Aussagen, was im konkreten Falle, z.B. von Leugnern des Holocaust, ausgenutzt werden kann. Eine interpretationskonstruktivistische Sicht muß zugestehen, daß das Wirksamsein von Vergangenheit in der Gegenwart auf das kognizierende Subjekt bezogen ist.

(3) Interpretieren und Konstruieren sind Akte der Identitätsausübung, da der eigene Schemabestand angewendet wird. Weil Vergangenheit nur als Konstrukt denkbar und kommunizierbar ist, darum sagt die Vergangenheitskonstruktion auch etwas über den Konstrukteur aus. Insofern gibt das Vergangenheitskonstrukt auch Aufschluß über das Interpretieren und damit auch über die Identität des Interpreten. Weil Menschen zur Metainterpretation fähig sind, müssen sie – in bestimmten Grenzen – die Verantwortung für ihr Konstruieren übernehmen; also auch dafür, welche geschichtlichen Ursachen sie für eine Wirkung anzuerkennen bereit sind. Eine „realistische" Auffassung kann sich hinter den „Fakten" verstecken bzw. Entscheidungen objektivistisch tarnen.[149] Eine interpretationskonstruktivistische Sicht wird berücksichtigen müssen, daß es nicht damit getan ist, „Fakten" zu benennen, um Zusammenhänge und Wirksamkeiten behaupten zu können, sondern daß

---

[149] Zur Entscheidungsproblematik aus konstruktivistischer Perspektive vgl. von Foerster, *Lethologie*. Vgl. aber auch Lübbe, *Zur Theorie des Entscheidung*.

ein Einbeziehen des Interpretationshintergrundes vonnöten ist. Man denke etwa an den Historikerstreit und sein Umfeld.

(4) Daraus folgt die vierte Antwort: Nur Konstrukte sind orientierbar. Auffassungen, die sich als realistisch verstehen, erliegen eher einem Dogmatismus, der, im Falle der Widersprüchlichkeit zweier Positionen, nur noch die Aberkennung der Wirklichkeitswahrnehmung beim Opponenten oder den Versuch, die eigene Position auch mit nicht-argumentativen Mitteln durchzusetzen, kennt.

(5) Da die Wirksamkeit vergangenen Geschehens in der Gegenwart (wie überhaupt jede geschichtliche These) nicht durch Tests prüfbar ist, ist der Anspruch, eine tragfähige Behauptung über historisches Geschehen und seine Wirkungsgeschichte bis in die Gegenwart hinein aufzustellen, eine moralische Aufforderung und keine sich automatisch ergebende Notwendigkeit, wie dies nicht nur die marxistische Geschichtstheorie nahelegt, sondern im Grunde auch von denen angenommen werden muß, die eine kognitionsunabhängige Wirksamkeit vergangenen Geschehens in der Gegenwart behaupten. Das heißt, die Behauptung, Geschichte wirke und habe unvermeidliche Konsequenzen, ist eine Aussage, die die „Position Gottes“ einnimmt und sich, weil von Menschen diese Position nicht einnehmbar ist, sehr leicht eine Dispens davon erteilt, sich der Geschichte und ihren Wirkungen zu stellen.

(6) Es ist sehr wichtig, sich über Prüfkriterien für Geschichtsentwürfe und -deutungen zu verständigen, um Willkür nach Möglichkeit zu verhindern. Doch diese Prüfkriterien müssen anders ausfallen, wenn man einen interpretationskonstruktivistischen Ansatz wählt, als wenn man von „realistischen“ Möglichkeiten in der Geschichtsschreibung und in der Geschichtswissenschaft ausgeht. Es geht ja darum, wie vergangenes Geschehen und seine Wirkungen so angemessen dargestellt werden können, daß sich daraus gegebenenfalls Konsequenzen ziehen lassen.

Fazit: Daß vergangenes Geschehen Auswirkungen bis in die Gegenwart haben kann, ist unbestritten. Doch können diese Wirkungen *als Wirkungen der Vergangenheit* nur durch interpretatorische Zuschreibung identifiziert werden, durch Geschichten. Darum kann die Zuschreibung einer Wirkung zu einem vergangenen Geschehen als Ursache nur über die narrative Bewährung geprüft werden.

2.3 Mechanismen zur Prüfung von narrativen Interpretationskonstrukten

Es geht um Realitätsnähe

Geschichte existiert in Geschichten, aber nicht jede Erzählung ist Historie. Geschichte erhebt den Anspruch, sich auf vergangenes Geschehen zu beziehen, auf inzwischen veränderte Konstellationen, auf eine „historische Realität“. Also gilt es, Prüfmechanismen zu benennen, die geeignet sind, die Realitätsnähe von Erzählungen festzustellen. Allerdings, was ist „Realitätsnähe“, wo doch die Wirklichkeit nur *so* als existent beschrieben werden kann, wie sie wahrgenommen, wie sie interpretiert wird? Realitätsnähe muß beschrieben werden als Grad der Stabilität gegenüber jedweder Kontrainterpretierbarkeit. Das heißt aber, daß es von einem bestimmten Geschehen verschiedene Erzählungen geben kann, die jeweils nicht (oder kaum) kontrainterpretierbar sind, also als realitätsnah zu gelten haben, obwohl sie möglicherweise nicht in allen Einzelheiten miteinander in Einklang zu bringen sind.[150] Hier macht sich die Perspektivität und Standortgebundenheit sowie die Konstruktivität jeglichen Wahrnehmens bemerkbar. „Realitätsnähe" bezeichnet damit den möglichst wenig kontrainterpretierbaren Umfang der mit einem narrativen Konstrukt abdeckbaren Varianten eines Geschehnisses.

Es kann bei der Realitätsprüfung von Geschichten also nicht um die Feststellung von Objektivität gehen, sondern um den Grad der intersubjektiven Plausibilität und Kontrainterpretierbarkeit von Geschichten.[151] Das ist natürlich nicht ganz unproblematisch, da Menschen „aus dem Erfolg ihrer Orientierungsaktionen auf die Realität oder Objektivität dessen schließen, was sie selbst [...] als Sachverhalt ihrer Außenwelt erleben."[152] Das heißt, in dem Maße, wie man mit seinen Deutungen, auch in der intersubjektiven Kommunikation, Erfolg hat, geht man von der Richtigkeit der eigenen Annahmen aus. Diese Richtigkeitsvermutung muß freilich nicht stimmen. Sie belegt lediglich, daß die Hypothese über die Realität keine für das kognizierende Individuum feststellbaren Konflikte erzeugt. Bezogen auf die kognitive Elaboration über historische Zusammenhänge bedeutet das: Es gibt sozusagen zwei Konstitutionsebenen, die der Prüfung zu unterziehen sind: die Ebene der erkenntnisleitenden Theorie und die Ebene der innerhalb dieser Theorien konstruierten Erzählungen. Auf beiden Ebenen geht es nicht um Objektivität, sondern um Plausibilität und Akzeptabilität geschichtlicher Deutungen. Dabei sind Plausibilität und Akzeptabilität von Geschichten auf die Stimmigkeit innerhalb der zugrunde liegenden Theorie bezogen; sie sind Relationen innerhalb eines bestimmten Referenzsystems.[153] Vordergründig heißt dies: „Jede Erzählung [ist] [...] eine Konstruktion [...], hinter deren ehrbarem und objektivem Äußeren sich eine ganze Reihe von impliziten Vorentscheidungen verbirgt."[154] Die erkenntnisleitende Theorie bestimmt somit, was zu Geschichte wird und wie es zu Geschichte wird. Aber nur dann ist eine Theorie brauchbar, wenn mit ihrer Hilfe eine konsistente Geschichte erzählt werden kann, in der die Relikte (in der Weise, wie sie im Licht der gewählten Theorie interpretiert und verstanden werden) eine schlüssige Rolle spielen. Der Wert von Theorien bemißt sich an ihren Fähigkeiten der Formung akzeptabler Geschichten.

Es liegt also ein gewisser Zirkelschluß vor, der Karl Popper zu der Bemerkung veranlaßte: „In der Regel lassen sich historische ‚Standpunkte' oder

---

150 Vgl. Rusch, *Erkenntnis, Wissenschaft, Geschichte*, 442.

151 Vgl. Mommsen, *Der perspektivische Charakter historischer Aussagen und das Problem von Parteilichkeit und Objektivität historischer Erkenntnis*.

152 Rusch, *Erkenntnis, Wissenschaft, Geschichte*, 400.

153 Vgl. Rusch, *Theorie der Geschichte, Historiographie und Diachronologie*, 25.

154 Le Goff, *Geschichte und Gedächtnis*, 155.

‚Einstellungen‘ nicht prüfen. Sie können nicht widerlegt werden.“[155] Die „Realitätsprüfung“ von Geschichten findet immer im Rahmen bestimmter weltanschaulicher resp. erkenntnistheoretischer Koordinaten statt. Diese Koordinaten, die sich in den – impliziten oder expliziten – Theorien manifestieren, können durch den Schemahintergrund determiniert werden. (Das wäre gewissermaßen die dritte und grundlegende Konstitutionsebene der Elaboration von Geschichte.) Problematisch wird die Verständigung über historische Geschehnisse, wenn es in diesem Bereich gravierende Differenzen bei den an der Interpretation historischen Geschehens Beteiligten gibt. Dann ist gegebenenfalls eine Metainterpretation der Erkenntnisschemata notwendig. Im Rahmen von Vergangenheitsbewältigung kann diese Situation bei kulturübergreifenden Vergangenheitsbewältigungs-Prozessen vorkommen. Man denke etwa an die Einschätzung Burumas, Vergangenheitsbewältigung in Deutschland und Japan verlaufe deshalb so unterschiedlich, weil in Deutschland eine christlich geprägte „Kultur der Schuld“, in Japan eine asiatische „Kultur der Schande“ herrsche.[156] Solche Differenzen können sogar die „pure“ Wahrnehmung von „Fakten“ beeinflussen, so daß eine Verständigung an Schemadifferenzen scheitern und die Prüfung narrativer Konstrukte deshalb ergebnislos verlaufen kann.

Diese Problematik verschärft sich noch, wenn man davon ausgeht, daß sich der Schemabestand und die Wirklichkeitsauffassung der Menschen kommunikativ, also sprachlich, vermittelt. Weil sich das Denken immer schon in narrativen Mustern vollzieht[157], bestimmen Geschichten, „was in der Kultur das Recht hat, gesagt und gemacht zu werden, und da sie selbst einen Teil von ihr ausmachen, werden sie eben dadurch legitimiert“[158]. In einer Kultur zu leben heißt, „to tell the dominant stories of their cultural group“[159]. Kultur, kommunikative Schemavermittlung und Geschichten stehen also so eng beieinander, daß bestimmte Geschichten nicht auf ihre Seriosität prüfbar sind, ohne damit den gesamten (kulturellen) Verstehenshorizont (zumindest in seiner Funktion als Referenzsystem zum Verständnis anderer Geschichten) in Frage zu stellen. In der Praxis heißt dies, es kann fraglos geltende und somit unkritisierbare Geschichten geben, die nur dann fragwürdig und kritisierbar werden, wenn zugleich der Schemabestand zur kritischen Reflexion ansteht.[160] Dies ist solipsistisch und individuell nicht zu leisten. Darum müssen die Prüfungen von Interpretationskonstrukten über intersubjektive Diskurse abgesichert werden. Schemaensembles und Theorien

---

155 Popper, *Das Elend des Historizismus*, Tübingen 1974, 118; zitiert nach Rusch, *Erkenntnis, Wissenschaft, Geschichte*, 441.

156 Buruma *Erbschaft der Schuld*, 17.

157 Vaassen, *Die narrative Gestalt(ung) der Wirklichkeit*, 128.

158 Lyotard, *Das postmoderne Wissen: ein Bericht*, Graz/Wien 1986, 75; zitiert nach Vaassen, *Die narrative Gestalt(ung) der Wirklichkeit*, 127.

159 Howard, *Culturale Tales. A Narrative Approach to Thinking. Cross-Cultural Psychology and Psychotherapy*, in: *American Psychologist*, Vol. 46, No. 3, 1991, 187-197, hier S. 190; zitiert nach Vaassen, *Die narrative Gestalt(ung) der Wirklichkeit*, 127.

160 Darum kann Vergangenheitsbewältigung auch zu einer Schema- bzw. Ideologiekritik werden.

dürfen also nicht fraglos hingenommen, sondern müssen ggf. geprüft werden, um die Haltbarkeit von Geschichten zu testen, die sich aus ihnen ergeben.[161] Doch lassen wir dieses grundlegende Problem einmal außer acht und fragen nach den Prüfmechanismen, mit deren Hilfe Geschichten und ihre Referenzsysteme evaluiert[162] werden können.

Welche Prüfkriterien gibt es?

Sowohl die Konstitutions*bedingungen* von Geschichten (also die Referenzkriterien, die einer Geschichte innerhalb eines Schemahintergrundes den Platz zuweisen, der der Geschichte ihre Bedeutung verleiht) als auch die Konstitutions*kriterien* von Geschichten (also die narrativen Mechanismen, die eine Geschichte zu einer Geschichte machen), sind nun – zumindest grob – zusammenzustellen, um so die Prüfkriterien zu gewinnen, mit deren Hilfe sich Geschichten und ihre Bedeutung innerhalb eines Referenzsystems evaluieren lassen. Dabei ist es nicht möglich, diese beiden Aspekte sauber zu trennen. Im Rahmen und zum Zwecke der hier verfolgten Erkenntnisabsicht ist dies auch nicht nötig. Es dürfte durchaus genügen, auf Kriterienlisten zurückzugreifen, die Jürgen Kocka, Wolfgang Mommsen und Gebhard Rusch zusammengestellt haben. Freilich unterscheiden sich diese Listen in erkenntnistheoretischer Hinsicht dahingehend, daß Kocka und Mommsen von (eher) realistischen, Rusch dagegen von (radikal-) konstruktivistischen Kognitionsbedingungen ausgeht. Dennoch lassen sich die Listen fruchtbar verwenden, wenn man sie in interpretationskonstruktivistischer Weise interpretiert. Unter dieser Bedingung können die Listen nun ohne größere Einführung und ohne näheren Kommentar einfach aufgeführt werden.

Jürgen Kocka[163] geht von der prinzipiellen Standortgebundenheit jeder historischen Erkenntnis aus und versucht Kriterien zu benennen, die erfüllt sein müssen, damit die Standortgebundenheit und Perspektivität nicht zur Willkür und Beliebigkeit wird. Positiv gewendet geht es ihm um Kriterien, die die Angemessenheit historischer Argumente bemessen können. Er beschreibt also den Spielraum, innerhalb dessen Geschichten überhaupt den Anspruch erheben können, Geschichte zu erzählen. Denn „die erfahrungswissenschaftlichen Möglichkeiten der Historiographie beschränken sich darauf, anhand der als Spuren oder Zeugnisse der Vergangenheit identifizierten Objekte und unter Verwendung als einschlägig erachteter theoretischer Konzepte und Modelle Geschichten zu erfinden, um sie auf ihre Verträglichkeit mit den Quellen und auf ihre Kompatibilität mit anderen Geschichten hin zu prüfen. Innerhalb des

161 Herbert Jäger, Strafrechtler und Kriminologe, hat in verschiedenen Arbeiten die Bedeutung des sozialen Umfeldes für das Verhalten von Straftätern untersucht. Dabei stellt sich immer wieder heraus, daß Weltsichten – also Schemata und sich daraus ergebende Theorien –, so absonderlich sie auch sein mögen, unter bestimmten Umständen das Denken von Gruppen und das Handeln ihrer Mitglieder unhinterfragt prägen können. Hier wäre, zur Feststellung der Kontrainterpretierbarkeit von Geschichten, zu allererst eine Schemaverunsicherung angesagt.

162 Rusch, *Erkenntnis, Wissenschaft, Geschichte*, 441, zieht dieses Wort dem der „Prüfung“ vor, weil er letzteres für Tests erfahrungswissenschaftlicher Hypothesen reserviert.

163 Kocka, *Angemessenheitskriterien historischer Argumente*.

so bestimmten Spielraumes kann sich die Gültigkeit der jeweiligen Geschichtsschreibung also nicht an so etwas wie der Übereinstimmung mit den Tatsachen bemessen, sondern nur daran, ob die jeweiligen Geschichten im Rahmen konsensfähiger Modellvorstellungen, auf der Basis geltender Annahmen über die Geschichte und Geschichtsschreibung sowie hinsichtlich der geltenden weltanschaulichen, ideologischen, ethischen, politischen usw. Konzepte plausibel, überzeugend und relevant sind."[164] Welchen Kriterien muß dieser Spielraum, dieser Rahmen, nach Jürgen Kockas Auffassung gehorchen?

Angemessenheitskriterien nach Jürgen Kocka

„1. Die Grenze zwischen Selektion und Einseitigkeit wird überschritten, [a] wenn die fachspezifischen Überprüfungsregeln und Methoden verletzt werden [...]; [b] wenn Regeln der formalen Logik verletzt werden; [c] wenn das Bewußtsein von der Selektivität der zu erzielenden Ergebnisse nicht für den Erkenntnisvorgang selbst konstitutiv geworden ist [...]; [d] wenn der selektive Charakter des erzielten Ergebnisses nicht wenigstens andeutungsweise gekennzeichnet wird [...].

2. Die Grenze zwischen Gesichtspunkt- und Interessenbezug [...] wissenschaftlicher Erkenntnis einerseits und erkenntnisverstellender Parteilichkeit andererseits wird überschritten, wenn [a] das Engagement die volle Anwendung der fachspezifischen Überprüfungsregeln oder die Einhaltung der Regeln der formalen Logik verhindert; [b] wenn [...] eine ggf. im Erkenntnisakt möglich werdende Kritik der Anfangsgesichtspunkte abgeblockt, deren Revision, Modifikation oder Ergänzung unmöglich gemacht wird; [c] wenn nicht die [...] Minimalbedingungen des Diskurses erfüllt sind, in dem das Ausgangs-Engagement und die damit verbundenen erkenntnisleitenden Einflußfaktoren mit konkurrierenden Engagements und Interessen konfrontiert werden können und tatsächlich konfrontiert werden; [d] wenn eine unmittelbare, nicht durch Reflexion [...] gebrochene [...] Beziehung zwischen Engagement und Forschungsvorgang besteht.

3. Die Grenze zwischen außerwissenschaftlicher Verwendung und Verwertung wissenschaftlicher Argumentationen und ihrer verzerrenden Instrumentalisierung wird überschritten, [a] *nicht* immer dann, wenn geschichtswissenschaftliche Erkenntnis [...] [zur nachträglichen] Rechtfertigung und Legitimation [politischer Zielsetzungen] verwendet wird, sondern [b] wenn die Inhalte der historischen Aussagen in Widerspruch mit den politischen Zielsetzungen geraten und dieser Widerspruch zu Lasten der historischen Aussage gelöst wird [...]; [c] wenn historisches Wissen für Zwecke eingesetzt wird, deren Realisierung jene [...] Bedingungen aufheben würde, die die Geschichtswissenschaft [...] zu ihrer Verwirklichung braucht.

Durch solche und ähnliche Grenzziehungen wären einseitige, schlechtparteiliche und instrumentalisierende Deutungen, Erklärungen und Theorien *im Prinzip* von angemessenen zu unterscheiden und auszugrenzen."[165]

---

[164] Rusch, *Theorie der Geschichte, Historiographie und Diachronologie*, 25.
[165] Kocka, *Angemessenheitskriterien historischer Argumente*, 472f.

Doch selbst wenn das gelänge, so blieben doch, wie Jürgen Kocka selbst bemerkt, „sozusagen innerhalb des abgesteckten Spielraumes noch eine Mehrzahl konkurrierender Deutungen, Erklärungen und Theorien möglich."[166] Innerhalb dieses Spielraumes kann sich die Gültigkeit der Geschichtsschreibung eben nur an der Plausibilität, Relevanz und Überzeugungskraft der Geschichten bemessen.[167] Wie lauten diese Plausibilitäts-, Relevanz- und Überzeugungskriterien, die einer Geschichte ihre Stabilität gegenüber einer Kontrainterpretierbarkeit sichern?

Plausibilitätskriterien nach Jürgen Kocka

Jürgen Kocka schreibt: „1. Man wird in der Regel und ceteris paribus jener Erklärung den Vorrang geben, die andere Erklärungen in sich einbezieht, als Teil inkorporiert und ‚aufhebt'. [...].

2. Man wird in der Regel und ceteris paribus jene Erklärung bevorzugen, die mehr vom zu untersuchenden Gegenstand erschließt als andere.

3. Vor allem wird sich die Wahl eines bestimmten Erklärungsmusters im Hinblick auf die jeweiligen Erkenntnisziele begründen lassen, die ihrerseits [...] mit individuellem und kollektivem Gegenwartsverständnis und zugehörigen Zukunftsperspektiven vermittelt und damit mit jener Sphäre verknüpft sind, auf der analytische, normative und lebenspraktische Dimensionen ineinander übergehen. [...].

4. Man wird in der Regel und ceteris paribus jenen Deutungen, Erklärungen und Theorien den Vorzug geben, die bessere Chancen haben, einem Publikum mitgeteilt zu werden [...].

5. Man wird in der Regel und ceteris paribus jene Erklärungsmuster und Theorien bevorzugen, die ihre eigene Entstehung mitreflektieren und einsichtig machen."[168]

Prüfkriterien nach Wolfgang J. Mommsen

Mit seiner ersten Liste versucht Kocka die Konstitutionsbedingungen von Geschichte(n) zu klären, mit seiner zweiten Liste geht er auf die Konstitutionskriterien von Geschichte(n) ein und tendiert damit stark in die Richtung einer Klärung der narrativen Bedingungen von Geschichten. Diesen Schritt geht auch Wolfgang J. Mommsen, wenn er drei Arten der Überprüfung hervorhebt, nämlich „[a] im Hinblick auf den Grad der Berücksichtigung der einschlägigen Informationen [Quellen] und der bisherigen wissenschaftlichen Forschung; [b] gemessen an dem denkbaren Optimum einer plausiblen Integration aller bekannten historischen Data; [c] im Hinblick auf die logische Stringenz des zugrundegelegten Erklärungsmodells [insbesondere was die Widerspruchsfreiheit und Konsistenz desselben betrifft]."[169]

---

166 Kocka, *Angemessenheitskriterien historischer Argumente*, 473.

167 Vgl. Rusch, *Theorie der Geschichte, Historiographie und Diachronologie*, 25.

168 Kocka, *Angemessenheitskriterien historischer Argumente*, 474.

169 Mommsen, *Gesellschaftliche Bedingtheit und gesellschaftliche Relevanz historischer Aussagen*, 222.

Stringenzkriterien nach Gebhard Rusch

Die logische Stringenz ist nur narrativ überprüfbar, zumal (die logische Stringenz von) Geschichte nur narrativ dargestellt werden kann. Darum sollte nach Gebhard Rusch eine historiographische Konstruktion die folgenden Eigenschaften aufweisen, um Bestätigung finden zu können:

„- Sie sollte *interne Kohärenz* aufweisen, d.h.: die geschilderten Sachverhalte, Vorgänge, episodischen Einheiten usw. sollten konsistent miteinander vernetzt sein und auf der Ebene des Geschichtensystems eine konsistente Einheit bilden.

- Sie sollte stets eine gewisse Anzahl als historische *Daten* oder *Fakten* eingeführter Größen konsistent in das vorgestellte Geschichtensystem *integrieren*, d.h.: sie sollte erfahrungsweltliche Objekte und anläßlich solcher Objekte konstruierbare Sachverhalte als historische Daten oder Fakten ausweisen.

- Sie sollte *externe Kohärenz* aufweisen, d.h.: ein einzelnes Geschichtensystem sollte konsistent mit einer gewissen Anzahl anderer Geschichtensysteme unmittelbar verknüpft sein.

- Sie sollte unter thematisch-inhaltlichen und formalen Gesichtspunkten *mit* allen *geltenden Geschichtensystemen verträglich* sein.

- Sie sollte Gebrauch machen von den jeweils am besten bestätigten, am fruchtbarsten erscheinenden, am ehesten konsensfähigen und akzeptablen Modellen oder Theorien der jeweils betreffenden thematischen Art von Objekt, des Menschen, sozialer Gemeinschaften usw., d.h.: sie sollte *mit* den jeweils favorisierten und erfolgversprechenden *erfahrungswissenschaftlichen Modellen, Vorstellungen, Theorien* usf. *kompatibel sein.*

- Sie sollte *kommunikabel* sein, d.h.: den Anforderungen der Semantizität, Grammatikalität, Syntaktizität, der sprachlichen Präzision und Prägnanz sowie der Verständlichkeit genügen.

- Sie sollte vor allem im Kontext historischer Forschung, aber auch in Hinsicht auf ein breiteres Publikum *interessant* und *relevant* erscheinen.

- Sie sollte *plausibel* und *akzeptabel* sein, d.h.: den weltanschaulichen, ideologischen, ethischen, politischen usw. Grundeinstellungen des jeweils avisierten wissenschaftlichen oder öffentlichen Publikums entsprechen.

- Die wissenschaftliche Historiographie erfordert schließlich *Intersubjektivierbarkeit*, intersubjektive Nachvollziehbarkeit usw., die den bereits genannten keine weiteren, prinzipiell anderen Eigenschaften hinzufügen, sondern diese lediglich verschärfen und dadurch zu ihrer systematischen Berücksichtigung anhalten.“[170]

Das Kriterium der Viabilität

Schließlich kann man zu Zwecken der Realitätsprüfung von Konstrukten auch auf das Kriterium verweisen, das der Konstruktivismus (zumindest der Radikale Konstruktivismus) als Brauchbarkeitskriterium zuläßt: die „Viabilität“. Ein Konstrukt kann demnach so lange als gültig angenommen werden,

---

170 Rusch, *Erkenntnis, Wissenschaft, Geschichte*, 442f. (Hervorhebungen durch Rusch).

wie es „gangbar" ist. Hier deutet sich von Ferne das Falsifikationismus-Kriterium an, jedoch unter anderen erkenntnistheoretischen Bedingungen. Wenn ein Blinder, so ein beliebtes Beispiel für Viabilität, durch einen dichten Wald hindurchgeht, ohne anzustoßen, dann kann er sagen, er habe einen gangbaren Weg gefunden. Doch das bedeutet nicht, daß es nicht noch andere gangbare Wege gibt; er weiß es nur nicht.

Was bedeutet das für die Prüfung von Geschichten? Es bedeutet, daß eine Interpretation so lange als gültig angesehen werden kann, wie sie gangbar ist, wie sie die Daten, die sie als Grundlage annimmt, integrieren kann, daß sie so lange gültig ist, wie keine Daten auftauchen, die nicht in diese Geschichte integrierbar sind. Freilich sind Daten nach der strengen Lesart des Konstruktivismus selbst Interpretationen. Auch sie müssen in ihrer Interpretation als So-und-so-Datum unter dem Aspekt ihrer Viabilität narrativ geprüft werden. Die Prüfung von Geschichten besteht also in der narrativen Kombination von Interpretationsangeboten, die sich auf Daten beziehen und in der Prüfung ihrer narrativen (und damit logischen) Stringenz. Aufgrund der strukturellen Koppelung ergibt dies *nicht* notwendigerweise einen narrativen Zirkelschluß. Allerdings bleiben im Zweifelsfall mehrere Geschichten als gültig übrig.

Es ist möglich, Geschichten auf ihre Realitätsadäquatheit zu prüfen

Weil Geschichten in ihrer Qualität, in ihrer Realitätsnähe bewertbar sind, gilt: Unrechtstaten, wie etwa der nationalsozialistische Völkermord, lassen sich unter Berufung auf den narrativen Zugang zur Vergangenheit nicht bagatellisieren.[171] Denn der narrative Zugang, ohne den man keine Geschichtsinterpretation verfertigen kann, führt *nicht* dazu, daß die erarbeiteten Geschichten beliebig wären. Freilich, die narrative Elaboration von Geschichtsinterpretationen birgt die Gefahr ungenauer oder mehrdeutiger Geschichtsdarstellungen. Allerdings gibt es auch Geschichten, die praktisch nicht kontrainterpretierbar sind und damit als narrative Präsentation der Realität gelten müssen. Bis auf einige Unklarheiten dürften die Geschichten über den Holocaust, die mit den Methoden der Historiographie geprüft wurden, einen Grad der Viabilität (und damit der Realitätsnähe) für sich in Anspruch nehmen können wie kaum eine andere Geschichte. Die Geschichte des Holocaust im Verweis auf den narrativen Zugang zur Vergangenheit bagatellisieren oder gar in Abrede stellen zu wollen[172], dürfte in ähnlicher Weise absurd sein wie das Gedankenspiel Russells, es gebe keinen stichhalti-

---

[171] Statt von Bagatellisierung spricht man auch von Relativierung. Doch das könnte mißverständlich sein. Denn auf interpretationskonstruktivistischem Hintergrund gilt: Jede Wahrnehmung ent- und besteht in Relation zum wahrnehmenden Subjekt. Freilich kann diese Wahrnehmung unangemessen sein, weil sie nicht realitätsadäquat ist. Die Unangemessenheit kann in unzulässigen Bagatellisierungen, Vereinseitigungen oder Verzerrungen bestehen. Sie müssen diskursiv aufgedeckt und geächtet werden.

[172] Zu den Bestreitungsversuchen durch die Behauptung der „Auschwitz-Lüge" und zu deren offensichtlicher Absurdität und Unhaltbarkeit vgl. Graml, *Auschwitzlüge und Leuchter-Bericht*; Bastian, *Auschwitz und die „Auschwitz-Lüge"*.

gen Einwand gegen die These, die Welt mit allem, was dazugehört, sei erst vor zehn Minuten entstanden.

Die genannten Kriterien erlauben durchaus, daß es innerhalb eines konzeptionellen Rahmens mehrere wohl-etablierte Geschichten geben kann, die sich jedoch nicht in Deckungsgleichheit bringen lassen. *Ob* bei den Geschichten die Kriterien *tatsächlich* erfüllt sind, läßt sich einigermaßen verläßlich nur in einem intersubjektiven Diskurs klären. Und selbst der kann keine garantiert zutreffenden Ergebnisse beibringen. Deshalb sollte stets ein Diskurs angestrebt werden, der ungefähr dem entspricht, was sich Habermas und auch Karl-Otto Apel unter der Bewährung in der idealen, universellen Kommunikationsgemeinschaft vorstellen. In einem solchen Diskurs kann aufgrund seiner universal und ideal angelegten Funktionsmechanismen die verläßlichste Wahrscheinlichkeit darüber erreicht werden, daß die Prüfkriterien eingehalten werden. Ein solcher Diskurs ist geeignet, die erzählten Geschichten auf ihre Kontrainterpretierbarkeit hin zu testen. Auf diese Kontrainterpretierbarkeit bzw. auf die Stabilität ihr gegenüber kommt es bei seriösen Geschichten an.[173]

Die Prüfung von Geschichten ist somit im Grunde eine intersubjektive und kommunikative Einigung auf eine bestimmte Interpretation oder auf eine gewisse Bandbreite von Interpretationen, die sich auf ein vergangenes Geschehen beziehen. Das aber ist nichts anderes als ein Orientierungs- und Parallelisierungsunternehmen. Die Orientierung dient dazu, Interpretationen zu installieren, die geeignet sind, die Komplexitäten der Daseinsmodi, die sich in existentialer Hinsicht durch die menschliche Geschichtlichkeit ergeben, so aufzulösen, daß sie „handhabbar" sind. Weil einander widerstreitende Identitätsausprägungen sowohl für das betreffende Individuum (resp. Sozialgebilde) als auch für dritte hochproblematisch werden können, dient die Orientierung von Vergangenheitsinterpretationen und ihre intersubjektive Parallelisierung nicht zuletzt auch der Identitätsbeschreibung oder auch der Identitätsausprägung.

3. Die Bedeutung von Geschichte für den Menschen

3.1 Identität als Kumulation der Wirksamkeit vergangener Geschehnisse

Vergangenheit ist in der Identität von Menschen wirksam

Vergangenheitsbewältigung bezieht sich immer auf Menschen, sei es als Täter oder als Opfer. Ein Geschehen, von dem Menschen nicht tangiert werden, kann nicht Gegenstand von Vergangenheitsbewältigung sein. Vergangen-

[173] Ein sehr anschauliches Beispiel für die Anwendung des Kriteriums der Kontrainterpretierbarkeit findet man bei Graml, *Auschwitzlüge und Leuchter-Bericht*. Graml zeigt übersichtlich und eindrucksvoll die Kontrainterpretationen zu den neonazistischen Holocausttheorien auf.

heitsbewältigung betrifft vielmehr das Handeln von Menschen und/oder ihr Erleiden. Der Grund dafür ist in der anthropologischen Tatsache zu suchen, daß der Mensch aufgrund seiner exzentrischen Positionalität sein Leben führen, also sein Dasein zu einem So-Sein entwerfen muß. Die Ausgangssituation dieses Entwerfens ist seine Befindlichkeit. Darunter sind die Bedingungen zu verstehen, unter denen er lebt, sowie seine Schemakonstellation, mit der er seine Existenz plant. Die Lebensbedingungen wiederum werden auch von den Widerfahrnissen bestimmt, denen der Mensch ausgesetzt ist. Auch wenn Widerfahrnisse der Vergangenheit gegenwärtig nur als Interpretationskonstrukte angesprochen werden können, so entkleidet sie das doch nicht ihrer Faktizität. Widerfahrnisse sind Bedingungen – und damit Bestandteile – des So-Seins eines Menschen. Von vergangenen Widerfahrnissen zu reden heißt demnach, von Bedingungen bzw. Aspekten des gegenwärtigen So-Seins zu reden. Widerfahrnisse sind also im aktuellen So-Sein präsent.

Man denke an Menschen, denen körperliche Versehrungen beigebracht wurden. Unbeschadet der Tatsache, daß die Zuordnung der andauernden Beeinträchtigung zum vergangenen Geschehen als Ursache eine interpretatorische Leistung ist, gilt hier: das vergangene Geschehen wirkt durch Konstellationsveränderungen in der externen Realität. Diese zurückhaltende und etwas technisch klingende Beschreibung wird hier nicht gewählt, um die Leiden von Opfern zu verharmlosen, sondern um verschiedene Wirkungen dieser Art zusammenzufassen. Denn auch Benachteiligungen, die später nicht mehr wettzumachen sind, können in dieser Weise als gegenwärtige Wirkungen vergangenen Geschehens begriffen werden, beispielsweise die Verunmöglichung einer seriösen Ausbildung durch repressive Systeme gegenüber ihren Kritikern bzw. deren Kindern. Den Betroffenen werden dadurch Chancen vorenthalten, die sie unter Umständen niemals mehr realisieren können. Ebenfalls zu dieser Art der Wirkung gehören die Wegnahme von Eigentum, der Verlust nahestehender Menschen, Vertreibung, Diskriminierung und dergleichen mehr.

Auch Handlungen sind im So-Sein eines Menschen präsent, allerdings in anderer Weise als Widerfahrnisse. Handlungen sind Ausdruck und Manifestationen des So-Seins eines Menschen. An ihnen kann man – unter Vorbehalt – ablesen, wie ein Mensch sein Leben führt, welchen Schemata er folgt, welche Möglichkeiten er besitzt und welche er umsetzt.

Das So-Sein eines Menschen ist also kein schlichtes präsentisches Faktum, sondern ein Interpretationskonstrukt, das sich ergibt, wenn man zur Kenntnis nimmt, wie Widerfahrnisse auf den Menschen einwirken und was er selbst als Lebensentwurf handelnd verwirklicht. Das So-Sein beschreibt das Verhältnis, in das man ein Subjekt zu seinen Handlungen und Widerfahrnissen stellt. Das So-Sein ist nicht einfach die Summe der Handlungen und Widerfahrnisse, sondern das Verhältnis, in dem das Subjekt dazu steht, weil es sich bei der Zuschreibung von Handlungen und Widerfahrnissen stets um Interpretationskonstrukte handelt. Dieses Verhältnis nennt man „Identität".

Identität ist also eine Interpretation, zu deren Konstruktion man sich einen diachronen Überblick verschaffen muß, weil das So-Sein, das den Gegenstand der Identitätszuschreibung darstellt, in diachroner Entwicklung entstanden ist und sich diachronisch manifestiert. Vergangenheit, so läßt sich daher sagen, ist in der Identität der Subjekte wirksam, und nur Vergangenheit, die in der Identität von Subjekten wirksam ist, kann Gegenstand von Vergangenheitsbewältigung sein, denn nur Subjekte sind für ihr Handeln (und ihren Lebensentwurf) verantwortlich, und nur Subjekte werden durch Widerfahrnisse in ihrer existentiellen Befindlichkeit betroffen.[174]

Vergangene Geschehnisse sind in der Identität von Personen präsentisch wirksam. Wenn sich zeigen läßt, daß die Zuschreibung von Identität, also die Bestimmung des So-Seins von Subjekten, unverzichtbar ist (sowohl, was die eigene Person, als auch, was andere Personen angeht), dann ist damit gezeigt, daß die diachrone Wahrnehmung von Personen (also der Einbezug ihrer Geschichte) unverzichtbar ist. Damit muß die Identität von Personen als die eigentliche Weise gelten, in der Vergangenheit in der Gegenwart wirksam ist. Die Identität von Personen, der Täter wie der Opfer, ist somit der eigentliche Gegenstand von Vergangenheitsbewältigung. Es geht um die Zuschreibung von Rechten und Pflichten, von Verantwortlichkeiten und Ansprüchen, von Schuld und Schuldlosigkeit und um die sich daraus ergebenden Konsequenzen. Es geht um das Wohl und Wehe von Menschen. Dies ist die zentrale Einsicht aus den bisherigen Überlegungen. Sie gilt es nun zu prüfen und nach ihren Konsequenzen für eine Theorie und Praxis von Vergangenheitsbewältigung zu befragen.

Exkurs: „Identität“ – definitorische Klärungen

Um in den weiteren Ausführungen nicht mißverständlich zu werden, muß die Entwicklung der Gedanken an dieser Stelle zwecks definitorischer Klärungen unterbrochen werden. Der Terminus „Identität“ läßt sich – wie der Begriff des „So-Seins“ – mit unterschiedlichen Bedeutungen belegen. Es handelt sich um ein homonymes Wort.[175] Um Mißverständnisse aufgrund verschiedener Sprachbedeutungen zu vermeiden, seien kurz die drei grundlegenden Bedeutungsvarianten[176] skizziert, um deutlich zu machen, in welcher Weise im vorliegenden Zusammenhang von Identität die Rede ist.

(1) Da ist zunächst einmal die in der Logik beheimatete Frage nach der numerischen Identität. Hier wird nach Kriterien gefragt, anhand derer es möglich ist, etwas von einem anderen zu unterscheiden. Es geht also um die Individualität.[177] Beantwortet ist die Frage, wenn klargestellt werden kann, von wem bzw. wovon in einem bestimmten Zusammenhang die Rede ist. Im

---

[174] Denn nur Menschen müssen ihr Leben entwerfen. Das ist wohl der Grund, weshalb man jeder empfindsamen Kreatur zwar Leid ersparen soll, aber wohl kaum davon ausgeht, auch Tiere könnten Vergangenheit bewältigen. Bewältigung ist offensichtlich eine Maßnahme des planenden Lebenführens. Insofern ist in diesem Sinne bewältigungsrelevant, was Menschen als Handelnde oder Erleidende berührt.

[175] Zur Homonymität bzw. Äquivozität von „Identität“ vgl. Angehrn, *Geschichte und Identität*, 235.

[176] Diese Differenzierung lehnt sich an Angehrn, *Geschichte und Identität*, an.

[177] Man kann auch sagen, es gehe um pure „Referenzsicherung“; vgl. Angehrn, *Geschichte und Identität*, 236.

nicht-logischen, alltagspraktischen Bereich bleibt man auf dieser Begriffsebene, wenn man auf die Frage, wer denn soeben an der Haustür geklingelt habe, als Antwort erhält: „Es war ein gewisser Herr Schulze". Zweifelsohne, dem Mann wird Individualität zugestanden. Doch wer ist Herr Schulze? Diese Frage ist keineswegs trivial, denn wenn man Herrn Schulze nicht bereits kennt, wird einem die Antwort, es sei ein Herr Schulze gewesen, nichts sagen. Diese Problematik gilt auch im Bereich der Vergangenheitsbewältigung. Nicht die Individualität wird durch das Handlungs-Widerfahrnis-Gemisch konstituiert, sondern die Subjektivität. Nicht die reine Individualität qualifiziert Personen (obwohl Vorurteile häufig so vorgehen), sondern erst ihre Subjektivität. Um diese geht es in der zweiten Bedeutung von „Identität".

(2) Wenn man nicht weiß, wer Schulze ist, dann braucht man zu seiner Information eine Erklärung zur qualitativen Identität bzw. Subjektivität. Sie antwortet auf die Frage, „als was" sich jemand versteht bzw. „als was" er eingeordnet werden muß. Hier geht es um Zuschreibungen, die Bedeutungszuweisungen ermöglichen. So könnte man erfahren, Schulze sei der Hausmeister. Damit weiß man nicht viel, hat jedoch die Lokalisierung von Schulze in einem bestimmten, wenn auch begrenzten Bedeutungszusammenhang. Je nach dem wie der Bedeutungszusammenhang geartet ist, wird auch der Bedarf an Information ausfallen, damit man sagen kann, man wüßte, wer diese bestimmte Person sei. Wenn jemand an der Wohnungstür klingelt und danach fragt, ob die Heizung zufriedenstellend funktioniert, dann hat er sein Auftreten wohl ausreichend legitimiert, wenn er glaubhaft machen kann, daß er der Hausmeister Schulze ist. Wüßte allerdings eine Ehefrau über ihren Gatten nicht mehr zu berichten, als daß dieser der Hausmeister Schulze sei, müßte man wohl sagen, die Gattin kenne ihren Mann nicht wirklich. Erst wenn man weiß, wie einer denkt, welche Vorlieben und Schwächen er hat, was er schon alles durchmachen mußte etc., wird man bei einem solchen Intimitätsverhältnis sagen können, man kenne diese Person. Alle genannten Aspekte sind dabei im Grunde geschichtliche Aspekte, denn auch Charakteigenschaften und Funktionen sind ja Zuschreibungen aufgrund von tatsächlichen oder erwarteten Verhaltensgleichmäßigkeiten.

(3) Die dritte Bedeutungsvariante betrifft die diachrone Identität bzw. die Selbigkeit. Thema ist hier, ob zwei zunächst Unterschiedene nicht doch ein und dasselbe sind, ob also beispielsweise jemand im Laufe der Zeit „mit sich identisch", also „derselbe" geblieben ist. Auch diese Frage spielt bei Vergangenheitsbewältigung eine Rolle, insofern von Tätern gegebenenfalls verlangt wird, sich in entscheidenden Aspekten zu ändern, ihr So-Sein früherer Zeit zu verwerfen und „neue Menschen" zu werden. Ihre qualitative Identität soll sich verändern bei selbstverständlich gleicher Individualität. An der Ernsthaftigkeit und am Erfolg solcher Wandlungen wird gegebenenfalls eine erfolgreiche Vergangenheitsbewältigung und die Art der vorzunehmenden Konsequenzen festgemacht. Die Frage nach der diachronen Identität ist eine Frage nach Veränderungen des So-Seins, der Subjektivität.

Wenn im vorliegenden Zusammenhang von Identität die Rede ist, wird damit vornehmlich die Problematik der Subjektivität angesprochen.[178]

3.2 Identitätszuschreibung: Eine anthropologische Notwendigkeit

Der Mensch ist unverzichtbar darauf angewiesen, sich und anderen Identität zuzuschreiben, d.h. eine Interpretation des So-Seins vorzunehmen.

Die Bedeutung der Identität für das Subjekt selbst
Sein eigenes So-Sein beschreiben zu können bedeutet, sich selbst als Subjekt wahrzunehmen, also seine exzentrische Positionalität handhaben zu können. Dies ist unverzichtbar, wenn man sein Leben führen und sein Dasein entwerfen will. Nur wenn man weiß, „wer" man ist, kann man mit der Welt in einen Kontakt treten, der Lebensplanung erlaubt. „Konsistente Selbstkonzepte erlauben dem Subjekt konsistente Handlungsorientierungen und vermitteln das Erlebnis personaler Kontinuität und Identität."[179]

Erikson beschreibt das Gefühl von Identität als „das Gefühl, im eigenen Körper zuhause zu sein, zu wissen, wohin man geht, und eine innere Überzeugtheit von der antizipierten Bestätigung durch die, auf die es ankommt."[180] Identität wird also als psychische Notwendigkeit erlebt bzw. „gefühlt". Dieses Gefühl ist das „angesammelte Vertrauen darauf, daß der Einheitlichkeit und Kontinuität, die man in den Augen anderer hat, eine Fähigkeit entspricht, eine innere Einheitlichkeit und Kontinuität aufrechtzuerhalten."[181] Wenn Erikson den Terminus auch sehr unterbestimmt und mit großen Randunschärfen verwendet[182], so macht er doch deutlich, daß der Mensch ein stabiles und für ihn selbst zustimmungsfähiges Selbstverhältnis braucht, um nicht neurotisch zu werden.[183] Identität ist das Resultat eines Integrationsprozesses, in dem sowohl frühkindliche „Identifikationen" als auch bewußt übernommene soziale Anforderungen manifestiert werden und sich idealiter zu einer konsistenten Synthese zusammenfügen. Gelingt dies nicht oder zerbricht diese Synthese, so führt dies zu einer „Identitätsdiffusion". Diese kann – im Extremfall – zum Verfall der Persönlichkeit und zur Unfähigkeit zu sozialer Interaktion führen.

Die einmal erworbene qualitative Identität wird, aufgrund der Mechanismen des cognition managements, vom Subjekt möglichst stabil gehalten. Das

[178] So wird der Terminus der Identität in der Philosophie in aller Regel verstanden; vgl. Angehrn, *Geschichte und Identität*, 8.
[179] Schmidt, *Gedächtnisforschungen*, 45.
[180] Erikson, *Jugend und Krise*, 170.
[181] Erikson, *Identität und Lebenszyklus*, 107.
[182] Erikson hat diesen Terminus in den Sozialwissenschaften eingebürgert, definiert aber nicht sehr deutlich, was er damit bezeichnen will. Er will das Phänomen von „einer Anzahl von Blickwinkeln aus" betrachten, wobei der Begriff „einigermaßen mehrdeutig" bleibt; vgl. Erikson, *Identität und Lebenszyklus*, 124f.
[183] Vgl. Hernegger, *Der Mensch auf der Suche nach Identität*, 52. 55f.

führt natürlich dazu, daß Identitätsveränderungen nur schwerlich vollzogen und kaum als solche interpretiert werden. Wer etwa begeisterter Anhänger eines bestimmten Regimes war, wird nach dessen Ablösung und Verwerfung entweder ein unbelehrbarer Anhänger bleiben oder seine frühere Begeisterung nicht mehr als solche wahrhaben wollen. Mit diesen Schwierigkeiten wird ein Prozeß der Vergangenheitsbewältigung rechnen müssen.

Tatsächlich ist ein Individuum darauf angewiesen, sein So-Sein auch angesichts von Veränderungen *in einer bestimmten Hinsicht* als kontinuierlich, als in gleicher Weise interpretierbar zu erleben. Die Identität muß in einem bestimmten Deuterahmen auch bei Veränderungen immer den gleichen Platz zugewiesen bekommen können.[184] Diese diachrone Stabilität der Identität ist nötig, um mit äußeren Veränderungen umgehen zu können.

„Qualitative Identität, wenn wir von ihr mit Bezug auf Personen sprechen, ist grundsätzlich reflexiv, sie benennt ein Problem im Verhältnis der Person zu sich selber. Wenn wir auf die [...] Identität anderer Bezug nehmen, beziehen wir uns immer auf dieses Selbstverhältnis der Person, und dies auch dort, wo wir deren eigenes Selbstverhältnis in Frage stellen und ihm unsere eigene ‚Identifizierung' entgegenhalten."[185] Qualitative Identität ist also eine Relation, in der eine Person zu Attributen, Ideen oder Ereignissen etc. steht, die sie sich bzw. die man ihr zuschreibt. Es geht um das Verhältnis des Individuums zu sich selbst und um seinen Ort im sozialen Agieren.

Das Individuum, so kann man resümieren, braucht für sich selbst eine klare Identitätsbeschreibung, die, wie andeutungsweise bereits aufschien, im diachronen Erleben konstituiert wird.

Die Bedeutung von Identitätszuschreibungen an andere

Ebenso wichtig ist es, anderen Personen (und in analoger Weise auch Dingen) Identität zuschreiben zu können. Wer sein Leben führen muß, braucht eine stabile Einschätzung der Umwelt. (Diese Einschätzung stellt freilich ein Interpretationskonstrukt dar, die sich kommunikativ bewähren muß.) Zu dieser stabilen Einschätzung gehört es auch, planen, also Komplexitäten temporal differenzieren zu können. Die Einschätzung des So-Seins, also die Zuschreibung von Identität, wird unter Anwendung von Geschichtsinterpretationen vorgenommen. Der Blick auf das Gewordensein hat Erklärungskraft[186]; d.h., er schafft Bedeutungen zum Verständnis von Personen und Konstellationen, indem er diese im Referenzsystem der jeweiligen Geschichte situiert, ihnen also einen Platz oder auch mehrere Plätze in Konstellationskomplexitäten zuweist. Weil Geschichte, aufgrund ihrer narrativen Struktur, die Einheit eines Referenzobjektes unter sich wandelnden Konstellationen komponiert, dient der Blick auf die Vergangenheit der Identifizierung von Subjekten in der Gegenwart. So ist die Zuschreibung bestimmter

---

[184] Luhmann, *Identitätsgebrauch in substitutiven Ordnungen, besonders Gesellschaften*, 322, meint in diesem Sinne: „Identität ist ein Kompensativ für Kontingenz".

[185] Angehrn, *Geschichte und Identität*, 277.

[186] Vgl. Danto, *Analytische Philosophie der Geschichte*, 230.

Geschichten zu bestimmten Referenzobjekten (oder auch Referenzsubjekten im Falle der Reflexivität dieser interpretatorischen Zuschreibung) eine elementare Funktion zur Beschreibung der Identität von Objekten resp. Subjekten. Damit wirkt Geschichte (auch) identitätskonstituierend.

Insofern Vergangenheitsbewältigung ein Prozeß der Orientierung und Parallelisierung von Geschichtsinterpretationen ist, kann sie auch als Prozeß der Identitätskonstituierung verstanden werden bzw. als Prozeß der Orientierung und Parallelisierung von Identitätszuschreibungen und darin eingeschlossen der Zuschreibung von Rechten und Pflichten, von Verantwortlichkeiten und Ansprüchen, von Schuld und Schuldlosigkeit sowie von sozialem Status und Interaktionsfähigkeit etc. Bei Vergangenheitsbewältigung geht es also um die Frage danach, welche Handlungs- oder Veränderungsnotwendigkeiten es angesichts präsentischer Wirkungen vergangenen Geschehens gibt; es geht aber auch um die Frage nach der Identität der Beteiligten, der Täter wie der Opfer. Da sich Vergangenheitsbewältigung immer auf Subjekte bezieht, und Konsequenzen auch immer nur bezüglich ihrer Wirkungen für Subjekte erforderlich werden[187], bezieht sich der Anspruch von Vergangenheitsbewältigung letztlich auf die Zuschreibung von Identitäten und die sich aus ihnen ergebenden Konsequenzen.

Freilich hängt die Identität von Personen auch von ihrem Schemabestand und von ihrem Denken ab[188], weshalb auch dieses bewältigungsrelevant ist. Doch das Kognizieren von Personen ist nur an seinen Auswirkungen ersichtlich, die sich ihrerseits in Form von Geschichten darstellen lassen. Insofern kann man sagen, daß Identität durch Geschichten beschrieben wird.

3.3 Die sozialen Bedingungen der Identitätsausprägung

Für ein Subjekt ist es nicht gleichgültig, welche Identität ihm sozial zugeschrieben wird. In den sozialen Gruppen, in denen ein Subjekt agiert, sieht es sich Normanforderungen ausgesetzt, auf die es reagieren muß. Durch das faktische Verhalten des Individuums bezüglich der Normanforderungen entsteht ein Profil, das man diesem Individuum als „soziale Identität" zuschreibt. Den Identitätsinterpretationen, die andere vornehmen, wird sich ein Subjekt schwerlich ganz entziehen können. Deshalb beruht die Identität eines Subjekts auf der Interpretation des Individuums durch andere und auf der Rezeption dieser Interpretation durch das Individuum selbst. Damit werden Zuschreibungen, die andere vornehmen, zu einem Identitätsbestandteil. „Dem einzelnen wird ‚Verantwortung' für seine Handlungen von ande-

[187] Es gibt keine Handlungsnotwendigkeit aus Verantwortung *gegenüber* der unbelebten Natur, sondern nur *angesichts* ihrer gegenüber einem Subjekt. (Zu dieser Unterscheidung vgl. Kant, *Die Metaphysik der Sitten, Tugendlehre, Ethische Elementarlehre*, § 17.) Darum kann es keine Verpflichtung geben, die völlig belanglos für jegliches Subjekt wäre. Zur Erläuterung vgl. Birnbacher, *Sind wir für die Natur verantwortlich?*

[188] Vgl. dazu das etwas fiktional wirkende, aber als Beispiel dennoch brauchbare Szenario bei Williams, *Das Selbst und die Zukunft*, in: ders., *Probleme des Selbst*, 78-104.

ren Menschen aufgezwungen. Man kann sich von der Erinnerung seiner Mitmenschen nie befreien, wie immer es mit der eigenen Erinnerung bestellt sein mag."[189] Die eigene Identität hängt immer auch davon ab, wie andere einen interpretieren. Das ist eine Folge der sozialen Bedürftigkeit des Menschen. Identität ist also immer auch ein Stück Widerfahrnis. „Der einzelne als Person hat [...] nicht nur seinen Ursprung in der Sozialisation, [...] er wird auch in seiner Identität in späteren sozialen Beziehungen [...] gestützt oder geschwächt, aufrechterhalten oder zerstört."[190]

Allerdings kann das Individuum prinzipiell – innerhalb gewisser Grenzen – entscheiden, ob es den gesellschaftlichen Normen folgen will oder nicht, ob es seine soziale Rolle[191] spielen wird oder nicht. Wenn sich das Individuum dem Druck nach Rollenkonformität nicht beugt, zieht dies wiederum gesellschaftliche Identitätszuschreibungen nach sich. Dabei kann das gleiche Verhalten, das in der einen sozialen Gruppe als gut und rollenkonform gilt, in einer anderen als verwerflich interpretiert werden und zur gesellschaftlichen Ächtung führen. Das ist für ein sozial bedürftiges Wesen eine bedrohliche Gefahr. In der Alltagspraxis erlebt sich der Mensch der Moderne als in verschiedenen institutionellen Bereichen agierend, die unterschiedliche Rollenerwartungen und -bewertungen vornehmen. „Die Rollenbestimmtheit der persönlichen Identität kann deswegen [...] zum Problem werden. [...] Das bedeutet, daß die Stabilität der persönlichen Identität zum subjektiven, ja in gewissem Sinn zum privaten ‚Problem' wird."[192] Das Individuum wird also von außen in vielfältiger Weise identifiziert und muß – nicht zuletzt wegen der möglichen Pluralität dieser Identifizierungen – seine eigene Identität organisieren, indem es zu diesen Identifizierungen Stellung nimmt.

Sein eigenes Verhalten bezüglich der Normenanforderungen erlebt das Subjekt als „Ich-Identität".[193] Die Ich-Identität beschreibt, in wieweit das Subjekt seine Individualität an die Forderungen des sozialen Drucks anpaßt. Die „balancierte Ich-Identität" verlangt also ein gewisses Maß an Ich-Distanz wie auch ein gewisses Maß an Rollendistanz.[194] „Ich-Identität ist demnach die Fähigkeit eines Individuums, mit Hilfe von Rollendistanz und Ich-Distanz in verschiedenartigen Situationen eine Balance zwischen widersprüchlichen Erwartungen, zwischen den Anforderungen der anderen und den eigenen Bedürfnissen sowie zwischen dem Verlangen nach Darstellung dessen, worin es sich von anderen unterscheidet und der Notwendigkeit, die Anerkennung für seine Identität von seiten der anderen zu finden und herzustellen."[195]

---

189 Luckmann, *Persönliche Identität, soziale Rolle und Rollendistanz*, 299.

190 Luckmann, *Persönliche Identität, soziale Rolle und Rollendistanz*, 299f.

191 Zum Begriff und zur Bedeutung von „Rolle" vgl. Luckmann, *Persönliche Identität, soziale Rolle und Rollendistanz*, 301f.

192 Luckmann, *Persönliche Identität, soziale Rolle und Rollendistanz*, 306f.

193 Vgl. Goffman, *Stigma*, 133.

194 Vgl. Krappmann, *Soziologische Dimensionen der Identität*, bes. 70ff. 133ff.

195 Veelken, *Versuche zur Grundlegung einer Identitätstheorie und ihrer soziologischen Aspekte sowie ihre Bedeutung für die außerschulische Jugendarbeit*, Dortmund 1976, 211f., zitiert nach Hanswille, *Identitätsentfaltung und Jugendkatechese*, 47.

Mit der Identitätszuschreibung interpretiert man also das Verhältnis, in dem ein Individuum (das man auch selbst sein kann) zu sich und der ihm begegnenden Welt steht. Diese Identitätszuschreibung ist eine Interpretation. Die Identitätszuschreibung, die man bezüglich der eigenen Person vornimmt, kann zu der, die man zugeschrieben bekommt, in einem Unverträglichkeitsverhältnis stehen. Weil auch Identitätszuschreibungen die Geltungsansprüche erheben, sind sie einem hermeneutisch-moralischen Diskurs zu unterziehen. Damit unterliegen auch soziale Normen und Rollenerwartungen den Überprüfungen eines Diskurses. Weder soziale Normen noch Rollenkonformität sind als solche schon gut oder schlecht. Sie sind es vielmehr, indem sie dem Moralprinzip genügen oder nicht. Der Nazischerge, der ein guter Familienvater war, ist nicht deshalb moralisch gerechtfertigt, weil er sich rollen- und systemkonform verhielt.[196] „Die erste ‚Rollentheorie' hat [...] Immanuel Kant [...] aufgestellt [...]. Aber er hat [...] keinerlei Zweifel darüber gelassen, daß die Einheit der praktisch handelnden Person im Gehorsam gegenüber dem ‚Sittengesetz' als dem höchsten Auftrag der Person liegt."[197]

Der soziale Druck, der auf die Identitätskonstitution des Individuums wirkt, stellt eine Gefahr und eine Chance zugleich dar. Die Gefahr besteht in einem Sozialdruck, der Menschen auch gegenüber verwerflichen Normen und Rollenanforderungen konform werden läßt, vergleichbar dem Druck, der die Probanden in Milgrams Experiment zum Gehorsam veranlaßte. Die Chance besteht darin, daß der gleiche Druck potentielle Übeltäter von ihren Plänen abhalten kann.

4. Geschichte prägt die Identität

4.1 Die Bedeutung von Widerfahrnissen bei der Identitätsbildung

Wenn Identität als der eigentliche Gegenstand von Vergangenheitsbewältigung zu gelten hat, dann muß um der Opfer willen die Bedeutung von Widerfahrnissen für die Identität – und somit für Vergangenheitsbewältigung – noch etwas deutlicher beleuchtet werden.

Die Bedeutung von Widerfahrnissen liegt in zwei Aspekten: (1) Widerfahrnisse können das Erleben, d.h. das Verstehen und Interpretieren von Individuen, beeinflussen, sie in ihren Möglichkeiten und Handlungsweisen begrenzen sowie den Selbstentwurf und das So-Sein des Individuums prägen. (2) Widerfahrnisse können aufgrund von gesellschaftlichen Vereinbarungen oder aufgrund von moralischen Regeln für die Betroffenen Rechte, Ansprüche oder ähnliches begründen.

---

[196] Vgl. dazu Schelsky, *Die Arbeit tun die anderen*, 384.

[197] Schelsky, *Die Arbeit tun die anderen*, 385.

Widerfahrnisse sind Bedingungen des Selbsterlebens und der Interaktionsmöglichkeiten, der Handlungsmöglichkeiten und der Möglichkeiten zur persönlichen Entwicklung. Insofern prägen Widerfahrnisse die Identität. Die Einheit des Subjekts und die Einschätzung von Interaktionsabläufen als stabil, ist oft nur dann verständlich oder erreichbar, wenn (die Erlebnisse von) Widerfahrnissen einbezogen werden. Das gilt in dem Maße, wie die Widerfahrnisse das So-Sein beeinflussen. Man denke beispielsweise an die von Freud beschriebenen Verdrängungsmechanismen, die von Widerfahrnissen ausgelöst werden. Nur wenn man diese bei einer Tiefeninterpretation des Patienten einbezieht, formiert sich dessen scheinbar disparates Verhalten zu einer Einheit, und es wird stabil prognostizierbar.

„Die Widerfahrnisse sind für unser Selbstverständnis den Handlungen mindestens ebenbürtig."[198] Sie eröffnen uns Chancen oder engen uns ein, sind die in Zeitlichkeit gegossenen Kontext- (oder Rahmen-) Bedingungen unserer Existenz, unserer Identität. Weil Widerfahrnisse zu den Kontextumständen gehören, im Rahmen derer das Subjekt lebt, gehören sie zu den prägenden und damit im Rahmen einer Vergangenheitsbewältigung aufzuarbeitenden Momenten. So betrachtet sind sogar Naturereignisse Gegenstand von Vergangenheitsbewältigung; nämlich insofern, als sich durch ihre Einwirkung die Identitätsprägung verstehen läßt und damit vielleicht sogar die Zielsetzungen, Maximen, Motive oder Handlungen des betreffenden Subjektes.[199] Insofern Widerfahrnisse einen Anspruch begründen oder für die Auslöser von Widerfahrnissen eine Verpflichtung, kommt durch die Beschreibung von Widerfahrnissen die moralische Dimension ins Spiel.

4.2 Die Geschichtlichkeit der Identität

Weil das gegenwärtige So-Sein aus dem erwächst, was das Individuum mit sich selbst gemacht hat und was ihm widerfahren ist, ist Identität nur als geschichtlich gewordene verständlich und stabil einschätzbar. Dabei ist die Geschichte ein Handlungs-Widerfahrnis-Gemisch.[200] Die Geschichtlichkeit ist eine interpretatorische Weise, Identitäten von Subjekten und deren Veränderungen zu verstehen. Dies ist der Grund, warum für Subjekte – und nur für Subjekte – die Geschichte bewältigungsrelevant ist: sie bleibt ein (in der Identität der Betroffenen „geronnener") Faktor der Gegenwart, welche als

[198] Kamlah, *Philosophische Anthropologie*, 37f; Lübbe, *Geschichtsbewußtsein und Geschichtsinteresse*, 54-68.

[199] Vgl. dazu die Ausführungen bei Fischer, *Die Geschichte und ihr Sinn*, 354f.

[200] Vgl. Kamlah, *Philosophische Anthropologie*, 34-40. Hermann Lübbe hält Widerfahrnisse für die eigentlichen „Konstrukteure" von Identität. Somit ist für ihn Identität folglich eine rein deskriptive Identifizierung bzw. Individualisierung, für die das betreffende Individuum, das Referenzobjekt, nicht verantwortlich ist; vgl. Lübbe, *Identität und Kontingenz*. Mir scheint dieser spezielle Identitätsbegriff weder durch die Sprachpraxis gedeckt, noch von den Ausführungen zur Individualität und zur Subjektivität bestätigt zu werden; vgl. Angehrn, *Geschichte und Identität*, 51ff.

einzige der „drei Zeiten“[201] als Handlungsdimension zur Verfügung steht. Deshalb bleibt die Geschichte in der Gegenwart ein Faktor, der nicht nur auf die Identität der Behandelten wirkt, auf die Opfer (wie dies z.B. bei Naturkatastrophen der Fall ist), sondern auch auf die Identität der Handelnden, der Täter, denen das Geschehen ja in einer bestimmten Weise verantwortlich zugeschrieben wird.

Der Blick auf die Geschichte ist notwendig, weil sich ein So-Sein nur in seiner diachronen Differenzierung interpretieren läßt.[202] Allerdings brauchen Individuen ein stabiles So-Sein, eine kontinuierliche Identität. Das Individuum braucht einen stabilen Selbstbezug, um unter sich verändernden Konstellationen überhaupt als Individuum bestehen zu können, ja, durch diesen stabilen Selbstbezug kann Veränderung überhaupt erst wahrgenommen werden. Daraus folgt: Jegliche Kommunikation ist auf die Stabilität der Interaktionspartner angewiesen. Eine stabile Identität ist eine soziale Notwendigkeit. Stabilität meint in diesen Zusammenhängen nicht bloß eine kontinuierliche Individualität, sondern auch eine stabile Qualität. Fehlt diese stabile Qualität, so ist die Prognostizierbarkeit des Verhaltens in Frage gestellt. Dieses ist aber die Grundlage einer fruchtbaren Interaktion, auf die das Individuum angewiesen ist. Stabilität ist eine geschichtliche Größe, insofern sie die Bedeutungsgleichheit unter sich wandelnden Bedingungen meint. Stabilität meint, daß die Identität einer Person immer *unter einer bestimmten Hinsicht* in gleicher Weise interpretierbar ist und sie *in einem bestimmten Deuterahmen* immer die gleiche Plazierung zugewiesen bekommen kann. Dieser Deuterahmen ist die Kompositionsstruktur bzw. das leitende Interesse der Geschichtserzählung, die freilich den entsprechenden Prüfkriterien und den Geltungsansprüchen der Rede zu genügen hat.

Probleme der Geschichtlichkeit von Identität

Die Tatsache, daß für eine stabile Interaktion eine diachron kontinuierliche Identität förderlich ist, führt leicht zu absichtlichen oder unabsichtlichen Geschichtsverzerrungen. Hans Ulrich Gumbrecht hat diese Problematik anschaulich aufgezeigt. Er kommt zu dem Ergebnis: „Wer sein Gesicht wahren will [...], muß die Kompatibilität seiner eigenen Geschichte, die Teil einer komplexen Interaktionsgeschichte ist, mit jeder ihm in bestimmten Momenten von derselben Interaktionsgeschichte auferlegten Handlung plausibel machen.“[203] „Identitätsverteidigung ist deshalb stets Verteidigung der eigenen Geschichte, weil Identität nur als interpretierte Geschichte von Gruppen oder Individuen sprachlich präsentierbar wird.“[204] „Das Image von Individuen und

---

201 Augustinus, *Bekenntnisse*, XI. Buch.

202 „Meine Identität ist mir nicht in einer Art Totalpräsenz gegeben“, schreibt Angehrn, *Geschichte und Identität*, 65.

203 Gumbrecht, *Über die allmähliche Verfertigung von Identitäten in politischen Reden*, 110f.

204 Gumbrecht, *Über die allmähliche Verfertigung von Identitäten in politischen Reden*, 111. Daß allerdings die Rede von der Identität einer Gruppe nicht unproblematisch ist, lesen wir bereits bei Berger/Luckmann, *Die gesellschaftliche Konstruktion der Wirklichkeit*, 185. Darauf weist auch der französische Philosoph Michel Serres in einem Beiheft von *Le monde* hin (so

Gruppen gerät in Gefahr, so können wir resümieren, wenn ihnen aufgegebene Handlungen als inkompatibel mit ihnen vorgegebenen Geschichten erscheinen. Man kann sein Image wahren, indem man die eigene Geschichte so [um-] interpretiert, daß die aufgegebene Handlung an sie anschließbar wird.“[205] Geschichtsinterpretationen wie Identitätszuschreibungen verlangen deshalb eine Prüfung durch einen hermeneutisch-moralischen Diskurs.

„Mit Geschichten“, so kann man diese Überlegungen mit Volker Steenblock zusammenfassen, „versichern sich Einzelne, Gruppen und Institutionen ihrer Identität.“[206] Geschichten sind narrative Konstrukte, die Konstellationen und Konstellationsveränderungen unter jeweils gegebenen schematischen Voraussetzungen, bezogen auf ein Referenzobjekt, zu einer Abfolge komponieren. Der Ort dieser Komposition ist jeweils die Gegenwart. In diese Komposition fließen Charakterbeschreibungen[207], Motivbeschreibungen[208] (also Schemabeschreibungen), Handlungen und Widerfahrnisse ein. Solche Geschichten werden mit bestimmten Absichten konstruiert und stellen ein mehrfaches Interpretationskonstrukt dar. Damit ergibt sich das Phänomen, daß die Konstruktion von Geschichte ihrerseits wiederum ein Identitätsmoment des konstruierenden Subjektes ist, da sich in dieser Konstruktion die Schemata des Konstruierenden offenbaren; jedenfalls partiell.

Kritik an einer Geschichte (also Kritik an der Interpretation vergangener Geschehnisse) ist somit auch Kritik an der Identität des Erzählenden. Die Frage nach der angemessenen historiographischen Darstellung von Geschehnissen ist somit niemals „nur“ eine Frage nach den vergangenen Vorgängen, sondern immer auch eine Frage nach (1) der Identität der Referenzobjekte der Geschichte (der „Helden“ im Sinne Hannah Arendts) und (2) eine Frage nach der Identität der Historiographen.[209] Deshalb ging es z.B. beim Historikerstreit nicht nur um die Identität der Deutschen des ehemaligen Deutschen Reiches, sondern auch um die Identität der Diskutanten und um die gewünschte Identität der heutigen Deutschen. Da Geschichten immer wieder anders erzählt, da Zuschreibungen immer wieder anders vorgenommen werden können, ist „geschichtliche Identität [...] weder ein vorgegebenes

---

eine Notiz in der *Süddeutschen Zeitung* vom 25./26. Januar 1997). Die Betrachtung von vielen Individuen hinsichtlich einer bestimmten Referenz sei gefährlich, weil sie zur Stigmatisierung führe. Diese Betrachtung neige dazu, „Einzigartigkeit“ und „Zugehörigkeit“ zu vermengen und diene leicht als Keule zum Ausschluß anderer.

205 Gumbrecht, *Über die allmähliche Verfertigung von Identitäten in politischen Reden*, 117.

206 Steenblock, *Die Legitimität des Historismus*, 175.

207 Charakter ist die Zuschreibung von Verhaltenskonstanzen, die jedoch zunächst erst festgestellt werden müssen. Also ist Charakter eine geschichtlich gewonnene Größe, die dem Individuum als Eigenschaft zugeschrieben wird. Vgl. dazu Bühler, *Psychologie im Leben unserer Zeit*, 161f.

208 Motive sind Interpretationskonstrukte; vgl. Lenk, *Motive als Interpretationskonstrukte*.

209 Für den Fall, daß das Referenzobjekt und der Historiograph identisch sind, schreibt Hannah Arendt, *Vita Activa oder vom tätigen Leben*, 178: „*Wer* jemand ist oder war, können wir nur erfahren, wenn wir die Geschichte hören, deren Held er selbst ist, also seine Biographie.“ Und Gerhard Schmidtchen bestätigt das: „Wer sagen will, wer er ist, erzählt eine Geschichte von sich.“ (Schmidtchen, *Was den Deutschen heilig ist*, 190).

Faktum noch ein konstantes, an sich seiendes Wesensmerkmal."[210] Unterschiedliche Identitätszuschreibungen können daher in einem Widerspruchsverhältnis zueinander stehen. Es wird deutlich: Identität hat eine der Konstruktion von Geschichte(n) ganz ähnliche Struktur.[211] Identität ist ein narratives Interpretationskonstrukt und muß durch die Angemessenheitskriterien für narrative Konstrukte geprüft werden.

4.3 Identität als narratives Interpretationskonstrukt

Identität ist nicht etwas, was sächlich vorfindlich wäre oder was das betreffende Subjekt einfachhin „hat", sondern sie ist die durch die narrativen Zuschreibungen vorgenommene Bedeutungszuweisung in einem Schemaensemble resp. auf einem Verstehenshorizont. Und weil Verstehen immer mit der Frage zu tun hat, ob man das Objekt des Verstehens als Möglichkeit der eigenen Daseinsauslegung in Betracht zieht oder nicht, ist auch Identität stets der Frage ausgesetzt, ob man sie als Modus der eigenen Daseinsauslegung fortführen oder ob man sie ändern möchte und ob man die Identität anderer Individuen prinzipiell als Modus der Daseinsauslegung akzeptiert oder nicht. Allerdings, von *der* Identität zu sprechen ist nicht möglich, wenn Identität ein Interpretationskonstrukt darstellt. Denn einem Individuum können verschiedene Identitäten zugeschrieben werden. Das „Selbstbild" einer Person muß nicht mit dem „Image" übereinstimmen, und auch dieses „Image", die öffentliche oder soziale Identität, muß nicht einheitlich sein. Hier treffen wir auf alle die Probleme, die bei der Identifikation von Handlungen sowie bei der Konstruktion von Geschichte zutage getreten sind und Konsequenzen für die Identitätszuschreibung nach sich ziehen.

So ist Identität, als Wahrnehmung und Interpretation einer Person in ihrem So-Sein, ein Diskriminierungs- bzw. Selektionsunternehmen. Nicht alle Handlungen, Widerfahrnisse und Schemata werden zu einer Geschichte verbunden, in der das betreffende Individuum, das Referenzobjekt, das einheitstiftende Motiv ist (so etwas ist auch gar nicht möglich). Vielmehr wird aufgrund eines leitenden Erkenntnisinteresses *der Bezug* des Individuums zu *einigen* Handlungen, Widerfahrnissen und Schemata diesem als Identität zugeschrieben. Identität ist also nicht ein Konglomerat aus zugeschriebenen Handlungen, Widerfahrnissen und Schemata, sondern das Verhältnis, in das das Individuum sich zu bestimmten Handlungen, Widerfahrnissen und Schemata stellt bzw. dazu gestellt wird.[212] Dabei ist der Selbstbezug des Indivi-

[210] Rumpel, *Geschichte, Freiheit und Struktur*, 388. Diese Betrachtung der Dinge spricht freilich nicht von der theologischen Aussage, daß Gott die Menschen wirklich erkennt, auf die Paulus in 1 Kor 13,12 anspielt. Vgl. dazu z.B. Koch, *Menschliche Sinnfrage und christlicher Glaube*, 406.

[211] Vgl. Angehrn, *Geschichte und Identität*, 68ff.

[212] Dazu ein Beispiel: Nicht die Tatsache, daß jemand mit den Vertretern einer repressiven Staatsmacht in Kontakt stand, prägt die Identität, sondern ob er es tat, um für Verfolgte dieser Staatsmacht etwas zu erreichen oder ob er es tat, um die eigene Karriere zu fördern.

duums auf die Handlungen, Widerfahrnisse und Schemata seinerseits wiederum ein Aspekt, der zur Entwicklung der Identität dieser Person gehört.[213]

Die Ausprägung bzw. die Zuschreibung von Identität ist ein selektives, interpretatorisches und narrativ-konstruktives Unternehmen. Identität besteht aus Erzählungen über reflexive Relationen, in denen das Referenzobjekt situiert wird. Dieser interpretatorische Charakter macht das Phänomen der Identität relativ. Das heißt, es gibt zwar ein allgemeines Interesse an Identitätszuschreibung, aber *spezielle* Interessen hinsichtlich der *jeweiligen* Identitätszuschreibung. Die konkrete Identitätszuschreibung hängt also ab von dem jeweils leitenden Interesse und von den daraufhin ausgewählten Aspekten. Das Beispiel von Wissenschaftlern, namentlich von Medizinern, die während der NS-Zeit an barbarischen Menschenversuchen beteiligt waren und die nach dem Krieg unbehelligt im akademischen Bereich Karriere machen konnten, zeigt, wie selektiv die leitenden Interessen bei der Identitätszuschreibung sein können.

Auch das Phänomen einer Identitätsentwicklung wird relativ zur interpretatorischen Grundlage: Welche Veränderungen sind relevant, um bei ihrem Vollzug von einer veränderten Identität reden zu können? Es sind selbstverständlich *die* Veränderungen, die im Rahmen des jeweils zugrunde gelegten interpretatorischen Referenzsystems bezüglich der Identitätszuschreibung eine Rolle spielen. Dieser Zusammenhang offenbart die Bedeutung des interpretatorischen Referenzsystems und seine Bewältigungswürdigkeit.[214] Denn es ist dieses System, das die Kriterien vorschreibt (bzw. zur Verfügung stellt), anhand derer die Identitätsgeschichte erzählt wird. Es handelt sich um ein System leitender Erkenntnisinteressen. Wie kann man nun bei einer solchen Interessengebundenheit, die unweigerlich auch zu Interessengegensätzen führt, zu akzeptablen und wenig divergenten Identitätszuschreibungen kommen? Da Zuschreibungen immer narrative Interpretationskonstrukte sind, gelten auch hier alle Kompositionskriterien, die beim Konstruieren von historischen Erzählungen zu berücksichtigen sind. Die entstehenden Geschichten müssen auch in diesem Falle dem Kriterium der Kontrainterpretierbarkeit unterzogen und im hermeneutisch-moralischen Diskurs geprüft werden.

Identitätszuschreibungen sind manipulierbar

In diesem Zusammenhang wird allerdings noch etwas weiteres offenbar: Derjenige, der auf soziale Identitätszuschreibungen nicht angewiesen ist bzw. derjenige, der sich in der Lage befindet, das „Material“ für die Identitätszuschreibung manipulieren zu können (indem er etwa erfundene Geschichten

---

[213] Dazu ein Beispiel: Ob ein Täter reuelos zu seinen Taten steht oder sie als Untaten bedauert, ist eine reflektorische Relation, die bei der Identitätszuschreibung eine Rolle spielt.

[214] Man denke etwa an diejenigen, die während der NS-Zeit als gute Deutsche galten und nach dem Zusammenbruch des Reiches dann als Personen mit einer fragwürdigen Identität. Daran zeigt sich die Bindung von Identität an das Referenzsystem und zugleich die Bewältigungswürdigkeit von Referenzsystemen. Vergangenheitsbewältigung ist also auch Schema- bzw. Ideologiekritik.

zu seiner Biographie in Umlauf setzen und erfolgreich vermitteln kann), ist in der Lage, sich aus den Konsequenzen, die mit bestimmten Identitätszuschreibungen verbunden sind, herauszustehlen. Man denke etwa an Stalin, dessen Handeln nie zu einer Vergangenheitsbewältigung führte, die ihn in die Pflicht genommen hätte, oder man denke an Nazi-Schergen, denen es gelungen ist, mit einer „neuen Identität" bis an ihr Lebensende unbehelligt zu bleiben.

Es zeigt sich also dreierlei: (1) Menschen brauchen selbst eine (positive) qualitativ-diachrone Identität, um agieren zu können. Sie brauchen sie für die Herstellung eines Selbstentwurfs, der die Konsistenz des Individuums sowie seine Sozialfähigkeit garantiert. Wird diese Identität zerstört, kommt es also zu Persönlichkeitsspaltungen oder zu anderen Arten des Identitätsverlustes, dann wird der Mensch lebensunfähig. (2) Menschen sind auf stabile soziale Interaktionen angewiesen. Darum brauchen sie Identität auch bei anderen für die Konstruktion einer beherrschbaren Sozialwelt. Auch ihr Fehlen führt zur Lebensunfähigkeit. Solche stabilen sozialen Interaktionen kann es nur geben, wenn die Teilnehmer ausreichend identifizierbar sind. (3) Einzelne Menschen können – ohne das Gesamtgefüge dadurch zu gefährden – ihre Identität „wechseln". Sie können es tun, um sich der Verantwortung zu entziehen. Dies zu unterbinden, ist ein Teil von Vergangenheitsbewältigung, zu der es gehört, Identitätszuschreibungen vorzunehmen (narrativ zu orientieren), sie zu parallelisieren und auf der Umsetzung der sich daraus ergebenden Konsequenzen zu bestehen.

Der „Ausstieg" aus einer Identität ist deshalb möglich, weil die qualitativ-diachrone Identität, so wie sie hier beschrieben und verstanden wird, kein objektives und interpretationsvorgängiges Datum einer Person, sozusagen ein vorfindliches Merkmal, sondern eine interpretatorische Zuschreibung darstellt. Wenn es also nicht gelingt, vergangenes Geschehen realitätsadäquat zu interpretieren, diese Interpretation gesellschaftlich zu parallelisieren und somit eine kontrainterpretationsstabile Identitätszuschreibung an die Beteiligten vorzunehmen, dann kann es vorkommen, daß die Last der Vergangenheit an den Opfern „hängen" bleibt. Darum ist die Interpretation vergangenen Geschehens und ihre gesellschaftliche Parallelisierung sowie die damit zusammenhängende Identitätszuschreibung an die Beteiligten eine moralische Forderung.[215] Identität gibt es nur als zugeschriebene, sie ergibt sich nicht interpretationsunabhängig. Deshalb verhält es sich mit ihr anders als mit den anderen Modi der Wirksamkeit vergangenen Geschehens, die zwar in ihrer Identifikation *als* Wirkung vergangenen Geschehens nur interpretatorisch existieren, aber als *Wirkung* gegebenenfalls auch ohne diese Interpretation. Das Leid von Opfern wirkt gegebenenfalls „aus sich selbst". Doch bezüglich der Täter, die ihre üblen Taten ohne weitere Folgewirkungen für sich selbst überstehen, gilt es, Identität, auf die jede Person unabdingbar angewiesen ist, als Gegenstand und als Mittel der Vergangenheitsbewältigung zu nutzen. Dort, wo vergangenes Geschehen

[215] Vereinfacht ausgedrückt dient das Konstruieren und Erzählen von Geschichten auch der Identifizierung von Personen als Täter oder Opfer, um dann die gesellschaftlichen Mechanismen in Gang zu setzen, die bei solchen Identifizierungen vereinbart sind.

sich in den Identitätszuschreibungen an die Täter niederschlägt, sind diese in der Regel aus Gründen der sozialen Notwendigkeit gezwungen, sich auf einen Prozeß der Vergangenheitsbewältigung einzulassen. Die Geschehnisse um die „Nazigold-Affäre" von schweizer Banken mag dies exemplarisch beleuchten.

Identitätsentwicklung als Maßnahme von Vergangenheitsbewältigung
Qualitative Identitätsveränderung muß kein unlauteres Unternehmen sein, das von der Absicht getragen ist, andere Menschen zu täuschen und sich selbst unbehelligt aus einer belasteten Identität davonzustehlen. Identitätsveränderung wird im Zuge der Bewältigung von schuldhafter Vergangenheit von den Schuldigen ausdrücklich verlangt. Es wird erwartet, daß Übeltäter sich so verändern, daß sie selbst die Übeltat als solche bekennen, sie nicht mehr als Handlungsmöglichkeit in Betracht ziehen[216] und die sich aus der Verantwortung für die Übeltat ergebenden Konsequenzen übernehmen. Eine solche Identitätsveränderung beginnt mit entsprechenden performativen Sprechakten der verwerfenden und bedauernden Stellungnahme. Wenn das Individuum fürderhin ein Verhalten an den Tag legt, das sich zu diesen Sprechakten konsistent verhält, dann wird man von einem veränderten Schema-Handlungs-Widerfahrnis-Gemisch ausgehen und dieses als beabsichtigte Veränderung dem Individuum als veränderte Identitätsausprägung zuschreiben. Solche Identitätsveränderungen sind nicht leicht, denn sie verlangen (1) die Konstituierung eines neuen Selbstverständnisses gegen die Wirksamkeit des aktuellen cognition managements, verbunden mit dem Risiko, daß die „neue" Identität nicht nur die Übernahme von Konsequenzen erfordert, sondern auch in der Gefahr steht, gesellschaftlich nicht respektiert zu werden. Damit geriete das Individuum (2) in die Problematik, die wir bei den Versuchen von Asch und Milgram kennengelernt haben. Der Mensch braucht die Akzeptanz durch die Gruppe und deshalb auch die gesellschaftliche Akzeptanz seiner Identitätsänderung.[217]

Die Präsenz von Vergangenheit in der Identität macht Vergangenheitsbewältigung zu einem Unternehmen der Gegenwartsbewältigung
Insofern es bei Vergangenheitsbewältigung um die Zuschreibung von Identität und die Einforderung und Umsetzung der sich daraus ergebenden Konsequenzen geht, ist Vergangenheitsbewältigung maßgeblich Gegenwartsbewältigung resp. eine gegenwarts- und zukunftsbezogene Bewältigung vergangener Geschehnisse. Denn Identität ist ein gegenwärtiges Zuschreibungsunternehmen, eine gegenwärtige Daseinsauslegung, eine gegenwärtige Interpretation eines Individuums in seinem So-Sein. Diese Identifizierung wird nicht aus nostalgischen, aus rückwärtsgewandten Motiven betrieben, sondern aus Gründen der Daseinsauslegung in der Gegenwart und für die

[216] Das bedeutet nicht weniger, als bestimmte Daseinsmodi zu verwerfen.
[217] Vgl. Berger/Luckmann, *Die gesellschaftliche Konstruktion der Wirklichkeit*, 157-197, besonders 169.

Zukunft. Das gilt ganz besonders für die Opfer. Anders ausgedrückt: Zwar ist Identität zuschreibbar nur aufgrund geschichtlicher Erfahrung. Deshalb „bin ich in gewisser Weise meine Vergangenheit".[218] Doch Identifizierung dient der Lebenstauglichkeit bzw. der Überlebensfähigkeit. Diese vollzieht sich im Daseinsentwurf, der jeweils präsentisch „stattfindet" resp. manifest wird. Menschen brauchen Geschichte, brauchen Identität, aber sie brauchen sie um ihrer Gegenwart und Zukunft willen. So dient auch Vergangenheitsbewältigung letztlich dem Leben in der Gegenwart und in der Zukunft. Genau diese Bestimmung fordert immer wieder zur Vergangenheitsbewältigung – nämlich zur Geschichtsdeutung und Identitätsausprägung und ggf. -änderung – auf. Es ist der Entwurfscharakter des Daseins, der eine seriöse Vergangenheitsbewältigung verlangt.

Es geht um das Möglichsein. Und dies ist die Situierung im Geflecht von Abkünftigkeit und Entwurf. Diese Situierung ist Interpretation. Insofern ist der Prozeß dieser Situierung, den man als Identitätskonstruktion erlebt, ein Interpretationskonstrukt. Auch Vergangenheitsbewältigung ist somit ein Interpretationskonstrukt. Allerdings sei nochmals betont: damit wird keinesfalls ihre Bedeutung oder ihr Realitätswert geschmälert. Es zeigt sich jedoch die Notwendigkeit, diesen Prozeß in Form eines hermeneutisch-moralischen Diskurses zu führen. Dieser interpretatorische Diskurs wird sich gegebenenfalls auch der Problematik zu stellen haben, wie mit Personen umzugehen ist, die eine rollenspezifische, eine differenzierte Identität leben, deren Teile in einem unverträglichen Verhältnis zueinander stehen.

Vergangenheitsbewältigung betrifft auch die positive Vergangenheit

Da die Beschreibung von Identitätsmomenten als in einem Widerspruchsverhältnis zueinander stehend eine Interpretation ist, die von einer bestimmten Homogenitäts- bzw. Konsistenzvorstellung getragen wird, zeigt sich auch hier nochmals sehr deutlich der interpretatorische Charakter von Identität. Identität ist ein narratives Interpretationskonstrukt und somit ein kulturelles Gut. Es wird vom Kulturwesen Mensch benötigt, um sein Leben führen und sozial existieren, sozial interagieren zu können. Dabei ist festzuhalten: Nicht nur negative Geschichten prägen die Identität, sondern alle, die mit einer gewissen Nachhaltigkeit wirken. Daraus ergibt sich konsequenterweise die Notwendigkeit, den Begriff der Vergangenheitsbewältigung (über die Schuldfrage hinaus) zu weiten. Insofern nämlich Geschichtlichkeit ein identitätsstiftender bzw. -prägender Prozeß ist, sind *alle* Elemente dieser Geschichtlichkeit relevant, die für die Identitätsbildung Bedeutung haben: Tun genauso wie Erleiden, positive Erlebnisse genauso wie negative.[219] Sie alle

---

[218] Frank, *„Die eigentliche Zeit in der Zeit"*, 154.

[219] In diese Richtung geht auch eine Bemerkung des früheren Bundeskanzlers Helmut Schmidt: „Ich glaube, daß jedes Volk mit seiner Vergangenheit leben muß, im Guten wie im Bösen, mit den Leistungen, mit den Traditionen, mit dem, was aus der Vergangenheit an Gutem vererbt worden ist, genauso wie mit den Irrtümern und, im Falle der Nazis, mit den Verbrechen, deren Gedächtnis auch nicht ausgelöscht werden darf." (Zitiert nach: Presse- und Informationsamt der Bundesregierung [Hg.], *Demokratie als Auftrag*, 75).

bilden die Kontexte, auf denen sich die Identität des Subjekts ausprägt und sind als solche Interpretationskonstrukte.

Bereits die so selbstverständlich und problemlos scheinende Deutung eines Geschehens als eines Tuns oder eines Erleidens ist eine Interpretationsleistung und damit eine Identitätsäußerung, denn sie ist eine (Selbst-) Interpretation, weil dadurch der „Ertrag“ einer Handlung jemandem zugeschrieben wird.[220] Und daran wiederum hängen „Könnens- und Zuversichtsfragen und darüber hinaus natürlich auch moralische Folgekategorien, wie Schuld und Verantwortung.“[221] Man denke nur an Menschen in Unrechtssystemen, die durch ihr intermissives Verhalten diese Systeme stützen. Ob die Erhaltung des Unrechtszustandes – und damit seine bedrohliche Wirkung – als ein Erleiden oder als ein Mitmachen gedeutet wird, ist in je eigener Weise identitätsbildend (oder „identitätsoffenbarend“) und im Falle einer Vergangenheitsbewältigung der Gegenstand erneuter interpretatorischer Reflexion, weil sich durch Interpretationen dieser Umstände auch Ziele und Maximen ausdrücken. Zuschreibungen sind eben auch Interpretationsleistungen. Und sie bestimmen das Geschichtsbild im großen wie im privaten Zusammenhang. Ob zum Beispiel ein Staat sich in einen Krieg „hineingedrängt“ oder „hineingezogen“ fühlt, ist sicherlich bedeutungsvoll für die moralische Bewertung seiner martialischen Aktionen – weshalb selbst Kriegstreiber regelmäßig darauf bedacht sind, die Auseinandersetzungen, in denen sie sich befinden, als ein Widerfahrnis, als ein Erleiden darzustellen und den konstitutiven Anteil des eigenen Handelns an der Situation zu bagatellisieren.

4.4 Das Verhältnis von Identität und Interaktion im Rahmen von Vergangenheitsbewältigung (in Beispielen)

Insofern Geschichte (auch) die narrative Konstruktion von Identität ist, ist die Konstruktion von Identität eine Funktion gegenwärtiger Daseinsbewältigung. Diesem Ziel dienen sowohl die subjektive Identitätsausprägung als auch die vielfachen gesellschaftlichen Identitätszuschreibungen. Aufgabe der Vergangenheitsbewältigung ist es, (1) diese Unternehmen so zu gestalten, daß sie zu möglichst wenig kontrainterpretierbaren Ergebnissen führen und (2) dafür zu sorgen, daß die sich ergebenden Konsequenzen auch gezogen werden.

Identitätszuschreibung als Maßnahme der Situierung im sozialen Gefüge
Opfer haben ein hohes Interesse an Vergangenheitsbewältigung, um die Macht der Vergangenheit über ihr Leben beenden zu können. Dazu gehört

---

[220] Vgl. Luhmann, *Erleben und Handeln*, 237.
[221] Tenbruck, *Zur Anthropologie des Handelns*, 125.

die Anerkennung ihrer Geschichte, die Bewältigung von Traumata, ein Ausgleich für zugefügtes Unrecht und vieles mehr. Täter dagegen haben ein Interesse daran, bewußt oder unbewußt die Geschichts- und Identitätskonstruktion so vorzunehmen, daß diese dem gegenwärtigen Interesse nach einem konfliktfreien und sozial akzeptierten Leben dient. Zwischen diesen Polen – Opfer und Täter – gibt es vielfache Abstufungen. Menschen, die entweder ihr früheres Agieren als von Unwissenheit durchdrungen darstellen oder dieses Agieren so deuten, daß es mit den Bewertungsmaßstäben, die heute angelegt werden und mit denen akzeptables von verwerflichem Agieren geschieden wird, vereinbar ist. Auch hier dient die so vorgenommene Vergangenheitsbewältigung einem gegenwärtigen Interesse.[222]

Andreas Kuntz[223] schildert, wie Menschen ihre Lebenszeit während des „Dritten Reiches" so deuten, daß sie diese Interpretation in eine Identitätsausprägung integrieren können, die ihnen präsentisch ein sowohl persönlich als auch sozial akzeptables Selbstbild bietet, das wiederum ein konfliktarmes Interagieren ermöglicht. Ob dies gelingt, hängt davon ab, ob die Interpretation der erzählten Geschichten geteilt wird, ob dem Individuum zugebilligt wird, daß es zu dem geschilderten (und interpretierten) Schema-Handlungs-Widerfahrnis-Gemisch keine zumutbare Alternative hatte, die moralisch als höherwertig einzustufen wäre. Nicht das Gemisch selbst und die Zuschreibung dieses Gemisches zu einem Individuum verschafft diesem die Billigung oder Ablehnung der sich so ergebenden Identität, sondern die Einschätzung der anderen, ob es akzeptable Alternativen gegeben hätte. Um dabei Willkür und Manipulation jeglicher Art zu vermeiden, bedarf es eines hermeneutisch-moralischen Diskurses über die Kontrainterpretierbarkeit der Geschichten und Identitätszuschreibungen.

Vergangenheitsbewältigung umschließt die Rückfrage nach den Tätern ebenso, wie die nach den Opfern. Beide nehmen – als unaufgebbar sich interpretatorisch verhaltende Wesen – zu dem Geschehenen unweigerlich Stellung, konstituieren *so* Geschichte und prägen so ihre Identität. Doch dieser stellungnehmende Prozeß geht natürlich stets weiter. Darum ist es ebenso wichtig, wie sich die Individuen nach der Interpretation des Geschehens weiterhin verhalten. In bezug auf den Täter wirft dies die Frage auf, wie er sich zu dem Geschehenen stellt, ob und wie er den Abgleich seines damaligen Verhaltens mit seinen heutigen Bewertungsmaßstäben vornimmt, welche Konsequenzen er zieht und zu tragen bereit ist usf. Hinsichtlich der Opfer ist dieser Vergangenheitsbewältigungsprozeß von Bedeutung, weil auch hier – freilich unter anderen Vorzeichen – die Identitätsbildung weitergeht, der Interpretationsprozeß der eigenen (erlittenen) Geschichtlichkeit identitäts- und interaktionsprägende Bedeutung gewinnt. Im Zusammenhang eines Ver-

---

[222] Exemplarisch aufgezeigt hat dies Ulmer, *Die autobiographische Plausibilität von Konversionserzählungen*. Vgl. auch Berger/Luckmann, *Die gesellschaftliche Konstruktion der Wirklichkeit*, 170ff.; von Engelhardt, *Biographie und Identität*, 217.

[223] Kuntz, *„Entnazifizierungs-Geschichten"*. Kuntz will keine Geschichten über Entnazifizierungsverfahren bieten, sondern er berichtet von Rechtfertigungsgeschichten, davon, wie Personen ihr Leben während der NS-Zeit später (um-) interpretieren.

gangenheitsbewältigungs-Prozesses heißt dies, zumindest die Frage zu stellen: Was hat das Ereignis mit diesen Menschen gemacht? Daraus sind dann Konsequenzen zu ziehen.

Ein Beispiel für den Zusammenhang von Identität und Interaktion

Wie sehr die Identitätsprägung und die Interaktionsverhältnisse – gerade auch für die Opfer – von einem seriösen Vergangenheitsbewältigungs-Prozeß abhängen, beschreibt Mirjam Akavia in einem Aufsatz, der die Situation der Holocaust-Opfer im neugegründeten Staat Israel schildert: „Die Anschuldigung, daß wir uns wie die Lämmer zur Schlachtbank hätten führen lassen, war besonders kränkend und schmerzlich [...]. Heute wissen wir alle, wie unberechtigt sie war."[224] Die überlebenden Opfer litten nicht nur unter den Qualen der KZ-Haft und – nach der Befreiung – unter deren Folgen, sondern auch unter der falschen Einschätzung durch ihre jüdischen Mitbürgerinnen und Mitbürger. Diese Interaktionssituation wirkte zurück auf ihre Identität, auf ihr So-Sein. Im Interaktionsverhältnis *waren* sie damit faktisch Menschen, die für ihr eigenes Schicksal zwar nicht verantwortlich gemacht, aber doch in seiner Ursächlichkeit mit ihm in gewisser Weise in Verbindung gebracht wurden. Die historische Identifikation war also fehlerhaft. Man könnte auch sagen, diese Interpretation des Geschehenen deckt sich nicht mit der Interpretation, die die Opfer selbst den Geschehnissen beilegen. Und dadurch wurde die Identitäts- und die sich daraus ergebende Interaktionssituation der Opfer in der Gegenwart belastet.

Wie sehr bereits die Möglichkeit, die bedrückenden Erlebnisse zur Sprache bringen zu können, von den Opfern als befreiend erlebt wird, und wie sehr die Korrektur der alleine aufgrund der Opferrolle vorgenommenen Identifikation auf die Identität der Opfer wirkt, schildert Mirjam Akavia auch. Sie berichtet von der Zeit des Eichmann-Prozesses in Israel. „Die Menschen, die den Holocaust nicht durchlebt hatten, begannen nun langsam, seine Ausmaße zu erfassen [...]. Ich selbst empfand während des Prozesses eine gewisse ‚Erleichterung'; denn nun endlich ‚begriff' die Umwelt, was der Holocaust war. [...] Es gab für mich keine Möglichkeit, die Dinge auszusprechen, sie anderen mitzuteilen, und nun brachte sie dieser Prozeß endlich ans Tageslicht."[225]

Die Art der Bewältigung wirkt auf das So-Sein

Beides prägt also die Identität: zum Opfer zu werden, und diesen Teil der eigenen Geschichte zu bewältigen. Henryk M. Broder zeigt dies aus einer etwas anderen Sicht auf und beleuchtet damit weitere wichtige Aspekte dieser Tatsache. Die Judenverfolgung des Nazi-Deutschland habe bei einigen Überlebenden „zu schrecklichen Verrenkungen, zu Anpassungsübungen und Lie-

224 Akavia, *Die Erinnerung an den Holocaust in Israel*, 82.

225 Akavia, *Die Erinnerung an den Holocaust in Israel*, 85. Der gesellschaftliche Diskurs, der durch den Eichmann-Prozeß ausgelöst wurde, ermöglichte es also den Opfern, ihre Interpretation des Geschehenen und ihre Interpretation der eigenen Identität gesellschaftlich plausibel und akzeptabel zu machen.

besdienerei – aus Angst, Unterwürfigkeit oder welchen Gründen auch immer – geführt"[226], die lebenslang anhielten; mit entsprechenden Folgen: Selbstanklagen, Minderwertigkeitsgefühlen, kompensatorischem Größenwahn und anderen Persönlichkeitsausprägungen und Verhaltensweisen.[227] Ein Prozeß der Vergangenheitsbewältigung hat – zumindest strukturell – dafür Sorge zu tragen, daß solche Verhaltensmuster durchschaubar und veränderbar werden. Vergangenheitsbewältigung hat dafür zu sorgen, daß die Opfer aus ihrer Opfer-Rolle herauskommen können und von anderen nicht ausschließlich über diese Rolle definiert werden, sie hat, so verstanden, Identitätsveränderung bzw. veränderte Identitätszuschreibung hinsichtlich der Opfer zu ermöglichen. Henryk M. Broder berichtet zur Verdeutlichung von einer Tagung, zu der die bereits erwähnte Schriftstellerin Mirjam Akavia eingeladen war, „die sich für die Teilnahme an dieser Tagung aus der Sicht der Veranstalter dadurch qualifiziert hat, daß sie Auschwitz überlebt hat – weswegen sie immerzu als eine Überlebende präsentiert und angesprochen wird [...]. Ihr Gebrauchswert im Rahmen dieser Tagung liegt allein in der vom Tagungsleiter immer wieder betonten Tatsache, daß sie in Auschwitz gewesen ist und ihre Angehörigen ermordet wurden. Sie ist eine Zeugin aus erster Hand, ein authentisches Opfer, das nun präsentiert werden kann, weil es Glück hatte. Es ist, als würde sie in ihren Kleidern noch den Geruch von Zyklon-B mit sich herumtragen, an dem ihre Zuhörer sich berauschen können wie Kiffer an einer Uhutube. Ein Hauch von Nekrophilem begleitet ihr Auftreten, wofür sie nichts kann, ähnlich den zum Tode Verurteilten, bei deren Hinrichtung der Strick gerissen war und die nachher auf Jahrmärkten als Attraktion vorgeführt wurden, dem Tod um Haaresbreite entkommen ..."[228]

Durch die Ausführlichkeit dieses Zitates wird deutlich, daß der „Ausstieg aus der Opferrolle" nicht dem Verdrängen dienen soll, sondern der Identität und der Würde der Opfer, die ja nicht einfach Opfer sind, sondern Menschen, deren Persönlichkeit und Identität zwar durch das Opfer-gewesen-Sein geprägt wurde, die sich aber nicht allein darin erschöpft, und die vor allen Dingen eine positive Weiterentwicklung muß nehmen können.

Also ist ein gelingender Vergangenheitsbewältigungs-Prozeß auch – und gerade – für die Opfer von großer Bedeutung. Das betont und beschreibt auch Aron R. Bodenheimer[229], der – als Professor für Psychiatrie und Psychotherapie – auf Sigmund Freud zurückgreift und den *Opfern* das Recht auf Vergessen einräumt. Damit redet er nicht einem Verdrängen das Wort, sondern einem Prozeß des Durchleidens und Durcharbeitens, um nicht einem ewig peinigenden Wiederholungszwang der Vergegenwärtigung des Geschehenen zu erliegen, der das Opfer aus seiner Rolle nie entläßt. Es ist ein psychohygienischer Prozeß des Erinnerns um des Vergessens willen, ein Er-Innern um zu integrieren, damit die erlebte Vergangenheit die Zukunft nicht

226 Broder, *Über jüdische Distanzierung und deutsche Betroffenheit*, 76.
227 Vgl. Broder, *Über jüdische Distanzierung und deutsche Betroffenheit*, 76ff.
228 Broder, *Über jüdische Distanzierung und deutsche Betroffenheit*, 78f.
229 Bodenheimer, *Teilnehmen und nicht dazugehören*, 37-53.

zerstört. Vergangenheitsbewältigung ist also ein Prozeß, der die Identität und die Zukunft, das So-Sein und das Möglich-Sein der Opfer prägt.[230]

Genau dies – die Identität und die Identitätsentwicklung der Opfer – trägt seinerseits wiederum zum weiteren Verlauf eines Vergangenheitsbewältigungs-Prozesses bei. In welcher Weise dies der Fall ist, mag ein zweites längeres Zitat Henryk M. Broders verdeutlichen: „Als Opfer erfüllt Frau Akavia eine doppelte Funktion. Erstens ist sie der Auslöser für Ströme von Betroffenheit[[231]], und zweitens, indem sie die Betroffenheit nicht nur auslöst, sondern auch annimmt, teilt sie mit der moralischen Autorität des Opfers Absolution an all diejenigen aus, die durch ihre Vermittlung einen Blick in den Abgrund tun konnten. Es sollten bei jeder zukünftigen Ausrottungsaktion ein paar Todeskandidaten verschont werden, damit sie später den seelischen Haushalt der Täter und ihrer Nachfolger wieder ins Gleichgewicht bringen: dadurch, daß sie überlebt haben – jeder hatte eine Chance! – und auch dadurch, daß sie im Namen derjenigen, die nicht überlebt haben, vergeben und verzeihen."[232] Insofern trägt eine Emanzipation der Opfer von ihrer Opferrolle dazu bei, daß Vergangenheitsbewältigung nicht in einer „betroffenen" Rückschau, wie Broder sie in seiner geradezu sarkastischen Skizze beschreibt, stecken bleibt, sondern ein Prozeß in und für die Gegenwart wird; allerdings *ohne* die Opfer der Vergangenheit dabei dem (verdrängenden) Vergessen anheimfallen zu lassen.[233]

Identität als Gegenstand von Vergangenheitsbewältigung
Wenn also Geschichte, und damit die Herkünftigkeit und die Identität von Subjekten, einem Handlungs-Widerfahrnis-Gemisch entspringt, einer nicht planbaren „Handlungsinterferenz"[234]-Situation, so ist demnach im strengen Sinne nicht die *Geschichte* zu bewältigen (denn auf die trifft von Weizsäckers Einwand zu, daß an ihr nichts mehr zu ändern sei), sondern die *Identität* der Beteiligten, insofern sie der subjektiven Reaktion auf die geschichtliche Situation entspringt. Diese ist die moralisch zu bewertende Größe und das interaktionell sich auswirkende Moment – bei Tätern und Opfern. Bei Vergangenheitsbewältigung geht es um Menschen und nicht um eine abstrakte Geschichte.

Im Zuge von Vergangenheitsbewältigung wird die Verantwortlichkeit für Geschehenes, wird die Zuweisung von Täterschaft und Opferrolle, wird die moralische Qualität der involvierten Individuen deutlich. Vergangenheitsbe-

---

230 Vgl. in diesem Zusammenhang auch Wolffsohn, *Zur politischen Funktion des Holocaust in Israel*, der die Bedeutung des Opfer-gewesen-Seins von Juden für das Empfinden, Verhalten und (Re-) Agieren der israelischen Gesellschaft in den 80er Jahren beschreibt und analysiert.

231 Zu einer pseudo-reflektierten „Betroffenheit", die letztlich eine subtilere Form des Verdrängens ist, äußert sich Broder, *Über jüdische Distanzierung und deutsche Betroffenheit*, 77ff. Vgl. auch Jaeggi/Rohner/Wiedemann, *„Gibt es auch Wahnsinn, hat es doch Methoden ..."*, 58-67.

232 Broder, *Über jüdische Distanzierung und deutsche Betroffenheit*, 79.

233 Dies ist die Problematik der („gefährlichen") Erinnerung, auf die noch einzugehen sein wird.

234 Lübbe, *Geschichtsbegriff und Geschichtsinteresse*, 55ff.

wältigung ist bezüglich aller Beteiligten ein notwendiger Prozeß zur Identitätsbildung und zur Klärung von Interaktionsverhältnissen.[235] Dies gilt auch für positive und erfreuliche Aspekte der Geschichte. Allerdings, ein für positive Vorgänge verwendbares Wort, vergleichbar dem der „Vergangenheitsbewältigung“, welches eher die Aufarbeitung negativer Aspekte bezeichnet, liegt nicht vor. Doch die *Sache* gilt – jeweils entsprechend – für Täter und Opfer, für „gute“ und für „schlechte“ Zusammenhänge. Der Mensch lebt in der geschichtlichen Struktur, die all diese Elemente enthält, die seine Identität und Interaktion (-sfähigkeit) – und damit auch seine moralische Qualität und Verantwortlichkeit – prägen, und die nicht suspendierbar ist.

---

[235] Analog der kommunikationspsychologischen Erkenntnis, daß man nicht nicht kommunizieren kann, ließe sich hier formulieren, daß es (aufgrund der eigenen Geschichtlichkeit) unmöglich ist, sich nicht in seiner Identität weiterzuentwickeln und damit seine Interaktionsfähigkeit zu bestimmen.

Fünfter Kreis: Soziologische Dimensionen

1. Problemanzeige

Bisher war vornehmlich von den Bedingungen und Mechanismen die Rede, die im Rahmen von Vergangenheitsbewältigung auf die *Individuen* wirken. Diese Vorgehensweise kann gute Gründe für sich in Anspruch nehmen, ist doch der Mensch letztlich sowohl Gegenstand als auch Betreiber von Vergangenheitsbewältigung. Jedoch läßt sich Vergangenheitsbewältigung auch bezüglich sozialer Systeme durchführen. Gerade im Blick auf sie wird der Terminus „Vergangenheitsbewältigung" in aller Regel verwendet. Es sei daran erinnert, daß das Wort „Vergangenheitsbewältigung" im Zusammenhang mit der Problematik des Umgangs der Deutschen mit ihrer NS-Vergangenheit geprägt wurde. Für die Erarbeitung einer Theorie von Vergangenheitsbewältigung wirft das die Frage auf, ob die auf das Individuum bezogenen Erkenntnisse auf soziale Systeme adaptierbar sind, oder ob Vergangenheitsbewältigung hier anders aussehen muß, weil sie anderen Mechanismen zu gehorchen hat.

Wenn man herausfinden will, ob die auf das Individuum bezogene Charakterisierung von Vergangenheitsbewältigung als Orientierungs- und Parallelisierungsunternehmen von Geschichtsinterpretationen und Identitätszuschreibungen auch auf Vergangenheitsbewältigung in sozialen Systemen zutrifft, dann erhebt sich die zentrale Frage, ob es so etwas wie eine Identität sozialer Systeme gibt und – wenn ja – wie sie zustande kommt. Identität spielt ja eine bedeutende Rolle bei dem bisher erarbeiteten Verständnis von Vergangenheitsbewältigung. Die Frage nach der Identität sozialer Systeme macht jedoch vorgängige Klärungen nötig.

Identität beinhaltet Zuschreibungsfähigkeit. Wie kann man einem sozialen System Geschichte zuschreiben? Wer muß wie betroffen sein, damit man von der Geschichte des sozialen Systems sprechen kann? Wie kann man einem sozialen System Handlungen zuschreiben, wer ist der Handelnde? Daran schließt sich die Frage an: Wie kann man einem sozialen System Verantwortung zuschreiben, wer ist für systemisches Handeln in Haftung zu nehmen? In Haftung nehmen heißt auch, Konsequenzen zu ziehen. Was muß geschehen, damit ein System handelt oder sich ändert, und welche Rolle haben die einzelnen Systemmitglieder? Wie trifft ein soziales System Entscheidungen und wie läßt es sich steuern?

Diese Fragen sind nicht belanglos angesichts der Tatsache, daß von sozialen Systemen erhebliche Wirkungen ausgehen können – wie etwa das unbeschreibliche Unheil des Nationalsozialismus –, daß aber zugleich jedes Individuum darauf verweist, vom System gezwungen worden zu sein und selbst nichts erheblich Böses getan zu haben. Ebenso sind diese Fragen nicht belanglos angesichts der Problematik, bei Vergangenheitsbewältigung bezüglich sozialer Systeme die richtigen Konsequenzen zu ziehen. Muß es individuelle Maßnahmen geben, wie es die Absicht der Entnazifizierung war, oder soll man sich auf strukturelle Veränderungen konzentrieren? Wie aber lassen sich strukturelle Maßnahmen durchführen: Müssen sie auf das Bewußtsein jedes einzelnen wirken, oder reicht es, gesellschaftliche Regeln zu ändern? Inwiefern tragen nachkommende Generationen Verantwortung für ein früheres Systemhandeln? All diesen und noch weiteren zentralen Fragen liegt die Problemfrage zugrunde: Was ist ein soziales System und wie organisiert es sich?

Diese Frage ist alles andere als einhellig geklärt. Es gibt vielmehr sehr unterschiedliche Konzepte, die sehr unterschiedliche Folgen nach sich ziehen und dementsprechend für eine Theorie der Vergangenheitsbewältigung bezüglich sozialer Systeme zu sehr unterschiedlichen Ergebnissen führen.

Methodologischer Individualismus vs. Systemtheorie

Sind soziale Systeme nichts anderes als das Konzert individuellen Agierens, oder kommt ihnen eine eigene Wirklichkeit zu? Sind soziale Systeme – so läßt sich die Fragestellung auch wenden und damit dem Wirkungskreis eventueller ontologischer Spekulationen entziehen – ausschließlich aus dem Wissen über Individuelles, d.h. Dispositionen, Haltungen, Interessen und Verhaltensweisen von Individuen zu verstehen und zu deuten[1], oder sind es andere Mechanismen, die eine soziales System als solches konstituieren und existent erhalten?

Auf den ersten Blick scheinen soziale Systeme aus Personen und ihren Interaktionen zu bestehen, aus dem Konzert individuellen Agierens. Die konstruktivistischen Annahmen setzen ja voraus, daß es Wirklichkeit nur für ein kognizierendes Subjekt gibt. Damit sind alle Vorstellungen von kollektiven Phänomenen (kollektives Gedächtnis, kollektive Identität etc.) lediglich Sprachbilder für die Tatsache, daß soziale Parallelisierungen interindividuelle Ähnlichkeiten oder Übereinstimmungen geschaffen haben, die sich wie ein überindividuelles Phänomen auswirken. Das bedeutete, soziale Systeme wären Interpretationskonstrukte, die interindividuelle Parallelisierungen hypostasierten. Doch dem steht die Erfahrung entgegen, daß soziale Systeme offenbar unabhängig vom Verhalten ihrer Individuen zu funktionieren scheinen.[2]

Wenn Vergangenheitsbewältigung ein Unternehmen zur Orientierung und Parallelisierung von Geschichtsinterpretation und Identitätszuweisung sowie der Durchführung der sich daraus ergebenden Konsequenzen ist und Vergangenheitsbewältigung überdies auch in sozialen Systemen notwendig und durchführbar sein soll, dann muß die Frage beantwortet werden, wie diese

---

1 Der methodologische Individualismus kennt verschiedene Varianten, z.B. die, wonach es keine undefinierbaren Gruppenbegriffe gibt, oder die, wonach sozialwissenschaftliche Gesetze auf Gesetze über Individuen reduzierbar sind. Es geht jeweils um andere Sinnspitzen und folglich um andere theoretische Konsequenzen. Vgl. dazu Lenk, *Der methodologische Individualismus ist (nur?) ein heuristisches Postulat*; Brodbeck, *Methodologischer Individualismus: Definition und Reduktion.*

2 Vgl. Willke, *Systemtheorie entwickelter Gesellschaften*, 21ff.

Prozesse in sozialen Systemen funktionieren können. Dazu ist es nötig, die beschriebene Spannung von individuellem Kognizieren und systemischem Funktionieren aufzulösen oder zumindest zu erklären. Das heißt, es ist die Frage zu beantworten, was soziale Systeme sind und wie sie funktionieren.[3]

Die Systemtheorie: Eine gegenwärtig maßgebende, aber für Vergangenheitsbewältigung augenscheinlich widrige Theorie
Das fundamentale Interesse der vorliegenden Arbeit besteht darin, das Anliegen von Vergangenheitsbewältigung gerade mit Hilfe solcher Theorien zu beschreiben, die dieses Anliegen zu gefährden drohen, um so deutlich zu machen, daß das Anliegen auch unter Anwendung dieser Theorien gültig bleibt. Eine solche soziologische Theorie ist die funktional-strukturelle Systemtheorie nach Niklas Luhmann.[4] Sie erfährt gegenwärtig eine lebhafte Rezeption, nicht nur, weil sie die soziologischen Phänomene moderner Gesellschaften (Komplexität, Steuerungsschwierigkeiten, Undurchschaubarkeit von Ursache-Wirkungs-Zusammenhängen etc.) augenscheinlich am konsistentesten fassen kann, sondern auch, weil sie eine universalistische soziologische Theorie zu sein beansprucht, die alle soziologischen Phänomene mit ihrem Begriffsinstrumentarium beschreibbar machen will. Doch wenn es um Vergangenheitsbewältigung geht, dann fallen die Schwächen dieser Theorie schwer ins Gewicht. Der Abschied vom Individuum und die Zuschreibung von Verursachungen an Systeme könnten geeignet sein, alle moralischen Maßstäbe verschwinden zu lassen. Die Schwächen dieser Systemtheorie autopoietischer Systeme sollen deshalb aufgedeckt und mit Hilfe anderer Ansätze korrigiert werden.

2. Struktur und Funktionsweise sozialer Systeme – am Beispiel der systemtheoretischen Analyse entwickelter Gesellschaften

2.1 Soziale Systeme als irreduzible Entitäten

Die scheinbare Unbeeinflußbarkeit von sozialen Systemen
Der Mensch ist ein soziales Wesen und braucht aus vielerlei Gründen die Gemeinschaft der Mitmenschen. Mehr noch, weil der Mensch zugleich auch

[3] Solche Erklärungen haben den Status eines Konstruktes bzw. einer Theorie. Sie versuchen, die Phänomene unter bestimmten Deutehinsichten (einem „frame of reference") zu systematisieren. Was den Bereich der Gesellschaftstheorie angeht, um den es sich in unserem Zusammenhang handelt, so ist die Theorienvielfalt nicht sehr groß. „Es gibt [...] nur ganz wenige Theoriestränge, die sich ernsthaft mit der Theorie moderner Gesellschaften auseinandergesetzt haben." Willke, *Systemtheorie entwickelter Gesellschaften*, 11. Vgl. auch Ritsert, *Gesellschaft*, 11-22.

[4] Luhmanns Ansatz begann funktional-strukturell und mündete in eine Systemtheorie autopoietischer Systeme. Die Frage, welche Funktion Strukturen und Systeme haben, wird in einer teleologischen Weise nicht mehr gestellt. Weil seine Theorie jedoch Systeme und deren Strukturen nur aus der Perspektive der Bedingungen ihres Funktionierens betrachtet und

Konkurrent seiner Mitmenschen ist, braucht er zur gedeihlichen Entfaltung seiner sozialen Bedürfnisse zunächst soziale Strukturen, die die Destruktivität der Konkurrenz minimieren, und schließlich braucht er die strukturierte Gesellschaft. Seitdem die Funktionsmechanismen der Gesellschaft nicht mehr (ausschließlich) durch ihre Herleitung vom Willen Gottes stabilisiert werden, spätestens jedoch seit den Erfahrungen der Amerikanischen und Französischen Revolution, gilt die Gestaltung der Gesellschaft aufgrund von Entscheidungen und durchführenden Maßnahmen als machbar. Doch hat sich immer wieder herausgestellt, daß gesellschaftliche Strategien zweckrationalen, zielorientierten Handelns häufig zu nicht beabsichtigten, kontraintuitiven und von daher unerwünschten Effekten führen; und zwar um so eher, je komplexer sich eine Gesellschaft darstellt.

Wegen der unüberschaubaren Abhängigkeiten und Wechselwirkungen von Handlungen und Zuständen scheint es nicht möglich zu sein, Gesellschaft als bloße Aggregation von Menschen zu betrachten und sie aus den Handlungen ihrer Mitglieder zu erklären. Es scheint oftmals so, als müsse das einzelne Individuum mitspielen, um nicht unterzugehen, um nicht durch gesellschaftliche Sanktionen oder Reaktionen neutralisiert zu werden. Das heißt, es stellt sich die Frage, ob das individuelle Handeln überhaupt für die Gesellschaft von Bedeutung ist und eine Wirkung auf sie ausüben kann. In einem recht kleinen sozialen System[5] mag es diese unmittelbaren Einflußmöglichkeiten geben, auch in streng obrigkeitlich geordneten wie z.B. in Armeen. Doch in Gesellschaften, also in übergeordneten Systemen aufeinander bezogenen und füreinander relevanten Handelns von Individuen und Subsystemen, ist diese Unmittelbarkeit nicht mehr gegeben. Dies gilt umso mehr, je komplexer die Gesellschaft bzw. das übergeordnete System ist.

„Kommunikation" als Funktionsmechanismus von sozialen Systemen

Wenn es nicht das individuelle Handeln ist, das die Großsysteme funktionierend erhält, was ist es dann? Es sind die „Netzwerke symbolischer Kommunikationen"[6] die das Funktionieren solcher Systeme bewirken: Geldverkehr, Bildungssystem, Rechtssystem, politische Ordnung, Informationsmarkt, aber auch Gebräuche, Tabus, institutionelle Ordnungen, Konventionen usw. „Kommunikation" meint in diesem Zusammenhang – nach Niklas Luhmann[7] – die *Transferenz verstehbarer Information*, also die Vermittelbarkeit von Information. Die Information muß dabei nicht akzeptiert, sondern nur verstanden werden. Die Kommunikation kann auch zu Dissensen führen. Dabei ist Handeln ein konkreter Anwendungsfall von Kommunikation.[8] Das

andere – etwa moralische – Betrachtungsweisen ausschließt, wird dieser Ansatz im folgenden weiterhin als „funktional-strukturelle Systemtheorie" bezeichnet.

5 Willke, *Systemtheorie entwickelter Gesellschaften*, 76ff., nennt ein Interaktionsverhältnis mit einem niedrigen Struktur- und Ordnungsniveau ein „Quasi-System".

6 Willke, *Systemtheorie entwickelter Gesellschaften*, 24.

7 Vgl. Luhmann, *Soziale Systeme*, 191-241.

8 Genauer heißt dies: Unter „Handlung" versteht Luhmann (in Anlehnung an Alfred Schütz) ein Modell oder einen Typ institutionalisierter Aktivitäten, z.B. Einkaufen, ein Buch

wiederum macht deutlich: Kommunikation ist die Operationsweise resp. der Funktionsmechanismus sozialer Systeme.

Soziale Systeme funktionieren und reproduzieren sich also über Kommunikation, und sie konstituieren sich durch ihre Differenz gegenüber der Umwelt, also gegenüber dem, was nicht zum jeweiligen System gehört.[9] Systembildung hat den Zweck, die Komplexitäten der Welt auf ein handhabbares Maß zu reduzieren.[10] Zu einem System verbindet sich (bzw. wird von einem Beobachter verbunden), was durch die gleichen Kommunikationsmechanismen miteinander interagiert, durch diese Interaktion immer neue Kommunikationen der gleichen Art hervorruft und sich so als System erhält.[11] Die Identität eines Systems besteht demnach in seiner System-Umwelt-Differenz und wird qualitativ beschreibbar durch die Art der Kommunikation, durch die das System „lebt". So ist z.B. ein Altenheim ein soziales System, weil es eine Kommunikation gibt, die nur in diesem Rahmen verständlich, die zugleich in diesem Rahmen unabdingbar ist. Es ist die Kommunikation von Altenhilfe an diesem bestimmten Ort. Die Frage nach der richtigen Pflege von alten Menschen in einer Bank zu stellen, ist für das System Bank unerheblich, ohne Einfluß auf dessen Funktionieren und hat für die Frage nach dem Abwickeln von Bankgeschäften keinen kommunikativen Anschluß.

Je mehr Systeme entstehen, desto komplexer wird die Kommunikation innerhalb einer Gesellschaft, wobei Menschen an vielen verschiedenen Systemen kommunizierend partizipieren. Komplexität meint hier, daß eine Vielzahl von Elementen nur selektiv miteinander verknüpft werden kann.[12] Lebensbereiche verselbständigen sich und sind nur noch teilweise miteinander verknüpfbar. Inkompatibilitäten und Inkommensurabilitäten nehmen tendenziell zu. „Wichtig ist zu sehen, daß eine Steigerung sozialer Komplexität zu tun hat mit einer Zunahme der Stufen der Abstraktion, einer Zunahme an Freiheitsgraden und Kontingenz [d.h. Möglichkeiten, Optionen], und mithin einer Zunahme des Grades des Hypothetischen einer Ordnung."[13] Eine gelingende gesellschaftliche Kommunikation erscheint auf diesem Hintergrund eher unwahrscheinlich. Eine Gesellschaft funktioniert in der Weise, wie ihr die Kommunikation gelingt; d.h., die Art des Kommunizierens stellt das „Wesen" der Gesellschaft dar. Das gilt entsprechend auch für jedes (Sub-) System der Gesellschaft.

---

schreiben, eine Konferenz abhalten, ein Lied singen etc. „Handeln" ist dann der einzelne Baustein zur Realisierung des Modells. Vgl. Luhmann, *Soziale Systeme*, 191-241. Diese recht eigenwillige terminologische Festlegung führt leicht zu Mißverständnissen.

9 Vgl. Willke, *Systemtheorie entwickelter Gesellschaften*, 7. 56. Hier tauchen nicht zwei Kriterien auf. Vielmehr thematisiert die spezifische Kommunikation den Bereich dieser Differenz.

10 Zum Terminus und zur Sache der Komplexität vgl. Willke, *Systemtheorie*, 18ff. Er definiert (ebd., 24) Komplexität als „den Grad der Vielschichtigkeit, Vernetzung und Folgelastigkeit eines Entscheidungsfeldes".

11 Jensen legt in seinem Buch „*Systemtheorie*" nachdrücklichen Wert darauf, daß dies eine Beobachterkategorie darstellt, also ein Interpretationskonstrukt zur Deutung und Handhabung der Welt.

12 Vgl. Luhmann, *Soziale Systeme*, 291.

13 Willke, *Systemtheorie entwickelter Gesellschaften*, 27. Vgl. dazu auch Walzer, *Liberalismus und die Kunst der Trennung*, 45ff.

Doch Kommunikation ist punktuell und flüchtig. „Das heißt, wenn nicht weitere Kommunikationen folgen, ist Schluß. Etwas übertreibend könnte man sagen, daß die Überbrückung von Pausen damit zu einem zentralen Moment der Stabilität von Gesellschaft wird!“[14] Diese Überbrückung erfolgt mit Hilfe von Regelmäßigkeiten, die trotz Pausen den weiteren Fortgang der Kommunikation mit ausreichender Sicherheit in Aussicht stellen. Diese Regelmäßigkeiten sind Bräuche, Traditionen, Gewohnheiten, Konventionen, institutionalisierte Verhaltensmuster etc.[15] Hier zeigt sich einmal mehr die Bedeutung von Regelmäßigkeiten und Stabilitäten, die bei der Behandlung der Identitätsproblematik bereits deutlich wurde. Weil Kommunikation Regelmäßigkeiten braucht, damit ihre Teile als zu dieser bestimmten Kommunikation gehörig identifizierbar sind, und Kommunikation so ein Identitätsmerkmal darstellen kann, gehören zu einem Kommunikationssystem auch die Kommunikationsregeln, die eine Stabilität herstellen können. Doch diese Stabilität gibt es nur als eine immer wieder vollzogene. Die Systeme sind auf diese Stabilitäten angewiesen, doch diese Stabilitäten sind immer wieder gefährdet.[16] Die Kommunikation in der Gesellschaft und in (Sub-) Systemen ist auf funktionierende Kompatibilitäten der Kommunikationsmittel angewiesen und auf allseits verständliche Weisen, Regelmäßigkeiten und Stabilitäten zu schaffen. Sie ist auf funktionierende und allseits bekannte Kommunikationsanschlußmechanismen angewiesen. Das heißt, unterschiedliche Traditionen oder Gebräuche können zu Kommunikationsstörungen führen. Sie lassen ein System nicht entstehen bzw. sie gefährden es. Je differenzierter eine Gesellschaft, desto unwahrscheinlicher ist eine gelingende Kommunikation.[17]

Dieser Funktionsmechanismus sozialer Systeme läßt es erwarten, daß sich in modernen Gesellschaften viele verschiedene Teilsysteme ausbilden. Und tatsächlich sind entwickelte Gesellschaften sehr differenziert. Selbst ein so homogen erscheinendes soziales System wie die katholische Kirche ist in diesem Sinne ein äußerst differenziertes und komplexes Sozialgebilde, das ggf. auch eine entsprechend differenzierte Vergangenheitsbewältigung nötig macht.

Kommunikation als Funktionsmechanismus führt zu vier Merkmalen sozialer Systeme

Moderne entwickelte Gesellschaften bzw. Großsysteme, so kann man die bisherigen Ausführungen resümieren, zeichnen sich durch vier Merkmale

---

[14] Willke, *Systemtheorie entwickelter Gesellschaften*, 29.

[15] Diese Regelmäßigkeiten, diese Typen, sind – in Luhmannscher Terminologie – die „Handlungen“, die ein System immer wieder reproduziert und auf die es zugleich angewiesen ist.

[16] Sie sind deshalb gefährdet, weil Menschen in der Produktion von „Handlungen“ scheitern können; vgl. dazu Esser, *Kommunikation und „Handlung“*, 189.

[17] In Anlehnung an Luhmannsche Terminologie könnte man sagen: verschiedene soziale Systeme kennen unterschiedliche „Handlungen“. Je unterschiedlicher die Handlungen sind, desto größer ist die Gefahr von Mißverständnissen. Man denke beispielsweise an kulturelle Unterschiede.

aus: (1) Sie finden die Gründe für ihre Gestaltung nicht in traditionellen oder metaphysischen Legitimationen, sondern im Willen zur Gestaltung. (2) Diese Gestaltung erweist sich aber als durchaus schwierig und zielungenau. Gesellschaften sind schwer zu steuern. Diese Problematik hat zwei Gründe. (3) Der erste findet sich in der Tatsache, daß entwickelte Gesellschaften sich aus funktional gebildeten Subsystemen zusammensetzen, also differenziert sind. (4) Der zweite Grund für die Steuerungsprobleme wird deutlich, wenn man weiß, daß auch die Subsysteme schwer zu steuern und zu beeinflussen sind, weil sie aus Kommunikationsschleifen bestehen, die sich selbst reproduzieren; und zwar nach Kriterien, die in der Operationsweise der betreffenden Kommunikation zu suchen sind. Soziale Systeme, so das Ergebnis der Systemtheorie, funktionieren selbstreferential.

Auf diese vier Merkmale entwickelter Gesellschaften – Differenzierung, Positivierung, Selbstreferenz und Steuerung –, die auch Helmut Willke besonders hervorhebt[18], sei nun etwas näher eingegangen, denn sie stellen den Horizont dar, auf dem jeder Versuch von Vergangenheitsbewältigung in sozialen Systemen sich abspielt; genauer gesagt: in sozialen Großsystemen. Genaugenommen gehören nur zwei dieser Merkmale zu den Funktionsmechanismen sozialer Systeme im Sinne der Systemtheorie: die Selbstreferenz der aus Kommunikation bestehenden sozialen Systeme und die sich daraus ergebende Schwierigkeit ihrer Steuerung. Differenzierung und Positivierung sind Merkmale moderner entwickelter Gesellschaften, die man allerdings in (fast) allen größeren sozialen Systemen antrifft, die aber nicht eigentlich Funktionsmechanismen von sozialen Systemen *als* soziale Systeme darstellen. Doch auf diese Unterscheidung muß im folgenden nicht weiter Bezug genommen werden, da es um die Frage nach Vergangenheitsbewältigung in modernen entwickelten größeren sozialen Systemen (Gesellschaften, Institutionen, Organisationen etc.) geht, die durch diese Merkmale gekennzeichnet sind.

Schon dieser knappe Überblick zeigt, daß Vergangenheitsbewältigung in sozialen Systemen ein schwieriger und differenzierter Prozeß ist, der sowohl in der Zuschreibung von Geschichte und Identität, als auch bei der Durchführung von Konsequenzen die Wirkung der vier Merkmale berücksichtigen muß.

2.2 *Merkmale moderner entwickelter Großsysteme*

Das Merkmal der Differenzierung

Differenzierung meint, daß Lebensbereiche bzw. Lebensäußerungen verselbständigt und institutionalisiert werden, daß also (Sub-) Systeme entstehen. So ist z.B. die Ökonomie ein eigenständiger Bereich, der – aus sich – keinen kommunikativen Anschluß finden kann zur Moral oder zur Ästhetik usw. Ökonomisch behandelbar ist nur, was sich ökonomisch kommunizieren läßt. Alles, was sich nicht ökonomisch kommunizieren läßt, gehört zur Umwelt dieses Systems. Freundschaft beispielsweise ist der Ökonomie

[18] Willke, *Systemtheorie entwickelter Gesellschaften*, 32-60.

fremd, es sei denn, sie ließe sich in Mark und Pfennig ausdrücken; ebenso Menschlichkeit, Gerechtigkeit etc. Lebensbereiche separieren sich also voneinander. Moderne Gesellschaften sind funktional differenziert. Die Problematik dieser Entwicklung besteht in der Gefahr der Verselbständigung einzelner Bereiche auf Kosten anderer. Die sich in den Teilbereichen ausbildenden Teilethiken können unter Umständen nicht mehr miteinander harmonisiert werden. Ein Handeln, das sich in bezug auf ein Teilsystem – etwa die Ökonomie – als rational (zweckrational) erweist, kann gewaltige Nebenfolgen für andere Teilsysteme – etwa die Ökologie – haben. Individuell oder subsystemisch rationales Handeln kann sich zu Folgen verquicken, die das Gesamtsystem zu gefährden vermögen. Diese negativen Entwicklungen zu verhindern, ist eine Steuerungsaufgabe. Die differenzierte Gesellschaft ist leistungsfähig, aber gefährdet.

Für Vergangenheitsbewältigung in einer differenzierten Gesellschaft bedeutet dies, daß dieses Unternehmen nur dann erfolgreich durchgeführt werden kann, wenn die Teil- bzw. Subsysteme von der Notwendigkeit dieses Unternehmens überzeugt werden können und mitmachen. Ansonsten kann es geschehen, daß die Teilrationalität eines Subsystems Effekte erzeugt, die das ganze Unternehmen gefährden. Man denke etwa an die Problematik einer Vergangenheitsbewältigung in der Schweiz. Bis in unsere Tage hat die Rationalität des Subsystems „schweizer Finanzwelt" fast jegliche Vergangenheitsbewältigung verhindert. Erst als Bedrohungen entstanden, die auch die schweizer Ökonomie betrafen, also Bedrohungen, die von diesem Subsystem als bedrohlich verstanden wurden, kam Bewegung in die Sache. Vergangenheitsbewältigung bedarf also einer Rationalität, die diejenige der Subsysteme übergreift und sie zugleich beeinflussen kann.

Die Differenzierung zeitigt noch eine weitere Konsequenz. Es ist möglich, daß *Teil*systeme verwerflich agieren. Dann muß auch Vergangenheitsbewältigung entsprechend differenzieren. So ist es verfehlt, *der Schweiz* oder *den Schweizern* die ökonomischen Aktionen zuzuschreiben, die von schweizer Banken zu verantworten sind. Inwiefern ein Großsystem für das Agieren eines Teilsystems verantwortlich zu machen ist, muß jeweils geprüft werden.

Das Merkmal der Positivierung

Das Merkmal der Positivierung bezeichnet die Verrechtlichung der Gesellschaft bzw. die Gestaltung durch rechtliche Regelungen, die alle Bereiche durchziehen. Nicht Tradition, Religion oder Natur setzen die Normen, sondern – wie auch immer geartete – gesellschaftliche Entscheidungsprozesse; allerdings nicht immer mit zielsicheren Erfolgen. Diese umfassende Rechtsetzung ist der Versuch, der Gefährdung durch Komplexität und Differenzierung zu wehren und die Gefahren einer zunehmenden Machbarkeit in Gesellschaft und Technik zu kontrollieren. Diese Regelungen sind allerdings kontingent. Sie können so, sie könnten auch anders aussehen. „Im Prinzip ist der Beliebigkeit keine Grenze gesetzt."[19] Damit die Beliebigkeit nicht ausartet und zur

---

[19] Willke, *Systemtheorie entwickelter Gesellschaften*, 40.

Willkür wird, gibt es in entwickelten demokratischen Gesellschaften bestimmte Verfahren diskursiver Willensbildung und demokratischer Entscheidung. Jedoch gilt hier wie bei allen gesellschaftlichen Gestaltungsprozessen: Es ist leichter, den status quo zu belassen, als Änderungen durchzusetzen.

Für das Problem der Vergangenheitsbewältigung heißt dies: Gestaltungen vollziehen sich schwerfällig und bedürfen einer Legitimitätsprüfung. Auch demokratische Entscheidungen sind nicht eo ipso unbedenklich und gut. Rechtliche Regelungen könnten das subsystemübergreifende Rationalitätsprinzip darstellen, das Vergangenheitsbewältigung in differenzierten Gesellschaften ermöglicht. Doch aufgrund seiner Positivität einerseits und seiner relativen Liberalität andererseits ist das Rechtssystem selbst ein gesellschaftliches Subsystem, das einer Legitimitätsprüfung bedarf. Damit ist das Prinzip eines gesamtgesellschaftlichen Rationalitätskriteriums also noch nicht gefunden. Auch der Staat, dem die Aufgabe, Einheit und Ordnung der Gesellschaft zu wahren, üblicherweise zugewiesen wird, kann diese Aufgabe nur teilweise erfüllen.[20]

Das Merkmal der Selbstreferenz

Das Merkmal der Selbstreferenz beschreibt nicht nur die Funktionsweise sozialer Systeme aus systemtheoretischer Perspektive, sondern erklärt damit zugleich auch die Schwierigkeit, auf soziale Systeme verändernd einzuwirken. Soziale Systeme bestehen aus Kommunikation und werden durch sie reproduziert. Soziale Systeme bestehen in der Perspektive von Luhmanns Systemtheorie nicht aus Menschen.[21] Diese gehören zur Umwelt und zu den Bedingungsfaktoren sozialer Systeme.[22] Freilich ist dies eine definitorische Entscheidung.[23] Man könnte auch sagen, soziale Systeme *sollen verstanden werden* als die Komplexität anschlußfähiger Kommunikation, die sich selbst stabil hält. Der Vorteil dieser Entscheidung liegt darin, in komplexitätsreduzierender Weise das, was das Interindividuelle sozialer Systeme ausmacht, besser fassen zu können. „Erst diese eigensinnige Bedeutung sozialer Kommunikation“, so Willke, „kann verständlich machen, warum zur Veränderung der Muster gesellschaftlicher Kommunikation [...] die Einwirkung auf

---

[20] Damit kann Vergangenheitsbewältigung auch keine alleine in staatlicher Verantwortung durchzuführende Maßnahme sein.

[21] „Es ist völlig klar, daß Menschen nicht Teile oder Elemente sozialer Systeme sein können. Das müßte ja heißen, jeden Austausch von Makromolekülen in Zellen, jede Replikation des biologischen Materials [...] zu einem sozialen Ereignis zu erklären“, so Luhmann, *Die operative Geschlossenheit psychischer und sozialer Systeme*, 122. Dem könnte – in aller Kürze – entgegengehalten werden: Tatsächlich ist prinzipiell auch ein Austausch von Makromolekülen im menschlichen Körper ein soziales Ereignis. In aller Regel jedoch ein so geringes, daß es nicht ins Gewicht fällt. Es gibt aber Ausnahmen: Ein winziges Blutgerinsel, das den Tod eines Spitzenpolitikers verursacht, kann damit indirekt soziale Unruhen in einer instabilen Gesellschaft auslösen.

[22] Vgl. dazu Luhmann, *Soziale Systeme*, 346ff.

[23] In der Übernahme eines Wortes von Fischer, *Zum Ende der großen Entwürfe*, 11, könnte man auch von einer „regulativen Idee des beschränkten menschlichen Verstandes“ sprechen. Denn es hängt vom Standpunkt des Beobachters ab, was er als ein System begreift; vgl. ebd., 27f. Vgl. dazu auch Luhmann, *Die operative Geschlossenheit psychischer und sozialer Systeme*, 122f.

Personen nicht ausreicht. Es müssen systemische Operationsweisen des jeweiligen sozialen Systems selbst beeinflußt werden, um kalkulierbare Wirkungen in diesem System zu erzielen."[24] Denn selbstreferentielle Systeme – und soziale Systeme werden in der Systemtheorie als solche verstanden – reagieren bei dieser Betrachtungsweise unter Bezugnahme auf die eigenen Zustände und die eigenen Reaktionskriterien. Es gibt keine einlinige input-output-Kausalität. Vielmehr ist der input Anlaß für das System, selbstreferential zu reagieren. Selbstreferentiale Systeme sind eben nicht-triviale Systeme. Wenn schon das Einwirken auf selbstreferentiale Systeme keine eindeutig kalkulierbaren Reaktionen erzeugen kann, so gilt dies umso mehr für differenzierte Gesellschaften, die viele Subsysteme in sich bergen.

Wie läßt sich nun auf systemische Operationsweisen einwirken, wo diese doch selbstreferential und operativ geschlossen zu arbeiten scheinen? Wegen der strukturellen Koppelung, von der im erkenntnistheoretischen Teil bereits die Rede war, können Umweltfaktoren das System irritieren und zu veränderten Operationen anregen, die allerdings von außen nicht exakt steuerbar sind.[25] Zwingen oder an ihrer eigenen Autopoiesis vorbei überwältigen kann man selbstreferentiale Systeme nicht. Darum ist es schwierig und zielunsicher, Veränderungen zu erreichen. Dies zeigt, daß es hermeneutische Prozesse sein müssen, die bei Vergangenheitsbewältigungs-Prozessen abzulaufen haben.[26] Maßnahmen, die das System nicht verstehen kann, bewirken entweder nichts oder, gemessen am Ziel der Maßnahme, Zufälliges.[27] Die gleiche Maßnahme, die gleiche Intervention, kann von unterschiedlichen Systemen verschieden verstanden und verschieden beantwortet werden.

Das Merkmal der Steuerungsproblematik

Das Merkmal der Steuerung beschreibt die Art, wie differenzierte, positivierte und selbstreferentiale Gesellschaften gesteuert werden können, damit sie nicht den vielfachen Risiken erliegen, die ihnen inhärent sind. Es geht also um die Frage, wie angesichts der Selbstreferentialität auf Systeme eingewirkt werden kann. Daß interventionistische Steuerungsversuche dabei relativ erfolglos bleiben müssen, wurde beschrieben. Was bleibt, ist der indirekte Weg der „Kontextsteuerung". Ein Mindestmaß an gemeinsamer Orientierung oder „Weltsicht" muß gegeben sein; es entsteht im Diskurs der Subsysteme. Innerhalb dieses akzeptierten Kontextes steuern sich die Subsysteme selbst. Willke[28] nennt dies das „Prinzip der Ordnung durch Selbstbindung".

[24] Willke, *Systemtheorie entwickelter Gesellschaften*, 44.

[25] Vgl. dazu Luhmann, *Soziale Systeme*, 242-345; Luhmann, *Die operative Geschlossenheit psychischer und sozialer Systeme*, 124ff.

[26] Man kann natürlich ein System zerstören, z.B. den NS-Staat. Die indoktrinierte Bevölkerung jedoch muß, damit die Kommunikation des Nationalsozialismus nicht weiterbesteht, durch hermeneutische Überzeugung in ihrem Operieren verändert werden.

[27] Also muß die Kommunikation so geartet sein, daß das System Anschluß daran finden kann. Diese hermeneutische Rücksicht entfällt natürlich dort, wo Maßnahmen der Gefahrenabwehr dienen. Ein Serienmörder muß auch dann eingesperrt werden, wenn er dies nicht verstehen und nicht akzeptieren kann.

[28] Willke, *Systemtheorie entwickelter Gesellschaften*, 59.

Dabei wirken natürlich alle bereits beschriebenen Mechanismen. So funktioniert die Selbststeuerung nach Rationalitätskriterien, die, bezogen auf das Gesamtsystem, kontraproduktiv wirken können. Um dies zu vermeiden müssen sich die Subsysteme an die gemeinsame „Weltsicht" halten. Doch dies werden sie nur dann tun, wenn sie selbst es wollen und wenn es ihrer Autopoiesis zuträglich ist. Das heißt, die Umweltkonstellationen müssen so sein, daß das Subsystem sich gedrängt fühlt, seine Selbststeuerung nach der gemeinsamen „Weltsicht" auszurichten. Da komplexe (Sub-) Systeme sich gegenüber den meisten Umweltfaktoren indifferent verhalten, müssen diese Umweltfaktoren sehr differenziert auf das (Sub-) System einwirken.[29] Umgekehrt können Umweltfaktoren sprunghafte und unerwartbare Systemreaktionen hervorrufen. Man sieht, das Problem der Steuerung bleibt kompliziert.[30] Soziale Systeme sind (wenn man sie als eigenständige Entitäten betrachtet und behandelt) – ähnlich wie Individuen – nicht-triviale Systeme im Sinne Heinz von Foersters.[31] Ihr Agieren hängt nicht nur von der Umwelt ab, sondern auch vom eigenen Zustand.

3. Die Frage nach Identität und Geschichte bei sozialen Systemen

Die Betrachtung und Behandlung sozialer Systeme als eigenständige Entitäten (wie Luhmanns Systemtheorie dies tut) bringt einerseits ganz erhebliche Vorteile. Durch Komplexitätsreduzierung wird ein erheblicher Praktikabilitätsgewinn bei der Beschreibung systemischen Funktionierens erreicht. Weil Vergangenheitsbewältigung in sozialen Systemen auf das Verstehen systemischer Funktionsweisen angewiesen ist, um etwas erreichen zu können, empfiehlt es sich, die bisher erarbeiteten Aspekte von Vergangenheitsbewältigung auf soziale Systeme unter systemtheoretischer Perspektive anzuwenden. Andererseits läßt die Systemtheorie entscheidende Fragen offen. Deshalb soll zunächst die Tragfähigkeit und die Tragweite eines systemtheoretisch konzipierten Verständnisses von Vergangenheitsbewältigung in sozialen Systemen expliziert werden, um im Anschluß daran die offenen Fragen mit Hilfe anderer soziologischer Ansätze zu beantworten.

3.1 Soziale Systeme als Akteure

Die Systemtheorie hat eine theoretische Entscheidung getroffen und durch sie ihr Objekt festgelegt: Soziale Systeme bestehen aus Kommunikationsab-

---

[29] Da jedes Subsystem für das andere zu dessen Umwelt gehört, können Subsysteme die Umweltfaktoren verändern, indem sie selbst agieren, indem sie sich selbst verändern.

[30] Ausführlicheres zur Steuerungsproblematik aus systemtheoretischer Sicht findet sich bei Willke, *Systemtheorie III: Steuerungstheorie*.

[31] Vgl. von Foerster, *Wissen und Gewissen*, 356ff.; Von Foerster, *Lethologie*.

läufen, die sich selbstreferential organisieren.[32] Können solche Kommunikationsabläufe agieren, so daß man ihnen (unabhängig von den Mitgliedern des sozialen Systems) Identität zuschreiben kann? Nach Willke[33] agiert das System, wenn die Kommunikation durch das System (systemisch) koordiniert und dem System (und nicht den individuellen Akteuren) zugeschrieben wird; und zwar sowohl von den Mitgliedern als auch von Außenstehenden. In dieser Form, so Willke, sei es von individuellem Handeln unabhängig, denn es lasse sich auf ein solches nicht mehr zurückführen. Darum spreche man zu Recht von Entscheidungen „der Regierung", von Positionen „des Verbandes", von Strategien „des Unternehmens" usw. Die systemischen Entscheidungsregeln, nicht aber individuelle Rationalität führten zu diesen Effekten.

Systeme agieren in ihren Repräsentanten

Systeme handeln demnach durch ihre Repräsentanten, wenn diese *als Repräsentanten* auf der Grundlage der Entscheidungsregeln des Systems agieren.[34] Dabei werden die jeweiligen Systeme, obgleich sie intern höchst differenziert sein mögen, von außen als eigenständige Einheiten betrachtet und behandelt. Diese Sicht ist eine Zuschreibung. Die Gründe für diese Sicht liegen in ihrem komplexitätsreduzierenden Effekt. Man muß nicht auf die inneren Verflechtungen reagieren, sondern man versteht die repräsentativen Äußerungen als Äußerungen einer Entität, nämlich des Systems. Etwas in diesem Sinne als Repräsentation zu verstehen, ist bereits ein Interpretationskonstrukt, das ein individuelles Handeln anderen – nämlich dem System – zuschreibt. Ist das möglich: ein individuelles Handeln einer anderen Entität zuzuschreiben als der unmittelbar agierenden? Es geht wohl nur unter zwei Bedingungen: (1) Entweder hat der individuell Handelnde die Macht, dafür zu sorgen, daß diejenigen, die er repräsentiert und denen das Handeln zugeschrieben wird, das Handeln ihres Repräsentanten – freiwillig oder unter Zwang – als ihr eigenes Handeln anerkennen und Reaktionen Dritter so beantworten, als sei auf ihr eigenes Handeln reagiert worden. (2) Oder es gibt eine Vereinbarung innerhalb des repräsentierten Systems, das Handeln des Repräsentanten als systemisches Handeln zu begreifen. Über diese Vereinbarung müssen Dritte informiert sein, sonst können sie das Handeln des einzelnen nicht dem System zuschreiben. In beiden Fällen erscheint das Handeln des Repräsentanten *für Dritte* so, als ob das ganze System kollektiv handelte. Daher handelt für Dritte der Repräsentant *als* System, wenn für Dritte kein Unterschied darin besteht, ob repräsentativ oder kollektiv gehandelt würde. Dabei wird ggf. durchaus vernachlässigt, daß die Repräsentanten[35] nach innen diktato-

---

[32] Damit beschreibt Luhmann nicht die Wirklichkeit, sondern definiert seinen Gegenstand. Wie jede Theorie, so ist auch die Systemtheorie ein Konstrukt, in dem nur das verwendbar ist, was in ihrer Kommunikation anschlußfähig ist. Sie versteht die Phänomene so, wie die Struktur ihrer Theorie es zuläßt.

[33] Willke, *Systemtheorie*, 189ff.

[34] Eine solche systemische Interaktion nennt Amitai Etzioni deshalb „representational interaction".

[35] Das können Einzelpersonen, das können Cliquen sein.

risch ihren Willen durchsetzen und im Grunde nichts anderes repräsentieren als ihre eigenen Interessen. In dieser Reduktion ist gewissermaßen derjenige das System, der die Macht hat, andere zu entsprechenden Zuschreibungen und zu systemischem Operieren zu veranlassen.

Wenn solche Systeme international bestraft werden – etwa der Irak oder Südafrika zu Zeiten der Apartheid – dann werden nicht nur Strukturen bestraft, sondern auch die Menschen, die auf diese Strukturen angewiesen sind und sich nicht von ihnen lösen können, obwohl sie selbst vielleicht Gegner oder sogar Opfer des Systems sind. Insofern sind Menschen betroffen, wenn man von Systemen redet, auch wenn Menschen per definitionem nicht Bestandteil, sondern Umwelt des Systems sind. Die Menschen – als psychische Systeme –, so müßte man der strengen systemtheoretischen Diktion gemäß sagen, werden durch ihre Umwelt – das soziale System – beeinflußt und ggf. in Mitleidenschaft gezogen.[36]

Probleme repräsentativen Handelns

Handelt in der chinesischen Führung das staatliche/gesellschaftliche System China, handelt sie für die Chinesen? Handelte in Franco Spanien, in Egon Krenz die DDR? Doch wohl nur so lange, wie diese Zuschreibung nach innen und außen stabil gehalten werden kann bzw. konnte; aufgrund welcher Interessen und mit welchen Mitteln auch immer. Daß es sich bei diesen Zuschreibungen nicht um Fakten der externen Realität, sondern um Zuschreibungen handelt, wird immer dann deutlich, wenn es Probleme mit dieser Zuschreibung gibt. So wird der türkische Teil Zyperns nur von der Türkei als Staat anerkannt. Handeln seine Repräsentanten für die dort wohnende Bevölkerung? In den Augen der Türkei wohl, für den Rest der Welt nicht. In welchem Papst handelte die Kirche: in Urban VI. oder in Clemens VII.? Probleme dieser Art stellen sich häufiger. Sie sind nur dann zu umgehen, wenn man die jeweiligen Repräsentanten als Repräsentanten der Systeme versteht, die sie – möglicherweise mit Gewalt – tatsächlich zu repräsentieren vermögen.

So repräsentiert der Despot sein Land so lange, wie er von außen als solcher akzeptiert wird und wie er nach innen das System steuern, also die Operationsweise bestimmen kann. So standen Urban VI. und Clemens VII. jeweils einem eigenen System vor, das sich jedoch anschickte, das je andere System zu dominieren. Und sicherlich gab es damals Gläubige, die weder von Urban noch von Clemens repräsentiert wurden, weil sie außerhalb der Machteinflüsse dieser Päpste standen (weil sie zur äußeren Umwelt der jeweiligen

---

36 Im tagespolitischen Handeln, aber auch in Rahmen von Vergangenheitsbewältigung, muß die individuelle Verantwortung von Repräsentanten stärker betont werden. Wenn ein Land (d.h. die dort lebenden Menschen) von einem Diktator als Geiseln für sein international gefährliches Agieren genommen wird, kann es geschehen, daß die Völkergemeinschaft auf diese Gefahr mit Sanktionen reagiert, die die Bevölkerung, nicht aber den Diktator treffen. Solche Sanktionen gelten als gerechtfertigte Maßnahme zur Gefahrenabwehr. Die erklärte Absicht, den Diktator zu stürzen, wäre völkerrechtlich bedenklich. Auf diese Weise wird eine diktatorische Geiselnahme belohnt, das Geiselsein wird zusätzlich bestraft. Die Problematik ist sehr komplex und kompliziert. Dennoch gibt es m.E. Bedarf für völkerrechtliche Veränderungen. Es muß eine stärkere Regierungshaftung geben, die auch im Rahmen von Vergangenheitsbewältigung eine entsprechende Rolle spielen muß.

Systeme gehörten).[37] Auch Egon Krenz und andere Führungspersönlichkeiten auseinanderbrechender Systeme stehen jeweils nur denen vor und repräsentieren sie, die von der Operationsweise des Systems betroffen sind und auf das die Führungspersönlichkeit qua Repräsentant systemischen Einfluß hat. So kann man sagen, daß Mobutu in seinen letzten Amtstagen nicht mehr Zaire repräsentierte, sondern nur noch ein Miniatursystem. Große Teile des Landes waren in ihrer Operationsweise vom Herrscher unabhängig.

In solchen Fällen werden Zuschreibungen schwierig, weil die Reichweite des Systems undeutlich ist.[38] Wodurch aber wird die Reichweite festgelegt? Das System reicht soweit, wie es die Kommunikation nach seinem systemischen Operieren gestalten kann. Bleiben wir beim Beispiel Zaire, der heutigen „Demokratischen Republik Kongo". In dem Moment, da jemand in der Phase des Machtkampfes aus der Zugehörigkeit zu einer Partei ausschied, verkleinerte er das System. Menschen, die nicht mehr bereit waren, sich vom Despoten regieren zu lassen, konnten seine Maßnahmen ignorieren. Sie legten für ihr Kommunizieren eine andere Umweltdifferenz fest. Von außen ist in solchen unruhigen Zeiten die Reichweite eines Systems nur schwer zu erkennen. Was ist, wenn zudem einzelne Menschen das System zwar stützen, indem sie dazu beitragen, daß die Operationsweise funktioniert, sie selbst aber ein damit unverträgliches Verhalten praktizieren, um Vorteile zu haben? Werden die Menschen vom Systemrepräsentanten repräsentiert? Diese wenigen Beispiele zeigen: Die Identifizierung eines Systems als System ist ein Interpretationskonstrukt, ist die Zuschreibungsleistung eines Beobachters. Das ist stets zu berücksichtigen, auch in Fällen, in denen das systemtheoretische Denken große Vorteile einbringt.

Systeme sind Interpretationskonstrukte

Wenn Helmut Willke Systeme als eigenständige Entitäten begreift und meint, es sei „an der Zeit, sich dieser Realität nicht mit alteuropäischen Bedenken zu entziehen, sondern ihr mit angemessenen konzeptuellen und theoretischen Mitteln zu begegnen"[39], dann mag man seinen Ansatz zwar vielfach fruchtbar verwenden, doch von einer *Realität* zu reden, scheint eine ontologisierende Hypostasierung zu sein.[40] Die systemtheoretische Be-

---

[37] Absichtlich ausgeklammert wird bei diesen Überlegungen der die Sache verkomplizierende Aspekt, daß ein Papst sich nicht aufgrund seiner gesellschaftlichen Repräsentationsfunktion als Papst versteht, sondern aufgrund seiner geistlichen Vollmachten, die er nicht aufgrund gesellschaftlicher Verleihung oder Zuschreibung erhält. Jedoch, woran läßt sich bei einem Schisma zweifelsfrei erkennen, wer diese Vollmacht mit Fug und Recht für sich in Anspruch nehmen kann?

[38] Die Problematik der Identitätszuschreibung auseinanderbrechender Systeme sieht auch Luhmann. Vgl. dazu Kaefer, *Religion und Kirche als soziale Systeme*, 33; Tjaden, *Einleitung*, in: ders. (Hg.), *Soziale Systeme*, 31. Sehr deutlich problematisiert Habermas, *Legitimationsprobleme im Spätkapitalismus*, 11ff., diese Unklarheit der Systemtheorie.

[39] Willke, *Systemtheorie*, 192.

[40] Jensen, *Systemtheorie*, 8, warnt denn auch davor, Systeme als etwas Reales mit objektiven Merkmalen zu betrachten. Man könne nicht sagen: „etwas ist ein System", sondern: „etwas wird als ein System behandelt". „Systeme sind [...] begriffliche Konstruktionen unseres Verstandes. Sie kommen in der Wirklichkeit selbst nicht vor", so Jensen, *Systemtheorie*, 13.

trachtungsweise hat viele Vorteile und ihr wichtigster ist ihr komplexitätsreduzierender Effekt. Aber gerade der macht ihre Ergebnisse zu Interpretationskonstrukten. Das Kriterium, nach dem festgelegt wird, ob ein bestimmtes Agieren dem System *als* System zukommt – nämlich die regelkonforme Repräsentanz, die dieses Agieren für sich in Anspruch nimmt und ihm von innen und außen zugeschrieben wird – hat deutliche Randunschärfen, nämlich die Grenzen der Kontrainterpretationsstabilität dieser Zuschreibung. Das offenbart sehr deutlich die Interpretativität und Konstruktivität dieser Theorie.

Zuschreibungsprobleme

In diesem Zusammenhang ergeben sich noch andere Probleme bei der Zuschreibung eines Agierens zu einem System. Das erste Problem ist das der Mitgliedschaft in einem System. Auch wenn Systeme aus Kommunikation und nicht aus Menschen bestehen, so sind es doch Menschen, die kommunizieren. Die Einschränkung auf Kommunikation ist lediglich eine forschungstheoretische Fokussierung mit dem leitenden Erkenntnisinteresse, Strukturen aufzudecken, die das soziale System prägen. Aber diese Strukturen gibt es nur als Beobachtungen praktizierter Regelmäßigkeiten, also als Interpretationskonstrukte. Die Frage der Mitgliedschaft läuft daher auf die Frage hinaus, ob ein Individuum sich an diesen Regelmäßigkeiten beteiligt und so zu ihrem Funktionieren beiträgt. Diese Erkenntnis halte ich für sehr wichtig, denn demnach gehört jemand, der ein System nicht stützt, nicht zu diesem System. Widerstandskämpfer und Dissidenten mögen sich zu ihrem Volk bekennen, sie sind aber dem verwerflichen System nicht zuzurechnen, nach dem ihr Volk „funktioniert".

Das hat selbstverständlich eine große Bedeutung für Vergangenheitsbewältigung. Wenn man von einem sozialen System – etwa von einer Gesellschaft oder einem Volk – Vergangenheitsbewältigung erwartet, dann ist davon zunächst das systemische Funktionieren betroffen, also die System-Umwelt-Differenz und folglich die Operations- bzw. Kommunikationsweise. Doch da eine Operations- und Kommunikationsweise nur dann funktioniert, wenn sie praktiziert wird, ist davon auch das Kommunizieren der Individuen betroffen, denn von ihnen wird nun möglicherweise ein anderes Rollenverhalten oder eine andere Rollendistanz erwartet; auch andere Kognitionsschemata, denn die alten, die das zustimmende Mitmachen in der systemischen Praxis legitimierten, sind nun nicht mehr angemessen. Widerständler dagegen haben keine persönliche Identitätsveränderung nötig. Freilich, wenn sie, nach Veränderung der Operationsweise des Systems, nun an dessen Kommunikation teilnehmen und sie tragen, dann haben sie auch die Lasten mitzutragen, die das System als Konsequenz von Vergangenheitsbewältigung zu übernehmen hat. So waren z.B. auch diejenigen, die dem Naziregime widerstanden oder sogar von ihm verfolgt wurden, sich aber dennoch als Deutsche begriffen, nach Gründung der Bundesrepublik durch ihren Steuerbeitrag an der Finanzierung der Wiedergutmachungsleistungen beteiligt. Auf diese Problematik wird weiter unten noch näher einzugehen sein, wenn es um das Verhältnis eines Systems zu seinen Individuen geht.

Noch ein weiteres Problem bei der Zuschreibung eines Agierens zu einem System ergibt sich aus der Repräsentationsproblematik. Ist ein Individuum für ein Handeln verantwortlich zu machen, das es als Repräsentant und konform mit allen Repräsentations- und Entscheidungsregeln eines Systems übt? Ist Eichmann für sein Mittun verantwortlich, ist Honecker zur Rechenschaft zu ziehen? Nach den strengen Regeln der Systemtheorie ist ein regelkonformes Repräsentationshandeln dem System, nicht jedoch den agierenden Individuen zuzurechnen.[41] Die politische Praxis und die Rechtsprechung sind da – mit guten Gründen – offensichtlich anderer Ansicht. Diese politische und juristische Praxis systemtheoretisch zu rechtfertigen, indem man sagte, hier würden die Individuen als Umweltfaktoren zur Rechenschaft gezogen, weil sie nicht ausreichend Druck auf das System ausgeübt hätten, verfehlt ganz offenbar den entscheidenden Punkt. Es geht um die Verantwortung von Individuen für ihr systemkonformes und ihr Repräsentationshandeln. Es sind ganz offensichtlich über-systemische Regeln vonnöten, an denen sich nicht nur die Operationsweise des Systems, sondern auch das systemische Agieren von Individuen zu bemessen hat. Dazu folgt im Kapitel über die moralischen Aspekte ausführlicheres.

Das Ergebnis der Überlegungen

Die Engführung der Systemtheorie, das war zu zeigen, ist eine interpretative Leistung zur Komplexitätsreduktion. Die Beschreibung von Systemen als eigenständige Entitäten ist ein praktisches Konstrukt und keine Realitätsbeschreibung. Diese Einsicht ist wichtig, hält sie doch den Blick offen für den Charakter von sozialen Systemen als sehr komplizierte Interaktionsverhältnisse, die sich in der Regel nur dann handhaben lassen, wenn man sie als überindividuelle, eigenständige Entität begreift und behandelt.

Zweierlei wird damit deutlich: (1) In aller Regel ist es sinnvoll, soziale Systeme als eigenständige Entitäten zu verstehen; und zwar durchaus im systemtheoretischen Sinn. (2) Die Problematik des Verhältnisses von System und Individuum (und die Frage nach Verantwortung in systemischen Zusammenhängen) ist damit nicht geklärt, sondern bedarf eigener Überlegungen.

Soziale Systeme werden im folgenden vorläufig wie eigenständige Entitäten behandelt, um die Erkenntnisgewinne dieser komplexitätsreduzierten Sicht zu ernten. In einem späteren Schritt wird zu differenzieren und die Bedeutung von Individuen für den Bestand und das Agieren von sozialen Systemen zu untersuchen sein. Da Vergangenheitsbewältigung sich zentral auf die Frage der Identität der beteiligten Entitäten bezieht, ist es sinnvoll, nun die Frage nach der Identität (und der Bedeutung der Geschichtlichkeit) bezüglich sozialer Systeme anzugehen.

---

[41] Vgl. Willke, *Systemtheorie*, 191.

3.2 Identität und Geschichtlichkeit bei sozialen Systemen

Was bedeutet Identität für soziale Systeme? Lassen sich die Erkenntnisse, die in bezug auf Individuen erarbeitet wurden, hier anwenden, oder bedarf es eines gänzlich anderen Ansatzes?

Auch Individuen sind Systeme: psychische Systeme. Wenn man soziale Systeme als eigenständige Entitäten begreift, dann ist vieles, was dort gesagt wurde, auch hier anwendbar, beispielsweise die Unterscheidung zwischen Individualität, qualitativer Identität und diachroner Identität. Die Identitätsproblematik muß also nicht völlig neu entwickelt werden. Allerdings wurde sie, als es um die Identität von Individuen (also psychischen Systemen) ging, nicht speziell aus systemtheoretischer Perspektive behandelt. Um zu zeigen, daß das dort Gesagte dennoch hier angewendet werden kann, weil es auch systemtheoretisch explizierbar ist, soll es hier aus systemtheoretischer Perspektive dargestellt werden. Wenn dies hier auch speziell hinsichtlich *sozialer* Systeme geschieht, so gilt diese systemtheoretische Darstellung prinzipiell jedoch auch für psychische Systeme, also für Individuen.

3.2.1 Individualität sozialer Systeme

Bei der Frage nach der puren Individualität, also der numerischen Identität, handelt es sich, wie bereits dargestellt, um eine Frage, die in der Logik ihren Platz hat. Es geht darum, ein Etwas von etwas anderem unterscheiden zu können. Es geht also um die Frage nach der System-Umwelt-Differenz. Da soziale Systeme Interpretationskonstrukte sind und aus Kommunikation bestehen, lassen sich soziale Systeme nicht durch räumliche Lokalisierungen individualisieren. Konstrukte sind durch ihre definitorischen Beschreibungen isolierbar. Wodurch kann demnach ein soziales System identifiziert werden? Durch die bestimmte Qualität, die es zu diesem bestimmten System macht. Die Isolierung der Individualität eines sozialen Systems funktioniert also nur über die Beschreibung seiner Qualität. Was aber macht die Qualität sozialer Systeme aus? Bei Individuen besteht die Qualität in der Art des Konstruierens, also in der schemageleiteten interpretatorischen Plazierung im Handlungs-Widerfahrnis-Gemisch. Wie läßt sich das auf soziale Systeme übertragen?

3.2.2 Subjektivität (qualitative Identität) und diachrone Identität bei sozialen Systemen

Die Bedeutung der Operationsweise, die ihrerseits von der Kommunikation bestimmt wird

Soziale Systeme bestehen aus Kommunikationsschleifen, die sich selbst reproduzieren; und zwar aufgrund von Kriterien, die in der Art der Kommunikation grundgelegt sind. Soziale Systeme, als eigenständige Entitäten begriffen, sind operativ geschlossene, selbstreferential arbeitende Verweisungsstrukturen (Systeme), die sich selbst reproduzieren (autopoietische Systeme). „Dies ist so zu verstehen, daß ein selbstreferentielles System als strukturdeterminiertes System durch eine spezifische Operationsweise gekennzeichnet ist, welche dafür sorgt, daß genau dieses System in seiner Struktur, seinen Elementen und seiner Operationsweise reproduziert wird.“[42] Selbst das Ausmaß von möglichen Systemveränderungen wird durch die Struktur des Systems determiniert. Das So-Sein von Systemen wird von ihrer Operationsweise bestimmt, von ihrer Strukturdeterminiertheit. Ändert sich die Operationsweise, so ändert sich die Identität und es handelt sich nicht mehr um das ursprüngliche System.

Eine Ehe z.B. wird normalerweise durch die Liebe und die gegenseitige Zuneigung der Personen erhalten. Träte an diese Stelle eine finanzielle Abmachung, so würde man einigen Zweifel hegen, ob es sich bei der Beziehung im Kern noch um eine gelebte Ehe handelt. Die Identität eines sozialen Systems bestimmt sich also durch die Art der Kommunikation, die dieses System reproduziert. Es prägt die Identität eines sozialen Systems, ob z.B. die Ausgrenzung von Personengruppen und der kommunikative Konsens darüber das System stabil hält, und ob das System auf Kritik an dieser Ausgrenzung entweder nicht reagiert (weil sie in der systeminternen Kommunikation nicht anschlußfähig ist) oder von ihr (aus den gleichen Gründen) destabilisiert wird; oder ob dieses soziale System in der Lage ist, solche systemimmanenten Vorurteile abzubauen und die zuvor ausgegrenzten Personengruppen zu integrieren.[43] In dem Maße, in dem sich die Anschlußfähigkeit von Kommunikation verändert, ändert sich die Identität des sozialen Systems.

Kommunikation ist die Thematisierung einer Differenz

Wodurch aber wird die Art der Kommunikation bestimmt, die ein soziales System charakterisiert? Eine Kommunikation im vorliegenden Sinne ist die Thematisierung einer Differenz. Die Komplexität der Welt wird auf bestimmte Differenzen hin wahrgenommen, thematisiert und somit komplexitätsreduziert.[44] Das Rechtssystem beispielsweise behandelt Vorkommnisse hinsichtlich der Differenz legal/illegal. Alles was in dieser Hinsicht nicht thematisierbar ist, gehört nicht zu diesem System. So ist die bereits erwähne Ehe als Liebesgemeinschaft kein Thema und kein Gegenstand des Rechts; sehr wohl aber hinsichtlich ihrer gesetzlicher Rahmenbedingungen. Darum sind alle Aspekte, die rechtlich nicht faßbar sind, rechtlich auch nicht zu regeln. Das ist der Grund dafür, daß Vergangenheitsbewältigung selbstverständlich mit allen Mitteln des Rechts betrieben werden muß, sich darin aber nicht erschöpft, denn ansonsten wären alle Aspekte für einen Prozeß der Vergan-

[42] Willke, *Systemtheorie entwickelter Gesellschaften*, 75.

[43] Genauer, nicht das System integriert die zuvor ausgegrenzten Personengruppen (denn Systeme bestehen aus Kommunikation, nicht aus Menschen), sondern es wird eine integrierende symbolische Kommunikation anschließbar.

[44] Vgl. Willke, *Systemtheorie*, 253ff.

genheitsbewältigung irrelevant, die sich rechtlich nicht fassen lassen. Das wäre ein unakzeptabler Mangel. Beispiele dazu werden in einem späteren Teil dieser Arbeit beschrieben.

Die Kommunikation schafft also bestimmte Leitdifferenzen. Durch diese Leitdifferenzen läßt sich auch die System-Umwelt-Differenz beschreiben, also die Grenze dessen, was zum System gehört und was Umwelt darstellt.[45] Das System besteht also aus selbstreferentialen autopoietischen Kommunikationsschleifen, die zugleich die System-Umwelt-Differenz konstituieren. Ein soziales System zu schaffen bedeutet, eine entsprechende Kommunikationsstruktur in Gang zu setzen. Diese Formulierung macht deutlich, daß soziale Systeme nicht „naturhaft" entstehen, sondern – wie auch immer – installiert werden müssen (sie sind also in bestimmtem Umfang „machbar").

Differenzen werden gesetzt und stellen Sinnkriterien für das System dar
Bei instinktgesteuerten Tieren dienen die Selektion der Umweltkomplexität und die determinierten Reaktionsmechanismen dem Überleben (und, soweit man sich der neuen Ethologie anschließen kann, der optimalen Genvervielfältigung). Dies ist bei Menschen und bei sozialen Systeme anders. Aufgrund ihrer anthropologischen Situation können Menschen anderen Zielen Priorität einräumen. Sie prägen Schemata aus, die ihr Handeln, ihr Wahrnehmen und damit auch das Bedeutung-Zuweisen steuern. Dieses Anstreben von Zielen, die nicht der natürlichen Teleologie unterliegen, bezeichnet man als die Ausbildung von Sinn. Sinn wäre die Äußerungsweise von Identität, weil in der Sinnordnung eines Systems seine Organisationsstruktur offenbar wird. Sinnsysteme schaffen Ordnung. Sie grenzen ab, was als sinnvoll und was als sinnlos zu gelten hat. Sie bestimmen, welche kommunikativen Anschlüsse das System akzeptiert und welche nicht. Dadurch steuern sie Interaktionsprozesse.[46] Beim Individuum würden wir in diesem Zusammenhang vom Schema-Ensemble sprechen. Bei sozialen Systemen kann man diesen Mechanismus die „Präferenzordnung" nennen.[47] Sie übernimmt ähnliche Funktionen wie das Schema-Ensemble. Und wie beim Individuum das Schema-Ensemble zur Identitätskonstitution gehört, so gehört die Präferenzordnung (als Äußerungsweise der selbstreferentialen Organisationsstruktur) bei sozialen Systemen zu deren Identitätsbeschreibung. Denn durch sie manifestiert sich die System-Umwelt-Differenz, sie ist verantwortlich für die Interpretation von Umweltfaktoren, für die Auswahl von Handlungsstrategien und für die Art der Selbstwahrnehmung.

Die Präferenzordnung wird angewendet mit Hilfe der Symbolsysteme, mit denen das soziale System kommuniziert.[48] Durch Präferenzordnungen und ihre Anwendungsmechanismen prägt ein soziales System seine Handlungsfähigkeit und seine Identität aus. Wenn man also im Rahmen von so-

---

[45] Darum gehören nach systemtheoretischer Sicht Menschen nicht zum System, sondern zu dessen Umwelt, weil Menschen im System ja nicht aufgehen. Nur sogenannte „totale Systeme" vereinnahmen Menschen gänzlich.

[46] Vgl. dazu Luhmann, *Soziale Systeme*, 92ff.

[47] Vgl. Willke, *Systemtheorie*, 45ff.

[48] Vgl. Willke, *Systemtheorie*, 50.

zialen Systemen oder wenn man mit ihnen interagieren will, dann muß man in ihrem Sinnzusammenhang interagieren. Interaktionen außerhalb dieses Sinnzusammenhangs bedeuten für das soziale System nichts.[49] Gelingende Interaktionen bedürfen demnach einer gewissen Schnittmenge an gemeinsam geteiltem Sinn, um innerhalb dieser Schnittmenge Kommunikationen erfolgreich anschließen zu können. „Systeme sind sinnkonstituierende und sinnkonstituierte Gebilde."[50]

Wie Schemata veränderbar sind, so sind auch Präferenzordnungen und so ist Sinn veränderbar. Die Schemata bzw. die Präferenzordnungen verändern sich aufgrund der operationalen Geschlossenheit selbstreferential. Aber angeregt wird das selbstreferentiale Operieren nicht alleine vom eigenen Zustand, sondern auch von Umweltfaktoren (die freilich immer selbstreferential wahrgenommen und gedeutet werden). Unter dem Vorzeichen der Selbstreferentialität prägen Umweltfaktoren somit die Präferenzordnung und das Agieren von Systemen und somit auch ihre Identität, weshalb auch bei sozialen Systemen Widerfahrnisse eine identitätsprägende Kraft und Wirkung haben können.

Der Sinn eines Systems beschreibt seine Identität

Erst aufgrund bestimmter Umweltfaktoren (resp. Widerfahrnisse) wird ein bestimmtes Agieren funktional.[51] Bei der Funktionalität des Agierens geht es um die Erhaltung einer bestimmten System-Umwelt-Differenz. Das heißt, nicht die starren Strukturen eines Systems sollen erhalten werden, sondern seine Identität. Ein System kann sich verändern, um (relativ zur Umwelt) das gleiche zu bleiben. Das gilt für Individuen, das gilt auch für soziale Systeme.

Demnach kann man für soziale Systeme das wiederholen, was bereits für Individuen gesagt wurde: Qualitative Identität ist eine Relation, in der ein System zu Attributen, Ereignissen, Handlungen etc. steht, die man ihm zuschreibt. Die Zuschreibung dieser Relation begreift man als seine Identität. Wie jede Zuschreibung, so ist auch diese ein interpretatorisches Geschehen. Dabei geht es um das Verhältnis des Systems zu sich selbst (insofern es sich selbst identifiziert), um seinen Ort im Verhältnis zu anderen Systemen und um seine System-Umwelt-Differenz.

Auch soziale Systeme sind auf Identitätszuschreibungen angewiesen

Bei sozialen Systemen findet sich eine ähnliche Angewiesenheit auf Identität und damit eine ähnliche Bedeutung von Identität wie bei Individuen. Systeme brauchen die Identität der jeweils anderen Systeme, um stabil agieren zu

---

[49] Vgl. dazu Willke, *Systemtheorie*, 56ff. 181. Das liegt an der selbstreferentialen Funktionsweise des Bedeutung-Zuweisens.

[50] Willke, *Systemtheorie*, 53.

[51] Das bedeutet, erst auf einem bestimmten Umwelthintergrund gewinnt ein Agieren eine bestimmte Funktion. Ein einfaches Beispiel: Erst wenn man sich im Wasser befindet und bestimmte Bewegungen macht, hat dies die Funktion des Schwimmens. Ein etwas differenzierteres Beispiel: Erst auf dem Hintergrund, daß weltweit den schweizer Banken damit gedroht wurde, keine Geschäfte mehr mit ihnen abzuwickeln, bekam das Verhalten dieser Banken, die

können. Sie brauchen die eigene Identität – also die Kontinuität ihrer Sinnordnung, ihrer Operationsweise –, um existent zu bleiben und um für andere Systeme als Entität erkennbar zu sein. Dies ist aber nur dann möglich, wenn (1) die Zuschreibung von Handlungen zu einem System erfolgen kann; wenn das System also Repräsentationsstrukturen ausgebildet hat, die sowohl innerhalb des Systems als auch extern als solche anerkennt werden; und wenn (2) das Handeln des Systems als kontinuierlich erlebt wird, denn nur so kann von außen die Operationsweise und die Präferenzordnung erschlossen werden, nach der das System funktioniert und die die Identität dieses Systems prägt. Nur wenn diese beiden Bedingungen erfüllt sind, ist das System zu konstanten Interaktionen fähig. Diese Konstanz wird als Funktion von Identität erlebt. Denn, um ein früher bereits verwendetes Zitat Luhmanns hier etwas ausführlicher zu wiederholen, „gebraucht wird Identität [...], wenn Situationen Verhaltenswahlen eröffnen und sich daraus [...] eine Kontingenz allen Anschlußverhaltens ergibt. Gleichgültig was man dann tut oder unterläßt, sichert Identität in solchen Fällen die Kontinuität trotz Wahl. Identität ist mithin kein Zweck, den man durch Wahl zu erreichen sucht. Sie läßt sich auch nicht durch Wahl zerstören, denn auch Zerstörung des Systems wäre ja Zerstörung nur in bezug auf die Identität, um die es geht, als in bezug auf eine in der Zerstörung akzeptierte Kontinuität. [...] Identität ist ein Kompensativ für Kontingenz, ist das, was immer die Funktion erfüllt, das Dissoziationsrisiko aller Selektivität zu neutralisieren."[52]

Die Identität von Systemen bedarf der Diachronie

Ein System kann nicht zur gleichen Zeit alle ihm möglichen Komplexitätsbeziehungen wahrnehmen. Nur sukzessive lassen sich diese Beziehungen herstellen. Die Identität ist also nicht in einem Moment gegeben, sondern sie ist die Zuschreibung der sukzessiven Systemprozesse an das System. Systeme leben in der Zeit. Zeitlichkeit ist ein Konstrukt zur Differenzierung von Systemkomplexitäten. Identität ergibt sich also nur zeitlich. Damit ist Identität ein Interpretationskonstrukt, weil sie ja zu keiner Zeit gänzlich vorhanden ist, sondern nur in der Zuschreibung der zeitlich differenzierten Systemkomplexitäten besteht.[53] Darum bedarf die Feststellung der Identität von sozialen Systemen – genau wie die von Individuen – der geschichtlichen Dimension. Auch soziale Systeme brauchen Geschichte (die sie, wie Individuen, gelegentlich verfälschen, um Identitätsillusionen hervorzurufen, die ihnen ein konfliktfreies Umweltverhältnis ermöglichen).

Diachrone Identität ist wichtig, damit die verschiedenen Systemkomplexitäten nicht in „Einzelaufnahmen" zerfallen, sondern als Einheit erlebt wer-

---

Anspruchsberechtigten sogenannter „nachrichtenloser Konten" zu suchen, die Funktion des eigenen Systemerhalts. Handeln, so läßt sich diese Einsicht zusammenfassen und mit den Ausführungen der Handlungstheorie in Verbindung bringen, ist (in seiner Bedeutung) immer kontextabhängig; und es ist dementsprechend ein Interpretationskonstrukt. Das gilt auch hier.

52 Luhmann, *Identitätsgebrauch in selbstsubstitutiven Ordnungen, besonders Gesellschaften*, 322.

53 Vgl. dazu die ausführlicher gehaltenen entsprechenden Ausführungen zur Identität bei Individuen in dieser Arbeit.

den. Nur so kann geplant und stabil (inter-) agiert werden. Das Verfließen von Zeit bedarf stabiler Referenzobjekte (und -subjekte), um Veränderungen feststellen und Differenzierungen vornehmen zu können. Die Stabilität des Referenzobjektes (und -subjektes) entsteht durch die Zuschreibung von Geschichten, die von „Einzelaufnahmen" handeln. Identität entsteht durch die Zuschreibung von Präferenzordnungen, Handlungen und Widerfahrnissen. Stabilität bedeutet, daß dieses Gemisch aus Präferenzordnungen, Handlungen und Widerfahrnissen auch bei veränderten Umweltbedingungen in einer bestimmten Hinsicht immer in gleicher Weise zuschreibbar ist. Identität beschreibt also die System-Umwelt-Differenz. Historische Identität berichtet von System-Umwelt-Differenzen unter Konstellationsbedingungen, die mittlerweile verändert sind. Historische Identität ist also ein Beitrag zur Konstruktion von Identität, indem sie die Tatsache berücksichtigt, daß ein System nur sukzessive seine Identität ausprägen kann. Geschichtlichkeit ist eine interpretatorische Weise, Identitäten und Identitätsveränderungen zu verstehen. Insofern sind Geschichten „Prozesse der Systemindividualisierung" (Lübbe).

Identität ist veränderbar

Natürlich sind Individuen und soziale Systeme nicht unlösbar auf ihre Vergangenheit festgelegt. Sie können sich und die Qualität ihrer Identität durchaus verändern. Man nehme beispielsweise ein System, zu dem es Geschichten gibt, die geeignet sind, ihm eine historische Identität zuzuschreiben, aufgrund derer sich eine komplikationsträchtige Interaktionssituation ergeben könnte (im individuellen Fall z.B. bei Straftätern, im Falle sozialer Systeme etwa beim Nachkriegsdeutschland). Nun wird es darauf ankommen, ob das System im gegenwärtigen Operieren eine ausreichend positive Stabilität und Akzeptanz erzeugen kann, durch die die historische Identität ein Gegengewicht bekommt und somit die Geschichten für die gegenwärtigen Interaktionsverhältnisse eine relativierte Bedeutung erhalten, die in der Interaktion eine kommunikative Anschlußfähigkeit erfährt, die für das betreffende System nicht mehr gefährdend ist. Zu dieser aktuellen Operationsweise müßte aber unabdingbar die Bereitschaft gehören, die Konsequenzen zu tragen, die aus der eigenen Geschichte erwachsen.

Alles, was an früherer Stelle, als es um Individuen ging, zur Geschichte gesagt wurde, gilt hier analog. So gilt auch hier die Forderung, daß die Konstruktion von Geschichten den genannten Geltungskriterien gehorchen muß, um einen Anspruch auf Realitätsbezug erheben zu können, denn auch die Geschichten sozialer Systeme sind prinzipiell aktuelle, von Schemata bzw. Präferenzordnungen komponierte und insofern interessengeleitete Konstrukte, die aus der Überfülle der komplexen Welt bestimmte Aspekte selegieren und zu Erzählungen komponieren. Auch hier gibt es die Notwendigkeit, eventuellen Opfern Gehör zu verschaffen und deren Geschichtsversion einzubringen. Und freilich gilt es auch hier, aus den sich ergebenden Identitätszuschreibungen die notwendigen und angemessenen Konsequenzen zu ziehen.

Auch für soziale Systeme gilt: Identität ist ein narratives und damit selektives Interpretationskonstrukt, eine durch narrative Zuschreibungen vorgenommene Bedeutungszuweisung in einem Verstehenshorizont. Darum können verschiedene Identitätszuschreibungen zugleich bestehen. Identität ist das Verhältnis, in das das System sich zu bestimmten systemischen Handlungen, Widerfahrnissen und Funktionsmechanismen setzt bzw. von anderen gesetzt wird. Diese Setzung erfolgt unter erkenntnisleitenden Interessen resp. aufgrund von Schemata oder Präferenzordnungen (bzw. Sinnhorizonten), die sich selbst der diskursiven Prüfung hinsichtlich des Kriteriums der Kontrainterpretierbarkeit (idealiter in der idealen Kommunikationsgemeinschaft) stellen müssen.

Identitätszuschreibungen sind damit durchaus manipulierbar, auch bei sozialen Systemen. Darum ist die Forderung nach Vergangenheitsbewältigung auch eine moralische Forderung, damit nicht das „Recht des Stärkeren" sich durchsetzt und die Last der Vergangenheit an den Opfern „hängen" bleibt.

Insofern es bei Vergangenheitsbewältigung um die Zuschreibung von Identität und die Einforderung und Umsetzung der sich daraus ergebenden Konsequenzen geht, ist Vergangenheitsbewältigung maßgeblich Gegenwartsbewältigung. Sie wird nicht aus historiographischen Motiven betrieben, sondern aus Gründen der Daseinsbewältigung. Dies gilt ganz besonders im Blick auf die Opfer. Näheres dazu wurde an früherer Stelle bereits ausgeführt.

3.3 Das Problem der Steuerung von Systemen

Vergangenheitsbewältigung betrifft die Identität der Beteiligten, sowohl die der Täter als auch die der Opfer – selbstverständlich in je spezifischer Weise. Analog gilt dies auch für soziale Systeme. Die Identität der Betroffenen wird durch die Schema[54]-Handlungs-Widerfahrnis-Situation qualifiziert, was sowohl interaktionelle als auch moralische Konsequenzen nach sich ziehen kann.[55] Zu diesen Konsequenzen gehört ggf. auch eine Identitätsänderung, die bei Opfern beispielsweise die Aufarbeitung der Traumata, bei Tätern unter anderem die Veränderung ihrer Handlungs- und Interpretationsweisen umfassen kann.[56]

Die Steuerungsproblematik bei Vergangenheitsbewältigung

Solche Veränderungen sind zuweilen nötig, doch sie durchzuführen, ist nicht einfach. Wir haben es hier mit den Schwierigkeiten zu tun, auf die unter dem Stichwort der Steuerung bereits eingegangen wurde. Ein solcher Steuerungs-

[54] Bei sozialen Systemen geht es um die Präferenzordnung.

[55] Etwa in Form von Ansprüchen etc. seitens der Opfer, in Form von Verpflichtungen etc. bezüglich der Täter.

[56] Natürlich gehören zu den Konsequenzen ggf. auch Wiedergutmachungsleistungen und Strafmaßnahmen.

versuch war z.B. die „Entnazifizierung“, die zum Ziel hatte, nationalsozialistisches Denken und Agieren aus der Praxis des Nachkriegsdeutschland zu entfernen.[57] Es ging ebenfalls um Steuerung, als im erkenntnistheoretischen Teil dieser Arbeit in bezug auf Individuen die Rede davon war, daß es in bestimmten Fällen notwendig sei, Schemata von Personen zu verunsichern. Weiter unten wird es um eine andere Steuerungsproblematik gehen, nämlich um die Frage, welche Funktion das Recht im Rahmen von Vergangenheitsbewältigungs-Prozessen einzunehmen hat. Dabei wird deutlich werden, daß rechtliche Maßnahmen zwar unabdingbar sind, jedoch nicht zureichen. So ist beispielsweise die Leugnung der nationalsozialistischen Gewaltverbrechen zwar aus guten Gründen mit Strafe bedroht, aber davon lassen sich verbohrte Neonazis nicht beeindrucken. Zur Vergangenheitsbewältigung in diesem Bereich gehört daher auch die Anstrengung, aufzuklären, Gesinnungen zu verändern, also steuernd einzugreifen und die Operationsweise des Kognizierens zu verändern. Wenn Opfer durch psychologische Betreuung in die Lage versetzt werden sollen, ihre Traumata zu bearbeiten, um sie loswerden zu können, so ist dies ebenfalls eine Maßnahme der Steuerung. Steuerung bedeutet, Einfluß auf die Operationsweise eines Systems zu nehmen. Weil die Operationsweise ein maßgeblicher Faktor der Identitätsbildung darstellt, bedeutet Steuerung letztlich, in die Identität eines Systems einzugreifen. Damit ist die Problematik der Steuerung zugleich eine Problematik der Identitätsbildung. Daraus ergeben sich zwei Probleme: Erstens das prinzipielle Problem, wie auf die Operationsweise von Systemen Einfluß genommen werden kann, und zweitens das potenzierte Problem der Steuerung von Großsystemen, etwa Gesellschaften, die ihrerseits aus Teilsystemen bestehen.

Das Problem der Einflußnahme auf die Operationsweise
Autopoietische Systeme funktionieren selbstreferential. Das heißt, sie reagieren nur auf ihre eigenen Zustände und verstehen nur ihre eigene „Sprache“, ihre eigene Kommunikationsweise. Wer Einfluß auf ein System nehmen will, muß sich „verständlich“ machen, also in einer Weise kommunizieren, die im System Anschluß finden kann. Das ist oftmals nicht möglich. Eine menschenverachtende Diktatur funktioniert nach Leitdifferenzen, für die die Rede von Menschenrechten und Menschenwürde belanglos ist. Solche Systeme lassen sich nur steuern, indem die Kontextbedingungen dermaßen verändert werden, daß das System sich zu einer Änderung der eigenen Operationsweise veranlaßt sieht. Bei diesen Kontextbedingungen kann es sich beispielsweise um Sanktionen handeln.

Das Problem der Steuerung bei Großsystemen
Bei differenzierten Großsystemen verkompliziert sich die Steuerungsproblematik. Im Unterschied zur angesprochenen Diktatur bestehen differenzierte

[57] Aufgrund der vielleicht unterschätzten Kompliziertheit war diesem Steuerungsversuch nur ein begrenzter Erfolg beschieden. Dennoch war die dahinterstehende Absicht sicherlich berechtigt. Vgl. Vollnhals (Hg.), *Entnazifizierung*, bes. 7-64.

Großsysteme aus einer Reihe von Teilsystemen, die ihrerseits selbstreferential agieren. Zu einem Großsystem wird dieses Konzert von Teilsystemen, indem die Teilsysteme Verflechtungsformen finden, sich hinsichtlich ihrer Interaktion auf gemeinsame Leitdifferenzen einigen und damit für ihre Interaktion eine gemeinsame Operationsweise, eine gemeinsame Identität ausbilden.[58] Dieser Vorgang ändert nichts daran, daß die Teilsysteme selbst weiterhin ihre eigene Identität behalten. Die Identität als Großsystem ist „nur zu begreifen als prozedural sich herstellende Identität; als Ergebnis eines komplexen diskursiven Abstimmungsprozesses zwischen autonomen und interdependenten Teilen."[59] „Ob entwickelte Gesellschaften tatsächlich in der Lage sind, eine vernünftige Identität auszubilden, hängt [...] wesentlich davon ab, ob es ihnen gelingt, die Dynamik von Konflikt und Kooperation in adäquate – und das heißt: entsprechend komplexe – Verflechtungsformen ihrer auseinander treibenden Interessen zu fassen."[60]

Es läßt sich leicht vorstellen, daß es schwierig ist, eine solche Identität herzustellen und daß sich Großsysteme nur schwer steuern lassen. Ihre Identität, ihre Operationsweise beschreibt ja nur die gemeinsame Interaktionsweise der Teilsysteme. Die Teilsysteme selbst funktionieren nach ihrer eigenen Operationsweise. Die Identität des Großsystems ist für die Teilsysteme Bestandteil der Systemumwelt. Die Steuerung eines komplexen Großsystems funktioniert durch die Gestaltung der Interaktionsweisen der Teilsysteme. Je geringer der Bestand an gemeinsamen Operationsweisen ist, desto schwieriger wird die Steuerung. Mit diesem Umstand hängt es zusammen, daß nach der Auflösung von Diktaturen zuweilen Teilsysteme – Geheimdienste, Seilschaften, aber auch Geisteshaltungen und Denkweisen – unbehelligt fortbestehen.

Steuerung durch Veränderung der Kontextbedingungen

Darum ist es in der Regel nötig, auf die Operationsweise der einzelnen Subsysteme einzuwirken, auf deren Sinnhorizont.[61] Letzteren entwickeln die Systeme selbstreferential. Einfluß kann also nur genommen werden durch Veränderung der Umweltbedingungen. Aber solche Steuerungsversuche funktionieren relativ ungenau. *Wie* ein System die Veränderung von Umweltfaktoren versteht, ist nämlich nicht wirklich nachvollziehbar, und wie es reagieren wird, ist noch schwieriger prognostizierbar, weil Individuen wie soziale Systeme nicht-triviale Systeme sind. Das heißt, die Handlungen und Reaktionsweisen von Systemen werden mit zunehmender Differenzierung immer schwerer steuerbar. Interventionen sind nicht exakt kalkulierbar, sie können durchaus überraschende und unerwartete Folgen haben. Denn

---

[58] Zusätzlich bedarf es einer gemeinsamen Repräsentationsstruktur. Die Sichtweise eines Systems, sich als Teil der Umwelt anderer Systeme zu begreifen und sich zugleich in Umwelteinflüsse involviert zu sehen (also in Abhängigkeiten und Interdependenzen zu anderen Systemen), nennt Luhmann *Reflexion*. Vgl. dazu Willke, *Systemtheorie*, 110ff.

[59] Willke, *Systemtheorie entwickelter Gesellschaften*, 80.

[60] Willke, *Systemtheorie entwickelter Gesellschaften*, 105.

[61] Das ist in aller Regel das Prozedere internationaler Konferenzen.

„selbstreferentielle Systeme [...] können Außenwirkungen überhaupt nur als Information auffassen, die [...] die Kontextbedingungen autonomer Prozeßsteuerung [oder Selbstbestimmung] verändern."[62] *Ob* sich ein soziales System jedoch von Kontextbedingungen beeindrucken läßt, liegt daran, was das System für anschlußfähig hält. So lassen sich viele totalitären Systeme von internationalen Appellen und oftmals auch von diplomatischem Druck nicht beeinflussen. Das nordkoreanische politische System ist beispielsweise sehr resistent gegenüber Kontextveränderungen diplomatischer Art, ja selbst gegenüber Kontextveränderungen, die für große Teile der eigenen Bevölkerung lebensbedrohlich sind. In dem Moment, da dieses System durch solche Kontextbedingungen beeinflußbar wäre, verlöre es im jeweiligen Ausmaß seine bisherige Identität.[63]

Bei einem differenzierten Großsystem, das aus vielen selbstrefential funktionierenden Teilsystemen besteht, entsteht die Problematik, daß eine Kontextveränderung auf verschiedene Teilsysteme unterschiedlich wirkt. So können Sanktionen, die über ein Land verhängt werden, Wirtschaftsunternehmen dieses Landes in den Ruin treiben und zugleich für nationalistische Parteien einen Aufschwung mit sich bringen.

Hinzu kommt, daß die Veränderung eines Teilsystems Auswirkungen auf andere Teilsysteme haben kann. Die Auflösung der Verwaltung eines diktatorischen Systems nach dessen Sturz kann zum Zusammenbruch der Wirtschaft und des öffentlichen Lebens führen, weswegen Verwaltungen in der Regel zunächst weiterarbeiten. Die Veränderung einer Gesellschaft wird nicht durch ihren Sturz ins Chaos herbeigeführt. Veränderungen im Zuge von Vergangenheitsbewältigung – und damit Steuerungen systemischer Operationsweisen – müssen also mit Bedacht vorgenommen werden, was zuweilen nicht nur den Anschein individueller Ungerechtigkeiten hervorruft, sondern tatsächlich zu solchen führt. Die Steuerungsproblematik zeigt, daß solche Ungerechtigkeiten zwar minimiert werden müssen, aber nicht gänzlich zu vermeiden sind.[64]

Steuerung als Identitätsveränderung

Ein System zu steuern heißt, es zu selbstreferential motivierten Operationen zu veranlassen. Werden dabei Operationen gewünscht, die der Funktionsweise des Systems fremd sind, funktioniert Steuerung nur durch eine Beeinflussung der Identität, also nur durch einen Verstehensprozeß im hermeneutischen Sinne. Das bedeutet Schemaverunsicherung oder Veränderung der Präferenzordnung. Vergangenheitsbewältigung in sozialen Systemen ist demnach nur möglich, wenn sie – als Prozeß, der intensiv mit Identität verbunden ist – auf die Präferenzordnung der selbstreferentialen Systeme ein-

---

[62] Willke, *Systemtheorie entwickelter Gesellschaften*, 76.

[63] Vgl. dazu Willke, *Systemtheorie entwickelter Gesellschaften*, 76f.

[64] Während frühere Stasi-Mitarbeiter ihre Anstellung im öffentlichen Dienst vielfach verloren, arbeiten in der „Gauck-Behörde" ehemalige Stasi-Mitarbeiter, auf deren Kenntnisse man angewiesen ist. Allerdings wird betont, diese Leute hätten in entscheidender Hinsicht ihre Identität geändert.

zuwirken vermag. Dazu sind, das kann man sich leicht vorstellen, große Anstrengungen vonnöten. Ein soziales System verändert seine Präferenzordnung nicht ohne triftige Gründe aus eigenen Stücken, denn das wäre ja ein Schritt zur Veränderung der Identität, also zur Auflösung des bisherigen Systems. Inwieweit sich ein System verändern kann, ohne ein anderes zu werden, inwiefern es also qualitative Identitätsveränderungen durchführen kann, ohne seine Individualität zu verlieren, ist eine Sache der Zuschreibung und damit eine Sache der Interpretation.[65]

Weil das Operieren von Systemen jedoch der Aufrechterhaltung der eigenen Autopoiesis dient, ist eine solche massive Veränderung durch rein systemisches Operieren und ohne massive Umwelteinflüsse nicht zu erwarten. Hier liegt die Bedeutung von Individuen, die an der Kommunikation von Systemen beteiligt sind. Sie gehören zur Umwelt dieser Systeme. Als solche können sie die systemische Kommunikation unterbrechen oder empfindlich stören, so daß es zu einer Veränderung der Operationsweise kommt. Sie können z.B. eine Revolution veranstalten und so das soziale System „Staat" nach völlig anderen Funktionsmechanismen ordnen.

Die Interaktion mit der Systemumwelt

Weil die Umwelt so starke Einflüsse auszuüben vermag, daß das System nicht mehr in der bisherigen Weise weiteragieren kann, ohne zerstört zu werden, ist die Umwelt für ein System ein wichtiger Einflußfaktor. Natürlich versuchen Systeme zunächst, die Bedrohlichkeit der Umwelt zu reduzieren, bevor sie ihre eigenen Operationsweisen verändern. Eine Möglichkeit, diese Bedrohung zu bannen, ohne die eigene Operationsweise zu verändern, besteht darin, selbst auf die Umwelt einzuwirken, so daß diese für das System nicht gefährlich wird. Die Bandbreite der Möglichkeiten reicht von der Verfolgung von Dissidenten bis zur Manipulation geschichtlicher Darstellungen, wodurch eine Identitätszuschreibung veranlaßt werden soll, die dem manipulierenden System eine zuträgliche Interaktionsposition verschaffen kann. Freilich wirken diese Geschichten auf die anderen Systeme so, wie diese sie selbstreferential verarbeiten. Darum kann es hierbei zu unvorhergesehenen Effekten kommen.[66] Das gilt besonders dann, wenn die manipulierten Geschichten bei der Kontrainterpretierbarkeitsprüfung nicht standhalten können und beim System andere Operationsmechanismen zutage treten als dieses scheinen lassen wollte. Jedoch – das muß immer wieder einschränkend angemerkt werden –, wenn ein System bestimmte Umweltfaktoren ignorieren kann, ohne selbst Schaden zu nehmen, dann können diese Umweltfaktoren nichts ausrichten. Das heißt, wenn ein System es sich leisten kann, auf eine redliche Vergangenheitsbewältigung zu verzichten, oder wenn es bereit ist, die Konsequenzen zu tragen, die ihm aus einer Ablehnung

---

[65] Die Systemtheorie kann dafür keine Kriterien zur Verfügung stellen. Dies hat bereits relativ früh Jürgen Habermas erkannt und kritisiert. Vgl. dazu Habermas, *Legitimationsprobleme im Spätkapitalismus*, 11ff.

[66] Die oft durchschaubare Propaganda totalitärer Systeme ist zuweilen geeignet, auch bei der eigenen Bevölkerung eher Mißtrauen als Vertrauen auszulösen.

von Vergangenheitsbewältigung erwachsen, dann kommt Vergangenheitsbewältigung hier an ihre Grenzen.

Wenn man also auf soziale Systeme einwirken will, dann muß man in ihrem Sinnhorizont agieren oder diesen Sinnhorizont verändern, etwa durch massive Umwelteinflüsse, die zur Not auch die Identität der Systeme ändern oder zerstören. Die Einwirkung auf den Sinnhorizont ist umso erfolgreicher, je gezielter man die Operationsstruktur des Systems beeinflußt.[67]

Steuerungsprobleme durch ein „cognition management" bei sozialen Systemen

Die Selbstreferentialität und die operative Geschlossenheit haben noch eine weitere Konsequenz. Es ist möglich, daß (Teil-) Systeme Folgen produzieren, die für andere Systeme, das Gesamtsystem und auf längere Sicht wegen der zu erwartenden Reaktionen auch für sie selbst bedrohlich sind. „Und dennoch ist aufgrund der hohen Indifferenz gegenüber Umweltereignissen eine interne Verrechnung oder auch nur Empfindlichkeit für die Bedeutung dieser Externalitäten außerordentlich schwer zu erreichen."[68] Hier wirkt ein Mechanismus, der dem ähnlich ist, den wir beim Individuum als cognition management kennengelernt haben. Im Bereich der Vergangenheitsbewältigung könnte man die Verhaltensweisen der reaktionären und der nationalsozialistischen Politik diesem Mechanismus zuschreiben, mit denen diese Kräfte versuchten, die Niederlage im Ersten Weltkrieg, den Zusammenbruch des Kaiserreiches und die sich daran anschließenden Maßnahmen der Siegermächte zu kompensieren. Der Versuch, diese „Schmach" auszutilgen, führte mit einer gewissen Konsequenz in die zweite große Katastrophe dieses Jahrhunderts und (zum Glück) auch in den Untergang der reaktionären und nationalsozialistischen Vorherrschaft in Deutschland. Solche ruinösen Aktivitäten eines Subsystems müssen unterbunden werden, wenn nicht die gesamte differenzierte und komplexe Gesellschaft ihren Untergang riskieren will. Auch das gehört zu den Aufgaben von Vergangenheitsbewältigung.

Die Problematik eines geeigneten Steuerungsmechanismus

Daß eine Gesellschaft dazu hierarchisch strukturiert sein müsse, war jahrhundertelang eine unwidersprochene Annahme, die in vormodernen Zeiten durchaus gute Argumente auf ihrer Seite hatte.[69] In entwickelten modernen Gesellschaften funktioniert das nicht mehr. Selbst der Staat kann diese Spitzenstellung nicht mehr unangefochten ausüben. Kein Teilsystem ist in der Lage, Prozessen von gesamtgesellschaftlicher Relevanz eine Lösung einzig mit seiner Teilrationalität anzubieten oder gar zu oktroyieren.[70] Kein Teilsystem kann aus eigener Kraft ein differenziertes System steuern. Wo dies ver-

[67] Willke, *Systemtheorie*, 222, spricht von den „kritischen Variablen", die es zu beeinflussen gelte.

[68] Willke, *Systemtheorie entwickelter Gesellschaften*, 115; vgl. auch Willke, *Systemtheorie*, 245ff.

[69] Zum hierarchische Steuerungsprinzip und zur Klasse der Problemstellungen, die am effizientesten über hierarchische Steuerungen gelöst werden vgl. Willke, *Systemtheorie III*, 64-86.

[70] Vgl. dazu Willke, *Systemtheorie entwickelter Gesellschaften*, 116ff.

sucht wird, wo z.B. die Staatsideologie (wie in sozialistischen Staaten) oder die Ökonomie (wie im Kapitalismus) für alle Teilsysteme bestimmend werden, haben wir es mit einer Entdifferenzierung zu tun, die die Selbstreferentialität der Teilsysteme bedroht oder gar aufhebt und somit ihre kreative und innovative Kraft zerstört. Es dürfte nicht schwerfallen, sowohl im Sozialismus als auch im Kapitalismus jeweils Beispiele dafür zu finden.[71] Jegliche Entdifferenzierung und Vereinheitlichung des Gesamten unter der Rationalität eines Teilsystems erscheint defizient.

Das hat für Vergangenheitsbewältigung eine große Bedeutung, denn es heißt, daß Vergangenheitsbewältigung nicht ausschließlich mit rechtlichen, politischen oder anderen subsystemischen Mitteln betrieben werden kann. Auf diesen Aspekt wird an späterer Stelle am Beispiel des (Straf-) Rechts noch ausführlicher eingegangen werden. Vergangenheitsbewältigung ist, so läßt sich hier festhalten, die Sache eines hermeneutisch-moralischen Diskurses, der sich auf Ziele und Kriterien der Vergangenheitsbewältigung einigen muß, die in allen Subsystemen verstehbar und kommunikativ anschlußfähig sind. Es muß also ein gemeinsamer gesellschaftlicher spezifischer Sinnhorizont gebildet werden. Scheitert dies, so ist die Rede von Vergangenheitsbewältigung vieldeutig, weil jeweils subsystemspezifisch. Damit hätte Vergangenheitsbewältigung im ungünstigsten Fall keine gesamtgesellschaftlich geteilte Bedeutung. Angesichts der zentralen Funktion von Identität als Basis stabiler Interaktionsgeschehen und Verantwortungszuschreibungen sowie angesichts der wichtigen Funktion von Geschichtlichkeit für die Zuschreibung von qualitativer Identität, wäre die Ausblendung von Vergangenheitsbewältigung bei der Anlage von Interaktionsverhältnissen im Grunde der Sieg der Stärkeren, d.h. der Sieg der Täter und die gesellschaftlich zugelassene Niederlage der Opfer. Denn dann würde Identität ohne ihre historische Dimension zugeschrieben, und damit blieben ganze Identitätssegmente unberücksichtigt, also auch die, in denen sich Amoralität und Gewalttat äußern. Und tatsächlich finden wir dieses völlig inakzeptable Ergebnis einer mißlungenen oder verweigerten Einigung über Ziele und Kriterien von Vergangenheitsbewältigung häufig genug vor. Dieser Umstand begünstigt auch Identitätsmanipulationen, die in aller Regel zugunsten von Übeltätern und zu Lasten von Opfern ausfallen.

Wenn es keine gesamtgesellschaftlich geteilte und praktizierte Bedeutung von Vergangenheitsbewältigung gibt, dann agiert jedes Teilsystem nach eigener Rationalität. So konnten z.B. nach dem Zweiten Weltkrieg viele Wissenschaftler, die an barbarischen Menschenversuchen beteiligt waren, zu angesehenen akademischen und gesellschaftlichen Würden gelangen. In ihrem Fachgebiet waren sie ja anerkannt! Das akademische System fragte nicht nach ethischen Kriterien, sondern nur nach fachbezogenen.[72] In der Politik sah es mitunter nicht anders aus. Was die Rechtsprechung betrifft, so wurde

---

71 Vgl. dazu Willke, *Systemtheorie*, 245ff.

72 Dieser funktionale Mechanismus ist keine Spezialität der medizinischen Fakultäten. Vgl. König/Kuhlmann/Schwabe (Hg.), *Vertuschte Vergangenheit*.

von Jörg Friedrich in vielen Arbeiten aufgedeckt, daß das Verhalten von NS-Juristen nach Gründung der Bundesrepublik nach den Kriterien der juristischen Dogmatik beurteilt wurde, die die meisten NS-Juristen von jeglicher Schuld freisprach. Das Recht bzw. die juristische Dogmatik kennt keine Vergangenheitsbewältigung, ebensowenig wie die Medizin oder die Biologie. Vergangenheitsbewältigung muß als trans- und intersystemischer Diskurs geführt werden, der die Anwendung von Systemrationalitäten zu bewerten imstande ist; kurz, es muß ein hermeneutisch-moralischer Diskurs sein. Ob und wie ein ethisches Konzept hier Anhaltspunkte geben kann, soll im Kapitel über die ethischen Kriterien von Vergangenheitsbewältigung zur Sprache kommen.

3.4 Zwischenergebnisse und offene Fragen

Die funktional-strukturelle Systemtheorie ist *eine* von verschiedenen möglichen soziologischen Theorien. Sie lebt aus den gleichen Wurzeln wie der Konstruktivismus. Beiden Entwürfen geht es um die Funktionsweise operativ geschlossener und selbstreferential arbeitender autopoietischer Systeme. Wie jede Theorie, so wirft auch die Systemtheorie der Realität ein Koordinatensystem über, um sie verstehbar und handhabbar zu machen. Ansonsten würde, wie Jensen sich ausdrückt, die Welt „für uns in Milliarden von winzigen Splittern zerfallen“[73], mit denen wir nicht umgehen könnten. Natürlich ist die Systemtheorie eine selegierende Interpretation. Welche Erkenntnisgewinne kann sie uns für das Verständnis von Art und Methode von Vergangenheitsbewältigung beibringen und wo wirft sie Fragen auf oder läßt Fragen unbeantwortet?

3.4.1 Ergebnisse

Soziale Systeme benötigen Identitätszuschreibungen
Soziale Systeme operieren selbstreferential. Sie bestehen und reproduzieren sich aus Kommunikationsschleifen, die eine spezielle System-Umwelt-Differenz beschreiben. Aus dem Umgang mit dieser Differenz ergibt sich die Identität sozialer Systeme. Auf ihre Identität sind die Systeme angewiesen, weil sie zum eigenen Selbsterhalt diese die Identität konstituierende Differenz immer wieder neu aktualisieren müssen. Auf Identität sind die Systeme aber auch im Interaktionsverhältnis angewiesen, um stabile soziale Erwartungen ausprägen und sicher interagieren zu können. Hier liegt die Bedeutung von Geschichte, weil Identität eine interpretatorische Zuschreibung ist, die sich nur in zeitlicher Extension und Differenzierung ergibt. Das wiederum ist der Grund für die Notwendigkeit von Vergangenheitsbewältigung – und oftmals auch der Grund für die Manipulation von Geschichte. Je diffe-

[73] Jensen, *Systemtheorie*, 7.

renzierter soziale Systeme sind, je stärker sie aus Sub- oder Teilsystemen bestehen, desto schwieriger ist die Ausbildung und die Zuschreibung von Identität, weil diese sich durch *gemeinsame* Sinn- und Leitdifferenzausbildung ergibt.

Die Herleitung der Identität sozialer Systeme aus ihrer Operationsweise hat, bei allen Unbestimmtheiten, die sich daraus ergeben, einen nicht zu überschätzenden Vorteil. Andere Definitionen von Identität, die etwa das gemeinsame „Wesen" von Personen einer bestimmten Referenzgruppe erfassen wollen, sind in aller Regel sehr vage und geraten leicht in die Versuchung, zu einem unlauteren Kampfbegriff zu werden. Der französische Philosoph Michel Serres wies darauf hin[74], daß die Rede von einer nationalen, völkischen, einer deutschen, französischen oder ähnlich gefaßten Identität nicht zwischen dem Merkmal der Einzigartigkeit und dem der Zugehörigkeit unterscheide. Es sei nicht möglich, eine Gruppe von Individuen auf ein einziges Merkmal zu reduzieren, sei es Religion, Herkunft, Staatszugehörigkeit oder ein beliebiges anderes. Solche Versuche seien zwanghaft und gefährlich. Die aus solchen Reduktionen destillierten Identitäten seien beliebig und ubiquitär vermehrbar. Sie endeten notorisch mit der Uniformierung oder mit dem Ausschluß von Individuen. Das erleichtere Diskriminierung, Vertreibung und Vorurteilsbildung. Die Systemtheorie verfällt diesem „schnell zum Verbrechen werdenden Fehler" (Serres) nicht, denn das System wird nicht von Menschen, sondern von Kommunikationen gebildet. Allerdings ergeben sich daraus andere Probleme.

Systemisches Handeln, systemische Identität und systemische Verantwortung

Soziale Systeme agieren durch ihre Repräsentanten, doch gewinnt man mit diesem Kriterium noch keine Auskunft über den Umfang des Systems und über das Verhältnis der an der systemischen Kommunikation Beteiligten zum System. Menschen gehören zwar per definitionem zur Umwelt des Systems, doch sind sie vom Agieren des Systems oftmals stark betroffen. Systeme können – weil operativ geschlossen und selbstreferential arbeitend – nur durch die Gestaltung von Umweltfaktoren zu Verhaltensänderungen bewegt werden; also nur, wenn sie es wollen bzw. wenn sie nicht anders können. Beeinflussung ist nur durch Kontextsteuerung möglich.

Für Vergangenheitsbewältigung bedeutet dies: Man kann sozialen Systemen Handlungen zuschreiben und sie für ihr Agieren verantwortlich machen. Ebenso sind sie verantwortlich für die von ihnen vertretenen Geschichten und für ihre eigene Identität. Soziale Systeme tragen also Verantwortung für das von ihnen institutionalisierte Gedenken, das wiederum ihre Identität prägt. Geschichten und Gedenken sind ja Formen der Interpretation vergangenen Geschehens. Da soziale Systeme ihre „kollektive Erinnerung" auf kommunikative Weise zum Ausdruck bringen müssen (weil sie nur so dem System als System und nicht einzelnen Individuen zugeschrieben

[74] In einem Beiheft von *Le monde*; vgl. dazu *Süddeutsche Zeitung* vom 25./26. Januar 1997, Seite 15.

werden kann) und da weiterhin diese kommunikative Weise sich zugespitzt in symbolischen Akten manifestiert, ist ein soziales System – etwa eine Gesellschaft oder eine Institution – verantwortlich für ihre Gedenktage, Gedenkstätten, Gedenkanlässe und Gedenkweisen. Denn es ist die Präferenzordnung, die ein System dazu veranlaßt, diese oder jene Geschichtsdeutung vorzunehmen. Darum offenbaren Geschichtsdeutungen und ihre Ausdrucksformen die Identität der betreffenden Systeme. Ob es beispielsweise in Deutschland ein Holocaust-Museum oder eine zentrale Holocaust-Gedenkstätte gibt, oder ob es sie nicht gibt, ist keine bloße Äußerlichkeit. An welche Ereignisse ein Staat durch offizielles Gedenken erinnert, ist nicht unerheblich. Welche Denkmäler aufgestellt, welche Namensgebungen öffentlichen Gebäuden (etwa Schulen oder Universitäten) zuteil werden, ist nicht ganz unwichtig. Freilich, solche Manifestationen der Identität können im Laufe der Zeit belanglos werden, etwa dann, wenn der Gedenktag, das Denkmal oder die Namensgebung im Bewußtsein der Menschen (als Kommunikationsträger des Systems) keinerlei Assoziationen mehr auslösen.

Die Bedeutung solcher Kommunikationssymbole wird deutlich, wenn sie umstritten sind. Man denke etwa an die Benennung mancher Bundeswehrkasernen, man denke an die Auseinandersetzungen um die Beibehaltung oder Änderung des Namens der „Westfälischen-Wilhelms-Universität" in Münster[75], man denke an die politischen Auseinandersetzungen um die Wiederaufstellung des Kaiser-Wilhelm-Standbildes am Deutschen Eck in Koblenz. Wie sehr eine solche Symbolik, wenn sie auf Geschichte Bezug nimmt, mit Identität zu tun hat, also mit der Selbstplazierung im diachronen Schema- (bzw. Präferenzordnung-) Handlungs-Widerfahrnis-Gemisch, zeigt sich beispielsweise daran, daß aus guten Gründen das Zeigen nationalsozialistischer Symbole in Deutschland unter Strafe gestellt ist, in anderen Ländern, z.B. in Dänemark, dagegen nicht. Es gibt, historisch bedingt, jeweils andere Identitätszuschreibungen hinsichtlich der Erlaubtheit bzw. des Verbotes, solche Symbole zu zeigen. Das heißt, würde das Zeigen dieser Symbole in Deutschland erlaubt, müßten aus historischen Gründen daraus andere Schlüsse gezogen werden als aus der Erlaubtheit, die in Dänemark besteht.[76]

Die Bedeutung von Geschichten

Systeme sind also verantwortlich für ihre Geschichte und ihre Geschichten. Am Beispiel des Historikerstreits wurde dies deutlich gemacht. Wie sehr und wie sensibel Geschichten der Identität von Systemen zugeschrieben werden können, wie sehr – in umgekehrter Blickrichtung – die diachrone Identität als Deutehintergrund für das aktuelle Agieren dienen kann, läßt sich an einem Beispiel verdeutlichen, das vielleicht etwas abseitig anmutet, das aber

[75] Vgl. dazu den Bericht von Jochen Leffers, *Namen sind Schall und Säbelrasseln*, in der *Süddeutschen Zeitung* vom 18./19. Oktober 1997.

[76] Daß ich diese Erlaubtheit in Dänemark gleichwohl für höchst bedauernswert halte und daß ein Verbot meines Erachtens kein Verstoß gegen Toleranz darstellt, sondern vielmehr ein präventiver Schutz von Toleranz gegenüber den Feinden von Toleranz, möchte ich nicht verschweigen.

zugleich zu erhellen vermag, wie stark die Identität von Teilsystemen auf die Identität des Gesamtsystems durchschlagen kann und umgekehrt. Im Drehbuch von Monty Python's „The Life of Brian", eines als Comedy angelegten Films, kommt eine kleine Armee vor, deren „Führer" Otto als Ziel seiner martialischen Unternehmungen die rassische Reinigung der Juden und den Erwerb neuen Lebensraumes deklariert. Ob diese Szene nicht eher geschmacklos als komisch ist, soll hier nicht diskutiert werden. Jedenfalls ist dies Szene – nationalsozialistisches Gedankengut unter veränderten Vorzeichen – in der deutschen Version des Films nicht zu sehen. Der Film ist eine britische Produktion. Und dennoch, in Deutschland eine solche Szene als lustig anzubieten, dürfte kaum möglich sein. Hier bekäme eine solche Comedy ganz andere Vorzeichen.[77] Die Filmindustrie – ein Subsystem – muß auf die Identitätslage des Gesamtsystems deutsche Gesellschaft reagieren. Täte sie es nicht, bekäme nicht nur die Filmindustrie (bzw. der Filmverleiher) Probleme, sondern – nachvollziehbarerweise – das Gesamtsystem, das seinerseits – als Umwelt des Subsystems – dem Subsystem Probleme machen könnte. Ein Film, der inakzeptabel wäre, könnte untersagt, mit Auflagen versehen oder vom Publikum boykottiert werden.

Man kann sozialen Systemen also ihr Agieren zuschreiben und sie dafür verantwortlich machen. Allerdings kann es dabei zu Zuschreibungsproblemen oder -unsicherheiten kommen (etwa wenn das Agieren eines Teilsystems dem Gesamtsystem zugeschrieben wird). Wenn man sozialen Systemen sowohl Handlungen als auch eine Identität zuschreiben kann, dann kann man als Forderung von Vergangenheitsbewältigung in sozialen Systemen Identitätsveränderungen verlangen, um ein verändertes Agieren zu erreichen.

Die Schwierigkeit, Konsequenzen durchzusetzen

Da soziale Systeme auf eine interaktionszuträgliche Identität angewiesen sind, kann man auf soziale Systeme einwirken. Doch sind diese Einwirkungen mit einer gewissen Ungenauigkeit behaftet, weil sie nur als Kontextsteuerung wirken. Diese Einsicht mag frustrieren, weil sie deutlich macht, daß es nicht ausreicht, festzustellen, bestimmte Personen oder soziale Systeme müßten doch einsehen, daß ..., man könne von ihnen verlangen, daß ..., sie sollten doch endlich ...! Kurzum, es mag noch so deutlich sein, daß bestimmte Verhaltensweisen borniert, unmoralisch, unmenschlich, inkonsistent oder sonstwie unhaltbar sind, wenn diese Einsicht nicht in die Operationsweise der betreffenden Systeme eindringt und diese verändert, nützt sie nichts. Im Zusammenhang mit der Borniertheit neonazistischer Personen wurde an früherer Stelle von der Notwendigkeit gesprochen, Schemata zu

[77] „Das Leben des Brian" ist keineswegs der einzige Film, der für die deutsche Version verändert wurde. In Alfred Hitchcocks Klassiker „Berüchtigt" agierten in der deutschen Fassung jahrelang Rauschgiftschmuggler; im Original waren es Nazi-Spione. In Roman Polanskis „Tanz der Vampire" wirkt bei dem jüdischen Vampir Shagal das christliche Kruzifix nicht; in der deutschen Version ist nicht seine Religionszugehörigkeit der Grund dafür, sondern daß er „noch nicht alt genug" ist.

verunsichern, um das cognition management außer Kraft zu setzen, und davon, daß dies oft wohl nur tiefeninterpretatorisch und psychologisch-sozialarbeiterisch zu erreichen sei. Bei sozialen Systemen ist das ähnlich. Man kann Gewaltausbrüche durch Polizeieinsätze zu verhindern suchen, doch Einsicht zu wecken – und dies ist ein eminentes Ziel von Vergangenheitsbewältigung –, funktioniert nur über Kontextsteuerung. Auch Sonntagsreden helfen nicht viel. Wenn inakzeptable Ideologien bekämpft und verändert werden sollen, dann ist dies mühsam. Man mag das bedauern, aber man sollte es einsehen. Denn auf diesem Hintergrund zeigt sich die Notwendigkeit von oft sehr mühseligen Streetworker-Einsätzen in rechtsradikalen Szenen und von sozialpädagogischen Maßnahmen, die häufig nur in winzigen Schritten zum Erfolg führen. Mit solchen Maßnahmen ist in der Öffentlichkeit oftmals weniger Aufmerksamkeit und Zustimmung zu gewinnen als mit markigen Reden. Doch wenn Vergangenheitsbewältigung funktionieren, wenn rechtsgerichtetes Gedankengut verschwinden soll, dann muß man die Maßnahmen ergreifen, die am ehesten Erfolg versprechen. Daß dies die mühsameren Maßnahmen sind, wird durch die Steuerungsproblematik von Systemen deutlich.

In diesem Zusammenhang erweist sich die Bedeutung künstlerischer oder pädagogischer Medien, um Einfluß auf die Schemata bzw. Präferenzordnungen zu nehmen. Wie Propagandafilme die Menschen mit dem NS-System zu verschweißen versuchten, damit diese das System stützen und nicht gefährden sollten, so waren künstlerische und pädagogische Maßnahmen sinnvoll, um im Nachkriegsdeutschland Vergangenheitsbewältigung anzustoßen. (Juristische Mittel alleine wären dazu nicht in der Lage gewesen.) Nicht nur Dokumentationssendungen im Fernsehen, sondern auch fiktionale Filme wie „Holocaust“ und fiktional aufbereitete wie „Schindlers Liste“ sind wichtig, um die emotionale Ebene zu treffen und so Veränderungen im Denken auszulösen.[78] Aber nicht nur Filme, auch dokumentarische und fiktional aufbereitete Bücher, bildende Kunst und Gedenkveranstaltungen, nicht zu vergessen Gedenkstätten und Dokumentationszentren etc. dienen diesem Ziel. Nur auf dem Hintergrund veränderten Denkens ist Vergangenheitsbewältigung möglich, und nur so kann man erreichen, daß den Opfern die noch mögliche Wiedergutmachung zuteil wird.

Die Bedeutung der Systemumwelt

Es gilt zu beachten, daß jede Person und jedes System für andere Personen und andere Systeme Umwelt bilden (und als Mitglied gehört jemand zur „inneren Umwelt“ des Systems, an dessen Kommunikation er oder sie partizi-

[78] Damit kein Mißverständnis entsteht: Auch wenn „Holocaust“ und „Schindlers Liste“ fiktionale Elemente enthalten, so berichten sie doch Wahrheit. Sie vermitteln nämlich die Geisteshaltung der Täter und das Leid der Opfer. In diesem Zusammenhang spielt es keine Rolle, ob die geschilderten Vorgänge historisch tatsächlich genau so stattfanden. Zur Bedeutung dokumentarischer und fiktionaler Darstellungen für das Prägen von Denk- und Sichtweisen vgl. Schmidt-Sinns, *Zeitgeschichte im Bild nach vier Jahrzehnten*; Quandt/Stemmler, *40 Jahre Bundesrepublik Deutschland im Fernsehen – dokumentarische Rückblicke*; Becker, *Fiktion und Unterhaltsamkeit – Instanzen historischen Lernens*. Speziell zum Film „Holocaust“ vgl. Dahmer, *„Holocaust“ und die Amnesie*.

piert). Wenn die Umwelt Einfluß ausüben kann, dann ist keine Person und kein System einflußlos. Freilich ist das Ausmaß der Einflußmöglichkeiten sehr unterschiedlich. Doch aus der Eigenschaft, Umwelt zu sein, ergeben sich Verantwortungsanteile. Die Frage an Individuen und an Institutionen: „Was habt ihr angesichts einer bestimmten Situation getan?", ist also nicht unzulässig, wenn sie sich der Tatsache bewußt ist, daß Systeme nur durch Eingriff in die richtige „Emergenzebene"[79] beeinflußt werden können. So kann ein einzelner angesichts einer komplexen Situation wenig erreichen, als Teilnehmer eines Subsystems kann er aber vielleicht bewirken, daß das Subsystem Einfluß ausübt. Auch dieser Zusammenhang wird durch die Systemtheorie deutlich und nachvollziehbar.

Man sieht, im Rahmen von Vergangenheitsbewältigung ist es möglich, Konsequenzen zu veranlassen, von denen soziale Systeme betroffen werden. Doch entscheidende Fragen bleiben bei dieser funktionalen Betrachtung sozialer Systeme offen. So ist die Beobachtung der sozialen Wirklichkeit unter dem systemischen Aspekt ein Interpretationskonstrukt zur Komplexitätsreduktion. Einige, gerade im Zusammenhang mit Vergangenheitsbewältigung wichtige Aspekte, drohen dabei wegreduziert zu werden. Es handelt sich um die Aspekte, die sich mit den Themen „Verhältnis von Individuum und System" sowie „Verantwortung und Schuld" skizzieren lassen. Systeme existieren nur, wenn sie von kommunizierenden Individuen reproduziert werden. Daraus ergibt sich die Frage, welche Verantwortung sie für die Systeme tragen, die sie durch ihr Kommunizieren existent erhalten. Diese Frage muß freilich die Tatsache im Blick behalten, daß Systeme oftmals wie anonyme und autonome Mächte Menschen zu bezwingen vermögen. Doch diese Tatsache darf die formulierte Frage nicht verdrängen.

3.4.2 Offene Fragen

Reichweite und Grenzen von Systemen

Soziale Systeme bestehen nach der Definition der Systemtheorie aus Kommunikationen. Diese gibt es jedoch nur als tatsächlich von Menschen kommunizierte. Damit sind in der Anwendung auf Vergangenheitsbewältigung diverse Probleme verbunden. Etwa das, die Reichweite oder die Grenzen von sozialen Systemen zu bestimmen[80] oder das genaue Ende ihrer Existenz[81]. Daraus ergeben sich nicht nur Probleme bei der Zuschreibung von Identität, sondern auch bei der Forderung nach Veränderung der Operationsweise. So stellt sich beispielsweise die Frage, in welchem Maß eine Gesellschaft für das in ihr Geschehende verantwortlich ist. Gesellschaften sind nach der Systemtheorie Sinnsysteme, die sich durch gemeinsam geteilte Leitdifferenzen abgrenzen lassen. Doch Sinnsysteme „‚schwimmen' sozusagen auf einem Horizont"[82]. Die Leitdifferenzen lassen sich also nicht exakt und

---

[79] Vgl. Willke, *Systemtheorie*, 176.
[80] Vgl. Jensen, *Systemtheorie*, 89; Kaefer, *Religion und Kirche als soziale Systeme*, 68ff.
[81] Vgl. Kaefer, *Religion und Kirche als soziale Systeme*, 33.
[82] Jensen, *Systemtheorie*, 89.

endgültig ausmachen. Doch wenn die Leitdifferenzen, die eine Gesellschaft konstituieren, nicht exakt anzugeben sind, wem ist dann die Folge eines Agierens zuzuschreiben, das sich innerhalb oder sogar gestützt durch eine bestimmte Kommunikation ergibt? Hier tun sich Zuschreibungsprobleme auf, die aus der Frage resultieren, ob das Agieren eine Anwendung der durch die Leitdifferenzen bestimmten gesellschaftlichen Kommunikation war.

Probleme der Zuschreibung von Handlungen und Verantwortung
Sind beispielsweise ausländerfeindliche Anschläge nur den Tätern oder in bestimmtem Ausmaß auch der Gesellschaft zuzuschreiben? Die Systemtheorie, so scheint mir, läßt hier Interpretationsspielräume offen. Eine Gesellschaft, in der solche Taten kommunikativ anschließbar sind, wird sich einer Mitverantwortung nicht entziehen können. Anders ausgedrückt: In dem Maße, wie Ausländerfeindlichkeit zu einem Merkmal und zu einem Stabilisierungsfaktor einer Gesellschaft wird, muß diese sich auch die Folgen eines solchen Denkens zuschreiben lassen. Allerdings, dieses Maß ist schwer bestimmbar. Insofern bleiben Interpretationsspielräume, die dazu genutzt werden können, die Handlanger eines solchen Denkens, die zu Tätern werden, alleinverantwortlich zu machen, um die gesellschaftliche Kommunikation und Operationsweise nicht verändern zu müssen. Das wäre ein Sündenbockmechanismus[83], der nicht selten Anwendung findet.[84] Das erste Problem besteht also in der Frage, in welchem Maß einer Gesellschaft das in ihr Geschehende zugeschrieben, in welchem Maß sie dafür verantwortlich gemacht werden kann. Es ist zugleich die Frage nach dem Verhältnis von Teilsystem zum Gesamtsystem.[85]

Das Problem der Bewertung systemischen Operierens
Das zweite Problem ergibt sich, wenn man danach fragt, was Verantwortung für soziale Systeme denn bedeuten kann. Die Systemtheorie gibt keine anderen außer den funktionalen Kriterien an die Hand, nach denen das Operieren von sozialen Systemen zu bewerten ist. Es wird nur beschrieben, wozu sie dienen und was gegeben sein muß, damit sie funktionieren.[86] Aber, sollen sie überhaupt (so) funktionieren? Darauf kann man aus systemtheoretischer Perspektive nicht antworten. Es gibt aus systemtheoretischer Perspektive kein Bewertungskriterium, anhand dessen die Güte von Systemen bemessen werden kann. Systeme kennen aus sich keine Moral.[87] „Es gibt sozusagen

---

[83] Zur theoretischen Grundlage von Sündenbockmechanismen vgl. König/Volmer, *Systemische Organisationsberatung*, 18ff.

[84] Ohne das Handeln der Führer des NS-Staates verharmlosen zu wollen, fallen doch Tendenzen auf, nach dem Zusammenbruch des Reiches jegliche Verantwortung der Führungsschicht zuzuschreiben und die Gesellschaft damit zu entlasten. Zuweilen wurden sogar die Nürnberger Prozesse für diese Sicht instrumentalisiert.

[85] Vgl. dazu Jensen, *Systemtheorie*, 89; Kaefer, *Religion und Kirche als soziale Systeme*, 68ff.

[86] Das ist im Grunde nicht verwunderlich und liegt im leitenden Erkenntnisinteresse der funktional-strukturellen Systemtheorie begründet, die nach der Funktion von Strukturen fragt.

[87] Vgl. dazu Obermeier, *Zweck-Funktion-System*, 126ff. 167ff.

jenseits der über die Systemrationalität fixierten, also an Funktionen orientierten Werten nichts mehr."[88]

Wenn für gesellschaftlich ermöglichte Übeltaten das System verantwortlich gemacht wird, dann ist diese Zuschreibung zunächst korrekt. Sie verhindert nicht nur Sündenbockmechanismen, sondern auch Kollektivschuldzuschreibungen, die alle Mitglieder eines Sozialsystems persönlich für systemisches Handeln zur Rechenschaft ziehen. Dadurch wird vermieden, daß eine Gruppe von Individuen kollektiv beschuldigt wird, ohne danach zu fragen, ob alle beteiligt waren, oder ob einzelne vielleicht mit ihrer Teilnahme an der gesellschaftlichen Kommunikation die Übeltat sogar verhindern wollten. Eine kollektive Zuschreibung fällt nämlich unter das Verdikt von Michel Serres.[89]

Doch durch die systemtheoretische Sichtweise wird Verantwortung und Schuld ggf. entpersonalisiert und durch die funktionalistische Betrachtungsweise schlichtweg neutralisiert. Einem System als solchem Verantwortung zuzuschreiben heißt, sie an ein Interpretationskonstrukt zu delegieren, das die Dimension von Moral und Verantwortung nicht kennt. Einem System als solchem Verantwortung zuzuschreiben heißt, sie faktisch aufzulösen. Ein solcher Mechanismus könnte hinter dem Entschuldigungsversuch stehen, der zuweilen sogar von Repräsentanten und Entscheidungsträgern eines Systems bemüht und gelegentlich in dem Satz zusammengefaßt wird: „Da konnte man nichts machen, die Umstände waren nun mal so." Damit wird das betreffende Handeln zu einem systemisch unabdingbaren Operieren degradiert und entmoralisiert. Niemand haftet letztlich.

Die Notwendigkeit nicht-funktionaler Bewertungsmaßstäbe

Was nottut ist also, den Blick zu weiten über eine rein funktionalistische Sicht hinaus. Dadurch soll erreicht werden, daß auch in systemischen Zusammenhängen nicht nur „poietische", also funktionale Kriterien als Bewertungsmaßstäbe benannt werden können, sondern auch „praktische". Sicherlich, ein Problem bleibt weiterhin bestehen. Nämlich dies, daß das Agieren von Individuen oft dermaßen interdependent ist, daß sich daraus das emergente Phänomen „soziales System" ergibt, in dem sich die Verantwortlichkeiten kaum klar eruieren lassen. Aber das ist ein Problem der Komplexität der Interaktionen (das durch die Systemtheorie rigoros reduziert wird), aber kein Problem unerklärlicher Emergenz, die jegliche Verantwortlichkeit ins Transpersonale und Strukturelle verflüchtigte. Der Versuch, Grad und Umfang von Verantwortlichkeit herauszufinden, darf nicht mit dem Hinweis auf die Emergenz des Systemischen auf eine Entität verschoben (und damit un-

---

[88] Obermeier, *Zweck-Funktion-System*, 126.

[89] Im Zusammenhang mit der Ausstellung „Vernichtungskrieg. Verbrechen der Wehrmacht 1941-1944" wurde diese Problematik höchst virulent. Obwohl die Ausstellung keine Pauschalverurteilung intendierte, fühlten sich frühere Wehrmachtsangehörige kollektiv beschuldigt, wenn von Verbrechen *der* Wehrmacht die Rede war. Vgl. dazu Thiele (Hg.), *Die Wehrmachtsausstellung*, bes. 170ff. (Stenographischer Bericht der Bundestagssitzung vom 13. März 1997). Systemische Zuschreibungen müssen Raum lassen für individuelle Differenzierungen.

terlaufen) werden, die moralfrei konzipiert wird. Denn dann blieben die Opfer mit ihren Lasten alleine. Wie ist dem beizukommen?

Das Problem von Verantwortung und Schuld macht eine nähere Bestimmung des Verhältnisses von Individuum und sozialem System notwendig. Ohne diese Bestimmung bleiben die von der Systemtheorie offen gelassenen Fragen ohne Antwort. Doch mit Hilfe dieser Bestimmung lassen sich Zuschreibungen exakter vornehmen, moralische Bewertungsmaßstäbe anlegen und Verantwortlichkeiten eher benennen. Allerdings gelingen die Zuschreibungen von Handlungen und Verantwortlichkeiten auch dann nicht immer. Es bleiben – die Realität führt uns das immer wieder vor Augen – schmerzliche Lücken. Doch mit der Einführung moralischer Maßstäbe lassen sich die Opfer wenigstens als solche bezeichnen, und sind nicht bloß wertfrei zu betrachtende Verlierer von Systemkonkurrenzen. Nur wenn moralische Maßstäbe an systemisches Agieren angelegt werden können, gibt es auch *Ziele* für die Entwicklung von Systemen und nicht-funktionale Kriterien für das Ziehen von Konsequenzen.[90]

3.5 Individuum und soziales System

Die Systemtheorie ist *eine* Möglichkeit, die Komplexität der Welt wahrzunehmen, sie zu reduzieren und sie so zu deuten. Theorien interpretieren die Realität unter leitenden Erkenntnisinteressen. Wenn bestimmte Aspekte in einer Theorie nicht unterzubringen sind, so bedeutet dies nicht unbedingt, daß diese Aspekte in der Realität gegenstandslos oder referenzlos wären, sondern es bedeutet möglicherweise nur, daß die Theorie diese Aspekte nicht erfaßt. Die Grenzen, an die wir bei der systemtheoretischen Betrachtungsweise des Phänomens Vergangenheitsbewältigung stoßen, erfordern deshalb, die soziale und die gesellschaftliche Dimension von Vergangenheitsbewältigung unter Hinzuziehung anderer theoretischer Schemata zu betrachten. Denn es scheint notwendig, die interdependenten Beziehungen von Individuen zu sozialen Systemen und von sozialen Systemen zu den Individuen näher in den Blick zu nehmen; und zwar etwas anders als die Systemtheorie dies tut. Hier bietet es sich an, zunächst von einer konstruktivistischen Sozialtheorie auszugehen.[91] Die Problematik bei konstruktivistischen Betrachtungsweisen kann als bekannt vorausgesetzt werden. Doch der Erkenntnisgewinn, der sich ergibt, wenn man das Phänomen des Sozialen und des Trans- oder Interpersonalen

---

90 Ein rein funktionales Verständnis vom Operieren sozialer Systeme kommt etwa einem evolutionären Verständnis gleich: das hinsichtlich der Systemumwelt tauglichere System setzt sich durch. Das könnte auch das brutalere, unmenschlichere System sein. Erst die Überwindung evolutionärer Funktionalität erlaubt das setzen von Zielen. Und gerade darin besteht ja eigentlich die phylogenetische Entwicklung des Menschen. Vgl. dazu Obermeier, *Zweck-Funktion-System*, 126ff.

91 Eine kompakte Einführung dazu bietet Rusch/Schmidt (Hg.), *Konstruktivismus und Sozialtheorie*. Darin besonders Hejl, *Die Entwicklung der Organisation von Sozialsystemen und ihr Beitrag zum Systemverhalten*.

aus der Perspektive des erkennenden Subjektes betrachtet, legt es nahe, diese Betrachtungsweise hier einzubeziehen. Der Erkenntnisgewinn besteht darin, daß dieser Ansatz das Phänomen des Sozialen nicht nur aus dem Blickwinkel des Individuums *betrachtet* (statt in einer großformatigen Totalaufnahme), sondern auch vom Erkennen und Handeln der Individuen aus *konzipiert*.[92]

3.5.1 Soziale Systeme als parallelisierte Interpretationsmuster

Die Bedeutung des Sozialen für das individuelle Kognizieren
Individuen kognizieren selbstreferential. Umwelteinflüsse geben, wenn sie vom kognitiven System verstanden oder zumindest empfunden werden können, diesem Anlaß zu Reaktionen. Das bedeutet, das Sozialsystem kann Einfluß nehmen auf das Kognizieren und Schemabilden des Individuums. Da ein Individuum nicht für sich alleine interpretieren kann, weil Interpretation kommunikativ vermittelte Bedeutungszuweisung ist, wird die Ausprägung individueller Schemaensembles durch soziale Vorgaben und Rückmeldungen beeinflußt.[93] Das Kind bekommt bei seiner Sozialisation Interpretationsangebote zur Verfügung gestellt (ausdrücklich, unausdrücklich und bereits durch die verwendete Sprache selbst). Diese Angebote bewegen sich innerhalb eines sozialen und kulturellen Konsenses. Durch die Art und Weise, wie Welt bzw. Weltsicht und Weltdeutung angeboten wird, wird der Bereich potentiell möglicher Beschreibungen eingegrenzt auf die Arten von Beschreibungen, die in dem Angebot der Weltdeutung, das durch Sozialisation bzw. Kulturation[94] unterbreitet wird, enthalten sind oder von ihm ermöglicht werden.[95] Für ein heranwachsendes Individuum ist es – auch aus Gründen, die im Zusammenhang mit der Behandlung des Themas der persönlichen Identität bereits genannt wurden – nahezu unmöglich, Interpretationen zu verwenden und Schemata auszuprägen, die außerhalb dieses Konsenses liegen.[96] Wer mit seiner Interpretation sozial kollidiert, wird diese Interpretation mit einiger Wahrscheinlichkeit aufgeben. (Der Versuch von Solomon Asch spielte sich auf diesem Hintergrund ab.) Sozialisation prägt Horizonte aus, die ein Interpretationsverhalten hervorrufen, das interaktionsverträglich ist. Auf diese Weise entsteht ein „konsensueller Bereich“[97].

In dem Maße, wie die Voraussetzungen und Strukturen des Kognizierens sich gleichen, in dem Maße gleicht sich auch das Erleben der Individuen an. Da diese Voraussetzungen bei Menschen aufgrund ihrer Zugehörigkeit zur gleichen Gattung gleich sind, und da die Strukturen des Kognizierens auf-

---

92 Vgl. dazu die näheren Ausführungen bei Hejl, *Konstruktion der sozialen Konstruktion*, 303ff.
93 Vgl. Rusch, *Erkenntnis, Wissenschaft, Geschichte*, 99.
94 Zu den Begriffen Sozialisation und Kulturation sowie ihren Bedeutungen und Bedeutungsunterschieden vgl. Rusch, *Erkenntnis, Wissenschaft, Geschichte*, 177. Zu Sozialisation vgl. Berger/Luckmann, *Die gesellschaftliche Konstruktion der Wirklichkeit*, 139-174.
95 Vgl. dazu Rusch, *Erkenntnis, Wissenschaft, Geschichte*, 181ff. Ebenso Berger/Luckmann, *Die gesellschaftliche Konstruktion der Wirklichkeit*, 139ff.
96 Vgl. Berger/Luckmann, *Die gesellschaftliche Konstruktion der Wirklichkeit*, 49ff.
97 Vgl. Rusch, *Erkenntnis, Wissenschaft, Geschichte*, 141. Hejl, *Konstruktion der sozialen Konstruktion*, 317, spricht vom „sozialen Bereich“.

grund der Sozialisationseinflüsse bei Menschen gleicher kultureller und gesellschaftlicher Herkunft im Rahmen einer gewissen Bandbreite ähnlich ausfallen, kann Hans Lenk sagen: „Interpretieren ist kein bloßes Geschehen, sondern ein sozio-kulturelles Handeln, das in zutiefst konventionalisierte [...] Lebensformen eingebettet ist.“[98] Dabei wird vor allem „durch die Gemeinsamkeit der Sprache [...] – vielleicht stärker als auf irgendeine andere kulturspezifische Weise – eine Parallelität oder funktionale Übereinstimmung in den Modalitäten des je individuellen Erlebens etabliert.“[99] Individuen innerhalb der gleichen sozio-kulturellen Umweltbedingungen sind also – mit Randunschärfen – in gleicher Weise sozio-kulturell geprägt.[100]

Soziale Systeme basieren auf parallelisiertem Kognizieren der sie tragenden Individuen

Individuen sind dadurch eingebunden in eine Interpretationsgemeinschaft, die ihnen ein gelingendes Interagieren ermöglicht.[101] Doch diese Interpretationsgemeinschaft wird von den Individuen selbst konstituiert. Denn sie zeichnet sich dadurch aus, daß ihre Mitglieder im Interagieren ähnliche Konstrukte aktivieren, also über Schemata verfügen, die nicht im Widerspruch zueinander stehen. Soziale Prozesse, soziale Systeme basieren auf dem Fundament eines parallelisierten (inter-) individuellen Kognizierens. Mit anderen Worten, Individuen sind auf bestimmte Kommunikationen und Leitdifferenzen hin geprägt und verhalten sich dadurch so, daß ihr Interagieren diese Kommunikationen aufrecht erhält.

Auf diese Weise entsteht ein Interaktionsgeflecht, das ein Beobachter als soziales System beschreiben kann. Aus systemtheoretischer Betrachtung scheint es nämlich, als ob Kommunizieren seine eigene Operationsweise reproduziert. Doch tatsächlich parallelisiert ein „in einer sozialen Gruppe oder in einer kulturellen Gemeinschaft [...] lebender Organismus sein Denken, Verhalten und Handeln weitgehend mit den Denk-, Verhaltens- und Handlungsweisen der übrigen Mitglieder seiner Gesellschaft [...]; er befriedigt seine Grundbedürfnisse in derselben Weise, wie dies die übrigen Mitglieder seiner Gruppe tun, er spricht die gleiche Sprache wie die anderen, er hält ähnliche oder gleiche Ziele für erstrebenswert, vertritt ähnliche oder gleiche moralische, ethische, religiöse und politische Ansichten usf.“[102]

Der Prozeß der Sozialisation und der Konstituierung sozialer Systeme ist also ein Prozeß der Parallelisierung von Schemata und damit ein Prozeß der

---

[98] Lenk, *Interpretationskonstrukte*, 84.

[99] Rusch, *Erkenntnis, Wissenschaft, Geschichte*, 176. Vgl. auch Baecker/Borg-Laufs/Duda/Matthies, *Sozialer Konstruktivismus*, 119-121; Berger/Luckmann, *Die gesellschaftliche Konstruktion der Wirklichkeit*, 69. 71ff. und öfter; Luckmann, *Theorie des sozialen Handelns*, 100f. und öfter. Sehr illustrativ dazu: Spieles, *Ausländer in der deutschen Sprache*.

[100] Ausführlicher dazu: Rusch, *Erkenntnis, Wissenschaft, Geschichte*, 136-193. Vgl. dazu auch Luckmann, *Theorie des sozialen Handelns*, 96ff.; Lenk, *Interpretationskonstrukte*, 56f. 77ff.

[101] Das heißt nicht, daß die Zugehörigkeit zur gleichen Interpretationswelt Dissens und Streit aus der Welt schaffte. Auch Dissensen sind Teile gelingender Interaktion, insofern sie kommunikativ anschlußfähig sind.

[102] Rusch, *Erkenntnis, Wissenschaft, Geschichte*, 177.

Parallelisierung von Lebens- und Verhaltensformen. Das ist auch der Grund dafür, daß Richard von Weizsäcker die fremdenfeindlichen Ausschreitungen von jungen Menschen – z.B. in Rostock – als ein gesamtgesellschaftliches Problem betrachten konnte. „Wenn Jugendliche zu Brandstiftern und Mördern werden", so resümierte er, „dann liegt die Schuld nicht allein bei ihnen, sondern bei uns allen, die Einfluß auf die Erziehung haben – bei den Familien und Schulen, bei den Vereinen und Gemeinden, bei uns Politikern."[103] Denn Erziehung ist eine Maßnahme der Sozialisation und damit eine Maßnahme zur Reproduktion der Operationsweise des Systems mittels sozialer und kultureller Parallelisierung.

Solche Parallelitäten sind nicht nur das *Ergebnis* des Zusammenlebens „kognitiv paralleler Organismen"[104], sondern sie werden sogar nachhaltig *gesucht*. So dient beispielsweise das Sprechen der Herstellung von Gemeinsamkeiten. Allerdings sind die Individuen auf die gesellschaftlich praktizierte Kommunikation nicht festgelegt. Weil sie nicht-triviale Systeme sind, sind sie zu Interpretationsvarianten in der Lage, also auch dazu, die praktizierte Kommunikation unter neuen Deutehinsichten zu verstehen, sich ihrer bestimmenden Kraft zu entziehen und sie – was die eigene Praxis angeht – zu verändern.[105] Die individuelle Verantwortung bleibt also erhalten.

Soziale Systeme wirken wie eigenständige Entitäten

Die Menschen erleben ihre Alltagswelt als objektiv gegeben und strukturiert, weil sie in dieser bestimmten Interpretation der Alltagswelt sozialisiert sind. Indem sie sich im Rahmen dieser Deutevorgaben, Normen und Regeln bewegen, erreichen sie in der Regel den höchstmöglichen Grad an sozialer Sicherheit bzw. an Interaktionssicherheit und reproduzieren so diese soziokulturell ausgeprägte Art der Weltdeutung. Der konsensuelle Bereich, der aufgrund der Parallelisierung von Schemata ähnliche Konstrukte aktiviert, also ein ähnliches Denken und Handeln evoziert und einen Bereich ähnlicher Weltdeutung konstituiert, wird von Beobachtern (internen wie auch externen) als ein Bereich wahrgenommen, dem man Einheitlichkeit und Identität zuschreiben kann. Es ist der Bereich der „kollektiven Identität", der in aller Regel von seinen Teilnehmern aus Gründen der sozialen Bedürftigkeit und der Angewiesenheit auf soziale Berechenbarkeit bewahrt, geschützt, konserviert und reproduziert wird und der den Hintergrund zur Ausprägung der eigenen, individuellen Identität bildet. Je stärker der konsensuelle Bereich die eigene Identität formt, desto stärker fällt die persönliche Identifizierung mit der „kollektiven Identität" und das Bedürfnis nach Stabilisierung des Systems der „kollektiven Identität" aus.

Soziale Systeme werden durch Individuen konstituiert, geprägt und geformt. Insofern sie jedoch für das einzelne Individuum eine vorfindliche und

---

103 Zitiert nach Richter, *Wer nicht leiden will muß hassen*, 14.

104 Rusch, *Erkenntnis, Wissenschaft, Geschichte*, 186.

105 Vgl. dazu Baecker/Borg-Laufs/Duda/Matthies, *Sozialer Konstruktivismus*, 127-129. Vgl. auch König/Volmer, *Systemische Organisationsberatung*, 25ff.

mächtige Größe darstellen, gilt auch das Umgekehrte: Individuen werden durch soziale Systeme geprägt und geformt (freilich jeweils in Gestalt konkreter Personen, die systemkonform agieren).

Ein interdependentes Verhältnis von Individuum und sozialem System
Es gibt also ein interdependentes Verhältnis[106] von Individuum und sozialem System, bei dem aber das Individuum der Ort ist, an dem und durch das ein soziales System entsteht. Darum sind wir bei der Erklärung sozialer Systeme immer auch auf erkenntnistheoretische Fragen verwiesen.[107] Gesellschaft ist „eine ständige menschliche Produktion", „sie besteht einzig und allein als ein Produkt menschlichen Tuns", ihr kann „kein anderer ontologischer Status zugesprochen werden".[108] Wie verfestigen sich solche menschlichen Handlungen zu quasi-eigenständigen Entitäten? Berger und Luckmann erklären dies am Beispiel des Entstehens von Institutionen. Institutionen sind internalisierte bzw. vereinbarte Regelsysteme. Der Gewinn von Institutionalisierungen ist die Vorhersehbarkeit der institutionalisierten Vorgänge. Das einzelne Individuum findet Institutionalisierungen vor und kann sich nur schwerlich ihrer prägenden und gestaltenden Kraft entziehen.[109]

Spieltheoretische Aspekte
Diese Wirkung läßt sich spieltheoretisch erfassen. Weil Institutionalisierungen entlastende und ordnende Funktionen haben, weil sie Stabilität bieten und vor (bösen) Überraschungen bewahren, regeln sie das soziale Interagieren. Das einzelne Individuum geht ein großes Wagnis ein, wenn es gegen solche Regelsysteme verstößt. Es wird zunächst für die anderen zu einem Unsicherheitsfaktor und muß mit entsprechenden Sanktionen rechnen. Der Gewinn, der entstehen könnte, wenn man das abweichende Verhalten unterstützt, ist für die anderen zunächst nicht abzusehen. Darum ist es für sie zunächst sicherer, abweichendes Verhalten nicht zu unterstützen. Selbst wenn – etwa in repressiven Systemen – der Gewinn bei einer Systemveränderung offensichtlich ist, so ist der Vorteil für das einzelne Individuum doch nur dann garantiert, wenn eine ausreichend große Zahl bei der Veränderung mitmacht. Doch das ist aus der Sicht des einzelnen Individuums zunächst

[106] Luckmann, *Theorie des sozialen Handelns*, 94, spricht von einem „dialektischen Verhältnis".

[107] Diese Problematik konstatieren auch Berger/Luckmann, *Die gesellschaftliche Konstruktion der Wirklichkeit*, 14. Doch den gesellschaftlichen Einfluß auf den Erwerb von Wissen zu untersuchen unter gleichzeitiger Berücksichtigung des Einflusses der Art des Kognizierens auf die Deutung gesellschaftlicher Realität, vergleichen sie mit dem Versuch, einen Bus zu schieben, in dem man fährt. Dies ist der Grund, warum sich Berger und Luckmann in ihrer gemeinsamen Arbeit zwar mit dem Einfluß der Gesellschaft auf den Erwerb von Wissen und das individuelle Verhalten befassen, aber nicht mit den Auswirkungen des Kognizierens auf das Verständnis von Gesellschaft. Doch es gibt nun einmal diese wechselseitigen Abhängigkeiten. Vgl. dazu auch Hejl, *Konstruktion der sozialen Konstruktion*.

[108] Berger/Luckmann, *Die gesellschaftliche Konstruktion der Wirklichkeit*, 55. Vgl. auch Luckmann, *Theorie des sozialen Handelns*, 4.

[109] Ausführlicher dazu Berger/Luckmann, *Die gesellschaftliche Konstruktion der Wirklichkeit*, 49-98; hier besonders 62ff. Vgl. dazu auch die Ausführungen zum „Mythos des isolierten Individuums" in: Walzer, *Liberalismus und die Kunst der Trennung*, 53-58.

unsicher, ein dissidentes Verhalten also riskant. Es rentiert sich nur, wenn bei der Gefahrenabwägung der Nutzen größer zu sein scheint als das Risiko, wenn es also sicher ist, daß die Veränderung gelingt, und die Veränderer nicht den Sanktionen des repressiven Systems anheimfallen, weil zu wenige diesem repressiven System ihre Unterstützung entzogen. Abweichendes Verhalten ist also aus individueller Sicht zunächst in hohem Maße gefährlich. Der Erfolg von Veränderungen hängt davon ab, ob die anderen mitmachen. Das werden sie aber nur dann tun, wenn sie damit rechnen, daß viele sich beteiligen. Darum ist es in der Theorie zwar richtig, daß ein repressives System von einer Verweigerungshaltung der Bevölkerung leicht gestürzt werden kann. Weil aber die Bevölkerung (bzw. das System) aus vielen selbstreferential denkenden und handelnden Individuen besteht, ist systemkonformes Verhalten für das Individuum prima facie die risikoärmere Variante. Darum reproduzieren soziale Systeme sich selbst und erwecken den Anschein, als funktionierten sie unabhängig von individuellem Handeln. Das gilt umso eher, je stärker das Individuum die Regeln des Systems internalisiert hat, je stärker die Lebensform, die das System anbietet, als „objektiv" empfunden wird und je stärker die Individuen in dieser Hinsicht parallelisiert sind (und Sprache ist ein primäres Instrument zur Erreichung dieses Zieles).

Soziale Systeme funktionieren also im strengen Sinne nicht autopoietisch, denn sie produzieren ihre Komponenten nicht in direkter Weise, und sie organisieren auch nicht deren Zustände. Mit anderen Worten: Soziale Systeme fußen auf der aktiven Beteiligung von Individuen, die ggf. aus dem System aussteigen können (wenn sie bereit sind, die sich für sie daraus ergebenden Konsequenzen zu tragen). Außerdem sind die Individuen zugleich Träger verschiedener sozialer Systeme.[110]

3.5.2 Die Bedeutung des Individuums für das soziale System

Soziale Systeme werden also von Individuen getragen und reproduziert, doch aufgrund der unüberschaubaren Anzahl möglicher Interdependenzen und der daraus resultierenden Interaktionen lassen sich soziale Vorgänge nicht durchgängig im Rekurs auf individuelles Handlen beschreiben. Das ändert aber nichts an der Notwendigkeit, nach der Bedeutung des Individuums zu fragen und nach dem Grad von Einflußmöglichkeit und Verantwortung, die einem Individuum in einem sozialen System zukommen.

Peter M. Hejl definiert aus konstruktivistischer Perspektive und in Anlehnung an Durkheim ein Sozialsystem deshalb „als eine Menge von Individuen, die [a] die gleiche Wirklichkeitskonstruktion ausgebildet haben, sowie, damit einhergehend, eine Menge ihr zugeordneter Handlungen [...] und die [b] mit Bezug auf diese Wirklichkeitskonstruktion interagieren."[111] Denn „es

---

110 Vgl. dazu Böcher, *Selbstorganisation, Verantwortung, Gesellschaft*, 287; Hejl, *Konstruktion der sozialen Konstruktion*, 322ff.

111 Hejl, *Die zwei Seiten der Eigengesetzlichkeit*, 191; vgl. auch Hejl, *Die Entwicklung der Organisation von Sozialsystemen und ihr Beitrag zum Systemverhalten*, 113; Hejl, *Konstruktivismus und gesellschaftliche Selbstregelung*, 62ff.; Hejl, *Konstruktion der sozialen Konstruktion*, 319ff.

sind letztlich Individuen, die aufgrund ihrer systemtheoretisch konstruierbaren Interaktionen die kognitiven Leistungen erbringen, die einerseits die Bildung von Sozialsystemen ermöglichen [...] und andererseits in alle Systemprozesse [...] involviert sind. Außerdem ist es aber auch aus einem wichtigen systematischen Grund notwendig, auf Individuen zurückgreifen zu können. Fragt man nämlich nach der Mechanik, die zu Systemveränderungen führt, so finden sich neben systeminternen und -externen Ereignissen auch die autonomisierten emotionalen und kognitiven Prozesse der Individuen als dritte Ursachengruppe wieder."[112] Soziale Systeme sind also „zusammengesetzte Einheiten", die aus „Komponenten plus Organisation" bestehen.[113] Hejl merkt kritisch an, daß gerade angesichts der Veränderungen im ehemaligen Ostblock der Ausschluß der Individuen aus der Sozialtheorie als Überbleibsel eines Kollektivismus anmutet, der mit der Abwendung vom Rationalismus zu Beginn des 19. Jahrhunderts einherging.[114]

Die Funktion des Individuums als Komponente eines sozialen Systems
Nicht alle sozialen Systeme sind für das Individuum in der Weise prägend wie dies für das sozio-kulturelle System gilt. Banken, Vereine, Parteien, religiöse Denominationen, Gewerkschaften: sie und die meisten anderen sozialen Systeme prägen ihre Mitglieder nicht so umfassend, nicht mit dieser Reichweite. Doch *als Komponenten*[115] eines sozialen Systems sind die jeweiligen Mitglieder auf die Operationsweise des Systems festgelegt. Verweigern sie die systemische Operationsweise, dann gehören sie nicht mehr zum System. *Als Komponenten* sind sie „ausschließlich durch die Eigenschaften gekennzeichnet, aufgrund derer sie mit anderen Komponenten interagieren und damit zum Systemverhalten beitragen."[116] Insofern ist der Nazi-Scherge dem NS-System zuzurechnen und entsprechend zu bewerten, auch wenn er privat ein „guter Familienvater" ist.

Wenn also Vereine, Institutionen und Organisationen operieren, dann funktionieren sie zwar aufgrund ihrer Leitdifferenzen, aber sie operieren durch Individuen, die nach einem überkommenen oder vereinbarten Regelsystem bzw. – genauer – aufgrund eines gemeinsamen Realitätskonstrukts handeln. Hejl bezeichnet soziale Systeme deshalb als funktional „synreferentiell"[117], denn alle Komponenten (Mitglieder) müssen *bezüglich des sozialen Systems* parallelisierte Konstrukte ausgebildet haben, damit dieses funktionieren kann. Soziale Systeme operieren augenscheinlich wie eigenständige

112 Hejl, *Die zwei Seiten der Eigengesetzlichkeit*, 192. Die funktional-strukturelle Systemtheorie würde die individuelle Befindlichkeit zu den externen, zu den Umweltfaktoren zählen.
113 Hejl, *Konstruktion der sozialen Konstruktion*, 63.
114 Hejl, *Die zwei Seiten der Eigengesetzlichkeit*, 192, Anmerkung 57.
115 Vgl. dazu Hejl, *Konstruktion der sozialen Konstruktion*, 64f.
116 Hejl, *Die Entwicklung der Organisation von Sozialsystemen und ihr Beitrag zum Systemverhalten*, 116.
117 Vgl. Hejl, *Die Entwicklung der Organisation von Sozialsystemen und ihr Beitrag zum Systemverhalten*, 113; Hejl, *Konstruktion der sozialen Konstruktion*, 327.

Entitäten, weil die Kommunikation der das System tragenden Mitglieder hinsichtlich ihrer Funktion als Mitglieder bzw. als Komponenten parallelisiert ist. Das bedeutet, Mitglieder eines Systems orientieren sich *als Mitglieder dieses Systems* an den gleichen Leitdifferenzen.

Die Frage nach der Zugehörigkeit von Individuen zu sozialen Systemen
Hier kann ein Problem auftauchen, das im Zusammenhang der handlungstheoretischen Ausführungen, aber auch in diesem Kapitel bereits angesprochen wurde. Menschen in repressiven Systemen können zwar durch ihr Mittun die Operationsweise des Systems stabilisieren, also als Systemkomponenten fungieren, zugleich in ihrer eigenen Bewertung dieses Operieren aber verurteilen. Das ist eine Haltung, die sich in vielfältigen Varianten äußern kann: in der des Mitläufers, des inneren Emigranten, desjenigen, der mittut, um Schlimmeres zu verhüten und andere Personen zu schützen etc. Wenn sich ein System aus seinen Mitgliedern (qua Systemkomponenten) zusammensetzt, aber anhand seiner Operationsweise identifiziert werden muß, dann bleibt die Randunschärfe, wann jemand noch als Mitglied und Systemkomponente zu betrachten ist und wann nicht mehr. Das Problem ergibt sich daraus, daß Mitgliedschaft und Komponente-Sein nicht dasselbe sein muß.

Manche DDR-Bürgerrechtler verstanden sich bewußt als DDR-Bürger, d.h. als „Mitglieder" der DDR. Sie wollten nicht den Untergang, sondern den demokratischen Umbau dieses deutschen Staates. Damit funktionierten sie aber nicht reibungslos als Systemkomponenten. Theoretisch wäre diese Problematik zu lösen, indem man die Leitdifferenzen und die Operationsweise der tatsächlichen DDR mit der gewünschten DDR vergliche. Dabei würde man feststellen, daß es keine totale Identität zwischen beiden gibt. Wenn die Beschreibungen aber differieren, dann handelt es sich um *zwei* individuelle Entitäten. Veränderung der DDR hätte dann geheißen: Anstreben einer Operationsweise, die in einigen Funktionen Veränderungen aufweist, unter Beibehaltung der allermeisten Eigenschaften. Diese Bürgerrechtler, insofern sie das bestehende System nicht stützten, nicht nach dessen Operationsweise funktionierten, waren *keine Komponenten* des Systems. Insofern sie mit genau den gleichen Individuen ein fast identisches System anstrebten, das nur in einigen (wenn auch für die Individuen entscheidenden) Punkten verändert sein sollte, waren sie *Mitglieder* des Personenkreises, der – mehr oder weniger – als Komponenten das bisherige System stützte und der, in gleichem personellen Umfang, nach ihrem Bestreben die Komponenten des veränderten Systems werden sollte.

Eine solche Analyse mag richtig sein, aber sie ist im Alltag unpraktikabel. Sie wird durch die Randunschärfenproblematik des Systemverständnisses hervorgerufen. Deshalb wird man die hier auftretenden Probleme am ehesten mit Termini verständlich machen können, die Veränderungen beschreiben (statt von sukzessive verschiedenen Systemen auszugehen). Hinsichtlich der Mitgliedschaft und des Komponente-Seins wird man *alltagspraktisch* wohl mit Beschreibungen zurechtkommen, die von Abgestuften Zugehörigkeiten handeln. Im Rahmen von Vergangenheitsbewältigung kann dies sehr wichtig werden.

Zuschreibungsprobleme

Für Vergangenheitsbewältigung wird die Frage nach der Identität von Systemen und der Mitgliedschaft in ihnen immer dann relevant, wenn es (a) um die Frage geht, ob einem System eine bestimmte Vergangenheit zugeschrieben und (b) um die Frage geht, wer in welchem Maße für systemisches Handeln verantwortlich gemacht werden kann. Zur Verdeutlichung jeweils ein Beispiel dazu.

Ad (a): Daß der Kirche Verantwortung für die Hexenprozesse zugeschrieben wird und daß dies auch die heute noch existierende Kirche trifft (und nicht nur ihre damalige Erscheinungsform), das scheint kaum zweifelhaft. Daß die Bundesrepublik Deutschland keine Verantwortung für die Hexenverfolgung trägt, scheint ebenso unzweifelhaft. Doch bei näherem Hinsehen wird deutlich, daß die Hexenverfolgung keineswegs eine originär kirchliche Aktion war. Es gab ebenso von kirchlicher Seite *Vorbehalte* gegen Hexenverfolgungen, wie sie von staatlichen Stellen *betrieben* wurden.[118] Nun ist die Operationsweise der Bundesrepublik in dieser entscheidenden Hinsicht völlig anders als die der damaligen staatlichen Organisationen. Also wird man von einer anderen staatlichen Identität ausgehen, die eine heutige Verantwortung ausschließt. Doch auch innerhalb der Kirche gab es Veränderungen. In der Frage nach Hexen und Hexenverfolgung gibt es heute völlig andere Präferenzordnungen und Leitdifferenzen. Auch die Kirche ist (in dieser Hinsicht) nicht mehr dieselbe. Warum gehören die Hexenverfolgungen als dunkle Kapitel zur Geschichte der Kirche, nicht aber zur Geschichte der Bundesrepublik? Kann ein System sich seiner Geschichte (und damit der Verantwortung) durch Neugründung einfach entledigen?

In der Tat läßt sich ein Vorkommnis einem neugegründeten und operativ veränderten System nicht mehr einfachhin zuschreiben. Doch in dem Maße sind Systeme für die Geschichte ihrer Vorgängersysteme verantwortlich, in dem sie sich (a) durch deren Geschichte Identität verschaffen (wollen)[119], in dem Maße, wie (b) Operationsweisen, die für das Geschehene verantwortlich sind, auch im Nachfolgesystem funktionieren oder in dem Maße, in dem (c) die Komponenten, also die Mitglieder, insofern sie als Komponenten wirkten und weiterhin wirken, mehrheitlich oder doch in bemerkenswerter

---

[118] Vgl. dazu die Untersuchungen des Paderborner Historikers Rainer Decker, die deutlich machen, daß Hexenverfolgungen kein ausgesprochen kirchliches Phänomen waren. In Italien beispielsweise gab es kaum Hexenprozesse. Papst Alexander VII. hat die Deutschen zur Mäßigung ermahnt und die Besessenheit der angeklagten Frauen bezweifelt; ähnlich der General des Jesuitenordens.

[119] Die Identifizierung über Geschichte muß nicht ausdrücklich oder gar deklaratorisch vorgenommen werden. Eine Identifizierung liegt auch vor, wenn man das Vermögen eines früheren Systems übernimmt. Wenn beispielsweise eine Partei ihren Namen wechselt und programmatische Veränderungen vornimmt, zugleich aber das Vermögen behält und weiterhin nutzt, dann wird damit faktisch eine gewisse identifikatorische (Teil-) Kontinuität hergestellt. Gleiches gilt für die Bundesrepublik, insofern sie das Eigentum des Deutschen Reiches übernahm. Damit werden auch Verpflichtungen übernommen; etwa die, Zwangsarbeiter zu entschädigen. Man kann diesen Zusammenhang behelfsweise mit dem Erbrecht illustrieren, wonach man eine Erbschaft nur ganz oder gar nicht antreten kann.

Weise identisch sind.[120] Schon das Vorkommen *eines* dieser Kriterien ist ausreichend für die Zuschreibung von Verantwortung. Darum wird man der Kirche wie auch der Bundesrepublik Deutschland nur in dem Maße Verantwortung für Hexenverfolgungen zuschreiben können, wie einer der genannten Aspekte zutrifft.

Ad (b): Die Systemtheorie geht davon aus, daß Systeme dann als Systeme handeln, wenn ihre Repräsentanten im Rahmen ihrer Kompetenz als Repräsentanten handeln. Das ist eine klare Zuschreibung, die sich aus den Überlegungen der funktional-strukturellen Systemtheorie ergibt. Das Problem entsteht bei der Übertragung dieser reinen Lehre in die Praxis. Da die Leitdifferenzen und somit die Operationsweisen von sozialen Systemen nicht immer (oder sogar nur selten) randscharf zu fassen sind, ist auch das Repräsentationskriterium ungenau.

Als beispielsweise die Königin von England nach dem Tod ihrer ehemaligen Schwiegertochter Prinzessin Diana nur zögerlich ihre Trauer bekundete, hieß es mancherorts, dies schade der englischen Monarchie. Die verstorbene Prinzessin gehörte zum Zeitpunkt ihres Todes nicht mehr der königlichen Familie an, sie war also keine Repräsentantin des Verfassungsorgans Monarchie mehr. Deshalb war die Trauerfeier zwar ein gesellschaftliches Ereignis, aber kein staatliches. Die Königin war, so gesehen, eigentlich nicht als Königin gefordert, sondern als prominente Privatperson. Ihre zögerliche Trauer war die zögerliche Trauer einer Privatperson. Wieso kann das private Verhalten einer Amtsträgerin das von ihr bekleidete Amt in Gefahr bringen? Wenn der Bundeskanzler, der Bundespräsident oder eine andere Person, die ein Staatsamt innehat, sich privat verfehlen sollte, dann wird man dessentwegen vielleicht in Erwägung ziehen, diese Person aus dem Amt zu entfernen. Man wird aber nicht auf den Gedanken kommen, deshalb dieses Amt abzuschaffen. Gewiß, auch die Monarchie in England wird nicht abgeschafft werden. Aber einzelne – übertriebene – Äußerungen in dieser Richtung zeigen eine unscharfe Abgrenzung der Amt- und Repräsentationsfunktion. An diesem absichtlich recht simpel gewählten Beispiel wird deutlich: Es ist nicht immer klar auszumachen, wann das Verhalten eines Amtsträgers repräsentative Funktionen hat und deshalb dem System zugeschrieben werden muß.

Doch selbst wenn das Verhalten eines Amtsträgers eindeutig als repräsentativ zu gelten hat, wird man es in der Praxis nicht immer dem System zuschreiben, da man im Alltag ein System eben nicht als eine bestimmte Kommunikationsschleife versteht, sondern als eine geordnete Aggregation von Personen. Denn im Alltag bringt es oft nichts ein, ein System als autopoietische Kommunikationsstruktur zu aufzufassen. Um diese Auffassung fruchtbar zu machen, müßte man nämlich in der Lage sein, das Ausmaß und den Umfang der Kommunikationsstruktur randscharf abgrenzen zu können. Hier spielt das bereits angesprochene Problem eine Rolle, daß die Systemtheorie die Systemgrenzen nicht deutlich benennen kann. Es ist aber oftmals

120 Personen – als psychische Systeme – behalten ihre individuelle Verantwortung als Täter, weil sie ihre Identität, ihre personale Kontinuität behalten.

nicht möglich, genau anzugeben, für wen bzw. in wessen Name sich ein Repräsentant äußert. Spricht Arafat für alle Palästinenser? Die Reichweite des Systems, das er zu beherrschen in der Lage ist und das er entsprechend repräsentiert, ist nicht klar abzugrenzen. Systemtheoretisch betrachtet repräsentiert er das System, das faktisch der Operationsweise folgt, die ihn als Repräsentanten anerkennt. Doch diese Tautologie ist politisch völlig bedeutungslos. Umgekehrt wird man die Äußerungen eines senilen Alleinherrschers nicht unbedingt dem System zuschreiben, obwohl er formal dessen Repräsentant ist. Der Grund ist der gleiche: Der Zusammenhang zwischen Umfang und Ausmaß des Systems auf der einen Seite und dem Repräsentationshandeln auf der anderen Seite ist nicht deutlich feststellbar.[121]

Schließlich gibt es noch ein weiteres Problem der systemischen Zuschreibung. Das Handeln von Personengruppen (oder im Extremfall sogar von Einzelpersonen), die als Systemkomponente wirksam sind und in dieser Funktion das Operationsprinzip eines Systems in Widersprüche zu sich selbst verwickeln, kann dem System zugeschrieben werden, obwohl die Personen keine Repräsentanten sind. Man denke etwa an extremistische Parteien, die, gerade noch im Rahmen der Legalität, eine Politik verfolgen, die der Operationsweise des Systems zuwider läuft. Wenn ein Staat aus Toleranzgründen Parteien und Bewegungen zuläßt, die dezidiert intolerant sind, dann wird die Intoleranz zu einer systemisch ermöglichten Operationsweise. Damit ist die aufgrund dieser Möglichkeit tatsächlich praktizierte Intoleranz dem System zuzuschreiben.

Wenn die Repräsentanten der Bundesrepublik offiziell eine ausländerintegrative Politik propagieren, wenn es im Lande dabei – wie geschehen – zu einer Häufung von ausländerfeindlichen Anschlägen kommt, dann wird undeutlich, wie die Leitdifferenzen dieser Gesellschaft aussehen und was alles in diesem Staatssystem anschlußfähig ist. Mit Recht hat von Weizsäcker die Verantwortung für diese Unrechtstaten auch der Gesellschaft zugeschrieben. Gesellschaft, das ist die Interaktion ihrer Komponenten, das sind die Individuen. Also gilt bei aller systemischen Betrachtungsweise auch, daß von den Individuen Verantwortung einzufordern ist; Verantwortung auch im Falle *systemkonformen* Verhaltens.

Wenn man davon ausgeht, daß systemisches Handeln aus einem interindividuell parallelisierten Handeln besteht, dann wird man zuweilen differenzieren müssen zwischen offiziellem, repräsentativem Handeln und dem damit nicht deckungsgleichen parallelisierten Handeln der Systemkomponenten.[122] Im Grunde lassen sich so unendlich viele Systeme beschreiben, was für die Frage nach Mitgliedschaft und Verantwortung jedoch keine befriedigenden Antworten erbringt. Wenn allerdings Menschen für ihren Schemabestand verantwortlich sind und dafür, wie sie diesen Schemabestand in

121 Das kann bekanntlich zu Krisen führen.

122 Die Systemtheorie müßte hier zwei Systeme annehmen: das, welches dem offiziellen Operieren folgt, und das, welches nach der Operationsweise des parallelisierten Volkshandelns funktioniert. Doch ist das in der politischen Praxis hilfreich und praktikabel?

ihrem Handeln anwenden, dann lassen sich den Handlungen, die aufgrund parallelisierter Schemabestände gemeinsam unternommen oder getragen werden und so Systeme bilden, Verantwortungen zuschreiben, die letztlich von den diese Handlungen Ausübenden oder Unterstützenden zu übernehmen sind. Systemisches Handeln beschränkt sich also nicht alleine auf repräsentatives Handeln, und die Verantwortung für systemisches Handeln verschwindet somit nicht in der Zuschreibung auf apersonale Strukturen, die zudem noch moralfrei zu denken wären.

Verantwortung für Geschichte

Nun dürfte auch klar sein, warum die Bundesrepublik Verantwortung zu übernehmen hat für die Verbrechen des NS-Deutschland, obwohl es sich bei diesen beiden um zwei verschiedene politische Systeme handelt. Es gibt eine systemische Verantwortung, die sich daraus ergibt, daß es eben keine „Stunde Null" gab, in der alles neu begann. Die Personen, die durch ihr Agieren das NS-System stützten oder sogar aktiv betrieben, waren diejenigen, mit denen die Bundesrepublik startete. Wenn Individuen insofern als Komponenten eines sozialen Systems zu betrachten sind, als sie das Operieren dieses Systems reproduzieren (wobei es keine Rolle spielt, ob sie es mit Zustimmung oder widerwillig tun, denn insofern sie es tun, sind sie faktisch eine Komponente, wenn auch die Frage nach persönlicher, individueller Verantwortung und verantwortlicher Mitgliedschaft damit noch nicht beantwortet ist), wenn also Individuen insofern Systemkomponenten sind, als sie zum Systemverhalten beitragen, dann liegt der Grund für das systemkoforme Verhalten der Individuen – und damit für ihr Komponente-Sein – in ihrer schematischen Befindlichkeit. Die Schemalage, durch die das Individuum geprägt ist, steuert sein Kognizieren und Handeln, sie bewegt das Individuum, zu einer Systemkomponente zu werden, und sie kann dies nur erreichen, wenn sie selbst die Operationsweise des Systems teilt. Das Handeln wird vom Individuum selbstreferential gewählt (vielleicht angestoßen durch Umweltfaktoren). Also hängt auch ein systemunterstützendes Verhalten von der Schemalage des Individuums ab.

Weil man nicht davon ausgehen kann, daß die Individuen in der Zeit zwischen dem Untergang des NS-Systems und der Gründung der Bundesrepublik ihre Schemabestände in den relevanten Aspekten änderten[123], kann man annehmen, daß die Bundesrepublik mit einem Komponentenensemble startete, das seinerseits von Schemata gesteuert wurde, die es zuließen, daß dieses Komponentenensemble auch das Komponentenensemble des untergegangenen Reiches bildete. Insofern gab es eine Kontinuität in einem das Komponentenverhalten steuernden Bereich.[124] Eine solche Kontinuität läßt sich zwar

[123] Es sei daran erinnert, daß Systeme ihr Schemaensemble nur dann ändern, wenn alle anderen Maßnahmen nicht mehr greifen.

[124] Karl Jaspers spricht in diesem Zusammenhang von der „Denkungsart", die die Herrschaft Hitlers ermöglicht habe (Jaspers, *Aspekte der Bundesrepublik*, zitiert nach Richter, *Wer nicht leiden will muß hassen*, 47) und Norbert Elias von einer „Kontinuität der Verhaltenstradition" (Elias, *Humana conditio*, 58).

abschwächen und schließlich auch beenden, doch dies ist nur sehr langsam möglich. In der Regel prägt sie über einen längeren Zeitraum (zumindest teilweise) die gesellschaftliche Kultur. Die Verantwortung der Bundesrepublik für die Verbrechenstaten des nationalsozialistischen Reiches ist also keine „Erbschuld", sondern eine Verantwortung, die sich kulturell und gesellschaftlich für das System ergibt.[125] Es werden nicht die Nachgeborenen für die Ahnen in Haftung genommen, sondern es besteht eine Verantwortung für kulturelle und gesellschaftliche Kontinuitäten und Brüche, in die die eigene Kultur und die eigene Gesellschaft involviert sind.[126] Solange eines der drei Kriterien (Kontinuität der Systemkomponenten, Kontinuität der Operationsweise, Identitätsbildung über Geschichte) gegeben ist, solange währt auch die Verantwortung eines Systems (auch eines Volkes) für vergangene Geschehnisse.

Verantwortung des Individuums als Komponente und Umwelt
Es sind die Systemkomponenten, die das System operieren lassen und die es reproduzieren. Auch wenn es emergente Phänomene gibt, so sind Verantwortungsstrukturen doch zu klären. Die Bedeutung des Individuums für das soziale System (in seiner Funktion als Systemkomponente) garantiert, daß Schuld und Verantwortung prinzipiell nicht systemisch auflösbar, wenn auch faktisch oft versteckbar und mißachtbar sind. Allerdings kommt nicht nur den Individuen Verantwortung zu, die sich als Systemkomponente beteiligen, sondern auch denen, die die Systemumwelt bilden. (Dabei kann ein Individuum beide Positionen zugleich innehaben. Jemand kann z.B. als Industrieller eine Systemkomponente des Systems Wirtschaft sein und als politischer Abgeordneter zugleich Systemumwelt dieses Systems.) Zwar ist es nicht einfach, durch Umweltfaktoren Einfluß auf Systeme zu nehmen, doch im Rahmen seiner Möglichkeiten trägt ein Individuum Verantwortung.

Ein illustrierender Blick auf die Rechtswissenschaft
Die Rechtsprechung ist aufgrund ihrer praktischen Ausrichtung gezwungen, die Interdependenzen von Individuen und sozialen Systemen für die Zuschreibung von Schuld und Verantwortung anwendbar zu machen. Zwar ist der juristische Schuldbegriff der Zuschreibbarkeit vom alltagspraktischen und vom ethischen zu unterscheiden, doch kann ein kurzer Seitenblick auf den Umgang der Jurisprudenz mit dem interdependenten Verhältnis von Individuum und sozialem System illustrativ und aufschlußreich sein. Herbert Jäger, Strafrechtler und Kriminologe, hat sich mit der individuellen Zurechnung kollektiven Verhaltens ausführlich befaßt.[127]

Die in der vorliegenden Arbeit dargestellten Rahmenbedingungen werden auch von Jäger benannt: Die Anpassung eines Täters an eine Gruppe[128] kann

125 Die individuelle Schuld von Tätern besteht natürlich zusätzlich.
126 Die Tatsache, daß die Bundesrepublik ihre historische Identität über die Geschichte der Deutschen bezieht, zu der nun einmal auch der Nationalsozialismus gehört, ist bei diesen Ausführungen noch gar nicht berücksichtigt.
127 Jäger, *Individuelle Zurechnung kollektiven Verhaltens.*
128 Aus Gründen sozialer Bedürftigkeit.

sein Verhalten so nachhaltig bestimmen, daß Zweifel an der Verantwortlichkeit des Täters angebracht scheinen.[129] Als erklärungsbedürftig, so führt Jäger aus, wird das Verhalten empfunden, das vom Gruppenstandard abweicht. Das heißt umgekehrt: Ein gruppenkonformes Verhalten wird von den Gruppenmitgliedern als normal erachtet. Das leuchtet ein, erleben doch die Gruppenmitglieder die Weltsicht der Gruppe als objektiv. Das zeigt aber die Bedeutung der Reflexion von Schemata und Präferenzordnungen, also die Bedeutung der Reflexion und der kritischen Prüfung von Operationsweisen der sozialen Systeme. Dies macht zugleich für das Individuum die Frage virulent, ob es als Komponente dieses Systems fungieren soll oder nicht. Die Tatsache eines konformen Verhaltens bescheinigt noch keine moralische Unbedenklichkeit.

Individuen sind sozial bedürftig und in ihrem Denken und Verhalten von ihrer sozialen Welt abhängig, aber sie sind ihr nicht ausgeliefert, wie die Versuche von Asch und Milgram zeigen, bei denen die Versuchspersonen durchaus unterschiedlich reagierten. Deshalb verzichtet das Strafrecht nicht darauf, auch bei kollektiv verübten Straftaten Verantwortung individuell zuzuschreiben.[130] Allerdings, und das ist die Kehrseite der Medaille, dürfen individuelle Zurechnungen nicht zu gesellschaftlichen Exkulpierungsstrategien werden. Wenn ein soziales System Menschen prägt, darf die Schuld für ein daraus folgendes Verhalten nicht alleine den jeweiligen Individuen aufgebürdet werden, um so die Gesellschaft, also die anderen als Komponenten dieses prägenden Systems wirkenden Personen, zu entlasten. Aber, wer ist die Gesellschaft? Die Gesellschaft bzw. die sozialen Systeme werden wiederum von Individuen in Gang gehalten, die den Einflüssen der sozialen Systeme unterliegen (allerdings nicht gänzlich). Es ist eine wechselseitige Abhängigkeit, die nicht leichtfertig durch einseitige Verantwortungszuweisungen aufgelöst werden darf. Wenn dies beherzigt würde, dann wäre für das Anliegen von Vergangenheitsbewältigung schon viel gewonnen.

Individuen unterliegen in den seltensten Fällen gänzlich den Einflüssen *eines* sozialen Systems. In geschlossenen Lebenswelten kann die herrschende Kultur so übermächtig prägend werden, daß die Mitglieder dieser Kultur sich Alternativen zu den kulturellen Interpretationsmustern gar nicht vorstellen können. Solche Systeme wären, wie Willke dies ausdrückt, „totale Systeme“. Repressive Ideologien versuchen, eine solche Stellung zu bekommen. Ebenso können kleine Gruppen, die sich in totaler Opposition zu der Gesellschaft verstehen, in der sie leben, solche abgeschlossenen und alternativlosen Interpretationsmuster entwickeln.[131] Doch dies sind Ausnahmen. Wenn repressive Systeme auch danach streben, zu totalen Systemen zu wer-

[129] Der Anpassungsdruck bzw. die Identifizierung mit der Gruppe evoziert nach Jäger nicht bloß dann ein entsprechendes Verhalten, wenn der Täter in der Gruppe handelt, sondern möglicherweise auch dann, wenn er ganz alleine handelt. Vgl. Jäger, *Individuelle Zurechnung kollektiven Verhaltens*, 9.

[130] Vgl. Jäger, *Individuelle Zurechnung kollektiven Verhaltens*, 43; Jäger, *Verbrechen unter totalitärer Herrschaft*, 381f.

[131] Herbert Jäger hat dies in bezug auf terroristische Vereinigungen untersucht.

den, so gelingt dies faktisch jedoch nie. Selbst im nationalsozialistischen Deutschland, unter kommunistischer Herrschaft oder in anderen diktatorischen Systemen sind die Menschen nie ausschließlich Komponenten nur dieses repressiven Systems. Das heißt: Die Menschen erleben Subsysteme, die nach anderen Operationsweisen und aufgrund anderer Leitdifferenzen funktionieren. Das dürfte ausreichen, um die Möglichkeit denkbar werden zu lassen, daß es zu jedem System prinzipiell auch Alternativen geben kann – wie konkret vorstellbar und wie umsetzbar sie auch immer sein mögen. Jedenfalls ist die Möglichkeit, Alternativen für denkbar zu halten, ein Ansatz, der zur Vorstellung von Verantwortlichkeit führt. Wo nämlich alternative Möglichkeiten bestehen, da muß die Wahl für eine dieser Alternativen begründet und verantwortet werden.

Ein Zwischenergebnis

Soziale Systeme, so kann man die Überlegungen zusammenfassen, lassen sich vom Handeln der Individuen her verstehen, wenn auch die vielfältigen und interdependenten Interaktionen emergente Phänomene produzieren und dem sozialen System dadurch den Anschein einer eigenständigen Entität verleihen.[132] „Das, was Systemtheoretiker unter einem gesellschaftlichen Teilsystem verstehen, läßt sich offenbar akteurtheoretisch rekonstruieren und in die akteurtheoretische Perspektive einfügen."[133] „Nur Menschen ‚selegieren' Informationen, Mitteilungen und Verstehen. Wer auch sonst? Gespräche, Betriebe, Doppelpässe oder Regierungen selegieren keine ‚Handlungen': das tun nur die daran beteiligten [...] Akteure. Soziale Systeme prozessieren Kommunikation nur als Folge der Selektion der beteiligten, selbst über ‚Bewußtsein' prozessierenden Akteure. [...] Es sind [...] die menschlichen Akteure, die die Kommunikation betreiben und in Gang halten [...]."[134]

Soziale Systeme sind im strengen Sinne eben keine autopoietischen und selbstreferentiellen Systeme. Sie basieren vielmehr auf der Interaktion kognitiv parallelisierter aber selbständiger Individuen, die als solche Einflußmöglichkeiten auf das System haben und in diesem Ausmaß auch verantwortlich sind. „Ohne einen Begriff von sozialen Akteuren, die sich selbst reflektieren, bezeichnen und identifizieren, ist [...] eine Theorie der Selbstorganisation der sozialen Welt nicht möglich."[135] Und die Individuen sind es auch, die eine Veränderung, einen Strukturwandel sozialer Systeme zu bewerkstelligen vermögen. Dies wird auch von Luhmann nicht ausgeschlossen. Aufgrund der

[132] Vgl. Albert, *Methodologischer Individualismus und historische Analyse*, der dies auch an Beispielen erläutert. Vgl. auch Mozetic, *Individualismus und Kollektivismus*, sowie Bohnen, *Individualismus und Gesellschaftstheorie*.

[133] Uwe Schimank, *Gesellschaftliche Teilsysteme als Akteurfiktionen*, in: *Kölner Zeitschrift für Soziologie und Sozialpsychologie* 40 (1988) 636, zitiert nach: Esser, *Kommunikation und „Handlung"*, 199f.

[134] Esser, *Kommunikation und „Handlung"*, 200-203.

[135] Bender, *Selbstorganisation in Systemtheorie und Konstruktivismus*, 280. Vgl. auch Schmid, *Autopoiesis und soziales System*, 41ff.; Haferkamp, *Autopoietisches soziales System oder konstruktives soziales Handeln?*, 64ff.

strukturellen Koppelung von Systemen und bestimmten Umweltzuständen, können Individuen in ihrer Funktion als Umwelt sozialer Systeme diese „irritieren“[136], und soziale Systeme können in ihrer Funktion als Umwelt „psychische Systeme“, also Individuen, „irritieren“, d.h. beeinflussen. Freilich, jedes Handeln von Individuen steht unter dem prägenden Einfluß biologischer Vorgaben, von denen im anthropologischen Kapitel dieser Arbeit die Rede ist, unter dem Einfluß gesellschaftlicher Faktoren, von denen Berger und Luckmann in ihrem Buch über „die gesellschaftliche Konstruktion der Wirklichkeit“ handeln, und im Kontext kultureller Bedeutungszuweisung, die eine Handlung erst als eine So-und-so-Handlung interpretieren und identifizieren läßt, wovon hauptsächlich im handlungstheoretischen Teil der vorliegenden Arbeit bereits die Rede war.

Individuen unterliegen bei ihrem Denken und Handeln vielfältigen Einflüssen und Bedingungen, doch sie haben als reflexionsfähige Wesen die Möglichkeit, im Rahmen dieser Bedingungen frei zu denken und sich für ein Handeln zu entscheiden. Sie können sich also dazu entschließen, kulturelle, gesellschaftliche, institutionelle oder sonstige Regeln, Normen oder Gebräuche zu unterstützen oder für ihre Abschaffung einzutreten. Wie vielfältig die Bedingungen sind, die dabei auf das Individuum wirken, wurde an den verschiedenen Stellen dieser Arbeit immer wieder zur Sprache gebracht. Doch es muß festgehalten werden: Individuen können ihr Denken reflektieren und ihr Handeln wählen. Damit sind sie für das Ausmaß verantwortlich, in dem sie als Komponente eines sozialen Systems wirken. Diese Erkenntnis hat, wenn man sie in concreto anwendet, erhebliche Konsequenzen. „Wir sind alle unschuldige Täter!“ Dieser Satz, gefallen bei einer Mahnwache zum Gedenken an die Opfer des Zweiten Weltkriegs im Juni 1987 auf dem Wiener Stephansplatz, kann die Entlastung und Entschuldigung wohl schwerlich erbringen, die sich ihre Urheberin von ihm vermutlich versprach.[137] „Die Umstände“ werden schnell und gerne für das eigene Verhalten verantwortlich gemacht. Zu diesen „Umständen“ gehören die anderen Individuen; und man selbst ist seinerseits ein „Umstand“ für die anderen. Wenn auch das einzelne Individuum „die Gesellschaft“ als massive bedrängende eigenständige Entität erleben kann, so läßt sich individuelle Verantwortung dadurch vielleicht minimieren, aber nicht auflösen. Demnach sind Individuen auch die Träger bei der Veränderung sozialer Systeme und entsprechend ihren Möglichkeiten auch dafür verantwortlich.[138] Durch ein verändertes Verhalten der Individuen als Systemkomponenten kann, wenn die Zahl derer, die mitmachen, ausreichend groß ist, das System zur Veränderung der Operationsweise gezwungen werden.

---

[136] Luhmann, *Die operationale Geschlossenheit psychischer und sozialer Systeme*, 125.

[137] Vgl. Wodak/Nowak/Pelikan/Gruber/de Cillia/Mitten, *„Wir sind alle unschuldige Täter“*, 9ff. Richter, *Wer nicht leiden will muß hassen*, 50, spricht im Zusammenhang mit der deutschen NS-Vergangenheit von der (unterlassenen) Notwendigkeit, „sich von der pauschal exkulpierenden Werkzeugtheorie zu lösen und Schuld für die Enteignung der Verantwortung anzuerkennen.“

[138] Vgl. dazu Hejl, *Wie Gesellschaften Erfahrungen machen*, 321ff.

3.6 Was heißt Vergangenheitsbewältigung für soziale Systeme?

Systemische und individuelle Verantwortung

Das Handeln von sozialen Systemen ist immer das Handeln von Individuen. Es wird dann einem sozialen System zugeschrieben, wenn das Handeln durch eine Präferenzordnung, durch einen Sinnzusammenhang, veranlaßt und geleitet ist, der zugleich ein Regelsystem für Interaktionen darstellt, wenn es also Folge der Parallelisierung ist. Damit müssen die Konsequenzen dieses Handelns zwei Urhebern zugeschrieben werden: dem System, insofern es dieses Handlungsmuster zur Verfügung stellt und zu einem Bestandteil eines Interaktionsgefüges macht, und dem Individuum, insofern es sich auf dieses Handlungsmuster einläßt und es beim eigenen Agieren anwendet.

Wenn ein System Verantwortung für seine Handlung zu tragen hat, dann bedeutet das ebenfalls zweierlei: einmal, daß die beteiligten individuellen Akteure, aber auch alle Individuen, die durch ihr Interagieren das System stützen, für ein Handeln verantwortlich sind, das aus dem systemischen Operieren erwächst; und dann, daß das System, seine Operationsweise, seine Leitdifferenzen, sein Sinnhorizont dadurch qualifiziert wird. Die zu ziehenden Konsequenzen betreffen wiederum sowohl das handelnde Individuum, das für sein Handeln im Rahmen seiner Möglichkeiten verantwortlich ist und deshalb entsprechende Leistungen zu erbringen hat (Strafe, Schemaveränderung, Wiedergutmachung etc.), als auch das System, insofern auch von ihm Wiedergutmachungsleistungen zu erbringen sind und insofern seine Operationsweise so zu verändern ist, daß inakzeptable Handlungen aus ihm nicht mehr abgeleitet und in ihm keine kommunikativen Anschlüsse mehr finden können. In beiden Fällen sind Veränderungen der qualitativen Identität vonnöten und, darin eingeschlossen, bestimmte Leistungen gegenüber den Opfern. Die Veränderungen der Operationsweisen sowohl beim psychischen System, dem Individuum, als auch beim sozialen System sollen garantieren, daß sich die inakzeptablen Handlungen niemals mehr wiederholen. Anders als durch Veränderungen der Operationsweisen (Schemata, Präferenzordnungen), also anders als durch Identitätsveränderungen kann dies nicht erreicht werden.

Moral als Maßstab

Der Maßstab für die Identitätsveränderungen, der zugleich auch der Maßstab ist, an dem die Güte und die Berechtigung der Teilrationalitäten der (Sub-) Systeme (der psychischen wie der sozialen) bemessen werden kann, dürfte – mit Amitai Etzioni – als moralische Norm zu begreifen sein. Die Fähigkeit zur Moralität setzt, bei Individuen wie bei sozialen Systemen, Reflexionsfähigkeit voraus, die dadurch garantiert ist, daß Individuen (auch als Komponenten sozialer Systeme) zur Tiefeninterpretation und zur Metainterpretation in der Lage sind.

Wenn Moralität zum Standard für die Akzeptanz von Präferenzordnungen (und Schemaensembles) wird, also zu einem allgemeinen, obersten und letztgültigen Sinnhorizont, dann sind Individuen und soziale Systeme darauf angewiesen, daß ihre Operationsweise moralisch unbedenklich ist. (Was das näherhin bedeutet, soll im nächsten Kapitel erläutert werden.) Dies ist aber nur dann der Fall, wenn die Identität, verstanden als diachron gewonnenes Interpretationskonstrukt bezüglich des Schema/Präferenzordnung-Handlungs-Widerfahnis-Gemisches, moralisch unbedenklich ist. Darum sind Individuen wie soziale Systeme auf eine akzeptable Identität angewiesen und diese wiederum auf akzeptable Geschichten, aus der man die Identität konstruieren kann.

Die Bedeutsamkeit von Geschichte

Weil Geschichten immer interpretierte Darstellungen sind, Interpretationen aber durch die Operationsweise (Schemata/Präferenzordnungen) des interpretierenden Systems geprägt werden, sind Systeme – psychische wie soziale – für ihre Geschichten und für ihr Geschichtsbild verantwortlich. Darum spielt bei der Identitätszuschreibung nicht nur die Vergangenheit des Systems eine Rolle, sondern auch seine „Geschichtsschreibung", seine Geschichtsdeutung, insofern diese ein Resultat der systemischen Operationsweise darstellt. Individuen wie soziale Systeme bedürfen also der Geschichte. Die Akzeptabilität der Geschichten ist jeweils von ihrer Kontrainterpretationsstabilität abhängig, was oftmals Anlaß zu Geschichtsfälschungen ist.

Die Gestaltung von Schemata und Präferenzordnungen nach dem Maßstab des Moralprinzips

Wenn soziale Systeme dem (moralischen) Akzeptanzkriterium nicht standhalten, dann sind die Individuen gefordert, als Systemkomponenten oder als Systemumwelt auf das System im Rahmen ihrer Möglichkeiten einzuwirken. Weil aus Gründen, die sich spieltheoretisch beschreiben lassen, die Operationsweise von sozialen Systemen recht stabil ist, sind Veränderungen, also Steuerungen sozialer Systeme, nicht leicht und nicht zielgenau vornehmbar. Doch weil soziale Systeme letztlich eben doch keine autopoietischen Systeme sind, weil sie aus komplexitätsreduzierter Sicht lediglich solche Effekte zu haben scheinen, sind Veränderungen durch individuelles Handeln nicht ausgeschlossen.[139] Da ein einzelnes Individuum wohl kaum in der Lage ist, den gesamten Sinnhorizont eines sozialen Systems zu verändern, muß der Ansatz für Veränderungen im Rahmen des Sinnhorizontes des zu verändernden Systems liegen und die zutreffende „Emergenzebene"[140] treffen. Hier ist die Bedeutung von psychologisch-sozialarbeiterischen Maßnahmen beim Individuum und von pädagogischen, sozialpsychologischen, künstlerischen, medialen, ökonomischen, politischen und anderen Maßnahmen zur Veränderung von sozialen Systemen zu suchen. Adressat ist letztendlich immer das

---

139 Dabei muß man nicht einmal an Personen wie Gandhi denken, der als Einzelperson eine Bewegung entfacht hat. Bereits die Teilnahme an Wahlen kann eine solche Handlung sein. Es sei an die Geschichte von der Schneeflocke erinnert, die auf einen Ast fällt und deren Gewicht gerade noch gefehlt hat, um den Ast brechen zu lassen.

140 Willke, *Systemtheorie*, 176.

systemisch agierende Individuum. Ziel ist es, eine veränderte Operationsweise zu erreichen durch eine veränderte Parallelisierung der Individuen in ihrer Funktion als Systemkomponenten.[141] Dadurch soll erreicht werden, daß die Präferenzordnungen nicht länger nur nach funktionalen, sondern auch nach moralischen Kriterien arbeiten. Was die Bewertung vergangenen Geschehens anbelangt, so hat eine derartige Vergangenheitsbewältigung die Orientierung auf eine Geschichtsinterpretation zum Ziel, die die moralischen Kriterien der Unparteilichkeit und des hypothetischen Rollentausches ebenso zu den Akzeptanzkriterien von Geschichten zählt, wie die Geltungskriterien der Rede. Damit soll sichergestellt werden, daß die Opfer die ihnen zukommende Berücksichtigung finden, auch wenn sie selbst nicht in der Lage sind, sich diese Berücksichtigung zu verschaffen. Anders ausgedrückt: Es soll und muß methodisch und somit prinzipiell sichergestellt sein, daß die Opfer zu ihrem Recht kommen und es nicht stets mühsam – möglicherweise auch noch gegen systemfunktionale Argumente – erkämpfen müssen.

Verantwortung für längst vergangene Geschehnisse

Aufgrund identifikatorischer, operationaler oder individueller Kontinuitäten ist es möglich, daß ein System Verantwortung trägt für ein lange zurückliegendes Agieren oder für das Agieren eines anderen, etwa eines Vorgänger-Systems. Damit tragen auch diejenigen eine entsprechende Verantwortung, die das aktuelle System, das diese Kontinuitäten pflegt, unterstützen. Die Identität dieses aktuellen Systems bemißt sich dann auch daran, in welcher Weise diese Kontinuitäten einen kommunikativen Anschluß im System finden. Sie bemißt sich daran, ob die Operationsweise des Systems, die für diese kommunikativen Anschlüsse verantwortlich ist, nach den Akzeptabilitätskriterien der Moral funktioniert. Weil letztlich Individuen soziale Systeme konstituieren, werden die Individuen als Systemkomponenten durch die Identität des Systems qualifiziert. Aufgrund unterschiedlich starker Einflüsse verschiedener Individuen auf die Operationsweise des sozialen Systems, können systemische Verantwortungen innersystemisch ungleichmäßig verteilt sein. Eine differenzierte Gesellschaft schafft auch differenzierte Subidentitäten, differenzierte Vergangenheiten und differenzierte Verantwortungen.

Was heißt Vergangenheitsbewältigung für Systeme?

Vergangenheitsbewältigung in sozialen Systemen ist, so könnte man die komplexen Vorgänge in einer komplexitätsreduzierten Kurzfassung zusammenfassen, ein von bestimmten Geltungskriterien getragenes Orientierungs- und Parallelisierungsunternehmen von Geschichtsinterpretationen und Iden-

[141] Weil sich diese Formulierung recht folgenlos und harmlos anhört, sei betont: Die Operationsweise bestimmt das konkrete Handeln, bestimmt das Maß der Orientierung an moralischen Normen, bestimmt die Identität, bestimmt das Verhältnis zu den Opfern, bestimmt die Haltung in Wiedergutmachungsfragen, bestimmt die Wiederholbarkeit früheren Handelns resp. die Einsicht, daß so etwas nie wieder vorkommen darf etc.

titätszuschreibungen, aus denen sich für alle Beteiligten erhebliche Konsequenzen ergeben können, die zu akzeptieren im Gelingen des Orientierungs- und Parallelisierungsunternehmen inbegriffen ist. Oder, etwas anders formuliert: Vergangenheitsbewältigung ist Orientierung und Parallelisierung von Interpretationen über vergangenes Geschehen, die identifikatorische Zuordnung der Beteiligten und die Veranschlagung von Interpretations-, Handlungs- und Strukturkonsequenzen.

Für Vergangenheitsbewältigung beim Individuum gilt diese Kurzdefinition sinngemäß, nur daß es hier nicht um eine Parallelisierung geht, die ja das emergent wirkende Kennzeichen sozialer Systeme ist.

Zu klären ist nun noch, wie die Geltungskriterien auszusehen haben, nach denen sich Vergangenheitsbewältigung auszurichten hat. Einige Geltungskriterien wurden ja bereits genannt: die der Bemessung von Realitätsnähe bei Geschichten. Doch hier geht es um mehr. Es müssen Geltungskriterien sein, die den funktionalistischen Teilrationalitäten der Subsysteme vorgeschaltet werden können. Es müssen Geltungskriterien sein, die einen transsystemischen Sinnhorizont bilden können. Amitai Etzioni sucht solche Geltungskriterien in der Moral. Von Systemtheoretikern wird diese Vorstellung erwartungsgemäß rundweg abgelehnt.[142] Doch das dürfte kein unüberwindliches Hindernis sein. Fragen wir also nach den Möglichkeiten der Moral, solche Geltungskriterien bereitzustellen.

---

[142] Vgl. Willke, *Systemtheorie III*, 57ff.

Sechster Kreis: Ethische Kriterien

Das Problem eines nicht-systemrationalen Steuerungskriteriums für Vergangenheitsbewältigung

Gibt es ein transsystemisches, nicht-systemfunktionales Kriterium, das die Maßnahmen der Vergangenheitsbewältigung steuern kann, oder ist Vergangenheitsbewältigung stets ein systemrelatives, parteiisches Unternehmen? Die funktionalen Rationalitäten von Systemen sind darauf ausgerichtet, die Autopoiesis des jeweiligen Systems zu sichern. Von Gerechtigkeit z.B. ist dabei keine Rede, sie ist in diesem Rahmen keine sinnvoll anschließbare Größe. Es ist sogar denkbar, daß einige Systeme untergehen, damit stärkere Systeme überleben. Verantwortung wäre in dieser funktionalen Sicht lediglich eine Metapher für die jeweilige Systemzuträglichkeit. Verantwortung wäre eine systemrelative Qualität.

Vergangenheitsbewältigung wäre damit ein funktionales Unternehmen mit dem Ziel, die Identität und damit den Bestand autopoietischer Systeme zu retten. Identität ist im Rahmen der systemtheoretischen Konzeption ja nichts anderes als die sich immer wieder anschlußfähig haltende Kommunikation, die sich aufgrund der Anwendung von bestimmten Leitdifferenzen ergibt und so ein fortdauerndes System-Umwelt-Verhältnis beschreibt.[1] Vergangenheitsbewältigung könnte damit begriffen werden als der Versuch des Systems, die geschichtlich sich ergebenden Einflüsse auf die geschichtlich sich ergebende Identität (also die Operationsweise) des Systems so zu behandeln, daß die eigene Autopoiesis darunter nicht leidet. Vergangenheitsbewältigung wäre das Überlebensinstrument der Stärkeren. Ihr Ziel wäre es, intersystemisch Geschichtsinterpretationen zu lancieren (also zu orientieren und zu parallelisieren), die der eigenen Autopoiesis zuträglich sind. Tatsächlich scheint Vergangenheitsbewältigung oftmals genau so zu funktionieren. Die Stärkeren versuchen, die (historische) Realität zu definieren und entsprechende Konsequenzen einzuleiten. Doch wenn soziale Systeme Geltungskriterien unterzogen werden können, die der Systemrationalität übergeordnet sind, die – mit anderen Worten – darüber entscheiden, ob eine Systemrationalität angewendet werden *soll* oder nicht, dann sind diese Teilrationalitäten nicht der letzte Maßstab. Sie sind dann kritisierbar.

Übergeordnete, nicht-funktionale Geltungskriterien, die einen kategorischen Anspruch erheben, heißen moralische Normen. Wie muß demnach eine tragfähige Moral konzipiert sein und wie läßt sie sich begründen? Prüfen wir zur Beantwortung dieser Frage zunächst die Moralentwürfe, die sich mit

[1] Vgl. dazu Gripp-Hagelstange, *Niklas Luhmann*, 15ff.

den drei Theorien verbinden, die in dieser Arbeit eine maßgebliche Rolle spielen und beginnen wir diese Prüfung mit dem Blick auf das Moralverständnis der Systemtheorie.

1. Die systemtheoretische Moral- und Ethikkonzeption

1.1 Die Neutralisierung von Moral aufgrund der funktionalen Operationsweise sozialer Systeme

Soziale Systeme operieren – aus systemtheoretischer Betrachtungsperspektive – ausschließlich nach funktionalen Kriterien. Jedes System hat seine eigene Rationalität, weil es seine spezifische Funktionalität hat. „Das zweckspezifizierte System benötigt [...] eine Organisationsmoral bzw. Funktionsmoral. [...] Eine umgreifende gemeinsame Moral [...] ist überflüssig, ja unmöglich [...]. Übergreifende Werte [stören] beträchtlich. [...] [Darum] ist Moral durch funktionsgerechtes Verhalten abgelöst.“[2] Was übrigbleibt ist „Systemegoismus“. „Wir können gleichsam von einer totalen Positivierung und Funktionalisierung der Werte sprechen.“[3] Es gibt keine Möglichkeiten, eine homogene Wertordnung zu schaffen. Jede Einführung übergreifender Werte und Normen führt zu einer Entdifferenzierung und damit zu einer Leistungsminderung in funktional differenzierten Gesellschaften.[4] Freilich, das Wozu der Leistungsfähigkeit von Systemen wird ausschließlich durch deren eigene Systemrationalität beantwortet. Da diese Systemrationalität aber eine faktische und keine normative Kraft ist (weil es bei diesem sozialevolutionären Ansatz keine Normativität gibt), gibt es kein Wozu. Es gibt nur die faktische Kraft des Durchsetzungsfähigeren. Die Folge: „Indifferenz gegen Beliebiges macht den Blick frei für latente Funktionen, stellt gewisse Systeme, etwa die Tyrannis, man denke an den Hitlerismus, nicht als Entartungen, Entgleisungen usw. hin, sondern als eine Möglichkeit einer regulierten [systemhaften] Elementenkonstellation unter vielen.“[5] Dementsprechend ist Vergangenheitsbewältigung ein systemrationaler Prozeß, bei dem das durchsetzungsfähigere System das Ergebnis bestimmt.

Wer die Leistungsfähigkeit oder gar die Leistungssteigerung von Systemen will, darf deren Operationsweise nicht stören. Das heißt umgekehrt: Wer die Leistung von Systemen drosseln will, muß diesen Systemen zusätzliche Operationskriterien aufnötigen, ggf. also die Befolgung von (moralischen) Normen verlangen.

---

2 Obermeier, *Zweck – Funktion – System*, 99.

3 Obermeier, *Zweck – Funktion – System*, 126. Moral wird nach Luhmann durch andere, funktionale Regulationsmechanismen „substituiert“, also ersetzt: durch Geld, Recht, Liebe (in Zweierbeziehungen), etc.

4 Moral und ethische Reflexion „behindern“ beispielsweise die Forschung, indem sie etwa das Klonieren von Menschen verwerfen.

5 Obermeier, *Zweck – Funktion – System*, 161.

Aus funktionalistischer Sicht ist es völlig gleichgültig, ob Menschen auf der Erde leben, ob die Natur stirbt, ob Kreaturen leiden (sofern man diese Aspekte nicht aus der Perspektive der betroffenen Systeme kommentiert). Eine funktionalistische Theorie kann keine inter- oder transsystemisch geltenden Werte entdecken. Was aber ist dann Moral?

1.2 Das systemtheoretische Moral- und Ethikverständnis

Es dürfte kaum überraschen, daß Luhmanns Systemtheorie die Moral als ein System neben vielen beschreibt, als eine „besondere Art von Kommunikation, die Hinweise auf Achtung oder Mißachtung mitführt. Dabei geht es nicht um gute oder schlechte Leistungen in spezifischen Hinsichten, [...] sondern um die ganze Person, soweit sie als Teilnehmer an Kommunikation geschätzt wird. Achtung oder Mißachtung wird typisch nur unter besonderen Bedingungen zuerkannt. Moral ist die jeweils gebrauchsfähige Gesamtheit solcher Bedingungen. Sie wird keineswegs laufend eingesetzt, sondern hat etwas leicht Pathologisches an sich. Nur wenn es brenzlig wird, hat man Anlaß, die Bedingungen anzudeuten oder gar explizit zu nennen, unter denen man andere bzw. sich selber achtet oder nicht achtet."[6] Dieses Verständnis von Moral erinnert sehr stark an die Position des Emotivismus. Wenn Moral ein Bewertungssystem ist, dem persönliche Präferenzen als Leitdifferenzen zugrunde liegen, dann hat Moral selbstverständlich keine subsystemübergreifende Kraft, sie ist selbst ein Subsystem.

Dementsprechend ist die Beschäftigung mit dem Phänomen der Moral – die Ethik – eine *deskriptive* Disziplin. Sie ist die Reflexionstheorie der Moral. Die Aufgabe der Ethik kann es demnach nicht sein, nach rationalen (Letzt-) Begründungen moralischer Urteile zu suchen, denn die Leitdifferenzen – auch die der Moral – werden positiv gesetzt. Sie haben keine höhere Verbindlichkeit als die einer systemfunktionalen Zuträglichkeit. Darum ist es zu erwarten, daß alle Systeme, wenn ihr Funktionieren nicht (durch Umweltbedingungen) vom Einhalten konventionierter moralischer Standards abhängt, moralische Normen und Regeln nicht berücksichtigen. Moral, so Luhmann, hat keine integrierende Kraft.[7] Moral *darf* nicht auf die „binäre Codierung" (auf die Leitdifferenzen) von Systemen angewendet werden. „Es darf gerade nicht dahin kommen, daß man die Regierung für strukturell gut, die Opposition für strukturell schlecht oder gar böse erklärt."[8] Weil Moral nach diesem Verständnis eine Bewertungsmaßnahme von Verhalten, ja von Personen als solchen ist, die ihre Kriterien in persönlichen, subsystemischen, in jedem Falle aber kontingenten Präferenzen findet, sieht Luhmann die „moralische Kommunikation nahe am Streit und damit in der Nähe von Gewalt angesiedelt."[9]

---

6 Luhmann, *Paradigm lost*, 17f.

7 Vgl. dazu Luhmann, *Paradigm lost*, 23ff.

8 Luhmann, *Paradigm lost*, 24. Gilt das auch, so muß man fragen, für den NS-Staat oder für mafiöse Systeme?

9 Luhmann, *Paradigm lost*, 26. Warum *soll* Gewalt nicht sein? Offenbar setzt dieser Einwand gegen Moral einen nicht-systemfunktionalen (moralischen) Bewertungsmaßstab voraus.

Moral ist aus systemtheoretischer Perspektive ein Subsystem das eher Unfrieden stiftet, indem es die Leitdifferenzen anderer Systeme durch den eigenen Code von gut-schlecht definiert und sie so stört oder sogar gefährdet.[10] Deshalb, so Luhmann, müsse „die Ethik in der Lage sein, den Anwendungsbereich der Moral zu limitieren."[11] „Angesichts dieser Sachlage [...] [sei] es die vielleicht vordringlichste Aufgabe der Ethik, vor Moral zu warnen."[12] Moral sei nicht imstande, adäquate Reaktionen eines komplexen Gesellschaftssystems auf reale Problemlagen zu strukturieren.[13]

Praktische Philosophie ist für die Systemtheorie ein undurchführbares Projekt.[14] Darum beschränkt sie sich auf eine Art Metaethik, indem sie Moral emotivistisch deutet und Ethik als deskriptive Reflexionstheorie der Moral versteht.[15] Nur so kann aus ihrer soziologischen Sicht eine sinnvolle Ethik konzipiert sein. Die traditionelle Auffassung von Moral als einem begründeten Werte- und Normensystem und von Ethik als Begründungsanstrengung sei „alteuropäisch" und obsolet.

Nun werden jedoch Entscheidungen getroffen, Systeme entstehen, Systeme ändern ihre Leitdifferenzen. Welche Kriterien liegen dem zugrunde? Luhmann, der für sich in Anspruch nimmt, mit seiner Theorie die soziale Realität zu *beschreiben* und der jegliche *normative* Ambition seiner Theorie zurückweist, sieht auch hier ausschließlich funktionale Mechanismen am Werk. Der Kampf um letzte Werte scheint demnach im Grunde ein Kampf „um die Abstimmung funktionaler Werte"[16] zu sein; allerdings ein Kampf, dem kein vorgegebenes Telos innewohnt.[17]

1.3 Mängel der systemtheoretischen Moral- und Ethikkonzeption

Luhmanns Einwände gegen Moral als brauchbares und wirksames transsystemisches Steuerungsinstrument mögen auf den ersten Blick als völlig einleuchtend erscheinen, zumal er seine Ausführungen mit fast beliebig vielen Beispielen untermauern zu können scheint. Tatsächlich dürfte in den meisten systemischen Entscheidungssituationen Moral nicht als expliziter Grund oder als vorrangiges Motiv benannt werden. Und wenn Moral zur ausdrücklichen Handlungsmaxime gemacht wird bzw. gemacht wurde, dann ging es

---

[10] Dies wird als nicht sein sollend empfunden. Doch was bedeutet in diesem Zusammenhang das Wort „sollen"? Ist es eine systemegoistische Forderung eines Systems, das nicht gestört werden will, oder ist dieses Wort normativ zu verstehen?

[11] Luhmann, *Paradigm lost*, 40.

[12] Luhmann, *Paradigm lost*, 41.

[13] Vgl. dazu Spaemann, *Niklas Luhmanns Herausforderung der Philosophie*, 63f.

[14] Vgl. dazu Spaemann, *Niklas Luhmanns Herausforderung der Philosophie*, 67f.

[15] Vgl. dazu Kneer/Nassehi, *Niklas Luhmanns Theorie sozialer Systeme*, 178ff.

[16] Obermeier, *Zweck – Funktion – System*, 126.

[17] Den Systemen, so Luhmann, *Gesellschaftsstruktur und Semantik*. Band II, Frankfurt 1981, 28, fehle die „Teleo-Logik der Zwecke"; zitiert nach Obermeier, *Zweck – Funktion – System*, 100.

nur allzu oft um die Durchsetzung der eigenen Vorstellungen; ganz abgesehen von den Fällen, in denen Moral bewußt nur der vorgegebene Deckmantel zur Durchsetzung von Interessen war. Insofern war (und ist) *diese* Art von Moral tatsächlich eher ein Gewalt- und Krisenfaktor. Dennoch bleiben gegenüber der Luhmannschen Moralskepsis Fragen offen.

Das sehr spezielle Moralverständnis der Systemtheorie

Die erste bezieht sich auf sein Moralverständnis. Sicherlich kann jede Person den von ihr verwendeten Vokabeln ihre eigene Bedeutung beilegen, doch können unterschiedliche Wortverwendungen zu Mißverständnissen und Fehldeutungen führen. Was Niklas Luhmann mit dem Terminus „Moral" bezeichnet, scheint mir angemessener mit „subjektiver Meinung", „persönlicher Überzeugung" oder „interiorisierten Konventionen" benannt zu werden. Daß er eine von solchen kontingenten normativen Auffassungen unterschiedene Moral nicht kennt, liegt daran, daß er keine eigenständige, von funktionalen Kriterien unabhängige Moralbegründung zu akzeptieren vermag. Die Konsequenz daraus heißt, Luhmann versteht Moral als ein System von Achtung und Mißachtung.

Damit kommt er der Theorie der Emotivisten recht nahe, die behaupteten, moralische Urteile seien in ein kategorisches und normatives Sprachgewand gekleidete Wünsche und Geschmacksurteile. Wenn er davon spricht, Moral kondensiere unter dem Gesichtspunkt der Betroffenheit[18], dann setzt er Moral mit einem subjektiven Gefühl gleich, das sich kategorisch äußert. In der Tat mag diese Gleichsetzung oft vorgenommen werden, doch die Diskussion um den Emotivismus hat gezeigt, daß Moral einen Begründungsanspruch erhebt, der nur dadurch eingelöst werden kann, daß intersubjektiv zustimmungsfähige Argumente herangezogen werden, die entsprechend auch den Test eines hypothetischen Rollentausches bestehen müssen. Subjektive Gefühle können – als solche – diesem Anspruch nicht gerecht werden. Luhmann lehnt also ein Zerrbild von Moral ab, das in keiner Diskussion über den kognitivistischen Charakter moralischer Argumentation ernsthaft vertreten wird. Für diese Zerrbild-Moral gilt allerdings: vor ihr muß gewarnt werden. Sie verwechselt Konventionen und Gebräuche mit moralischen Normen.[19] Sie stiftet eher Unfrieden als Frieden, sie ist in hohem Maße kulturell bedingt und völlig ungeeignet, ein universales Paradigma abzugeben.

Eine Moral, die diesen Namen verdient und die überhaupt in den Versuch eingebunden werden kann, ein solches Paradigma zu entwerfen, muß dem „alteuropäischen" Anspruch nach Rationalität genügen. Die Systemtheorie kann für die Moral ein solches Fundament nicht erkennen und bestreitet es folglich. Doch dieser negativen Einschätzung ist näher nachzugehen. Dabei fällt sehr rasch die theoretische Perspektivität (und das heißt hier: Eng-

[18] Luhmann, *Paradigm lost*, 30.

[19] Wenn Luhmann, *Paradigm lost*, 26, das Verbot des Duells als Sieg des Rechts über die Moral deutet, dann geht er wiederum von dieser Zerrbild-Moral aus.

führung) der systemtheoretischen Realitätswahrnehmung auf. Die Systemtheorie beschreibt nicht die Wirklichkeit, sondern reduziert ihre Komplexität durch einen bestimmten interpretatorischen Zugang. Sie kennt nur Funktionalität. Doch Menschen können – aufgrund ihrer Reflexions- und Metainterpretationsfähigkeit – Sinn schaffen, der nicht am puren Systemfunktionalismus ausgerichtet ist. Menschen können Systeme verändern, und zwar aus Gründen, die, bemessen an den bestehenden Systemen, nicht systemrational sind. Solche Gründe können sich durchaus am binären Code gut-böse orientieren. Diesem Code aber Rationalität abzusprechen, weil er sich nicht an die Funktion der durch ihn bewerteten Systeme hält, hieße diese Funktionalität zum normativen Maßstab zu erheben. Fraglich bleibt vorerst nur, ob der Code gut-böse eine höhere Verbindlichkeit beanspruchen kann als Systemrationalitäten, wie sich diese Verbindlichkeit äußert und auf was sie sich bzw. auf was sich ihre Rationalität stützt. Moral ist nicht schon deshalb irrational, weil sie andere Systeme irritiert.

Moral als motivierende Kraft

Ist Moral überflüssig? Man könnte den Eindruck gewinnen, die Systemtheorie sei dieser Auffassung. Was sind dann aber die Entscheidungskriterien, die angelegt werden müssen, wenn es darum geht, Systeme zu verändern oder Systeme zu gestalten? Diejenigen, die beispielsweise im System Politik an maßgeblicher Stelle tätig sind, treffen Entscheidungen. Sie reagieren auf Kontingenzen, so könnte man in systemtheoretischer Diktion formulieren. Wie auf sie reagiert wird, ist nicht determiniert.[20] Es gibt also Entscheidungsalternativen und Entscheidungsspielräume.[21] Die vielfachen politischen Initiativen zum Verbot von Landminen lassen sich nicht als zwangsläufige Anwendung einer politischen Leitdifferenz erklären, sondern nur (oder doch in signifikantem Maß) als Zur-Geltung-Bringen moralischer Einsichten. Personen – als Systemkomponenten oder als Systemumwelt des politischen Systems – haben moralische Überzeugungen zur Grundlage der Anwendung des politischen Codes gemacht. Es zeigt sich: Wenn Moral als universales Paradigma wirken soll, dann kann sie das durch die Intervention von Personen in die jeweiligen Systeme.

Ganz offensichtlich hat es Beeinflussungen von Systemen durch moralische Auffassungen vielfach gegeben. Die Hilfeleistung am überfallenen Reisenden auf dem Weg von Jerusalem nach Jericho, die Jesus am barmherzigen Samariter als moralisch gebotene Tat der Nächstenliebe lobt, findet sich in unserer heutigen Gesetzgebung als Pflicht. Wer ihr nicht nachkommt, kann wegen unterlassener Hilfeleistung juristisch belangt werden. Auch läßt sich die abendländische Entwicklung der Menschenrechte nur auf dem Hintergrund u.a. einer jüdisch-christlichen Moral und einer aus der Stoa herkom-

[20] Luhmann, *Funktion der Moral*, 137, hält die Determiniertheit hochkomplexer Systeme jedoch für wahrscheinlich und versteht Freiheit als Nebenprodukt von Kommunikation; vgl. ebd., 149f.

[21] Gründe für Entscheidungen innerhalb dieser Spielräume kann die Systemtheorie nicht erklären; vgl. dazu Kaefer, *Religion und Kirche als soziale Systeme*, 40. 67f.

menden Ethik verstehen.[22] Das Rechtssystem wurde also (auch) aufgrund moralischer Überzeugungen gestaltet.[23]

Kann man dies einfach zur Kenntnis nehmen, so wie man zur Kenntnis nehmen muß, daß Naturgewalten Umweltbedingungen für das Wirken von Systemen darstellen? Ist es nicht vielmehr sinnvoll, nach einem Moralverständnis zu suchen, das die subjektive Beliebigkeit überwindet und rational begründet werden kann? Diese Frage, das sei der Systemtheorie zugestanden, ist bereits eine moralische, die sich aus der unumgänglichen Selbstanwendung des moralischen Codes ergibt.[24] Doch ob sie berechtigt ist, scheint mir am Ergebnis der Frage zu hängen, ob Moral eine rationale Begründung finden kann. Die funktionalistische Sichtweise kann dies – aufgrund der im konstruktivistischen Kognitionsparadigma liegenden Begrenztheit ihrer Rationalität – zumindest nicht bestreiten.

Ob kein Funktionssystem durch Moral in das Gesellschaftssystem eingebunden werden kann, wie Luhmann dies behauptet[25], wäre empirisch zu klären und scheint mir in dieser Absolutheit nicht von vorne herein gültig zu sein. Systeme werden von Menschen getragen, die sich möglicherweise aufgrund moralischer Überzeugungen dazu veranlaßt sehen könnten, die Operationsweise eines Subsystems so zu gestalten, daß es – auch unter Inkaufnahme der Behinderung oder gar Gefährdung dieses Subsystems – dem Gesamtwohl dient. Auch wenn eine solche Verhaltensweise durch rechtliche oder politische Zwänge veranlaßt wird, so kann dies mittelbar dennoch eine Konsequenz moralischer Einflüsse sein, nämlich solcher, die zur Ausbildung des rechtlichen oder politischen Rahmens führten. Insofern ist z.B. ein konkreter Minderheitenschutz, der rechtlich fixiert ist, zwar die Anwendung des geltenden Rechtssystems, indirekt jedoch die Folge der moralischen Überzeugungen, die zur Ausbildung dieses Rechtssystems beitrugen. Auch der Nürnberger Gerichtshof dürfte nicht nur aufgrund handfester politischer Interessen, sondern auch aus moralischen Motiven installiert worden sein.

Das Moralprinzip und die Rationalität moralischer Normen

Luhmann hält die Anwendung der moralischen Leitdifferenz – d.h. des binären Codes gut-böse – auf funktionale Systeme für kontraproduktiv, denn dadurch könne es beispielsweise geschehen, daß dem binären Code eines demokratischen Staatswesens – nämlich Regierung und Opposition – der binäre Code der Moral übergestülpt werde. Dadurch werde die Regierung als moralisch gut, die Opposition als moralisch böse qualifiziert. Dies aber

---

22 Vgl. Hilpert, *Die Menschenrechte*, 94ff.

23 Gerade diese Tatsache führt zu Geltungsproblemen der Menschenrechte. Shute/Hurley weisen in der Einleitung des von ihnen herausgegebenen Buches *„Die Idee der Menschenrechte“* darauf hin, daß ohne eine stabile moralische Begründung die Forderung nach einer weltweiten Achtung der Menschenrechte als imperialistischer Eifer der modernen westlichen Welt diskreditiert werden kann. Vgl. dazu auch Lukes, *Fünf Fabeln über Menschenrechte*.

24 Vgl. Luhmann, *Paradigm lost*, 27ff.; Kneer/Nassehi, *Niklas Luhmanns Theorie sozialer Systeme*, 184f.

25 So Luhmann, *Paradigm lost*, 23.

sei das Todesurteil für ein demokratisches Staatswesen. Diese Einschätzung ist nicht zwingend. Wenn Moralität – worauf noch einzugehen sein wird – nicht einfach in der Anwendung von materialen Normen besteht, die als solche als kategorisch empfunden werden, wenn sie vielmehr in der Gestaltung materialer Normen durch Anwendung formaler Prinzipien begriffen wird, dann sind materiale moralische Urteile ethisch kritisierbar. Bruno Schüller weist darauf hin, daß materiale moralische Urteile sogenannte „gemischte Normen" darstellen, die aus mindestens zwei Komponenten bestehen, nämlich aus der Verknüpfung von empirischen Tatsachenurteilen mit sittlichen Werturteilen.[26] Die Norm: „Du darfst niemandem grundlos Zyankali verabreichen", besteht einerseits aus der Einschätzung, Zyankali sei ein Gift, andererseits aus der Regel, man dürfe niemanden grundlos töten. Das moralische Urteil besteht aus der letztgenannten Regel. Nur unter Voraussetzung der Richtigkeit der empirischen Einschätzung kann die Norm Anspruch auf Gültigkeit erheben.[27] Das heißt, auf Luhmanns Bedenken bezogen: Die Anwendung des moralischen Codes auf das Politiksystem hat diese Differenzierung zu berücksichtigen. Wer die politische Opposition für moralisch böse hält, müßte also erklären, ob er dies aus empirischen Gründen glaubt oder aus im engeren Sinne moralischen. Sollte es gelingen, sittliche Werturteile mit einer gewissen Plausibilität intersubjektiv rational vereinbaren zu können, dann dürften gemischte moralische Normen rational diskursfähig sein.

Moral spielt faktisch eine große Rolle bei unseren Alltagsorientierungen, auch wenn sie oft – in Form von gemischten Normen – als rechtliche, politische oder kulturelle Maxime auftritt. Wenn Moral sich in Geschmacksurteilen erschöpfte, dann besäße sie keinen kategorischen Charakter. Helga Gripp-Hagelstange fragt aus praktischem Interesse, ob ein Relativismus aller Werte faktisch lebbar sei.[28] Sie glaubt, daß in einer Gesellschaft der Beliebigkeiten, die aus Luhmanns Ansatz folgen muß und – ihrer Einschätzung nach – bereits entstanden ist, die Menschen in ihrer Freiheit überfordert werden, und deshalb neue Fundamentalismen entstehen. Schließt man sich ihrer Diagnose an, dann scheint es umso dringender, die Frage nach der Rationalität von Moral und der Begründbarkeit von Werten weiterhin zu stellen. Die Systemtheorie gibt darauf eine negative Antwort und bietet folglich keine Möglichkeit, ein universales Paradigma zu entwerfen, das die Basis für transsystemisch akzeptierbare und transsystemisch getragene Vergangenheitsbewältigungs-Prozesse bilden kann.

Ist dies vielleicht der Grund dafür, daß die Katastrophenerfahrung des 20. Jahrhunderts, die Barbarei des Nationalsozialismus, bei Luhmann nicht vorkommt? „Der Nationalsozialismus als aus dem Ruder laufende Fehlentwicklung des politischen Systems spielt kaum eine Rolle. Der Totalitarismus als Verabsolutierung der Politik gegenüber den anderen Subsystemen wird

---

[26] Schüller, *Die Begründung sittlicher Urteile*, 312ff.

[27] Man kann die Zusammensetzung gemischter Normen noch weiter differenzieren; vgl. Ginters, *Werte und Normen*, 25ff.

[28] Vgl. Gripp-Hagelstange, *Niklas Luhmann*, 126f.

nicht behandelt", konstatiert Dietrich Schwanitz.[29] „Wie muß man sich das erklären?", fährt er fort. „Gab es da einen intrinsischen Widerspruch zwischen Luhmanns Moralskepsis und der Unmöglichkeit, das Thema anders als mit dem Gestus moralischer Abscheu zu behandeln?" Die Systemtheorie kann die moralische Bewertung nicht liefern. Doch kann die Systemtheorie die Möglichkeit rationaler Moralität auch nicht definitiv ausschließen. Darum gilt es, andere Theorieansätze auf dieses Anliegen hin zu prüfen.

2. Moral und Ethik aus der Perspektive konstruktivistischer Ansätze

2.1 Der Ansatz des Radikalen Konstruktivismus

Bislang gibt es keine einheitliche (radikal-) konstruktivistische Ethikkonzeption, ja, das, was von den verschiedenen Vertretern der konstruktivistischen Kognitionstheorie zu Moral und Ethik entwickelt wird, ist eher „inhomogen bis widersprüchlich"[30]. Das verwundert nicht, ist doch der Konstruktivismus selbst, wie an früherer Stelle bereits dargelegt, eine Sammelbezeichnung für zwar in ihren Kernaussagen konvergierende, in ihren Ansätzen und konkreten Entfaltungen allerdings sehr unterschiedliche Entwürfe. Doch immerhin gibt es ein gemeinsames zentrales Anliegen, nämlich zu zeigen, daß das menschliche Erkennen und Handeln selbstreferential erstellten Konstrukten entspringt und daß man dessentwegen (im Rahmen der Viabilität) von einer Pluralität von Wirklichkeitszugängen bzw. Wirklichkeitskonstrukten ausgehen müsse. Der Konstruktivismus ist eine Herausforderung für eine Theorie und Praxis von Vergangenheitsbewältigung. Gilt das auch für ethische Implikationen dieser Kognitionstheorie?

Den unterschiedlichen konstruktivistischen Ansätzen entspricht eine sehr unterschiedliche Intensität bei der Beschäftigung mit moralischen und ethischen Fragen. Manche, wie von Foerster und von Glasersfeld, beschäftigen sich vergleichsweise beiläufig mit diesen Themen, wobei sie allerdings dezidierte Auffassungen dazu äußern. Einzig Varela hat sich ausführlich und ausgiebig ethischen Fragestellungen zugewendet[31], alleine, er möchte nicht unter die (radikalen) Konstruktivisten gerechnet werden. Zudem ist seine ethische Position in vielerlei Hinsicht in sich inkonsistent, so daß seine Auffassung weder repräsentativ noch tragfähig ist.[32] Die schlechthin repräsentative Ethik (radikal-) konstruktivistischer Provenienz gibt es nicht. Aus diesem Grunde scheint es angebracht, verschiedene (radikal-) konstruktivistische Ethikkonzeptionen oder Ethikentwürfe exemplarisch zur Kenntnis zu nehmen und

---

[29] Schwanitz, *Der Antisemitismus oder die Paradoxierung der Außengrenze*, 237.
[30] Schmidt im Vorwort zu Rusch/Schmidt (Hg.), *Konstruktivismus und Ethik*, 12.
[31] Varela, *Ethisches Können*.
[32] Vgl. dazu Ott, *Zum Verhältnis von Radikalem Konstruktivismus und Ethik*, 309ff.

darüber hinaus im Blick zu behalten, welche ethischen Positionen aus der (radikal-) konstruktivistischen Kognitionstheorie erwachsen oder mit ihr zumindest verträglich sind.

2.1.1 Der Ethikansatz Peter M. Hejls

Der (Radikale) Konstruktivismus geht von einer autopoietischen Funktionsweise und einer selbstreferentialen Kognitionsweise von Subjekten aus. Die Konsequenz, die daraus gezogen wird, besteht in der Ablehnung jeder ontologischen Spekulation und – im Gegenzug sozusagen – in der Anerkennung vieler subjektiver, nicht unbedingt miteinander harmonisierbarer Realitätskonstruktionen. Jede Realitätskonstruktion ist die Grundlage für das Handeln und Reagieren des jeweiligen Subjekts. Damit ergeben sich unterschiedliche „Handlungsprogramme". In einer Welt, in der Individuen miteinander leben und aufeinander angewiesen sind, werden die jeweiligen Handlungen und Handlungsprogramme als begründungspflichtig empfunden, weil jedes Subjekt aufgrund der eigenen Realitätskonstruktion zu einem anderen Handlungsprogramm kommen kann, das wiederum zu anderen Handlungen führt. Das Handeln und die ihm zugrunde liegenden Programme sind aus der Perspektive der jeweils anderen Subjekte zunächst einmal alles andere als fraglos plausibel.[33]

Wie kann man – aus konstruktivistischer Sicht – eine intersubjektive Verständigung über die Bewertung von Handlungen und Handlungsprogrammen erreichen? Vom (Radikalen) Konstruktivismus wird vorausgesetzt, daß es keine objektive oder isomorphe Erkenntnis der externen Realität gibt. Erkenntnisdifferenzen lassen sich demnach nicht einfachhin durch die Unterscheidung richtig-falsch bewerten. Es gibt vielmehr einen durch die Struktur des Kognizierens bedingten Pluralismus. „Damit stellen sich [...] die ethischen Probleme der Verantwortung und des Umgangs mit unterschiedlichen Wirklichkeitskonstrukten. Erst wenn man nämlich Wirklichkeiten als konstruiert versteht, liegt es aus konzeptuellen Gründen nahe zu fragen, warum unsere Wirklichkeiten teils differieren und teils übereinstimmen."[34] Peter M. Hejl sieht diese Pluralität als faktische Gegebenheit, die gesichert werden muß, wenn einzelne Wirklichkeitsinterpretationen nicht durch andere Wirklichkeitsinterpretationen (vielleicht auch noch im Namen einer objektiven Wahrheit) dominiert und unterdrückt werden sollen. Diese Forderung versteht er als oberste moralische Prämisse.

Probleme des Ethikansatzes Peter M. Hejls

Diese oberste Prämisse hört sich zunächst einmal recht plausibel an. Allerdings ist der formulierte Imperativ ein hypothetischer: „Es soll ..., wenn ...". Warum aber sollen sich Subjekte (in ihrer Wirklichkeitsinterpretation) nicht gegenseitig unterdrücken? Wenn aus dem hypothetischen Imperativ – der als

---

[33] Durch kulturelle und sozialisationsbedingte Parallelisierungen werden allerdings oft ähnliche Konstrukte entstehen, so daß im Alltag nicht ständig Bewertungsprobleme auftauchen. Anders ist es, wenn verschiedene Kulturen aufeinandertreffen.

[34] Hejl, *Ethik, Konstruktivismus und gesellschaftliche Selbstregelung*, 37f.

solcher ja nichts anderes als eine Kausalbeschreibung darstellt – ein kategorischer und somit ein moralischer werden soll, dann muß dem Erhalt der Pluralität bereits ein Imperativ inhärent sein. Eine reine Faktenbeschreibung muß die Grundlage abgeben für Sollensforderungen. Peter M. Hejl erkennt die Problematik. Weil der Radikale Konstruktivismus außer subjektiven kontingenten Interpretationen nichts kennt, weil er also moralische Imperative nicht eigens fundieren kann, muß er zur Begründbarkeit seiner moralischen Grundnorm die Plausibilität der These vom naturalistischen Fehlschluß bestreiten.

Hejl versucht, diese These dadurch zu diskreditieren, daß er der Philosophie unterstellt, aus Gründen ihrer eigenen Existenzsicherung beanspruche sie Arbeitsfelder, von denen sie behaupte, daß sie von keiner anderen Disziplin bearbeitet werden könnten.[35] Wie begründet Hejl diesen Vorwurf und seine These, der Schluß vom Sein auf Sollen sei zulässig? Er geht von der radikal-konstruktivistischen Epistemologie aus, wonach es keine vom Erkenntnissubjekt unabhängige Realität gibt. Das Erkenntnissubjekt ist gezwungen, mit seiner selbstreferential erzeugten Realität zu operieren, eine andere hat es nicht. Weil die Subjekte nun einmal handeln müssen, läßt sich, so Hejl, „aus diesem Müssen [...] die Forderung ableiten, daß sie auch entsprechend ihrem Wissen handeln *sollen*."[36] So folgert Hejl: „Für konkrete, rational handelnde Akteure folgt aus ihrem Sein auch ihr Sollen."[37] Schon diese Formulierung ist erstaunlich. Wenn von Subjekten ausgesagt wird, sie seien gezwungen, ihren Realitätskonstruktionen gemäß zu operieren, dann heißt das doch, daß sie keine andere Wahl besitzen. Dies zu einem moralischen Sollen umzudefinieren bedeutet, die Tatsache, daß unser Handeln unumgehbaren Zwängen (wie etwa den Naturgesetzen) unterliegt, als eine moralische Verpflichtung aufzufassen, diesen Zwängen auch zu folgen. Damit verliert das Wort „Moral" jede eigenständige Bedeutung und wird synonym mit „eine Handlungsweise pflegen, zu der es keine Alternative gibt". Ob damit die Sein-Sollen-Dichotomie überwunden ist, wage ich zu bezweifeln. Dieser Eindruck verstärkt sich, wenn man bei Hejl liest, daß Akteure aus *existentiellen* Bedürfnissen heraus handeln müssen.[38] Existentielle Bedürfnisse sind solche, die erfüllt werden müssen, wenn der Akteur überleben will. Der hypothetische Imperativ ist in die sich deskriptiv gebende Formulierung von den existentiellen Bedürfnissen bereits normativ bzw. kategorisch hineindefiniert. Damit schließt Hejl nicht vom Sein aufs Sollen, sondern von einer deskriptiv getarnten Präskription auf ein moralisches Sollen.

Hejls Brücke über den Graben zwischen Sein und Sollen scheint mir nicht tragfähig zu sein. Damit ist im Grunde seine ganze weitere Argumentation instabil. Werfen wir dennoch einen Blick auf die von Hejl behandelte Frage, welches Sein ein moralisches Sollen in Kraft setzen kann. Die evolutionäre

[35] Vgl. Hejl, *Ethik, Konstruktivismus und gesellschaftliche Selbstregelung*, 42f.
[36] Hejl, *Ethik, Konstruktivismus und gesellschaftliche Selbstregelung*, 46.
[37] Hejl, *Ethik, Konstruktivismus und gesellschaftliche Selbstregelung*, 46.
[38] Hejl, *Ethik, Konstruktivismus und gesellschaftliche Selbstregelung*, 47.

Entwicklung als moralische Norm zu akzeptieren, lehnt er ab – und damit grundlegende Elemente einer evolutionären Ethik. Der Grund für seine Ablehnung besteht darin, daß „der Rückgriff auf eine Disziplin und damit auf einen Erklärungstypus andere, eventuell auch inkommensurable Dimensionen oder Alternativen bei der Konstruktion eines Erklärungsvorschlags für ein Problem vernachlässigt oder gar ausschließt.“[39] Man darf also nicht monodisziplinär oder monotheoretisch arbeiten, sondern man muß sich auf das „Netzwerk“ der „gesellschaftlichen Wissensproduktion“ stützen. Warum muß man das? Aus moralischen Gründen? Worauf könnte dieser Imperativ basieren? Mir scheint die Begründung dieses Imperativs nicht zwingend zu sein. Daß Moralität sich damit zudem unkorrigierbar und unkritisierbar an den jeweiligen Stand (und, was nicht zu vergessen ist, an die jeweilige interpretatorische Auslegung) der „gesellschaftlichen Wissensproduktion“ bindet, hält Hejl für einen Vorteil.[40] Nur wenn Hejls Versuch der Diskreditierung des Verbotes von naturalistischen Fehlschlüssen plausibel ist, können seine weiteren Ausführungen dem Verdikt der Beliebigkeit entkommen. Doch dieser Versuch dürfte, wie gezeigt, nicht gelungen sein.

Die (radikal-) konstruktivistische Kognitionstheorie kann eine begründete Moral, ja, sie kann die Vorstellung von einem Sollen, das über hypothetische oder funktionale Empfehlungen hinausgeht, nicht beschreiben. Die weitreichenden moralischen Regeln, die Hejl aus seiner obersten moralischen Prämisse ableitet, sind zwar zustimmungsfähig, aber – im Rahmen und unter Zugrundelegung der (radikal-) konstruktivistischen Kognitionstheorie – unbegründet. Daß beispielsweise die individuellen Konstrukte in ihrer Güte daran zu bemessen seien, ob sie sozial verträglich sind und Rücksicht auf die Existenz anderer Subjekte nehmen[41], ist eine unterstützenswerte Forderung. Doch sie setzt die (Selbst-) Wertigkeit der Subjekte und der Möglichkeit pluraler Realitätskonstruktionen voraus, die der (Radikale) Konstruktivismus m.E. nicht begründen kann.

Ähnlich verhält es sich mit seinen drei moralischen Geboten: dem Toleranzgebot, dem Gebot der Verantwortungsakzeptanz und dem der Begründungspflicht.[42] Man kann ihnen nur lebhaft beipflichten. Allerdings setzt ihre moralische Geltung einen Imperativ voraus, der sich nicht alleine aus der Beschreibung der konstruktivistischen Kognitionsmechanismen und der Funktionsweise von Systemen ergibt. Doch auf mehr als auf die Deskription dieser Funktionsmechanismen, die er für schutzwürdig hält, kann Hejl sich nicht stützen.[43] Folglich gelangt er nur zu hypothetischen Imperativen, die zwar für das Gelingen von Vergangenheitsbewältigung wichtig sind, denen

---

[39] Hejl, *Ethik, Konstruktivismus und gesellschaftliche Selbstregelung*, 49.

[40] Auch hier ließe sich wieder fragen: Handelt es sich um einen funktionalen Vorteil oder um einen solchen, der aus moralischen Gründen gewählt werden muß? Doch wie wären im letzteren Falle die moralischen Gründe zu begründen?

[41] Vgl. Hejl, *Ethik, Konstruktivismus und gesellschaftliche Selbstregelung*, 53.

[42] Hejl, *Ethik, Konstruktivismus und gesellschaftliche Selbstregelung*, 56ff.

[43] Zuweilen sind seine Deskriptionen bereits moralisch aufgeladen, so daß sich der Anschein ergibt, aus seiner Beschreibung folge ein moralischer Imperativ. Das wird z.B. deutlich, wenn

jedoch kein kategorischer Charakter zukommt, weil Hejl die Sein-Sollen-Dichotomie nicht überzeugend schließen kann. Er *setzt* Werte fest, kann sie aber nur hypothetisch begründen.[44] Seine Moral ist ein Postulat.

2.1.2 Ein Blick auf andere radikal-konstruktivistische Ethikkonzeptionen

Auch der Blick auf ethische Ansätze anderer radikal-konstruktivistischer Autoren verändert dieses Bild kaum. Heiko Hungerige und Kariem Sabbouh meinen deshalb, eine konstruktivistische Ethik existiere eigentlich gar nicht.[45] Das trifft bereits für Maturana zu, der, aufgrund der autopoietischen Struktur und selbstreferentialen Kognitionsweise eines jeden Subjekts, betont, daß Ethik (genauer müßte man sagen: Moral bzw. Moralität) für einen Beobachter nur feststellbar ist als eine Verhaltenssequenz. Ethik ist dann die Beschreibung dieser Verhaltenssequenz. Somit existiert der ethische Bereich für ihn nur in der Sprache. Damit ist auch Verantwortung nichts anderes als eine Beobachterkategorie: „Verantwortlich ist, wer die Folgen des eigenen Tuns kennt und in diesem Bewußtsein handelt."[46] Ein Imperativ zur Übernahme von Verantwortung kann deshalb nicht formuliert und erst recht nicht begründet werden.[47] Wenn Maturana begründet, dann tut er das ähnlich wie Hejl: Man sei verantwortlich für sein Erkennen und für das daraus resultierende Handeln. Nur wenn diese Verantwortlichkeit ernst genommen werde, könne das Zusammenleben der Menschen gelingen. Dies ist ein zustimmungswürdiges Postulat, das biologisch hergeleitet, aber damit noch nicht begründet wird.[48]

Auch von Foersters ethischer Imperativ: „Handle stets so, daß die Anzahl der Möglichkeiten wächst"[49], sowie von Glasersfelds Ethiklegitimation durch die Betonung der *epistemologischen* Notwendigkeit eines Ernstnehmens der anderen[50], begründen letztlich keine moralischen Werte und Normen[51], sondern setzen solche bereits voraus.

Hejl davon spricht, Entscheidungen begründeten eine Zuständigkeit für die Folgen. Was ist eine „Zuständigkeit"? Rein deskriptiv betrachtet ergibt diese Behauptung nicht viel Sinn. Ein Mörder wäre demnach „zuständig" für die Folgen des Mordes. Was hieße das? Sinnvoll wird dieser Satz, wenn „Zuständigkeit", ähnlich wie „Verantwortung", bereits normative Konnotationen besitzt. Vgl. dazu Lenk, *Zwischen Wissenschaft und Ethik*, 76-100; Lenk, *Von Deutungen zu Wertungen*, 239-273.

44 *Wenn* das Zusammenleben der Menschen funktionieren soll, so Hejl, *dann* sollten sie tolerant, verantwortungsbewußt und begründet handeln. *Wenn* man sie Selbstregelungsfähigkeit von Systemen stärken will, *dann* soll man sich an diese Gebote halten.

45 Hungerige/Sabbouh, *Let's talk about ethics*, 124.

46 Maturana, *Was ist Erkennen?*, München/Zürich 1994, 234; zitiert nach Hungerige/Sabbouh, *Let's talk about ethics*, 137.

47 Es kann nur beobachtet und beschrieben werden, daß Menschen moralische Imperative verwenden.

48 Vgl. dazu Kramaschki, *Wie universalistisch kann die Moralphilosophie diskutieren?*, 255ff.

49 Von Foerster, *Über das Konstruieren von Wirklichkeit*, 49.

50 Vgl. dazu von Glasersfeld, *Siegener Gespräche über Radikalen Konstruktivismus.*

51 Von Glasersfeld sagt dies auch explizit. Er vertritt deshalb teils eine intuitionistische Position, teils eine emotivistische.

Außer diesen gibt es noch weitere (radikal-) konstruktivistische Versuche der Fundierung von Moral und Ethik.[52] Sie müssen nicht im einzelnen besprochen werden. Ihren Maximen kann man in aller Regel nur lebhaft zustimmen. Doch wenn Moral ein universales Paradigma zur Verfügung stellen soll, dann muß sie begründbar sein. Der (Radikale) Konstruktivismus läßt aber nur eine nonkognitivistisch-dezisionistische Ethik zu.[53] Zwar betonen Konstruktivisten immer wieder die von ihnen empfundene Unmöglichkeit von Letztbegründungen (wobei die Einsicht in diese Unmöglichkeit geradezu friedenstiftenden Charakter habe, weil zur Durchsetzung als letztbegründet empfundener Wahrheiten oftmals Gewalt gewählt werde[54]), doch sie erkennen offenbar die Notwendigkeit von Regeln, die nicht nur funktional und nicht nur hypothetisch gelten. Ihren z.T. sehr unterschiedlichen Ansätzen ist deshalb der Versuch gemeinsam, aus faktischen Gegebenheiten (welcher Art auch immer) normative Sätze abzuleiten. Da, trotz Hejls Widerlegungsversuch, die Sein-Sollen-Dichotomie nach wie vor gilt, kann eine radikal-konstruktivistische Moralbegründung nur eine heuristische Hilfe sein.[55]

Im erkenntnistheoretischen Kapitel dieser Arbeit wurde eine konstruktivistische Variante ins Feld geführt, die versucht, die Defizite des Radikalen Konstruktivismus zu vermeiden. Es lohnt sich auch hier, einen Blick auf diese Variante, den Interpretationskonstruktivismus, und die dazugehörige Ethik zu werfen.

2.2 Der Ansatz des Interpretationskonstruktivismus

Verantwortung als erwartungskonformes Handeln

Die Philosophie der Interpretationskonstrukte geht von der These aus, „daß alles, was wir als erkennende und handelnde Wesen erfassen, darstellen und veranlassen können, von Interpretationen [...] abhängig ist.“[56] Dabei gilt: „Nicht nur theoretische Beschreibungen sind interpretationsimprägniert, sondern v.a. auch die [be]wertenden Zuschreibungen.“[57] Demnach ist auch

---

[52] Etwa das Mehr-Ebenen-Modell von Marianne Krüll oder die Ansätze von Krippendorff, Gergen, Rusch, Jantsch, der Bochumer Arbeitsgruppe für Sozialen Konstruktivismus und Wirklichkeitsprüfung und anderen. Vgl. dazu Krüll, *Systemisches Denken und Ethik*; Hungerige/Sabbouh, *Let's talk about ethics*, 152ff.; Ott, *Zum Verhältnis von Radikalem Konstruktivismus und Ethik*, 298ff.

[53] Vgl. Müssen, *Gnothi seauton*, 201.

[54] So z.B. Schmidt, *Der Radikale Konstruktivismus: Ein neues Paradigma im interdisziplinären Diskurs*, 44-48.

[55] Ott, *Zum Verhältnis von Radikalem Konstruktivismus und Ethik*, 319, formuliert geradezu drastisch: „Ich hoffe, daß ich als Gegner des Radikalen Konstruktivismus dessen Vertretern deutlich gemacht habe, daß sie es nicht bei wohlfeilen Schlagworten wie Individualität, Humanität, Verantwortung, Toleranz usw. bewenden lassen dürfen, sondern zeigen müssen, wie man vom Radikalen Konstruktivismus aus zu diesen Normen und Werten kommen kann.“

[56] Lenk, *Deskriptive und normative Zuschreibung von Verantwortung*, 76.

[57] Lenk, *Deskriptive und normative Zuschreibung von Verantwortung*, 76.

Verantwortung ein Zuschreibungsbegriff. „Verantwortung tragen heißt: bereit sein, oder genötigt werden zu können, zu antworten, etwas zu verantworten gegenüber jemandem oder gegenüber etwas. [...] Verantwortung wird dem Träger [...] zugeschrieben. Die Zuschreibung kann deskriptiv [...] oder normativ [...] sein.“[58] Die Basis für dieses Verständnis liegt im interpretationskonstruktivistischen Handlungsbegriff. Handlungen sind Interpretationskonstrukte. Ein Verhalten wird auf einem bestimmten Verstehenshorizont als eine So-und-so-Handlung gedeutet und zugeschrieben.[59] „Deutlich wird der Interpretationskonstruktcharakter von Handlungen jedoch auch bei Unterlassungshandlungen, gerade weil hier der äußerlich wahrnehmbare Prozeß fehlt. [...] Gerade durch die interpretative Rekonstruktion und Einbettung in ein Erwartungsschema wird eine beabsichtigte Unterlassung konstituiert.“[60] Dieses Erwartungsschema ist ein überindividuelles, soziokulturell geprägtes Deutemuster. Handeln ist also ein „ziel- oder normenorientiertes Verhalten in sozial eingebetteten Handlungs- und Verhaltensstrukturen, ausgerichtet an Strukturimages, an Erwartungen.“[61] „Bestimmt man nun Verantwortung als ‚Eintreten‘ (-Müssen), als ‚Einstehen‘ (-Müssen) eines Handlungssubjekts für Handlungsfolgen vor einer Instanz und gegenüber einem Adressaten, so wird unmittelbar die Anbindung des Verantwortungskonzepts an Handlungen deutlich, denn dann konstituiert Handlungsfähigkeit Verantwortungsübernahmefähigkeit. Zuschreibungs- und Zurechnungskriterium für Verantwortung ist Handeln (-Können) und nicht kausale Verursachung allein [...]. Die Zuschreibung der Verantwortung ist abhängig von der Handlungszuschreibung und insofern sekundär.“[62] Anders ausgedrückt: „Verantwortung bedeutet, daß sich jemand für Handlungen [...] usw. gegenüber einem Adressaten, dem man verpflichtet ist, und vor einer Instanz, die nicht identisch mit dem Adressaten sein muß, gemäß Standards, Kriterien, Normen usw. zu rechtfertigen hat.“[63]

Das Ausmaß an Verantwortung ist damit abhängig von der Art der Erwartung. Wenn beispielsweise erwartet wird, daß jemand sich für die Mitglieder der eigenen Gruppe einsetzt (bzw. durch sein Agieren ihnen zumindest nicht schadet), unabhängig davon, welche Lasten zur Erreichung dieses Ziels Nichtmitgliedern aufgebürdet werden, dann wird jemand, der zur Steigerung des Nutzens der eigenen Gruppe zum Verbrecher an Außenstehenden wird, für diese Verbrechen zwar in einem rein kausalen oder deskriptiven Sinne, jedoch nicht in einem normativen Sinne von der eigenen Gruppe verantwortlich gemacht. Damit hat er für seine Verbrechen (die im Verständnis der Gruppenmoral freilich nicht negativ bewertet werden) keine strafen-

[58] Lenk, *Praxisnahe Ethik für die Wissenschaft*, 13. Weitere Ausführungen zum Verantwortungsverständnis finden sich bei Lenk, *Deskriptive und normative Zuschreibung von Verantwortung*; Lenk, *Von Deutungen zu Wertungen*, 239-273.

[59] Vgl. Lenk. *Interpretationskonstrukte*, 351ff.

[60] Lenk, *Deskriptive und normative Zuschreibung von Verantwortung*, 77.

[61] Lenk, *Deskriptive und normative Zuschreibung von Verantwortung*, 79.

[62] Lenk, *Deskriptive und normative Zuschreibung von Verantwortung*, 79.

[63] Lenk, *Deskriptive und normative Zuschreibung von Verantwortung*, 82.

den Sanktionen der eigenen Gruppe zu erwarten, die bei Verantwortungszuschreibungen für erwartungswidriges Verhalten mit diesen Zuschreibungen üblicherweise verbunden sind.

Dieses Verständnis von Moral erinnert an die Beschreibung von Gruppenmoralen, die Herbert Jäger bei geschlossenen Gruppierungen beschrieben hat. Solche Gruppenmoralen leiden an willkürlichen Einengungen. Die Gruppenzugehörigkeit (also ein deskriptives Kriterium) muß als normativ bedeutsam bei der Anwendung moralischer Regeln verstanden werden. Eine solche Variante des „Speziesismus“[64] ist nicht selten. Häufig werden Außenstehenden die relevanten Kriterien abgesprochen, die gegeben sein müssen, um in den schützenden Rahmen der Moral einbezogen werden zu können.

Der Erkenntnisgewinn dieser Deutung von Moralbegründung liegt in der Verbindung von Moral- und Handlungsbegriff. In dem Moment, da man in der Lage ist, Handlungen als solche zu identifizieren, ist man auch in der Lage, Moral zu identifizieren. Das Problem besteht darin, daß die der Handlungsidentifizierung zugrunde liegenden Erwartungen und Deuteschemata damit selbst noch nicht bewertbar sind. Gibt es, so die hier noch offene Frage, Kriterien, die die Maßstäbe einer normativen Verantwortungszuschreibung festlegen können?

Verantwortung von sozialen Systemen

Stellen wir diese offene Frage für einen Moment zurück und werfen zuerst einen Blick auf die sozialethische Dimension einer interpretationskonstruktivistischen Ethikkonzeption. „Wie kann man die Verantwortung von Gruppen für gemeinschaftliches Handeln oder sogar von Institutionen theoretisch und moralphilosophisch fassen?“[65] Lenk sieht sehr wohl, „daß die Gruppenverantwortung im Sinne einer gemeinschaftlich getragenen Mitverantwortung im Zeitalter von Gruppenhandlungen, von Großprojekten nur sehr schwierig zuzuschreiben bzw. auf den einzelnen Handelnden zu beziehen ist.“[66] War, so fragt er, jeder Einzelne mitverantwortlich an der Entwicklung der Atombombe, einem Projekt, das nur durch die Mitwirkung Tausender ermöglicht wurde. Das traditionelle politische Modell der bloß formal symbolisch getragenen Verantwortung durch den obersten Leiter bzw. den Repräsentanten reiche in moralischer Hinsicht in keiner Weise aus.[67] Verantwortung, so Lenk, „ist eine Funktion von Macht, Einfluß und Wissen. Jeder hat [Mit-] Verantwortung entsprechend seiner strategischen Zentralität im Macht- und Wissenszusammenhang eines Handlungssystems, einer Korporation, Institution usw.“[68] Wenn also der Grad der Verantwortung eine

[64] Der Terminus wurde von Richard Ryder, *Victims of Science*, London 1975, 16, geprägt und von Peter Singer aufgegriffen. Vgl. dazu Haeffner, *Aufgrund wovon kommt einem Menschen die Würde einer Person zu ?*, 89ff.

[65] Lenk, *Verantwortung zwischen Individualismus und Institutionalismus*, 103.

[66] Lenk, *Verantwortung zwischen Individualismus und Institutionalismus*, 104.

[67] Dies schon deshalb nicht, so Lenk an späterer Stelle, „um die notorischen Ausreden auf den Befehlsnotstand hin ausschließen zu können“.

[68] Lenk, *Technik und Wirtschaftsfolgen: Ökologie und Ethik*, 124.

Funktion der Handlung ist, dann ist ein Handelnder nicht dadurch entschuldigt, daß andere Personen ähnlich handeln.[69]

Dieser Grundsatz ist von Bedeutung angesichts systemischen Agierens, bei dem es keinen einzelnen alleinigen Verursacher gibt. „Ein System kann aber keine Verantwortung tragen. [...] Wenn Verantwortung bloß innerhalb von Systemen angesiedelt wird und einzelne Personen nicht mehr verantwortlich sind, könnten sich diese allzu leicht auf Entschuldigungen berufen und systematisch vor jeglicher Verantwortlichkeit ausweichen: Es entstünden verantwortungsbezogene Lücken von u.U. gewichtiger gesellschaftlicher Konsequenzträchtigkeit: eine neue systemerzeugte Unverantwortbarkeit, gar Unverantwortlichkeit [...]?“[70] Deshalb hält Lenk fest: „Folgt man dem Verursacherprinzip im Hinblick auf die Zuschreibung rechtlicher und moralischer Verantwortung [...], so ist man auch normativ verantwortlich.“[71] Individuen sind also in dem Maße mitverantwortlich, wie ihr Verhalten als ein Handeln interpretiert werden kann, das die Entwicklung unterstützte, deren Ergebnis nun verantwortlich zugeschrieben wird.

Damit ist zweierlei ausgesagt: (1) Individuen tragen auch in systemischen Zusammenhängen gewisse Verantwortungen. (2) Die jeweilige Zuschreibung und das jeweilige Ausmaß der Verantwortung hängt (a) vom Grad der Beteiligung ab (deskriptive Verantwortung) und (b) vom Erwartungshintergrund (normative Verantwortung). Die normative Verantwortung ist also eine Sache der Interpretation und hängt vom Normen- und Wertesystem ab, das die verantwortungszuschreibende Interpretation leitet. Man kann auch sagen, sie hängt von der jeweiligen Moral ab.

Nun wissen wir, daß die herrschende „NS-Moral“ (wenn man dieses Werte- und Regelsystem so nennen will) eine in entscheidender Hinsicht andere war als die der Nürnberger Prozesse. Ist jede Moral, ist jedes Wertesystem gleich wertvoll, gleich gut? Das ist wohl nicht der Fall. Doch auch der Interpretationskonstruktivismus bietet keine hilfreichen Unterscheidungskriterien an.

Wertesysteme als Interpretationskonstrukte

„Wertbegriffe sind“, so Lenk, „normative Zuschreibungs- und theoretische Erklärungs- sowie akteursgebundene Rechtfertigungsbegriffe zugleich. In diesem Sinne sind sie typische Interpretationskonstrukte [...].“[72] Insofern diese Konstrukte sozial wirksam seien, meint er, seien sie wirklich. Lenk nimmt Abstand von einem ontologischen Wertverständnis[73] und betont „das interpretative Moment, [...] das Modellartige sowie das Konstruktive, sozu-

---

[69] Ob sich die Verantwortung jedoch dadurch relativiert, daß das Handeln einer Person zwar notwendig, aber nicht hinreichend war, um einen Effekt auszulösen, wird von Mellema diskutiert; vgl. dazu. Lenk, *Technik und Wirtschaftsfolgen: Ökologie und Ethik*, 144.

[70] Lenk, *Technik und Wirtschaftsfolgen: Ökologie und Ethik*, 144.

[71] Lenk, *Technik und Wirtschaftsfolgen: Ökologie und Ethik*, 146.

[72] Lenk, *Werte als Interpretationskonstrukte*, 229. Vgl. auch Lenk, *Interpretationskonstrukte*, 354ff.

[73] Vgl. Lenk, *Interpretationskonstrukte*, 235. Vgl. auch Lenk, *Verantwortung zwischen Individualismus und Institutionalismus*, 101.

sagen [...] den anthropogenen und soziogenen Entwurfs- und Konstruktcharakter bei Wertbegriffen und -konzepten."[74] Werte haben demnach keinen transzendenten Charakter, auch keinen metaphysischen. Werte sind sozusagen gesellschaftliche Regulative. Als solche sind sie zwar Menschenwerk, jedem konkreten Menschen aber faktisch vorgegeben. Denn jeder Mensch ist immer schon in ein herrschendes Ethos, in ein bestimmtes Moralsystem eingebettet, in ein Geflecht aus Werten, Normen, Regeln und Sanktionen.[75]

Anders ausgedrückt: Es gibt – jedem einzelnen Menschen vorgängig – intersubjektiv geteilte, sozio-kulturell vermittelte Interpretationsschemata zur Deutung von Handlungen und Unterlassungen und zur Zuschreibung von Handlungsfolgen inklusive der damit verbundenen Sanktionen oder Gratifikationen. Dieses Interpretationsschema ist die Grundlage der sozialen Interaktion und zunächst der „Null-level" für die Bewertung von Handlungen in praktischer Hinsicht. Das heißt, dieses Interpretationsschema bildet zunächst den anerkannten Soll-Standard. Damit ist dieses Interpretationsschema der Deutehorizont, von dem aus konkrete Bewertungen in praktischer Hinsicht vorgenommen werden. Moral ist ein Interpretationskonstrukt, weil die moralische Bewertung immer eine praktische Deutung auf dem Hintergrund einer ganz bestimmten Schemasituation darstellt.

Ertrag und Schwächen der interpretationskonstruktivistischen Konzeption

Moral, und das ist wohl der entscheidende Unterschied und der Fortschritt gegenüber den meisten radikal-konstruktivistischen Begründungsversuchen, ist kein Gegenstand der Welt (im Sinne Wittgensteins[76]) und darum auch nicht funktional oder naturalistisch ableitbar. Moral ist eine Interpretation von Verhaltensweisen, eine Bewertung von Interaktionsmöglichkeiten und -varianten. Moral spielt sich demnach als Schemaanwendung ab, sie ist also in gewissem Sinne die Auslegung von Identität in praktischer Hinsicht. Damit ist man für die eigenen moralischen Urteile verantwortlich, d.h., die eigenen Urteile sind Konsequenzen der eigenen Identität. Moral, wie Identität, ist immer unweigerlich sozial geprägt und hat unumgänglich einen kontingenten Bezugspunkt: die sozial vermittelten und individuell interiorisierten Interpretationsschemata.[77]

---

[74] Lenk, *Interpretationskonstrukte*, 355.

[75] Lenk greift auf Walzers Unterscheidung zwischen dem „Pfad der Entdeckung", dem „Pfad der Erfindung" und dem „Pfad der Interpretation" von Moral zurück und übernimmt die auch von Walzer vertretene Position des Pfades der Interpretation. Vgl. Walzer, *Kritik und Gemeinsinn*; Lenk, *Interpretationskonstrukte*, 359.

[76] Vgl. Wittgensteins „*Vortrag über Ethik*": „Alles, was ich beschreibe, ist in der Welt. In der vollständigen Weltbeschreibung kommt niemals ein Satz der Ethik vor, auch wenn ich einen Mörder beschreibe. Das Ethische ist kein Sachverhalt." (Zitiert nach Schmidt, *Vorwort*, in: Rusch/Schmidt (Hg.), *Konstruktivismus und Ethik*, 13).

[77] Walzer führt zur Unterstützung seiner interpretationistischen Auffassung das Buch Deuteronomium (30,11-14) an: „Dieses Gebot, auf das ich dich heute verpflichte, geht nicht über deine Kraft und ist nicht fern von dir. Es ist nicht im Himmel, so daß du sagen müßtest: Wer steigt für uns in den Himmel hinauf, holt es herunter und verkündet es uns, damit wir es halten können? [...] Nein, das Wort ist ganz nah bei dir, es ist in deinem Mund und in deinem Herzen, du kannst es halten."

Allerdings, zwei Fragen bleiben noch offen: (1) Mit welchen Argumenten kann eine herrschende Moral kritisiert werden? Gibt es Kriterien, mit deren Hilfe die Qualität einer Moral und die Qualität von kritischen Einwänden bemessen werden kann? (2) Wie kann eine Methode aussehen, mit deren Hilfe solche Kriterien entwickelt werden können? Beide Fragen hängen eng miteinander zusammen.

Die Antwort auf diese beiden Fragen könnte zu dem universalen Paradigma führen, das eine tragfähige Basis für Vergangenheitsbewältigung darstellt und das auch der Interpretationskonstruktivismus nicht befriedigend liefern kann.

3. Evolutionäre Moral und evolutionäre Ethik

Hilft hier die ethische Theorie, die im engen Zusammenhang mit der Soziobiologie steht? Die Soziobiologie stellt sich als Herausforderung für eine Theorie der Vergangenheitsbewältigung dar, weil sie dahin tendiert, jegliche Freiheit des Menschen zu bestreiten oder zumindest für eine bestreitende These eine unterstützende Argumentation zu liefern. Wo es keine Freiheit gibt, da gibt es keine Moral. Allerdings dürfte die völlige Bestreitung der menschlichen Freiheit unter Hinweis auf die Macht der „egoistischen Gene" – wie ausgeführt – nicht haltbar sein. Die intellektuellen Fähigkeiten versetzen den Menschen in die Lage, die „natürliche Teleologie" der optimalen Genvervielfältigung außer Kraft zu setzen. Jedoch, woran sollen sich Menschen halten, wenn sie Entscheidungen treffen? Gibt es so etwas wie eine natürliche oder vorgegebene Richtschnur, die anzeigt, was sein *soll*? Dieser Frage widmet sich die evolutionäre Ethik. Sie versucht – grob skizziert – aus den Mechanismen und Resultaten der biologischen Evolution Anhaltspunkte für ein Moralsystem zu gewinnen.

Normativität der biologischen Evolution?

Die Wirkmechanismen der biologischen Evolution, so die zentrale Aussage der genstrategischen Ethologie, hätten eine Verhaltensweise begünstigt, die die optimale Verbreitung des eigenen Erbguts verfolgte. Diese sei dadurch zur bestimmenden Verhaltensweise schlechthin geworden. Jede Verhaltensweise, die dem nicht folgt, rotte die ihr zugrunde liegenden Erbanlagen aus dem Genpool aus. Gut, weil der einzige Weg, der Ausrottung zu entgehen, sei die genetische Disposition, die ihre Träger zur optimalen Weitergabe und Verbreitung genau dieser genetischen Disposition – und damit des eigenen Genoms – veranlasse. Das Prinzip heiße: „Eigennutz geht vor Gemeinnutz"[78], und alle altruistisch anmutenden Verhaltensweisen seien von dem spieltheoretischen Theorem motiviert: „Der wahre Egoist kooperiert"[79]. Abgesehen von den an früherer Stelle bereits angesprochenen theoretischen Schwächen dieser Hypothese, heißt die Frage: läßt sich mit ihr eine Moral begründen?

[78] Vgl. Vogel, *Vom Töten zum Mord*, 22ff.
[79] Vgl. Vogel, *Vom Töten zum Mord*, 17.

Der naturalistische Fehlschluß der evolutionären Ethik

Christian Vogel, selbst ein Vertreter des soziobiologischen Ansatzes, betont: „Moral und Ethik bedürfen weder einer evolutionsbiologischen Legitimation, noch ist eine solche überhaupt möglich, denn die biogenetische Evolution hat keine moralische Dimension. Insofern gibt es auch keine Möglichkeit, das menschliche ‚Sittengesetz auf tragfähige naturwissenschaftliche Grundlagen zu stützen', wie der Molekularbiologe Gunter Stent das einmal formulierte."[80] „Unsere Ethik darf sich die Natur nicht zum Vorbild nehmen; jeder Versuch, aus den ‚Ist'-Zuständen der Natur moralische ‚Soll'-Werte für menschliches Verhalten abzuleiten, fällt unter die Rubrik ‚naturalistischer Fehlschluß'."[81] Dieser Einschätzung schließt sich auch Annemarie Pieper an: „Die Genese der Moral biologisch zu erklären, heißt jedoch nicht, einen Maßstab zur Beurteilung der Berechtigung normativer Geltungsansprüche zu liefern."[82] Deshalb läuft auch ihre Kritik auf den Vorwurf eines naturalistischen Fehlschlusses hinaus[83], auch wenn das von manchen ihrer Vertreter bestritten wird[84].

Eine biologisch oder ethologisch grundgelegte Moral kann also die Fundamente nicht bieten, auf denen ein universales Paradigma ruhen sollte. Ja, in bestimmten Extremformen können biologistisch begründete Moralvorstellungen sogar völlig inakzeptable Konsequenzen haben.[85] Moral ist – anthropologisch gesehen – eine Frucht der Hominisation und liegt in der Freiheit und in der Reflexionsfähigkeit des Menschen begründet. Moral ist – kulturanthropologisch betrachtet – ein Kulturgut, d.h., sie tritt mit der Kulturfähigkeit des Menschen auf und ist auch nur für kulturfähige Wesen realisierbar. Der Anspruch der Moral richtet sich an das Kulturwesen Mensch (wobei Nutznießer oder Anspruchsberechtigter dieses Anspruchs auch die nicht-menschliche Schöpfung sein kann). Freilich ist der Mensch von vielfachen stammesgeschichtlich entstandenen oder psychisch bedingten Faktoren in seinem Denken, Fühlen und Handeln beeinflußt. Doch diese Faktoren sind weder normgebend, noch sind sie in der Regel unüberwindbar. Genau diese beiden Einschränkungen beschreiben den Platz der Moral. Der Mensch muß handeln. (Er ist nicht völlig determiniert.) Jedoch, nach welchem Maßstab soll er sich richten? (Die „Natur" als solche hat noch keine normative Kraft.)

---

[80] Vogel, *Vom Töten zum Mord*, 57. Vgl. auch Vogel, *Ethische Überlegungen zur Anthropologie und Ethologie*.

[81] Vogel, *Vom Töten zum Mord*, 127.

[82] Pieper, *Einführung in die Ethik*, 220f.

[83] Zur Problematik der „Evolutionären Erkenntnistheorie" und der ihr folgenden „Evolutionären Ethik" sei hier auf Löw, *Evolution und Erkenntnis*, und auf die Aufsätze in *Ethik und Sozialwissenschaften* 1 (1990) Heft 1, 161-207, verwiesen.

[84] Vgl. Mohr, *Biologische Grenzen des Menschen*, 201.

[85] Wie bereits angedeutet, haben biologische Moralbegründungen aus dem Geist der alten Ethologie bekannte Wissenschaftler zu Unterstützern des nationalsozialistischen Sozialdarwinismus werden lassen. Biologistische Tendenzen finden sich auch heute noch, und zwar sowohl auf der Basis der alten Ethologie wie auch solche auf der Basis der Soziobiologie. Vgl. dazu die Aufsätze von Jost Herbig und Rainer Hohlfeld in Herbig/Hohlfeld (Hg.), *Die zweite Schöpfung*; vgl. ebenso Vogel, *Gibt es eine natürliche Moral?*

4. Ansätze kommunikativer Moralbegründung

Das gesuchte universale Paradigma dürfte nur von einer kognitivistischen Ethik zu erwarten sein, die rationale Moralbegründungen erlaubt. Der „Pfad der Interpretation" (Walzer) hilft, wie gesehen, dabei nicht weiter, weil er die Moral bzw. das Ethos, das er interpretiert, selbst unkritisiert läßt, was im extremen Fall zu schlimmen Konsequenzen führen kann.[86] Darum seien nun die „Pfade der Erfindung und der Entdeckung" beschritten.

4.1 Diskursmodelle der Ethik

Auf dem „Pfad der Erfindung" bietet sich eine Beschäftigung mit der Diskursethik an. Zwei eng miteinander verbundene Argumente sind dafür ausschlaggebend: (1) der pragmatische Charakter der Diskursethiken und, damit einhergehend, (2) ihr Bestreben, einen Solipsismus zu überwinden, den man beispielsweise bei Kant, aber auch bei Rawls (trotz seiner methodologischen Forderung zum hypothetischen Rollentausch zur Simulierung des fiktiven Urzustandes hinter dem „Schleier des Nichtwissens")[87], Hare, Marcus G. Singer und manchen anderen noch findet. Die Diskursethiken versuchen die Sozialeinbindung der Individuen ernstzunehmen, indem sie die voraussetzungsvolle Situation des sozial und kulturell geprägten individuellen Kognizierens berücksichtigen. Insofern fügt sich ein diskurstheoretischer Ansatz gut in das Set der (anthropologischen, erkenntnistheoretischen und sozialen) Bedingungen ein, die im Verlaufe der vorliegenden Arbeit beschrieben wurden. Es geht um eine Moral, die (auch) das Subjekt als Träger kennt, dieses Subjekt aber in seinen faktischen und prinzipiellen (transzendentalen) Voraussetzungen, Prägungen und Determinationen ernst nimmt. Hinzu kommt noch ein drittes, mit den beiden anderen eng verbundenes Argument, das eine Beschäftigung mit diskursethischen Ansätzen empfiehlt, zumindest jedoch ein Anknüpfen an Jürgen Habermas. In seiner „Theorie des kommunikativen Handelns" unterscheidet er zwischen System und Lebenswelt.[88] Dem System schreibt er ein instrumentelles und strategisches Handeln zu, also das, was in Luhmanns funktional-struktureller Systemtheorie als einzige Rationalität übrigbleibt. Der drohenden „Kolonialisierung der Lebenswelt" durch das System versucht er durch sein

---

[86] Viggo Rossvaer, *Transzendentalpragmatik, transzendentale Hermeneutik und die Möglichkeit, Auschwitz zu verstehen* (zitiert nach Apel, *Normative Begründung der „Kritischen Theorie" durch Rekurs auf lebensweltliche Sittlichkeit?*, 50), beschreibt als fatale denkbare Konsequenz eines unkritischen Rekurses auf die lebensweltliche Sittlichkeit bzw. auf die konventionelle Moral die Einschätzung, die SS habe in Auschwitz das Prinzip der Moral lediglich auf ihre eigene Weise, d.h. gemäß den Anwendungsregeln ihrer „Lebensform", ihrer „Gepflogenheiten", zur Geltung gebracht.

[87] Vgl. dazu Habermas, *Moralbewußtsein und kommunikatives Handeln*, 76f.; ebenso Böhler, *Transzendentalpragmatik und kritische Moral*, Anmerkung 40.

[88] Habermas, *Theorie des kommunikativen Handelns*, Bd. 2, 171-293.

kommunikatives Konzept zu begegnen, das er als Diskursmodell entwickelt.

Das Projekt der Diskursethik kann man mit einem Zitat von Jürgen Habermas umschreiben, wonach gezeigt werden soll, „daß praktische Fragen wahrheitsfähig sind. Wenn das zutrifft, lassen sich rechtfertigungsfähige Normen von solchen Normen unterscheiden, die Gewaltverhältnisse stabilisieren.“[89] Allerdings versucht Habermas, diese Wahrheitsfähigkeit der praktischen Fragen und die Rationalität der moralischen Argumentation durch Rekurs auf die lebensweltliche Sittlichkeit zu begründen, was jedoch die Begründungsbasis seiner Ethik in Frage stellt und die universale Sprachpragmatik so in eine gewisse Nähe zum interpretationskonstruktivistischen Ansatz bzw. zum „Pfad der Interpretation“ im Sinne Walzers bringt und die entsprechenden Probleme aufwirft. Anders verhält es sich mit der Transzendentalpragmatik Karl-Otto Apels, die von der Notwendigkeit und der Möglichkeit einer Letztbegründung ausgeht und einen Weg vorschlägt, zu diesem festen Boden zu gelangen. Darum soll die Transzendentalpragmatik im Zentrum der folgenden Überlegungen stehen, wobei die Beiträge von Habermas (sowie der Erlanger Schule) an geeigneten Stellen einzubeziehen sind.

4.2 Der Ansatz der Transzendentalpragmatik

4.2.1 Die These der Transzendentalpragmatik

Die Notwendigkeit einer Letztbegründung

Schon Sokrates und nach ihm Aristoteles kannten eine Argumentationsform, die ihr Ergebnis nicht deduktiv aus Prämissen erschließt, sondern durch Widerlegung herleitet. Es handelt sich um den élenchos, der „durch Widerlegung einer aufgestellten Behauptung auf eine unmögliche Annahme führt, [...] die anerkanntermaßen falsch ist, und die zudem einen kontradiktorischen Gegensatz zu der aufgestellten Behauptung bildet.“[90] Diese Argumentationsfigur stellt sozusagen das Kernmoment einer Beweisführung dar, die im Laufe der Philosophiegeschichte zur transzendentalen Beweisführung ausgearbeitet wurde. Die Transzendentalphilosophie, als deren herausragender Vertreter Immanuel Kant zu gelten hat, versuchte mit dieser Methode zu unhintergehbaren Letztbegründungen zu kommen. Die Notwendigkeit von Letztbegründungen scheint unabweisbar zu sein. „Wenn es keine letztbegründbaren Maßstäbe gibt“, meint Karl-Otto Apel, dann „kommt es konsequenterweise zu dem Ergebnis, das sich bei Feyerabend eingestellt hat: daß man nicht mehr zwischen wissenschaftlichen Theorien, Märchen, Mythen usw. unterscheiden kann.“[91] Ohne Letztbegründung werden Behauptungen,

---

[89] Habermas, *Legitimationsprobleme im Spätkapitalismus*, 153.

[90] Böhler, *Philosophischer Diskurs im Spannungsfeld von Theorie und Praxis*, 328.

[91] Apel, *Interview*, 53.

aber auch Kritik und Widerlegungen sinnlos. Allerdings ist das Letztbegründungsprogramm der klassischen Transzendentalphilosophie in Mißkredit geraten, weil es sich einer Bewußtseinsphilosophie bediente, die durch Rückgang auf das Bewußtsein des „einsamen Denksubjektes“[92] zu gültigen Erkenntnissen zu gelangen versuchte. Dieser solipsistische Ansatz hat sich jedoch als unhaltbar erwiesen, weshalb gegenwärtig die meisten der maßgebenden Philosophen am Sinn und/oder an der Durchführbarkeit eines Letztbegründungsprogramms zweifeln.[93]

Das drängende Problem einer Letztbegründung bleibt allerdings nach wie vor aktuell. Ohne einen Fixpunkt, ohne ein universales Paradigma droht – im theoretischen wie im praktischen Bereich – ein Erkenntnisrelativismus, wie er beispielsweise in den ethischen Ansätzen anzutreffen ist, die in der vorliegenden Arbeit bisher behandelt wurden.[94] Der Versuch, die eigene ethisch-moralische Position mit dem Hinweis auf die faktische lebensweltliche Praxis begründen zu wollen, in der man sich bewegt (wie Rorty: „I'm just an American“)[95], dürfte dem Verdikt des Humeschen Gesetzes anheimfallen. Letztbegründung tut also not.[96] Weil ihre Möglichkeit aber mehrheitlich in Frage gestellt wird, muß der Ansatz, der sich ihr widmet – die Transzendentalpragmatik – etwas ausführlicher behandelt werden.

Karl-Otto Apel hat sich der Herausforderung gestellt, einen transzendental-reflexiven Letztbegründungsweg zu suchen, der nicht in die Sackgasse der solipsistischen Bewußtseinsphilosophie führt. Sollte Apels Ansatz tragfähig sein, dann könnte er den Fixpunkt darstellen, an dem sich ein universales Paradigma im hier gesuchten Sinne festmachen läßt.

Die Letztbegründungsidee der Transzendentalpragmatik

Das grundsätzliche Anliegen teilt Apel mit der Transzendentalphilosophie. „In der Tat“, so äußerte er sich in einem Interview, „halte ich eine transzendental-reflexive Letztbegründung der Philosophie, insbesondere der Ethik, für möglich und nötig.“[97] Allerdings darf sich der Letztbegründungsversuch nicht solipsistisch abspielen, und er darf sich nicht auf kontingente Fakten oder oberste Normen beziehen wollen. Dann würde er sich nämlich in ei-

---

92 Apel, *Interview*, 56.

93 Vgl. dazu Apel, *Normative Begründung der „Kritischen Theorie“ durch Rekurs auf lebensweltliche Sittlichkeit?*, 17f.; Böhler, *Rekonstruktive Pragmatik*, 29. 355; Hösle, *Die Krise der Gegenwart und die Verantwortung der Philosophie*, 142ff.; Becker, *Philosophischer Absolutismus und lebenspraktische Gewißheit*, 292; Kuhlmann, *Reflexive Letztbegründung*, 62.

94 Vgl. auch Apels Auseinandersetzung mit diversen postmodernen Ansätzen – von Lyotard über Rorty bis Marquard und anderen – in: Apel, *Der postkantische Universalismus in der Ethik im Lichte seiner aktuellen Mißverständnisse*.

95 Das war Rortys Schlußstatement bei einer Diskussion mit Apel; vgl. Apel, *Interview*, 74. Vgl. dazu auch Apel, *Normative Begründung der „Kritischen Theorie“ durch Rekurs auf lebensweltliche Sittlichkeit?*, 50f., sowie Apels Auseinandersetzung mit Rortys Aufsatz *„Der Vorrang der Demokratie vor der Philosophie“* (Zeitschrift für philosophische Forschung 41 (1988) Heft 1, 4-17) in: Apel, *Zurück zur Normalität?*, 398ff.

96 Zum Einwand, Letztbegründung sei nicht nötig, folgt weiter unten ausführlicheres.

97 Apel, *Interview*, 52.

nem Ast des Münchhausen-Trilemmas verhaken.[98] Auf welches unhintergehbare, immer schon vorausgesetzte Faktum kann Apel bei seiner transzendental-reflexiven Begründung zurückgreifen? Die Benennung der von ihm entwickelten Theorie, der Transzendentalpragmatik, gibt einen deutlichen Hinweis. Ausgehend von der Letztbegründungsidee der Transzendentalphilosophie, anschließend an die Erkenntnisse des (semiotischen) Pragmatismus (Peirce, Morris, Mead u.a.), des linguistic turn der Philosophie (Wittgenstein, Austin, Searle u.a.) sowie der hermeneutischen Philosophie (Heidegger, Gadamer u.a.), rekurriert er auf die unhintergehbare Argumentationssituation, in der sich jeder Mensch bereits befindet, als dem gesuchten apriorischen Faktum.[99] Die reale Sprach- bzw. Kommunikations- und Argumentationsgemeinschaft ist „insofern apriori für das verstehende Subjekt, als dieses durch sie immer schon in die Geschichtlichkeit des Verstehens eingelassen ist und die Bedingungen seines Wissens, sowohl was die Sinnkomponente der Begriffe als auch die Wahrheitsgeltung der Aussagen betrifft, jederzeit aus der Geschichte, aus dem Prozeß des Sichverständigens empfängt."[100]

Apels Synthese der verschiedenen Ansätze – vornehmlich der Transzendentalphilosophie und der (Sprach-) Pragmatik – ist keine Kompilation und führt nicht zu einem Gemisch dieser Theorien, sondern zu einem qualitativ neuen Ansatz[101], der den Ansprüchen der Ausgangstheorien zu genügen behauptet: eine Letztbegründung zu bieten, aber ohne Rekurs auf einen bewußtseinsphilosophischen Solipsismus, vielmehr unter Bezugnahme auf die pragmatische Situation des argumentativ Begründenden, also im Rekurs auf die Argumentationsgemeinschaft. Ausgehend von Wittgensteins Einsicht, daß niemand alleine einmal einer Regel folgen kann, weil Regeln Konventionen darstellen, deren Vereinbarung und deren Einhaltung nur kommunikativ geleistet bzw. kontrolliert werden kann[102], läßt sich jedes Argumentieren, ja, bereits jegliches Denken[103], nur als kommunikativ vermittelt verstehen. Denken und Sprechen sind – wie bereits mehrfach ausgeführt – Akte der Bedeutungszuweisung und daher Regelanwendungen im Sinne Wittgensteins. Insofern geht Apel von einem „Apriori der sprachlichen Kommunikation"[104] aus.[105]

---

[98] Vgl. dazu Kuhlmann, *Zur logischen Struktur der transzendentalpragmatischen Normenbegründung*, 15-21. Vgl. auch Apel, *Normative Begründung der „Kritischen Theorie" durch Rekurs auf lebensweltliche Sittlichkeit?*, 49f. 64. Zum Münchhausen-Trilemma vgl. Albert, *Traktat über kritische Vernunft*, 11-15.

[99] Hinzu kommen die Anregungen seitens Jürgen Habermas. Vgl. dazu Apsalons, *Das Problem der Letztbegründung und die Rationalität der Philosophie*, 97ff.

[100] So bringt Baumgartner, *Geltung durch Antizipation?*, 46f., dieses Apriori auf den Begriff.

[101] Darum beschreibt Apel seinen philosophischen Ansatz auch als eine „Transformation der Philosophie".

[102] Vgl. Wittgenstein, *Philosophische Untersuchungen*, §§ 199ff. Deshalb kann es nach Wittgenstein auch keine Privatsprache geben. Vgl. die Differenzierungen bei Böhler, *Rekonstruktive Pragmatik*, 211-214. 217ff.

[103] Diese Ansicht vertritt Apel mit Nachdruck in seinem Aufsatz *„Ist Intentionalität fundamentaler als sprachliche Bedeutung?"*.

[104] Apel, *Das Kommunikationsapriori und die Begründung der Geisteswissenschaften*, 28.

[105] Damit greift er Heideggers und Gadamers „Vorstruktur" des Verstehens im transzendentalphilosophischen Sinne auf; vgl. dazu Apel, *Transformation der Philosophie*, 71f. 76.

Das Subjekt wird in seiner sozialen und kommunikativen Verankerung und jedes Denken in seiner sprachlichen Bedingtheit gesehen. So kann Apel sagen: „Die radikale Reflexion im Sinne Descartes' oder Husserls kann zwar durchgeführt werden, aber sie führt nicht auf ein einsames *cogito* zurück, das sich prinzipiell aus der öffentlichen Diskussion herausreflektiert hätte, sondern sie führt zurück auf den *Argumentierenden*, der immer schon Mitglied einer Argumentationsgemeinschaft ist.“[106] Apel versucht also zu zeigen, daß man in dem Augenblick, da man denkt und argumentiert, bereits Voraussetzungen akzeptiert, die sich nicht bestreiten lassen, wenn man nicht zugleich dieser Bestreitung selbst den Boden entziehen und damit die bestrittenen Voraussetzungen bestätigen will. Positiv gewendet: Die Transzendentalpragmatik beschreibt „Präsuppositionen, die jeder ernsthaft Argumentierende notwendigerweise anerkannt hat.“[107] Bei diesen Voraussetzungen handelt es sich um die vier Geltungsansprüche der Rede: die Ansprüche auf Wahrheit, Wahrhaftigkeit, Richtigkeit und Verständlichkeit. Der Letztbegründungsanspruch der Transzendentalpragmatik umfaßt also nicht irgendwelche materialen Aussagen, sondern er bezieht sich auf Prinzipien[108] und zwar über den Aufweis der unhintergehbaren kommunikativen Struktur jeglichen Denkens und Argumentierens.[109] Dieser „archimedische“[110] oder „kartesische“[111] Punkt läßt sich weiter entfalten und zu einem obersten – nach Apel letztbegründeten und unhintergehbaren – Ethik- bzw. Moralprinzip entwickeln.

Die transzendentalpragmatische Moralbegründung

Wenn das Erkennen kommunikativ vermittelt ist, wenn also das selbstreferentiale Kognizieren die Interpretationen braucht, die dem Subjekt im Rahmen seiner Sozialisation angeboten werden[112], dann ist die Interpretation eines Datums als eines So-und-so-Datums immer eine kommunikativ vermittelte Interpretation, weshalb jeder Proposition ein illokutionärer Sprechakt innewohnt.[113] Das gilt selbst dann, wenn jemand die kommunika-

[106] Apel, *Interview*, 56.

[107] Apel, *Interview*, 53. Vgl. auch Apel, *Transformation der Philosophie*, 62.

[108] Kuhlmann spricht auch von „Metanormen“; vgl. Kuhlmann, *Reflexive Letztbegründung*, 29.

[109] Deshalb, so Apel, sei der Anspruch der Transzendentalpragmatik sehr bescheiden. Der Letztbegründungsanspruch beziehe sich nur auf einen Punkt der Gewißheit. Darum bleibe ausreichend Spielraum für das Anliegen etwa des Fallibilismus, also einer technisch bzw. zweckrational eingestellten Rationalität. Vgl. Apel, *Interview*, 52. Ebenso Böhler, *Transzendentalpragmatik und kritische Moral*, 93ff., der den Einwand des Zirkelschlusses, den Höffe, *Ethik und Politik*, 247ff.; ders., *Kantische Skepsis gegen die transzendentale Kommunikationsethik*, 523ff., erhebt, zurückweist.

[110] Apel, *Interview*, 52.

[111] Apel, *Transformation der Philosophie*, 62.

[112] Der Mensch braucht ein Vorverständnis – um mit Gadamer zu sprechen –, um Bedeutungen zuweisen zu können. Vgl. auch Böhler, *Transzendentalpragmatik und kritische Moral*, 109ff. Deshalb betont Lenk, *Interpretationskonstrukte*, 56, daß niemand für sich alleine verläßlich interpretieren könne.

[113] Vgl. die Ausführungen im zweiten Kreis dieser Arbeit.

tiv angebotene Interpretation zurückweist und selbst anders interpretiert.[114] Böhler formuliert den transzendentalpragmatischen Grundsatz so: „Die Bedingungen der Möglichkeit sinnvoller Rede über die Welt der Menschen [...] [sind] zugleich die Bedingungen der Möglichkeit der Gegenstände solcher Rede.“[115] Niemand interpretiert verläßlich für sich alleine. Interpretieren ist ein Bedeutungszuweisen und damit ein Regelanwenden im Sinne Wittgensteins.[116] Darum ist auch eine Interpretation, die das konventionelle Interpretationsangebot zurückweist, ein Bedeutungszuweisen, das grundsätzlich die Regelanwendungsbedingungen voraussetzt. Diese Bedingungen umfassen den Anspruch, der eigenen Interpretation eine Viabilität zuzusprechen, die durch mögliche Kontrainterpretationsversuche nicht abgeschwächt oder zumindest nicht widerlegt werden kann.

Anders ausgedrückt: Jedes Bedeutungzuweisen, also jedes Interpretieren und jedes Reden bzw. Argumentieren erhebt performative Ansprüche. Derjenige, der redet, bringt mit Hilfe von Sprachzeichen aufgrund des Sprachgebrauchs einer geschichtlichen Sprachgemeinschaft in einer Proposition etwas als etwas von bestimmter Bedeutung zum Ausdruck. Zugleich erhebt er für die Proposition durch einen performativen Akt einen Geltungsanspruch gegenüber der realen Kommunikationsgemeinschaft (die im Falle „einsamen Denkens“ pragmatisch vorausgesetzt ist), aber auch gegenüber einer idealen Kommunikationsgemeinschaft, die als letzte Begründungsinstanz für die Rechtmäßigkeit der erhobenen Geltungsansprüche fungiert.[117]

Wenn man diese Ansprüche erhebt – und das tut man, indem man redet –, dann verbindet man damit unlösbar die Behauptung, diese Ansprüche gegenüber jedem rechtfertigen und geltend machen zu können. Wer denkt, wer redet, wer interpretiert, wer Geschichte(n) erzählt, wer ein Handeln oder das Bestehen bestimmter Zustände begründet etc., der erhebt damit also zugleich den Anspruch, daß seine Rede jeder möglichen Kontrainterpretation standhält. Dieser Geltungsanspruch, würde man ihn explizit formulieren, müßte ungefähr folgendermaßen lauten: „Ich behaupte hiermit gegenüber dir und mir, letztlich gegenüber allen möglichen Argumentierenden, also gegenüber der unbegrenzten Argumentationsgemeinschaft, daß meine Aussage so beschaffen ist, daß sie jeder sachkundigen Prüfung, die gemäß der Argumentationsregeln vorgenommen wird, standhalten und in der unbegrenzten Argumentationsgemeinschaft als gültig anerkannt würde.“[118] Wer demnach eine Behauptung aufstellt, jedoch nicht prinzipiell bereit ist, sie in der idealen Kommunikationsgemeinschaft testen zu lassen bzw. behauptet, Behauptungen müßten einem solchen Test nicht standhal-

[114] Vgl. dazu Apel, *Transformation der Philosophie*, 62f.
[115] Böhler, *Rekonstruktive Pragmatik*, 303.
[116] Die kritischen Anmerkungen von Böhler, *Rekonstruktive Pragmatik*, 211-233, bleiben unberührt.
[117] Vgl. Böhler, *Rekonstruktive Pragmatik*, 360.
[118] Böhler, *Rekonstruktive Pragmatik*, 370. Die Geltungsansprüche müssen sich deshalb prinzipiell auf eine unbegrenzte Argumentationsgemeinschaft beziehen, weil jede Einschränkung hinsichtlich des Personenkreises eine Einschränkung des Geltungsanspruchs bedeuten würde. Vgl. ebd., 376. Vgl. auch ders., *Transzendentalpragmatik und kritische Moral*, 86f.

ten können, begeht einen performativen Selbstwiderspruch[119] bzw. eine pragmatische Inkonsistenz[120].

Die Frage nach der moralischen Qualität des transzendentalpragmatischen Letztbegründungsanspruchs

Wenn man die Argumentation bis hierhin nachvollzieht, dann erhebt sich die Frage, ob die Forderung nach pragmatischer Konsistenz eine (moralische) Norm sein kann, die den Argumentierenden gegenüber anderen Personen verpflichtet. Böhler[121] bejaht diese Frage mit dem Hinweis auf den performativen Anspruch des Argumentierens. Ein performativer Selbstwiderspruch zerstöre das durch den Anspruch des Argumentes aufgebaute kommunikative Verhältnis. Dieses kommunikative Verhältnis habe aber jeder, der argumentiert, anerkannt (sonst könne er nicht argumentieren).

Der diskursive Charakter der transzendentalpragmatischen Moralbegründung

Dieses kommunikative Verhältnis, also die sich aus dem performativen Charakter des Argumentierens ergebende Verpflichtung, die Geltungsansprüche der Rede einzulösen und alle Ansprüche (Forderungen, Wünsche etc.) nur argumentativ durchzusetzen, ist demnach die oberste moralische Norm bzw. die Metanorm. Dementsprechend ist der transzendentalpragmatische Weg jeder Normbegründung kein deduktiver, sondern ein diskursiver.[122] Die Moralität von Normen bemißt sich daher an der diskursiven Art bzw. an der diskursiven Qualität ihrer Festlegung. Diesen Gedanken etwas weiterentwickelt, wird man sagen können, die Moralität von Normen hänge ab von der „Transsubjektivität"[123] der sie stützenden Argumente bzw. von ihrer intersubjektiven Universalisierbarkeit[124] resp. von ihrer Verallgemeinerungsfähigkeit (die allerdings nicht praekommunikativ verstanden werden darf). Normen sind dann legitimierbar, „wenn man unterstellen kann, daß [ihnen bezüglich] in einer idealen Kommunikationsgemeinschaft ein Konsens erzielt würde oder werden könnte"[125]. Die ideale Kommunikationsgemeinschaft ist also das zweite Apriori neben dem anderen Apriori, der realen Kommunikationsgemeinschaft.[126]

---

119 Vgl. Apel, *Interview*, 55. Apel, *Die Vernunftfunktion der kommunikativen Rationalität*, 22, nennt ihn auch einen „transzendentalpragmatischen Selbstwiderspruch".

120 Vgl. Böhler, *Rekonstruktive Pragmatik*, 371; Böhler, *Transzendentalpragmatik und kritische Moral*, 89.

121 Böhler, *Rekonstruktive Pragmatik*, 372ff.; Böhler, *Transzendentalpragmatik und kritische Moral*, 90f. 107ff.

122 Böhler, *Philosophischer Diskurs im Spannungsfeld von Theorie und Praxis*, 327f. Näheres zum Diskursbegriff findet sich bei Habermas, *Theorie und Praxis*, 23-26.

123 Kuhlmann, *Zur logischen Struktur der transzendentalpragmatischen Normenbegründung*, 24.

124 Apel, *Sprechakttheorie und transzendentale Sprachpragmatik zur Frage ethischer Normen*, 126. Dieses Prinzip kann auch als Prinzip des hypothetischen Rollentausches formuliert werden; vgl. Böhler, *Rekonstruktive Pragmatik*, 374.

125 Apel in seinem Statement in Oelmüller (Hg.), *Transzendentalphilosophische Normenbegründungen*, 169.

126 Baumgartner, *Geltung durch Antizipation?*, versteht, da die ideale Kommunikationsgemeinschaft geradezu eine Utopie ist, diese Apelsche Forderung als Hinweis auf die Notwendig-

„Transzendentalpragmatik ist reflexive Explikation jener Geltungsmaßstäbe und nicht etwa Sittlichkeitslehre oder materiale Ethik."[127] Die Transzendentalpragmatik glaubt also, Moral als notwendige Voraussetzung bzw. als Bedingung der Möglichkeit von rationaler Argumentation zu erweisen und Argumentation als Voraussetzung von Moral. „Ein ethischer Satz bzw. ein praktisches Urteil muß so beschaffen sein, daß die von ihm dargelegte bzw. begründete Handlungsweise/Handlungsaufforderung bzw. Norm oder Maxime [...] auch hinsichtlich der berechtigten [...] praktischen Ansprüche [...] aller möglichen Betroffenen argumentativ konsensfähig ist, und zwar auch unter idealen Bedingungen."[128] Damit ist nach transzendentalpragmatischem Verständnis die Gleichberechtigung aller möglichen Argumentationsteilnehmer aufgezeigt.[129]

So ist aber auch klargestellt, daß solipsistische Gedankenexperimente – wie beispielsweise bei Rawls –, bei denen die von einer Handlung oder Norm Betroffenen zum Gegenstand und Kriterium der Geltungsüberlegungen werden, nicht ausreichen. Zum transzendentalpragmatischen Anspruch, daß Geltung nur erreicht werden kann, wenn eine Proposition allen möglichen Gegenargumenten standhält, muß noch der transzendentalhermeneutische Anspruch eingelöst werden, der fordert, daß Propositionen „nicht monologisch-theoretisch, sondern nur kommunikativ bzw. defizient kommunikativ [durch selbstkritisches hermeneutisches Verfahren] ermittelt"[130] performativ in Geltung gesetzt werden. Anders ausgedrückt: Die Geltungsprüfung, die im Diskurs der realen Kommunikationsgemeinschaft die mögliche Zustimmung der idealen Kommunikationsgemeinschaft kontrafaktisch antizipieren[131] muß, hat den Bedingungen der Hermeneutik Rechnung zu tragen. Damit zeigt sich, daß Vergangenheitsbewältigung, wenn sie den Kriterien der Moral genügen will, die die Transzendentalpragmatik benennt, ein hermeneutisch-moralisch-diskursives Unternehmen sein muß.

Die Ableitung moralischer Normen aus dem transzendentalpragmatischen Moralprinzip

Aus dem grundlegenden Moralprinzip lassen sich, folgt man den prominentesten Vertretern der Transzendentalpragmatik (Apel, Kuhlmann, Böhler), weitere moralische Prinzipien bzw. allgemeine Handlungsanweisungen deduzieren. Apel[132] leitet aus den beiden Kommunikationsaprioris zwei regulative Prinzipien der Ethik ab: „Erstens muß es in allem Tun und Lassen darum gehen, das Überleben der menschlichen Gattung als der realen

---

keit, Argumente durch Gedankenexperimente gründlich zu prüfen, also auch Transsubjektivität herzustellen und die Verallgemeinerungsfähigkeit zu testen.

127 Böhler, *Transzendentalpragmatik und kritische Moral*, 98.

128 Böhler, *Transzendentalpragmatik und kritische Moral*, 99f. Vgl. auch ebd., 109ff. 111ff.

129 Vgl. Böhler, *Transzendentalpragmatik und kritische Moral*, 105f.

130 Böhler, *Transzendentalpragmatik und kritische Moral*, 113.

131 Vgl. Böhler, *Transzendentalpragmatik und kritische Moral*, 113.

132 Apel, *Das Apriori der Kommunikationsgemeinschaft und die Grundlagen der Ethik*, 431.

Kommunikationsgemeinschaft sicherzustellen, zweitens darum, in der realen die ideale Kommunikationsgemeinschaft zu verwirklichen."[133]

Kuhlmann[134] gelangt zu vier Normen. Die Unhintergehbarkeit des Rationalitätsanspruchs führe zur Norm: „Argumentiere rational!"[135] Die Unhintergehbarkeit des mit den Geltungsansprüchen verbundenen Willens zum Konsens in der Argumentationsgemeinschaft impliziere die Norm: „Bemühe dich um einen vernünftigen Konsens!" Weil bei der Argumentation in der Kommunikationsgemeinschaft die Möglichkeit zu einem vernünftigen Konsens von den praktischen Bedingungen abhänge, folge als dritte Norm: „Bemühe dich in allen Fällen, in denen deine Interessen mit denen anderer kollidieren könnten, um einen vernünftigen praktischen Konsens mit ihnen!" Da jedoch in der realen Kommunikationsgemeinschaft nicht ohne weiteres damit zu rechnen sei, daß sich alle an die Diskursregeln halten (wollen), da zugleich jedoch die moralische Notwendigkeit der Herstellung idealer Kommunikationsbedingungen bestehen bleibe, gelte als vierte Norm: „Bemühe dich stets darum, zur [langfristigen] Realisierung solcher Verhältnisse beizutragen, die der Realisierung der idealen Kommunikationsgemeinschaft näherkommen, und trage stets dafür Sorge, daß die schon existierenden Bedingungen der möglichen Realisierung einer idealen Kommunikationsgemeinschaft bewahrt werden!" Diese letzte Norm – eine Variation von Apels zweitem regulativem Prinzip – dürfte insgesamt wohl den wichtigsten, weil grundlegenden Auftrag darstellen.

Böhler[136] versteht als grundlegende Norm, die unmittelbar der Teilnahme an der Argumentationsgemeinschaft entspringt, die Regel: „Du sollst, wenn du argumentierst, nur Argumente gelten lassen und keine argumentationsfremden Instanzen", wie beispielsweise Autoritäten oder teleologische Bestimmungen. Der transzendentalpragmatische Anspruch, die eigene Argumentation in einer idealen Kommunikationsgemeinschaft konsensfähig machen zu können, führt Böhler zu einer zweiten Regel, die so ähnlich bereits von Apel und Kuhlmann formuliert wurde: „Bemühe dich stets um Argumente, die auch in einer idealen Argumentationsgemeinschaft konsensfähig wären, und bemühe dich um solche Verhältnisse, die den Strukturen und Bedingungen einer idealen Argumentationsgemeinschaft näher kommen." Weil mit dem Anspruch auf Geltung der eigenen Argumentation auch bei einer Prüfung in der idealen Argumentationsgemeinschaft die anderen als legitime und notwendige Prüfer anerkannt

---

133 Der erste Teil dieser Ableitung erscheint mir fraglich. Daß aus der transzendentalpragmatischen Notwendigkeit, im Falle der Argumentation diskursiv zu argumentieren, die Forderung nach dem bleibenden Bestand der Menschheit – also der Möglichkeit der Argumentation – folge, scheint mir nicht zwingend zu sein. Allenfalls folgt daraus, daß man die Menschheit zur Minimierung von Gegenargumenten nicht willkürlich dezimieren darf. Doch aus der Notwendigkeit der Argumentation im Falle menschlichen Handelns folgt nicht, daß die Menschheit, daß Argumentation und daß Handeln quasi kategorisch sein solle.

134 Kuhlmann, *Reflexive Letztbegründung*, 184ff.

135 Eine *ethische* Norm sei dieser Imperativ, so Kuhlmann, weil er in seiner Geltung unbestreitbar und für Personen, die sich handelnd entwerfen müssen, unbedingten Vorrang habe. Ihm komme also unbedingte Verbindlichkeit zu.

136 Böhler, *Transzendentalpragmatik und kritische Moral*, 101f.

werden, folgt für Böhler eine weitere Regel: „Achte und behandle jeden Anderen, der die Regeln des Sprachspiels Argumentation befolgt, als gleichberechtigten, zurechnungsfähigen und wahrheitsfähigen Argumentationspartner." Aus dieser Regel ließen sich weitere Forderungen ableiten wie z.B. „Lüge und täusche nicht", „verweigere die Argumentation nicht", „nimm gute Argumente an und sei nicht rechthaberisch" etc.

Die Regel der Anerkennung der anderen bezieht sich, weil sie aus der Notwendigkeit der idealen Argumentationsgemeinschaft abgeleitet ist, nicht nur auf faktisch Argumentierende, sondern auch auf alle virtuell Argumentierenden. Weil jede Universalisierungs- oder Verallgemeinerungsbemühung, die solipsistisch vorgenommen wird, in der Gefahr steht, das eigene Verständnis der Bedürfnisse anderer zum Entscheidungsmaßstab zu machen, und damit den anderen fälschlicherweise Bedürfnisse und entsprechende Argumentationen zu unterstellen, präzisiert Böhler seine erste Regel zur transzendentalhermeneutischen Argumentationsnorm: „Bemühe dich stets um Kommunikation zur Kritik und Erweiterung des Verstehenshorizontes deiner Argumente, und bemühe dich stets um solche Verständigungsbedingungen, die der Realisierung einer bestmöglichen Weltöffentlichkeit näher kommen." Damit wird gefordert, tatsächlich Diskurse zu führen und nicht bloß solipsistisch oder „theoretisch-expertokratisch"[137] zu entscheiden, sowie sich um die Herstellung der Bedingungen zu bemühen, die solche Diskurse ermöglichen. Weil solche Diskurse, seien sie auch noch so „herrschaftsfrei" und in ihren Bedingungen noch so günstig gestaltet, natürlich immer nur in einer realen, also begrenzten Argumentationsgemeinschaft geführt werden können, der performative Anspruch der Argumentation sich jedoch auf eine ideale, unbegrenzte Argumentationsgemeinschaft bezieht, konkretisiert Böhler seine Regel zur Achtung der anderen, indem er als „regulativer Probierstein praktischer Vernunft" die Frage formuliert: „Könnten sich Außenstehende oder künftig lebende Betroffene, wenn ihnen die Norm N bekannt würde, mit konsensfähigen Argumenten dagegen zur Wehr setzen?" Es geht ihm dabei also um eine kontrafaktische Antizipation des Diskurses in einer idealen Argumentationsöffentlichkeit.

Kann die transzendentalpragmatische Moralkonzeption das für Vergangenheitsbewältigung gesuchte universale Paradigma sein?

Wenn der (Letzt-) Begründungsanspruch der Transzendentalpragmatik zu Recht bestehen sollte, dann scheint damit das universale Paradigma gegeben zu sein, auf dem sich Vergangenheitsbewältigung sicher gründen läßt. Vergangenheitsbewältigung ist ein Orientierungs- und Parallelisierungsunternehmen von Interpretationen, die die Geschichte betreffen, und damit ein Orientierungs- und Parallelisierungsunternehmen bezüglich der Identität der Betroffenen, einschließlich der damit verbundenen Zuschreibungen. Dieses Unternehmen ist auch ein wertendes. Es geht darum, Handlungen und Widerfahrnisse zu qualifizieren, Soll-Zustände zu definieren und Maßnahmen

[137] Böhler, *Transzendentalpragmatik und kritische Moral*, 113.

zu ergreifen, die geeignet sind, eine Entwicklung hin zu diesen Soll-Zuständen zu fördern. Es geht – darin inbegriffen – also auch darum, Unrecht zu identifizieren, Maßnahmen zu seiner Beseitigung zu ergreifen und Mechanismen zu installieren, die eine Wiederholung möglichst ausschließen. Es geht – ebenfalls darin inbegriffen – darum, Täter und Opfer als solche zu identifizieren, Tätern das Handwerk zu legen und sie zur Rechenschaft zu ziehen, sowie Opfern Wiedergutmachung zu leisten und ihnen die Möglichkeit zu eröffnen, aus dem Opferdasein zu entkommen. Es geht darum, Strukturen, Operationsweisen zu verändern; sowohl Schemakonstellationen bei individuellen Tätern als auch Präferenzordnungen bei sozialen Systemen.

Vergangenheitsbewältigung ist ein wertendes Unternehmen. Als ein solches braucht sie Normen, die nicht beliebig und nicht bloß funktional ausgerichtet sind. Es bedarf – um es in der Sprache der Systemtheorie auszudrücken – eines gemeinsamen Sinnhorizontes. Es bedarf eines Kriteriums, das die Interpretationen von Geschichten und Identitäten, das die Operationsweisen von Individuen und sozialen Systemen bewerten kann. Das transzendentalpragmatische Diskursverfahren scheint ein solches Kriterium zu bieten. Ein solcher Diskurs scheint die Instanz zu sein, die über die Kontrainterpretationsstabilität oder die Kontrainterpretierbarkeit jedweder Interpretation zu urteilen bzw. zu entscheiden vermag. Die Transzendentalpragmatik kann dieses Kriterium, dieses Paradigma bieten, wenn sie ihren (Letzt-) Begründungsanspruch zu Recht erhebt. Ob sie das kann, ist allerdings nicht unumstritten und muß deshalb nun geprüft werden.

4.2.2 Einwände gegen die Transzendentalpragmatik

Nicht alle Einwände, die gegen die gegenüber der Transzendentalpragmatik vorgebracht werden, können hier berücksichtigt werden. Eine Beschränkung auf die wichtigsten ist durchaus hinreichend.

Ist Letztbegründung nötig?

Ein erster Einwand stammt von Hermann Lübbe. Dieser bestreitet die Notwendigkeit der Letztbegründung moralischer Normen. Normen würden *faktisch* immer wieder begründet, ohne daß nach ihrer Letztbegründung gefragt werde. „Es liegt doch auf der Hand", meint Lübbe, „daß von den Parlamenten bis zu den höchsten Gerichten und von den Parteitagen bis zu den Synoden ständig Instanzen tätig sind, die nach bewährten und üblichen Regeln, methodisch also, Normen begründen [...]."[138] Normbegründung sei kein Problem. Die Schwierigkeit bestehe vielmehr in der Normendurchsetzung.

Nachvollziehbar wird Lübbes These, wenn man erfährt, daß er Normenbegründung für einen Vorgang hält, bei dem man „im Bezug auf das, was man einvernehmlich will, sagt, welche Mittel nötig sind, um das, was man

[138] Lübbe, *Sind Normen methodisch begründbar*, 38.

will, in der Realität durchzusetzen"[139]. Normenbegründung ist demnach das Aufzeigen der Funktionalität von Regeln zur Erreichung vorgängig festgelegter Ziele. Insofern sind Normen hypothetische Imperative, deren moralische Qualität an der Berechtigung bzw. „Gutheit" des angestrebten Ziels hängt. Die Problematik ist also nur verlagert. Es ist ungefähr die Problematik, die bei der funktionalen Begründung in der Systemtheorie entsteht. Gerade im Zusammenhang mit Vergangenheitsbewältigung liegt es nahe, daran zu erinnern, daß in diesem Jahrhundert von deutschen Gesetzgebern Normen erlassen wurden, die als verwerflich zu gelten haben. Die unhinterfragte Sicherheit, mit der zuweilen Normen für gut und richtig erachtet werden, kann ein Indiz für eine enorme subjektive Befangenheit sein, die die eigene Schemalage nicht metainterpretiert. Erfolgt aber eine solche Metainterpretation und wird damit die Frage nach der Geltung der bis dahin akzeptierten Normen virulent, dann geht es um die Frage, unter welchen Umständen eine Norm als begründet gelten darf und unter welchen Umständen eine Norm befolgt werden sollte. Die von Lübbe angesprochene Normdurchsetzungsproblematik hängt also eng mit der Begründungsproblematik zusammen.[140]

Ist eine Letztbegründung erstrebenswert?

Ein zweiter Einwand, den Lübbe und – mit Variationen – Odo Marquard sowie Werner Becker vorbringen, wendet sich geradezu aus moralischen Gründen gegen Letztbegründungsansprüche.[141] Lübbe meint, der Anspruch, eine Norm sei letztbegründet, werde sich terroristisch gegen alle wenden, die die Geltung dieser Norm nicht nachvollzögen. Der so entstehende Terror sei dann ein Machthaben, das sich durch Rekurs aufs Rechthaben eine institutionelle Legitimation verschaffe. Marquard ist der Auffassung, der Anspruch von Letztbegründung schaffe einen unerträglichen Legitimationsdruck für die Normadressaten. Und Becker vertritt die Ansicht, Letztbegründungsansprüche liefen der Idee der Demokratie zuwider, zu deren Grundlagen die Verständigung darüber gehöre, daß es keine letzten Gewißheiten gebe.

Mit Kuhlmann kann man entgegnen: Alle drei Autoren gehen davon aus, daß philosophische Letztbegründung von Normen unmöglich ist, und sie beschreiben ein Szenario, das dann entsteht, wenn der Anspruch auf Letztbegründung zu Unrecht erhoben wird. Sie selbst jedoch „verwerfen im Namen bestimmter Grundnormen oder Grundwerte den Versuch, endgültig herauszufinden, was denn die wirklich verbindlichen Grundnormen eigentlich sind bzw. ob es sie überhaupt gibt. Die Paradoxie liegt also darin, daß die Kritiker unterstellen müssen, sie wüßten gerade das schon hinreichend sicher, was herauszufinden sie ablehnen; denn sie begründen ihre Kritik im Rückgang auf ein Wissen, das allererst wirklich zu erwerben sie als schädlich

139 Lübbe, zitiert nach Kuhlmann, *Ist eine philosophische Letztbegründung moralischer Normen nötig?*, 548.

140 Differenziert dazu: Kuhlmann, *Ist eine philosophische Letztbegründung moralischer Normen nötig?*, 563ff.

141 Vgl. dazu Kuhlmann, *Ist eine philosophische Letztbegründung moralischer Normen nötig?*, 568ff.

darstellen [...].“[142] Damit stellen die Bedenken von Lübbe, Marquard und Becker keine *prinzipiellen* Einwände gegen den Versuch einer Normenletztbegründung dar.

Verfängt sich die Transzendentalpragmatik im Münchhausen-Trilemma?
Ein dritter Einwand kommt von seiten des Kritischen Rationalismus. Hans Albert wirft der Transzendentalpragmatik vor, sich in den Zweigen des Münchhausen-Trilemmas zu verfangen. Ein Letztbegründungsversuch ende entweder in einem infiniten Regreß, in einem logischen Zirkel oder in einem Abbruch des Begründungsverfahrens und der Dogmatisierung eines Ausgangspunktes.[143] Eine philosophische Letztbegründung sei demnach unmöglich. Ob dieser Einwand tragfähig ist, hängt davon ab, ob die im Münchhausen-Trilemma formulierte These gilt.

Gegen diese These lassen sich jedoch ihrerseits einige Einwände vorbringen. (1) Der Kritische Rationalismus verabsolutiert die theoretische Einstellung und blendet die pragmatische Dimension völlig aus.[144] (2) Begründung wird mit formallogischer Deduktion gleichgesetzt. Wenn damit jedoch – per definitionem – Begründung nur als Rückgang auf etwas jeweils anderes verstanden werden kann, dann kann es natürlich keine *letzte* Begründung geben. Jedoch ist die Festlegung auf diese Begründungsform als einzig erlaubter eine Dezision.[145] (3) Der Kritische Rationalismus geht davon aus, daß alle Aussagen sinnvoll bestreitbar sind, also eine Art theoretischer Hypothesen darstellen. Wer jedoch – wiederum dezisionistisch – voraussetzt, daß für alles eine Begründung verlangt werden kann, ergeht sich in einer petitio principii. Er hat die Antwort, daß es keine Letztbegründung geben könne, schon vorausgesetzt.[146]

Auf die Begründungsstruktur der Transzendentalpragmatik treffen die Einwände des Kritischen Rationalismus deshalb nicht zu, weil das Letztbegründungsargument eben *keine* syllogistische Struktur besitzt, deren Prämissen in einer Weise begründungspflichtig wären, die der Problematik erliegt, welche das Münchhausen-Trilemma beschreibt. Die Transzendentalpragmatik argumentiert vielmehr strikt reflexiv. Die Letztbegründung wird nicht abgeleitet, sondern der Anspruch auf Letztbegründung ist, so die transzendentalpragmatische Argumentation, bei jeder sinnvollen Argumentation immer schon vorausgesetzt.[147]

[142] Kuhlmann, *Ist eine philosophische Letztbegründung moralischer Normen nötig?*, 570.
[143] Vgl. Albert, *Traktat über kritische Vernunft*, 11-15.
[144] Vgl. Böhler, *Rekonstruktive Pragmatik*, 366.
[145] Vgl. dazu Böhler, *Rekonstruktive Pragmatik*, 366; Kuhlmann, *Ist eine philosophische Letztbegründung moralischer Normen möglich?*, 581; Kuhlmann, *Reflexive Letztbegründung*, 64.
[146] Vgl. dazu Böhler, *Rekonstruktive Pragmatik*, 366; Kuhlmann, *Ist eine philosophische Letztbegründung moralischer Normen möglich?*, 581; Kuhlmann, *Reflexive Letztbegründung*, 64ff.
[147] Vgl. Böhler, *Rekonstruktive Pragmatik*, 302ff. 367ff.; Kuhlmann, *Ist eine philosophische Letztbegründung moralischer Normen möglich?*, 587ff.; Berlich, *Elenktik des Diskurses*, bes. 259-261; Kuhlmann, *Reflexive Letztbegründung*, 76ff. Darüber hinaus wirft Kuhlmann dem Kritischen Rationalismus vor, aussagelos und damit kritikimmun zu sein. Denn wenn *alles*

Kann man sich den Geltungsansprüchen durch Verzicht auf Argumentation entziehen?

Stefan Gosepath[148] wendet gegen die transzendentalpragmatische Beweisführung ein, es sei ohne Widerspruch möglich, jegliche Argumentation zu verweigern bzw. aus bloß strategischen Zwecken daran teilzunehmen. Damit sei die von der Transzendentalpragmatik vorausgesetzte Grundsituation, daß die Notwendigkeit zur Argumentation unhintergehbar sei, als widerlegt zu betrachten. Kuhlmann antwortet auf diesen Einwand, der Standpunkt desjenigen, der nicht bereit sei zu argumentieren und sich auf die Überprüfung von Geltungsansprüchen einzulassen, lasse im Grunde keine Entscheidungen zu; auch nicht darüber, ob Argumentationsvoraussetzungen absolut sicher gelten.[149] Wer aus rein strategischen Interessen und nur zum Schein an der argumentativen Auseinandersetzung teilnimmt, so läßt sich noch ergänzen, der läuft im theoretischen Diskurs Gefahr, aufgrund seiner Überheblichkeit oder Voreingenommenheit zu falschen Theorien zu gelangen, deren Umsetzung ihn ggf. mit unerwünschten Effekten überrascht. Im praktischen Diskurs läge bei einer solchen Scheinargumentation ein unmoralisches Verhalten vor. Im theoretischen wie im praktischen Bereich ist der Mißbrauch der Institution „Argumentation" kein Beweis gegen deren Notwendigkeit. Anders ausgedrückt: Die transzendentalpragmatische These behauptet nicht, es sei unmöglich, sich bezüglich der Entbehrlichkeit von Argumentation zu täuschen oder sich etwas vorzumachen.

Hat Argumentation unvermeidlich pragmatischen Charakter?

In einem weiteren Einwand bestreitet Gosepath die transzendentalpragmatische These, daß Argumentation notwendig an eine Gemeinschaft von Argumentierenden gebunden sei. „Daß Aussagen einen Anspruch auf Geltung haben", so führt er aus, „liegt in der Semantik begründet, nicht in der Pragmatik. Der Unterschied ist wichtig, denn nur aus der pragmatischen Version ergibt sich die Bezugnahme auf alle Argumentierenden [...]."[150] Genau das bestreitet Kuhlmann und besteht mit Nachdruck darauf, daß der Widerspruch, in den sich derjenige verwickelt, der die Unhintergehbarkeit der Argumentationssituation argumentativ bestreitet, kein semantischer sein kann, weil ansonsten die These von der Unhintergehbarkeit eine Tautologie

---

unsicher sei, treffe dies auch für den kritischen Rationalismus zu. Seine These heiße dann letztlich, es sei nicht wirklich sicher, ob nichts wirklich sicher gelte. Wolle der Kritische Rationalismus dem entgehen, dann müsse er, so Kuhlmann, eine Möglichkeit voraussetzen, Argumente und Hypothesen zu begründen oder zurückzuweisen. Vgl. Kuhlmann, *Ist eine philosophische Letztbegründung moralischer Normen nötig?*, 555-559; Apsalons, *Das Problem der Letztbegründung und die Rationalität der Philosophie*, 174f.

148 Gosepath, *Aufgeklärtes Eigeninteresse*, 313ff. Diesen Einwand erhebt auch Bubner, *Zwischenrufe*, 41f.

149 Vgl. Kuhlmann, *Ist eine philosophische Letztbegründung moralischer Normen möglich?*, 591f. Kuhlmann weist auch die These zurück, es könne andere Argumentationssysteme geben, die sich in ihren Voraussetzungen von unseren unterscheiden, aber die gleiche Berechtigung für sich in Anspruch nehmen könnten.

150 Gosepath, *Aufgeklärtes Eigeninteresse*, 316.

wäre.[151] Doch damit ist Gosepaths Einwand noch nicht abgewehrt. Wenn nämlich, so fährt er fort, Argumentation an eine Argumentationsgemeinschaft gebunden sei, dann beruhe die Feststellung von Wahrheit bzw. von Geltung auf einer Konsenstheorie der Wahrheit. Diese sei aber eine theoretische Konzeption und keinesfalls von jedem Argumentierenden immer schon anerkannt. Zudem sei es durchaus möglich, anhand semantischer Begründungsregeln die Gültigkeit der eigenen Aussagen zu überprüfen, wenn man eine Sprache beherrsche.

Um diesen Einwand Gosepaths zu erwidern, muß ein wenig ausgeholt werden. Zunächst gilt es festzuhalten, daß „Apel keine durchkalkulierte Wahrheitstheorie"[152] vorgelegt hat. Sie entsteht sozusagen als notwendiges Nebenprodukt seiner Transzendentalpragmatik. Zweitens ist auf eine Unterscheidung hinzuweisen. Wahrheitsfragen betreffen nach Apel nicht die Möglichkeit von Erkenntnis, sondern nur deren Gültigkeit. Bei der Wahrheit geht es nicht um Erkenntnistheorie, sondern um die Richtigkeit von Aussagen. Die Sprache prägt das Weltbild, die Kommunikation prägt die Deuteschemata der Individuen und parallelisiert sie in gewissem Umfang.[153] Weil jede Erkenntnis sprachlich vermittelt ist, ist auch die Angemessenheit einer Interpretation nur sprachlich zu ermitteln. Weil Sprache aber ein soziales Phänomen darstellt, läßt sich Wahrheit – verstanden als kontrainterpretationsstabile Deutung, als kontrainterpretationsstabile Narration – nur durch narrative, durch sprachliche Kontrainterpretationsversuche, nur durch kommunikative Verfahren bewähren. *Für Menschen* gibt es keine andere Möglichkeit, an Wahrheit heranzukommen, als durch Interpretationsversuche. Interpretationen existieren jedoch nur als sprachlich gestaltete. Darum ist die Kontrainterpretationsstabilität auch sprachlich zu testen.

Sprache liegt einzig in der Verfügbarkeit der Kommunikationsgemeinschaft. Darum bedeutet, eine Interpretation auf ihre Kontrainterpretierbarkeit hin zu testen, sie der unbegrenzten Kommunikationsgemeinschaft auszusetzen. Dies ließe sich nur dann ändern, wenn Menschen die Fähigkeit hätten, die Dinge nicht immer schon als So-und-so-Dinge zu begreifen (als interpretationsimprägniert), sondern in ihrem reinen Dasein. Doch das ist ihnen offenbar nicht gegeben. Die Konsenstheorie der Wahrheit kann nicht behaupten, ihre Methode erlaube es, die Wahrheit in Absehung von jeglicher Interpretation feststellen zu können. Die Konsenstheorie der Wahrheit kann also nicht behaupten, Wahrheit zu konstituieren. Sie ist aber der Weg, auf dem Interpretationen (Argumente etc.) sich angemessen prüfen lassen. Insofern ist die so verstandene Konsenstheorie der Wahrheit mit der Interpretationsimprägniertheit des menschlichen Erkennens gegeben und insofern im-

---

[151] Vgl. Kuhlmann, *Reflexive Letztbegründung*, 88f. Apel spricht davon, daß die Bedeutung der Sätze als eine Funktion der zugehörigen Sprechakte zu verstehen sei; vgl. Scheit, *Wahrheit, Diskurs, Demokratie*, 78.

[152] Scheit, *Wahrheit, Diskurs, Demokratie*, 72.

[153] Dies ist das Apriori der (realen) Kommunikationsgemeinschaft bzw. die Vor-Struktur unseres In-der-Welt-Seins.

mer schon vorausgesetzt.[154] Wer argumentiert, erhebt den Anspruch, seine Argumente grundsätzlich jedem Einwand gegenüber verteidigen zu können. Insofern sich dieser Anspruch auf die unbegrenzte Argumentationsgemeinschaft bezieht, deren Zustimmung für die Gültigkeit des Argumentes als notwendig erachtet wird, geht es praktisch nicht mehr darum, daß die Gültigkeit durch Konsens der Argumentierenden festgestellt wird, sondern darum, daß die Argumente jeglichem Einwand standhalten. Nicht der (faktische) Konsens ist das Gültigkeitskriterium, sondern die argumentative Stärke, die Kontrainterpretationsstabilität. Die Argumentationsgemeinschaft ist sozusagen das Mittel, mit dem der Test durchgeführt wird. Insofern ist die Vorstellung von der Bewährung in einer unbegrenzten Argumentationsgemeinschaft eigentlich eine „unechte" Konsensustheorie.[155] Dies festzuhalten ist wichtig, weil dadurch eine ganze Reihe von Einwänden hinfällig wird.

Setzt das transzendentalpragmatische Moralprinzip Moral bereits voraus?
Gosepath[156] bemerkt – in Übernahme von Argumenten Ernst Tugendhats[157] –, das Universalisierungsprinzip, als welches die Forderung nach der Prüfung praktischer Sätze in der idealen Kommunikationsgemeinschaft aufgefaßt werden kann, sei keineswegs eine notwendige und schon immer anerkannte Voraussetzung des Argumentierens, sondern vielmehr ein moralisches Postulat. Dieser Einwand ist sehr schwerwiegend, unterstellt er der transzendentalpragmatischen Argumentation doch einen Zirkelschluß. M.E. muß auf diesen Einwand über einen Umweg geantwortet werden.

In theoretischen und in poietischen Diskursen ist die universale, ideale Kommunikationsgemeinschaft in der Tat immer schon als notwendig antizipiert. Wer beispielsweise eine Brücke baut und Einwände gegen seine statischen Berechnungen unterdrückt oder verwirft, wer also die Gleichberechtigung der argumentativen Beiträge verhindert und so Gegenargumente ignoriert, der wird damit rechnen müssen, daß die Brücke einstürzt, wenn

---

[154] Dieser Argumentationsstrang findet sich so freilich nicht bei Apel oder den anderen Vertretern der Transzendentalpragmatik, er ergibt sich m.E. aber stringent aus allem bisher in der vorliegenden Arbeit Ausgeführten und ist m.E. durchaus mit Apels Ausführungen verträglich. Vgl. dazu Scheit, *Wahrheit, Diskurs, Demokratie*, 72-86; Böhler, *Transzendentalpragmatik und kritische Moral*, 109ff.; Apel, *Transformation der Philosophie*, 59f.

[155] Wahrheit kann nicht durch Konsens herbeigeführt werden. (Das gilt auch – und gerade – angesichts der Ausführungen zu konstruktivistischen Kognitionstheorien.) Darin ist z.B. Ilting, *Der Geltungsgrund moralischer Normen*, 618ff., zuzustimmen. Der Konsens der Weisen, daß die Erde eine Scheibe sei, ließ sie dennoch eine Kugel sein. Eine ideale Argumentationsgemeinschaft ist ein kontrafaktischer Idealzustand, in dem *alle* möglichen Argumente benannt werden. Insofern ist die ideale Argumentationsgemeinschaft eine Metapher für universales, unbegrenztes Wissen. Zugleich ist sie der Hinweis darauf, daß die Menschen diesem Idealzustand am nächsten kommen, wenn sie alle Argumente kommunikativ-diskursiv prüfen. Versteht man die ideale Argumentationsgemeinschaft in dieser Weise, dann unterliegt die Forderung nach einem Diskurs in dieser idealen Argumentationsgemeinschaft auch nicht dem „pragmatischen Fehlschluß" nach Ilting. Dieses Verständnis der idealen Argumentationsgemeinschaft dürfte allerdings von dem Karl-Otto Apels abweichen.

[156] Gosepath, *Aufgeklärtes Eigeninteresse*, 321f.

[157] Tugendhat, *Vorlesungen über Ethik*, 164f.

der unterdrückte Einwand sachlich berechtigt gewesen sein sollte. Die universale, ideale Argumentationsgemeinschaft ist also sozusagen das Hilfsmittel, um über einen Konsens zur Wahrheit vorzudringen. Weil den fehlbaren Menschen keine bessere Möglichkeit zu Gebote steht, als die Argumente kommunikativ zu prüfen, setzt jeder, dem es um die Angemessenheit der eigenen Argumente geht, die universale, ideale Argumentationsgemeinschaft und die Prüfung dieser Argumente durch sie immer schon voraus.

Aber wie sieht es bei praktischen Diskursen aus? Hier geht es um die Frage, wie etwas sein *soll*. Auch das Sollen zielt auf eine Angemessenheit. Nun zielt dieses Sollen nicht auf einen Zustand im poietischen Sinne, sondern im praktischen. Wenn es zutrifft, daß *jedes Handeln* Geltungsansprüche erhebt, dann sind diese Geltungsansprüche stets auf eine universale, ideale Kommunikationsgemeinschaft verwiesen. Menschen *müssen* handeln, weil sie nur so ihr Leben führen können. Sie *können* nur handeln, indem sie ihr Tun in einer bestimmten Weise als So-und-so-Handlung interpretieren. Menschen können also nicht anders, als zu handeln und ihr Handeln auf Interpretationsstandards zu beziehen, die – weil Regelanwendungen – nur kommunikativ existieren. Darum ist für jegliches Handeln der kommunikative Bezug unhintergehbar. Interpretationsstandards sind aber nur dann verläßlich und auf lange Sicht viabel, wenn sie Kontrainterpretationen berücksichtigen. Die menschenmöglich verläßlichsten Interpretationsstandards gibt es aber nur über den Weg einer unbegrenzten, idealen Kommunikations- und Argumentationsgemeinschaft. Insofern scheint mir diese ideale Kommunikations- und Argumentationsgemeinschaft – und mit ihr das Verallgemeinerungsprinzip – eher eine notwendige Bedingung menschlichen Handelns, als ein zusätzliches moralisches Postulat zu sein.[158]

Erliegt die transzendentalpragmatische Moralbegründung einem intellektualistischen Fehlschluß?

Karl-Heinz Ilting wirft Apels Transzendentalpragmatik einen „intellektualistischen Fehlschluß“ vor.[159] Statt die Verbindlichkeit moralischer Normen aus den Bedingungen moralisch verantwortlichen Handelns abzuleiten, stütze sich die transzendentalpragmatische Moralbegründung auf die Bedingungen rationaler Argumentation. Das Problem liege darin, daß ein Verstoß gegen Rationalität, speziell gegen rationales Argumentieren, kein moralisches Vergehen sei. Dieser Einwand ähnelt dem, daß man sich durch Ausstieg aus jeglicher Argumentation der von Apel behaupteten moralischen Verpflichtung zur Einlösung der Geltungsansprüche der Rede entziehen könne. Dementsprechend kann auf Iltings Einwand auch ähnlich erwidert werden. Wenn jedes Handeln aus den genannten Gründen bereits Geltungsansprüche erhebt und diese Geltungsansprüche nur durch die Anwendung der Methode des rationalen Argumentierens eingelöst werden können, dann ist ein Ver-

158 Diese Argumentation ist freilich keine strikt transzendentale, dürfte aber dem transzendentalpragmatischen Ansatz nicht entgegenlaufen. Vgl. dazu Apel, *Kann der postkantische Standpunkt der Moralität noch einmal in substantielle Sittlichkeit „aufgehoben“ werden?*, 114ff.

159 Vgl. Ilting, *Der Geltungsgrund moralischer Normen*, 612. 623ff.

stoß gegen die Rationalität der Argumentation ein moralisch qualifizierbares Vergehen.[160] Daß damit noch kein Motiv gegeben ist, sich an das Moralprinzip auch zu halten, muß Ilting zugestanden werden. Wen ein performativer Selbstwiderspruch nicht stört, ist durch transzendentalpragmatische Argumentation nicht zur Anerkennung[161] des Moralprinzips zu bewegen.

Allerdings ist – in Anlehnung an Ilting[162] – noch zu fragen: Sind die Teilnehmenden an der Argumentationsgemeinschaft deshalb als gleichberechtigt anzuerkennen, weil sie argumentative Einwände vorbringen können? Dann wäre auch ein Computer Mitglied einer Argumentationsgemeinschaft, wenn er brauchbare Argumente lieferte. Wenn das entscheidende Kriterium für die Mitgliedschaft in der Argumentationsgemeinschaft und somit für die Anerkennung als gleichwertiges Subjekt die Fähigkeit ist, Argumente zu liefern, warum sollen dann Unmündige, obwohl sie zur Argumentation unfähig sind, dennoch als Subjekte geachtet werden, andere argumentationsunfähige Entitäten (Tiere, Pflanzen, die unbelebte Natur etc.) dagegen nicht? Liegt hier nicht bereits eine moralische Vorentscheidung zugrunde? Auf diese Frage könnte entgegnet werden, die ideale Argumentationsgemeinschaft habe alle denkbaren Interessen in den Diskurs einzubringen, auch die Interessen von Argumentationsunfähigen. Insofern wäre das Kriterium, das ein moralisches Subjekt konstituiert, nicht seine Fähigkeit zu rationaler Argumentation, sondern seine prinzipielle Fähigkeit, Interessen zu haben. Ob diese Tendenz letztlich auf die höchst umstrittenen Ansätze von Peter Singer, Norbert Hoerster und anderen hinausläuft, muß hier nicht weiter verfolgt werden.[163] Vielmehr ist festzuhalten: Die Transzendentalpragmatik läuft darauf hinaus, Menschen einen (Selbst-) Wert zuzugestehen, der alle Handelnden verpflichtet, bei ihrem Handeln auf andere Menschen diskursiv Rücksicht zu nehmen. Anders ausgedrückt, die praktische, die moralische Güte eines Handelns bemißt sich an der Kontrainterpretationsstabilität seiner Beschreibung und seiner Begründung. Dies hängt damit zusammen, daß Handlungen Interpretationskonstrukte sind. Eine konstruktivistische Kognitionstheorie kann also nicht dazu führen, daß Handlungen unkritisierbar wären, weil etwa Interpretationen beliebig wären. Das Kontrainterpretationskriterium, zu dem als Methode der Diskurs in der (idealen) Kommunikationsgemeinschaft gehört, führt dazu, daß weder die Deutung noch die Bewertung von Handlungen und Widerfahrnissen beliebig sind. Verantwortung kann also nicht weginterpretiert werden. Die Bewertung von Handlungen kann sich auf der Basis der

---

160 Siehe dazu auch Kuhlmann, *Reflexive Letztbegründung*, 187 (bes. Fußnote 6); Öfsti, *Ist diskursive Vernunft nur eine Sonderpraxis?*

161 Vgl. Ilting, *Anerkennung*.

162 Vgl. Ilting, *Der Geltungsgrund moralischer Normen*, 625.

163 Böhler, *Diskursethik und Menschenwürdegrundsatz zwischen Idealisierung und Erfolgsverantwortung*, bestreitet eine solche Tendenz ausdrücklich und versucht zu zeigen, daß der Menschenwürdegrundsatz letztbegründbar ist, weil die Forderung, sich um ideale Diskursbedingungen zu mühen, auch die Gewährleistung von Gewissensfreiheit, Unverletzlichkeit und Rechtsgleichheit impliziere (vgl. ebd., 209). Damit basiere die Menschenwürde nicht auf Singers „Prinzip der gleichen Interessenerwägung".

Argumentation bewegen, die in der Lage ist, die Menschen als gleichberechtigte Selbstwerte auszuzeichnen.

Die Transzendentalpragmatik als wohlbegründete Moraltheorie
Bei weitem nicht alle Einwände, die man gegenüber der transzendentalpragmatischen Moralbegründung vorbringt, konnten hier angesprochen werden. Mag es auch noch weitere stichhaltige Anfragen geben, so scheint man doch festhalten zu können, daß die Transzendentalpragmatik zumindest in einem „schwachen" Sinne einen wohlbegründeten Ansatz für ethische Überlegungen bietet.[164] Es scheint also eine Begründung für Moral zu geben, auch wenn die Transzendentalpragmatik mit ihrem Begründungsversuch immer wieder kritischen Anfragen ausgesetzt bleibt. Wahrscheinlich läßt sich eine stärkere, eine unkritisierbare Moralbegründung deshalb nicht liefern, weil keine Einigkeit darüber besteht, wann Moral als begründet angesehen werden kann bzw. was als (Letzt-) Begründung für Moral zu gelten habe.[165] Normen sind weder Naturtatsachen noch analytische Sätze, sondern synthetische Sätze apriori. Wie kann ihre Geltung aufgezeigt werden? Apel definiert Moralität als die Vermeidung performativer Selbstwidersprüche. Wer dies als ein moralfremdes Kriterium versteht, muß benennen, was Moral und Moralität ausmacht. Natürlich kann man fragen: „Warum soll ich keinen performativen Selbstwiderspruch begehen?", und die Forderung, man *solle* diesen Widerspruch vermeiden, als eine dieser Auffassung vorgängige moralische Norm verstehen, die mit der Transzendentalpragmatik noch nicht begründet sei, weil sie zur Befolgung der transzendentalpragmatischen Moral auffordere. Man kann stets fragen: „Warum soll ich ...?" Wenn man fragt: „Warum soll ich moralisch handeln?", dann suggeriert man, daß Mo-

---

164 Apel, *Kann der postkantische Standpunkt der Moralität noch einmal in substantielle Sittlichkeit „aufgehoben" werden?*, 112f., allerdings betont, daß die Transzendentalpragmatik vom transzendentalen Anspruch nicht ablasse und auch keine schwachen transzendentalen Argumente liefere.

165 *Wenn* Begründen ausschließlich verstanden wird als ein Aufzeigen von Funktionsmechanismen, als ein Beschreiben von Voraussetzungen und Abläufen, die zu dem zu erklärenden Phänomen führen, *dann* kann es keine Moralbegründung geben, weil Moral keinen Kausalablauf beschreibt, sondern Sollensforderungen. (Moralität ist ein „Kind der Freiheit".) Das macht wohl den Kern der Problematik von Moralbegründung aus. Kategorische Imperative, so heißt es, könnten – wenn ihre Existenz nicht gänzlich bestritten wird – Moral nicht begründen, weil sie nicht in der Lage seien, zu moralischem Handeln zu motivieren (vgl. Kulenkampff, *Hypothetische und kategorische Imperative*; Gosepath, *Aufgeklärtes Eigeninteresse*, 307ff.). Die Androhung von Strafe sei keine Moralbegründung, ebensowenig dezisionistische bzw. positivistische Setzung. Solche und weitere Einwände zeigen, daß es keine allgemeine Übereinstimmung darüber gibt, was unter Moralbegründung zu verstehen ist (vgl. auch Ilting, *Was heißt eigentlich „moralisch"?*, 339f.). Man denke zur Illustration auch an Adornos und Horkheimers Diktum, es sei unmöglich, aus der Vernunft ein grundsätzliches Argument gegen den Mord vorzubringen (vgl. Horkheimer/Adorno, *Dialektik der Aufklärung*, 107). Freilich bleiben Iltings Bedenken stets virulent, der darauf verweist, daß mit einer „intellektualistischen" Begründung die Übernahme des Moralprinzips und die Einhaltung von Moral noch nicht sichergestellt ist. Einen knappen Überblick über die Begründungsproblematik bietet (besonders hinsichtlich der Begründung von Menschenrechten) Hilpert, *Die Menschenrechte*, 174ff. Vgl. auch Thyen, *Moralität und Verstehen*.

ral der Moral vorgängig sein müsse (was immer das bedeuten könnte[166]) oder daß es keinen kategorischen Imperativ gibt.[167] Die Transzendentalpragmatik versucht, diesem Regreß durch das Prinzip der strikten Reflexivität zu entgehen.[168] M.E. tut sie dies mit einer gewissen Plausibilität, die – um es zu wiederholen – zumindest in einer „schwachen" Weise die Begründetheit von Moral nahelegt. Von dieser Erkenntnis läßt sich also ausgehen und Moral als das universale Paradigma erkennen, das Vergangenheitsbewältigung zuläßt. Mit diesem Paradigma ist ein moralbegründender Fixpunkt gewonnen gegenüber den (in postmoderner Art) relativierenden Ansätzen eines Radikalen Konstruktivismus oder einer Systemtheorie autopoietischer Systeme.

Wenn – im Sinne von Hermann Lübbe – dieses ethische Paradigma als unzureichend bzw. unbrauchbar verworfen wird, weil es die Anwendung der moralischen Normen nicht garantieren kann, dann beruht dieser Vorwurf auf einem Mißverständnis. Moral normiert zwar, aber sie beläßt die Freiheit. Nur im Rahmen freier Entscheidungsmöglichkeiten kann Moral überhaupt existieren. Die Möglichkeit, zum moralischen Anspruch Stellung zu nehmen, schafft erst die Differenz von gut und böse.[169] Wer es sich leisten kann, unmoralisch zu handeln, wird bei Mißachtung der moralischen Forderungen nicht automatisch bestraft. Deshalb gilt, gerade im Zusammenhang mit Vergangenheitsbewältigung, die von Kuhlmann und Böhler aus der moralischen Grundnorm abgeleitete Forderung, sich um die Herstellung von Bedingungen zu bemühen, die die diskursive Bewertung von Handlungen, Interessen, Ansprüchen und Geschichten erlauben.

Die Bedeutung des transzendentalpragmatischen Moralprinzips für Vergangenheitsbewältigung

Vergangenheitsbewältigung muß also ein hermeneutisch-moralischer Diskurs sein. Es gilt beispielsweise, bei der Bewertung von Handlungen und Geschichten die Perspektiven aller Betroffenen – zumindest virtuell – ins Spiel zu bringen, um in einem Diskurs aller Aspekte zu einem Urteil zu gelangen.[170] Es gilt, den Opfern Gehör zu verschaffen, auch den verstorbenen! Es gilt – ganz im Sinne Walter Benjamins – eine Geschichte der Sieger zu verhindern. Ein

---

166 Zur Sinnlosigkeit der Frage: „Warum soll ich moralisch sein?", vgl. Schüller, *Der menschliche Mensch*, 82ff.

167 Vgl. dazu Kulenkampff, *Hypothetische und kategorische Imperative*. So vertritt etwa Mackie, *Ethik*, die These, daß es keine kategorischen Imperative gibt. Auch Gosepath, *Aufgeklärtes Eigeninteresse*, sieht als Begründung jeglichen Handelns und jeder Handlungsaufforderung den hypothetischen Imperativ des eigenen Interesses. Ähnlich denken nicht wenige zeitgenössische Moralphilosophen. Anders dagegen Philippa Foot, *Die Wirklichkeit des Guten*, bes. 226ff.

168 Vgl. dazu Kuhlmann, *Reflexive Letztbegründung*, 28f. 76ff. 91ff.

169 Vgl. dazu Kuhlmann, *Reflexive Letztbegründung*, 221ff.; Böhler, *Rekonstruktive Pragmatik*, 359ff.; Kuhlmann, *Zur logischen Struktur transzendentalpragmatischer Normenbegründung*, 26; Apel in seinem Statement in Oelmüller (Hg.), *Transzendentalphilosophische Normenbegründungen*, 165f.; Pieper, *Einführung in die Ethik*, 151-155.

170 Vgl. dazu die Erläuterung der transzendentalpragmatischen Diskursethik in Apel, *Das Apriori der Kommunikationsgemeinschaft und die Grundlagen der Ethik*, 426.

Orientierungs- und Parallelisierungsunternehmen bezüglich Geschichten und Identitätszuschreibungen muß diskursiv verlaufen, wenn das ganze Unternehmen nicht performativ widersprüchlich – also moralisch verwerflich – sein soll. Hier wird deutlich, daß auch die „Realitätsprüfung" von Interpretationskonstrukten, die Bewertung von Interpretationsschemata und die Bewertung sowie die Festlegung von Leitdifferenzen und Präferenzordnungen der Bewertung und Normierung durch einen hermeneutisch-moralischen Diskurs unterzogen werden muß, wenn alle diese Dinge den Anspruch der moralischen Unbedenklichkeit bzw. der moralischen Güte erheben wollen.

4.2.3 Die transzendentalpragmatische Moralkonzeption als Verantwortungsethik

Sicherlich wird man in der realen Argumentationsgemeinschaft nicht immer einen ausreichenden Konsens finden. Auch der Diskurs in einer virtuell antizipierten idealen Argumentationsgemeinschaft kann nicht alle Unklarheiten beseitigen, denn diese Antizipation wird ja unter begrenzten, realen Bedingungen geführt. Insofern sind die Ergebnisse des realen Diskurses fallibel. Hier liegt der Ansatzpunkt dafür, daß eine Diskursethik in ihrer praktischen Anwendung zu einer Verantwortungsethik bzw. zu einer teleologischen Ethik wird.[171] Denn der kategorische Imperativ, wenn er aus den transzendentalpragmatischen Voraussetzungen gewonnen wird, ist, im Gegensatz zum formalen kategorischen Imperativ Immanuel Kants, „selbst schon die Verinnerlichung [...] des Prinzips der verallgemeinerten Gegenseitigkeit [...]."[172] Insofern mündet die moralische Grundnorm nach transzendentalpragmatischer Lesart aufgrund ihrer Reziprozität in das Verallgemeinerungsprinzip bzw. in die „Goldene Regel" (sofern das Verallgemeinerungsprinzip nicht zur Gegenseitigkeitsregel im Sinne der zweiten Stufe von Kohlbergs Moralentwicklungsschema trivialisiert wird). Für die Erarbeitung konkreter Handlungsregeln bieten das Verallgemeinerungsprinzip bzw. die Goldene Regel eine diskursiv anzuwendende Verfahrensnorm.[173] Diese Einsicht ist als Metanorm die erste Stufe der zweistufigen transzendentalpragmatischen Diskursethik. Die zweite Stufe besteht in der diskursiven Erarbeitung konkreter Normen und läuft insgesamt auf einen verantwortungsethischen Ansatz hinaus.

Ist strategisches Handeln immer verwerflich?

Die Durchführung dieser zweiten Stufe ist freilich nicht unproblematisch. Ist in einer Welt, in der Konkurrenzdruck herrscht, in der viele nicht bereit sind, sich an der moralischen Grundnorm zu orientieren, eine diskursive Normenbegründung bzw. – im Hinblick auf Vergangenheitsbewältigung – ein

---

[171] Vgl. dazu Apel, *Interview*, 69ff., sowie verschiedene Aufsätze in Apel, *Diskurs und Verantwortung*.

[172] Apel, *Ist die philosophische Letztbegründung moralischer Normen auf die reale Praxis anwendbar?*, 619.

[173] Man könnte diese Verfahrensnorm auch als Verpflichtung zum hypothetischen Rollentausch beschreiben. Vgl. Habermas, *Moralbewußtsein und kommunikatives Handeln*, 75.

diskursives Bewertungs-, d.h. Orientierungs- und Parallelisierungsunternehmen (aus dem dann – ebenfalls diskursiv – Konsequenzen gezogen werden), überhaupt zumutbar, ja, überhaupt möglich? Wird man mit Neonazis eine diskursive Geschichtsbewertung durchführen können? Selbst wenn man weniger extreme Voraussetzungen annimmt: Kann man realistischerweise eine diskursive Moralpraxis erwarten angesichts der spieltheoretisch beschreibbaren Unsicherheiten, daß dieser Diskurs nur dann nicht zum einseitig eigenen Nachteil ausschlägt, wenn sich alle (oder doch fast alle) ernsthaft auf die diskursive Verfahrensweise einlassen?[174] Die Probleme der menschlichen Freiheit – und mit ihnen die Möglichkeit zur Amoralität –, der interpretationsimprägnierten Wahrnehmung der Welt und der quasi-eigenständigen Operationen sozialer Systeme kommen hier zum tragen. Die übliche Form des Handelns ist offensichtlich vorwiegend strategisch bestimmt.[175] Die Konsequenz: Die Umsetzung der moralischen Grundnorm durch Anwendung des Verallgemeinerungs- oder Universalisierungsprinzips[176] auf konkrete Handlungsabsichten muß das Wirksamwerden der beschriebenen Widrigkeiten einkalkulieren und als Faktor berücksichtigen. Diese Komplikation führt zur Notwendigkeit einer verantwortungsethischen Anwendung der Diskursethik. Es geht also „in einer postkonventionellen Prinzipienethik – explizit in einer zweistufigen Diskursethik – zunächst einmal darum, schon die anzuwendenden Normen als geschichtlich situationsbezogene unter Berücksichtigung der voraussichtlichen Folgen ihrer allgemeinen Anwendung zu begründen."[177] Das heißt, es muß abgeschätzt werden, ob eine Norm, die im idealen Diskurs Zustimmung fände, bei Anwendung in der realen Gesellschaft – wegen des strategischen Verhaltens vieler Beteiligter – für die redlich Diskursbereiten nicht zu unbilligen Nachteilen führt. Das führt zu der Notwendigkeit, Interessen, Schemata und Interpretationskonstrukte im praktischen Diskurs zu berücksichtigen und dem praktischen Diskurs zu unterziehen. Es ergibt sich daraus ein scheinbares Paradox: In „einer sozialen Welt, in der mit [...] der Bereitschaft aller zur Anwendung des Diskursprinzips [...] überhaupt nicht gerechnet werden darf [...], in dieser Situation kann schon das Insistieren auf der strikten Anwendung des Diskursprinzips durchaus verantwortungsethisch unangemessen [...] sein."[178] Zur

174 Zu dieser Problematik vgl. Apel, *Kann der postkantische Standpunkt der Moralität noch einmal in substantielle Sittlichkeit „aufgehoben" werden?*, 123-140.

175 Vgl. dazu Apel, *Kann der postkantische Standpunkt der Moralität noch einmal in substantielle Sittlichkeit „aufgehoben" werden?*, 127ff.

176 In diesem Zusammenhang werden „Verallgemeinerungsprinzip" und „Universalisierungsprinzip" synonym verwendet, obwohl Hares semantisches Universalisierungsprinzip nicht identisch ist mit M.G. Singers Verallgemeinerungsprinzip. Doch hier wird weder auf Hare noch auf Singer rekurriert, sondern auf die Transzendentalpragmatik und auf das ihr entspringende Reziprozitätsprinzip. Vgl. auch die Ausführungen bei Habermas, *Moralbewußtsein und kommunikatives Handeln*, 74ff.

177 Apel, *Kann der postkantische Standpunkt der Moralität noch einmal in substantielle Sittlichkeit „aufgehoben" werden?*, 133.

178 Apel, *Kann der postkantische Standpunkt der Moralität noch einmal in substantielle Sittlichkeit „aufgehoben" werden?*, 139.

Anwendung der Diskursethik gehört also auch die Berücksichtigung des kontrafaktischen Charakters der Antizipation der Diskursethik. Ziel muß es sein, die realen Diskursumstände immer mehr den idealen anzunähern. Dazu bedarf es jedoch einer zweckrationalen Strategie. Gegebenenfalls sind dazu strategische Mittel notwendig, weil das Ziel nicht anders erreicht werden kann.[179] Die sich daraus ergebende teleologische Verantwortungsethik hat als einziges Ziel, die Umstände herzustellen, in denen das diskursive Universalisierungsprinzip Anwendung finden kann.[180] Dazu gehört ggf. die sukzessive Veränderung von Institutionen, Schemata, Operationsweisen, Präferenzordnungen etc. Dazu gehört auch die Inanspruchnahme und die Stärkung der Prinzipien, die die Erreichung des Ziels befördern; zu erwähnen wäre etwa der Einsatz für die Menschenrechte und für parlamentarisch-demokratische Gesellschaftsordnungen. Diese beiden Prinzipien sind auch grundlegende Regulative in modernen differenzierten Gesellschaften und stellen auch maßgebliche Kriterien für Vergangenheitsbewältigungs-Prozesse dar.

Um es deutlich zu sagen: „Es kann eben keine Diskursethik als geschichtsbezogene, politisch relevante Verantwortungsethik ohne teleologische Dimension geben – ganz einfach deshalb nicht, weil die ideale Kommunikationsgemeinschaft, auf die das Universalisierungsprinzip der Diskursethik kontrafaktisch bezogen ist, in der Wirklichkeit immer noch erst zu realisieren ist.“[181] Das Ziel der Teleologie ist die Realisierung der idealen Rahmenbedingungen für den Diskurs.

Das Moralprinzip bleibt das regulative Prinzip

Im Blick auf die Substituierung von Moral durch andere Regelmechanismen in der Systemtheorie autopoietischer Systeme bietet die Diskursethik mit ihrem verantwortungsethischen Auftrag den Ansatzpunkt, die Vorordnung von Moral vor allen anderen Regelmechanismen zu wahren. „Die Möglichkeit oder gar Notwendigkeit der völligen Ausklammerung der Moralität aus den Bereichen des Rechts und/oder der Politik“, so Apel, „darf keineswegs zugestanden werden, da dies offenbar gegen den ethischen Imperativ der diskursiven Mitverantwortung für die Folgen aller, auch gerade der kollektiven Tätigkeiten verstoßen würde. Dieser Imperativ verbietet ja gerade das [...] Sich-Zurückziehen der moralischen Mitverantwortung aus den Bereichen der [...] sogenannten autonomen ‚autopoietischen Systeme‘ im Sinne Niklas Luhmanns. Jener Imperativ fordert vielmehr, daß gerade die [...] Verantwortungspotenz der Menschen heute gleichsam die Initiative gegenüber den sogenannten Sachzwängen der technischen Zivilisation zurückgewinnen

179 Diese Schwierigkeiten der Zielerreichung müssen nicht auf Boshaftigkeit beruhen, sondern können auf die spieltheoretisch beschreibbaren Unsicherheiten zurückgehen. Zu dieser Problematik vgl. die ausführlicheren Bemerkungen bei Apel, *Diskursethik vor der Problematik von Recht und Politik*, 34ff.

180 Vgl. Apel, *Kann der postkantische Standpunkt der Moralität noch einmal in substantielle Sittlichkeit „aufgehoben“ werden?*, 146f.; Apel, *Diskursethik vor der Problematik von Recht und Politik*, 36ff.

181 Apel, *Diskursethik vor der Problematik von Recht und Politik*, 36f.

muß."[182] Systemrationalitäten haben sich also an der moralischen Grundnorm auszurichten (was aufgrund der Steuerungsproblematik allerdings eine Forderung darstellt, die nur langfristig-strategisch[183] erreicht werden kann).

Das gilt auch für die Systeme Recht und Politik. Denn insofern das faktisch geltende Recht durch positive Setzung einen Diskursabbruch[184] vornimmt, kann es Regelungen vorschreiben, die in einer idealen Kommunikationsgemeinschaft keine Unterstützung und in der realen Kommunikationsgemeinschaft keine Zustimmung erfahren, die also zu ungerechten Konsequenzen und/oder zur Ablehnung in der Kommunikationsgemeinschaft führen. Vergangenheitsbewältigung läßt sich deshalb nicht *alleine* juristisch lösen, sondern bedarf des hermeneutisch-moralischen Diskurses.

Aus ähnlichen Gründen reicht auch politisches Agieren alleine nicht aus, um Vergangenheitsbewältigung zu betreiben. Nur ein hermeneutisch-moralischer Diskurs ist darauf aus, möglichst alle Personen zu beteiligen.[185] Er wird sich dazu aller Mittel bedienen, die geeignet sind, diesen Diskurs zu betreiben, und die geeignet sind, die für notwendig erachteten Konsequenzen zu ziehen. Dazu gehören die Mittel des Rechtes, aber auch die Mittel der Kunst, der Informationsmedien u.v.a. Das leitende Prinzip hat in jedem Fall die moralische Grundnorm zu sein, die den Maßstab bildet, um alle Handlungen, alle Institutionen und Systeme zu bewerten. Damit wird auch individuelles Handeln qualifiziert, auch wenn es systemkonform ist. Denn jeder ist „im Sinne einer postkonventionellen, planetaren Makroethik jenseits aller schon bestehenden Institutionen [und Sozialsysteme] mitverantwortlich [...] für die Folgen unserer kollektiven Aktivitäten."[186] Allerdings ist auch hier die handlungsbedingende Realität in Rechnung zu stellen, wodurch beispielsweise eine strategische Kooperation mit Kräften des Staatssicherheitsdienstes eines totalitären Staates dann keine moralische Verfehlung darstellt, wenn dadurch insgesamt ein Beitrag geleistet wird zur Optimierung der Diskursbedingungen, und wenn zugleich dadurch nicht andererseits Diskursbedingungen verschlechtert werden. Angesichts der Tatsache, daß solche Kooperationen zugleich auch einen systemerhaltenden Effekt haben können, ist die moralische Qualifizierung von Handlungen oftmals äußerst schwierig. Dieser Umstand unterstützt die nun schon oft wiederholte Forderung, daß Vergangenheitsbewältigung in Form eines hermeneutisch-moralischen Diskurses vonstattengehen muß, da er die Praxis darstellt, die allen Aspekten am ehesten Rechnung trägt. Alleine schon aufgrund der Diskursanforderungen, die vorsehen, daß alle Argumente aller denkbaren Teilnehmerinnen und Teil-

---

[182] Apel, *Diskursethik vor der Problematik von Recht und Politik*, 32. Freilich warnt Apel vor Entdifferenzierungsversuchen und direkten Moralisierungen.

[183] Dies ist zu verstehen im Sinne des „Teil B" der Diskursethik Apels.

[184] Genauer müßte man sagen: Das Recht ist eine strategische Maßnahme angesichts der realen Kommunikationssituation. Vgl. dazu Apel, *Diskursethik vor der Problematik von Recht und Politik*, 46. 57-61.

[185] Vgl. dazu Chambers, *Zur Politik des Diskurses*, 171f.

[186] Apel, *Diskursethik vor der Problematik von Recht und Politik*, 60.

nehmer einfließen können müssen, ist Vergangenheitsbewältigung niemals abgeschlossen, weil ein solcher Diskurs nicht einfach enden kann.[187]

Auf die prozeduralen Formalia und Modalitäten des Diskurses muß hier nicht eingegangen werden. Trotz Vorbehalten in manchen Einzelfragen, kann auf die Arbeiten von Jürgen Habermas und auf die beratungstheoretischen Entwürfe des Erlanger Konstruktivismus (insbesondere Paul Lorenzens und Oswald Schwemmers) verwiesen werden.[188] Allerdings sei betont, daß ein solcher Diskurs, wenn es um die Interpretation von Geschichten – und damit um die Interpretation von Handlungen, Widerfahrnissen und Verantwortlichkeiten geht – und wenn es um die Zuschreibung von Identitäten – also um die Zuschreibung von Schemata, Präferenzordnungen, von Operationsweisen und Leitdifferenzen – geht, selbstverständlich auch die Bedingtheiten und Determinierungen zu berücksichtigen hat, die ein Handeln mitbestimmen; ebenso die Motive und die Realitätskonstrukte, von denen die Akteure ausgingen. Wenn ein Diskurs ein hermeneutisch-moralischer sein will, dann müssen die Aspekte berücksichtigt werden, die in den vorangegangenen Kapiteln dieser Arbeit herausgearbeitet wurden.

5. Exkurs: Der Beitrag einer christlichen Moral und einer theologischen Ethik

Läßt sich das skizzierte Moral- und Ethikkonzept aus der Perspektive einer religiösen – näherhin einer christlichen – Moral und einer entsprechenden theologischen Ethik[189] nachvollziehen?

Moral liegt, theologisch ausgedrückt, in der Schöpfungswirklichkeit begründet, die mit dem „Licht der natürlichen Vernunft“ zugänglich ist.[190] Wie nämlich „die biblischen Texte zeigen, kann der proklamierte Anspruch, soweit er sich auf das sittliche Handeln der Menschen bezieht, seinem Ursprung, seinem Adressaten, seinem Inhalt und seiner Intention nach gar nicht anders als vernunftgemäß, kommunikabel und universal sein. [...] Ein Ethos, das sich nicht prinzipiell vor jedermann und gegenüber allen anderen ethischen Konzepten als das umfassendere, allgemeiner Zustimmung fähige Sollen ausweisen [...] läßt, widerspräche der biblischen Botschaft und dem von ihr verkündeten Gott. [...] Die Konkretisierung des im Liebesgebot zum

---

[187] Vgl. dazu Chambers, *Zur Politik des Diskurses*, 172f.

[188] Vgl. auch Chambers, *Zur Politik des Diskurses*.

[189] Dem „Pfad der Entdeckung“ nach Walzer.

[190] Vgl. Häring, *Das Gesetz Christi*. Erster Band, 270f.; Böckle, *Werte und Normbegründung*, 46ff. 56; Fuchs, *Moral und Moraltheologie nach dem Konzil*, 39; Gründel, *Wandelbares und Unwandelbares in der Moraltheologie*, 24. 39ff.; Schüller, *Der menschliche Mensch*, IX; Hertz, *Das Naturrecht*; vgl. auch die Ausführungen im *Katechismus der Katholischen Kirche*, Nr. 1950-1986. Insofern die traditionelle Vorstellung von einer „lex naturalis“ und einer „lex naturae“ eine inhaltliche Füllung dieser lex voraussetzt, unterscheidet sie sich allerdings von der formalen moralischen Grundnorm der Transzendentalpragmatik.

Ausdruck kommenden Grundanspruchs [...] muß [...] durch die dem Menschen eigene normative Vernunft selbst geschehen."[191]

Weil dem so ist, darum hat auch die philosophische Aufdeckung schöpfungsmäßig angelegter Daten durchaus eine theologische Dimension. Sollte die transzendentalpragmatische Moralbegründung in sich stimmig sein, dann kann sie zumindest nicht in grundsätzlichem Widerspruch zum religiösen Moralverständnis stehen[192], auch wenn sie – zumindest prima facie – aus theologischer Sicht einige nicht unproblematische Implikationen aufweist.

5.1 Grundlagen theologischer Ethik

Gott als Garant

Gott hat eine Welt geschaffen, die so geartet ist, daß den Menschen die Selbstwertigkeit zukommt, die die Transzendentalpragmatik über die ihr eigene Argumentationsfigur entdeckt und beschreibt.[193] Gottes überlegener Weisheit darf zugetraut werden, unter Wahrung aller Implikationen, die im Rahmen einer Diskursethik als bedeutsam ermittelt werden[194], die Geltungsprüfungen leisten zu können, die menschlicherseits nur durch einen Diskurs in der kontrafaktischen idealen Kommunikations- und Argumentationsgemeinschaft erbracht werden könnten. Wenn der Mensch nach transzendentalpragmatischer Lesart insofern zu einem Selbstwert wird, als er Adressat und notwendiger Kritiker von Geltungsansprüchen ist, darf Gott, insofern ihm die letztgültige Prüfung von Geltungsansprüchen zugetraut werden kann (was sich in der Vorstellung von Gott als Weltenrichter ausdrückt), als Selbstwert schlechthin gelten. Er vermag, das besagt die Lehre vom „Himmel", die idealen Zustände zu garantieren, die in der menschlichen Gesellschaft immer nur sozusagen eschatologisch antizipiert werden können, deren eschatologischer Charakter den Sollensanspruch der Moral fundiert und deren Antizipation der Einlösung des Sollensanspruchs erst eine Richtung geben kann.[195]

Die Verbindlichkeit der göttlichen Gebote

Verkürzt könnte man sagen: Gott kennt die Herzen der Menschen, ihre Nöte, ihre Lebensumstände, ihre Bedürfnisse und Interessen. Er kennt sie besser,

---

191 Honnefelder, *Die ethische Rationalität der Neuzeit*, 19f. Vgl auch Ernst, *„Klassische" und „moderne" Begründung der Sittlichkeit im Hoch- und Spätmittelalter*, 771.

192 Im Bemühen um eine kognitivistische und rationale Moralbegründung treffen sich christliche Ethik und Transzendentalpragmatik.

193 Die Transzendentalpragmatik müßte wohl, statt von Selbstwert, von transzendental-reflexivem Wert sprechen.

194 Beachtung aller Interessen, Konsensfähigkeit der Argumente etc.

195 Jede postkonventionelle, kritische Moral erzeugt eine Spannung, nämlich die zwischen den faktischen Gegebenheiten und dem gesollten Zustand; vgl. dazu Böhler, *Philosophischer Diskurs im Spannungsfeld von Theorie und Praxis*, 335. In theologisch-heilsgeschichtlichen Dimensionen wird diese Spannung unter dem Stichwort der Eschatologie thematisiert. Auf die Bedeutung der heilsgeschichtlichen Verheißungen geht Johannes Paul II. in seiner Enzyklika *„Veritatis splendor"* im ersten Kapitel des öfteren ein.

als sie den Menschen aufgrund ihrer Begrenztheit selbst je bewußt sein können. So thematisieren die Aufforderungen und die Verheißungen der Offenbarung eine Richtung und ein Ziel, die das beschreiben, was auch in einem idealen Diskurs als Konsensergebnis formuliert würde. Die Rede von Werten ist, diskursethisch betrachtet, eine sprachlich hochkonzentrierte Form der Antizipation von idealen Diskurskonsensen. Theologisch betrachtet bezeichnen Werte Stufen oder Elemente auf dem Weg zu dem Ziel, das als Vollendung („Himmel", „visio beatifica" etc.) verstanden werden kann, zu der Gott die Menschen führen will, und das, in Kenntnis aller Umstände – auch der soteriologischen Realitäten – unter idealen Bedingungen als Diskurskonsens formuliert würde. Da die Kenntnis aller Umstände für Menschen aus eigener Kraft ebenso unerreichbar ist wie die Herstellung der idealen Sprechsituation, sind die zentralen Inhalte der Offenbarung Orientierungshilfen, ja, insofern sie, transzendentalpragmatisch gedeutet, die Vorwegnahme idealer Diskurskonsensen darstellen, sind sie – auch moralisch – verbindlich.[196]

Wenn sich die theologische Ethik in diesem Sinne auf die Offenbarung und insbesondere auf die Schöpfungslehre stützt, dann vermeidet sie nicht nur einen (theonomen) Moralpositivismus und einen naturalistischen Fehlschluß, sondern sie entgeht auch den Verdikten des Münchhausen-Trilemmas. Es gibt keinen infiniten Regreß, weil die Begründung bei der Selbstwertigkeit Gottes und der Menschen endet. Wir haben keinen Zirkelschluß, weil die Verpflichtung zur Moralität nicht mit einem moralisch begründungspflichtigen und damit zirkelschlüssigen Hinweis auf die Güte Gottes begründet wird. Und insofern der Glaube Moral nicht begründet, sondern vielmehr Zusammenhänge erhellt, liegt auch kein dogmatischer Abbruch des Begründungsverfahrens vor. Der Rekurs auf den Glauben ist nicht selbst Moralbegründung, sondern Berufung auf höhere Einsicht und Verbürgung der anderweitig begründeten Moralverpflichtung. Verstrickt sich dieser Rekurs in einen performativen Selbstwiderspruch, wie Böhler dies nahezulegen scheint[197], wenn er die Berufung auf eine „argumentationsfreie Instanz" deshalb als in sich widersprüchlich bezeichnet, weil sie propositional ein Argument sein wolle, sich mit diesem Argument jedoch auf eben diese argumentationsfreie Instanz berufe. Dieser Vorwurf wäre nur dann uneingeschränkt gültig, wenn die Berufung auf andere niemals als Argument gelten dürfte. Jedoch zählen Zeugenaussagen durchaus als Argument, wenn es darum geht, die Richtigkeit einer Hergangsbeschreibung zu prüfen. Eine solche Berufung kann dann als Argument gelten, wenn sichergestellt ist, daß der andere im sicheren Besitz von Erkenntnissen ist, über die man selbst nicht verfügt, die man sich aber durch Partizipation am Wissen des anderen zu eigen machen kann. Genau dies (und natürlich noch mehr) glauben die Christen, wenn sie sich auf Gott und seine Offenbarung berufen.[198]

---

196 Vgl. dazu die Erklärung über die Religionsfreiheit des II. Vatikanischen Konzils *„Dignitatis humanae"*, Nr. 1ff.

197 Böhler, *Transzendentalpragmatik und kritische Moral*, 102, wirft Spaemann eine performative Inkonsistenz vor, der sich für das Prinzip der Ehrfurcht vor dem Leben auf andere als argumentative Grundlagen beruft.

198 Vgl. dazu den philosophischen Traktat von Josef Pieper, *Über den Glauben*.

5.2 Fixpunkte christlicher Moral: Gott und Mensch als Selbstwerte

Die christliche Moral ist fundiert, und theologische Ethik kann kognitivistisch und rational betrieben werden. Der Grund aller Moralität liegt demnach in der Schöpfungswirklichkeit und letztlich in Gott. Der Fixpunkt, an dem sich die innerweltliche Normgebung ausrichten muß, ist – ähnlich wie in der Transzendentalpragmatik – die Selbstwertigkeit des Menschen. Gott hat den Menschen nach dem Zeugnis der Bibel nach seinem Bilde geschaffen, ihm ähnlich. Diese enorme Aussage läuft darauf hinaus, daß man vom Menschen als von einem Selbstwert ausgehen muß. Zwar formuliert dies die Heilige Schrift nicht in dieser abstrakten Form, doch weisen die Sinnspitzen der einschlägigen Textstellen eindeutig in diese Richtung.[199]

Durch seine Schöpfung hat Gott sich gewissermaßen selbst festgelegt. Eine Schöpfung ohne Menschen, ohne seine Ebenbilder, hätte die Problematik der Moral nicht aufgeworfen. Er hat sich aber entschieden, ein reflexions- und argumentationsfähiges Wesen zu schaffen, einen Menschen mit Freiheit und Handlungsnotwendigkeit. Dadurch kommt der unbedingte Sollensanspruch in die Welt. Damit aber liegt – auch für Gott selbst – das Kriterium der Moral verbindlich fest. Wenn man so will, ist die Schöpfungsentscheidung Gottes eine von ihm gesetzte Dezision, die zum präskriptiven Standard wird. Jedenfalls kann es so scheinen, weil man nicht hinter die Schöpfung zurückdenken kann.[200]

Wenn die Diskursethik davon ausgeht, daß das moralisch gesollt ist, was in der idealen Kommunikationsgemeinschaft einen zwanglosen Konsens findet, so kann man aus den biblischen Aussagen ein dazu paralleles Moralkriterium formulieren: Sittlich gesollt ist, was dem Menschen zuträglich ist. Diesen relationalen Ansatz, der die Güte einer Norm von ihrer Zuträglichkeit für Menschen abhängig macht, findet man vielfach im Handeln Jesu.

Wichtig ist die Erkenntnis, daß sowohl eine theologische als auch eine philosophische Ethik vom Selbstwert des Menschen auszugehen hat. Unterschiede entstehen dann, wenn die Theologie die Wirklichkeit Gottes als Realitätsaspekt einbringt, den es zu berücksichtigen gilt. Wie jede differierende Realitätseinschätzung, so kann auch diese zu unterschiedlichen Ergebnissen bei der Formulierung oder der Anwendung materialer Normen führen. So wird weiter unten noch deutlich werden, daß die Dimensionen von Schuld, Gedenken und Versöhnung, die ja im Zusammenhang mit Vergangenheitsbewältigungs-Prozessen eine Rolle spielen, im Lichte des Glaubens Aspekte aufweisen, die aus rein immanenter Sicht nicht erkennbar sind.

---

[199] Eine knappe Übersicht über einschlägige biblische Aussagen sowie ausführliche Literaturverweise finden sich bei Wertgen, *Die Unbedingtheit des sittlichen Anspruchs*, 86ff. Das Zweite Vatikanische Konzil äußert sich u.a. in der Pastoralkonstitution „*Gaudium et spes*", Nr. 12, dazu.

[200] Es wäre eine müßige Spekulation, darüber nachzudenken, ob es sinnvoll ist, bei alleiniger Existenz des dreifaltigen Gottes schon von der Existenz des moralischen Anspruchs auszugehen.

5.3 Kritische Aspekte der Transzendentalpragmatik aus der Sicht der theologischen Ethik

Die Transzendentalpragmatik und die theologische Ethik verbinden zwei fundamentale Einschätzungen, nämlich die, daß Moral wahrheitsfähig ist und die, daß Ethik rational betrieben werden kann. Im zeitgenössischen außer-theologischen Bereich findet sich für diese Auffassung ansonsten kaum Unterstützung.[201] Diese beiden Gemeinsamkeiten sind so bedeutsam, daß es sich lohnt, die Transzendentalpragmatik auf ihre Verträglichkeit mit einer theologischen Ethik näher zu untersuchen. Hier kann es nur darum gehen, einige kritische Aspekte zu untersuchen, um durch deren Klärung das gemeinsame Fundament von Transzendentalpragmatik und theologischer Ethik als universales Paradigma zu befestigen, auf dem Vergangenheitsbewältigung sicher betrieben werden kann.

Die Konsenstheorie der Wahrheit

Zunächst fällt die mit der Diskursethik verbundene Konsenstheorie der Wahrheit auf. Aus theologischer Sicht wird man es nicht nachvollziehen können, die Position als wahr zu bezeichnen, auf die sich Menschen im Konsens einigen; genauer, sie deshalb als wahr zu bezeichnen, *weil* sie in einer konsensuellen Übereinkunft Zustimmung findet. Wahrheit, so wird man einwenden, kann nicht durch Beschlußlagen konstituiert werden. M.E. läßt sich diese Problematik jedoch durch zwei Überlegungen entschärfen.

Erstens: Die Konsenstheorie der Wahrheit bezieht sich ja auf einen Konsens in der *idealen* Kommunikationsgemeinschaft. Nicht die Übereinstimmung in irgendwelchen Gruppen oder sozialen Systemen löst bereits den Wahrheitsanspruch ein. Ein Konsens in der realen Kommunikationsgemeinschaft ist deshalb immer ein antizipierter, ein vorläufiger, ein fallibler Konsens. Das weiß und betont auch die Transzendentalpragmatik. Wahrheitsbildend ist nur der Konsens in der kontrafaktischen idealen Kommunikationsgemeinschaft. Im Grunde handelt es sich um eine Metapher für ein universales, unbegrenztes Wissen, für eine Prüfungssituation von Argumenten, in der *alle* relevanten Aspekte bekannt sind und gemäß ihres argumentativen Gewichtes in die Urteilsbildung einfließen. Es ist sozusagen die „Position Gottes“, die mit der idealen Diskurssituation beschrieben wird. Für Menschen ist diese Position unerreichbar. Sie müssen sich faktisch mit einer eingeschränkten Variante zufriedengeben. Diese ist der Diskurs in der *realen* Kommunikationsgemeinschaft. Die Prüfung von synthetischen Sätzen hat die größte Richtigkeitswahrscheinlichkeit, wenn sie diskursiv durchgeführt wird. Es gibt demnach in aller Regel keine größere Annäherung an Wahrheit als eine diskursiv bewerkstelligte.

Zweitens: Bei allen Schwächen einer konstruktivistischen Kognitionstheorie ist festzuhalten, daß jede menschliche Erkenntnis, daß jedes Deuten interpretationsimprägniert ist. Doch es gibt Deutungen mit größerer und sol-

[201] Es gibt andere Moraltheorien, die jeweils *einen* der beiden Ansprüche teilen, aber, soweit ich sehe, kaum eine weitere, die *beide* Ansprüche zugleich teilt.

che mit geringerer Kraft, die Daten zu einer Interpretation zu verknüpfen. Darum müssen Behauptungen auf ihre Kontrainterpretierbarkeit hin geprüft werden. Weil bei jeder Interpretationsprüfung auch die Interpretationsschemata auf dem Prüfstand stehen, darum ist die geeignete Prüfmethode die diskursive. Auch hier geht es darum, den größtmöglichen Grad an Sicherheit zu gewinnen angesichts der Erkenntnis, daß Menschen die Position Gottes nicht einnehmen können.

Die Gewissensproblematik

Der zweite kritische Aspekt der Transzendentalpragmatik betrifft die Gewissensfrage. Nur der Konsens in der idealen Kommunikationsgemeinschaft weist die Güte und die Berechtigung von Normen aus. Damit überwindet die Transzendentalpragmatik die solipsistische Engführung. Zugleich relativiert sie damit aber auch die Bedeutung des Gewissens. Der Rekurs auf das Gewissen als normierender Instanz ist ein performativer Selbstwiderspruch, denn Moralität erhebt den Anspruch, die Gültigkeit einer Norm einem universalen Diskurs aussetzen zu können. Die Gewissensthese dagegen entzieht ein moralisches Urteil dem Diskurs unter Berufung auf die Bedeutung der eigenen Ansichten. Widerspricht die Transzendentalpragmatik damit dem christlichen Gewissensverständnis?

Das Alte Testament kennt keine eigentliche Gewissenslehre. Das Wort kommt lediglich im Buch der Weisheit (17,10) und bei Kohelet (10,20) vor.[202] Ansonsten ist die Rede vom Herzen als dem Sitz der seelisch-geistigen Fähigkeiten des Menschen. Auch in den Evangelien findet sich – außer in Joh 8,9[203] – kein eigenes Wort für das Gewissen. Anders jedoch bei Paulus. Er meint damit aber keineswegs ein autonom funktionierendes Gutheitskriterium, sondern, im Rückgriff auf prophetische Lehre, die das dialogische Verhältnis zwischen Israel und Gott thematisiert, einen inneren Dialog (vgl. Röm 2,15; oder auch einen virtuellen: vgl. 2 Kor 4,2), dessen Maßstab nicht fixierte Regeln der lebensweltlichen Sittlichkeit sind, sondern die Orientierung an Gott (als höchstem Wert; vgl. Röm 1,19ff.) und seinen Geboten (vgl. 1 Kor 9,21; Röm 12,2), sowie an den Mitmenschen und deren Heil (vgl. 1 Kor 8,9-13; 10,23-33; Röm 14,13-23). Diese von Paulus stark betonte Einsicht, daß die dialogische Beziehung des Menschen zu Gott das Maß des Gewissens ist[204] und daß sich in der Realisierung dieser Beziehung das Gewissen als Stimme Gottes verstehen läßt[205], konnte sich in der Theologie trotz manche Subjektivierungs- bzw. Privatisierungstendenzen halten.[206] „Erst als

202 Vielleicht ließe sich auch Sir 42,18 dazuzählen.

203 Diese Stelle ist textlich ungesichert.

204 Das dialogische Moment klingt auch in dem als „Kurztext" überschriebenen Satz des *Katechismus der Katholischen Kirche*, Nr. 1800, an: „Das Wort Gottes ist ein Licht, das unsere Pfade erhellt. Wir müssen es uns im Glauben und im Gebet zu eigen machen und in die Tat umsetzen. Auf diese Weise wird das Gewissen gebildet."

205 Vgl. dazu Johannes Paul II., *Veritatis splendor*, Nr. 58.

206 Zur Bedeutung und Entwicklung des Gewissensbegriffs in Bibel und Theologie vgl. Hertz, *Glaube und Gewissen*.

Mitte des 18. Jahrhunderts das Gewissen zunehmend als ein autonomes moralisches Gefühl des Individuums verstanden und seine Beziehung zum personalen Gott zurückgedrängt oder gar beseitigt wurde, war der Weg frei für einen atheistischen Liberalismus, der die Moral zur Privatsache erklärt und den Gewissensbegriff von Gott abtrennt.“[207]

Die Privatisierung des Gewissens scheint ein Ausdruck der modernen westlichen Komplementarität von privater und nicht rationalitätsfähiger Wertentscheidung einerseits, und intersubjektiver, aber ethisch wertneutraler Rationalität andererseits zu sein.[208] Das Gewissen, darin sind sich Transzendentalpragmatik und christliche Ethik einig, schafft keine Moral und kann keine allgemeinverbindlichen Normen aufstellen. Es muß sich vielmehr auf die Moral beziehen.

Damit wird keineswegs gegen das Postulat der Gewissensfreiheit geredet.[209] Vielmehr ist die Gewissensfreiheit, erstens, eine diskursethische Voraussetzung, insofern die Träger der notwendig vorausgesetzten Argumentationsgemeinschaft, die Menschen, als moralische Personen vorgestellt werden müssen, die in der Lage sind, praktisch zu argumentieren.[210] Zweitens ergibt sich das Postulat der Gewissensfreiheit aus der Tatsache, daß Menschen handeln müssen und nicht auf die Ergebnisse idealer Diskurse oder auf konkrete, moralisch relevante lebenspraktische Hinweise Gottes warten können.[211] Die Entscheidung zum Handeln – und das beinhaltet die Entscheidung zum Erheben der Geltungsansprüche inklusive des Wahrheitsanspruchs – muß jeder Mensch selbst treffen, sie läßt sich nicht delegieren. Die Entscheidung zum konkreten Handeln muß in einer Situation, in der kein Diskurs geführt werden kann oder in der dem zum Handeln angehaltenen Subjekt der reale – und damit begrenzte und deshalb fallible – Diskurs nicht das präsumtive Ergebnis eines idealen Diskurses zu antizipieren scheint, sondern zu einseitigen, nicht universalisierbaren, kontrainterpretierbaren Ergebnissen führt, in Form einer „gemischten Norm“[212] getroffen werden. Aus dem Moralprinzip, aus sittlichen und nicht-sittlichen Werten muß eine Handlung syllogistisch deduziert werden. Diese Handlungsentscheidung ist dann auch eine Gewissensentscheidung, weil das Subjekt sich auf die Notwendigkeit zurückgeworfen sieht, einen solchen Syllogismus (in Ermangelung einer idealen Diskursmöglichkeit) aus den eigenen praktischen Fähigkeiten heraus zu betreiben. Es ist ein innerer Diskurs, der – um es mit Thomas von Aquin zu erläutern[213] – die Synderesis mit Hilfe der Sapientia und der Scientia an-

---

207 Böhler, *Philosophischer Diskurs im Spannungsfeld von Theorie und Praxis*, 346.

208 Böhler, *Philosophischer Diskurs im Spannungsfeld von Theorie und Praxis*, 347.

209 Gerade die Erklärung über die Religionsfreiheit des Zweiten Vatikanischen Konzils („*Dignitatis humanae*“) betont die Bedeutung der Gewissensfreiheit; vgl. ebd., Nr. 1-2.

210 Vgl. Böhler, *Philosophischer Diskurs im Spannungsfeld von Theorie und Praxis*, 348ff.

211 Gewissensentscheidungen sind also Entscheidungen in nicht-trivialen Situationen im Sinne von Heinz von Foerster, *Lethologie*. Der Normalfall bedarf keiner Gewissensentscheidungen, sondern (diskursiver) Klärungen. Wenn auch in mancher Hinsicht kritisierbar, ist in diesem Zusammenhang der Aufsatz von Lübbe, *Zur Theorie der Entscheidung*, erhellend.

212 Vgl. Ginters, *Werte und Normen*, 25-28.

213 Vgl. Anzenbacher, *Einführung in die Ethik*, 82ff.

wendet. Darum wird die Gewissenhaftigkeit von Entscheidungen[214] zur Pflicht und die Gewissensfreiheit zum Menschenrecht. Weil aber das Gewissen irren kann (ohne dessentwegen seine Dignität[215] und seine Verpflichtung zur Befolgung zu verlieren), sind Gewissensentscheidungen nicht schon deshalb moralisch richtig, weil sie Gewissensentscheidungen sind. Allerdings, ihre Befolgung ist – wenn die Gewissensentscheidung im Rahmen des Möglichen diskursiv zustande kam – aus den genannten Gründen moralisch geboten und moralisch gut, auch wenn sie irrig ist.

Diese wenigen Hinweise reichen aus, um anzudeuten, worauf es hier ankommt: aufzuzeigen, daß auch in der Gewissensfrage die transzendentalpragmatische Auffassung nicht im Widerspruch zur theologischen stehen muß.

Einige Aspekte der Gewissensproblematik im Rahmen von Vergangenheitsbewältigung

Was bedeuten die Überlegungen zur diskursiven Normfindung und zum Gewissen im Rahmen von Vergangenheitsbewältigung? Für Gewissensentscheidungen gilt: sie müssen sich der Überprüfung stellen.

Bezogen auf Täter heißt dies: Keine noch so hohe und hehre Ideologie, keine Verpflichtung gegenüber Führern, keine Bindung an Volksgruppe oder Partei kann eine normative Kraft für sich beanspruchen, die von der moralischen Überprüfung dispensierte. Keine fallible Autorität kann unter Ausschaltung diskursiver Prüfung das Gewissen binden. Durch die Bemäntelung von Interessen oder Ideologien als Gewissensverpflichtungen lassen sich diese nicht gegen den Anspruch der Moral auf Überprüfung immunisieren. Es gibt also keine moralisch legitimierbare Möglichkeit, ein Handeln der moralischen Prüfung zu entziehen. Freilich läßt sich das Gewissen nicht testen, erst recht nicht durch eine reale und damit fallible Kommunikationsgemeinschaft. Aber es gibt keine moralisch lautere Möglichkeit, einen hermeneutisch-moralischen Diskurs abzulehnen. Es gibt also nicht die moralisch integere Möglichkeit des „Hier stehe ich und kann nicht anders!“, ohne die eigenen Entscheidungsgrundlagen nach Möglichkeit dem Diskurs auszusetzen. Eine Überzeugung, scheine sie dem Überzeugten und vielen anderen noch so gut und noch so wertvoll, muß bereit sein, sich im Diskurs zu bewähren. Verbohrtheit ist auch dann nicht moralisch vertretbar, wenn sie sich der Zurkenntnisnahme von Kontrainterpretationen entzieht.

Gleiches gilt auch für Mitläufer. Moralische Verantwortung[216] läßt sich nicht an übergeordnete Stellen abtreten zugunsten eines „reinen Gewissens“.

Für Widerständler gilt zunächst allerdings das gleiche Prinzip. Eine unbegründete und unbegründbare Gewissensentscheidung kann Widerstand oder

---

214 Dazu gehört auch die Verpflichtung zur Gewissensbildung.

215 Vgl. die Pastoralkonstitution „*Gaudium et spes*“, Nr. 16, des Zweiten Vatikanischen Konzils.

216 Das gilt gleichermaßen für Verantwortung im deskriptiven wie im normativen Sinne; vgl. dazu Lenk/Maring, *Verantwortung – Normatives Interpretationskonstrukt und empirische Beschreibung*. Vgl. auch das damit verbundene Problem der korporativen Verantwortung bei Lenk/Maring, *Das moralphilosophische Fundament einer Ethik für Organisationen – korporative und individuelle Verantwortung*.

offene Opposition noch nicht rechtfertigen. Das mag sich zunächst bedenklich anhören, wenn man beispielsweise an den Widerstand im Warschauer Ghetto denkt. Doch dürfte sich diese Bedenklichkeit aus drei Gründen leicht verflüchtigen. Erstens läßt sich der Widerstand im Warschauer Ghetto und in ähnlichen Situationen leicht diskursiv rechtfertigen. Insofern gilt er als wohlbegründet und moralisch fundiert. Zweitens läßt sich durch eine solche Prüfung aufdecken, daß Widerstand nicht in sich gut und richtig ist, sondern nur, wenn er bestimmten Kräften widersteht. Damit kann Widerstand ggf. selbst als bedenklich entlarvt werden. Man denke etwa an fundamentalistischen Widerstand, der sich auf diskursiv nicht einlösbare Ansprüche und nicht verallgemeinerungsfähige Ziele stützt. Drittens schließlich kann ein Widerstand in seiner unmoralischen Zielsetzung enttarnt werden, wenn er – wie in manchen politisch instabilen Staaten, in denen Diktaturen von neuen Diktaturen abgelöst werden – lediglich die Gewaltherrschaft anstrebt, die er beim gegenwärtigen Regime bekämpft.

Diese recht grobe Skizze soll deutlich machen, daß das kurz explizierte Gewissensverständnis Vergangenheitsbewältigung in Form eines hermeneutisch-moralischen Diskurses nötig macht, dem sich keine Position durch Immunisierungsstrategien moralisch begründet entziehen kann.

Die Werteproblematik

Auf eine weitere Position der transzendentalpragmatischen Ethik muß noch kurz eingegangen werden, die aus theologischer Sicht bedenklich scheinen könnte. Die Transzendentalpragmatik kennt keine teleologische Ausrichtung des Moralprinzips und keine eigenständigen Werte. Während die christliche Ethik vom Streben nach dem höchsten Gut als der Grundtendenz jeder Moralität ausgeht und davon, daß es – damit zusammenhängend – vorgängige Werte gibt, die beim moralischen Handeln zu berücksichtigen sind, kennt die Transzendentalpragmatik nur den idealen Diskurs als Moralkriterium. Ein unüberwindlicher Widerspruch?

Man kann davon ausgehen, daß die Transzendentalpragmatik, indem sie den idealen Diskurs zum Moralkriterium macht, das als Wert anerkennt, was in einem solchen Diskurs das Normfindungsverfahren bestimmt. Der ideale Diskurs ist aber, wie dargestellt, eigentlich eine Metapher für ein universales, unbegrenztes Wissen. In ihm würden alle Interessen, Bedürfnisse, Notwendigkeiten etc. ideal berücksichtigt und zur Geltung gebracht. Diese ideale Kenntnis von Interessen, Bedürfnissen und Notwendigkeiten identifiziert – verkürzt ausgedrückt – die Theologie mit dem natürlichen Streben des Menschen auf Gott hin (auch wenn dies dem Menschen nicht explizit bewußt ist). Dieses Ziel, dieses Worumwillen des Strebens, läßt sich als das höchste Gut bezeichnen. Insofern die Theologie davon ausgeht, daß Gott das Streben der Menschen besser kennt als sie selber es kennen, nimmt sie an, daß Gott um das Streben der Menschen weiß. Wenn die Offenbarung dieses Streben voraussetzt und das Worumwillen als Wert bezeichnet, dann nimmt sie in Anspruch, das zum Ausdruck zu bringen, was transzendentalpragmatisch nur in einem kontrafaktischen idealen Diskurs eruiert werden könnte.

Wenn die christliche Moral Werte nicht platonisch aus metaphysischen Spekulationen destilliert, sondern aufgrund des Verhältnisses der Menschen zu Gott und aufgrund der moralischen Verpflichtung der Menschen zueinander beschreibt, dann nimmt sie in Anspruch, dem voraus zu sein, was ein Diskurs je ermitteln kann. Sie kennzeichnet die menschlichen Erkenntnisversuche – auch die der Transzendentalpragmatik – als defizitär, aber sie widerspricht der transzendentalpragmatischen Theorie insofern nicht, als man davon auszugehen hat, daß die Transzendentalpragmatik ohne Transzendenzbezug arbeitet, also ohne die Wirklichkeit Gottes in das Theoriegefüge einzubeziehen. Aus transzendentalpragmatischer Sicht kann deshalb die christliche Rede von Werten und von der Ausrichtung des Menschen auf Gott nicht nachvollzogen werden. Doch aus theologischer Sicht ist die transzendentalpragmatische Ethik – als ein die Realität nur teilweise nutzender und auf dieser Basis um eine kognitivistische und rationale Moraltheorie bemühter Ansatz – mit der christlichen Ethik durchaus in Einklang zu bringen.

Es gibt nicht wenige Spannungen und offene Fragen zwischen Transzendentalpragmatik und theologischer Ethik, auch über die hier kurz angesprochenen hinaus; und selbst bei diesen konnte die Möglichkeit einer Konvergenz nur angedeutet werden. Das Verhältnis von Transzendentalpragmatik und theologischer Ethik müßte also in vielerlei Hinsicht noch abgeklärt, könnte m.E. aber fruchtbar genutzt werden, um fundamentale Ansprüche der Moral in einer säkularisierten Welt zur Sprache zu bringen. Und genau diese Notwendigkeit ergibt sich bei der Frage nach einem universalen Paradigma, nach dem die normativen bzw. bewertenden Aspekte bei Vergangenheitsbewältigungs-Prozessen ausgerichtet werden können.

6. Moral als universales Paradigma und als Steuerungsinstrument

Die Steuerungsaufgabe

Was bedeutet die Diskursethik hinsichtlich der Steuerungsproblematik von Systemen? Vergangenheitsbewältigung muß in der Lage sein, entweder in die Systemorganisation nachhaltig einzugreifen oder die Umweltbedingungen so zu verändern, daß das System seine Operationsweise zu ändern sich genötigt sieht. Weil differenzierte Gesellschaften aus dem Zusammenspiel vieler Teilsysteme bestehen, verlangt Vergangenheitsbewältigung in differenzierten Gesellschaften ein Vorgehen, das geeignet ist, (a) durch erfolgreiche Orientierung eine parallelisierte Interpretation der in Frage stehenden (eigenen) Geschichte und (b) gegebenenfalls die Veränderung nicht nur der Operationsweise des Gesamtsystems (die aus der Art des Zusammenspiels der Teilsysteme besteht), sondern die Veränderung der Operationsweise von (vielen) Teilsystemen bis hin zu psychischen Systemen, also Individuen, zu erreichen. Kann die Diskursethik das leisten?

Die Steuerungskapazität von Moral

Weil Systeme letztlich aus Individuen bestehen (und nicht einfachhin aus Kommunikationen), kann die (Diskurs-) Ethik bzw. die Moral ein Steuerungsinstrument sein, wenn sie die Individuen – oder zumindest eine ausreichende Zahl von ihnen – zu motivieren vermag, sich moralisch zu verhalten, d.h. diskursethisch: sich auf Diskurse einzulassen. Einer der wichtigsten Aspekte scheint mir dabei die Frage zu sein, ob die Diskursethik als ein vernünftiges und als ein gerechtes Steuerungsinstrument empfunden wird, also als ein solches, dem man sich anvertrauen kann, ohne befürchten zu müssen, daß dieses Instrument, wenn es regelgerecht angewendet wird, sich gegen einen selbst wendet. „Prozedurale Gerechtigkeit ist für Personen ein wichtiger Bewertungsmaßstab für Vorkommnisse und Ereignisse in Organisationen", schreibt Günter F. Müller.[217] Man kann diesen Satz leicht variieren: Prozedurale Gerechtigkeit ist für Personen ein wichtiger Bewertungsmaßstab für die Bereitschaft, sich auf die Prüfung von Interpretationen einzulassen. Als entscheidende Kriterien der Prozedur bzw. des Prozesses gelten dabei die Beteiligung der Betroffenen, Unparteilichkeit bzw. Universalisierbarkeit, Unvoreingenommenheit, Einbezug aller erreichbaren relevanten Informationen, kommunikatives statt strategisches Vorgehen sowie Transparenz des Verfahrens.[218] M.E. kann die transzendentalpragmatische Moralbegründung diese Sicherheit des Verfahrens bieten.

Anwendungsmodi von Moral

Wie aber läßt sich das Diskursanliegen in einer komplexen, differenzierten Gesellschaft umsetzen? Sicherlich gilt, daß diese Umsetzung immer nur teilweise gelingen wird. Die Organisierung der Gesellschaft nach demokratischen Prinzipien ist dabei sicherlich ein erster und wichtiger Schritt[219], obwohl die *liberale* Demokratie einen defizitären Anwendungsfall der diskursiven Methode darstellt.[220] Sie ist nämlich die liberale, dem Individualismus entspringende Praxis, Interessenkollisionen regelgeleitet zu entschärfen, impliziert dabei aber nicht die moralische Verpflichtung zur Universalisierung bzw. zur – zumindest virtuellen – Prüfung von Ansprüchen in der idealen Kommunikationsgemeinschaft. Demokratie ist also eine strategische Veranstaltung, in der Klugheitsregeln den Maßstab bilden, sie ist jedoch keine moralische Prozedur.[221] Die moralische Grundnorm gewinnt ihre Ver-

---

217 Müller, *Prozedurale Gerechtigkeit in Organisationen*, 57. Freilich hat auch das Ergebnis von Prozessen einen Einfluß auf deren Akzeptanz.

218 Vgl. Müller, *Prozedurale Gerechtigkeit in Organisationen*, 59. (Die Aspekte wurden von mir etwas verändert und in ihrer Anzahl gegenüber Müller gekürzt.)

219 Das läßt sich auch aus konstruktivistischer Perspektive nachvollziehen; vgl. Hejl, *Ethik, Konstruktivismus und gesellschaftliche Selbstregelung*, 83ff.

220 Zu bedenken, aber hier nicht zur Untersuchung anstehend, ist die Tatsache, daß es keine einheitliche Demokratietheorie gibt; vgl. Fikentscher, *Demokratie*; Guggenberger, *Demokratietheorie*; Besson/Jasper, *Das Leitbild der modernen Demokratie*, 11ff.

221 Vgl. dazu Apel, *Das Apriori der Kommunikationsgemeinschaft und die Grundlagen der Ethik*, 374ff.

bindlichkeit nämlich nicht durch taktische, vertragliche Übereinkünfte, sondern durch die ideale diskursive Prüfung.[222] Darum lassen sich auch demokratische Prozesse noch einmal moralisch bewerten. Das Ziel der Demokratie muß es daher zu allererst sein, die Methode der moralischen Diskussion stets zu optimieren und zu institutionalisieren[223], also hermeneutisch-moralische Diskurse zu ermöglichen und als Entscheidungsprozesse zu qualifizieren. Die Demokratie ist sozusagen der Versuch, den Teil B der Diskursethik im Sinne Apels umzusetzen, also unter Inanspruchnahme strategischer Mittel die optimale Diskurssituation anzustreben.

Erschöpft sich das universale Paradigma demnach in demokratischen Strukturen? Soll die politische Form der Demokratie das Steuerungsinstrument sein, das moderne differenzierte Gesellschaften lenken und Vergangenheitsbewältigung betreiben kann? Luhmanns Systemtheorie wird daran Zweifel hegen. Das demokratische System kann nicht alles steuern, ebenso wenig kann es aus eigenen Kräften umfänglich Vergangenheitsbewältigung betreiben. Dem demokratischen System dürfte vielmehr immer stärker die Aufgabe zukommen, Diskurse zu ermöglichen und sie zu institutionalisieren.[224] Das demokratische politische System muß daran interessiert sein, daß Individuen ihre Möglichkeiten als Mitglieder und als Umwelt von sozialen Systemen wahrnehmen[225] und in diskursiver Weise Einfluß auf die Systeme nehmen[226]. Insofern ist die Demokratie die gesellschaftlich-politische Form, die Menschen zur Wahrnehmung von Diskursen auszubilden und die die Möglichkeit diskursiver Klärungen sicherzustellen hat. Einige Konkretisierungen bezüglich Vergangenheitsbewältigung werden im folgenden Kapitel angesprochen.

---

[222] Vgl. Apel, *Das Apriori der Kommunikationsgemeinschaft und die Grundlagen der Ethik*, 426.

[223] Vgl. Apel, *Das Apriori der Kommunikationsgemeinschaft und die Grundlagen der Ethik*, 426.

[224] Vgl. Müller, *Demokratische Gerechtigkeit*, 15.

[225] Diesem Ziel dienen z.B. Einrichtungen und Veranstaltungen zur politischen Bildung, die etwa von Bundes- oder Landeszentralen für politische Bildung initiiert werden, oder Publikationen dieser Einrichtungen. Vgl. dazu Speck, *Wertevermittlung – nur eine Aufgabe der Politik?*

[226] Etzioni, *Die Verantwortungsgesellschaft*, 153ff., beschreibt *aus kommunitaristischer Perspektive* gesellschaftliche Dialoge, die zu Veränderungen führen. Er nennt sie „metalouges“. Gegenüber einer „deliberativen“ Demokratie ist er jedoch skeptisch; vgl. ebd., 142ff. Auch Höffe, *Politische Gerechtigkeit*, 478ff., betont, daß diese Diskurse sehr informell ablaufen können.

Siebter Kreis: Praktische Anwendungen

Vergangenheitsbewältigung bedeutet, Geschichtsinterpretationen und Identitätszuschreibungen zu orientieren und zu parallelisieren sowie die Konsequenzen zu ziehen, die sich aufgrund dieser Interpretationen und Zuschreibungen ergeben. Diejenigen allerdings, die Macht über (gesellschaftliche) Interpretationsverfahren besitzen oder die von solchen Interpretationen unbehelligt leben können, können Vergangenheitsbewältigungs-Prozesse vermeiden, unterdrücken oder ignorieren. Menschen brauchen Identitätszuschreibungen, um eine (subjektiv) verläßliche Interaktion unterhalten zu können. Diese Interpretationsunternehmen sind faktisch aber manipulierbar. Darum ist es wichtig festzustellen, daß es eine moralische Verpflichtung zur Vergangenheitsbewältigung gibt. Mit dieser Feststellung ist eine generelle Durchführung von Vergangenheitsbewältigungs-Prozessen zwar nicht garantiert, aber es ist damit der unbedingte Anspruch geäußert, stets und überall für Kommunikationsstrukturen zu sorgen, die Vergangenheitsbewältigungs-Prozesse nicht nur möglich, sondern zu einem Bestandteil der Kommunikations- und Interaktionspraxis machen.

Alltägliche und explizite Vergangenheitsbewältigung

Das bedeutet freilich nicht, daß fast nur noch Vergangenheitsbewältigung betrieben werden müßte. Das ist praktisch unmöglich und in aller Regel auch unnötig. Geschichtsinterpretationen und Identitätszuweisungen laufen in der Alltagspraxis üblicherweise selbstverständlich und problemlos ab. Vorurteile können allerdings schon zu interaktionsrelevanten Problemen führen, z.B. wenn Mitglieder bestimmter Gruppen geringgeschätzt und notorisch verdächtigt werden, was zu ungerechten Behandlungen und Ausgrenzungen führen kann. Ab einer bestimmten, aber schwer zu definierenden Intensität solcher Behandlungen ist gewiß ein expliziter Vergangenheitsbewältigungs-Prozeß nötig: das diskursive Überprüfen von Geschichten und Identitätszuschreibungen sowie eine Kontrolle der sich daraus ergebenden Konsequenzen (inklusive der Interaktionsbeziehungen). Auf alle Fälle wird Vergangenheitsbewältigung dann notwendig, wenn allem Anschein nach Handlungen zu beobachten sind (bzw. Geschichten erzählt werden müssen), die bei Anwendung des Moralprinzips als verwerflich zu gelten haben. Dann geht es um eine explizite und systematische Prüfung von Geschichten, Identitätszuschreibungen und den nötigen Konsequenzen. Als Maßstab bedarf es eines universal anwendbaren Paradigmas, damit diese Prüfungen und Zuschreibungen nicht durch die Anwendung rein funktionalistischer Kriterien, von „Üblichkeiten“ oder einer faktischen „lebensweltlichen Sittlichkeit“ (eines kontingenten Ethos) beliebig und damit selbst zu einem schweren Fall für Vergangenheitsbewältigung werden. Das Moralprinzip – so das Ergebnis des vorangegangenen Kapitels – kann ein solches Paradigma sein. Weil die teilweise bereits inhaltlich gefüllte christliche Moral in ihrer Füllung nur für diejenigen problemlos nachvollziehbar ist, die die Offenbarungsinhalte als Teil der Realität akzeptieren, wurde vorgeschlagen, den Nachweis des in der Schöpfungswirklichkeit grundgelegten Moralprinzips mit dem Instrument der natürlichen Vernunft zu führen. Die Transzendentalpragmatik scheint dazu einen gangbaren Weg zu bieten. Wie in Anwendung des Moralprinzips Vergangenheitsbewältigung sinnvoll betrieben werden kann, ergibt sich aus der Theorie der Diskursethik nur teilweise. Denn sie stellt eine *grundsätzliche* Besinnung auf die Unbedingtheit des sittlichen Anspruchs dar, bietet aber nur wenige Hinweise, wie im „Teil B“, dem Anwendungsteil der Diskursethik[1], zu verfahren sei. Lediglich auf die Angemessenheit, ja Notwendigkeit demokratischer Staats- bzw. Gesellschaftsformen wurde bereits hingewiesen.

Welche Wege, welche „Methoden“ der Vergangenheitsbewältigung gibt es? Weil es hier nicht um eine vollständige Darstellung dieser Wege und Methoden gehen kann, seien beispielhaft solche ausgewählt, die die für eine Theorie von Vergangenheitsbewältigung erarbeiteten Aspekte gut veranschaulichen können und die im Rahmen von Vergangenheitsbewältigungsprozessen immer wieder eine Rolle spielen. Dabei bietet es sich an, mit einem Blick auf die juristischen Möglichkeiten zu beginnen, denn sie werden, wenn es um Vergangenheitsbewältigung geht, in aller Regel am häufigsten eingefordert.

1. Der Beitrag von Recht und Justiz zur Vergangenheitsbewältigung

1.1 Funktion und Struktur des (Straf-) Rechts

Der funktionale Charakter des Rechts

Vergangenheitsbewältigung erhebt hermeneutisch-moralische Ansprüche. Die Ansprüche des (Straf-) Rechts sind dagegen bescheidener. Das Rechtssystem ist ein gesellschaftliches Subsystem mit einer ganz bestimmten, wichtigen Funktion. Das Recht dient dazu, eine vernünftige Ordnung des gesellschaftlichen Lebens zu etablieren[2] und den „Rechtsfrieden“[3] sicherzustellen. Es geht um „‚Norm- und Gesellschaftsstabilisierung‘, also um das, was man

[1] Apel, *Das Anliegen des anglo-amerikanischen „Kommunitarismus“ in der Sicht der Diskursethik*, 169, legt jedoch großen Wert darauf, daß der Teil B auch ein *Begründungsteil* sei, nicht bloß ein *Anwendungsteil.*

[2] Vgl. Kimminich, *Garanten des friedlichen Wandels*, 87.

[3] Vgl. Bockelmann, *Bemerkungen über das Verhältnis des Strafrechts zur Moral und zur Psychologie*, 12; Schmidhäuser, *Einführung in das Strafrecht*, 236ff.

heute gerne ‚positive Generalprävention' nennt"[4]. Diese funktionale Bedeutung des Rechts wird am modernen juristischen Schuldbegriff deutlich. Schuld ist „Vorwerfbarkeit".[5] Es geht „nicht primär um Sozialisierung oder Abschreckung des Täters oder anderer, sondern um Generalprävention im Sinne der Garantierung derjenigen Erwartungen, deren Enttäuschungsfestigkeit die Ordnung zu ihrem Erhalt braucht. [...] Die Grenze, die durch eine vom generalpräventiven Zweck bestimmte Schuld gesetzt wird, verläuft also nicht da, wo sie nach Meinung der ‚guten Bürger' als Adressaten von Schuld und Schuldstrafe laufen müßte, sondern wo sie laufen muß, um Normalvertrauen zu erhalten."[6] „Die Rechtsordnung [...] muß den Meineid auch dann strafen, wenn er aus noblen Motiven geleistet ist, die Tötung auch dann, wenn sie lediglich die Qual des Sterbens verkürzt hat, und sie muß den Angeber, der bei der Wahrheit geblieben ist, straflos lassen."[7] „Für die ‚Richtigkeit' des Rechts und so auch für die ‚Richtigkeit' der Strafe kommt es auf gerechte Inhalte überhaupt nicht an, sondern nur auf das reibungslose Funktionieren im System."[8] So kann der Bereich der Gesetzgebung und der Rechtsprechung selbst bewältigungsrelevant werden.

Die Aufgabe des Rechts besteht nicht darin, das gesellschaftliche System in allen Details zu ordnen und zu steuern[9], sondern darin, die grundlegenden Strukturen zu garantieren und zu schützen, die notwendig sind, damit die Gesellschaft bestehen kann. Das Recht ist – verkürzt ausgedrückt – ein gesellschaftliches (bzw. staatliches) Instrument, das die Aufrechterhaltung der Präferenzordnung einer Gesellschaft (bzw. eines Staates) sichern soll. Das Recht hat funktionalen Charakter. Darum ist es kein universales, sondern ein abhängiges Paradigma. Es hängt ab von den gesellschaftlichen Prozessen, die die Präferenzordnung festlegen und zum Schutz dieser Präferenzordnung ein entsprechendes Rechtssystem installieren. Wie bei allen funktionalen Instrumenten, so hängt auch bei einem Rechtssystem die moralische Güte nicht nur davon ab, ob seine konkrete Anwendung im Einzel-

---

[4] Kaufmann, *Schuld in der zeitgenössischen strafrechtlichen Rechtsprechung und Lehre*, 49. Die Generalprävention ist ein möglicher Strafzweck im Bereich der „relativen Straftheorien" neben der Individual- oder Sozialprävention und dem Täter-Opfer-Ausgleich. Dem gegenüber stehen die Vergeltungstheorie und die Sühnetheorie.

[5] Vgl. Kaufmann, *Schuld in der zeitgenössischen strafrechtlichen Rechtsprechung und Lehre*, 47; Avenarius, *Die Rechtsordnung der Bundesrepublik Deutschland*, 145. Vgl. auch Baurmann, *Schuldlose Dogmatik?*, 203-242.

[6] Jakobs, *Schuld und Prävention*, 7. 14. Das Strafrecht hat einen generalpräventiven Zweck, nicht dagegen das einzelne Strafverfahren. Darum können Strafprozesse – auch im Rahmen von Vergangenheitsbewältigung – nicht dazu dienen, Zeichen zu setzen oder gar „ein Exempel zu statuieren". Das liefe dem Grundsatz zuwider, daß der Angeklagte ausschließlich nach seinem Schuldmaß zu behandeln ist. Dies wurde verschiedentlich von Richtern anläßlich von Prozessen zur DDR-Regierungskriminalität ausdrücklich betont.

[7] Bockelmann, *Bemerkungen über das Verhältnis des Strafrechts zur Moral und zur Psychologie*, 16. Im Zusammenhang mit der Aufarbeitung der DDR-Geschichte kam es nicht selten zu der oft beklagten Situation, daß die „Ja-Sager" des alten Systems ihre Positionen behalten konnten, während frühere Widerständler keine neuen Chancen bekamen.

[8] Kaufmann, *Schuld in der zeitgenössischen strafrechtlichen Rechtsprechung und Lehre*, 52.

[9] Vgl. dazu Willke, *Systemtheorie entwickelter Gesellschaften*, 49. 132f.

fall den Anforderungen des Moralprinzips entspricht, sondern auch davon, ob das gesellschaftliche bzw. staatliche System, das rechtlich geschützt wird, den Anforderungen des Moralprinzips genügt.

Das Recht bezieht sich also auf die Präferenzordnung der Gesellschaft. Innerhalb der von dieser Präferenzordnung eröffneten Möglichkeiten greifen die Rechtsnormen nicht ein.[10] Darum ist das Recht auch nur bedingt geeignet, Geschichten und Identitäten zu interpretieren. Es kann sie nur interpretieren bezüglich ihres Verhältnisses zur Präferenzordnung der Gesellschaft, des näheren: bezüglich ihres Verhältnisses zum Rechtssystem. So werden vom Recht Handlungen als rechtskonform oder rechtswidrig, Personen als gesetzestreu oder verbrecherisch qualifiziert. Was konkret jedoch als Rechtsverstoß gilt, hängt davon ab, was als solcher festgelegt wurde. Die Rechtsetzung wird auf funktionaler Basis positivistisch vorgenommen.[11]

Der positivistische Charakter des Rechts

Die Operationsweise, die das Funktionieren einer Gesellschaft bzw. eines Staates bestimmt, bestimmt natürlich auch die Ausgestaltung des Rechtssystems. Seine Aufgabe ist ja der Schutz der Operationsweise des Gesellschafts- bzw. Staatssystems. Konkret bedeutet dies, daß deshalb die Rechtsnormen unter Einhaltung bestimmter Verfahrenswege *festgelegt* werden. Die positivistische Art der Rechtsetzung folgt konsequent aus den funktionalen Bestimmungen des Rechts. Recht ist, was das Gesetz als solches definiert.[12] Rechtlich zu belangen ist damit nur, wer gegen bestehendes Recht verstößt.[13]

---

[10] So ist es zwar rechtlich verboten, jemanden zu ermorden, aber es ist nicht verboten, ein Freundschaftsverhältnis auszunutzen. Das Recht beschreibt also nicht die moralischen Verpflichtungen, wiewohl Rechtsnormen mit moralischen Normen zusammenfallen können.

[11] Vgl. Maihofer (Hg.), *Naturrecht oder Rechtspositivismus?*; Kaufmann, *Die Naturrechtsdiskussion in der Rechts- und Staatsphilosophie der Nachkriegszeit*; Detjen, *Naturrecht in der pluralistischen Demokratie?*; Ott, *Der Rechtspositivismus*.

[12] So schreibt Ott, *Der Rechtspositivismus*, 42: Es „existiert das Recht nur in den Gesetzen; andererseits ist jedes Gesetz eo ipso auch Recht." Besonders der „späte" Gustav Radbruch hat diese Gleichsetzung problematisiert. Vgl. dazu Radbruch, *Gesetzliches Unrecht und übergesetzliches Recht*; Kaufmann, *Gustav Radbruch*, 150-155. Daß positives Recht nicht den Bereich des Gesollten ausfüllt, zeigt sich an der Begründungsnot des Rechtspositivismus. Wären Recht und das Gesollte deckungsgleich, wie wollte der Rechtspositivismus Taten, die bislang nicht unter Strafe gestellt sind, nun verbieten? Weil bisher nicht gesetzlich verboten – so müßte man folgern –, sind sie nicht unrecht. Wenn aber nicht unrecht, warum dann strafrechtlich sanktionieren? Damit zeigt sich, daß strafrechtliches Unrecht lediglich eine konventionierte Größe ist, die den Bereich strafrechtlicher Verfolgung beschreibt; mehr nicht. Eine Folge davon ist die Ausschnitthaftigkeit der rechtlichen Möglichkeiten zur Vergangenheitsbewältigung. Als Beispiel sei auf Denunziationen aus Motiven der Rache, Mißgunst, Konkurrenz oder Bosheit während der NS-Zeit verwiesen, bei denen die Denunziant(inn)en genau wußten, welche unverhältnismäßigen Probleme – bis hin zur Todesstrafe – sie den Denunzierten bereiteten. (Vgl. Friedrich, *Die kalte Amnestie*, 8f.) Auch solche Taten sind m.E. bewältigungsbedürftig, aber nicht strafrechtlich relevant, weswegen solche Täter sich als unbelastet ausgeben können, obwohl sie das Unrechtssystem für ihre Zwecke benutzten.

[13] „Nulla poena sine lege". So bestimmt es auch ausdrücklich das bundesdeutsche Grundgesetz Artikel 103 Absatz 2. Im Rückwirkungsverbot inbegriffen ist auch das „Analogieverbot", also die gegenteilige Wirkung der Meistbegünstigungsklausel; vgl. Roxin, *Der Allgemeine Teil*

Recht bezieht sich nämlich „nur auf Schuld im Sinne von Verbrechen [...], nicht auf moralische oder metaphysische Schuld“[14]. „Sittliche Schuld in ihrer Gänze, etwa die ‚Lebensführungsschuld‘ [Aristoteles], ist nicht justitiabel.“[15] Denn es geht in Strafprozessen nur um die Frage, ob rechtliche Normen verletzt wurden. Es geht nicht darum, gemäß dem Anliegen der Diskursethik Gerechtigkeit herzustellen. Wenn die rechtlichen Normen geeignet sind, Gerechtigkeit zu fördern, dann dienen auch Strafprozesse diesem Ziel; im anderen Falle nicht. Strafprozesse sind an das positive Recht gebunden, deshalb können sie keine Diskurse sein. Was positiv-rechtlich nicht faßbar ist, bleibt bei Strafprozessen außen vor. In Strafprozessen werden Tatbestände unter Rechtsnormen subsumiert.[16] Diese Subsumierung drückt aus, wie sich eine Tat zum Rechtssystem bzw. zur Präferenzordnung des sozialen Systems verhält. „Die Begriffe des Strafrechts haben, auch dort, wo ihre Bezeichnungen ebenso klingen wie die Namen korrespondierender Phänomene aus den Bezirken der Moral und der Psychologie [...], nicht die Aufgabe, ‚ethische oder psychologische Leitsätze aufzustellen‘. Sie sind vielmehr ‚Titel‘ für bestimmte Voraussetzungen der rechtlichen Bewertung menschlicher Handlungen“[17], die als „sozialschädliches Verhalten“[18] verstanden werden.

---

des materiellen Strafrechts, 183; Schmidhäuser, *Einführung in das Strafrecht*, 40. Vgl. dazu jedoch die einschränkenden Umstände, die Jäger, *Verbrechen unter totalitärer Herrschaft*, bes. 166-185. 209-251, benennt. Gemäß der Regel „nulla poena sine lege“ wird gegenüber der DDR-Justiz verfahren. So wurde auch schon gegenüber der Nazi-Justiz geurteilt, was zu teilweise unverständlichen Urteilssprüchen und Konsequenzen führte. Vgl. etwa die Arbeiten von Jörg Friedrich zu diesem Problemkreis, z.B.: *Freispruch für die Nazi-Justiz*; und: *Die kalte Amnestie*; vgl. auch Müller, *Furchtbare Juristen*.

14 Jaspers, *Die Schuldfrage*, 82.

15 Kaufmann, *Schuld in der zeitgenössischen strafrechtlichen Rechtsprechung und Lehre*, 45.

16 Durch dieses Verfahren soll ein Maximum an Handlungssicherheit für die Individuen und ein Minimum an Willkür sichergestellt werden. Vgl. z.B. Ott, *Der Rechtspositivismus*, 45. Allerdings bleibt die Willkür insofern doch erhalten, als in die Anwendung von Gesetzen auf konkrete Fälle Vorverständnisse einfließen, so daß Kaufmann, statt von „Anwendung“, auch von „Erzeugung“ sprechen kann. Somit ist Rechtsprechung ein Interpretationskonstrukt. Vgl. dazu Kaufmann, *Vierzig Jahre Rechtsentwicklung*; Lüderssen, *Was ist das – ein „Rechtsstaat“?*, 86f.; Hirschberg, *Das Fehlurteil im Strafprozeß*; Otte, *Rechtsanwendung*. Zur Problematik, die sich daraus ergibt, vgl. Kaufmann, *Vierzig Jahre Rechtsentwicklung*, der als Beispiel die Sitzblockaden heranzieht. Bei der Wiederaufnahme von Sitzblockadenverfahren in Trier ließ eine Kammer des dortigen Landgerichts die Wiederaufnahme zu, eine andere jedoch nicht. Der Sprecher des Mainzer Justizministeriums kommentierte: „Dadurch entsteht in Trier die unschöne Situation der Ungleichbehandlung.“ (Vgl. *Trierischer Volksfreund* vom 17. Januar 1997.) In einem verwaltungsrechtlichen Fall wurde die Willkür sogar vom Bundesgerichtshof als solche gebrandmarkt. Ein dreijähriges staatenloses Kind sollte im Jahre 1996 mit seinen Eltern aus Deutschland in den Libanon abgeschoben werden, obwohl dort die medizinische Versorgung des schwerkranken Kindes nicht gewährleistet war. Der BGH kritisierte das Urteil der Verwaltungsrichterin als „schlechthin unhaltbar und damit objektiv willkürlich“. (Az: 2BvR 521/96).

17 Bockelmann, *Bemerkungen über das Verhältnis des Strafrechts zur Moral und zur Psychologie*, 12.

18 Ostendorf, *Kriminalität und Strafrecht*, 3; Roxin, *Der Allgemeine Teil des materiellen Strafrechts*, 171. *Was* als sozialschädlich gilt, wird gesetzlich festgelegt; bzw. umgekehrt: nur was gesetzlich als sozialschädlich festgelegt ist, kann auch juristisch verfolgt werden. Tatbestandsmäßigkeit, Rechtswidrigkeit und Schuldhaftigkeit sind die Bedingungen für die Strafbarkeit.

Es geht also darum, „Tatbestandsmerkmale" zu sammeln; es geht nicht um die Qualität der Personen und um die Analyse der Handlungsgenese.[19] Für die Rechtsprechung bedeutet dies: „Die Aufgabe des mit der Rechtsfindung betrauten Dogmatikers – vor allem auch des Richters – [ist] keineswegs in erster Linie an der Wahrheit orientiert [...]. Der Dogmatiker will etwas – nicht: weiß etwas ... – nämlich, daß bestimmte Sachverhalte in bestimmter Weise geregelt werden. [...] Nicht die Wahrheit wird im Prozeß festgestellt [...], sondern es wird entschieden [...]."[20] Diese „Finalstruktur der Wahrheit"[21] dient der Stabilisierung des Systems, das sich diese Rechtsstruktur gegeben hat.

Bedeutsamkeit und Problematik des Rechts
Rechtliche Qualifizierungen können sehr wichtig sein. Sie charakterisieren eine Tat als verträglich oder als unverträglich mit der Präferenzordnung eines Sozialsystems. Die Bedeutung des Rechts liegt darin, daß diese Qualifizierung mit bestimmten Mitteln erzwungen werden kann und sehr nachdrücklich ist. Wenn beispielsweise durch ein Strafverfahren festgestellt wird, daß jemand andere Menschen brutal ausgeraubt und getötet hat, dann ist damit zugleich festgestellt, daß diese Person gegen die Präferenzordnung der Gesellschaft verstoßen hat. Damit wird ihr Handeln in einer bestimmten Weise interpretiert.[22] Das ermöglicht es, institutionalisierte Konsequenzen zu ziehen: etwa Haftstrafen anzuordnen oder Entschädigungszahlungen zu verlangen. Insofern die zugrunde liegende Rechtsnorm (und die ihr zugrunde liegende Präferenzordnung) gesellschaftlich akzeptiert ist, wird dieses Urteil auch Auswirkungen auf die Interpretation der Biographie und der Identität des Betreffenden haben, was wiederum Interaktionskonsequenzen nach sich ziehen dürfte. *Insofern* kommt dem Recht eine große *Bedeutung* zu; auch für Vergangenheitsbewältigung. Die *Problematik* des Rechts liegt darin, daß seine moralische Güte zweifelhaft sein kann. Sie hängt nicht nur von der Güte der konkreten Norm ab, sondern auch von der Güte des Systems, das rechtlich geschützt werden soll. Man denke an die Funktion des Rechts im Nationalsozialismus.

Die Funktionalität des Rechts und seine positive Konkretisierung in Rechtsnormen wirft also prinzipiell eine moralische Frage auf, nämlich die Frage danach, ob die Rechtsnormen dem Anspruch des Moralprinzips genügen und ihre Anwendung auf konkrete Tatbestände ein Beitrag zur Vergan-

---

Vgl. Roxin, *Der Allgemeine Teil des materiellen Strafrechts*, 185ff.; Arzt, *Der Besondere Teil des materiellen Strafrechts*, 196.

19 Vgl. Jäger, *Strafrecht und psychoanalytische Theorie*, 57.

20 Krauß, *Das Prinzip der materiellen Wahrheit im Strafprozeß*, 66. So auch Adomeit, *Zur Einführung: Rechtswissenschaft und Wahrheitsbegriff*, 632.

21 Müller-Dietz, *Der Wahrheitsbegriff im Strafverfahren*; zitiert nach Krauß, *Das Prinzip der materiellen Wahrheit im Strafprozeß*, 67.

22 Durch eine Amnestie wird ebenfalls eine Interpretation vorgenommen. Man denke in diesem Zusammenhang an die Amnestiedebatten nach dem Zusammenbruch des NS-Reiches und nach dem Ende der DDR.

genheitsbewältigung sein kann oder ob die Rechtsnormen – und damit das sie hervorbringende System – selbst ein bewältigungsbedürftiger Fall sind. In mangelhaften Fällen liegt ein „moralisches Defizit“ vor.

Wenn man die Frage stellt, inwiefern mit Hilfe juristischer Mittel Vergangenheitsbewältigung betrieben werden kann[23], dann wird noch eine zweite Frage relevant. Vergangenheitsbewältigung ist ja ein Orientierungs- und Parallelisierungsunternehmen von Interpretationen und das Ziehen von sich aus diesen Interpretationen ergebenden Konsequenzen. Interpretationen kann man nur dann orientieren, also beeinflussen, wenn der Orientierungsversuch glaubwürdig erscheint und von den Adressaten dieses Versuchs akzeptiert wird. Bezüglich unserer Fragestellung heißt dies, daß juristische Maßnahmen – ihre Güte einmal vorausgesetzt – nur dann interpretationsorientierend wirken können, wenn sie überzeugend sind und akzeptiert werden. Es handelt sich um die Problematik der pragmatischen Wirksamkeit bzw. der hermeneutischen Rezeption von juristischen Maßnahmen und, im Falle mangelnder Rezeption, um ihr „hermeneutisches Defizit“.[24]

Die Problematiken der moralischen Güte und der hermeneutischen Rezeption von juristischen Maßnahmen lassen sich in der Art einer Kreuztabellierung miteinander in Beziehung setzen. Dabei ergeben sich vier mögliche Kombinationen. (1) Die rechtliche Norm ist moralisch verwerflich. Sie wird auch als verwerflich empfunden. Eine solche Norm kann keinen Beitrag zur Vergangenheitsbewältigung leisten, sie ist vielmehr selbst bewältigungsbedürftig. (2) Die rechtliche Norm ist moralisch verwerflich. Allerdings wird sie gesellschaftlich akzeptiert. Auch diese Situation ist kein Beitrag zur Vergangenheitsbewältigung, sondern selbst bewältigungsbedürftig.[25] (3) Die rechtliche Norm ist moralisch gut, aber wird nicht akzeptiert. Auch in diesem Fall ergibt die Kombination keinen Beitrag zur Vergangenheitsbewältigung. (4) Die rechtliche Norm ist moralisch gut und sie wird akzeptiert. In diesem, nur in diesem Fall kann ein juristisches Procedere einen Beitrag zur Vergangenheitsbewältigung leisten. Es wird deutlich, nur in einer von vier möglichen Kombinationen können juristische Maßnahmen hilfrei-

---

[23] Hier geht es um die Brauchbarkeit des Rechts als *Mittel* zur Vergangenheitsbewältigung. Selbstverständlich sind rechtliche Vorgänge oftmals *Gegenstand* von Vergangenheitsbewältigung.

[24] Rechtsnormen sind weitgehend wirkungslos, wenn sie nicht freiwillig von den Menschen akzeptiert werden. Nach Kimminich, *Garanten des friedlichen Wandels*, 91, kann ein Staat „in jedem gegebenen Augenblick höchstens 3% bis 7% der von ihm gesetzten Rechtsnormen mit Zwangsgewalt durchsetzen“. Recht ist zu seiner Wirksamkeit auf die Einsicht der Menschen angewiesen. Für Strafverfahren gilt analog: juristische Verfahren können Einsicht (etwa in die Verwerflichkeit einer Tat) nicht erzwingen. Die Einsicht muß hermeneutisch hergestellt, sie kann nicht rechtlich erzwungen werden.

[25] Als Beispiel für diese Kombination läßt sich Heiner Lichtensteins Einschätzung anführen, wonach das „Gnadenfieber“ (Robert M. W. Kempner) in der 50er Jahren die verheerende Folge gehabt habe, der Öffentlichkeit zu der Überzeugung zu verhelfen, „es könne alles gar nicht so schlimm gewesen sein“. (Lichtenstein, *NS-Prozesse*, 117.) Zweifelhafte rechtliche Regelungen (Gnadenerlasse) wurden also gesellschaftlich akzeptiert. Nach Lichtenstein eine bedenkliche – und somit bewältigungsbedürftige – Entwicklung.

che und erfolgreiche Beiträge zur Vergangenheitsbewältigung sein. In den anderen drei Fällen sind hermeneutisch-moralische Diskurse nötig, um dem Auftrag von Vergangenheitsbewältigung gerecht zu werden.

Selbst wenn wir davon ausgehen, daß die in unserem Land bestehenden Rechtsnormen dem Moralprinzip genügen (was im Einzelfall sicherlich zu prüfen sein wird), wird die moralische Problematik des Rechts im Rahmen von Vergangenheitsbewältigungs-Prozessen doch virulent, weil die Rechtsnormen – wegen ihrer begrenzten Funktion und ihrer positivistischen Setzung – kein universales, sondern ein funktionales und damit ein eingeschränktes Bewertungsparadigma darstellen. Das ist eine Variante des „moralischen Defizits".[26] Wenn man daher in der Kreuztabellierung die moralische Verwerflichkeit durch moralische Unvollständigkeit ersetzt, dann bleibt das Ergebnis dasselbe. Vergangenheitsbewältigung durch Recht muß eingebettet sein in einen hermeneutisch-moralischen Diskurs, wenn das Ergebnis nicht unzulänglich sein soll.

Das Recht – so könnte man plakativ formulieren – will nicht verstehen, es will nichts verändern, nichts bewegen, sondern es will Zustände sichern.[27] Vergangenheitsbewältigung aber ist ihrem Wesen nach nicht konservativ, sondern dynamisch, gegebenenfalls auch rechtskritisch.[28] Die moralische Dimension ist der rechtlichen also stets vorgeordnet. Dies deutlich zu machen, gehört gleichermaßen zur Aufgabe der politisch-moralischen Bildung in der Demokratie wie ggf. auch zu Prozessen der Vergangenheitsbewältigung.

1.2 Beispiele

1.2.1 Zum Beispiel: Die Nürnberger Prozesse

Die doppelte Funktion der Nürnberger Prozesse und die Notwendigkeit ihrer hermeneutischen Einbettung

Den Nürnberger Prozessen kommt sicherlich eine bedeutende Rolle bei der Bewältigung der deutschen NS-Vergangenheit zu.[29] Das gilt jedoch in dem Maß und in dem Umfang, wie sie über ihre rein juristischen Konsequenzen für die Angeklagten hinaus als Mittel der Vergangenheitsbewältigung von der Bevölkerung rezipiert wurden, wie sie ihr „hermeneutisches Defizit" überwinden konnten. Diese Tatsache war auch den alliierten Siegermächten bewußt. Deshalb unternahmen sie große Anstrengungen, um die Prozesse in einen umfänglicheren „Erziehungsprozeß" einzubetten.[30] So wurden die

---

[26] Es kann an Moral mangeln (a) weil die Rechtsnorm dem Moralprinzip zuwider läuft oder (b) weil moralische Sollensvorschriften rechtlich nicht erfaßt sind.

[27] Allerdings betont Kimminich, *Garanten des friedlichen Wandels*, 87, neben der primären Funktion der Bewahrung auch die Funktion des Rechts, Wandel zu ermöglichen.

[28] Vgl. Fletcher, *„Ordinary Language Philosophy" und die Neubegründung der Strafrechtsdogmatik*; Baurmann, *Schuldlose Dogmatik?*; Mengel, *Recht und Politik*.

[29] Ausführlicher dazu Stelzenmüller, *Handschlag über Massengräbern?*

[30] Die „Entnazifizierung" war sowohl als Schutz- bzw. Strafmaßnahme wie auch als erzieherischer Prozeß gedacht; vgl. Hoffmann; *Stunden Null?*, 97. Doch durch die vielfach

Dokumente der Verbrechen öffentlich gemacht und Teile der Bevölkerung durch die Vernichtungslager geführt. Die Wochenschauen zeigten Filmaufnahmen von den Vorkommnissen in den Konzentrationslagern. Die Schock-Erlebnisse aufgrund der persönlichen Eindrücke sollten – und konnten – den notwendigen hermeneutischen Prozeß anstoßen.[31] Darüber hinaus gab es eine intensive Berichterstattung über die Nürnberger Prozesse im Rundfunk, in den Wochenschauen und in den Zeitungen, die immer wieder auf die Greueltaten rekurrierte.[32] Die Wirkung dieser Maßnahmen wurde von den Besatzungsmächten, insbesondere von den Amerikanern, immer wieder durch Meinungsumfragen überprüft.[33]

Nur im Rahmen und auf dem Hintergrund dieser Gesamtstrategie konnte der amerikanische Hauptankläger in Nürnberg, Robert H. Jackson, dann auch seine weitergehenden Ziele benennen, die er mit den Prozessen verband, nämlich der Welt zu beweisen, daß die deutsche Kriegsführung illegal und durch nichts zu rechtfertigen war, sowie der deutschen Bevölkerung zu zeigen, daß solches Verhalten entsprechend bestraft werden müsse.[34] Nur in diesem Zusammenhang konnten die Prozesse „das größte Geschichtsseminar [werden], das je in der Menschheitsgeschichte gehalten worden ist“, wie sich Robert M.W. Kempner ausdrückte, der deutsch-amerikanische Ankläger u.a. gegen Ernst von Weizsäcker.[35] „Also waren“, so Ian Buruma[36], „die Nürnberger Prozesse als Geschichtsunterricht gedacht wie auch als symbolische Bestrafung der deutschen Bevölkerung – Morallehre und Geschichtsunterricht in einem, getarnt durch die Zeremonien eines ordentlichen Prozesses.“

Der letzte Halbsatz des Zitats von Buruma wertet die umfängliche Intention zu sehr ab, benennt aber ein Problem, das entstehen kann, wenn die (Straf-) Justiz zum Zwecke einer Vergangenheitsbewältigung tätig wird: sie steht in der Gefahr einer Zielediffusion.[37] Dem Strafrecht sind begrenzte Ziele eigen. Sie zu erreichen ist wichtig. Darum ist eine strafrechtliche Verfolgung von Unrecht unverzichtbar! Das Strafrecht zu überfordern, könnte jedoch das ganze Unternehmen der Vergangenheitsbewältigung gefährden. Das wäre – nicht zuletzt für die Opfer – ein Schlag ins Gesicht. Darum wa-

---

willkürliche Durchführung mit ihren vielfach willkürlichen Ergebnissen mußte sie schließlich scheitern, ja, wirkte teilweise sogar kontraproduktiv; vgl. Hoffmann, *Stunden Null?*, 96-120; Friedrich, *Die kalte Amnestie*, 132ff.; Vollnhals (Hg.), *Entnazifizierung*, bes. 7-64. 292-338.

31 Eugen Kogon, *Der SS-Staat*, 410, äußert jedoch Zweifel am pädagogischen Effekt einer solchen Schock-Methode. Sie kann nämlich auch Abwehrreaktionen hervorrufen.

32 Vgl. Wilke, *Ein früher Beginn der „Vergangenheitsbewältigung“*.

33 Vgl. Merritt/Merritt (Eds.), *Public Opinion in Occupied Germany*.

34 Vgl. Maser, *Nürnberg – Tribunal der Sieger*, 148ff.

35 Vgl. Buruma, *Erbschaft der Schuld*, 186. Bereits in der „Potsdamer Deklaration“ vom 2. August 1945 heißt es: „Das deutsche Volk muß überzeugt werden, daß es eine totale militärische Niederlage erlitten hat und daß es sich nicht der Verantwortung entziehen kann für das, was es selbst dadurch auf sich geladen hat, daß seine eigene mitleidlose Kriegsführung und der fanatische Widerstand der Nazis die deutsche Wirtschaft zerstört und Chaos uns Elend unvermeidlich gemacht haben.“ (Zitiert nach Mee, *Das Ende des Zweiten Weltkrieges*, 298).

36 Buruma, *Erbschaft der Schuld*, 187.

37 Vgl. dazu Merkel, *Die Barbarei vor dem Welt-Gericht*.

ren die flankierenden Maßnahmen zu den Nürnberger Prozessen von großer Bedeutung. Denn insofern nicht nur beabsichtigt war, den Tätern das Handwerk zu legen und so die Welt vor weiteren Greueltaten zu bewahren, sondern auch, die geschehenen Übeltaten *nachhaltig* – also auch mit einer Wirkung für die Zukunft – als Verbrechen gegen die Menschlichkeit zu brandmarken[38], überstieg diese Zielsetzung die juristischen Möglichkeiten eines Strafprozesses und nahm vergangenheitsbewältigende Dimensionen an. Denn nur wenn – und insoweit – beim deutschen Volk Einsicht in die Verwerflichkeit des nationalsozialistischen Handelns erweckt werden konnte, war es möglich, die Prozesse aus dem eventuellen Geruch von Schauprozessen zu befreien und die beabsichtigte Brandmarkung zu erreichen. Dieses Zur-Einsicht-Kommen jedoch ist ein hermeneutisch-moralisches Geschehen. Denn ein Brandmarken erschöpft sich in einer folgenlosen Deklaration, wenn nicht ein hermeneutischer Prozeß dazu führt, daß für alle an diesem hermeneutischen Prozeß Beteiligten zukünftig ein solcherart verwerfliches Tun nicht in Betracht kommt[39] und bezüglich des geschehenen Unrechts – nicht zuletzt im Blick auf die Opfer – geeignete Konsequenzen gezogen werden. Wären die Nürnberger Prozesse beispielsweise von einer fanatisierten Bevölkerung in ihrer Legitimität bestritten worden, so wäre ihr Effekt hinsichtlich einer Vergangenheitsbewältigung in dem Maße eingeschränkt gewesen, wie die Gerichtsverfahren in ihrer Berechtigung angezweifelt worden wären.

Ohne hermeneutische Einbettung
können Strafprozesse kaum vergangenheitsbewältigend wirken

Und tatsächlich gab es ja auch – berechtigte oder unberechtigte – Kritik an den Nürnberger Prozessen[40], zum Beispiel daran, daß das Prinzip des „tu quoque" nicht angewendet wurde. Die Untaten der Alliierten, wie etwa die Besetzung der baltischen Staaten und eines Teiles von Polen durch die Sowjets, die Bombardierung Dresdens durch die Engländer oder die amerikanischen Atombombenabwürfe über Japan, waren nicht Gegenstand einer Verhandlung. Stattdessen saßen mit den Sowjets nicht nur Sieger, sondern sogar Mittäter (bezüglich des Krieges gegen Polen) zu Gericht.[41]

---

38 Dies ist ganz deutlich ein Unternehmen der Interpretationsorientierung.

39 Das gilt nicht nur für die Täter. Auch die Alliierten zum Beispiel müssen sich daran messen lassen, ob sie sich in ihrem eigenen Tun an ihren Urteilsspruch halten. In *dieser* Hinsicht dürften die Nürnberger Prozesse in ihrem Erfolg fragwürdig sein, denkt man z.B. an die sowjetischen Interventionen in Ungarn und in der Tschechoslowakei und an die amerikanische Kriegsführung in Vietnam.

40 Die diversen Kritikpunkte zählt Hoffmann, *Stunden Null?*, 92ff., auf.

41 Das Gefühl der Ungleichbehandlung resultierte nicht zuletzt daraus, daß namentlich auf deutscher Seite die Untaten zu Unrecht allesamt als „Kriegsverbrechen" betrachtet wurden. So entstand der Eindruck, deutsche Kriegsverbrechen würden geahndet, die der Alliierten nicht. Zur hermeneutischen Vermittlung der Nürnberger Prozesse und vieler Nachfolgeprozesse gehört die unzweideutige Aufklärung darüber, daß die „Verbrechen gegen die Menschlichkeit" (etwa die Massenvernichtung von Menschen) keineswegs im Zusammenhang mit dem Krieg standen, auch wenn die Täter oft als „War Criminals" angeklagt wurden. Zu dieser höchst wichtigen Differenzierung vgl. Renz, *Zum Schutz der Mörder*.

Auch die Rechtsgrundlagen des Verfahrens wurden in Frage gestellt. Das Völkerrecht, so die Kritik, habe zum Zeitpunkt der Tat keine strafrechtliche Verfolgung in der nun durchgeführten Form angedroht. Dies sei ein Verstoß gegen den Rechtsgrundsatz „nulla poena sine lege".[42] Aus diesen Gründen, und vielleicht auch wegen einiger Ungeschicktheiten des amerikanischen Hauptanklägers[43] und anderer Probleme[44], stieg noch während des Verfahrens die Zahl derjenigen Deutschen, die Zweifel an der Fairneß des Prozesses hegten.[45] Ohne die Einbettung in einen größeren hermeneutischen Prozeß der Vergangenheitsbewältigung hätten diese Schwierigkeiten das wichtige, berechtigte und notwendige Gerichtsverfahren möglicherweise fragwürdig erscheinen lassen – ein Rückschlag für alle vergangenheitsbewältigenden Anstrengungen und ein Hohn für die Opfer.

Wird ein Prozeß als ungerecht empfunden, so wird er nicht dazu führen, die verurteilten Handlungen zukünftig zu unterbinden. Das gilt erst recht dann, wenn die verhandelte Tat als nicht strafwürdig erachtet wird. Der Grund für diese Abhängigkeit der Akzeptanz liegt in der Tatsache begründet, daß Gerichtsprozesse paränetische Unternehmen sind[46], die auf einem gewissen Konsens beruhen müssen, wenn sie ihre erstrebten gesellschaftlichen Erfolge erreichen wollen. Der unmittelbare strafrechtliche Erfolg tritt natürlich auch bei Prozessen ein, die gesellschaftlich in Frage gestellt werden: der Verurteilte wird einer Strafe zugeführt. Aber auch das kann scheitern, wenn nicht nur der gesellschaftliche Konsens fehlt, sondern Widerstände und Aufstände der Bevölkerung den Vollzug verhindern. In diesem Fall dürfte der vergangenheitsbewältigende Erfolg gleich Null sein, auch wenn der Strafprozeß gerecht gewesen sein sollte.

Es wird also deutlich: Damit das (Straf-) Recht zu einem Mittel der Vergangenheitsbewältigung werden kann, ist ein begleitender hermeneutisch-moralischer Prozeß vonnöten. Gibt es diesen hermeneutisch-moralischen Konsens nicht, sind Teilunternehmen einer Vergangenheitsbewältigung, wie etwa ein Strafprozeß, dem Vergangenheitsbewältigungs-Prozeß nicht unbedingt zuträglich, auch wenn die Anklagepunkte völlig berechtigt sind.

---

[42] Diese und weitere Vorwürfe erhob im Namen der Gesamtverteidigung Dr. Otto Stahmer, der Anwalt Hermann Görings; vgl. Maser, *Nürnberg – Tribunal der Sieger*, 518ff. Stahmer konnte sich dabei auf ein amerikanisches Gutachten aus dem Jahre 1919 stützen, das mit genau diesen Argumenten rechtliche Schritte gegen Kaiser Wilhelm ausschloß. Doch wurde 1928 der Briand-Kellogg-Pakt geschlossen, der die völkerrechtliche Situation veränderte, aber nicht ausreichend klärte. Die Menschenrechtskonvention des Europarates (Art. 7 Abs. 2) beugt solchen rechtsfreien Räumen der Brutalität vor, indem sie das Rückwirkungsverbot einschränkt. Das amerikanische Recht kennt eine „ex post facto" Klausel.

[43] So etwa bei der Vernehmung Görings am 15. März 1946. Vgl. dazu Maser, *Nürnberg – Tribunal der Sieger*, 200ff.

[44] Dazu gehörten z.B. Schwierigkeiten der Verteidigung, an Unterlagen im Alliiertenbesitz zu kommen; Probleme juristisch korrekter Anklageformulierung; Probleme der deutschen Verteidiger mit dem anglo-amerikanischen Prozeßsystem; politische Interessen etc. Vgl. Maser, *Nürnberg – Tribunal der Sieger*, 172ff. 523ff.; Merkel, *Die Barbarei vor dem Welt-Gericht*.

[45] Vgl. Merritt/Merritt (Eds.), *Public Opinion in Occupied Germany*, 33f.

[46] Vgl. Schüller, *Die Begründung sittlicher Urteile*, 16.

Wegen ihrer begrenzten Funktion können Strafprozesse nur Teilunternehmen von Vergangenheitsbewältigung sein

Mindestens zwei Aspekte sind es also, die eine juristische Aufarbeitung der Vergangenheit zu einem von hermeneutisch-moralischen Diskursen abhängiges Teilunternehmen machen: (1) die rechtsphilosophische Eigenart von (Straf-) Prozessen als paränetische Veranstaltungen, die, soll die juristische Aufarbeitung vergangenheitsbewältigend wirken, hermeneutisch adaptiert werden müssen; und (2) die Eigenart des geltenden Rechts als funktionaler rechtsdogmatischer Positivismus, der dem Recht ganz bestimmte Zuständigkeiten und Funktionen zuweist.

Für den Vollzug der Vergangenheitsbewältigung bedeutet dies: Selbst wenn es den hermeneutischen Konsens gibt, können Gerichtsverfahren aufgrund des durch positivistische Selektivität ausgelösten „moralischen Defizits" unter Umständen den komplexen Fakten der Vergangenheit nicht recht beikommen. Man denke an die Pogrome und Verbrechen gegen die Juden vor Kriegsausbruch. Da das Völkerrecht zur Zeit der Nürnberger Prozesse den Tatbestand der Verbrechen gegen die Menschlichkeit nicht kannte, wurden diese nur insoweit für strafbar erklärt, als ihre Begehung mit den kriegsbezogenen Verbrechen in direktem zeitlichen Zusammenhang stand. Die Massenmorde vor 1939 fielen aus diesem Raster heraus und blieben straflos![47] Ein Prozeß der Vergangenheitsbewältigung darf diese Untaten aber nicht ignorieren. Ja, gerade wegen der juristischen Unzulänglichkeit in solchen Fällen ist ein Vergangenheitsbewältigungs-Prozeß vonnöten, der umfassender ansetzt, als das Recht es vermag. Das Recht, so wichtig es ohne Zweifel ist, vermag nur bestimmte Ausschnitte abzudecken.

1.2.2 Zum Beispiel: Das Gesetz zur „Auschwitz-Lüge"

In einem anderen Kontext wies der damals „Grüne" Bundestagsabgeordnete Otto Schily auf diese Zusammenhänge hin. In der Debatte um eine Gesetzesänderung, die die Rede von der „Auschwitz-Lüge" unter Strafe stellen sollte, forderte er eine politische Aufklärung, die seiner Meinung nach zu kurz gekommen war. Es sei ein deutsches Elend zu glauben, alleine mit Vorschriften und Paragraphen sei der zur Debatte stehenden Problematik beizukommen, denn Strafrecht sei prinzipiell kein geeignetes Mittel zur Vergangenheitsbewältigung.[48] In der Tat zeigt sich hier das Elend einer Vergangenheitsbewältigung, die sich auf den hermeneutisch-moralischen Diskurs nicht oder nur unzureichend einlassen will.[49] Hinter der Behauptung der sogenannten „Auschwitz-Lüge" steckt natürlich mehr als bloß eine Minderheitsmeinung zu historischen Fakten. Es geht um eine Geistes-

[47] Vgl. Merkel, *Die Barbarei vor dem Welt-Gericht*.

[48] Vgl. Jesse, *Streitbare Demokratie und „Vergangenheitsbewältigung"*, 293.

[49] Jesse, *Streitbare Demokratie und „Vergangenheitsbewältigung"*, 299, meint: „Offenbar sollte das ‚Auschwitz-Gesetz' eine gewisse Alibi-Funktion erfüllen – z.B. im Hinblick auf Versäumnisse bei der ‚Vergangenheitsbewältigung'."

haltung, um eine hermeneutische Position. Deshalb dürfte *alleine* mit der strafrechtlichen Ahndung nicht viel gewonnen sein.[50] Es ist mehr nötig, um das „hermeneutische Defizit" zu überwinden. Denn Strafprozesse, die aufgrund dieses Paragraphen geführt werden, dürften in Sachen Vergangenheitsbewältigung wenig bewirken, wenn sie nicht von einem hermeneutisch-moralischen Diskurs begleitet werden.

Ja, selbst der verschärfte Volksverhetzungsparagraph, der das Billigen, Leugnen oder Verharmlosen bestimmter historischer Fakten mit Strafe bedroht, muß verbale Täter oft straffrei lassen, weil sie sich einer geschickten Terminologie bedienen.[51] Die Strafjustiz taugt eben „nicht zur symbolischen ‚Vergangenheitsbewältigung'. Politische Aufklärung wäre da allemal besser."[52] Denn „das Strafrecht ist kein Mittel zur Durchsetzung der Wahrheit", meint Eckhard Jesse.[53] Und bezüglich einer Vergangenheitsbewältigung in einer „streitbaren Demokratie" ergänzt er: „Der Wert der streitbaren Demokratie zeigt sich weniger in Verboten als in der Entschlossenheit, extremistische Positionen beim Namen zu nennen und sie geistig-politisch zu bekämpfen."[54] Dieser Kampf muß ein zutiefst hermeneutisch-moralischer Diskurs sein, der sich weder in Frageverbote noch in semantische Gefechte versteigen darf.[55]

1.2.3 Zum Beispiel: Die Aufarbeitung der DDR-Vergangenheit

Probleme aufgrund der Positivität des Rechts

Die strafrechtliche Aufarbeitung der DDR-Vergangenheit zeigt, innerhalb welcher Grenzen das Recht wirksam sein kann und wo es seine Kraft zur Vergangenheitsbewältigung verliert, weil es mit einem „moralischen Defizit" – und zuweilen auch mit einem „hermeneutischen Defizit" – zu kämpfen hat. Das „Rechtsstaatsprinzip [verlangt] die Kontinuität der gesellschaftlichen Rahmenbedingungen einer Rechtsordnung [...]. Werden dagegen die Karten ganz neu gemischt, wie in der DDR im Gefolge der Umwälzung von 1989, so gerät das gewöhnliche rechtsdogmatische Instrumentarium rasch an seine Grenzen."[56] Vereinfacht ausgedrückt: Weil nur bestraft werden kann, was zur Tatzeit unter Strafe gestellt war, ist bei der juristischen Bewertung

---

[50] Es ist zudem eine heikle Angelegenheit, bestimmte Auffassungen mit Strafe zu bedrohen, auch wenn es sich um gefährliche Auffassungen handeln sollte. Freilich ist dies noch kein Einwand gegen den neuen Paragraphen. Zur Problematik diese Strafrechtsänderung vgl. Busche, *So treibt man Schindluder*; Strohtmann, *Gezänk um ein Gesetz*; Cobler, *Das Gesetz gegen die „Auschwitz-Lüge"*; Meier, *Der Preis der Freiheit*; Jesse, *Streitbare Demokratie und „Vergangenheitsbewältigung"*, 292-301.

[51] Vgl. Meier, *Der Preis der Freiheit*. So wird z.B. vom „Auschwitzmythos" gesprochen, was dem Verdikt des Strafgesetzes nicht unterliegt.

[52] Meier, *Der Preis der Freiheit*.

[53] Jesse, *Streitbare Demokratie und „Vergangenheitsbewältigung"*, 299.

[54] Jesse, *Streitbare Demokratie und „Vergangenheitsbewältigung"*, 303.

[55] Vergangenheitsbewältigung kann nicht geleistet werden, wenn diejenigen, die differenzierte Fragen stellen, deswegen des Sympathisantentums bezichtigt werden. Ebensowenig sind jedoch sprachliche Verharmlosungen akzeptabel.

[56] Pawlik, *Das Strafrecht gerät an seine Grenzen*.

auch die Gesetzeslage der DDR einzubeziehen.[57] Da einerseits aber jede juristische Interpretation die Aufgabe hat, das rechtliche Material in einen rechtlichen Zusammenhang zu bringen und somit die Geltung des zu interpretierenden Rechtes voraussetzt, da andererseits jedoch die Rechtsordnung der DDR in sich widersprüchlich war beziehungsweise, in juristischer Terminologie, „perplex", ist jeder Versuch einer systematischen Interpretation des vorgefundenen Normenmaterials des DDR-Rechts zum Scheitern verurteilt.[58] Das heißt, für viele Untaten – wie etwa für die Mauerschüsse – findet sich zugleich be- und entlastendes Material. Natürlich waren die staatserhaltenden Maßnahmen in irgendeiner Weise legalisiert.[59] Damit ist jede rechtliche Handhabe gegenüber diesen Dingen ausgeschlossen.[60] Die Rechtsdogmatik läßt es nicht zu, die Berechtigung der Existenzvoraussetzungen von Rechtssystemen zu beurteilen.[61]

Die Gerichte haben bei der Bewertung von Untaten in der DDR zuweilen auf naturrechtliche Vorstellungen zurückgegriffen. Doch wenn man auf diese Weise einzelne Täter bestraft und ihnen die Tat zurechnet, dann enthebt man die Gesellschaft und ihre Struktur der Verantwortlichkeit für das mißbilligte Geschehen.[62] Zudem ist der Rückgriff auf naturrechtliche Grundsätze eine – rechtsdogmatisch unmögliche – Bewertung eines Rechtssytems. „Man sagt: ‚Eigentlich' hat das Naturrecht in der Form des Strafgesetzbuches der Bundesrepublik in der DDR immer gegolten, und man muß Erich Honecker dafür bestrafen, daß er das nicht gesehen oder ignoriert hat."[63] Aber dies bedeutet, jemanden dafür zu strafen, daß er nicht einem anderen,

---

[57] Damit gilt nicht nur das Rückwirkungsverbot, sondern auch die „Meistbegünstigungsklausel". Ihr gemäß gilt, daß bei Gesetzesänderungen die mildere Variante anzuwenden ist. Jesse, *„Entnazifizierung" und „Entstasifizierung" als politisches Problem*, 24, meint sogar im Blick auf den Prozeß gegen Harry Tisch, der wegen Untreue angeklagt wurde: „Unter den Bedingungen des DDR-Rechts wäre keiner der politisch Verantwortlichen wegen Korruption verurteilt worden. Insofern stellt das Ausweichen auf DDR-Gesetze eine waghalsige Konstruktion dar." Und Jakobs, *Vergangenheitsbewältigung durch Strafrecht?*, 43ff., untersucht das Selbstverständnis der Nationalsozialisten und ihr Staatsverständnis, um so zu rekonstruieren, was faktisch im NS-Staat strafbar war. Er kommt zu dem Ergebnis, daß aufgrund der herrschenden Ideologie etwa der Mord an den Juden nicht strafbar war, weil diese nicht als Rechtssubjekte begriffen wurden. Fazit: Ein Rückgriff auf das zur Tatzeit herrschende Recht spricht die Täter frei! Will man das Rückwirkungsverbot nicht verletzen, stößt die strafrechtliche Bewältigung hier oft an fatale und furchtbare Grenzen.

[58] Vgl. Pawlik, *Das Strafrecht gerät an seine Grenzen.*

[59] Vgl. Wassermann, *Zur Aufarbeitung des SED-Unrechts*, 4.

[60] Mauerschützenprozesse basieren deshalb auf sehr konstruierten juristischen Grundlagen. Vgl. z.B. Frenkel, *„Tötung im Interesse der Obrigkeit"*; Pawlik, *Das Strafrecht gerät an seine Grenzen.*

[61] Vgl. Pawlik, *Das Strafrecht gerät an seine Grenzen.*

[62] Vgl. Pawlik, *Das Strafrecht gerät an seine Grenzen.*

[63] Pawlik, *Das Strafrecht gerät an seine Grenzen.* Etwas anderes ist die Anwendung des „Ordre-public-Vorbehalts", demzufolge eine fremde Rechtsnorm (im vorliegenden Falle ein DDR-Gesetz) nicht angewendet werden darf, wenn das Ergebnis einer solchen Anwendung mit elementaren Grundsätzen des eigenen Rechtes unvereinbar wäre. Obwohl das Bundesverfassungsgericht diesen Vorbehalt anerkennt, ist seine Anwendung jedoch nicht unproblematisch. Vgl. Wassermann, *Zur Aufarbeitung des DDR-Unrechts*, 7.

ungeschriebenen Gesetz gehorcht hat. Doch das wäre ein Verstoß gegen das strafrechtliche Rückwirkungsverbot und würde nach geltendem rechtsdogmatischen Verständnis die Verhandlung unseriös machen.[64] Also wird Erich Mielke wegen Polizistenmordes in der Weimarer Republik angeklagt und Harry Tisch wegen Untreue. Das aber ist nicht die erwünschte und notwendige Vergangenheitsbewältigung. Und wenn Erich Honeckers Prozeß schließlich aus Krankheitsgründen eingestellt wird, dann sind die Teile der DDR-Vergangenheit, die man mit seiner Person und mit seinem Namen verbindet, noch völlig unaufgearbeitet. „Zur ‚Aufarbeitung der Vergangenheit‘, diesem alten und neuen deutschen Thema, hat er [der Prozeß] nichts beigetragen“, meint denn auch Jacqueline Hénard.[65] Denn die Verurteilung wegen Polizistenmordes und die Verfahrenseinstellung aus Krankheitsgründen leisten weder einen Orientierungsbeitrag zur Interpretation der DDR-Geschichte, noch einen solchen zum Handeln und zur Identität der Staatsführung zu DDR-Zeiten.

Selbst die Prozesse, die substantielles DDR-Unrecht behandeln und zu einem Abschluß kommen, wie etwa der gegen Hans Modrow, wirken eher buchhalterisch und wenig hermeneutisch. Rainer Lips, der Modrow-Richter, erklärte denn auch in der Urteilsbegründung, ein Strafprozeß sei nicht dazu da, die Geschichte aufzuarbeiten, sondern diene ausschließlich der „Anwendung materiellen Rechts“. Dazu gehöre vor allem die Schaffung des Rechtsfriedens.[66] Marion Gräfin Dönhoff schließt sich dem an, wenn sie schreibt: „Nicht erreichen kann man die Aufarbeitung der Taten eines Unrechtsstaates mit rechtsstaatlichen Mitteln; abgesehen davon, daß Regierungskriminalität und staatliche Unterdrückung strafrechtlich ohnehin kaum zu erfassen sind.“[67]

Umso bemerkenswerter ist deshalb die Entscheidung des Bundesverfassungsgerichtes, die Anfang November 1996 veröffentlicht wurde.[68] Demnach gibt es keine verfassungsrechtlichen Bedenken gegen das Urteil des Berliner Landgerichtes, das vom Bundesgerichtshof sogar noch verschärft wurde, wodurch der ehemalige DDR-Verteidigungsminister Heinz Kessler, der frühere

---

[64] Vgl. zu dieser Problematik die ausführliche Darstellung bei Jakobs, *Vergangenheitsbewältigung durch Strafrecht?*, 43ff. Das aber bedeutet: Vergangenheitsbewältigung muß (1) über juristische Maßnahmen hinausgehen (und möglicherweise sogar rechtsdogmatische Grundsätze diskutieren; vgl. Jesse, *„Entnazifizierung“ und „Entstasifizierung“ als politisches Problem*, 23). Und sie muß (2) zukunftsplanend und -gestaltend wirken.

[65] Hénard, *Nichts als eine gewisse Traurigkeit*; vgl. auch Hénard, *Geschichte vor Gericht.*

[66] Vgl. Gräfin Dönhoff, *Niemand kann ein ganzes Volk durchleuchten.*

[67] Gräfin Dönhoff, *Niemand kann ein ganzes Volk durchleuchten*; vgl. auch Gräfin Dönhoff, *Gerechtigkeit ist nicht Vergeltung.* Josef Isensee, *Der deutsche Rechtsstaat vor seinem unrechtsstaatlichen Erbe*, 106f., meint – aus rechtspositivistischer Sicht, die er jedoch nicht als solche verstanden wissen will (vgl. ebd., 107) – sogar: „So erweist sich die Vergangenheitsbewältigung durch Strafrecht, soweit sie systembedingte, ‚politische‘ Taten [...] betrifft, als verschleierte Naturrechtsjustiz, die mit den Formkautelen des Rechtsstaates, also mit dem Grundgesetz, unvereinbar ist.“ Vgl. auch ebd., 103.

[68] Vgl. Kerscher, *Gesetz ist nicht gleich Recht*; Koop, *„Der inneren Einheit einen guten Dienst erwiesen“.*

DDR-Generaloberst Fritz Streletz und der vormalige SED-Sekretär Hans Albrecht wegen der Mauerschüsse zu Haftstrafen verurteilt wurden. Der BGH stützte sich auf die „Radbruchsche Formel"[69] und auf den „Internationalen Pakt über bürgerliche und politische Rechte" der UNO. Durch Heranziehung dieses von der DDR ratifizierten Paktes stellte das Rückwirkungsverbot des Grundgesetzes kein Hindernis dar zur Verurteilung der Angeklagten wegen „mittelbarer Täterschaft". Bemerkenswert ist diese Verurteilung deswegen, weil die Richter des BGH meinten, das Vertrauen der Angeklagten auf eine menschenrechtswidrige Auslegung des Rechtes zur Tatzeit auch in Zukunft sei nicht schutzwürdig.[70] Dies ist allerdings keine rechtspositivistische, sondern eine – an Radbruch orientierte – naturrechtliche Begründung, die versucht, das „moralische Defizit" des positivistischen Rechts zu überwinden. Doch ob diese alleine zu einer verfassungskonformen Verurteilung ausgereicht hätte (ohne Rückgriff auf den „Internationalen Pakt"), scheint mir mehr als unsicher. Darum hat sich das höchste deutsche Gericht darauf berufen, daß die Mauerschüsse auch gegen DDR-Recht verstießen.[71]

Die Notwendigkeit einer hermeneutisch-moralischen Vergangenheitsbewältigung

Vergangenheitsbewältigung ist *alleine* mit strafrechtlichen beziehungsweise rechtsstaatlichen Mitteln nicht zu bewerkstelligen, vielmehr bedarf sie eines begleitenden und umfänglicheren hermeneutisch-moralischen Diskurses, innerhalb dessen die Werkzeuge des Rechtsstaates allerdings ihre Anwendung finden müssen. Dies ist schon deshalb unerläßlich, weil unter den geschilderten Umständen ein Unrechtsstaat keinerlei Bewertung unterzogen werden kann, wenn nur rechtliche Maßstäbe angelegt werden. Das verbietet die Rechtsdogmatik. Vielmehr können bei juristischer Aufarbeitung nur systeminterne Verstöße bearbeitet werden, also „Einzelexzesse" und „Willkürakte", jedoch nicht „gesetzliches Unrecht". Das bestätigte auch der Bundesgerichtshof.[72] Das positivistische Recht kann sein „moralisches Defizit" aus eigener Kraft nicht überwinden und nicht ausgleichen. Die Folgen sind bekannt: „Mauerschützen" wurden verurteilt, die Lenker des Systems, die im Endeffekt die „Mauerschüsse" veranlaßten, sind dessentwegen, wenn überhaupt, nur in sehr komplizierten und langwierigen Verfahren verantwortlich zu machen.[73] Oder, um eine für meine Begriffe noch fragwürdigere Rechts-

---

[69] Ausführlicher dazu: Dreier, *Die Mauerschützenprozesse und die Radbruchsche Formel.*

[70] Eine ähnliche Argumentation vertritt Rudolf Wassermann in einem Artikel der *„Frankfurter Allgemeine Zeitung"* vom 9. Oktober 1996. Darin fordert er allerdings, den Grundgesetzartikel 103 („nulla poena sine lege") in Anlehnung an Artikel 7 Absatz 2 der Menschenrechtskonvention des Europarates zu ändern oder ganz aufzuheben. Ein solcher Schritt verlangte wahrscheinlich, den rechtspositivistischen Ansatz insgesamt aufzugeben oder zumindest in Frage zu stellen.

[71] Vgl. Koop, *„Der inneren Einheit einen guten Dienst erwiesen"*.

[72] Beim BGH-Urteil ging es um die Rechtsprechung zur Rechtsbeugung durch die DDR-Justiz; vgl. Wielenga, *Schatten deutscher Geschichte*, 106.

[73] Vgl. dazu Merkel, *„Die Kleinen hängt man, die Großen läßt man laufen ..."*.

lage anzusprechen: Diejenigen, die aus der deutschen Wehrmacht während des Zweiten Weltkrieges desertierten und dafür von der Nazi-Justiz rechtskräftig verurteilt wurden, galten noch jahrzehntelang als vorbestraft, auch wenn ihr Motiv darin bestand, an einem völkerrechtswidrigen und vom Nürnberger Tribunal verurteilten Angriffskrieg nicht teilzunehmen.[74] Das Delikt der Fahnenflucht war und ist ein Straftatbestand. Nur ein hermeneutischer Prozeß kann zu der rechtsdogmatisch nicht erreichbaren Einsicht führen, daß das nationalsozialistische System derartige Desertionen nicht mit einer Wirksamkeit bestrafen konnte, die Folgen über dieses System hinaus haben darf. Doch diese Einsicht brauchte in der Bundesrepublik einige Jahrzehnte zu ihrer Reifung.[75] Ein Anzeichen dafür, daß die Vergangenheitsbewältigung in hermeneutischer Hinsicht offensichtlich lückenhaft war und ist.

1.3 Juristische Aufarbeitung als wichtiges, aber abhängiges Teilunternehmen

Die Beispiele haben deutlich gemacht, daß dem Recht im Rahmen von Vergangenheitsbewältigung eine bedeutende Rolle zukommt, daß juristische Aufarbeitung aber nicht mit Vergangenheitsbewältigung gleichzusetzen ist, sondern ein abhängiges Teilunternehmen darstellt. Innerhalb der juristischen Aufarbeitung hat das Strafrecht eine nochmals eingeschränkte Bedeutung. „Strafrecht", so Günther Jakobs[76], „heilt keine vom Täter geschlagenen Wunden des Opfers, ja spricht nicht einmal Schadensersatz zu, schickt vielmehr dem Übel der Tat am Opfer ein weiteres Übel hinterher: die Strafe als ein Übel am Täter. [...] Strafrecht bewältigt [...] diejenige gegenwärtige Störung, die von der kommunikativen Seite der Tat hervorgerufen wird: die von der Tat bis in die Gegenwart reichende Störung der Normgeltung." Das Strafrecht ist ein nachdrückliches und effektvolles Mittel zur Interpretation von Geschichten und Identitäten, vorausgesetzt, die Urteile werden allgemein akzeptiert. Allerdings geht es dem positivistischen Strafrecht nur um die Geltung ganz bestimmter Normen, nämlich der positiv gesetzten Strafrechtsnormen. Der Vergangenheitsbewältigung geht es um die Bewältigung von Normgeltung in umfassenderer Weise. Ihr geht es um die Bewältigung gemäß einer universalen Rationalität, gemäß dem moralischen Paradigma, das seinerseits geeignet ist, partikuläre und funktionale Paradigmen – wie etwa das Paradigma des positivistischen Rechts – zu bewerten und zu bewältigen. Damit zeigt sich: Der hermeneutisch-moralische Rahmen muß bereitet

---

[74] Vgl. Haase, *Desertion – Kriegsdienstverweigerung – Widerstand*; vgl. auch die literarische Darstellung von Alfred Andersch, *Die Kirschen der Freiheit*.

[75] Vgl. Kubon, *Aktuelles zum Thema Desertion*; Ullrich, *Den Mut haben, davonzulaufen*. Am 28. Mai 1998 hat der Deutsche Bundestag endlich ein Gesetz verabschiedet, mit dem alle NS-Unrechtsgesetze aufgehoben werden, die „unter Verstoß gegen elementare Gedanken der Gerechtigkeit [...] ergangen sind".

[76] Jakobs, *Vergangenheitsbewältigung durch Strafrecht?*, 38.

sein, in den juristische Maßnahmen eingebettet werden müssen, wenn sie ihren Sinn und Zweck erreichen wollen. Vergangenheitsbewältigung hat also auch eine rechtskritische Funktion.[77]

Rechtliche Maßnahmen als geordnete Verfahren und als Mittel zur Durchsetzung von Konsequenzen

Wenn juristische Maßnahmen auch eine hermeneutisch-moralische Einbettung benötigen, so sind sie doch wichtig, um den Konsequenzen, die sich aus Vergangenheitsbewältigungs-Prozessen ergeben, zur Durchsetzung zu verhelfen. Ein Gerichtsprozeß kann einen Täter zwar nicht zur Einsicht zwingen (das wäre eine hermeneutische Aufgabe), er kann jedoch bewirken, daß ihm das Handwerk gelegt wird. Für uneinsichtige Täter haben juristische Maßnahmen (weil sie paränetische Veranstaltungen sind) keinen vergangenheitsbewältigenden Effekt. Der muß vielmehr mittels anderer Anstrengungen erreicht werden. Aber ein Strafverfahren bietet einen geordneten Verlauf, der nicht nur Recherchen zuläßt, die aus anderen Gründen oft nicht durchführbar sind[78], sondern auch ein denkbares Höchstmaß an Gerechtigkeit dem Täter gegenüber garantiert, das z.B. im Rahmen eines ungeordneten Volkszornes nicht erreichbar wäre.[79] Es verfolgt Unrecht auch dann, wenn die Opfer selbst keine Klage erheben können; vorausgesetzt, es handelt sich um Offizialdelikte. Strafen werden nur im Rahmen des geltenden Rechtes verhängt. Zu diesen Strafen kann auch gehören, den Opfern eine angemessene Entschädigung zukommen zu lassen. Damit können faire (Straf- und Zivil-) Prozesse Leistungen zugunsten der Opfer erzwingen. Gerichtsprozesse sind in gewisser Weise Zwangsmittel; insofern nämlich, als sie (in einem bestimmten Rahmen) den Vollzug der Urteile garantieren.[80] Das ist im Rahmen von gesell-

---

[77] Etwa in der Weise, wie Fletcher, *„Ordinary Language Philosophy" und die Neubegründung der Strafrechtsdogmatik*, und Baurmann, *Schuldlose Dogmatik?*, Rechtskritik betreiben. Vgl. auch Mengel, *Recht und Politik*; Avenarius, *Die Rechtsordnung der Bundesrepublik Deutschland*, 7.

[78] Freilich geraten auch staatsanwaltschaftliche Ermittlungen an ihre Grenzen. Vgl. dazu Rückerl, *Staatsanwaltschaftliche Ermittlung der NS-Verbrechen – Schwierigkeiten und Ergebnisse*. Exemplarisch für viele Schwierigkeiten sei eine Lücke im Legalitätsprinzip genannt, die bis zur Gründung der „Zentralen Stelle der Landesjustizverwaltungen zur Aufklärung der nationalsozialistischen Verbrechen" in Ludwigsburg im Herbst 1958 zuweilen Strafverfolgungen verhinderte. Für einen Staatsanwalt in München, der 1950 Kenntnis davon erhalten hatte, daß der SS-Führer Hackmann in Majdanek Häftlinge getötet hatte, bestand kein Anlaß, ein Ermittlungsverfahren einzuleiten. Denn Majdanek liegt nicht in seinem Einzugsbereich, und der Aufenthaltsort von Hackmann war unbekannt. Unter diesen Bedingungen war *kein* Staatsanwalt in Deutschland verpflichtet zu ermitteln. Vgl. Rückerl, ebd., 73. Weitere Probleme, u.a. solche des Strafprozeßrechtes, beschreibt Draber, *Nationalsozialistische Gewaltverbrechen vor Gericht – Problematik der NSG-Verfahren aus der Sicht des Richters*.

[79] Vorausgesetzt wird natürlich, daß es sich um rechtsstaatliche Verfahren handelt. Wassermann, *Zur Aufarbeitung des DDR-Unrechts*, 6, hält die Schutzwirkung des Rechtsstaates zugunsten der Angeklagten für so stark, daß er das Diktum zitiert, wonach „das Strafgesetzbuch die Magna Charta des Verbrechers ist".

[80] Vgl. Avenarius, *Die Rechtsordnung der Bundesrepublik Deutschland*, 2; Kausch, *Die gesellschaftlichen Funktionen des Rechts*, 20ff.

schaftlichen Diskursen nicht notwendigerweise so. Doch sind diese Diskurse unbedingt nötig, wenn das Unrecht entweder nicht zuschreibbar oder nicht justitiabel ist und die Opfer von Gerichtsprozessen nichts erhoffen können. Dann muß sich der Diskurs um Gerechtigkeit sorgen. Zudem soll ja ein Vergangenheitsbewältigungs-Prozeß nicht ausschließlich eine Zwangsmaßnahme der einen gegenüber den anderen sein, sondern nach Möglichkeit ein Prozeß der Interpretationsorientierung und des dementsprechenden Konsequenzenziehens. Darüberhinaus muß – zumindest in gesellschaftlich relevanten Fällen von Vergangenheitsbewältigung – der gesellschaftliche Diskurs die Notwendigkeit und Fairneß der juristischen Verfahren prüfen, da dies – aus rechtsdogmatischen Gründen – nur im Rahmen eines begrenzten Regresses mit gerichtlichen Mitteln vorgenommen werden kann.

Für die Opfer wiederum ist bedeutsam, durch ein gesellschaftlich akzeptiertes und anerkanntes Verfahren, wie Gerichtsprozesse sie im geglückten Falle darstellen, als Opfer bestätigt zu werden.[81] Das entzieht ihre Opferrolle mit einem gewissen Nachdruck den Infragestellungen durch die gegnerische Seite.

Die gegenseitige Angewiesenheit von Strafrecht und hermeneutisch-moralischem Diskurs

Juristische Verfahren haben für Vergangenheitsbewältigung eine große Bedeutung, doch sie *alleine* reichen nicht aus. Sie sind vielmehr abhängige Teilunternehmen. Es muß ein hermeneutisch-moralischer Diskurs hinzukommen. Gerade wenn es sich um Verbrechen handelt, die kollektiv verübt wurden, ist zwar der je individuelle Schuld- und Verantwortungsanteil zu eruieren, doch wegen der Schwierigkeiten, die sich dabei ergeben können, lassen sich kollektiv begangene Verbrechen nicht ausschließlich juristisch aufarbeiten.[82] Wegen der juristischen Notwendigkeit der individuellen Zuschreibung von Verantwortung könnte eine ausschließlich juristische Aufarbeitung nämlich dazu führen, daß Mittäter und Mitläufer, ja, daß die Gesellschaft ihre Schuld an einzelne Schuldige delegiert.[83] Bei der Aufarbeitung der NS- und der DDR-Vergangenheit war diese Gefahr immer latent vorhanden. Die Individuen exkulpierten sich, indem sie die Führer alleinverantwortlich machten. Erik Reger beschrieb das dem zugrunde liegende Denkmuster im Berliner „Tagesspiegel" vom 18. Dezember 1945 so: „Die Schächer sitzen ja auf der Anklagebank; mit jedem Dokument, das der Ankläger vorlegt, schwindet ein Fleck mehr von der Seele des Durchschnittsdeutschen, und in-

---

81 Vgl. Akavia, *Die Erinnerung an den Holocaust in Israel*, 85.

82 Diese Problematik wurde vielfach von Herbert Jäger untersucht, vgl. z.B. Jäger, *Verbrechen unter totalitärer Herrschaft*.

83 Es ist sogar die Möglichkeit denkbar, daß ein Täter eine Übeltat vollbringt, die nicht vornehmlich ihm selbst zugerechnet werden muß. Jakobs, *Vergangenheitsbewältigung durch Strafrecht?*, 39, führt ein Beispiel an: „Wenn das Erziehungssystem einer Gesellschaft Menschen vom Kinde an planmäßig korrumpiert, und die so korrumpierten begehen diejenigen Straftaten, für die man sie hergerichtet hat, so wäre es ein verlogenes Unternehmen, wenn der böse Wille dieser Täter als Hauptgrund [...] demonstriert würde; [...] die Hauptlösung hat politisch, eben durch eine Revision des Erziehungssystems, zu erfolgen."

dem die Galerie von Göring bis Keitel so schwarz wie mit Tinte übergossen erscheint, strahlt der Durchschnittsdeutsche so blank wie ein romantischer Vollmond über dem Schlosse von Heidelberg." Die Nürnberger Prozesse entlasteten die breite Bevölkerung und haben somit ihren Anteil an der von den Mitscherlichs diagnostizierten „Unfähigkeit zu trauern", meint der Politikwissenschaftler Peter Steinbach.[84]

Auch bei Strafprozessen, die individuelle Taten verhandeln, fehlt die gesellschaftliche Relevanz nicht. Ist es etwa keine gesellschaftliche Frage, wie es dazu kommt, daß ein Mitglied einer gesellschaftlich benachteiligten Gruppe straffällig wird?[85] Gerichtsprozesse *alleine* können sehr gut zu Verdrängungszwecken für die Gesellschaft und für willige Mitläufer dienen. Gerade weil Gerichtsprozesse auf der individuellen Zuschreibung von Untaten beruhen, bringen sie die Gefahr einer „Stellvertreter-Bewältigung" mit.[86] So notwendig juristische Verfahren oft sind, so sehr müssen sie doch stets von hermeneutisch-moralischen Diskursen begleitet werden, damit sie nicht zu einem sublimen Instrument der Verdrängung werden. Dies ist sozusagen ein Aspekt der „Dialektik der Vergangenheitsbewältigung".[87]

Wenn Vergangenheitsbewältigung als *ein* Aspekt die Identitätsbeschreibung der Täter zur Aufgabe hat, indem sie die Täter zur Stellungnahme gegenüber dem eigenen vergangenen Handeln aufruft, dann ist ein Prozeß der Vergangenheitsbewältigung niemals endgültig abgeschlossen. Er ändert im Laufe der Zeit und im Zuge durchgeführter (oder verweigerter) Vergangenheitsbewältigung seinen Charakter, aber er bleibt so lange virulent, wie ein Tatbeteiligter oder ein Opfer existiert.[88] Vergangenheitsbewältigungs-Prozesse unterliegen somit keiner Verjährung, wie das in aller Regel für die strafrechtliche Verfolgung gilt. Dies ist ein weiterer Aspekt, der aufzeigt, warum Vergangenheitsbewältigung nicht mit (straf-) rechtlicher Aufarbeitung gleichgesetzt werden kann.

2. Diskursimpulse von Pädagogik und Medien

Es ist wichtig, Einsicht zu erreichen, um Interpretationen orientieren zu können. Einsicht und Orientierung müssen diskursiv zustande kommen.

---

[84] Steinbach, *Nationalsozialistische Gewaltverbrechen in der deutschen Öffentlichkeit nach 1945*, 17.

[85] Ich vermute, die Tatsache, daß sich in den USA die Zahl der inhaftierten Farbigen überproportional zu ihrem Bevölkerungsanteil verhält, ist zu größeren Anteilen eine gesellschaftliche Frage – und damit eine Aufgabe zur Vergangenheitsbewältigung – als eine kriminologische.

[86] So stellt Rückerl, *Staatsanwaltschaftliche Ermittlungen der NS-Verbrechen – Schwierigkeiten und Ergebnisse*, 80, die Frage: „Ist [...] [die Schuld derer, die in den Vernichtungslagern töteten,] wirklich soviel schwerwiegender als die Schuld derjenigen, [...] die wußten, aber geschwiegen haben und die es im Grunde nur ihrem Schicksal zu danken haben, daß ihnen kein Tatbeitrag abgefordert wurde."

[87] Überhaupt nicht beleuchtet wurde hier die Situation von zu Unrecht Angeklagten, die freigesprochen werden, aber oftmals unter gesellschaftlichen Verdächtigungen zu leiden haben. Dieses Problem ist nur diskursiv und nicht juristisch zu lösen.

[88] Auch Nachgeborene können, wie Nederland u.a. gezeigt haben, Opfer vergangener Untaten sein.

Das demokratische Staatswesen hat die Bedingungen zu garantieren, daß solche Diskurse möglich sind. Die Mittel und Wege solcher Diskurse können vielfältig sein. Es bietet sich an, an zwei solcher Mittel exemplarisch aufzuzeigen, wie Diskurse Impulse erhalten können, wie umgekehrt jedes dieser Mittel auf eine diskursive Einbettung angewiesen ist, welche Chancen und Grenzen solche Diskursimpulse haben und wie sie in der Praxis für das Anliegen von Vergangenheitsbewältigung von Bedeutung sein können.

2.1 Der Beitrag der Pädagogik zur Vergangenheitsbewältigung

Die Aufgabe der Pädagogik

Vergangenheitsbewältigung, so Peter Dudek, sei ein öffentlicher und nicht abschließbarer Prozeß, an dem auch die Pädagogik beteiligt sei, ohne daß er in ihr aufgehe.[89] Diese Bedeutung der Pädagogik ist vielfach betont worden. Theodor W. Adorno hat im Blick auf die deutsche NS-Vergangenheit immer wieder den Beitrag der Pädagogik zu der Anstrengung eingefordert, daß Auschwitz sich niemals wiederholen dürfe.[90] Damit ist die Forderung erhoben, die Pädagogik habe mitzuwirken an einer Parallelisierung der Interpretation der nationalsozialistischen Gewaltherrschaft mit dem Ziel, durch diese parallelisierte Interpretation das Denken und Handeln der Menschen derart zu beeinflussen, daß sie als Individuen und als Mitglieder sozialer Systeme aktiv dafür eintreten, nationalsozialistisches Denken und Handeln strikt abzulehnen. Im Grunde ist dies die Forderung nach einer Pädagogik, deren Erziehungsziel diskursfähige und diskursbereite Persönlichkeiten sind.[91] Bereits die Direktiven der Besatzungsmächte forderten – freilich ohne konkrete Umsetzungsmöglichkeiten zu benennen –, „demokratisches Gedankengut zu fördern“.[92] An dieser Notwendigkeit hat sich nichts geändert, ja, sie gibt – etwas unscharf – den Beitrag der Pädagogik für das Anliegen von Vergangenheitsbewältigung an.

Dieser Auftrag stellt in der schulischen Erziehung eine Querschnittsaufgabe dar. Das heißt, er ist nicht einem speziellen Fach zuzuordnen, sondern er hat das Grundkonzept jeder Erziehung zu prägen.[93] Freilich bedarf die Einübung in diskursives Sozialverhalten auch der konkreten Thematisierung und der praktischen Erprobung. In der schulischen Pädagogik wäre etwa an einen Deutschunterricht zu denken, der sich mit literarischen Werken wie Dürrenmatts „Besuch der alten Dame“, Frischs „Biedermann und die Brandstifter“, Manns „Der Untertan“ oder Grass' „Die Blechtrommel“ befaßt. Der Sozialkunde- oder Politikunterricht hätte sich mit der Theorie und Praxis einer demokratischen Staats-

---

[89] Dudek, *„Der Rückblick auf die Vergangenheit wird sich nicht vermeiden lassen“*, 12.

[90] Vgl. Dudek, *„Der Rückblick auf die Vergangenheit wird sich nicht vermeiden lassen“*, 45.

[91] Vgl. dazu Horster, *Philosophieren mit Kindern als pädagogische Pflicht*, 189ff. 193ff.

[92] Vgl. Dudek, *„Der Rückblick auf die Vergangenheit wird sich nicht vermeiden lassen“*, 69ff.

[93] Freilich wäre es unfair und bedeutete eine Überforderung, würde die Aufgabe, die Grundlagen für Vergangenheitsbewältigung zu schaffen, den Schulen alleine aufgeladen; vgl. dazu Abendroth, *„Holocaust“ im Unterricht*, 213f.

und Gesellschaftsordnung zu beschäftigen sowie diskursiv-demokratisches Verhalten einzuüben.[94] Der Geschichtsunterricht müßte Wert darauf legen, den Schülerinnen und Schülern gediegenes geschichtliches Wissen zu vermitteln, darüber hinaus aber auch die Struktur von Geschichtsschreibung darzulegen. Dabei wäre wichtig, die Konstruktivität, Theoriegeleitetheit und Interessenabhängigkeit von geschichtlichen Darstellungen deutlich zu machen, um so kritische Aufmerksamkeit gegenüber Siegergeschichte oder interessengeleiteter Geschichtsschreibung zu wecken. Deshalb wäre bei der Erklärung des Prinzips der Kontrainterpretationsstabilität als Gütemerkmal für Geschichten eine besondere Betonung darauf zu legen, daß gerade die Sicht der Opfer als potentielle Kontrainterpretation ernstzunehmen ist. Dieser Ansatz wäre im Religions- oder Ethikunterricht zu verstärken, indem die Bedeutung des Universalisierungsprinzips und des hypothetischen Rollentausches sowie die dem zugrunde liegenden moralischen Fundamente einsichtig zu machen wären.[95]

Vergangenheitsbewältigung wäre, gelängen diese Anstrengungen, nicht bloß eine Rezeption von kritischen Geschichtsdeutungen, sondern ein Interpretationsunternehmen, zu dem die so gebildeten Menschen prinzipiell selbst in der Lage wären, das sie aber zumindest selbst als wichtig einsehen und dessen Durchführung sie verlangen könnten. Die in dieser Weise gebildeten Menschen dürften sensibel sein gegenüber Interpretationen, die sich einer diskursiven Prüfung verweigern und gegenüber Handlungen und Maßnahmen, die ohne Beachtung der Betroffenen durchgeführt werden.[96]

Grenzen pädagogischer Möglichkeiten

Freilich gelangen diese pädagogischen Anstrengungen auch an ihre Grenzen.[97] Das rührt nicht zuletzt daher, „daß zwischen Interesse und Meinungen, zwischen Meinungen und Wissen, zwischen Wissen und Einstellungen, zwischen Einstellungen und Verhalten ein kompliziertes Geflecht gegenseitiger Abhängigkeiten und Widersprüchlichkeiten besteht, die im Geschichtsunterricht nicht kontrollierbar sind.“[98] Es handelt sich unter anderem um das Problem von kognitiven Schemata, die durch das cognition management geschützt werden und die nur sehr schwer veränderbar sind. Es bedarf einer

[94] Vgl. dazu Klippert, *Handlungsorientierter Politikunterricht*.

[95] Zu den theoretischen Grundlagen der Möglichkeit einer solchen Moralerziehung vgl. Oser, *Moralisches Urteil in Gruppen – Soziales Handeln – Verteilungsgerechtigkeit*; Miller, *Kollektive Lernprozesse*; Oser/Fatke/Höffe (Hg.), *Transformation und Entwicklung*; Edelstein/Nunner-Winkler (Hg.), *Zur Bestimmung der Moral*; Schirp, *Demokratie und Erziehung in der Schule*; Sutor, *Politikunterricht und moralische Erziehung*.

[96] Die hier geschilderten Forderungen sind nicht neu (vgl. Dudek, *„Der Rückblick auf die Vergangenheit wird sich nicht vermeiden lassen“*, 265ff.). Das spricht jedoch nicht gegen ihre Bedeutung und ihre Aktualität.

[97] Dabei handelt es sich auch um Probleme seitens der Bildungspolitik. Vgl. dazu Dudek, *„Der Rückblick auf die Vergangenheit wird sich nicht vermeiden lassen“*, 260ff.; Bundeszentrale für politische Bildung (Hg.), *Verantwortung in einer unübersichtlichen Welt*, bes. Fauser, *Schule als Sozialisationsfaktor in der politischen Bildung*; Beutel, *Das Förderprogramm „Demokratisch Handeln“*.

[98] Dudek, *„Der Rückblick auf die Vergangenheit wird sich nicht vermeiden lassen“*, 293.

Metainterpretation, die die affektiven bzw. emotionalen Komponenten bei der Schemaausprägung nicht vernachlässigen darf.[99] Diese Metainterpretation sollte zu einer Schemaverunsicherung führen und damit zu einer Einsicht in die Konstruktivität der eigenen (Vor-) Urteile, die sich, wenn sie Anspruch auf Seriosität erheben wollen, einer Kontrainterpretation (in der idealen Kommunikationsgemeinschaft) stellen müssen.

Pädagogische Maßnahmen

Darum gilt es, schulische und außerschulische Projekte zu initiieren, die Erfahrungen ermöglichen, auf denen Lernerfolge gründen können.[100] Wie dies aussehen kann und welche Versuche tatsächlich unternommen wurden, beschreibt Peter Dudek: „Die Hinwendung zu einzelnen biographischen Schicksalen, Alltags- und Lokalgeschichte gewinnen seit Beginn der achtziger Jahre für die schulische und außerschulische Jugendarbeit [...] an Bedeutung. Zeitlich viel zu spät begann erst jetzt das Gespräch zwischen Schülern und Zeitzeugen, wurden die noch lebenden Widerstandskämpfer und ihre Erfahrungen als lebendige Geschichtsquelle genutzt. [...] Es gehört zu diesem Trend der Alltagsorientierung, daß zunächst Jugendverbände, später auch die VVN [die Vereinigung der Verfolgten des Naziregimes], ‚alternative Stadtrundfahrten' zu den Stätten des Widerstands und des Grauens organisierten, daß auch KZ-Gedenkstätten als Lernorte für Geschichte entdeckt wurden und daß die Museumspädagogik einen ungeahnten Aufschwung erfuhr."[101]

Die schulischen und außerschulischen pädagogischen Maßnahmen, die im Rahmen von Vergangenheitsbewältigung möglich und sinnvoll sind, um (a) ein differenziertes Geschichtsbild zu ermöglichen, das nicht bloß den Verlauf politischer oder militärischer Maßnahmen beschreibt, sondern – im Sinne der Diskursethik – nach den Menschen fragt, besonders nach den Opfern, um von daher eine Bewertung der geschichtlichen Vorgänge und entsprechende Identitätszuschreibungen zu erreichen und die Notwendigkeit eventueller Konsequenzen einzusehen, um (b) die Schülerinnen und Schüler in die Lage zu versetzen, zum eigenen Schemaensemble in kritische Distanz zu treten und ggf. einen hypothetischen Rollentausch vornehmen zu können und um (c) ein diskursives Sozialverhalten zu trainieren etc., können und müssen hier nicht ausführlich dargestellt werden. Stattdessen sei hier exemplarisch auf eine Reihe von Literaturtitel verwiesen, die sich mit entsprechenden pädagogischen Maßnahmen beschäftigen.[102] An dieser Stelle ist es wichtig festzuhal-

---

[99] Vgl. dazu Weinreich-Haste, *Moralisches Engagement. Die Funktion der Gefühle im Urteilen und Handeln*.

[100] Vgl. dazu die Ausführungen bei Dudek, *„Der Rückblick auf die Vergangenheit wird sich nicht vermeiden lassen"*, 295. Kritisch zu „didaktisch-methodischen Arrangements" und zu emotionalen Elementen in der politischen Bildung äußert sich Giesecke, *Zur Krise der politischen Bildung*, 9.

[101] Dudek, *„Der Rückblick auf die Vergangenheit wird sich nicht vermeiden lassen"*, 297.

[102] Vgl. z.B. Krahfeld, *Außerschulische Jugendarbeit mit „rechten" Gruppierungen*; Krahfeld, *Jugendarbeit mit rechten Jugendszenen*; Sander, *Rechtsextremismus als pädagogische Herausforderung für Schule und politische Bildung*; Scherr, *Möglichkeiten und Grenzen der Jugendarbeit*

ten, daß pädagogische Maßnahmen im schulischen wie im außerschulischen Bereich auf vielfältige Weise dazu beitragen können, daß Menschen kognitiv und emotional[103] in die Lage versetzt werden, an einem diskursiv durchgeführten Verfahren der Interpretation von Geschichten und Identitäten und dem Ziehen der daraus resultierenden Konsequenzen verantwortlich mitzuwirken. Diese Bildung der einzelnen Persönlichkeit ist von großer Bedeutung, weil – auch beim Betreiben von Vergangenheitsbewältigung – sehr viel am Verhalten der einzelnen Personen, der einzelnen Mitglieder sozialer Systeme hängt.

Auch pädagogische Maßnahmen
sind auf einen hermeneutisch-moralischen Diskurs angewiesen

Pädagogische Maßnahmen als Mittel zur Vergangenheitsbewältigung sind wichtig. Allerdings sind auch sie – aus zwei Gründen – auf einen hermeneutisch-moralischen Diskurs angewiesen. Erstens bedürfen pädagogische Maßnahmen einer Überprüfung, damit sie nicht zur Indoktrination werden.[104] Eine solche Überprüfung muß diskursiv geschehen. Zweitens bedürfen sie des Diskurses als eines Erziehungszieles. Trotz der Probleme, denen sich pädagogische Maßnahmen gegenübersehen, wenn sie auf massive Blockaden des cognition managements stoßen, ist die Pädagogik ein geeignetes Mittel, Schemata zu verunsichern und den Boden zu bereiten, auf dem diskursive Geschichts- und Identitätsinterpretationen stattfinden und die Notwendigkeit von Konsequenzen einsichtig gemacht werden kann.

So wichtig pädagogische Maßnahmen an Kindern und Jugendlichen sowie pädagogische Interventionen bei sozialschädlichem Verhalten (auch Erwachsener) sind, so wichtig ist es auch, einen *gesellschaftlichen* Diskurs zu führen[105], um so zu einer gesellschaftlich parallelisierten tragfähigen und kon-

---

mit rechten Jugendlichen; Koch, *Deeskalation der Gewalt*; Geretshauser/Lenfert/Weidner, *Konfrontiert rechtsorientierte Gewalttäter mit den Opferfolgen*; Castner/Castner, *Rechtsextremistische Strömungen in der Schule und pädagogische Gegenmaßnahmen*; Vahsen, *„Gebt mir 'ne echte Aufgabe" – Vom Umgang der Pädagogik mit Rechtsextremismus*; Bremen, *Projekte gegen Ausländerfeindlichkeit und Gewalt – eine kritische Bilanz*; Bundeszentrale für politische Bildung (Hg.), *Methoden der politischen Bildung – Handlungsorientierung*; Schreier/Heyl (Hg.), *Das Echo des Holocaust. Pädagogische Aspekte des Erinnerns*. Zu Projekten der Gedenkstättenpädagogik vgl. beispielsweise Ehmann/Kaiser/Lutz/Rathenow/vom Stein/Weber (Hg.), *Praxis der Gedenkstättenpädagogik*; Wittmeier, *50 Jahre nach der Befreiung – Gedenkstättenarbeit mit der Internationalen Jugendbegegnungsstätte Auschwitz*; August, *„Auschwitz verändert den Menschen". Die Internationale Jugendbegegnungsstätte Oswiecim*; Dräger, *NS-Aufklärungsarbeit und Gedenkstätten als Lernorte: Möglichkeiten und Grenzen pädagogischer Maßnahmen*.

[103] Der emotionale Aspekt darf – auch und gerade in der Moralpädagogik – nicht vernachlässigt werden. Christian Vogel betont aus ethologischer Sicht, daß die Fähigkeit zur Empathie eine Voraussetzung für die Ausbildung eines Empfindens für Moralität darstellt; vgl. Vogel, *Vom Töten zum Mord*, 99ff. Vgl. auch den Verweis auf Kohlberg bei Oser, *Moralisches Urteil in Gruppen – Soziales Handeln – Verteilungsgerechtigkeit*, 423.

[104] Ein Beispiel solcher Indoktrination durch Geschichtsunterricht untersuchen Protzner/Neubauer/Schuster, *Der Geschichtsunterricht in der DDR als Instrument der SED-Politik*.

[105] Die Befähigung zu einem solchen Diskurs ist auch Aufgabe der Erwachsenenbildung. Vgl. dazu Ciupke/Reichling, *Politische Erwachsenenbildung als Ort öffentlicher Verständigung*.

trainterpretationsstabilen Interpretation von Geschichten und Identitätszuschreibungen zu kommen. Wenn „die Deutschen" die deutsche Geschichte bewältigen sollen, dann erfordert dies, daß die Deutschen sich um eine tragfähige Interpretation der deutschen Geschichte bemühen und entsprechende Identitätszuschreibungen vornehmen, auch hinsichtlich ihrer selbst. Es erfordert weiterhin, daß es eine ausreichende Übereinstimmung gibt, die Konsequenzen tatsächlich zu ziehen, die sich aus den Interpretationen ergeben.

Eine an Gruppen delegierte Vergangenheitsbewältigung kann nicht gelingen. Vergangenheitsbewältigung kann also nicht Sache der Historiker, der Politik oder der Justiz alleine sein. Sie ist Aufgabe aller. Wer im Nachfolgesystem eines Unrechtsregimes lebt, muß nach den Operationsweisen fragen, die das System vom Vorgängersystem unterscheiden oder die ihnen gemeinsam sind. Dabei müssen die Operationsweisen bewertet werden. Nur wenn es in der Bevölkerung eine Übereinstimmung in diesen Bewertungen gibt, können Konsequenzen erfolgreich gezogen werden.[106] Eine Tabuisierung und eine Vermeidung dieser Bewertungen *muß* nicht, aber sie *kann* zu gesellschaftlichem Sprengstoff werden: etwa zu den 68er Unruhen, die *auch* als Folge verschleppter Vergangenheitsbewältigung zu verstehen sind[107], oder zum Aufkeimen rechtsradikalen Gedankengutes, mitverursacht durch Schlußstrich- und Normalitätsparolen. Daß solche Verschleppungen auch zu internationalen Interaktionsschwierigkeiten führen können, mußte die Schweiz im Zusammenhang mit der Nazi-Gold-Affäre erfahren. Freilich, auch hier gilt: es gibt keinen automatischen Mechanismus. Es ist möglich, Vergangenheitsbewältigung auf Dauer zu verdrängen oder zu unterdrücken, ohne dadurch *selbst* Schaden zu nehmen.

Doch die Forderung der Moral nach einer diskursiven Interpretation von Geschichte und Identitäten bleibt bestehen. Sie wird desto eher zur Geltung kommen, je stärker eine Gesellschaft den freien Austausch von Argumenten erlaubt. Darum ist der freie Austausch von Argumenten zugleich eine Bedingung und eine Forderung von Vergangenheitsbewältigung. Freier Austausch von Argumenten: das bedeutet Informationsfreiheit. In diesem Zusammenhang haben auch die diversen Massenmedien ihre Funktion als Mittel von Vergangenheitsbewältigung.

2.2 Der Beitrag der Medien zur Vergangenheitsbewältigung

Zunächst muß konzediert werden, der Einfluß der Medien (Zeitungen, Zeitschriften, Fernsehen, Radio, neuerdings auch Internet und andere neue Medien) auf das Denken von Menschen und damit auf die Gestaltung von Gesell-

---

[106] Die Politik wird nichts unternehmen oder auch nichts unternehmen können, wenn die Bevölkerung mehrheitlich Vergangenheitsbewältigung ablehnt. Ebenso wird die Ausrichtung des Erziehungssystems davon mitbestimmt, was gesellschaftlich akzeptiert wird.

[107] Vgl. dazu Richter, *Wer nicht leiden will muß hassen*, 51ff.; Wielenga, *Schatten deutscher Geschichte*, 62ff.

schaft ist nur sehr schwer zu erfassen. „Rezeptionsforschung [...] liegt kaum vor, denn Langzeituntersuchungen, die notwendig wären, sind aus verschiedenen [...] Gründen schwer realisierbar.“[108] Ja, es gibt sogar die Behauptung, „Verhaltensänderungen aufgrund [...] medialer Lernprozesse [...] [seien] so gut wie überhaupt nicht nachweisbar“[109] Dennoch gibt es Hinweise darauf, daß die Medien einen nicht unbedeutenden Anteil daran haben, ein Forum zu bieten, das Beiträge zur Vergangenheitsbewältigung leistet.[110] Es sei nur an die Radio- und Zeitungsberichte erinnert, die zumindest den ersten der Nürnberger Prozesse begleiteten und einen wichtigen Beitrag zur Information der Bevölkerung und damit zur Akzeptanz dieser Strafverfahren erbrachten.

„Die Grundlage der modernen Demokratie ist die Diskussion“, schreibt Ludwig Maaßen. Er fährt fort: „Angesichts der Größenordnung heutiger westlicher Gesellschaftsordnungen muß diese Diskussion notwendigerweise von den Massenmedien betrieben und gefördert werden. Sie stellen Öffentlichkeit her, indem sie Sachverhalte und Meinungen [...] hin- und hertransportieren.“[111] Damit ist die Funktion und die Bedeutung der Medien für Vergangenheitsbewältigungs-Prozesse bereits grob umschrieben. Sie dienen dazu, einen gesellschaftlichen Diskurs – zumindest ansatzhaft und in Grenzen – zu ermöglichen. Auch die begleitende Berichterstattung zu den Nürnberger Prozessen ist so zu verstehen. Ein Diskurs lebt von Informationen, die ausgetauscht und die auf die Einlösbarkeit ihrer Geltungsansprüche hin geprüft werden. In den Medien geschieht dies – verkürzt ausgedrückt – durch die Medienvielfalt, die Beiträge aus unterschiedlichsten Perspektiven sicherstellen soll, und durch diverse Rückkopplungsmechanismen, durch die die Konsumenten indirekt auf Berichterstattungen reagieren und ggf. selbst eingreifen können.[112] Die konkrete Bedeutung der Medien als Mittel von Vergangenheitsbewältigung kann anhand einiger Beispiele verdeutlicht werden.

---

108 Karl-Heinz Müller-Sachse, zitiert nach Schmidt-Sinns, *Zeitgeschichte im Bild nach vier Jahrzehnten*, 9.

109 Karl-Heinz Müller-Sachse, zitiert nach Schmidt-Sinns, *Zeitgeschichte im Bild nach vier Jahrzehnten*, 9. Zur Frage der Wirksamkeit von Medien vgl. auch Maaßen, *Massenmedien*, 85ff. Chill/Meyn, *Wirkung der Medien*, 44, vertreten die Ansicht, die Wirkung der Massenmedien sei meßbar. Massenmedien besäßen eine starke Wirkung auf die Bevölkerung. Die gemeinsame Erklärung der Deutschen Bischofskonferenz und des Rates der Evangelischen Kirche in Deutschland zu *„Chancen und Risiken der Mediengesellschaft“* geht von einer „prägenden Kraft“ der Medien „für kollektive Deutungsmuster“ aus, also von einer großen Parallelisierungskraft für Interpretationen; vgl. ebd., 9.

110 Der terminus technicus lautet: „agenda setting function“. Gemeint ist, daß die Massenmedien Themen ins Gespräch bringen und wichtig machen, aber auch verschweigen und irrelevant machen können. Vgl. Chill/Meyn, *Funktionen der Massenmedien in der Demokratie*, 4.

111 Maaßen, *Massenmedien*, 11f. Vgl. auch Bentele/Rühl (Hg.), *Theorien öffentlicher Kommunikation.*

112 Die Rückkopplungsmechanismen sind vielfältig und unterschiedlich. Sie reichen von Rundfunkräten über den Presserat, weiterhin über die Möglichkeit von Gegendarstellungen bis hin zur Möglichkeit, die eigenen Auffassungen per Leserbrief publik zu machen. Man denke auch an die medienrechtlich vorgeschriebenen „offenen Kanäle“. Zu den Rechtsgrundlagen vgl. Grundgesetz Art. 5, das Bundesrundfunkgesetz, die Urteile des Bundesverfassungsgerichts, die Staatsverträge der Bundesländer, die Presse-, Rundfunk- und Mediengesetze der Länder.

Zum Beispiel: Der Historikerstreit
Diese Debatte, bei der es vordergründig um historiographische Einschätzungen, in ihrer Tiefendimension jedoch um die Frage nach der Identität der Deutschen ging, wurde hauptsächlich in Form von Artikeln und Leserbriefen in Zeitungen ausgetragen. Die Wahl des Mediums war kein Zufall. In den Jahren vor dem Historikerstreit gab es revisionistische Anstrengungen, die Schrecken und Verbrechen des Nationalsozialismus in einer Weise zu historisieren[113], die für das gegenwärtige Deutschland einen Schlußstrich unter dieses sehr dunkle Kapitel der eigenen Geschichte ermöglicht und somit die Frage nach bleibender Verantwortung aufgrund von Identitätskontinuitäten[114] unterbunden hätten. Durch die Wahl der Medien geriet die Auseinandersetzung zu einem öffentlichen Diskurs über die Interpretation der NS-Geschichte und deren Bedeutung für das gegenwärtige Deutschland.

Es war ein von allen Beteiligten unternommener Versuch, Einfluß auf die Orientierung und gesellschaftliche Parallelisierung von Geschichtsinterpretationen zu gewinnen, um dadurch ausschlaggebende Akzente bei der Identitätsbeschreibung des NS-Deutschland und des gegenwärtigen Deutschland zu setzen. Gerade die Verknüpfung von Identitätszuschreibung an das nationalsozialistische Deutschland mit der Identitätszuschreibung an das gegenwärtige Deutschland fällt auf.[115] Es ging um eine Identitätsbeschreibung Deutschlands über geschichtliche Zuschreibungen[116] und, damit verbunden, um den Platz Deutschlands im internationalen Interaktionsgeflecht. Es ging um die Gestaltung der Gesellschaft und der Politik. „Der Historikerstreit wurde von allen ausländischen Beobachtern der politischen und geistigen Strömungen in der Bundesrepublik mit größtem Interesse verfolgt."[117]

Aus der Sicht von Jürgen Habermas gab es verhängnisvolle Tendenzen. Ein Gegensteuern schien ihm nötig zu sein. Die Diskussion in Fachkreisen war weder in der Lage gewesen, eine revisionistische Geschichtsinterpretation noch deren Einflußnahme auf das öffentliche Leben einzudämmen. Der öffentliche Diskurs dagegen hat – bei allen Problemen und Unzulänglichkeiten, die mit ihm verbunden waren – die Frage nach Vergangenheitsbewälti-

---

113 Vgl. dazu Diner, *Zwischen Aporie und Apologie*.

114 Habermas spricht in seinem Beitrag für die „*Zeit*" vom 7. November 1986 von einem „Lebenszusammenhang", von einer gleichen „Lebensform", von einem „geschichtlichen Milieu". Er dürfte damit ungefähr das meinen, was in der vorliegenden Arbeit an früherer Stelle zu Identitätskontinuitäten bei sozialen Systemen gesagt wurde.

115 Diese Verbindung wird in vielen Beiträgen angesprochen, so bereits von Christian Meier in der „*Frankfurter Allgemeine Zeitung*" vom 28. Juni 1986, dann von Habermas in seinem Beitrag in der „*Zeit*" vom 11. Juli 1986 und danach noch in vielen Beiträgen. Vgl. dazu die Dokumentation: Kühnl (Hg.), *Vergangenheit, die nicht vergeht*; Augstein/Bracher/Broszat u.a., *„Historikerstreit"*.

116 Fast ausdrücklich formuliert dies Hagen Schulze in der „*Zeit*" vom 26. September 1986. Vgl. auch den Beitrag von Robert Leicht in der „*Zeit*" vom 26. Dezember 1986.

117 Maier, *Die Gegenwart der Vergangenheit*, 10. Vgl. auch Kershaw, *Neue Deutsche Unruhe?*; Erler, *Ohne Rücksicht auf Verluste. Der deutsche „Historikerstreit" im Spiegel des Auslands*; Wielenga, *Schatten deutscher Geschichte*, 67ff.; Maier, *Die Gegenwart der Vergangenheit*, 15-74; Evans, *Im Schatten Hitlers?*

gung neu aufwerfen und zumindest in andere Bahnen lenken können. Durch die öffentliche Art der Austragung des Streits war es möglich, die Argumente der revisionistischen Seite einer öffentlichen Prüfung zu unterziehen und ihre vielfache Haltlosigkeit aufzuzeigen. Die öffentliche mediale Form, in der die revisionistischen Tendenzen dieser Prüfung unterzogen wurden, verhinderte eine subtile Einflußnahme (etwa über das Bildungssystem) und einen sich der diskursiven Prüfung entziehenden Versuch der Interpretationsorientierung und -parallelisierung der deutschen Gesellschaft.[118]

Die Folge davon war: „Der Versuch, Auschwitz vergessen zu machen, wenn es ein solcher war, führte zu der intensivsten Diskussion darüber, die seit Jahren stattgefunden hatte."[119] Der Historikerstreit war zwar kein gesellschaftlicher Diskurs und er hat auch kein klar benennbares Ergebnis erbracht.[120] Aber er war ein öffentlicher Diskurs und hat m.E. zumindest eine schleichende, sich einer Kontrainterpretationsprüfung entziehende Interpretationsorientierung und -parallelisierung verhindern können.[121] Man mag den Historikerstreit in seinem Verlauf und in mancher inhaltlichen Stoßrichtung für bedenklich halten. Darauf näher einzugehen, ist hier nicht der Ort. Hier geht es um die Bedeutung von Medien bei Vergangenheitsbewältigung. In dieser Hinsicht ist der Historikerstreit ein Beispiel dafür, daß eine unzensierte und pluralistische Medienlandschaft (die sich freilich im Rahmen demokratischer Spielregeln bewegen muß) einen wichtigen Beitrag leisten kann, weil sie in der Lage ist, Diskursen eine Öffentlichkeit zu verleihen, woraus im geglückten Falle nahezu ein gesellschaftlicher Diskurs werden kann.

Zum Beispiel: Dokumentationen

Doch Medien haben noch eine zweite Funktion. Diskurse zeichnen sich dadurch aus, daß möglichst alle Argumente zur Sprache kommen. Faktisch ist dies jedoch nicht möglich. Darum muß es das Anliegen von Diskursen sein, möglichst viele Aspekte zu berücksichtigen. Dazu gehört auch, den Anliegen der Sprachlosen und den Schicksalen der Opfer ein Forum zu bieten, das ihre Berücksichtigung gewährleistet. Doch wie kann diesen Personengruppen in gesellschaftlichen Diskursen eine angemessene Beachtung widerfahren? Eine Lehre aus den pädagogischen Bemühungen hieß, die emotionale und affektive Komponente nicht zu vernachlässigen. Die Bereitschaft zu moralischem Verhalten wächst mit der Fähigkeit zur Empathie, und diese nimmt zu mit der Intensität der Anteilnahme.[122] Medialer Vermittlung kommt deshalb die Aufgabe zu, lebensnahe Informationen zu vermitteln und die Erfah-

---

118 Vgl. dazu Evans, *Im Schatten Hitlers?*, 174.

119 Evans, *Im Schatten Hitlers?*, 176.

120 Vgl. dazu Steinbach, *Der Historikerstreit*, 111f.

121 Vgl. Wehler, *Entsorgung der deutschen Vergangenheit?*, 197ff.

122 Trude Simonsohn, Überlebende von Theresienstadt und Auschwitz-Birkenau, die seit Jahren Schülerinnen und Schülern über ihr Schicksal erzählt, meint: „Empathie mit den Opfern – das ist ein Gefühl, das in Deutschland sehr, sehr selten ist. Und nur diese Empathie hätte die Naziverbrechen doch verhindern können." (Vgl. Abendroth, *„Holocaust" im Unterricht*, 214).

rungen derer einzubringen, die dies selbst nicht (mehr) können, und so Stimme der vom Diskurs Ausgeschlossenen zu sein.

Informationen bieten Medien durch Dokumentationen. Die eindrücklichsten Informationen vermag dabei ein Medium zu erreichen, das mehrere Sinne zugleich anspricht: das Fernsehen. Dokumentationssendungen zu geschichtlichen Themen werden immer wieder gesendet, anläßlich von Jahrestagen jedoch gehäuft. Zum Jubiläum des vierzigjährigen Bestehens der Bundesrepublik Deutschland wurden im Jahr 1989 insgesamt 344 Fernsehsendungen ausgestrahlt.[123] Auch hier hat die Vielfalt der Produzenten und Journalisten eine Vielfalt der Perspektiven garantieren können. Dies ist – auch bei Dokumentationssendungen – wichtig, da jede Darstellung bereits eine Interpretation ist[124] und zudem durch diese Vielfalt die Wahrscheinlichkeit steigt, daß auch das Anliegen von solchen Personen zum Tragen kommt, die im gesellschaftlichen Alltagsdiskurs ohne Stimme bleiben.

Solche Dokumentationen können sehr eindrücklich sein und die emotionale Bewegung hervorrufen, die nötig ist, um der Perspektive der Opfer Geltung zu verschaffen. Freilich, solche Dokumentationssendungen „ergeben naturgemäß für den informierten Historiker ein recht fragmentarisches Bild – das kann für ein Medium wie das Fernsehen kein Vorwurf sein [...].“[125] Umfassende und ausgewogene Information ist ein Desiderat, das kaum einzulösen ist. Wenn man jedoch das Medium Fernsehen mit seinen positiven Möglichkeiten nutzen möchte, dann geht dies nicht ohne Zugeständnisse an die Machart dieses Mediums und an die Weisen seiner Nutzung. Selbst für Informationssendungen gilt: „Das ganze muß unterhaltsam sein.“[126] Und dennoch sind sie „ein Mittel zur Gestaltung inhaltlicher, diskursiver Anliegen [...].“[127]

Zum Beispiel: Fiktionale Aufbereitungen

Stärker noch als die Dokumentation ist eine fiktionale Darstellung in der Lage, Situationen eindrücklich vorzuführen. Wenn fiktionale Filme dazu dienen, die Perspektive von Opfern, von denen, die ihre eigene Perspektive zur Deutung der Vorgänge nicht einbringen können, deutlich und im Interpretationsdiskurs hörbar zu machen, dann sind fiktionale Filme nicht unbedingt eine Manipulation. Im Gegenteil. Fiktionale Sendungen erreichen „größere Zuschauerzahlen und haben eher die Chance, Einstellungen zu verändern, da sie auf der affektiven Lernebene wirken und damit mentale Barrieren tendenziell unterlaufen.“[128] „Die res factae müssen sich mit den res fictae verbinden, um historische An-

---

123 Vgl. Quandt/Stemmler, *40 Jahre Bundesrepublik Deutschland im Fernsehen*, 15.

124 Schmidt-Sinns, *Zeitgeschichte im Bild nach vier Jahrzehnten*, 12, meint – im Anschluß an Danto –, „daß eine Erzählung – [...] auch eine audiovisuelle Präsentation – ihrem Wesen nach bereits eine Form der Erklärung“ ist.

125 Schmidt-Sinns, *Zeitgeschichte im Bild nach vier Jahrzehnten*, 10.

126 Becker, *Fiktion und Unterhaltsamkeit – Instanzen historischen Lernens*, 36.

127 Becker, *Fiktion und Unterhaltsamkeit – Instanzen historischen Lernens*, 36.

128 Schmidt-Sinns, *Zeitgeschichte im Bild nach vier Jahrzehnten*, 10. Vgl. dazu auch Becker, *Fiktion und Unterhaltsamkeit – Instanzen historischen Lernens*, 38.

schauung zu werden."[129] „Interesse entsteht aus Betroffenheit"[130], weshalb fiktionale Elemente, insofern sie in ihren historischen Bezügen kontrainterpretationsstabil sind, der Anregung eines Diskurses und des Einbezugs der verschiedenen Perspektiven dienlich sein können. In diesem Sinne meint Becker: „Das breitenwirksame Medium [Fernsehen] ist gegenwärtig ein, wenn nicht sogar *der* wesentliche Teil der öffentlichen Geschichtsvermittlung."[131] Und weiter: „Die Diskussion um den Gegensatz von historischer Information und Unterhaltung ist sicherlich ausgestanden und die [falsche] Dichotomie überwunden. Allerdings muß an der Vorstellung festgehalten werden, daß das Unterhaltsame den Zuschauer nicht ästhetisierend einlullen darf, sondern ihn zu eigener Aktivität herausfordern muß. Die Mittel der Inszenierung dürfen nicht das Begreifen, Erklären und Einordnen von Geschichte be- oder gar verhindern."[132]

Zu solchen fiktionalen Aufbereitungen, die historische Wahrheit vermitteln, weil sie Eindrücke vermitteln und Perspektiven ins Gespräch bringen, gehören auch Spielfilme wie „Holocaust" oder „Schindlers Liste".[133] „Dem Fernsehfilm ‚Holocaust' [...] gelang es, [...] die Anonymität der Massenvernichtungspolitik an einem trivialisierten Beispiel zu personalisieren. [...] An der Verfolgung einzelner konnte der Weg der Opfer filmisch nachgestellt werden."[134] Die Wirkung bei den Zuschauern sowohl im emotionalen als auch im rationalen Bereich war sehr groß.

Gefahren der Medien

Freilich darf man mit dem Hinweis auf die positiven Möglichkeiten der Medien zur Unterstützung – oder vielleicht sogar Initiierung – von Vergangenheitsbewältigungs-Prozessen die vielfältigen Gefahren oder Gefährdungen nicht aus den Augen verlieren, die sich mit dem Einsatz der Massenmedien verbinden. Das gilt auch dann, wenn man den Fall massiver Zensur oder Beeinflussung (etwa in Diktaturen) einmal unbeachtet läßt und nur die Situation in einer freien Medienlandschaft in den Blick nimmt.

Diese Freiheit schließt ein, daß die Medien inhaltlich Position beziehen können. Die öffentlich-rechtlichen Rundfunkanstalten in Deutschland sind

---

[129] Gottfried Korff, zitiert nach Becker, *Fiktion und Unterhaltsamkeit – Instanzen historischen Lernens*, 71.

[130] Schmidt-Sinns, *Zeitgeschichte im Bild nach vier Jahrzehnten*, 11.

[131] Becker, *Fiktion und Unterhaltsamkeit – Instanzen historischen Lernens*, 71.

[132] Becker, *Fiktion und Unterhaltsamkeit – Instanzen historischen Lernens*, 73.

[133] Vgl. dazu die Schilderungen der Erfahrungen in Gröf/Lißmann (Hg.), *Bilder aus „Holocaust"*. Kritisch und kontrovers dazu allerdings Bremer, *Ist der Holocaust in Bildern darstellbar?*; Lanzmann, *Ihr sollt nicht weinen*; von Uthmann, *Überdruß an der Trauer?*; Klüger, *Kitsch, Kunst und Grauen*. Positiv wiederum äußert sich Benz, *Die Angst vor der dramatischen Form*. Metz, *Für eine anamnetische Kultur*, 37, hält Kunst für ein wichtiges Medium des Erinnerns. Zu Claude Lanzmanns dokumentarischem Film „Shoah" vgl. Koch, *Der Engel des Vergessens und die black box der Faktizität*.

[134] Dudek, *„Der Rückblick auf die Vergangenheit wird sich nicht vermeiden lassen"*, 295. Doch Hans Mommsen, *Erfahrung, Aufarbeitung und Erinnerung des Holocaust in Deutschland*, 94, sieht durch solche fiktiven Darstellungen gerade die Gefahr der Anonymisierung der Opfer, ein Effekt, den die Nationalsozialisten beabsichtigten.

– auf die Breite ihres Angebots geblickt – zur Ausgewogenheit und zur Berücksichtigung der verschiedensten gesellschaftlichen Gruppen (was immer das in der Praxis bedeuten mag) verpflichtet. Die Privatfunk-Landschaft ist dagegen weniger stark reguliert. In Bayern, Rheinland-Pfalz und Sachsen müssen alle Anbieterprogramme zusammengenommen den Kriterien der Meinungsvielfalt gerecht werden, nur in Bremen, Hamburg und Nordrhein-Westfalen muß jedes Programm in sich pluralistisch sein. In anderen Ländern brauchen die einzelnen Programme pluralistischen Ansprüchen nicht zu genügen, wenn mindestens drei überregionale private Programme neben den Programmen der öffentlich-rechtlichen Anbieter empfangen werden können.[135] In anderen Medienbereichen, etwa im Printwesen, gibt es solche Vorgaben überhaupt nicht.

Wenn schon die unumgängliche Praxis der Nachrichtenauswahl immer auch eine Realitätsinterpretation darstellt[136], so läßt die Freiheit der Berichterstattung sogar gewollte Einseitigkeiten und tendenziöse Berichterstattungen zu. Als Beispiel kann die Rolle der Zeitungen „Neue Kronenzeitung“ und „Die Presse“ dienen, die sie während der Waldheim-Affäre in Österreich spielten. Es wurde versucht, die Vorwürfe gegen den damaligen österreichischen Bundespräsidenten mit dem Instrument antisemitischer Rhetorik zu parieren.[137] Das war alles andere als ein diskursiver Beitrag zur Problematik; wegen der massiv strategischen und vorurteilsvollen Argumentation vielmehr ein diskursfeindlicher, zumindest aber ein diskurserschwerender.[138] Solche Beeinflussungsversuche können durch die Vielfalt der Medienlandschaft entschärft werden.

Doch gerade diese Vielfalt, eine Grundsäule für eine funktionierende Demokratie[139], bringt ihrerseits wiederum Probleme mit sich, die Ulrich Sarcinelli anspricht. Die Medienkultur ist allgegenwärtig. „Was aber ist politische, demokratische Öffentlichkeit bei 200 oder vielleicht 500 Kanälen, bei einem nicht mehr zu übersehenden Angebot von Printmedien? Wie bildet sich da noch öffentliche Meinung, entsteht eine politische Öffentlichkeit? [...] Gibt es dann überhaupt noch gemeinsame Themen [...] politischer Verständigung [...]? Was bedeutet es, wenn die Leistungsfähigkeit von Politik in hohem Maße davon abhängt, inwieweit diese in der Lage ist, sich als Kommunikationssystem [...] zu behaupten?“[140]

---

135 Vgl. Maaßen, *Massenmedien*, 60f.

136 Vgl. Kepplinger, *Theorien der Nachrichtenauswahl als Theorien der Realität*; Deutsche Bischofskonferenz/Rat der Evangelischen Kirche in Deutschland, *Gemeinsame Erklärung „Chancen und Risiken der Mediengesellschaft“*, 28ff.

137 Vgl. Wodak/Nowak/Pelikan/Gruber/de Cillia/Mitten, *„Wir sind alle unschuldige Täter“*, 121-164.

138 Es gibt auch Manipulationsversuche durch bewußte Informationsfälschungen; vgl. Maaßen, *Massenmedien*, 100f. Darauf muß hier nicht näher eingegangen werden.

139 Vgl. Sarcinelli, *Politikvermittlung durch Massenmedien*, 446.

140 Sarcinelli, *Politikvermittlung durch Massenmedien*, 447. Vgl. zu dieser Problematik auch Holtz-Bacha, *Das fragmentierte Medienpublikum*; Deutsche Bischofskonferenz/Rat der Evangelischen Kirche in Deutschland, *Gemeinsame Erklärung „Chancen und Risiken der Mediengesellschaft“*, 29. 38.

Weil die Massenmedien eben nicht bloß Medien sind, sondern politische und meinungsbildende Faktoren, darum besteht die Gefahr einer „Dialektik der Kommunikationsgesellschaft“[141], also der Unmöglichkeit angemessener Urteilsbildung aufgrund einer unverarbeitbaren Vielfalt an Informationen und Meinungen.[142] Damit wird die Möglichkeit einer gesellschaftlichen Interpretationsorientierung und -parallelisierung gefährdet. Es besteht die Gefahr, daß die Interpretation sich durchsetzt, die massenmedial am stärksten präsentiert wird.[143] Dabei können sich bestimmte Szenarien zu „Selbstläufern“ entwickeln. Das heißt, eine bestimmte Information (genauer: eine bestimmte Interpretation von Wirklichkeit) kann ein Rezipientenverhalten auslösen, das wiederum eine bestimmte Medienreaktion nach sich zieht. Ralf Gödde hat dies am Beispiel der Berichterstattung über den Golfkrieg zu Beginn des Jahres 1991 untersucht.[144] Als in der Nacht vom 16. auf den 17. Januar der Krieg begann, stiegen die Medien mit einer massiven Berichterstattung ein und erzeugten dadurch einen Erwartungsdruck, dem sie selbst nicht mehr ausweichen konnten. Die Fernsehsender waren dadurch zu ständiger Sonderberichterstattung gezwungen, obwohl vom Kriegsgeschehen – durch Nachrichtensperren – oftmals nichts oder nur wenig Neues zu erfahren und damit zu berichten war. So wurde, um dem Erwartungsdruck zu genügen, das spärliche Wissen über die Ereignisse immer wieder medial reproduziert, und es wurden – zur Füllung der Lücken – tatsächliche oder angebliche Experten um Wertungen und Deutungen gebeten. Dieser Aufwand vermittelte den Eindruck ständig wachsender Bedeutung und Fortentwicklung der Ereignisse, was wiederum zu einem erhöhten Zuschauerinteresse führte. Damit war die Spirale in Gang gesetzt. Auf diese Weise wurde von den so operierenden Medien eine Wirklichkeit konstruiert, die zu diesem Zeitpunkt nicht mehr sicher zu überprüfen, also zu kontrainterpretieren war, zumal man für entscheidende Informationen auf die Angaben der Militärführung als der alleinigen Nachrichtenquelle angewiesen war, die natürlich ein Interesse an einer bestimmten Darstellung der Dinge hatte. Erst im nachhinein ließen sich die Konstrukte wohlbelegt kritisieren.

Bezogen auf die Problematik von Vergangenheitsbewältigung bedeutet dies, daß auch die Vielfalt der Medien eine diskursive Behandlung von historischen Vorgängen, also einen Einbezug aller (oder doch möglichst vieler) Aspekte, nicht sicherstellen kann. Durch ihre Kundenabhängigkeit kann es passieren, daß Medien einen „main-stream“ der Meinungen verstärken und keinen diskursiven Beitrag leisten. Freilich befinden sich die Medien und ih-

---

141 So Richard Münch, zitiert nach Jarren, *Politik und politische Kommunikation in der modernen Gesellschaft*, 4.

142 Sarcinelli, *Politikvermittlung durch Massenmedien*, 454f.; Jarren, *Politik und politische Kommunikation in der modernen Gesellschaft.*

143 Illustrierend dazu Sarcinelli, *Politikvermittlung durch Massenmedien*, 449ff.

144 Gödde, *Radikaler Konstruktivismus und Journalismus.* Einen ähnlichen Mechanismus im Zusammenhang mit dem Vorwurf der sexuellen Nötigung gegenüber US-Präsident Clinton beschreibt Kornelius, *Das dreiste Geschäft mit dem Klatsch. Gefährden die modernen Massenmedien die Demokratie?*

re Macher in einer Zwangslage. Das Medium muß Anklang finden, wenn es existieren können soll. Und nur ein Medium, das existiert, kann Einfluß nehmen. Das bedeutet: Perspektiven, die in der medialen Darstellung vorkommen sollen, müssen interessant aufgemacht sein. Ansonsten wird das Medium nicht konsumiert. Damit kommen wir auf einen Aspekt zurück, der bereits genannt wurde. Fiktional aufbereitete Darstellungen historischer Vorgänge sind von großer Bedeutung, weil sie das Interesse für Perspektiven wecken können, die ansonsten im Diskurs nicht vorkämen.

Diese Wechselbeziehung siedelt Verantwortung für einen gelingenden medialen Diskurs auf beiden Seiten an: sowohl auf der Seite der Macher als auch auf der Seite der Konsumenten. Das heißt für unser Thema: Die Verantwortung für Vergangenheitsbewältigung läßt sich nicht delegieren oder systemisch abtreten. Im Rahmen der eigenen Möglichkeiten liegt die Verantwortung für eine seriöse Vergangenheitsbewältigung bei jeder beteiligten Person. Diese Verantwortung leitet sich aus dem Anspruch des Moralprinzips ab und fordert, die Möglichkeiten der Medien in einer Weise zu nutzen, die einer diskursiven Vergangenheitsbewältigung dienlich ist. Die Fähigkeit zur Wahrnehmung dieser Verantwortung kann nicht nur durch eine emanzipatorische Erziehung zur Selbständigkeit und zur diskursiven Reflexion gefördert werden, sondern auch durch eine spezielle Medienpädagogik – und zwar sowohl in der Schule als auch in der außerschulischen Jugend- (und Erwachsenen-) Arbeit.[145] Damit wäre der Bogen geschlagen zurück zu den Aufgaben der Pädagogik im Zusammenhang mit Vergangenheitsbewältigung.

Die Medien, so kann man zusammenfassen, spielen für die Durchführung und die Unterstützung von Vergangenheitsbewältigung eine nicht geringe Rolle. Doch die Medien bedürfen selbst immer wieder der korrigierenden Kontrolle. Diese muß durch einen hermeneutisch-moralischen Diskurs geleistet werden, wenn sie nicht zensurhafte Züge annehmen will. Daß durch eine seriöse mediale Vermittlung geschichtlicher Ereignisse ein positiver Beitrag zur Vergangenheitsbewältigung geleistet werden kann, läßt sich anhand verschiedener Ergebnisse der Rezeptionsforschung belegen.[146]

3. Performative Symbolhandlungen als Beiträge zur Vergangenheitsbewältigung

Die Ohnmacht, die darin besteht, daß Vergangenheit die Identität prägt, selbst aber unveränderlich bleibt, auch wenn die damals Handelnden mittlerweile ihre Präferenzordnungen verändert haben und ihr früheres Handeln,

---

[145] Vgl. z.B. Dichanz, *Medienkompetenz: Neue Aufgabe politischer Bildung*; Schmälzle (Hg.), *Neue Medien – mehr Verantwortung! Analysen und pädagogische Handreichungen zur ethischen Medienerziehung in Schule und Jugendarbeit.*

[146] Auch wenn Rezeptionsforschung schwierig ist, so sei doch auf Schmidt-Sinns, *Zeitgeschichte im Bild nach vier Jahrzehnten*, 9f., verwiesen, der sich auf Ergebnisse im Zusammenhang mit der Serie „Holocaust" stützt.

wäre dies möglich, revidieren würden, führt zu Formen des Umgangs mit der Vergangenheit, die mehreren Zielen zugleich dienen. Ich möchte diese Formen etwas pauschal unter der Bezeichnung „performative Symbolhandlungen" zusammenfassen, denn ihnen sind drei Merkmale gemeinsam. (1) In ihnen drückt sich (wenn sie nicht in täuschender Absicht vorgebracht werden) die Veränderung der Präferenzordnung aus. (2) Sie sind zugleich – als Anwendungsfall der veränderten Präferenzordnung – ein Element zur Stabilisierung der veränderten Geschichtsinterpretation und ihrer gesellschaftlichen Parallelisierung. (3) Sie stellen einen Versuch dar, zumindest in Form einer Ausdruckshandlung das Geschehene diskursiv, also unter Einbezug der Opferperspektive, zu bewerten und so im nachhinein die Opfer einzubeziehen.[147]

Symbolisch sind diese Handlungen, insofern sie ihren unmittelbaren Gegenstand, auf den sie sich beziehen, nämlich die Vergangenheit, nicht verändern, sondern lediglich anders interpretieren können. Performativ sind sie, insofern diese symbolischen Handlungen doch eine bestimmte Kraft haben; zwar nicht in bezug auf den angesprochenen Gegenstand, die Vergangenheit, sondern in bezug auf die symbolisch Handelnden selbst. Denn insofern sie performativ symbolisch handeln, verändern sie ihre Identität.

Zu diesen performativen Symbolhandlungen zähle ich das Gedenken, das Bekennen von Schuld und ähnliche Handlungen. Solche Symbolhandlungen sind mißbrauchbar, sie können „mißlingen".[148] Wollen sie glaubwürdig und folgenreich sein, dann müssen sie von Handlungen begleitet werden, die sich als notwendige Konsequenzen aus dem Vergangenheitsbewältigungs-Prozeß ergeben. Performative Symbolhandlungen bewegen sich im Spannungsfeld von Symbolik und Wirksamkeit. Das macht ihren notwendigen und zugleich problematischen Charakter aus.

3.1 Gedenken: Zeichen und Handlung

Eine der am häufigsten gewählten performativen Symbolhandlungen ist das Gedenken. Mahnmale, Gedenktage, Gedenkveranstaltungen und ähnliche Manifestationen der Erinnerung begleiten Prozesse der Vergangenheitsbewältigung. Was macht das Gedenken aus, worin besteht es?

Arten des Gedenkens

Zunächst ist eine Unterscheidung zu treffen zwischen dem privaten, geradezu intimen und persönlichen Gedenken einerseits und dem öffentlichen, kollektiven, eher ritualisierten und zuweilen stellvertretenden Gedenken andererseits. Das private Gedenken erwächst aus emotionaler Betroffenheit und der persönlichen, unmittelbaren Verbundenheit mit denen, derer gedacht

[147] Der umgekehrte Fall, daß jemand später sein früheres diskursives Verhalten revidiert, soll hier nicht berücksichtigt werden.

[148] Vgl. dazu die Ausführungen zur Sprechakttheorie in dieser Arbeit.

wird. Es ist in aller Regel an Erinnerung gebunden und stellt den Versuch dar, diejenigen, derer gedacht wird, im eigenen Leben und für das eigene Leben präsent zu halten. Dieses Gedenken ist eine Phase oder eine Folge persönlicher Trauer. Das private Gedenken ist ein Akt, den die Gedenkenden für sich selbst vornehmen. Kein Außenstehender muß davon erfahren, kein Zweiter daran teilnehmen. Dieses Gedenken hat in erster Linie keinen nach außen gerichteten oder andere Personen einbeziehenden Zweck. Ein Bild des Verstorbenen, dessen gedacht wird, aufgestellt in der privaten Wohnung, das Betrachten von Fotos im Album, das Entzünden einer Kerze, das Aufsuchen eines besonders mit dem Gedenken verbundenen Ortes: diese Äußerungen des Gedenkens reichen oftmals aus. Dieses Gedenken mag als „Zwiesprache" mit demjenigen empfunden werden, dessen gedacht wird.

Das öffentliche Gedenken hat maßgeblich einen anderen Charakter. Weil aber privates und öffentliches Gedenken stufenlos ineinander übergehen können, mag man auch beim öffentlichen Gedenken Aspekte des privaten Gedenkens finden. Doch im folgenden soll es um das Charakteristische des öffentlichen Gedenkens gehen, um das institutionelle Gedenken, mit dem ein soziales System seine Vergangenheit aufarbeitet. Dieses Gedenken ist die Thematisierung eines vergangenen Geschehens in performativer Weise. Was ist damit gemeint? Ein Beispiel mag dies verdeutlichen.

Ein Beispiel öffentlichen Gedenkens

In Hamburg findet sich ein Denkmal, das die Überlebenden des Infanterieregimentes 76 aus dem Ersten Weltkrieg ihren Toten gewidmet haben. Darauf ist der Spruch zu lesen: „Deutschland muß leben, und wenn wir sterben müssen."[149] Zweierlei fällt auf: (1) Das Denkmal ist zu Ehren und zur Erinnerung an die toten Kameraden errichtet. (2) Diese toten Kameraden werden in einer *Bedeutung* dargestellt, die den *Denkmalstiftern* wichtig ist. Damit offenbaren die überlebenden Infanteristen des Regimentes 76, nach welchen Interpretationsschemata sie das „Objekt" ihres Gedenkens wahrnehmen. Insofern ist das Gedenken eine Selbstkundgabe (eine „Selbstoffenbarung") der Gedenkenden. Aus den unendlich vielen Fakten wird nicht der Schrecken des Krieges gedacht, nicht der Kameraden als Familienväter, nicht der sinnlosen Leiden, nicht der Verantwortungslosigkeit obrigkeitlicher Politik, sondern der toten Kameraden als aufopferungsvolle Diener Deutschlands. Der Krieg und der Tod der Kameraden wurde von den Denkmalstiftern so und nicht anders mit Bedeutung belegt. Da ein Beilegen von Bedeutung das Einrücken in einen Referenzzusammenhang darstellt, läßt sich aus dem Gedenken der Referenzrahmen (das Schemaensemble, die Präferenzordnung) der Gedenkenden ersehen. Genau dies, die bekennende Kundgabe der eigenen Präferenzordnung, ist das zentrale Moment oder gar die zentrale Funktion des Gedenkens.[150] In einer

---

[149] Vgl. Koselleck, *Kriegerdenkmale als Identitätsstiftungen der Überlebenden*, 255.

[150] Es gehe darum, die „die Gemeinschaft tragenden Ideen zur Anschauung zu bringen", meint Schiller, *Politische Gedenktage in Deutschland*, 32, Hans Hattenhauer zitierend. Schillers Aufsatz ist im vorliegenden Zusammenhang sehr aufschlußreich.

griffigen Vereinfachung könnte man sagen, Gedenken heißt kundzutun: „So denken wir (über eine bestimmte Sache)".

Gedenken ist die Bekundung der eigenen „Denkweise"

Die Thematisierung von Vergangenheit ist im Falle der historiographischen Elaboration von Geschichten ein interpretatorisches Unternehmen. Die verwendeten Interpretationsschemata werden *unausdrücklich* manifest in der konkreten Interpretation des historischen Geschehens, also in der Anlage und in der Aussagespitze der erzählten Geschichte. Beim Gedenken wird nun diese Art der Vergangenheitsinterpretation thematisiert. Das geschieht nicht expressis verbis (etwa in Form einer Metainterpretation), sondern dadurch, daß beim Gedenken die Vergangenheit nicht oder nicht nur in beschreibender Form erzählt, sondern in der Bedeutung angesprochen wird, die sie für ganz bestimmte Betroffene hatte bzw. noch hat.[151] Bedeutungen sind jedoch nichts in der Sache Vorfindliches, sondern sie sind Relationen. Die Perspektive, aus der dem Geschehen eine Bedeutung beigelegt wird, ist die der Gedenkenden.[152] Das gilt auch dann, wenn die Täter ihrer früherer Opfer gedenken. Die Perspektive mag sich in einem (virtuellen) Diskurs als kontrainterpretationsstabil bewähren, doch es bleibt die Perspektive der Gedenkenden. Trivialerweise kann niemand eine andere Perspektive einnehmen als die, die er hat. Die Perspektive wiederum hängt vom Schemabestand bzw. von der Präferenzordnung ab. Das Gedenken thematisiert und offenbart also die Schemalage bzw. die Präferenzordnung der Gedenkenden, auch wenn das ausdrückliche Thema des Gedenkens ein vergangenes Geschehen oder eine bestimmte Personengruppe ist.

Besonders augenfällig wird dies, wenn im Rahmen des Gedenkens Wertungen vorgenommen werden. Als performative Thematisierung ist das Gedenken eine Positionierung der Gedenkenden im Verhältnis zum thematisierten Gedenkobjekt. So hat das Gedenken eine aktuelle Bedeutung. Das gilt für die verschiedenen Formen des Gedenkens gleichermaßen: für Denkmäler genauso wie für Gedenktage, Gedenkveranstaltungen oder Gedenkstätten.

Auf die schon erwähnte Gedenkinschrift bezogen meint Reinhart Koselleck: „Sicher ist, daß der Sinn des Sterbens für ..., wie er auf Denkmalen festgehalten wird, von den Überlebenden gestiftet wird, und nicht von den Toten. [...] Die Toten sollen für dieselbe Sache eingestanden sein, wofür die überlebenden Denkmalstifter einstehen wollen."[153] Ein solches profanes Gedenken steht in einem politischen „Funktionszusammenhang, der nur noch auf die Zukunft der Überlebenden zielt"[154]. Es geht um „die Identitätssiche-

---

[151] In dieser Weise skizziert Young, *Beschreiben des Holocaust*, 40, auch die Art des Erinnerns bzw. des Gedenkens im Judentum. Er stützt sich dabei u.a. auch auf David Roskies, den er zitiert: „Was erinnert und berichtet wurde, waren nicht Fakten und Daten, sondern die Bedeutung der Schändung."

[152] Vgl. Young, *Textur der Erinnerung*, 213f.

[153] Koselleck, *Kriegerdenkmale als Identitätsstiftungen der Überlebenden*, 257.

[154] Koselleck, *Kriegerdenkmale als Identitätsstiftungen der Überlebenden*, 259. Auch Schneede, *Kein Held aus Erz, nur ein Jude im Staub*, meint: „Denkmäler hatten stets eine politische und eine erzieherische Funktion."

rung für eine nationale Zukunft"[155]. „Die Kriegerdenkmäler verweisen auf eine zeitliche Fluchtlinie in die Zukunft, in der die Identität derjenigen Handlungsgemeinschaft gesichert werden sollte, in deren Macht es stand, den Tod monumental zu erinnern."[156] Diese Funktion der Denkmäler taucht zuweilen in den Inschriften auf: „Den Gefallenen zum Gedächtnis, den Lebenden zur Anerkennung, den künftigen Geschlechtern zur Nacheiferung."[157]

Nun sind Kriegerdenkmäler eine sehr spezielle und wahrscheinlich oftmals keine kontrainterpretationsstabile Art eines Beitrags zur Vergangenheitsbewältigung. Doch das Grundprinzip des Gedenkens, das an Kriegerdenkmälern deutlich gemacht wurde, gilt auch für andere Denkmäler. Das Gedenken ist ein Akt der Überlebenden, durch den sie ihren Interpretationshorizont deutlich machen. Das Gedenken zielt auf die Gegenwart. So wird im zentralen Mahnmal von Buchenwald, das zu DDR-Zeiten errichtet wurde, das Überleben thematisiert, nicht aber der Massentod. Überlebt haben vornehmlich KP-Mitglieder. „So herrscht im Denkmal die Ungleichheit der Überlebenden über die Gleichheit der Toten [...]."[158] Die Bedeutung von Denkmälern für die Gegenwart ist auch – oder gerade dann – deutlich, wenn, wie nach dem Zweiten Weltkrieg, durch die Gestaltung der Denkmäler gegenüber dem Geschehenen Fragen aufgeworfen werden, ohne eine Antwort zu geben.[159]

Gedenken und Verantwortung

Die Operationsweise des Systems bestimmt sein Gedenken.[160] Weil die Operationsweise von Systemen metainterpretierbar ist und weil bei sozialen Systemen die Kommunikations- und Operationsweise durch die Mitglieder der Systeme qua Komponenten mitbestimmt wird, sind (1) die Systeme als Systeme und (2) Systemkomponenten im Ausmaß ihrer Einflußmöglichkeiten für das Erinnern und für das Gedenken des Systems verantwortlich.

Wenn man davon ausgeht, daß die Kultur einer Gesellschaft durch ihre Operationsweise bestimmt wird, also durch die Art und Weise, in der bestimmte Kommunikationen in der gesellschaftlichen Interaktion anschließbar sind und auf das gesellschaftliche Agieren Einfluß nehmen können, dann hängen Art und Inhalt gesellschaftlichen Gedenkens von der herrschenden Kultur ab. Da in diesem Verständnis die Kultur der Gesellschaft nicht unabänderlich gegeben ist, sondern von ihr „gemacht" wird, gibt es eine Verantwortung für die eigene gesellschaftliche Kultur. Was an früherer Stelle be-

---

155 Koselleck, *Kriegerdenkmale als Identitätsstiftungen der Überlebenden*, 260.

156 Koselleck, *Kriegerdenkmale als Identitätsstiftungen der Überlebenden*, 261. So meint auch Christa von Braun, *Würdigen statt mahnen*: „Mahnmale stehen *nicht* im Dienst der Verstorbenen, sondern im Dienst der Lebenden [...]."

157 Koselleck, *Kriegerdenkmale als Identitätsstiftungen der Überlebenden*, 262.

158 Koselleck, *Kriegerdenkmale als Identitätsstiftungen der Überlebenden*, 266.

159 Vgl. dazu Koselleck, *Kriegerdenkmale als Identitätsstiftungen der Überlebenden*, 273ff. Vgl. dazu auch den Aufsatz von Haß, *Mahnmaltexte 1945 bis 1988*, in dem die Perspektivität und der Gegenwartsbezug des Gedenkens bzw. der Mahnmaltexte deutlich wird.

160 Vgl. dazu Hejl, *Wie Gesellschaften Erfahrungen machen*, 303ff. 321ff.

reits ausgeführt wurde, kann hier wiederholt werden: Eine Gesellschaft – und damit auch die Nachgeborenen – steht *mindestens* so lange in der Verantwortung für vergangenes gesellschaftliches Handeln, wie die markanten kulturellen Merkmale dieser Gesellschaft unverändert sind.

Gedenken als Beitrag zur Vergangenheitsbewältigung
Insofern das Gedenken ein performatives Thematisieren von Vergangenheit und damit ein bekennendes Konstatieren der eigenen Operationsweise darstellt, dient das Gedenken der Verdeutlichung der Präferenzordnung und der Orientierung von Interpretationen.[161] Damit dient das Gedenken auch der Identitätszuschreibung an diejenigen, derer gedacht wird, sowie der eigenen Identitätsprofilierung. Damit ist das Gedenken ein Mittel der Vergangenheitsbewältigung.

Dabei sind Denkmäler und Mahnmale externalisierte Medien, Instrumente oder Ausdrucksformen des Gedenkens, die so lange ihre intendierte Bedeutung behalten, wie sie mit einem Schemaensemble bzw. einer Präferenzordnung interpretiert werden, die derjenigen ähnelt, die die Errichtung der Mahnmale begleitete. Mahnmale können ihre Bedeutung verlieren oder umfunktioniert werden.[162] Die Formel, es sei „süß und ehrenvoll, für das Vaterland zu sterben", dürfte in heutiger Zeit – zum Glück – die Konnotationen verloren haben, die ehedem dazu führten, diesen Text auf Gefallenendenkmäler zu meißeln. Freilich stehen auch – und das ist bedauerlich – Mahnmale in dieser Gefahr, die dem Gedenken von Opfern, Unrecht und Leiden gewidmet sind. „Denkmäler können nicht Verkörperungen kollektiver Erinnerung sein, ‚denn die Erinnerung einer Gesellschaft kann nicht außerhalb jener existieren, die die Erinnerungsarbeit leisten'".[163]

Gedenken als (wirkmächtige) Maßnahme der Identitätszuweisung und Identitätsgestaltung
Gedenken läßt sich nicht materialisieren. Denkmäler als solche gedenken nicht. Das Gedenken ist eine interpretatorische Leistung. Wenn das Gedenken an bestimmte Personen oder Ereignisse bleiben soll, dann müssen kognitive bzw. systemische Strukturen installiert werden, die ein entsprechendes Interpretieren – und damit auch ein Gedenken – gewährleisten.[164] Weil

161 Vgl. dazu Schiller, *Politische Gedenktage in Deutschland*, 33.

162 Vgl. von Braun, *Würdigen statt mahnen*; Young, *Die Textur der Erinnerung*, 217.

163 Orzessek, *Sie befahlen uns zu leben*, mit einem Zitat aus Young, *Formen des Erinnerns*, Wien 1997. Damit hängt wohl auch zusammen, daß die Gestaltung von Mahnmalen – man denke beispielsweise an das Holocaust-Mahnmal in Berlin (vgl. Grasskamp, *Machtwort und Aha-Effekt*) – sehr oft kontrovers diskutiert wird. Was die einen auf ihrem Interpretationshintergrund als angemessen erachten, ist den anderen völlig fremd. Symbole und Ausdrucksmedien sind äußerst interpretations- und damit schemaabhängig.

164 Es gilt nämlich das Wort von Salomon Korn, *Holocaust-Gedenken. Ein deutsches Dilemma*, 23f.: „Schwindet beim Betrachter die historische Erinnerung, dann schwindet die Möglichkeit des dialogischen Prinzips zwischen Mahnmal und Betrachter." Von Braun, *Würdigen statt mahnen*, schlägt deshalb vor, des Holocaust nicht durch die Errichtung von Mahnmalen zu

nicht schon jedes Gedenken, bloß weil es ein Gedenken ist, gutgeheißen werden muß (denn das bedeutete ja, jede bekennende Kundgabe der eigenen Präferenzordnung gutzuheißen), muß auch das Gedenken (und mit ihm die entsprechende Präferenzordnung) den Anforderungen eines hermeneutisch-moralischen Diskurses genügen. Ein solcher Diskurs kann das Gedenken als eine angemessene Form der Stellungnahme zum vergangenen Geschehen bestätigen, er kann die Bedeutungszuweisung, die durch das Gedenken manifestiert wird, als falsch oder gar verwerflich entlarven, er kann als Ergebnis auch die Erkenntnis vermitteln, daß die intendierte Bedeutungszuweisung zwar richtig, Art und Mittel des Gedenkens jedoch unangemessen sind.[165]

Einige kurze Beispiele mögen die theoretischen Ausführungen illustrieren. Daß ein öffentliches Gedenken sich vom Erinnern unterscheidet, wird daran deutlich, daß ein Gedenken auch von solchen Personen unternommen werden kann, die das Ereignis oder die Personen, derer gedacht wird, nicht aus eigenem Erleben kennen. So finden beispielsweise im Deutschen Bundestag an bestimmten Jahres- oder Gedenktagen Gedenkstunden statt. Wenn der Opfer des Nationalsozialismus gedacht wird, dann bestimmen die Ereignisse der verbrecherischen Taten zwar den Inhalt der Gedenkreden, doch vielmehr geht es darum, das Verbrecherische zu betonen, die bleibende Verantwortung einer versagenden Nation und die sich daraus ergebenden Verpflichtungen für die Gegenwart und für die Zukunft. Der beschreibende Teil solcher Gedenkreden enthält in aller Regel keine historischen Neuigkeiten. Darum geht es eben nicht. Die Beschreibungen dienen der performativen Darstellung der Bedeutung des Geschehenen, also auch der Zuschreibung von Identitäten (und damit auch der Zuschreibung von Verantwortung), sowie der Betonung der sich daraus ergebenden Konsequenzen. Sie dienen der Kundgabe und der Vergewisserung der Interpretation des Geschehenen und der Verständigung, auf einer gemeinsamen Interpretationsbasis dem Geschehenen gegenüber zu stehen. Es ist selten, daß in diesem Zusammenhang konkrete Schicksale erzählt werden. Und wenn, dann dienen diese Berichte der Erläuterung und der Veranschaulichung des Gesamtgeschehens. Gerade wenn der vielen Unbekannten und Namenlosen gedacht wird, kann es sich nicht um Erinnerung handeln. Es ist vielmehr ein Gedenken im beschriebenen Sinne.

Um gedenken zu können, muß man selbst keine Erinnerung an das Geschehene besitzen. Vielmehr muß man die „Struktur" und die Bedeutung des Geschehenen kennen. „Struktur", dieses unbeholfene Wort, meint hier, daß

---

gedenken, sondern durch eine jährliche Würdigung von Personen, die zur Erinnerung an den Holocaust beigetragen haben.

165 Letzteres dürfte in aller Regel seinerseits ein umstrittenes Diskursergebnis sein, da die Angemessenheit von Gedenkformen stark an subjektive Empfindungen gebunden ist. Dabei besteht die Gefahr, die Redlichkeit des Gedenkens in Frage zu stellen, wenn die Form unpassend erscheint. Die Diskussion um das Berliner Holocaust-Mahnmal war nicht in jedem Diskussionsbeitrag von diesem Fehler frei. Auch die Kritik an Jenningers Bundestagsrede, die zu seinem Rücktritt führte, muß auf diese Vermischung der Kritikpunkte hin untersucht werden.

man über das Geschehene ausreichend informiert sein muß, um die Interpretationsschemata bzw. die Präferenzordnung, um also die Operationsweise und die Leitdifferenzen der Handelnden einschätzen und dem Geschehenen – auch hinsichtlich der Opfer – eine Bedeutung zuweisen zu können. Wenn man weiß, daß die nationalsozialistische Vernichtungsmaschine Millionen von Menschen umbrachte, aus keinem anderen Grund als dem, daß diese Menschen in der (nicht kontrainterpretationsstabilen) Ideologie des Nationalsozialismus als vernichtungswürdig galten, dann kann dies zu einem Gedenken schon ausreichen. Freilich sollte jede Erziehung und politische Bildung bemüht sein, das Wissen über die Dinge fundierter zu gestalten, doch um die Schemata bzw. die Präferenzordnung der Initiatoren als das zu verstehen, was sie waren, nämlich besessene mörderische und haltlose Ideologien, und um begreifen zu können, daß aus dem Geschehenlassen dieser Taten Verantwortungen entstehen und Verpflichtungen gegenüber den Opfern und Verpflichtungen im Hinblick auf die Gestaltung der eigenen Präferenzordnung, reicht dieses prinzipielle Wissen schon aus.

Damit soll keinem Minimalismus in Sachen Geschichtswissen und Geschichtsbewußtsein das Wort geredet, sondern es soll gezeigt werden, was das Gedenken ausmacht und worin es sich vom Erinnern unterscheidet. Das Gedenken ist die performative Thematisierung eines Geschehens zur Vergewisserung seiner Bedeutung. Damit man ein Geschehen oder Personen in ihrer Bedeutung thematisieren kann, muß es natürlich verläßliche Erzählungen geben. Insofern sind kontrainterpretationsstabile Geschichten die unverzichtbare Voraussetzung für ein Gedenken.[166] Darum sind alle Anstrengungen unerläßlich, die sich um eine seriöse Historiographie und um kontrainterpretationsstabile Geschichtsdarstellungen bemühen. Es ist wichtig, „die Erinnerung wachzuhalten“, wie eine gängige Formulierung dies zusammenfaßt und zum Ausdruck bringt. Damit steht die Bedeutung von Forschungs- und Dokumentationszentren, von Gedenkstätten und Ausstellungen etc. außer jeder Frage. Ebenso sind pädagogische Maßnahmen nötig, die ein Verstehen und einen emotionalen Zugang zum Geschehenen fördern sollen.

Weil Bedeutungen vom Referenzrahmen der Deutenden abhängen, ist ein gemeinsames Gedenken ein Unternehmen der Orientierung und Parallelisierung von Geschichtsinterpretationen und Identitätszuweisungen inklusive der sich daraus ergebenden Konsequenzen. Damit besitzt ein offizielles Gedenken eine aktuelle Relevanz. Dies wurde im Zusammenhang mit der Rede des da-

---

[166] Zwischen Oktober 1976 und April 1977 wurden von 3042 Schülerinnen und Schülern im Alter zwischen 10 und 23 Jahren aus 121 Klassen sämtlicher Schularten in der Bundesrepublik Deutschland Aufsätze geschrieben zum Thema: „Was ich über Adolf Hitler gehört habe ...“. Die Dokumentation dazu ist von Dieter Boßmann als Buch herausgegeben worden und zeugt von einer teilweise verheerenden geschichtlichen Unkenntnis, die so nicht hingenommen werden darf. Doch es scheint sich seitdem kaum etwas geändert zu haben. Die *Süddeutsche Zeitung* vom 2. Juli 1998 berichtet von einer Forsa-Umfage, bei der 59 Prozent der befragten 14- bis 18jährigen z.B. nicht wußten, was in der „Reichskristall-“ bzw. Reichspogromnacht geschah. Auch Beginn und Ende des Zweiten Weltkrieges war vielen nicht bekannt. Zwölf Prozent glaubten sogar, Adolf Hitler habe den Krieg überlebt. Auf dem Fundament eines solchen Unwissens kann ein fruchtbares Gedenken freilich nicht gedeihen.

maligen Bundespräsidenten von Weizsäcker am 8. Mai 1985 deutlich. So gab es eine Auseinandersetzung um die Interpretation des 8. Mai 1945 als Tag der Befreiung oder als Tag der Niederlage. Diese Auseinandersetzung hatte durchaus eine aktuelle, eine gegenwartsbezogene Bedeutung. In diese Interpretation eingeschlossen waren nämlich unausdrücklich Bewertungen der Vertreibungen und eine Bewertung der DDR für die dort lebenden Menschen.[167]

Ähnlich verhielt es sich mit der Aufzählung der Opfergruppen in von Weizsäckers Rede. Daß dabei Sinti und Roma vorkamen, aber auch die Homosexuellen, war kein historiographisch neuer Beitrag, aber eine deutliche Kundgabe von Bewertungsmaßstäben. Sinti und Roma sowie Homosexuelle galten (und gelten?) lange Zeit als gesellschaftliche Außenseiter. Sie in der Reihe der Opfer zu erwähnen, bedeutet, ihrer gesellschaftlichen Mißachtung entgegenzutreten. Anders ausgedrückt: Wer dieser Opfer gedenkt, der hält auch die an ihnen begangenen Verbrechen für so schlimm, daß die Schemata, die zu diesen Morden führten, geändert werden müssen. Damit ist ein Auftrag für die Gegenwart verbunden, nämlich für eine solche Operationsweise zu sorgen, die diese Untaten bereits durch entsprechende Schemata bzw. Präferenzordnungen ausschließt. Dies ist ein Versuch der Orientierung und Parallelisierung nicht nur von Interpretationen, sondern von Schemata bzw. der gesellschaftlichen Präferenzordnung.[168]

Die sich an von Weizsäckers Rede anschließenden Debatten zeigen, daß es tatsächlich um die Frage der *Bedeutung* der historischen Geschehnisse ging, denn die historiographischen Daten wurden nicht kontrovers diskutiert. Bedeutungen allerdings sind schematische Einordnungen. Die Auseinandersetzungen drehten sich damit im Grunde um die gesellschaftliche Präferenzordnung.

Wenn das Gedenken – in griffiger Vereinfachung – verstanden werden kann als eine Explikation des: „So denken wir", dann sind nationale Gedenktage, Gedenkreden und Gedenkstätten zugleich der Versuch, dieses „So denken wir" zu stabilisieren. Sie sind zugleich die Aufforderung: „So sollen wir denken, also denkt so". Reden, wie die Richard von Weizsäckers, sind beides: Feststellung und Aufforderung. Die Aufforderung bezieht sich darauf, in einer bestimmten Weise zu denken, zu interpretieren, zu operieren. Es ist eine Aufforderung – und dies ist paradigmatisch für ein solches Gedenken –, die gespeist wird aus der Bewertung eines historischen Geschehens und die aufgrund dieser Bewertung gewisse Schemata und Operationsweisen fixieren oder verändern möchte. Im Falle der Rede von Weizsäckers ging es darum, das Nie-wieder solcher Verbrechen sicherzustellen und Umgangsformen zu installieren, die einen würdevollen Umgang mit Menschen garantieren.[169]

---

167 Vgl. dazu die Aufsätze in Gill/Steffani (Hg.), *Eine Rede und ihre Wirkungen*.

168 Wie sehr dies gilt, wird daran deutlich, daß noch 1956 der Bundesgerichtshof entschied, Sinti und Roma seien nicht aus rassischen Gründen verfolgt worden, sondern weil ihr Nomadenverhalten die öffentliche Ordnung gestört habe. Vgl. Grosser, *Verbrechen und Erinnerung*, 126.

169 Die Forderung von Johann Baptist Metz, eine „anamnetische Kultur" zu installieren, und sein Plädoyer für eine „anamnetische Vernunft" geht in eine ähnliche Richtung. Denn auch Metz

Durch die Diskussion oder gar den Diskurs, der sich an solche Reden anschließt, soll (und kann) die moralische Legitimität solchen Denkens geprüft und eine gesellschaftliche Parallelisierung dieses Denkens (zumindest teilweise) erreicht werden.[170] Die Parallelisierung wiederum schafft Gemeinsamkeiten in der betreffenden Gesellschaft, sie schafft kommunikative Anschlußmöglichkeiten. Damit trägt sie zur Systemstabilisierung bei.

Das Gedenken und die Opfer

Welche Rolle spielen die Opfer beim Gedenken? Fast scheint es, als komme es auf sie überhaupt nicht an. Das wäre freilich ein völlig falscher Eindruck. Mit Nachdruck gilt: Die Konsequenzen, die durch einen Prozeß der Vergangenheitsbewältigung als notwendig aufscheinen, betreffen auch den Umgang mit den Opfern. So mögen Leistungen der „Wiedergutmachung" (ein unpassendes, aber übliches Wort) angezeigt sein, die aus vielfältigen Elementen bestehen können. Was konkret als Konsequenz nötig ist, hängt von der Geschichte ab, die es zu bewältigen gilt.

Allerdings, die *getöteten* Opfer sind darin nicht einbezogen. Ein *profanes* Gedenken wird mit der hilflosen Erkenntnis zurechtkommen müssen, daß die Ermordeten von allem Gedenken und von allen Konsequenzen nichts mehr haben. Wer den Tod als Endstation erachtet, der wird an der Einsicht nicht vorbeikommen, daß man nicht um der getöteten Opfer willen gedenken kann, ohne einer Illusion zu erliegen; nämlich der Illusion, durch das Gedenken den toten Opfern eine späte und unzureichende, aber doch eine Rehabilitierung zukommen lassen zu können. Das Gedenken macht hinsichtlich der toten Opfer nichts mehr gut. Diese Irreversibilität des Unrechts wird für diejenigen bedrückend sein, die das Opfersein der Opfer begreifen und zugleich das geschehene Unrecht als finale Tragödie für die Toten verstehen. Menschen, die ihr Leben durch Handeln führen müssen, werden einen unerträglichen Zustand als Aufforderung zur Veränderung empfinden. Doch an einer unerträglichen Vergangenheit gibt es nichts mehr zu verändern. Das Prinzip, nach dem Menschen ihre Welt und ihre Identität gestalten, kann eine unumkehrbare Katastrophe nicht wiedergutmachen. Der Mensch, das handelnde Wesen: was kann er tun, wenn er nichts mehr gestalten kann, etwa angesichts des Todes? Er kann seine Gesinnung „verleiblichen"[171]. Er kann seine Schemata, seine Präferenzordnung zum Ausdruck bringen. Die Handlung am Ende jeder handelnden Gestaltung ist das Handeln, das den Motivationsüberschuß symbolisch zum Ausdruck bringt. Die Motivation, handelnd und verändernd einzugreifen, entlädt sich in einer „Ausdruckshandlung"[172].

---

geht es darum, daß die Erinnerung an Leid und Tod (und an Befreiung) so stark das Bewußtsein prägen, daß dadurch Denken und Handeln bleibend bestimmt werden. Es geht also um die Ausbildung nachhaltig wirksamer kognitiver Strukturen bzw. Operationsweisen.

[170] Aus verschiedenen Gründen kann dies aber auch mißlingen. Man denke an die Rede Jenningers.

[171] Vgl. Ginters, *Die Ausdruckshandlung*, 39. 61ff.

[172] Vgl. dazu Ginters, *Die Ausdruckshandlung*.

Die Ausdruckshandlung hat keinen strategischen Zweck. Sie kann keinen haben, denn dann müßte sie sich in ein veränderndes Handeln umwandeln. Die Ausdruckshandlung ist die Manifestation der eigenen Interpretation. Sie geschieht um ihrer selbst willen, weil dem Handeln das notwendige strategische Ziel unzugänglich ist. Darum ist auch die Ausdruckshandlung letztlich keine Tat für die toten Opfer. Dem profanen Gedenken bleiben die toten Opfer unerreichbar. Es wäre gut, wenn das profane Gedenken sich dessen bewußt bliebe und nicht glaubte, durch das Gedenken den toten Opfern irgendeine wiedergutmachende Leistung zukommen lassen zu können.

Gedenken aus dem Horizont des Glaubens

Wenn man unter den Voraussetzungen eines religiösen, näherhin eines christlichen Wirklichkeitsverständnisses gedenkt, dann ergeben sich entscheidend andere Bedingungen. Weil der christliche Glaube davon ausgeht, daß Gott die temporale Differenzierung von Daseinsmodi nicht nötig hat, daß es für ihn kein Verfließen von Zeit gibt wie für uns Menschen, betrachtet er Gott als den Herrn der Zeiten, für den die Fülle der Zeit stets aktuell besteht. Für Gott treffen die anthropologischen Bedingungen nicht zu, die das menschliche Zeiterleben unumkehrbar machen. Wenn Gott gedenkt, dann schafft er damit Wirklichkeit. Wenn er des Bundes gedenkt, den er mit seinem Volk Israel geschlossen hat, dann manifestiert er damit diesen Bund. Die bisher des öfteren gewählte Terminologie anwendend, könnte man sagen: Wenn Gott gedenkt, dann bestätigt er seine Operationsweise, dann bestätigt er: „So bin ich und so handle ich". Weil es für Gott keine temporale Differenzierung in der für Menschen unumgänglichen Art gibt, darum kann sein Handeln die Zeiten umfassen, es kann diachron wirksam sein; und zwar nicht nur als Nachwirkung, als Wirkungsgeschichte eines einmal vollzogenen Handelns, sondern als aktuelle Wirksamkeit. Insofern Gott die Zeiten umfaßt, ist bei ihm das Geschehene stets aktuell, und jeder, der sich anschickt, mit Gott in Beziehung zu treten, nimmt damit teil an dieser Aktualität. So kann der Glaubende „in Gott die Zeitlichkeit überwinden"[173]. Wenn man in diesem Bewußtsein ein Gedenken begeht, dann kann man – sozusagen über die zeitumfassende Wirklichkeit Gottes – an das intendierte Geschehen anknüpfen. Die Vergangenheit ist zwar in ihren Abläufen für Menschen nicht veränderbar, aber sie ist gewissermaßen „berührbar".

Das ist bedeutsam beim religiösen Gedenken der Opfer. Denn der christliche Glaube geht nicht nur von der „Entzeitlichung" der göttlichen Transzendenz aus, sondern auch von der Überzeugung, daß die Menschen nach ihrem Sterben gemäß dem Willen Gottes seiner Transzendenz teilhaftig werden. Der Tod ist demnach nicht der unumkehrbare Schlußpunkt, sondern die Verwandlung des Menschen. Im Anschluß an Walter Benjamins Idee der Unabgeschlossenheit der Geschichte entwickelte Helmut Peukert die an Kants Postulat der praktischen Vernunft erinnernde These, daß angesichts der Opfer die Vorstellung vom rettenden Handeln Gottes eine herausragen-

[173] Léon-Dufour, *Wörterbuch zum Neuen Testament*, Artikel „Gedächtnis", 174.

de Bedeutung gewinnt.[174] Wer sich demnach der Wirklichkeit Gottes stellt und der Opfer der Geschichte gedenkt, tritt, wie Abraham vor Sodom (Gen 18, 22-33), vor Gott für diese Opfer ein und rechnet damit, daß Gott in der Lage ist, das Leiden der Opfer in seiner transzendenten Wirklichkeit in Vollendung zu verwandeln. Nur, daß Abraham solidarisch für die sündigen Menschen in Sodom eintrat, als er um einiger Gerechter willen von Gott die Schonung der ganzen Stadt erbat, während das Gedenken der Opfer eine „anamnetische Solidarität“[175] darstellt, die in zweifacher Hinsicht wirkmächtig ist. Erstens stellt sie die Offenlegung der Interpretationsschemata der so Gedenkenden dar und im Falle des Gedenkens der früheren Täter an ihre Opfer ein performatives Schuldeingeständnis, und zweitens ist sich diese Art der Anamnese einer Wirkung für die Opfer gewiß, die allerdings nicht durch das Gedenken als solches, sondern durch Gottes rettendes Handeln bewerkstelligt wird.[176] Daß dieses Verständnis des Gedenkens als einer wirkmächtigen kommunikativen Handlung weitreichende Konsequenzen für das soziale Handeln besitzt, deutet Thomas McCarthy an, wenn er meint, „die Erfahrung und Enthüllung einer rettenden Realität“ sei „der Zugangspunkt zu einem möglichen Diskurs über Gott. Es ist der Ausgangspunkt für eine politische Theologie.“[177]

Christliches Gedenken als Hoffnungszeugnis und Solidaritätsverpflichtung
Entsprechend formuliert Johann Baptist Metz das Selbstverständnis der Kirche als „öffentlicher Zeugin und Tradentin einer gefährlichen Freiheitserinnerung [...]“, nämlich der „memoria passionis, mortis et resurrectionis Jesu Christi“, die deshalb eine gefährliche ist, weil sie eine „Antizipation der Zukunft als einer Zukunft der Hoffnungslosen“ enthält, „weil sie nicht an irgendeine offene, sondern an eben diese Zukunft erinnert und weil sie den Glaubenden zwingt, sich ständig selbst zu verändern, um dieser Zukunft Rechnung zu tragen“.[178]

Dieses Gedenken – als Antizipation der Zukunft – muß nach Metz – und auch das ist ein Aspekt des „Gefährlichen“ – das Handeln, auch das politische Handeln, bestimmen: „politisches Bewußtsein ex memoria passionis“[179]. Die Erinnerung an die Person, die Botschaft und das Schicksal Jesu als eine Verheißung von Zukunft für die Hoffnungslosen wird zur Verpflichtung und zur Motivation für die Gegenwart. So wird jedes Gedenken

174 Peukert, *Wissenschaftstheorie – Handlungstheorie – Fundamentale Theologie*, 322ff.

175 Peukert, *Wissenschaftstheorie – Handlungstheorie – Fundamentale Theologie*, 300.

176 Essen, *Geschichte als Sinnproblem*, 330, beschreibt dies so: „Indem [...] [das Gedenken] das Seinsollen der vergangenen Opfer unbedingt intendiert, wünscht es ihnen eine Zukunft, die es selbst nicht verbürgen und herbeiführen kann.“

177 Zitiert nach Lesch, *Theologische Ethik als Handlungstheorie*, 103.

178 Metz, *Glaube in Geschichte und Gesellschaft*, 78f. Hier wird deutlich, daß ein als verbindlich empfundener eschatologischer Zustand Maßstab und Auftrag zum Handeln ist. Was eine Diskursethik durch die stets kontrafaktische Antizipation eines idealen Diskursresultates zu erreichen sucht, ist für die christliche Weltverantwortung die eschatologische Motivation aus der „gefährlichen Erinnerung“ an Gottes Heilshandeln und seine Verheißungen.

179 Metz, *Glaube in Geschichte und Gesellschaft*, 92.

an die Opfer der Geschichte zum Gedenken an die von Gott verbürgte Zukunft und zum Aufruf zu politischem Handeln in Solidarität.[180] Damit schließen diese Überlegungen an das bereits Gesagte an: Das Gedenken soll (neue) Operationsstrukturen fixieren und so Denk- und Handlungsweisen prägen. Das Gedenken verfolgt aus christlicher Perspektive den Zweck der wirkmächtigen anamnetischen Solidarität mit den Opfern, aber auch den Zweck, „Zukunft aus dem Gedächtnis des Leidens"[181] zu gestalten.

Das Gedenken, so lassen sich die Überlegungen zusammenfassen, ist die Thematisierung eines vergangenen Geschehens in performativer Weise. Performativ ist sie, insofern durch das Gedenken unausdrücklich, aber faktisch die Operationsweise des Gedenkenden offenbar wird. Das christliche Gedenken ist zudem in einer weiteren Weise performativ – oder besser: wirkmächtig –, als es die verstorbenen Opfer tatsächlich zu erreichen vermag. In diesem Falle ist das Gedenken nicht nur ein Symbol, sondern eine wirkungsvolle Tat, die allerdings nicht durch die Gedenkenden, sondern durch Gott ihre Wirkmacht erhält. Das entbindet die Gedenkenden freilich nicht vom Ziehen der Konsequenzen, die sich im Zuge eines Vergangenheitsbewältigungs-Prozesses als nötig erweisen.

Das Gedenken ist ein notwendiger und regelmäßig praktizierter Teil von Vergangenheitsbewältigung. Freilich bedarf auch das Gedenken der Einbettung in einen hermeneutisch-moralischen Diskurs und einer Kontrolle durch diesen. Das Gedenken kann keine der anderen im Vollzug der Vergangenheitsbewältigung als nötig empfundenen Konsequenzen ersetzen, auch das religiöse Gedenken nicht. Allerdings kann eine seriöse Gedenkpraxis einen wichtigen Beitrag zur Orientierung und Parallelisierung von Geschichtsinterpretationen und Identitätszuweisungen darstellen, wenn sie sich der diskursiven Überprüfung zu stellen bereit ist.

3.2 Erklärung und Bekenntnis: Wort und Wirklichkeit

Weitere, häufig verwendete Formen performativer Symbolhandlungen sind die Abgabe von Erklärungen und die Formulierung von Bekenntnissen. Ihre Struktur ähnelt sehr stark der des Gedenkens. Auch Erklärungen und Bekenntnisse sind Offenlegungen der eigenen Interpretationsstruktur durch Bezugnahme auf ein vergangenes Geschehen. Dabei unterscheiden sich Erklärungen und Bekenntnisse graduell. Während Erklärungen stärker auf das vergangene Geschehen Bezug nehmen und sich zu dieser Sache äußern, thematisieren Bekenntnisse expressis verbis das eigene Verhalten bei dem vergangenen Geschehen und bewerten es zugleich. Dabei spielen regelmäßig performative Formulierungen eine Rolle, etwa Schuldeingeständnisse, Entschuldigungen, Bitten um Vergebung etc. Während sich das Gedenken, gemäß seines thematisierten Gegenstandes, stärker der Vergangenheit zu-

---

180 Vgl. Metz, *Glaube in Geschichte und Gesellschaft*, 103.

181 Metz, *Glaube in Geschichte und Gesellschaft*, 95.

wendet (und dennoch eine aktuelle Bedeutung hat), richten sich Erklärungen und noch stärker Bekenntnisse an die Zeitgenossen, der Natur der Sache nach natürlich auch – wenn nicht gar vornehmlich – an die überlebenden Opfer. Damit das Leben, das Handeln, das Interagieren anders wird, äußern sich die Täter (oder andere in das Geschehen Involvierte) zu der vergangenen Tat aus der Perspektive einer veränderten Operationsweise.[182] Zuweilen ergreifen auch die Opfer die Initiative und geben Erklärungen ab, in denen sie zu Tat und Tätern Stellung nehmen und unter Bezugnahme auf erfolgte oder notwendige Änderungen auf Täterseite Schritte zur Bewältigung, d.h. zur Neupositionierung der Täter zu ihrer früheren Tat und zur Veränderung der Interaktionsverhältnisse, aufzeigen.

In den Ausführungen zur Sprechakttheorie wurde bereits darauf hingewiesen, daß performative Symbolhandlungen seitens der Täter von deutlichen Wirkhandlungen resp. Verhaltensänderungen begleitet sein müssen, um ihre Ernsthaftigkeit belegen zu können. Und dennoch, auch wenn es diese Verhaltensänderungen gibt, wird den Opfern sehr viel abverlangt, insofern man darauf hofft, daß diese sich auf die Neubestimmung der Interpretations- und Zuschreibungs- sowie der Interaktionsverhältnisse einlassen. Jeder Schritt der Versöhnung ist eine ungeschuldete Gabe der Opfer, besonders angesichts der Tatsache, daß, wie z.B. bezüglich der NS-Vergangenheit, die Leiden nicht mehr gut und die ermordeten Angehörigen nicht mehr lebendig gemacht werden können.

Die Struktur von Erklärungen und Bekenntnissen kann anhand einiger Beispiele aufgezeigt werden. Dabei geht es nicht um eine Analyse oder eine Bewertung dieser Erklärungen bezüglich ihres Inhalts, sondern es geht nur um das beispielhafte Aufzeigen der Struktur.

Zum Beispiel: Das „Wort zum Jahrestag des Kriegsausbruchs" von Bischof Lehmann

Am 16. August 1989 veröffentlichte der Vorsitzende der Deutschen Bischofskonferenz, der Mainzer Bischof Karl Lehmann, ein „Wort zum 50. Jahrestag des Ausbruchs des Zweiten Weltkrieges am 1. September (1939-1989)"[183]. Dieses Wort stellt eine Erklärung im eben skizzierten Sinne dar. Bischof Lehmann beschreibt zunächst die historischen Umstände. Obwohl er dabei keine Neuigkeiten beibringt, ist diese kurze Beschreibung wichtig. Sie interpretiert nämlich das Geschehene mit deutlichen Worten. Vom „Größenwahn", der „Ideologie von Blut und Boden", vom „Machthunger" und „verbrecherischer Menschenverachtung" der nationalsozialistischen Führer ist die Rede. Ebenso von der Not Millionen geschundener, gequälter und ermordeter Menschen, sowie vom Völkermord an den Juden. Durch die deutliche Bewertung des Geschehenen gibt die kurze historische Skizze

---

182 Daß es auch Erklärungen von „Unverbesserlichen" gibt, kann hier vernachlässigt werden.

183 Veröffentlicht vom Sekretariat der Deutschen Bischofskonferenz als Nr. 15 der Publikationsreihe *„Der Vorsitzende der Deutschen Bischofskonferenz"* mit dem Titel *„Erinnerung – Umkehr – Versöhnung"*.

deutlich kund, wie der Vorsitzende der Deutschen Bischofskonferenz diese Vorgänge sieht und welche Interpretation dieser Vorgänge er für angemessen hält. „Das ist die Sicht der deutschen Bischöfe, der deutschen Kirche, so denken, so operieren wir", hätte der Bischof dazu bemerken können. Bischof Lehmann äußerte sich als Vorsitzender der Bischofskonferenz. Darum ist seine Deutung der Geschehnisse die offizielle Interpretation, die es bei den Kirchenmitgliedern zu parallelisieren gilt.

Daß dies tatsächlich seine Intention ist, zeigt sich in einem Vorgang, der wenig später stattfand. Bischof Lehmann schrieb einen Brief an Bundeskanzler Kohl anläßlich dessen Polenreise im November 1989 (die durch die „Maueröffnung" einen etwas anderen Verlauf nahm als ursprünglich geplant).[184] In diesem Brief, der veröffentlicht wurde, erinnert der Bischof an die gegenseitige Vergebung und Vergebungsbitte des deutschen und polnischen Episkopates im Jahre 1965, und er betont das Recht der Polen, innerhalb gesicherter Grenzen zu leben und ihre nationale und territoriale Integrität bewahren zu können. Dies wurde von Dritten kritisiert. Daraufhin bemühte sich Bischof Lehmann um eine Erläuterung seiner Ausführungen und um Zustimmung für seine Haltung. Er bemühte sich also um eine Orientierung und Parallelisierung der von ihm vorgenommenen Interpretation.

Daß die Sicht der Kirche in der Interpretation des Nationalsozialismus – und damit der in diesem Zusammenhang stehende Identitätsaspekt der deutschen Kirche – eine Kontinuität aufweist, versuchte Bischof Lehmann in seinem Wort zum 50. Jahrestag des Kriegsbeginns durch den Rekurs auf eine Reihe früherer bischöflicher Verlautbarungen zu diesem und zu verwandten Themen zu belegen. „Das ist die Haltung der Kirche, darauf könnt ihr euch verlassen", ist ungefähr seine Botschaft.

Daß diese Sicht der Dinge ihre Konsequenzen haben muß, bleibt auch nicht unerwähnt. Die Ablehnung von Terror, Menschenverachtung und Gewalt, die Bischof Lehmann als Haltung der Kirche skizziert, sieht er als begründet und damit als verallgemeinerbar an, woraus eine Verpflichtung entsteht für die Kirche, aber auch für alle anderen. „Schuldbekenntnisse [...] dürfen nicht zu einem folgenlosen Ritual werden." „Wir haben Verpflichtungen gegenüber den Völkern und den Menschen abzutragen, über die dieser Krieg Leid, Not und Tod gebracht hat." „Krieg darf es nie mehr geben." „Unsere Verpflichtung [...] hält uns dazu an, [...] für Gerechtigkeit einzutreten und selbst Schritte des Friedens zu tun. Das fordert Opfer von uns. Um des kostbaren Friedens willen dürfen wir ihnen nicht ausweichen." Und in performativer Weise konstatiert er: „Wir danken unseren Nachbarn in Ost und West für die Bereitschaft, mit uns wieder einen neuen Anfang zu machen. Wir nehmen uns an diesem Tag auch vor, als völkerumspannende Kirche unseren Beitrag zu leisten [...]."[185] Damit wird der Interaktionsaspekt der

---

[184] Vgl. Sekretariat der Deutschen Bischofskonferenz (Hg.), *Erinnerung – Umkehr – Versöhnung*, 17-19.

[185] So Bischof Lehmann in seinem „*Wort zum 50. Jahrestag des Ausbruchs des Zweiten Weltkrieges am 1. September (1939-1989)*".

Vergangenheitsbewältigung explizit angesprochen und durch die performative Verpflichtungserklärung stabilisiert.

Zum Beispiel: Die Erklärung der deutschen Bischöfe zur Versöhnung mit dem tschechischen Volk

Eine andere Erklärung kann weitere Belege für die Struktur von Erklärungen bieten. In der Erklärung der deutschen Bischöfe zur Versöhnung mit dem tschechischen Volk[186] vom 8. März 1990 heißt es bezüglich bedauernder und entschuldigender Bemerkungen von Präsident Havel und dem Prager Kardinal Tomasek über die Unrechtstaten an Deutschen: „Mit Bewegung und Dankbarkeit vernahmen wir dieses Wort". „Wir danken dem Staatspräsidenten [...] und dem Erzbischof [...] für dieses befreiende Wort." Dann fahren die deutschen Bischöfe fort: „Wir wissen um [...] die Schuld, die viele Deutsche [...] auf sich geladen haben. Wir stellen uns der Verantwortung, die Last der Geschichte, die unser ganzes Volk zu tragen hat, anzunehmen." Schon diese wenigen Passagen zeigen, worum es geht: um eine klare Kundgabe der eigenen Haltung, die durch die Bereitschaft zur Übernahme von Verantwortung in ihrer Ernsthaftigkeit belegt werden soll. Wenn die Bischöfe erklären, die Deutschen stellten sich dieser Verantwortung, dann bedeutet dies, daß sie ihre Position für gerechtfertigt halten und davon ausgehen, daß sie gesellschaftlich zu parallelisieren ist.

Daß eine solche Erklärung tatsächlich einen interaktionsrelevanten Effekt hat, belegt das Antwortschreiben der Bischöfe der damaligen CSFR.[187] Es heißt dort beispielsweise: „Ihre Worte befreien uns und öffnen den Weg, damit auch wir [...] Bedauern zeigen [...]." „Wir wollen gemeinsam mit ihnen [...] ein Zeugnis des Glaubens in der heutigen Welt geben, damit wir als Kirche den Menschen der heutigen Zeit dienen können."

Zum Beispiel: Das Wort der Bischöfe zum 50. Jahrestag der Reichspogromnacht

Ihr gemeinsames Wort zum 50. Jahrestag des Pogroms vom 9. November 1938[188] beginnen die Bischöfe der Deutschen, Österreichischen und Berliner Bischofskonferenz mit einem „historischen Rückblick". Inhaltlich enthält er nichts Neues, interpretiert jedoch das Geschehene und die Haltung der Kirche in deutlicher Weise. Es ist vom „Straßenterror übelsten Ausmasses" die Rede, von Mord und Mißhandlung und von der Inszenierung durch die NS-Führung. Die Rolle der Kirche bzw. ihrer Amtsträger wird differenziert beschrieben. „Viele Priester und Laien sind wegen offener Kritik an den antijüdischen Ausschreitungen gemaßregelt worden. Wir kennen das Zeugnis des

---

186 Abgedruckt in: Sekretariat der Deutschen Bischofskonferenz (Hg.), *Worte der Versöhnung*, 9-13.

187 Abgedruckt in: Sekretariat der Deutschen Bischofskonferenz (Hg.), *Worte der Versöhnung*, 14-19.

188 Vgl. Sekretariat der Deutschen Bischofskonferenz (Hg.), *„Die Last der Geschichte annehmen"*.

Berliner Domprobstes Bernhard Lichtenberg [...]. Unsere Vorgänger im Bischofsamt hingegen haben keinen gemeinsamen Kanzelprotest erhoben." Diese Zwiespältigkeit wird weiter ausdifferenziert, die Enzyklika „Mit brennender Sorge" erwähnt und das Schweigen der Bischöfe kritisch kommentiert, allerdings werden auch einzelne bischöfliche Äußerungen gegen die Verfolgungen zitiert. „Wäre nicht öffentlicher Protest [...] der [...] geschuldete Dienst gewesen?", fragen sie.

Nach weiteren geschichtlichen Ausführungen, die durchaus dazu angetan sind, als Bekenntnis des Versagens gewertet werden zu können, die also eine in dieser Hinsicht zu verändernde Operationsweise beschreiben, folgt eine „Besinnung und Umkehr". „Wir müssen die Last der Geschichte annehmen. Das sind wir den Opfern schuldig, deren Leiden und Tod nicht vergessen werden darf. Das sind wir den Überlebenden und Angehörigen schuldig, weil sonst jedes Gespräch mit ihnen und jedes neue Miteinander unmöglich wäre. Aber wir sind es auch der Kirche und damit uns selbst schuldig. Denn die Geschichte [...] ist Teil der eigenen Identität und kann uns daran erinnern, daß die Kirche [...] auch eine sündige und der Umkehr bedürftige Kirche ist. Darum müssen wir ein nie nachlassendes Interesse daran haben, uns diese Geschichte möglichst umfassend und zutreffend zu vergegenwärtigen [...] und das in unseren Möglichkeiten Stehende tun, damit [...] die historische Wahrheit unverkürzt gelehrt wird." Diese Ausführungen zeigen deutlich, worum es geht. Es geht um „historische Wahrheit", also um kontrainterpretationsstabile Geschichten. Diese sind wichtige Grundlagen für Identitätszuschreibungen. Daraus müssen Konsequenzen gezogen werden, deren Ziel die Veränderung dieser Identität, sowie die Klärung des Verhältnisses zu den Opfern ist.

In diesen Sätzen der Bischöfe wird geradezu das Programm von Vergangenheitsbewältigung beschrieben. Daß *ein* Ziel auch die Interaktionsverhältnisse betrifft, wird ebenso erwähnt. Damit machen die Bischöfe deutlich, wie sie denken, und daß sie bereit sind, notwendige Konsequenzen zu ziehen: „Wir wissen uns verpflichtet [...], die Folgen [...] zu ziehen." Daß es dabei auch um die Orientierung und Parallelisierung von Interpretationen und Schemata geht, bringen die Bischöfe deutlich zum Ausdruck: Alle diese Bemühungen „müssen eingebettet sein in ein ständiges Bemühen, unter Besinnung auf die Vergangenheit zu einer positiven Änderung von Einstellungen und Verhalten beizutragen." Auch Wege und Methoden dazu werden genannt: „Alle Ebenen der christlichen Lehre und Bildung" seien zu nutzen, von Katechese[189] über Predigt und Katholikentage, bis zu den Massenmedien.

Daß der Wunsch nach Aussöhnung, nach veränderten Interaktionen auf der Basis nachhaltig veränderter Identität (in den relevanten Aspekten) von den Opfern viel abverlangt und nicht einfachhin erwartet werden kann, ist

[189] So gibt es beispielsweise *„Hinweise für eine richtige Darstellung von Juden und Judentum in der Predigt und in der Katechese der katholischen Kirche"* des vatikanischen Sekretariates für die Einheit der Christen vom 24. Juni 1985.

den Bischöfen bewußt: „So wie wir nicht vergessen *dürfen*, müssen wir auch akzeptieren, daß viele Juden nicht vergessen *können*. [...] Aussöhnung läßt sich weder erzwingen noch erkaufen [...].“

Zu den Konsequenzen, die aus dem Geschehenen zu ziehen sind und die die Vergangenheitsbewältigung zu einer gegenwartsbezogenen Aufgabe machen, gehöre, so die Bischöfe, „das Bemühen um die Achtung der Menschenwürde, die ethische Fundierung der Staats- und Gesellschaftsordnung“ und vieles mehr.

Dieses lesenswerte Wort der Bischöfe, aus dem nur einige Formulierungen zitiert werden konnten, zeigt deutlich den Zweck solcher Erklärungen, so wie er weiter oben beschrieben wurde. Solche Erklärungen sind performative Symbolhandlungen, performative Sprechakte. Zu ihrem Gelingen bedürfen sie der Bedingungen, die in den Ausführungen zur Sprachphilosophie dargelegt wurden. Vor allem bedürfen sie der Bestätigung durch die Tat.

(Die Rede von) Trauer im Zusammenhang mit Vergangenheitsbewältigung

Das gilt ganz besonders, wenn von Trauer und Scham die Rede ist. Diese Worte finden sich recht häufig in Erklärungen – und erst recht in Bekenntnissen – zu geschichtlichen Verfehlungen. „Trauer“, so definiert Margarete Mitscherlich-Nielsen[190] im Anschluß an die Theorie Freuds, „ist ein seelischer Vorgang, in dem ein Individuum einen Verlust mit Hilfe eines wiederholten, schmerzlichen Erinnerungsprozesses langsam zu ertragen und durchzuarbeiten lernt, um danach zu einer Wiederaufnahme lebendiger Beziehungen zu den Menschen und Dingen seiner Umgebung fähig zu werden.“ Trauer, so kann man sagen, ist der Prozeß, den Anteil von Lebenssinn und Selbstverständnis, den man vom nun Verlorenen bezogen hatte, zurückzugewinnen. In ihrem Buch „Die Unfähigkeit zu trauern“ stellen die Mitscherlichs die These auf, um den Verlust Hitlers, von dem viele Lebenssinn und Selbstverständnis bezogen hätten, sei nicht getrauert worden. Das habe zu Störungen und Verdrängungen geführt.

Trauer ist in psychoanalytischer Hinsicht eine individuelle Befindlichkeit, die deshalb weder verordnet noch „erzeugt“ werden kann.[191] Allerdings gibt es auch eine soziale Dimension von Trauer. „In dieser Perspektive stellt sich Trauer dann als jener gemeinsame Weltbezug dar, mit dem die Angehörigen einer Gemeinschaft [d.h. einer Primärgruppe] schnell, spontan und ohne Reflexion auf weitere Umstände, auf gemeinsam oder einzeln erlittene Verluste reagieren [...].“[192] Trauer im sozialen Bereich ist die gemeinsame Reaktion auf die Ohnmachtserfahrung, in der ein „negativ gefärbter Weltbezug ausgedrückt wird, dessen Anlaß sich die Individuen in der Regel nicht zurechnen.“[193] Zweierlei

---

190 Mitscherlich-Nielsen, *Die Notwendigkeit zu trauern*, 16.

191 Allerdings kennt Freud Trauer auch als soziale Verhaltensweise. Vgl. dazu Brumlik, *Trauerrituale und politische Kultur nach der Shoah in der Bundesrepublik*, 192ff.

192 Brumlik, *Trauerrituale und politische Kultur nach der Shoah in der Bundesrepublik*, 197.

193 Brumlik, *Trauerrituale und politische Kultur nach der Shoah in der Bundesrepublik*, 198.

ist also bedeutsam: daß ein Verlust erlebt und daß dieser Verlust als gemeinschaftsrelevant erfahren wird.[194]

Läßt sich Trauer in dieser (psychoanalytisch/soziologischen) Art bei einem Prozeß der Vergangenheitsbewältigung feststellen? Dies dürfte nur in Ausnahmefällen gegeben sein, nämlich dann, wenn kleine Gruppen (Primärgruppen) ihr vergangenes Handeln interpretieren und feststellen, daß sie sich einen schmerzlichen Verlust beigebracht haben, der ihnen gegenwärtig Probleme im Weltbezug, näherhin in der Sinnfindung und im Selbstverständnis, bereitet. Abgesehen davon, daß die Trauer keine Emotion ist, die sich den Opfern zuwendet und um der Opfer willen besteht, die vielmehr ein Bearbeitungsmechanismus der *eigenen* durch den Verlust entstandenen Problemlage darstellt und somit selbstbezogen ist, abgesehen also davon ist Trauer im Zuge von Vergangenheitsbewältigungs-Prozessen kaum zu erwarten, obwohl sie oftmals höchst angebracht wäre.

Wenn etwa von Trauer über die Ermordung der Juden während der NS-Zeit die Rede ist, scheint mir Vorsicht geboten. Nicht deshalb, weil dieser abscheuliche Völkermord kein zutiefst beklagenswertes Verbrechen wäre, sondern weil Zweifel angebracht sind an der bohrenden Verlusterfahrung, die eine Voraussetzung für Trauer darstellt. Trauer empfindet ja nur, wer einen Verlust erleiden mußte, und gemeinsame, kollektive Trauer setzt voraus, daß dieser Verlust aktuell in schmerzlicher Form (als „negativ gefärbter Weltbezug“) als gemeinschaftsrelevant erfahren wird. Kann davon heutzutage tatsächlich die Rede sein? Natürlich bringt die Ausrottung der Juden *auch* einen unwiederbringlichen Kulturverlust enormen Ausmaßes mit sich. Wird dies aber auch kollektiv so *erlebt*? Es gibt wahrlich Anlaß zur Trauer, aber existiert sie auch? Daß mit „Trauer“ die Empfindung einzelner Personen oder gar Personengruppen zutreffend beschrieben wird, sei keineswegs in Abrede gestellt; aber Trauer als kollektive Befindlichkeit?

Micha Brumlik meint, die industrielle Vernichtung und gewerbliche Verwertung der Leichen von mehreren Millionen Juden übersteige die Fähigkeit zu trauern. Die Opfer seien zu entfernt, um ihren Tod als Verlust erleben zu können. Zudem seien den Opfern seitens des Täterkollektivs keine positiven Gefühle entgegengebracht worden, was eine Trauervoraussetzung darstellt.[195] Der Mangel an Trauer kann also damit zusammenhängen, daß vielfach noch immer die Empathie mit den Opfern und ihre Wertschätzung fehlt. Vielleicht, so könnte man vermuten, mögen emotionale Inanspruchnahmen durch künstlerische Darstellungen – auch solche wie „Schindlers Liste“ – positive Empfindungen für die Opfer und somit Trauergefühle erzeugen.

---

[194] Eine Beschränkung auf die genannten Verständnisse von Trauer scheint mir im vorliegenden Zusammenhang berechtigt und angebracht, weil (1) dem Trauerverständnis in der theologischen Tradition sehr spezielle Aspekte zugrunde liegen, (2) verschiedene philosophische Ansätze (etwa von Schopenhauer oder Kierkegaard) in unserem Zusammenhang nichts Aufschlußreiches beibringen und (3) „Trauer“ bei Adorno und Benjamin m.E. als eine sehr speziell gefüllte Metapher verwendet wird. Ausführlich dazu: Illhardt, *Trauer*, 21-219.

[195] Brumlik, *Trauerrituale und politische Kultur nach der Shoah in der Bundesrepublik*, 203.

In Fällen von Vergangenheitsbewältigung, die sich zwar auch mit schlimmen, aber nicht gar so unvorstellbaren Vergehen zu beschäftigen haben, mögen die Dinge anders liegen. Es kann sein, daß in einzelnen Fällen tatsächlich ein Kollektiv Trauer verspürt. Aber als Bekenntnis in öffentlichen Ansprachen ist die Rede von der Trauer keine Deskription, sondern eine Metapher und ein Aufruf. Metaphorisch wird zum Ausdruck gebracht, daß das Geschehen, dessen gedacht wird, eine Qualität besitzt, die Trauer geradezu auslösen *muß*, wenn man sich ihrer Bedeutung öffnet, wenn man sich den Verlust vor Augen führt, der durch das Verbrechen angerichtet wurde. Ein Aufruf ist die Thematisierung von Trauer insofern, als das „Nie wieder" der verwerflichen Tat mit dem Verlust begründet wird, der für die Gruppe, für die der offizielle Redner spricht, entstand und im Wiederholungsfall entstehen würde.

Trauer, dies wird deutlich, thematisiert nicht die Opfer um der Opfer wegen, auch nicht die Abscheulichkeit der Verbrechen, sondern den Verlust, der für die Trauernden entstanden ist. Insofern ist Trauer ein selbstbezogenes Gefühl.[196] Bezogen auf die Opfer, wäre Mitleid (Sympathie), anamnetische Solidarität und Gedenken im religiösen Sinne angebracht. Bezogen auf das Verbrechen, wäre Abscheu die treffende Emotion. Auf alle Fälle scheint es mir wichtig zu sein, daß die Bekundung von (kollektiver) Trauer bei öffentlichen Gedenkveranstaltungen nicht zu einer inflationären Betroffenheitsrhetorik wird, die sich letztlich nur billig der Verpflichtung zu einem wirkmächtigen und konsequenzenreichen Gedenken entziehen will.[197]

(Die Rede von) Scham im Zusammenhang mit Vergangenheitsbewältigung

Etwas anders verhält es sich mit der Scham. Michael Lewis versteht Scham als ein Gefühl. Gefühle sind nach seinem Verständnis emotionale Zustände, über die das betreffende Individuum reflexiv verfügt.[198] Scham ist das Gefühl, das sich einstellt, wenn man bezüglich Normen, die man für gültig und wichtig hält, versagt, und andere Menschen wissen um das Versagen sowie darum, daß man selbst um das Versagen weiß.[199] Voraussetzung für Scham ist also ein als solches erlebtes Versagen sowie das Wissen wichtiger anderer darum.[200] Scham wird dadurch ausgelöst, „daß man die von einem anderen vorgenommene negative Bewertung bewertet."[201] Damit ist man zugleich Objekt und Subjekt der Scham.[202] Scham ist das Gefühl, *im Ganzen* nicht gut zu sein. Scham ist also eine Form negativ wertender

196 Insofern der Trauernde durch seine Trauer den Opfern einen Wert für seine (des Trauernden) Person bekundet, ist Trauer allerdings eine Form, Wertschätzung zu äußern.

197 Vgl. dazu Broder, *Über jüdische Distanzierung und deutsche Betroffenheit*, 79: „Die permanente Feststellung von Betroffenheit belegt nur ihr Nichtvorhandensein."

198 Vgl. Lewis, *Scham*, 39.

199 Vgl. Lewis, *Scham*, 26f. 28. 29. 58.

200 Lewis, *Scham*, 60: „Die soziale Bedeutsamkeit der Handlung, das Auge der anderen, ruft die Scham hervor."

201 Lewis, *Scham*, 64.

202 Vgl. Lewis, *Scham*, 66. 114.

Selbstinterpretation.[203] Die biologische Funktion des Schamgefühls ist es, „dem Organismus zu ermöglichen, seine Strategie zu überdenken und zu ändern“[204].

Im Blick auf eigenes Handeln kann sich unter diesen Bedingungen Scham einstellen. Ebenso im Blick auf das Handeln von Personen, mit denen man sich eng verbunden fühlt. Doch Scham als *kollektive* Befindlichkeit dürfte eher selten sein. Ganz ohne Zweifel: Vorgänge wie die der nationalsozialistischen Unrechtstaten müßten bei den Tätern (und im sozialen System, zu dem die Täter gehören), wenn ihnen das Ausmaß des Unrechts und die Mißbilligung vernünftig denkender und dem Moralprinzip gemäß urteilender Menschen bewußt wird, erhebliche Scham auslösen. Doch Scham als kollektives Gefühl setzt voraus, daß das Kollektiv sich das Versagen zu eigen macht. Weil jedes Systemmitglied qua Systemkomponente im Rahmen der eigenen Einflußmöglichkeiten für das Handeln des Systems mitverantwortlich ist, sollte Scham das Gefühl sein, das in einem System herrscht, das als System und das im Handeln seiner Systemkomponenten versagt hat. So lange ein System in den Operationsweisen, die zu einem Versagen führten, unverändert bleibt, so lange ist Scham angezeigt. Die Rede von der Scham über ein Versagen ist der Hinweis auf eine verschuldete Normverletzung und zugleich das Eingeständnis dieser Schuld.

Die Bedeutung der Rede von Trauer und Scham

Welche Bedeutung hat das Bekenntnis von Trauer und Scham im Zusammenhang mit Vergangenheitsbewältigung? Es handelt sich dabei (1) um eine symbolische Redeweise und (2) zugleich um eine Aufforderung. Symbolisch ist die Redeweise, weil oftmals weder Trauer noch Scham als kollektive Befindlichkeiten vorliegen. Sie dennoch zu bekunden heißt dann, zuzugeben, daß die Vergangenheit, um die es geht, die Kriterien erfüllt, die unter individuellen Bedingungen bei empathischen und dem Moralprinzip verpflichteten Personen Trauer und Scham auslösen würden. Insofern sind diese Bekenntnisse nicht unwahr. Sie stellen die Anwendung von Redeweisen aus dem Bereich des individuellen Erlebens auf die Situation von Kollektiven dar, um dadurch ein Geschehen und das Verhältnis eines Kollektivs zu diesem Geschehen eindeutig interpretieren zu können. Damit ist die Rede von Trauer und Scham zugleich eine Aufforderung an dieses Kollektiv, den Sachverhalt in einer bestimmten Weise zu interpretieren und die Operationsweise in einer bestimmten Weise zu verändern.

Diese Art, über das Bekenntnis von Trauer und Scham die eigene Sicht des Sachverhaltes – und damit die eigene Operationsweise – offenzulegen und zugleich die Interpretation des Sachverhaltes und die Zuschreibung von Identitäten zu orientieren und zu parallelisieren (was die Prägung von Operationsstrukturen einschließt), bedarf eines hermeneutisch-moralischen Diskurses. Denn die Berechtigung der mit der Rede von Trauer und Scham vor-

---

[203] Vgl. Lewis, *Scham*, 113.

[204] Lewis, *Scham*, 123.

genommenen Interpretation muß geprüft und im Falle eines positiven Ergebnisses parallelisiert werden, damit diese Rede nicht nur die Äußerung einer Einzelperson, sondern die Beschreibung der kollektiven Interpretation darstellt. Beides ist nur diskursiv möglich. Die Rede von Trauer und Scham ist eine symbolische Redeweise mit einer performativen Intention.

4. Nachhaltige Wirkhandlungen als Konsequenzen von Vergangenheitsbewältigung

Zur Vergangenheitsbewältigung gehört unabtrennbar das Ziehen von Konsequenzen, die sich ergeben, wenn man – dem Moralprinzip (und nicht irgendeiner Systemfunktionalität) folgend – in diskursiver Weise vergangenes Geschehen interpretiert, Verursachungen und Verantwortungen, Handeln und Erleiden zuschreibt und daraufhin Identifizierungen vornimmt. Es ist sicherlich hilfreich, einen etwas strukturierteren Blick auf diese Konsequenzen zu werfen, um damit ihre Bedeutung zu betonen. Es wird notwendigerweise ein kurzer Blick sein, denn angesichts der Tatsache, daß die konkreten Maßnahmen so vielfältig sein können, wie die einzelnen Fälle unterschiedlich sind, kann es hier nur darum gehen, die *Struktur* von Konsequenzen zu beschreiben. Die Konsequenzen von Vergangenheitsbewältigung können sich (idealtypisch) auf zwei Adressaten beziehen: auf die Täter oder auf die Opfer.[205]

4.1 Täterbezogene Konsequenzen

Konsequenzen bezüglich der Täter können sich auf zwei Aspekte beziehen: auf die Forderung nach Bestrafung und auf die Notwendigkeit von Veränderungen.

4.1.1 Bestrafung

Eine in diesem Kapitel bereits angesprochene Konsequenz von Vergangenheitsbewältigung kann in einer geordneten Bestrafung bestehen. „Geordnete Bestrafung“: der Terminus mag merkwürdig klingen. Gibt es auch eine ungeordnete Bestrafung? Gewiß. Letztere wird man als Willkür bezeichnen, erstere als Maßnahme der Gerechtigkeit oder zumindest doch des Rechts. Die Strafe, als Konsequenz von Vergangenheitsbewältigung, bezieht sich auf ein vergangenes Geschehen, ohne es verändern zu können. Was will sie erreichen? Strafe bezieht sich auf ein vergangenes Geschehen über die Bewertung der sie konstituierenden Handlungen. Strafe ist somit ein Reflex auf die Frei-

[205] Im konkreten Fall ist zu differenzieren. So gibt es auch Mitläufer, Personen, die Täter und Opfer zugleich sind, untätige Zuschauer von Unrechtstaten etc. Hier können beispielhaft nur idealtypische Aspekte aufgezeigt werden.

heit, unter deren Inanspruchnahme die Handelnden agierten. Weil es Freiheit aber nur als Bedingung freier Individuen gibt, Freiheit demnach ein Charakteristikum des Handelnden darstellt, reagiert Strafe auf Schuld.

Was ist Schuld?

Eine unabdingbare Voraussetzung für Schuld (und damit für Strafe) ist Freiheit.[206] Wer, wie die Vertreter des „Maßnahmenrechts", die Freiheitsvoraussetzung als nicht gegeben ansieht, kann nicht von Schuld sprechen, sondern nur von (durch Krankheit verursachter) Normverletzung, die (Re-) Sozialisierung verlangt, also eine einzig auf den Therapiebedarf des Täters bezogene Maßnahme zu ausschließlich präventiven Zwecken.[207] Doch aufgrund der Ergebnisse im Kapitel zur Anthropologie kann man von einem Freiheitsmaß ausgehen, das auch Schuldzuschreibungen an Handelnde zuläßt.

Schuld entsteht nicht einfach dadurch, daß jemand etwas tut, was als verwerflich gilt, sondern dadurch, daß ihm dieses Tun als Handlung (also als schemageleitete Aktivität) zugeschrieben wird.[208] Als schuldig zu gelten heißt, in eine Beziehung zu einem Geschehen gestellt zu werden, die durch einen hermeneutisch-moralischen Diskurs als verwerflich erkannt wird. Sich schuldig zu fühlen heißt, sich in einer Beziehung zu einem Geschehen zu empfinden, die nach eigener Einschätzung als verwerflich gelten muß. Schuldgefühl und Schuldzuschreibung müssen nicht immer übereinstimmen.

Schuld qualifiziert demnach ein Schema, das zu verwerflichen Handlungen – bzw. allgemeiner: zu verwerflichen Interpretationen – führt. „Strukturelle Schuld" (um den befreiungstheologischen Terminus der „strukturellen Sünde" aufzugreifen) besteht in systemischen Operationsweisen, die zu verwerflichen Konsequenzen führen. Schuld ist zwar eine Zuschreibung, aber eine solche, die ihren Grund in der Art der Schemata der schuldigen Person findet und damit den Kern der Person (bzw. des Systems) (be-) trifft und qualifiziert. Schuldig zu sein ist ein Element der Identität. Die Zuschreibung bzw. Feststellung von Schuld qualifiziert den Freiheitsgebrauch des betreffenden Individuums (bzw. Systems).

Wenn im christlichen Verständnis von Sünde die Rede ist, dann wird damit die Schulddimension thematisiert, die sich auf Gott bezieht.[209] Sünde ist „die Zerstörung einer interpersonalen Beziehung"[210] zu Gott, der sich mit den Menschen, mit den Opfern identifiziert.[211] Sündigen heißt, die eigenen Freiheitsmöglichkeiten so zu gebrauchen, daß man anderen und sich selbst scha-

[206] Vgl. Rahner, *Schuld – Verantwortung – Strafe in der Sicht der katholischen Theologie*, 240.

[207] Vgl. dazu Schwan, *Politik und Schuld*, 29-34. Die Frage nach (den Grenzen) der Freiheit spaltet die Anhänger verschiedener Schuldverständnisse; vgl. Kaufmann, *Schuld in der zeitgenössischen strafrechtlichen Rechtsprechung und Lehre*.

[208] Vgl. dazu Haeffner, *„Schuld"*, 10ff.

[209] Zur Terminologie von „Schuld" und „Sünde" sowie zum Grad ihrer inhaltlichen Identität im christlichen Verständnis vgl. Lauer, *Schuld – das komplexe Phänomen*, 230ff.; Zulehner, *Umkehr und Versöhnung*, 32ff.; zu „Sünde" auch Fuchs, *Sünde*.

[210] Rotter, *Grundlagen der Moral*, 121.

[211] Einen ausführlichen Überblick über die zeitgenössischen theologischen Ansätze zu Schuld und Sünde bietet Sievernich, *Schuld und Sünde in der Theologie der Gegenwart*.

det und auf diese Weise Gottes Liebe zurückweist und sich von ihm distanziert. Damit ist Sünde eine durch bewußtes[212] Handeln vorgenommene Selbstplazierung im Verhältnis zu den Mitmenschen und zu Gott. Damit ist auch das Sünder-Sein ein Teil der Identität.

Die Feststellung der Schuld- bzw. Sündhaftigkeit muß diskursiv erfolgen, um einerseits Fehleinschätzungen durch das betreffende Individuum und andererseits ungerechtfertigte Freisprüche oder auch Schuldzuweisungen durch einzelne (mächtige) Personen oder Gruppen zu unterbinden. Eine sich dem Diskurs entziehende Behandlung der Schuldfrage steht in der Gefahr einer unakzeptablen Interessengeleitetheit.

Die Bedeutsamkeit der Schuldeinsicht
Der Diskurs hat die Aufgabe, eine tragfähige und realitätsadäquate Interpretation des Geschehenen zu finden und innerhalb der Gesellschaft bzw. unter allen Diskursteilnehmenden zu orientieren und zu parallelisieren. Zu ihnen sind auch die Täter zu rechnen. Eine Schuldzuweisung, die von den Tätern nicht übernommen wird, läßt nur einen eingeschränkten Vergangenheitsbewältigungs-Prozeß zu, denn Veränderungen von Operationsweisen, die ggf. angezeigt sind, können nur vom betreffenden (psychischen oder sozialen) System selbst bewerkstelligt werden. Nötigenfalls gehören zum Diskurs (im Sinne des von Apel beschriebenen Teils B der Diskursethik) auch Maßnahmen zur Schemaverunsicherung (etwa pädagogische Maßnahmen), die geeignet sind, auch auf Täterseite die Bereitschaft und Fähigkeit zum Diskurs herzustellen. Denn so lange die Täter „sich selbst ganz ungerecht beurteilt und damit ihrerseits als Opfer fühlen, muß die Bewältigung der Schuld als nicht recht gelungen bezeichnet werden. Anders gesagt, erst wenn Schuldzuweisung und Schuldanerkenntnis zusammenkommen, eröffnet sich die Chance echter Vergangenheitsbewältigung."[213]

Insofern das schuldig bzw. sündig gewordene Individuum diese Identitätszuschreibung übernimmt, sich also als schuldige bzw. sündige Person versteht, erwächst daraus für dieses Individuum ganz offensichtlich eine enorme Belastung, die es entweder verdrängen oder aufarbeiten kann. Verdrängung allerdings führt zu Wiederholungszwängen und perpetuiert dadurch die Last lediglich. Einen ähnlichen Effekt gibt es auch für soziale Systeme.[214]

Die Bedeutung von Strafe
Strafe versteht sich als Antwort auf Schuld. Seitens des Schuldiggewordenen kann das Akzeptieren von Strafe als Ausdruckshandlung verstanden werden, als symbolische Stellungnahme zur Untat. Dies gilt besonders, wenn bezüg-

---

212 Rahner, *Schuld und Schuldvergebung als Grenzgebiet zwischen Theologie und Psychotherapie*, 281, betont: „Schuld kann es nur dort geben, wo wissend gegen Gott gesündigt wird."

213 Haeffner, *„Schuld"*, 17.

214 Einen sehr guten Überblick über die Konsequenzen des Beschweigens von Schuld bietet Gesine Schwan in ihrem lesenswerten Buch *„Politik und Schuld"*.

lich der Opfer keine Handlungsmöglichkeiten bestehen, etwa weil die Opfer verstorben sind. Hinsichtlich der möglichen Interaktionspartner macht der Schuldiggewordene deutlich, daß sich seine Identität in bestimmten Hinsichten geändert hat. Ein Akzeptieren von Strafe ist damit auch ein Versuch des Bestraften, die Interpretation seiner Identität bei seinen Interaktionspartnern neu zu orientieren. Dies gilt für Individuen und soziale Systeme gleichermaßen.

Für eine Strafverhängung seitens der Gesellschaft werden verschiedene, nicht in Deckungsgleichheit zu bringende Gründe genannt.[215] Es gibt eine Vergeltungs- bzw. Sühnetheorie, die entweder davon ausgeht, daß nur durch Strafe das Übel des Verstoßes beseitigt werden kann[216], oder davon, daß der Täter geradezu ein Recht darauf hat, in seiner Freiheit ernstgenommen und für seine Untat bestraft zu werden[217]. Die Abschreckungs- bzw. Generalpräventionstheorie sieht die Strafandrohung als Mittel, Untaten zu verhindern oder zumindest ihre Zahl zu minimieren (wobei der Strafvollzug lediglich nötig wird, um die präventive Androhung nicht unglaubwürdig zu machen).[218] Die Resozialisierungs- bzw. Sozialpräventionstheorie schließlich stellt die sozialverträgliche Wiedereingliederung des Täters in die Sozialgemeinschaft in das Zentrum des Strafzwecks.[219]

Es ist hier nicht der Ort, diese Theorien zu diskutieren.[220] Allerdings läßt sich – auch angesichts der Tatsache, daß der generalpräventive Strafzweck zusammen mit dem sozialpräventiven in der gegenwärtigen Strafzweckdiskussion eindeutig dem der Sühne und Vergeltung vorgezogen wird – mit Franz Böckle festhalten, daß „eine Gesellschaft, die dem einzelnen Mitglied Mitverantwortung für die Vernunft ihrer Ordnungen einräumt, zu einem Sühnebegriff führen [muß], der Sühne nicht vom Gedanken der Vergeltung, sondern vom Gedanken der Umkehr und Rückkehr für alle bestimmt“[221]. Sühne, so Böckle weiter, bedeute dann ein Übernehmen von Mitverantwortung. Sie verlange das Aufgeben solipsistischer Tendenzen. Das dürfte dem nahekommen, was Apel im Begründungsteil B der Diskursethik ausführt, daß es nämlich Maßnahmen geben kann, die selbst nicht diskursiv verfahren, aber diskursiv zu rechtfertigen sind, weil sie zum Ziel haben, Diskursbedingungen herzustellen. Strafe hätte dann eine solche Maßnahme zu sein. Diese

---

215 Hart, *Prolegomena zu einer Theorie der Strafe*, 60, meint, „daß in jeder sittlich annehmbaren Begründung von Strafe verschiedene Prinzipien [...] an verschiedenen Punkten am Platze sind.“

216 So formulierte z.B. Papst Pius XII. sein Verständnis von Strafe; vgl. Pius XII., *Die Schuldvergeltung als metaphysisches Strafziel*. Lüderssen, *Vergeltung und Sühne vor dem Forum der christlichen Ethik – kein Platz mehr für absolute Strafzwecke?*, weist darauf hin, daß der Sühnegedanke auch aus christlicher Sicht nicht die einzige und zentrale Reaktion auf Unrecht sein muß.

217 So z.B. bei Kant oder Hegel.

218 So z.B. bei Schopenhauer oder Anselm von Feuerbach.

219 So z.B. bei Karl Menninger.

220 Einen sehr konzentrierten Überblick bieten die Texte in Hoerster (Hg.), *Recht und Moral*, 4. Kapitel; oder Schmidhäuser, *Einführung in das Strafrecht*, Kapitel III.

221 Böckle, *Strafrecht und Sittlichkeit*, 320.

Auffassung schließt nicht aus, daß Strafe als Maßnahme zur Herstellung von Diskursbedingungen auch eine Ausdruckshandlung seitens der Gesellschaft darstellt im Sinne einer „Brandmarkung eines Verbrechens durch die Gesellschaft“[222]. Möglicherweise gibt es unter bestimmten Bedingungen sogar so etwas wie ein „Recht des Opfers auf die Bestrafung des Täters“[223].

Strafe ist eine oftmals naheliegende und fast zwingende Konsequenz von Vergangenheitsbewältigung. Allerdings müssen Strafmaßnahmen diskursiv geprüft werden. Dann allerdings können Strafmaßnahmen geeignet sein, die verwerfende Interpretation von Untaten und ihrer Täter wirkmächtig werden zu lassen. Dadurch können Strafmaßnahmen geeignet sein, die Interpretation verwerflicher Handlungen als verwerflich gesellschaftlich durchzusetzen und generalpräventiv für die Zukunft zu wirken. Durch Strafmaßnahmen wird zudem die Rolle der Opfer als Opfer von verwerflichen Handlungen (im Unterschied etwa zu Naturkatastrophen) bestätigt, woraus sich weitere Konsequenzen (etwa Wiedergutmachungsleistungen) ergeben können.

4.1.2 Veränderung der Operationsweise

Das Verständnis von Strafe als Resozialisierungsmaßnahme macht bereits deutlich, daß Aufarbeitung eine Veränderung auf der Täterseite erfordert. Dort, wo die gleichen Schemata wirksam sind, die das Unheil anrichteten, kann von Aufarbeitung nicht die Rede sein; auch dann nicht, wenn seitens der Täter die Tat nachträglich verworfen wird. Eine performative Symbolhandlung, ein performativer Sprechakt mißlingt bzw. ist unaufrichtig, wenn die Voraussetzungen für eine zukünftige Vermeidung des Übels nicht geschaffen werden.

Veränderung bedeutet Veränderung in der Schemalage bzw. in der Präferenzordnung. Das, was an früherer Stelle mit Schemaverunsicherung beschrieben wurde, ist eine solche Maßnahme zur Neuorientierung der Schemata. Es muß darum gehen, solche Schemata auszuprägen bzw. eine solche Präferenzordnung zu installieren, die (in den Auswirkungen) den Anforderungen des Moralprinzips genügen.

Die kognitiven Schemata eines Individuums sind nicht unmittelbar einsehbar. Eine Schemaveränderung (die beispielsweise durch pädagogische Maßnahmen unterstützt werden kann) läßt sich deshalb nur indirekt, nämlich an den Auswirkungen, feststellen. Auch die Präferenzordnung von sozialen Systemen ist keine vorfindliche und augenscheinlich begutachtbare Sache, sondern der Modus der systemischen Kommunikation. Deshalb sind auch hier Veränderungen nur an ihren Wirkungen erkennbar. Da Systeme ihre Operationsweise nur selbst verändern können, ist es in sozialen Systemen wichtig,

---

[222] So Lord Denning in einer Oberhausdebatte im Juli 1956, zitiert nach Hart, *Prolegomena zu einer Theorie der Strafe*, Anmerkung 2; vgl. auch Harts Bemerkung zu den Ausführungen des Lords: ebd., 64.

[223] Ein Vortrag von Jan Philip Reemtsma, der selbst Entführungsopfer war, trägt den Titel: *„Das Recht des Opfers auf die Bestrafung des Täters – als Problem“*. (Als Audio-Cassette im Carl-Auer-Systeme Verlag in Heidelberg erschienen.).

daß die Mitglieder (qua Systemkomponenten) an den erforderlichen Veränderungen mitwirken. Dazu besteht eine moralische Verpflichtung. Weil soziale Systeme durch ihre Komponenten funktionieren, kann es nötig sein, Eliten, also Führungspersonen, auszutauschen[224], Systemordnungen umzuformulieren (Verfassungen und Rechtsordnungen zu ändern), Systemabläufe zu verändern, Geschichten neu, d.h. anders zu erzählen (etwa im Geschichtsunterricht) und vieles mehr.

Veränderungen dieser Art greifen in die Identität der jeweiligen Systeme ein; und das müssen sie auch. Es muß die Selbstauslegung der Systeme in einem relevanten Umfang verändert werden. Theologisch gesprochen und in das Verhältnis zu Gott eingebettet bedeutet dies: Vergangenheitsbewältigung erfordert seitens der Täter Reue, Umkehr, Metanoia. Was dies im konkreten Einzelfall bedeutet, muß diskursiv in jedem Einzelfall festgestellt werden. Die Kürze dieser Ausführungen darf nicht darüber hinwegtäuschen, daß die notwendigen Veränderungen als Konsequenz von Vergangenheitsbewältigung im konkreten Einzelfall sehr gewaltig sein können – und müssen.

4.2 Opferbezogene Konsequenzen

Bezüglich der Opfer gibt es mindestens drei Arten wichtiger Konsequenzen: die Ermöglichung, das Geschehene aufzuarbeiten, Wiedergutmachungsleistungen sowie die Bitte um Vergebung.

4.2.1 Ermöglichung der Aufarbeitung

Daß für die Opfer oftmals das Leiden nicht vorbei ist, wenn das konkrete Unrecht aufhört, wurde bereits angesprochen. Die Traumata, die Folteropfer erleiden und oft ein Leben lang ertragen müssen, die Selbstvorwürfe der „Überlebensschuld", die nicht selten an die Nachkommen weitergegeben werden, die Stigmatisierung, sich mißbraucht und wie ein stummes Lamm zur Schlachtbank geführt haben zu lassen, die Trauer um den Verlust von nahestehenden Menschen sind neben den körperlichen Leiden, dem Verlust von Hab und Gut sowie dem Verlust von Lebenschancen und Lebensjahren nur einige Aspekte der Belastung, unter denen Opfer zu leiden haben. Das Beschweigen dieses Leids, ein regelmäßig beobachtbares Phänomen bei NS-Opfern, das Nicht-darüber-reden-Können, verfestigt dieses Leid. Aus dieser Verstrickung in sich perpetuierendes Leid kann man den betroffenen Opfern nicht durch eine einmalige und einheitliche Geste heraushelfen. Hier ist eine individuelle Aufarbeitung notwendig.

Wichtig ist jedoch – und dabei dürfte den ehemaligen Tätern eine Bringschuld obliegen –, die Möglichkeit einer Aufarbeitung zu organisieren. Was dies konkret bedeutet, läßt sich nur konkret beantworten. Doch sicherlich gehört neben vielen Maßnahmen dazu, daß Geschichten erzählt werden

---

224 Vgl. Pampel, *Was bedeutet „Aufarbeitung der Vergangenheit"?*, 32f.

(können), in denen sich die Interpretation der Opfer wiederfindet. Man unterschätze die Problematik und den Widerstand nicht, der damit verbunden sein kann. Wir wissen nicht nur von Mirjam Akavia, daß Holocaustopfer über lange Zeit hinweg für ihr Leid geradezu mitverantwortlich gemacht wurden[225], wir wissen auch, daß viele Holocaustopfer nach ihrer Befreiung aus Konzentrationslagern zu „displaced persons" wurden, die niemand haben und deren Geschichte niemand hören wollte.[226] Wir wissen auch, daß bis in die jüngere Vergangenheit hinein Homosexuelle, Sinti und Roma nicht als NS-Opfer anerkannt wurden[227], d.h ihre Geschichte fand nicht die ihr zustehende Rezeption. Solche Stigmatisierungen und Ausgrenzungen verhindern die berechtigte und notwendige Aufarbeitung seitens der Opfer.

Die Möglichkeit, erlittenes Leid und Unrecht aufzuarbeiten, ist ein wichtiger und vordringlicher Anspruch der Opfer. Die Kürze der Ausführungen beruht auf dem Umstand, daß diese Aufarbeitung nur konkret zu leisten ist. Dies gilt für die nun folgenden Abschnitte analog.

4.2.2 Wiedergutmachung

Im Rahmen von Vergangenheitsbewältigung wird sehr rasch von Wiedergutmachung gesprochen, wenn es um die Frage geht, wie Täter sich ihren Opfern gegenüber zu verhalten haben, um das Vergangene aufzuarbeiten. Der Terminus „Wiedergutmachung" ist in aller Regel ein denkbar ungünstiger, weil unzutreffender. Vieles läßt sich nicht wiedergutmachen. „Das deutsche Wort ‚Wiedergutmachung' als Übersetzung von ‚Reparation' ist ein durch nichts gerechtfertigter Euphemismus. [...] Reparationen [...] können nicht zum Vergeben führen und sicher nicht zum Vergessen bei denen, die unsagbar gelitten haben."[228] Wiedergutmachung ist der Versuch, in der Gegenwart wirkmächtig zu handeln, um den Opfern, denen gegenüber man eine Leistung erbringen kann, die materiellen Konsequenzen des erlittenen Unrechts nach Möglichkeit zu minimieren.[229] Daß Wiedergutmachungsleistungen auch Symbolhandlungen sind, die die eigenen Interaktionsbedingungen verbessern sollen, darf dabei nicht vergessen werden.

Häufig werden Wiedergutmachungsleistungen von der Täterseite als ungerechtfertigt empfunden, so etwa von einer Mehrheit der Bevölkerung im Westen Nachkriegsdeutschlands.[230] Das weist auf ein Defizit im hermeneuti-

---

[225] Vgl. Akavia, *Die Erinnerung an den Holocaust in Israel*, 82.

[226] Vgl. dazu Urban, *Die Freiheit kam erst später*; Wetzel, *„Displaced Persons"*.

[227] Vgl. Zimmermann, *Die nationalsozialistische Vernichtungspolitik gegen Sinti und Roma*, 43f.

[228] Pauls, *Der Weg zurück in die Familie der Völker*, 215. Ähnlich auch Herbst in der Einleitung zu Herbst/Goschler (Hg.), *Wiedergutmachung in der Bundesrepublik Deutschland*, 8. Burgauer, *Zwischen Erinnerung und Verdrängung*, 308, Anmerkung 95, zitiert Küster, *Erfahrungen der deutschen Wiedergutmachung*, Tübingen 1967, 3, wonach das Wort aus dem Sprachgebrauch des Hitlerregimes stammen soll.

[229] Vgl. Jaspers, *Die Schuldfrage*, 140f. Jaspers betont auch, die Bereitschaft zur Wiedergutmachung sei eine Ausdruckshandlung angesichts der eigenen Schuld.

[230] Vgl. Wolffsohn, *Wiedergutmachung und der Westen – Tatsachen und Legenden*, 19. Man denke auch an die Affäre um die nachrichtenlosen Konten, die in der jüngeren Vergangenheit die

schen Zugang zum Geschehenen hin. Die Opfersicht wird in diesen Fällen offenbar nicht rezipiert.[231] Allerdings ist es auch nicht selbstverständlich, daß Opfer bereit sind, solche Leistungen entgegenzunehmen.[232] Damit kann das erlittene Trauma nämlich wieder aktualisiert werden.

Wiedergutmachung ist keine Strafmaßnahme, die den (früheren) Tätern auferlegt wird, sondern eine Erfordernis der Gerechtigkeit und eine humanitäre Verpflichtung. Daß die Einzelheiten der Regelung von Wiedergutmachungsleistungen zu Problemen führen können, liegt in der Natur der Sache, darf von den zur Wiedergutmachung Verpflichteten jedoch nicht als unbillige Belastung empfunden werden, denn es sind Spätfolgen der eigenen (systemischen) Unrechtstaten.[233] An früherer Stelle war in dieser Arbeit davon die Rede, daß auch nachkommende Generationen in der Verpflichtung zur Vergangenheitsbewältigung stehen. Das gilt auch für Wiedergutmachungsleistungen. Prinzipiell – die Einzelheiten sind konkret zu regeln – verbleibt die Verpflichtung zur Wiedergutmachung im sozialen System, auch wenn ihre Mitglieder wechseln.

Unter dem Stichwort der Wiedergutmachung wären noch Maßnahmen der Rehabilitierung zu erwähnen, obwohl es sich dabei im strengen Sinne nicht unbedingt um Wiedergutmachungen handelt. Denn die Rehabilitierung Verstorbener ist eher eine Symbolhandlung, die die eigene gewandelte Position zum Ausdruck bringt. Die Rehabilitierung noch Lebender dagegen ist eine Wirkhandlung, die ggf. auch Wiedergutmachungsleistungen an die Rehabilitierten nach sich ziehen kann.

4.2.3 Versöhnung und Vergebung

Versöhnung ist das Ziel christlicher Existenz, Versöhnung mit Gott und den Mitmenschen.[234] Darum muß auch im Rahmen von Vergangenheitsbewältigung die Frage nach (der Möglichkeit von) Versöhnung gestellt werden. Dabei wird sehr rasch deutlich, daß Versöhnung keineswegs ein banales „Wir

---

schweizer Bankenwelt ins Zwielicht rückte. Dabei ging es nicht einmal um Wiedergutmachung, sondern um Erstattung von Vermögen an die Anspruchsberechtigten, die vielfach als unangemessen zurückgewiesen wurde.

231 Man denke auch an die Verweigerung von Leistungen an bestimmte Opfergruppen.

232 Es sei an die Diskussionen in Israel erinnert. Vgl. Herbst in der Einleitung zu Herbst/Goschler (Hg.), *Wiedergutmachung in der Bundesrepublik Deutschland*, 17.

233 Als besonders eklatant empfinde ich die jahrelange Zurückweisung von Entschädigungsforderungen ehemaliger Zwangsarbeiter. Den finanziellen Forderungen, die an Deutschland und die deutsche Wirtschaft gerichtet wurden, entspricht eine enorme Ausbeutung und Vernichtung seitens des NS-Deutschland. Zwangsarbeiter haben für NS-Deutschland Leistungen erbracht, für die ihnen Entschädigung zusteht. Daß diese Leistungen vom NS-Staat nicht nur zugunsten des Volkes, sondern auch zu Zerstörungszwecken (etwa zum Bau von Kriegswerkzeug) eingesetzt wurden, kann man den Zwangsarbeitern nicht anlasten. Der Zorn, der zu Unrecht gegen diejenigen vorgebracht wurde bzw. wird, die zu Recht Entschädigungen verlangen, müßte deshalb vielmehr gegen diejenigen gerichtet werden, die den NS-Staat ermöglichten und trugen.

234 Vgl. dazu die *„Orientierungen zur Bußpastoral“* der deutschen Bischöfe mit dem Titel *„Umkehr und Versöhnung im Leben der Kirche“*, bes. Abschnitt 1.2.

wollen uns wieder vertragen" darstellt. Vielmehr betrifft sie ganz zentral die Identität der Betroffenen.

Versöhnung setzt seitens der Täter Bekenntnis und Reue voraus. Die eigene Schuld muß angesprochen und ausgesprochen werden, auch und gerade gegenüber den Opfern.[235] Ohne dies fehlen Gegenstand und Partner einer möglichen Versöhnung.[236] Zudem müssen die Täter die Bereitschaft aufweisen, das in ihrer Macht stehende zu tun, um dem angerichteten Übel symbolisch und wirkmächtig entgegenzutreten: Metanoia ist erfordert.

Versöhnung *anzubieten* ist jedoch alleine Sache der Opfer. Denn Versöhnung ist mehr als „nur" eine Neuinterpretation der Identität der Täter. Versöhnung bedeutet Aufnahme einer positiv ausgerichteten Kommunikation, bedeutet die Bereitschaft, eine Beziehung aufzunehmen, dem anderen im Sinne des dialogischen Prinzips gewissermaßen das Du anzubieten. Das ist weit mehr, als das Moralprinzip gebietet. Menschen, die nach heftiger Zwietracht versöhnt sind, haben eine intensivere Beziehung als Menschen, die streitlos, aber, aneinander uninteressiert, beieinander leben.

Der Trierer Bischof Hermann Josef Spital hat in einer Rede anläßlich des fünfzigsten Jahrestages der Reichspogromnacht skizziert, was unter Versöhnung zu verstehen ist und wie sie zustande kommen kann. Er meint: „Wir als Deutsche und als Christen sind nicht in der Position, daß wir Versöhnung anbieten oder gar fordern könnten; an uns ist es, uns für eine mögliche Versöhnung innerlich zu öffnen und dankbar jedes Zeichen der Versöhnung anzunehmen, das uns von den Mitgliedern des jüdischen Volkes angeboten wird. [...] Wenn eine Freundschaft unter zwei Menschen, die sich gut verstanden haben, durch eine schwerwiegende Schuld des einen gegen den anderen zerbricht, geht etwas unwiederbringlich dahin. Nehmen wir an, die beiden würden in der Erinnerung an ihre herzliche Freundschaft Versöhnung suchen und auch finden – so könnte man doch sagen: So wie früher wird es nie wieder werden. [...] Beide haben durch die Schuld auf der einen und die erlittene Verletzung auf der anderen Seite Veränderungen erfahren. Insoweit sind sie nicht mehr die, die sie vorher waren. Aber sind sie dadurch wirklich ärmer geworden [...]? Das kann man doch nicht sagen. [...] Derjenige von den beiden Freunden, der schuldig geworden ist, kann in einer solchen Erfahrung, falls er sie wirklich innerlich annimmt und nicht vor ihr flieht oder sie verdrängt, Schattenbereiche seiner selbst kennenlernen, die ihm vorher verborgen waren. [...] Wenn zwischen beiden Freunden [...] Versöhnung stattfindet, dann begegnen sie einander in größerer Tiefe, als sie es vorher konnten."[237]

In der Versöhnung erlebt sich der Täter als bedürftig. Er ist auf das Geschenk der Versöhnung angewiesen, denn die Opfer sind diejenigen, die über Versöhnung entscheiden. „Ein großes Glück, eine Gnade geschieht oft nicht nur für die Täter, sondern auch für die Opfer, wenn es [...] [zur Versöhnung]

[235] Seitens der Täter setzt dies zumindest ansatzweise einen hypothetischen Rollentausch voraus.
[236] Vgl. Haeffner, „*Schuld*", 24.
[237] Spital, *Erinnern – Gedenken – Versöhnen*, 9f.

kommt."[238] Die Erfahrungen aus den Mediationsverfahren des Täter-Opfer-Ausgleichs können als bestätigende Argumente für die Einschätzung von Gesine Schwan gelten.

Versöhnen heißt nicht vergessen. Im Gegenteil, Versöhnung setzt Erinnerung und Umkehr voraus. Versöhnung ist gewissermaßen die Transformation der Unrechts- und Leidensgeschichte in ein positiv aufgehobenes Beziehungsverhältnis.

Versöhnung ist ein nicht einklagbares, ein vielmehr ungeschuldetes wirkmächtiges Ergebnis von Vergangenheitsbewältigung. Aber auch Versöhnung kann auf einen hermeneutisch-moralischen Diskurs nicht verzichten. In diesem Diskurs müssen alle Erlebnisse und Interpretationen zur Sprache kommen, damit auf der Basis des Wissens umeinander Schuld- und Leidanteile bekannt sind und so die Grundlage gelegt ist, auf der Versöhnung erst versucht werden kann.

Weil Versöhnung sehr tief in das Erleben und in das Selbstverständnis – besonders der Opfer – hineinragt, können Versöhnungsbemühungen in sozialen Systemen freilich auch scheitern. Als Bischof Spital davon sprach, als Deutsche und als Christen seien wir nicht in der Position, Versöhnung anzubieten oder zu fordern, bezog er sich auf das Verhältnis zu den Juden. Da verhalten sich die Dinge in der Tat so. Für Christen, insofern sie in der Position sind, Versöhnung anbieten zu können, gilt freilich die Aufforderung des Evangeliums, wenn es möglich ist, Versöhnung anzustreben und anzubieten, so wie Gott den Menschen in Jesus Christus Versöhnung angeboten hat.

---

238 Schwan, *Politik und Schuld*, 235.

Abschließende Bemerkungen

Die Aktualität von Vergangenheitsbewältigung
Die Problematik der Vergangenheitsbewältigung ist heute so aktuell wie kaum jemals zuvor. Diese Einschätzung beruht nicht alleine auf der spezifisch deutschen Erfahrung, fünfzig Jahre nach dem Ende des Zweiten Weltkrieges noch immer mit den Folgen des nationalsozialistischen Regimes konfrontiert zu sein (man denke nur an die „Nazi-Gold-Affäre" oder an die Auseinandersetzung um die Entschädigung ehemaliger Zwangsarbeiter) und – mit dem SED-Staat – sogar zum zweiten Mal ein totalitäres Regime bewältigen zu müssen. Diese Einschätzung beruht vielmehr auf der Wahrnehmung, daß nach den Erfahrungen mit dem nationalsozialistischen Terror weit über die beteiligten Menschen und Nationen hinaus eine gewisse Sensibilität entstanden ist für einen sorgfältigeren Umgang mit der Vergangenheit und für Verantwortlichkeiten, die sich aus vergangenem Handeln ergeben.[1] Wie anders sind in Deutschland die Debatten um das Holocaust-Mahnmal in Berlin zu erklären, wie anders, daß gleich zwei aufeinanderfolgende Friedenspreisträger des Deutschen Buchhandels, Walser und Stern, sich in ihren Reden (mit höchst unterschiedlichen Akzentsetzungen) der Vergangenheit annahmen und öffentliche Debatten auslösten, wie die breiten Auseinandersetzungen um die Goldhagen-Thesen und die Wehrmachtsausstellung, wie anders das Interesse an „Schindlers-Liste" und der filmischen Aufbereitung eines fiktiven Mengele-Prozesses? Auch die Entschlossenheit der Südafrikaner, mit Hilfe einer „Wahrheitskommission" die Apartheid aufzuarbeiten, und die Entscheidung der Vereinten Nationen, in Den Haag ein Kriegsverbrechertribunal einzurichten, dürften nicht unerheblich von den Erfahrungen mit der Aufarbeitung der nationalsozialistischen Verbrechen genährt worden sein. Die Tatsache, daß fünf Jahrzehnte nach Kriegsende in Japan die Vergangenheit sich immer stärker und drängender zurückmeldet, gehört ebenfalls in den Kontext der Sensibilisierung gegenüber begangenen Verbrechen und erlittenen Leiden, auch wenn diese schon lange zurückliegen. Die

[1] Freilich existiert diese Sensibilität nicht ausnahmslos. Sie ist vielmehr – metaphorisch gesprochen – eine noch kleine und zarte Pflanze mit nicht allzu großem Verbreitungsgebiet. Und sie findet sich häufiger im Blick auf Unrecht, das von anderen bewirkt wurde, als hinsichtlich eigener Verfehlungen. Dennoch sollte man diese Sensibilität nicht geringschätzen. Die Regel, daß Kriegstreiber die eigene Bevölkerung und die anderer Staaten in den Untergang führen konnten, ohne selbst zur Rechenschaft gezogen zu werden (auch nicht im Falle einer Niederlage), galt noch bis zum Ende des Ersten Weltkrieges. Man denke etwa an den Umgang mit Kaiser Wilhelm II. Nach dem Nürnberger Tribunal hat sich dies zunehmend geändert.

Vergangenheit ist also nicht vorbei. Auch dann nicht unbedingt, wenn es kaum noch oder gar keine lebensgeschichtlichen Zusammenhänge mit dem vergangenen Geschehen mehr gibt.

Vergangenheitsbewältigung betrifft die Identität
Bloß, warum und wodurch wirkt die Vergangenheit in der Gegenwart nach? Die Tatsache, daß diese Frage nicht oder nur unzureichend beantwortet wurde, war ein Grund für den eingangs dieser Arbeit beschriebenen Umstand, daß Vergangenheitsbewältigung zwar als – eher diffuser – Auftrag verstanden, aber (wenn überhaupt) sehr unterschiedlich und nicht selten beliebig durchgeführt wurde. Wenn sich Vergangenheitsbewältigung nicht in einem betroffenen oder gar interessengeleiteten Blick zurück erschöpfen soll, dann muß die Frage gestellt werden, ob sich jenseits aller Beliebigkeit eine rationale und unbeliebige Art des Umgangs mit Geschichte ausmachen läßt, die eine Bedeutung für die Gegenwart hat und von der aus sich die Beliebigkeiten wohlbegründet kritisieren lassen. Dieser Frage widmet sich die vorliegende Untersuchung. Auf dem Weg zu einer Antwort waren verschiedene Teilprobleme zu lösen. So zunächst das, ob der Mensch überhaupt die notwendige Freiheit besitzt, verantwortlich zu handeln und aus Geschehenem in reflektierter Weise nach nicht-beliebigen Maßstäben Konsequenzen zu ziehen.

Eine fundamentale Einsicht, die gewonnen werden konnte, besteht in der Erkenntnis, daß Vergangenheitsbewältigung – im Sinne der These dieser Arbeit – möglich ist. Angesichts der relativierenden Theorien, die als exkulpierende Argumente eingebracht werden (können), ist dies ein bedeutsames und prima facie keineswegs selbstverständliches Ergebnis. Der Mensch, das „instinktreduzierte Mängelwesen“, kann sein Leben nur handelnd führen. Das heißt, er muß – bei allen Determinierungen – seinen Freiheitsspielraum wahrnehmen, um manche Optionen zu realisieren und andere zu verwerfen. Nur indem er das tut, kann er leben und überleben.

Damit dies gelingen kann, braucht der Mensch eine relativ stabile und fruchtbare Einschätzung seiner Umwelt. Mangelt es daran, kann sich das Handeln kontraproduktiv auswirken. Der Handelnde kann dann sich und anderen Schaden zufügen. Das bedeutet: Wer möchte, daß sein Handeln die beabsichtigten Wirkungen hervorbringt, muß den Dingen seiner Umwelt eine „Identität“ zuschreiben. Er muß wissen können, was von den Dingen der Umwelt zu erwarten ist, wie sie sich verhalten und wie sie auf Einflüsse reagieren werden. Für leblose Gegenstände und für in ihrem Verhalten weitgehend determinierte Lebewesen wird man diese Einschätzung nicht unbedingt „Identitätszuweisung“ nennen, denn als „Identität“ läßt sich mit guten Gründen die aus – relativ – freiem Handeln erworbene Formung des Soseins bezeichnen, die man Menschen zuschreibt. Diese Identitätszuschreibung gewinnt man über Geschichte bzw. über die Zuschreibung von Geschichten. Wenn man weiß, wie sich jemand verhielt und üblicherweise verhält, wenn man – daraufhin – seine Neigungen und Absichten, Vorlieben und Verhaltensmuster etc. (seinen „Charakter“) beschreiben kann, dann benennt man ein Ensemble, das sich als „Identität“ bezeichnen läßt. Eine solche Identitätszuschreibung an andere wird von Handelnden verwendet, um das eigene Handeln zu planen und zu gestalten. Weil andere in gleicher Weise vorgehen, ist jeder Person daran gelegen, ihrer Umwelt ein Identitätsprofil von sich selbst zu präsentieren, das sich im Interaktionsverhältnis günstig auswirkt. Folglich gibt es ein prinzipielles Interesse an der Interpretation von Geschichten: Sie dienen (1) dazu, eine stabile Umwelteinschätzung zu gewinnen und (2) dazu, ein interaktionsgünstiges Identitätsprofil auszubilden. Das gilt für Individuen und – in entsprechend modifizierter Form – auch für soziale Systeme, wobei bei letzteren mit besonderen Problemen (etwa denen der Zuschreibung, der Ansiedlung von Verantwortung und der Steuerung etc.) zu rechnen ist.

Die Angewiesenheit auf Geschichtsinterpretation führt in der Folge zu kontroversen Deutungen (die auch interessengeleitet sein können), zu Geschichts- und Identitätsfälschungen etc. Folglich hat Vergangenheitsbewältigung (ein Terminus, der sich konventionell auf problematische Geschichts- und Identitätsaspekte und deren Interpretation bezieht) die Interpretation von Geschichte und die Zuweisung von Identität zum Thema. Mit anderen Worten: Eine wichtige Aufgabe von Vergangenheitsbewältigung besteht darin, seriöse Geschichten zu erzählen, ihnen zu einem gesellschaftlichen Konsens zu verhelfen (sie zu „orientieren“ und die Interpretationsschemata, die zu dieser Interpretation führen, zu „parallelisieren“) und daraus Konsequenzen abzuleiten.

Vergangenheitsbewältigung als hermeneutisch-moralischer Diskurs

Nicht nur wegen der Interessengeleitetheit dieser Anstrengung, sondern auch wegen der unhintergehbar „interpretativen“ Art des menschlichen Wahrnehmens ist die Gefahr der Beliebigkeit dabei nicht unerheblich. Soll die Geschichtsinterpretation zu einer verläßlichen und angemessenen Identitätszuschreibung führen, die ein kalkulierbares Handeln ermöglicht, sind Maßnahmen zur adäquaten Interpretation von Geschichten und Identitäten zu ergreifen. Sollen die Interpretationen und Zuschreibungen nicht ungerecht sein (weil sie etwa einer reinen Systemrationalität folgen), sind Interpretations- und Zuschreibungsmethoden vonnöten, die Kriterien berücksichtigen, welche man als moralische charakterisieren kann und die jeder denkende, sprechende und handelnde Mensch – folgt man der Transzendentalpragmatik – schon immer anerkannt hat. Vergangenheitsbewältigung bedarf also eines hermeneutisch-moralischen Diskurses über Geschichtsinterpretationen und Identitätszuschreibungen.

Die Interaktionsrelevanz von Vergangenheitsbewältigung

Weil die identifikatorischen Qualifizierungen, die sich aus dem Erzählen von Geschichten sowohl für den Erzähler dieser Geschichten als auch für die Objekte der Erzählung ergeben, präskriptiven oder wertenden Charakter annehmen können (etwa durch die Zuschreibung von Verantwortung, Schuld, Opfersein etc.), erfolgt die Zuschreibung von Identität nicht zum Selbstzweck. Vielmehr bestimmen die Identitätszuschreibungen – und darin eingeschlossen die Geschichte dessen, dem eine Identität zugeschrieben wird – die Interaktionsbeziehungen, unter denen sich das so identifizierte Subjekt wiederfindet. Unter Berücksichtigung der Interpretations- und Zuschreibungsregeln sowie der moralischen Kriterien ergeben sich ggf. Notwendigkeiten, Konsequenzen zu ziehen. Das sind dann die konkreten Maßnahmen der Vergangenheitsbewältigung.

Die anthropologische, soziale und moralische Notwendigkeit von Vergangenheitsbewältigung

Die Notwendigkeit einer Vergangenheitsbewältigung wurde zwar ursprünglich im Hinblick auf die nationalsozialistische Zeit ausdrücklich formuliert, doch die Überlegungen zu einer Theorie der Vergangenheitsbewältigung machen ihre grundlegende Bedeutung deutlich: Vergangenheitsbewältigung ist eine anthropologische, soziale und moralische Notwendigkeit, um mit Hilfe stabiler Identitätszuschreibungen sicher und angemessen handeln (und das heißt auch: die richtigen Konsequenzen ziehen) zu können. Darum ist nicht nur der Nationalsozialismus Gegenstand von Vergangenheitsbewältigung; er ist jedoch ein besonders schwerwiegender und extremer Gegenstand, ein Prüfstein, an dem sich eine Theorie der Vergangenheitsbewältigung bewähren muß. Die „alltägliche Vergangenheitsbewältigung", also das ständig notwendige und ständig vorgenommene Identifizieren und Konsequenzenziehen, läuft in aller Regel problemlos und unspektakulär ab. In Extremsituationen ist jedoch eine ausdrückliche Vergangenheitsbewältigung vonnöten.

Nicht nur eine problematische Vergangenheit prägt die Identität. Nicht nur eine schuldhafte, sondern jede Vergangenheit ist für eine angemessene Identitätszuschreibung wichtig. Allerdings bezieht sich der Terminus „Vergangenheitsbewältigung" auf eine Vergangenheit der ersteren Art.

Vergangenheitsbewältigung läßt sich nicht erzwingen. Wer sich in einer ausreichend unabhängigen oder mächtigen Position befindet, kann eine geordnete Vergangenheitsbewältigung ignorieren oder (durch Geschichts- und Identitätsfälschung) manipulieren. Wer die Interaktionsverhältnisse diktieren kann, kann auch mit einer negativen Identitätszuschreibung an die eigene Person (oder das eigene System) unter Umständen gut leben. Er braucht Vergangenheitsbewältigung nur in bezug auf andere, um selbst eine fruchtbare Umwelteinschätzung zu gewinnen. Doch dies ist eine Mißachtung der Unparteilichkeits- bzw. Universalisierungsforderung. Darum ist Vergangenheitsbewältigung auch ein moralisches Postulat.

Vergangenheitsbewältigung zu betreiben, so lassen sich die Überlegungen in eine konzentrierte Formel fassen, bedeutet also, Geschichtsinterpretationen und Identitätszuschreibungen zu orientieren und zu parallelisieren sowie die Konsequenzen zu ziehen, die sich aufgrund dieser Interpretationen und Zuschreibungen ergeben. Das hört sich vielleicht harmlos und theoretisch an. Harmlos, so dürfte gezeigt worden sein, ist dieses Verständnis von Vergangenheitsbewältigung keinesfalls. Theoretisch ist die Beschreibung in der Tat; und das soll sie auch sein. Weil es nämlich kein theoriefreies Denken und Handeln (also kein schemaunabhängiges Interpretieren) gibt, tut man gut daran, im Falle von Problemen bei der Anwendung (wie sie hinsichtlich der Vergangenheitsbewältigung zu Beginn der Arbeit beschrieben wurden) die Theorie zu prüfen und sie ggf. neu zu formulieren, um so zu einer stabileren Grundlage für die Praxis zu gelangen. Genau darum geht es in der vorliegenden Untersuchung.[2]

Die Praxisrelevanz einer Theorie der Vergangenheitsbewältigung
Wie sehr diese Ausführungen zur Struktur und zu Mechanismen von Vergangenheitsbewältigung praxisrelevant sein können, sei an einer beispielhaften Überlegung demonstriert, die freilich nur einige Problemaspekte thematisiert. Man stelle sich vor, Willy Brandt, Franz-Josef Strauß, Erich Honecker, Leonid Breschnew, Papst Johannes Paul II. und Ignaz Bubis sollten eine Einschätzung über den Nationalsozialismus abgeben. Bei allen Differenzen dürfte der Grundtenor recht ähnlich ausfallen. Die Geschichten, auch wenn sie unterschiedliche materiale Inhalte hätten, würden sich in relevanten Punkten nicht gegenseitig kontrainterpretieren. Was den Nationalsozialismus angeht herrscht – zum Glück – eine relativ einheitliche Erzähltradition. Das war nicht immer so. Sie entstand vielmehr im Laufe von Jahrzehnten durch die Prüfung vieler unterschiedlicher Geschichten. Es gibt durchaus noch Differenzen, etwa, was einzelne Konsequenzen angeht. Doch die Erzähllinie kann niemand verlassen, ohne sich massiven Kontrainterpretationen gegenüber zu sehen. Darum gibt es auch einen gewissen Konsens über Maßnahmen der Vergangenheitsbewältigung.

Dieser Erzählkonsens existiert hinsichtlich der DDR-Geschichte nicht in diesem Ausmaß. Würden die genannten Personen schildern, was in ihrem Verständnis die DDR ausmachte, dann würden vermutlich Geschichten erzählt werden, die teilweise in einem Unverträglichkeitsverhältnis zueinander stünden. Und tatsächlich dürfte gegenwärtig in Deutschland kein einhelliger Erzählkonsens zur DDR-Geschichte herrschen. Unterschiedliche Handlungsbeschreibungen und Handlungsdeutungen, unterschiedliche Geschichtselaborationen und auch funktionale Bewertungsmaßstäbe sind (einige) Gründe für diese Differenzen. Der Prozeß der Prüfung von Geschichten, ihrer Orientierung und Parallelisierung, ist noch im Gange. Und solange unterschiedliche Geschichten erzählt werden, gibt es auch unterschiedliche Identitätsinterpretationen und demnach unterschiedliche Konsequenzenforderungen. Damit wird deutlich, wie sehr Vergangenheitsbewältigung ein Interpretationsunternehmen bezüglich Geschichtserzählungen und Identitätszuweisungen darstellt, aus dem Konsequenzen abgeleitet werden. Weiterhin wird deutlich, wie sehr es eines nicht-funktionalen Maßstabes bedarf und ei-

[2] Dabei wurde versucht, dies unter besonderem Einbezug von Theorien zu leisten, die mit dem Anliegen von Vergangenheitsbewältigung augenscheinlich unverträglich sind, um zu zeigen, daß auch unter diesen widrigen Umständen das Anliegen von Vergangenheitsbewältigung gewahrt bleibt.

nes diskursiven Verfahrens. Die Bewältigung der DDR-Vergangenheit leidet teilweise (noch) an diesen grundsätzlichen Interpretationsproblemen, was zu Differenzen in vielen Anschlußfragen führt.

Die Interpretativität von Vergangenheitsbewältigung kann erklären, warum es selbst bei Anerkennung eines unbeliebigen Moralmaßstabes immer wieder zu Problemen und Differenzen in der Einschätzung von Phänomenen kommt und warum sich das moralisch Gute und Richtige nicht notwendigerweise durchsetzt, auch wenn es eine prinzipiell ehrliche Bemühung um Vergangenheitsbewältigung geben sollte. Dies ist auch der Grund dafür, daß Vergangenheitsbewältigung nie letztendlich abgeschlossen ist, zumindest solange nicht, wie ein Beteiligter – sei es als Täter, sei es als Opfer – in der Gegenwart noch lebt bzw. – bei sozialen Systemen – noch existiert. Dabei ist zweierlei zu berücksichtigen. (1) Auch Kinder und Kindeskinder können im vorliegenden Sinne Beteiligte sein, wenn der Mechanismus greift, den z.B. Bettelheim und Niederland beschrieben haben. (2) Soziale Systeme existieren solange, wie ihre Identität in konstitutiver Hinsicht identisch ist; solange (a) eine personelle Kontinuität (im Sinne von Systemkomponenten) besteht, solange (b) es eine Kontinuität der Präferenzordnung gibt oder (c) solange es eine identifikatorische Kontinuität über Geschichtszuschreibungen gibt (die bereits dann vorliegt, wenn das betreffende System als Erbe des Vorgängersystems antritt).

Wenn keine der beteiligten Parteien mehr in der Gegenwart lebt bzw. existiert, dann wird das Erinnern von Vergangenheit nicht belanglos, denn ein Gedenken der Opfer ist – als religiöses Gedenken – nicht nur eine wirkmächtige Tat hinsichtlich dieser Opfer, sondern auch eine Absage an eine Sieger-Geschichte und damit das Bekräftigen einer Präferenzordnung, die sich vom Recht des Stärkeren distanziert.[3] Ob man ein solches Gedenken, das ohne jegliche Identitätskontinuität vorgenommen wird[4], als Vergangenheitsbewältigung bezeichnen soll, oder ob man dafür einen anderen Terminus vorzieht, ist von geringem Belang.

Eine seriöse Interpretation von Geschichten stellt die entscheidende und konsequenzenreiche Grundlage für Vergangenheitsbewältigung dar.[5] Deshalb kommt einer verantwortungsvollen Geschichtselaboration eine zentrale Bedeutung zu. Und dennoch gilt: Vergangenheitsbewältigung ist kein rückwärtsgewandtes Unternehmen, sondern ein solches, das die Menschen in der Gegenwart und ihren Alltag berührt. Vergangenheitsbewältigung betrifft die Identität von Menschen, sie ist Gegenwarts- und Zukunftsgestaltung. Bei Vergangenheitsbewältigung geht es nicht um zweckfreie historische Bildung, sondern um die Rechte und die Würde von Menschen.

---

3 Allerdings ist das Gedenken von Herrschern, Diktatoren und Eroberungsgeschichten ebenfalls das Bekräftigen und Bestärken einer Präferenzordnung.

4 So kann man durchaus mit großem Ernst der Opfer antiker Eroberungskriege gedenken.

5 Wie wichtig erzählte Darstellungen sind, zeigt sich z.B. auch daran, daß selbst Diktatoren, deren diktatorische und verbrecherische Herrschaft niemandem verborgen bleibt, daran interessiert sind, daß niemand die Dinge in Worte faßt, also schildernd darstellt, um die ohnehin bereits alle wissen.

Literaturverzeichnis

Wenn aus Aufsatz- oder Sammelbänden mehrere Literaturtitel in dieses Literaturverzeichnis aufgenommen wurden, dann wird der jeweilige Aufsatz- oder Sammelband unter seinen Herausgeberangaben vollständig zitiert, als Quellenangabe des einzelnen aus ihm stammenden Literaturtitels jedoch nur in Kurzform, d.h. mit Herausgeberangaben und Haupttitel.

Abel, Günter, Interpretationsphilosophie. Eine Antwort auf Hans Lenk, in: Allgemeine Zeitschrift für Philosophie 13 (1988) Heft 3, 79-86.

Abel, Günter, Interpretationswelten. Gegenwartsphilosophie jenseits von Essentialismus und Relativismus, Frankfurt 1993.

Abel, Günter, Was ist Interpretationsphilosophie?, in: Josef Simon (Hg.), Zeichen und Interpretation, 16-35.

Abendroth, Elisabeth, „Holocaust" im Unterricht. Möglichkeiten einer Annäherung, in: Heiner Lichtenstein / Otto R. Romberg (Hg.), Täter – Opfer – Folgen, 212-222.

Acham, Karl / Schulze, Winfried (Hg.), Teil und Ganzes. Zum Verhältnis von Einzel- und Gesamtanalyse in Geschichts- und Sozialwissenschaften (Theorie der Geschichte: Beiträge zur Historik. Band 6), München 1990.

Acham, Karl, Fragmentarisches Erinnern und selektives Vergessen, in: Politicum 8 (1988) Heft 40, 4-10.

Acham, Karl, Historizität und Generalisierung. Zur Rolle des Historischen in den theoretischen Sozialwissenschaften, in: Jürgen Kocka / Thomas Nipperdey (Hg.), Theorie und Erzählung in der Geschichte, 153-220.

Acham, Karl, Über Parteilichkeit und Objektivität in den Gesellschaftswissenschaften. Einige methodologische Betrachtungen, in: Reinhart Koselleck / Wolfgang J. Mommsen / Jörn Rüsen (Hg.), Objektivität und Parteilichkeit in der Geschichtswissenschaft, 393-424.

Adomeit, Klaus, Zur Einführung: Rechtswissenschaft und Wahrheitsbegriff, in: Juristische Schulung. Zeitschrift für Studium und Ausbildung 12 (1972) Heft 11, 628-634.

Adorno, Theodor W., Was bedeutet: Aufarbeitung der Vergangenheit, in: ders., Eingriffe. Neun kritische Modelle, Frankfurt 1963, 125-146.

Akavia, Mirjam, Die Erinnerung an den Holocaust in Israel, in: Andreas Wojak (Hg.), Schatten der Vergangenheit, 80-87.

Albert, Hans, Methodologischer Individualismus und historische Analyse, in: Karl Acham / Winfried Schulze (Hg.), Teil und Ganzes, 219-239.

Albert, Hans, Transzendentale Träumereien. Karl-Otto Apels Sprachspiele und sein hermeneutischer Gott, Hamburg 1975.

Albert, Hans, Kritische Vernunft und menschliche Praxis, Stuttgart 1977.

Albert, Hans, Kritizismus und Naturalismus. Die Überwindung des klassischen Rationalitätsmodells und das Überbrückungsproblem, in: ders., Kritische Vernunft und menschliche Praxis, 34-64.

Albert, Hans, Traktat über kritische Vernunft, Tübingen [2]1969.
Albrecht, Erhard, Sprachphilosophie, Berlin 1991.
Alexander, Richard Dale, Darwinism and human affairs, London 1980.
Alheit, Peter / Hoerning, Erika M. (Hg.), Biographisches Wissen. Beiträge zu einer Theorie lebensgeschichtlicher Erfahrung, Frankfurt/New York 1989.
Allen, E., Against Sociobiology, in: Arthur L. Caplan (Ed.), The Sociobiology Debate. Readings on the Ethical and Scientific Issues Concerning Sociobiology, New York 1978, 259-264.
Andersch, Alfred, Die Kirschen der Freiheit. Ein Bericht, Zürich 1952.
Angehrn, Emil, Geschichte und Identität, Berlin/New York 1985.
Anscombe, Gertrude Elizabeth Margaret, Intention, Oxford 1957.
Anzenbacher, Arno, Einführung in die Ethik, Düsseldorf 1992.
Apel, Karl-Otto / Böhler, Dietrich / Rebel, Karlheinz (Hg.), Funkkolleg: Praktische Philosophie / Ethik. Studientexte, 3 Bände, Weinheim/Basel 1984.
Apel, Karl-Otto / Kettner, Matthias (Hg.), Zur Anwendung der Diskursethik in Politik, Recht und Wissenschaft, Frankfurt 1992.
Apel, Karl-Otto (Hg.), Sprachpragmatik und Philosophie, Frankfurt 1976.
Apel, Karl-Otto, Das Kommunikationsapriori und die Begründung der Geisteswissenschaften, in: Roland Simon-Schaefer / Walther Chr. Zimmerli (Hg.), Wissenschaftstheorie der Geisteswissenschaften, 23-55.
Apel, Karl-Otto, Das Anliegen des anglo-amerikanischen „Kommunitarismus" in der Sicht der Diskursethik. Worin liegen die „kommunitären" Bedingungen der Möglichkeit einer post-konventionellen Identität der Vernunftperson?, in: Micha Brumlik / Hauke Brunkhorst (Hg.), Gemeinschaft und Gerechtigkeit, Frankfurt 1993, 149-172.
Apel, Karl-Otto, Das Apriori der Kommunikationsgemeinschaft und die Grundlagen der Ethik. Zum Problem einer rationalen Begründung der Ethik im Zeitalter der Wissenschaft, in: ders., Transformation der Philosophie. Band 2, 358-435.
Apel, Karl-Otto, Der postkantische Universalismus im Lichte seiner aktuellen Mißverständnisse, in: ders., Diskurs und Verantwortung, 154-178.
Apel, Karl-Otto, Die Situation des Menschen als Herausforderung der praktischen Vernunft, in: Karl-Otto Apel / Dietrich Böhler / Karlheinz Rebel (Hg.), Funkkolleg: Praktische Philosophie / Ethik. Band 1, 13-41.
Apel, Karl-Otto, Die Vernunftfunktion der kommunikativen Rationalität. Zum Verhältnis von konsensual-kommunikativer Rationalität, strategischer Rationalität und Systemrationalität, in: Karl-Otto Apel / Matthias Kettner, Die eine Vernunft und die vielen Rationalitäten, Frankfurt 1996, 17-41.
Apel, Karl-Otto, Diskursethik vor der Problematik von Recht und Politik: Können die Rationalitätsdifferenzen zwischen Moralität, Recht und Politik selbst noch durch die Diskursethik normativ-rational gerechtfertigt werden?, in: Karl-Otto Apel / Matthias Kettner (Hg.), Zur Anwendung der Diskursethik in Politik, Recht und Wissenschaft, 29-61.
Apel, Karl-Otto, Diskurs und Verantwortung. Das Problem des Übergangs zur postkonventionellen Moral, Frankfurt 1988.
Apel, Karl-Otto, Interview, in: Florian Rötzer (Hg.), Denken, das an der Zeit ist, Frankfurt 1987, 52-75.
Apel, Karl-Otto, Geschichtliche Phasen der Herausforderung der praktischen Vernunft und Entwicklungsstufen des moralischen Bewußtseins, in: Karl-Otto Apel / Dietrich Böhler / Karlheinz Rebel (Hg.), Funkkolleg: Praktische Philosophie / Ethik. Band 1, 42-65.

Apel, Karl-Otto, Ist Intentionalität fundamentaler als sprachliche Bedeutung? Transzendentalpragmatische Argumente gegen die Rückkehr zum semantischen Intentionalismus der Bewußtseinsphilosophie, in: Forum für Philosophie Bad Homburg (Hg.), Intentionalität und Verstehen, 13-54.

Apel, Karl-Otto, Ist die Ethik der idealen Kommunikationsgemeinschaft eine Utopie? Zum Verhältnis von Ethik, Utopie und Utopiekritik, in: Wilhelm Voßkamp (Hg.), Utopieforschung. Interdisziplinäre Studien zur neuzeitlichen Utopie. Erster Band, Frankfurt 1985, 325-355.

Apel, Karl-Otto, Ist die philosophische Letztbegründung moralischer Normen auf die reale Praxis anwendbar?: in: Karl-Otto Apel / Dietrich Böhler / Karlheinz Rebel (Hg.), Funkkolleg: Praktische Philosophie / Ethik. Band 2, 606-634.

Apel, Karl-Otto, Kann der postkantische Standpunkt der Moralität noch einmal in substantielle Sittlichkeit „aufgehoben“ werden? Das geschichtsbezogene Anwendungsproblem der Diskursethik zwischen Utopie und Regression, in: ders., Diskurs und Verantwortung, 103-153.

Apel, Karl-Otto, Normative Begründung der „Kritischen Theorie“ durch Rekurs auf lebensweltliche Sittlichkeit? Ein transzendentalpragmatisch orientierter Versuch, mit Habermas gegen Habermas zu denken, in: Axel Honneth / Thomas McCarthy / Claus Offe / Albrecht Wellmer (Hg.), Zwischenbetrachtungen, 15-65.

Apel, Karl-Otto, Pragmatische Sprachphilosophie in transzendentalsemiotischer Begründung, in: Herbert Stachowiak (Hg.), Pragmatik. Band IV, 38-61.

Apel, Karl-Otto, Sprechakttheorie und transzendentale Sprachpragmatik zur Frage ethischer Normen, in: ders. (Hg.), Sprachpragmatik und Philosophie, 10-173.

Apel, Karl-Otto, Szientistik, Hermeneutik, Ideologiekritik. Entwurf einer Wissenschaftslehre in erkenntnisanthropologischer Sicht, in: Jürgen Habermas / Dieter Henrich / Jacob Taubes (Hg.), Hermeneutik und Ideologiekritik, 7-44.

Apel, Karl-Otto, Transformation der Philosophie, 2 Bände, Frankfurt ²1981.

Apel, Karl-Otto, Transformation der Philosophie, in: ders., Transformation der Philosophie. Band 1, 9-76.

Apel, Karl-Otto, Wissenschaft als Emanzipation? – Eine kritische Würdigung der Wissenschaftskonzeption der „kritischen Theorie“, in: ders., Transformation der Philosophie. Band 2, 128-154.

Apel, Karl-Otto, Zurück zur Normalität? – Oder könnten wir aus der nationalen Katastrophe etwas Besonderes gelernt haben? Das Problem des (welt-) geschichtlichen Übergangs zur postkonventionellen Moral aus spezifisch deutscher Sicht, in: ders., Diskurs und Verantwortung, 370-474.

Apsalons, Edmunds, Das Problem der Letztbegründung und die Rationalität der Philosophie. Kritischer Rationalismus versus Transzendentalpragmatik: Zum Begründungsstreit in der deutschen Philosophie. Philosophische Dissertation, Bremen 1995.

Arendt, Hannah, Eichmann in Jerusalem, Hamburg 1978.

Arendt, Hannah, Vita activa oder vom tätigen Leben, Stuttgart ⁴1985.

Arens, Edmund (Hg.), Anerkennung der Anderen. Eine theologische Grunddimension interkultureller Kommunikation, Freiburg/Basel/Wien 1995.

Aristoteles, Die Nikomachische Ethik. Übersetzt und herausgegeben von Olof Gigon, München ³1978.

Aristoteles, Metaphysik. Schriften zur Ersten Philosophie. Übersetzt und herausgegeben von Franz F. Schwarz, Stuttgart 1981.

Arzt, Gunther, Der Besondere Teil des Allgemeinen Strafrechts, in: Manfred Löwisch / Dieter Grimm / Gerhard Otte (Hg.), Funk-Kolleg: Recht. Band 2, 196-212.

Auer, Alfons, Autonome Moral und christlicher Glaube, Düsseldorf 1971.
Augstein, Rudolf / Bracher, Dietrich / Broszat, Martin u.a., „Historikerstreit“. Die Dokumentation der Kontroverse um die Einzigartigkeit der nationalsozialistischen Judenvernichtung, München [2]1987.
August, Jochen, „Auschwitz verändert den Menschen“. Die Internationale Jugendbegegnungsstätte in Oswiecim, in: Wolfgang Benz / Barbara Distel (Hg.), Erinnern oder Verweigern, 73-84.
Augustinus, Bekenntnisse. Deutsch von Wilhelm Thimme, München 1982.
Austin, John Langshaw, Performative Äußerungen, in: Joachim Schulte (Hg.), Philosophie und Sprache, Stuttgart 1981, 135-147.
Austin, John Langshaw, Performative und konstatierende Äußerung, in: Rüdiger Bubner (Hg.), Sprache und Analysis, 140-153.
Austin, John Langshaw, Zur Theorie der Sprechakte (How to do things with Words), Stuttgart [2]1979.
Avenarius, Hermann, Die Rechtsordnung der Bundesrepublik Deutschland. Eine Einführung, Bonn 1995.

Baacke, Dieter, Medienpädagogik, Tübingen 1997.
Badcock, Christopher, Evolution and Individual Behavior. An Introduction to Human Sociobiology, Oxford 1991.
Baecker, Jochen / Borg-Laufs, Michael / Duda, Lothar / Matthies, Ellen, Sozialer Konstruktivismus – eine neue Perspektive in der Psychologie, in: Siegfried J. Schmitt (Hg.), Kognition und Gesellschaft, 116-145.
Bar-On, Dan / Beiner, Friedhelm / Brusten, Manfred, Der Holocaust. Familiale und gesellschaftliche Folgen. Ergebnisse eines internationalen Forschungs-Kolloquiums an der Bergischen Universität / Gesamthochschule Wuppertal, Wuppertal 1988.
Bastian, Till, Auschwitz und die „Auschwitz-Lüge“. Massenmord und Geschichtsfälschung, München [4]1995.
Baumann, Urs / Kuschel, Karl-Josef, Wie kann denn ein Mensch schuldig werden? Literarische und theologische Perspektiven von Schuld, München 1990.
Baumgartner, Hans Michael, Erzählung und Theorie in der Geschichte, in: Jürgen Kocka / Thomas Nipperdey (Hg.), Theorie und Erzählung in der Geschichte, 259-289.
Baumgartner, Hans Michael, Geltung durch Antizipation? Eine kritische Anfrage zur Möglichkeit einer hermeneutisch orientierten und pragmatisch unterlegten Transformation der Kantischen Transzendentalphilosophie, in: Wolfgang Kuhlmann / Dietrich Böhler (Hg.), Kommunikation und Reflexion, 46-53.
Baumgartner, Hans Michael, Kontinuität und Geschichte. Zur Kritik und Metakritik der historischen Vernunft, Frankfurt 1972.
Baurmann, Michael, Schuldlose Dogmatik? in: Klaus Lüderssen / Fritz Sack (Hg.), Seminar: Abweichendes Verhalten IV, 196-265.
Becker, Werner, Philosophischer Absolutismus und lebenspraktische Gewißheit, in: Wolfgang Kuhlmann / Dietrich Böhler (Hg.), Kommunikation und Reflexion, 288-303.
Becker, Wolfgang / Quandt, Siegfried (Hg.), Das Fernsehen als Vermittler von Geschichtsbewußtsein, Bonn 1991.
Becker, Wolfgang, Fiktion und Unterhaltsamkeit – Instanzen historischen Lernens, in: Wolfgang Becker / Siegfried Quandt (Hg.), Das Fernsehen als Vermittler von Geschichtsbewußtsein, 35-73.
Beckermann, Ansgar, Eigenschafts-Physikalismus, in: Zeitschrift für philosophische Forschung 50 (1996) Heft 1/2, 3-25.

Benda, Ernst, Artikel „Rechtspolitik“, in: Uwe Andersen / Wichard Woyke (Hg.), Handwörterbuch des politischen Systems der Bundesrepublik Deutschland, Bonn ²1995, 495-498.

Bender, Christiane, Selbstorganisation in Systemtheorie und Konstruktivismus, in: Gebhard Rusch / Siegfried J. Schmidt (Hg.), Konstruktivismus und Sozialtheorie, 263-281.

Benjamin, Walter, Über den Begriff der Geschichte, in: ders., Gesammelte Schriften. Band I,2. Herausgegeben von Rolf Tidemann und Hermann Schweppenhäuser, Frankfurt 1974, 691-704.

Bentele, Günter / Rühl, Manfred (Hg.), Theorien öffentlicher Kommunikation. Problemfelder, Positionen, Perspektiven, München 1993.

Benz, Wolfgang / Distel, Barbara (Hg.), Erinnern oder Verweigern. Das schwierige Thema Nationalsozialismus (Dachauer Hefte 6), München 1994.

Benz, Wolfgang, Die Angst vor der dramatischen Form. Geschichte im Fernsehen: Aufklärung serienweise?, in: Das Parlament, 17./24. Mai 1986.

Berger, Peter L. / Luckmann, Thomas, Die gesellschaftliche Konstruktion der Wirklichkeit. Eine Theorie der Wissenssoziologie, Frankfurt ³1972.

Bergmann, Martin S. / Jucovy, Milton E. (Eds.), Generations of the Holocaust, New York/London 1982.

Bergmann, Werner, Die Zeitstrukturen sozialer Systeme. Eine systemtheoretische Analyse, Berlin 1981.

Berlich, Alfred, Elenktik des Diskurses. Karl-Otto Apels Ansatz einer transzendentalpragmatischen Letztbegründung, in: Wolfgang Kuhlmann / Dietrich Böhler (Hg.), Kommunikation und Reflexion, 251-287.

Bertalanffy, Ludwig von, Biologie und Weltbild, in: Michael Lohmann (Hg.), Wohin führt die Biologie?, 13-31.

Bertaux, Daniel / Bertaux-Wiame, Isabelle, Autobiographische Erinnerungen und kollektives Gedächtnis, in: Lutz Niethammer (Hg.), Lebenserfahrung und kollektives Gedächtnis, 146-165.

Besson, Waldemar / Jasper, Gotthard, Das Leitbild der modernen Demokratie. Bauelemente einer freiheitlichen Staatsordnung, Bonn 1990.

Bettelheim, Bruno, Erziehung zum Überleben. Zur Psychologie der Extremsituation, München 1982.

Bettelheim, Bruno, Die Geburt des Selbst. The Empty Fortress. Erfolgreiche Therapie autistischer Kinder, Frankfurt 1983.

Betz, Werner, Verändert Sprache die Welt? Semantik, Politik und Manipulation, Zürich, 1977.

Beutel, Wolfgang, Das Förderprogramm „Demokratisch handeln“. Beispiele und Erfahrungen mit politischer Bildung und Schule, in: Bundeszentrale für politische Bildung (Hg.), Verantwortung in einer unübersichtlichen Welt, 249-261.

Billmann-Mahecha, Elisabeth / Wallner, Fritz G. / Parfy, Erwin, Doppelte Realitätskonstruktion in den Sozial- und Humanwissenschaften, in: Fritz G. Wallner / Joseph Schimmer (Hg.), Wissenschaft und Alltag, 57-66.

Birnbacher, Dieter, Sind wir für die Natur verantwortlich?, in: ders., (Hg.), Ökologie und Ethik, Stuttgart 1980, 103-139.

Blickle, Gerhard (Hg.), Ethik in Organisationen. Konzepte, Befunde, Praxisbeispiele, Göttingen 1998.

Böcher, Wolfgang, Selbstorganisation, Verantwortung, Gesellschaft. Von subatomaren Strukturen zu politischen Zukunftsvisionen, Opladen, 1996.

Bockelmann, Paul, Bemerkungen über das Verhältnis des Strafrechts zur Moral und zur Psychologie, in: Herbert Jäger (Hg.), Kriminologie im Strafprozeß, 11-20.

Böckle, Franz, Strafrecht und Sittlichkeit, in: Anselm Hertz / Wilhelm Korff / Trutz Rendtorff / Hermann Ringeling (Hg.), Handbuch der christlichen Ethik. Band 2, 312-323.
Böckle, Franz, Werte und Normbegründung, in: Franz Böckle / Franz-Xaver Kaufmann / Karl Rahner / Bernhard Welte / Robert Scherer (Hg.), Christlicher Glaube in moderner Gesellschaft. Teilband 12, Freiburg 1981, 37-89.
Bodenheimer, Aron Ronald, Teilnehmen und nicht dazugehören, Wald 1985.
Böhler, Dietrich, Konstituierung des Handlungsbegriffs. Teleologisches und quasidialogisches Rekonstruktionsmodell, in: Hans Lenk (Hg.), Handlungstheorien interdisziplinär. Band II,1, 161-197.
Böhler, Dietrich, Rekonstruktive Pragmatik. Von der Bewußtseinsphilosophie zur Kommunikationsreflexion: Neubegründung der praktischen Wissenschaften und Philosophie, Frankfurt 1985.
Böhler, Dietrich, Transzendentalpragmatik und kritische Moral. Über die Möglichkeit und die moralische Bedeutung einer Selbstaufklärung der Vernunft, in: Wolfgang Kuhlmann / Dietrich Böhler (Hg.), Kommunikation und Reflexion, 83-123.
Böhler, Dietrich, Diskursethik und Menschenwürdegrundsatz zwischen Idealisierung und Erfolgsverantwortung, in: Karl-Otto Apel / Matthias Kettner (Hg.), Zur Anwendung der Diskursethik in Politik, Recht und Wissenschaft, 201-231.
Böhler, Dietrich, Philosophischer Diskurs im Spannungsfeld von Theorie und Praxis, in: Karl-Otto Apel / Dietrich Böhler / Karlheinz Rebel (Hg.), Funkkolleg: Praktische Philosophie / Ethik. Band 2, 313-355.
Bohnen, Alfred, Individualismus und Gesellschaftstheorie. Eine Betrachtung zu zwei rivalisierenden soziologischen Erkenntnisprogrammen, Tübingen 1975.
Bohnet-von der Thüsen, Heidi (Hg.), Denkanstöße `90. Ein Lesebuch aus Philosophie, Natur- und Humanwissenschaften, München 1989.
Bönisch-Brednich, Brigitte / Brednich, Rolf W. / Gerndt, Helge (Hg.), Erinnern und Vergessen. Vorträge des 27. Deutschen Volkskundekongresses. Göttingen 1989, Göttingen 1991.
Boßmann, Dieter (Hg.), „Was ich über Adolf Hitler gehört habe ...“. Folgen eines Tabus: Auszüge aus Schüler-Aufsätzen von heute, Frankfurt 1979.
Braun, Christina von, Würdigen statt mahnen. Holocaust: Für ein anderes Gedenken, in: Süddeutsche Zeitung, 23. Januar 1998.
Bremen, Bernd, Projekte gegen Ausländerfeindlichkeit und Gewalt – eine kritische Bilanz, in: Deutsche Jugend. Zeitschrift für die Jugendarbeit 11 (1995) Heft 11, 475-482.
Bremer, Jörg, Ist der Holocaust in Bildern darstellbar? Großer Respekt, aber auch Kritik: Steven Spielbergs Film „Schindlers Liste“ wird in Israel diskutiert, in: Frankfurter Allgemeine Zeitung, 4. März 1994.
Brocke, Edna, Im Tode sind alle gleich – Sind im Tode alle gleich?, in: Hanno Loewy (Hg.), Holocaust: Die Grenzen des Verstehens, 71-82.
Brodbeck, M., Methodologischer Individualismus: Definition und Reduktion, in: Bernhard Giesen / Michael Schmid (Hg.), Theorie, Handeln und Geschichte, 189-216.
Broder, Henryk M., Über jüdische Distanzierung und deutsche Betroffenheit, in: Andreas Wojak (Hg.), Schatten der Vergangenheit, 74-79.
Bruck, Andreas / Fenner, Burkhard, Erinnern und Vergessen im Forschungsprozeß. Ein systematisierender Überblick, in: Brigitte Bönisch-Brednich / Rolf W. Brednich / Helge Gerndt (Hg.), Erinnern und Vergessen, 103-122.
Brumlik, Micha, Trauerrituale und politische Kultur nach der Shoah in der Bundesrepublik, in: Hanno Loewy (Hg.), Holocaust: Die Grenzen des Verstehens, 191-212.
Brunner, Karl, Fiktion und Wirklichkeit, in: Fritz G. Wallner / Joseph Schimmer (Hg.), Wissenschaft und Alltag, 32-45.

Brüser, Elke, „Wahrnehmen des Unsagbaren", in: Süddeutsche Zeitung, 28. November 1996, Beilage „Umwelt, Wissenschaft, Technik".
Bubner, Rüdiger (Hg.), Sprache und Analysis. Texte zur englischen Philosophie der Gegenwart, Göttingen 1968.
Bubner, Rüdiger, Zwischenrufe. Aus den bewegten Jahren, Frankfurt 1993.
Bubner, Rüdiger, Handlung, Sprache und Vernunft. Grundbegriffe praktischer Philosophie, Frankfurt 1976.
Buchwald, Manfred, Medien-Demokratie. Auf dem Weg zum entmündigten Bürger, Berlin 1997.
Bude, Heinz, Bilanz der Nachfolge. Die Bundesrepublik und der Nationalsozialismus, Frankfurt 1992.
Bühler, Charlotte, Psychologie im Leben unserer Zeit, München/Zürich 1976.
Bullock, Alan, Hitler und Stalin. Parallele Leben, München 1993.
Bundesamt für Verfassungsschutz (Hg.),Verfassungsschutz in der Demokratie. Beiträge aus Wissenschaft und Praxis, Köln 1990.
Bundeszentrale für politische Bildung (Hg.), Verantwortung in einer unübersichtlichen Welt. Aufgaben wertorientierter politischer Bildung, Bonn 1995.
Bundeszentrale für politische Bildung (Hg.), Methoden der politischen Bildung – Handlungsorientierung, Bonn 1991.
Burgauer, Erica, Zwischen Erinnerung und Verdrängung – Juden in Deutschland nach 1945, Reinbek 1993.
Burke, Peter, Offene Geschichte. Die Schule der „Annales", Berlin 1991.
Buruma, Ian, Erbschaft der Schuld. Vergangenheitsbewältigung in Deutschland und Japan, München/Wien 1994.
Busche, Jürgen, So treibt man Schindluder. Die beabsichtigte Strafnorm gegen das Leugnen von nationalsozialistischen Verbrechen, in: Frankfurter Allgemeine Zeitung, 28. März 1984.

Castner, Hartmut / Castner, Thilo, Rechtsextremistische Strömungen in der Schule und pädagogische Gegenmaßnahmen, in: Hans-Uwe Otto / Roland Merten (Hg.), Rechtsradikale Gewalt im vereinigten Deutschland, 382-392.
Chambers, Simone, Zur Politik des Diskurses: Riskieren wir unsere Rechte?, in: Karl-Otto Apel / Matthias Kettner (Hg.), Zur Anwendung der Diskursethik in Politik, Recht und Wissenschaft, 168-186.
Chill, Hanni / Meyn, Hermann, Funktionen der Massenmedien in der Demokratie, in: Bundeszentrale für politische Bildung (Hg.), Massenmedien (Informationen zur politischen Bildung, Heft 260, 3. Quartal 1998), Bonn 1998, 3-6.
Chill, Hanni / Meyn, Hermann, Wirkungen der Medien, in: Bundeszentrale für politische Bildung (Hg.), Massenmedien (Informationen zur politischen Bildung, Heft 260, 3. Quartal 1998), Bonn 1998, 44-52.
Chopra, Virendra, Methoden der Populationsgenetik, in: Rainer Knußmann (Hg.), Anthropologie. Band I,2, 517-592.
Ciupke, Paul / Reichling, Norbert, Politische Erwachsenenbildung als Ort öffentlicher Verständigung. Argumente für ein erweitertes Selbstverständnis, in: Aus Politik und Zeitgeschichte. Beilage zur Wochenzeitung „Das Parlament", B 45-46/94, 11. November 1994, 13-21.
Cobler, Sebastian, Das Gesetz gegen die „Auschwitz-Lüge". Anmerkungen zu einem rechtspolitischen Ablaßhandel, in: Kritische Justiz 18 (1985) Heft 2, 159-170.
Connolly, John, Philosophische Handlungstheorie: Zur Diskussion der grundlegenden Ansätze, 2 Bände, Hagen 1984.

Conze, Werner / Faber, Karl-Georg / Nitschke, August (Hg.), Funk-Kolleg Geschichte. Band 1, Frankfurt 1981.
Cowan, Nelson (Ed.), The Development of Memory in Childhood, Hove East Sussex 1997.
Cramer, Friedrich, Der Zeitbaum. Grundlegung einer allgemeinen Zeittheorie, Frankfurt/Leipzig 1993.

Dahmer, Helmut, Derealisierung und Wiederholung, in: Psyche 44 (1990) Heft 2, 133-143.
Dahmer, Helmut, „Holocaust" und die Amnesie, in: Hans-Martin Lohmann (Hg.), Psychoanalyse und Nationalsozialismus, 24-30.
Dallmayr, Winfried, Kommunikation und Gemeinschaft, in: Wolfgang Kuhlmann / Dietrich Böhler (Hg.), Kommunikation und Reflexion, 191-220.
Danto, Arthur. C., Analytische Philosophie der Geschichte, Frankfurt 1974.
Dawkins, Richard, Das egoistische Gen, Berlin/Heidelberg/New York 1978.
Degen, Rolf, Die Illusion: Ich sah es kommen. Wie die Erinnerung die Wirklichkeit verändert, in: Süddeutsche Zeitung, 23. März 1989.
Detjen, Joachim, Naturrecht in der pluralistischen Demokratie?, in: Aus Politik und Zeitgeschichte. Beilage zur Wochenzeitung „Das Parlament", B 33/91, 9. August 1991, 19-30.
Deutsche Bischofskonferenz, Wort der Deutschen Bischöfe aus Anlaß des 50. Jahrestages der Befreiung des Vernichtungslagers Auschwitz am 27. Januar 1997, in: Sekretariat der Deutschen Bischofskonferenz (Hg.), Biete Verzeihung an – erhalte den Frieden. Arbeitshilfen Nr. 130, Bonn 1997, 15-17.
Deutsche Bischofskonferenz / Rat der Evangelischen Kirche in Deutschland, Gemeinsame Erklärung „Chancen und Risiken der Mediengesellschaft". Herausgegeben vom Kirchenamt der Evangelischen Kirche in Deutschland und vom Sekretariat der Deutschen Bischofskonferenz, Bonn 1997.
Deutscher Werkbund Bayern (Hg.), Der Mensch ohne Hand oder Die Zerstörung der menschlichen Ganzheit, München 1979.
Dichanz, Horst, Medienkompetenz: Neue Aufgabe politischer Bildung, in: Aus Politik und Zeitgeschichte. Beilage zur Wochenzeitung „Das Parlament", B 47/95, 17. November 1995, 27-39.
Diemer, Alwin / Frenzel, Ivo (Hg.), Philosophie. Das Fischer Lexikon. Neubearbeitung, Frankfurt 1980.
Diner, Dan, Zwischen Aporie und Apologie. Über Grenzen der Historisierbarkeit des Nationalsozialismus, in: Dan Diner (Hg.), Ist der Nationalsozialismus Geschichte? Zu Historisierung und Historikerstreit, Frankfurt 1987, 62-73.
Ditfurth, Hoimar von / Arzt, Volker, Dimensionen des Lebens. Reportagen aus der Naturwissenschaft, Frankfurt/Berlin 1990.
Ditfurth, Hoimar von, Evolution und Transzendenz. Der Transzendenzbegriff im Licht heutiger Naturwissenschaft, in: ders., Unbegreifliche Realität, 312-328.
Ditfurth, Hoimar von, Gefährliche Zwiespältigkeit. „Lebende Fossilien" in unserem Gehirn, in: ders., Unbegreifliche Realität, 142-148.
Ditfurth, Hoimar von, Kritische Anmerkungen zur monistischen Interpretation des Leib-Seele-Problems. Neuere Argumente zugunsten einer dualistischen Auffassung, in: ders., Unbegreifliche Realität, 290-311.
Ditfurth, Hoimar von, Unbegreifliche Realität. Reportagen, Aufsätze, Essays eines Menschen, der das Staunen nicht verlernt hat, München 1990.
Ditfurth, Hoimar von, Zusammenhänge. Gedanken zu einem naturwissenschaftlichen Weltbild, München 1990.

Ditfurth, Hoimar von, An der Grenze zwischen Geist und Biologie, in: ders., Unbegreifliche Realität, 194-199.

Ditfurth, Hoimar von, So laßt uns denn ein Apfelbäumchen pflanzen. Es ist soweit, Hamburg/Zürich 1985.

Dorschel, Andreas / Kettner, Matthias / Kuhlmann, Wolfgang / Niquet, Marcel (Hg.), Transzendentalpragmatik. Ein Symposion für Karl-Otto Apel, Frankfurt 1993.

Dovermann, Ulrich / Henke-Bockschatz, Gerhard / Hoffmann, Gunther / Huhn, Jochen / Möhring, Gabriele / Wollschläger, Antonius, vergangenes sehen. Perspektivität im Prozeß historischen Lernens, (Bundeszentrale für politische Bildung), Bonn 1995.

Draber, Armin, Nationalsozialistische Gewaltverbrechen vor Gericht – Problematik der NSG-Verfahren aus der Sicht des Richters, in: Jürgen Weber / Peter Steinbach (Hg.), Vergangenheitsbewältigung durch Strafverfahren?, 100-113.

Dräger, Horst, NS-Aufklärungsarbeit und Gedenkstätten als Lernorte: Möglichkeiten und Grenzen pädagogischer Maßnahmen, in: Sachor. Beiträge zur jüdischen Geschichte und Gedenkstättenarbeit in Rheinland-Pfalz 4 (1994) Heft 2, 8-9.

Dreier, Horst, Die Mauerschützenprozesse und die Radbruchsche Formel, in: STUD.JUR 11 (1997) Heft 3, 11-15.

Dudek, Peter, „Vergangenheitsbewältigung“. Zur Problematik eines umstrittenen Begriffs, in: Aus Politik und Zeitgeschichte. Beilage zur Wochenzeitung „Das Parlament“, B 1-2/92, 3. Januar 1992, 44-53.

Dudek, Peter, „Der Rückblick auf die Vergangenheit wird sich nicht vermeiden lassen“. Zur pädagogischen Verarbeitung des Nationalsozialismus in Deutschland, Opladen 1995.

Durand, Pierre, Die Bestie von Buchenwald, Berlin [5]1990.

Ebert, Theodor, Praxis und Poiesis. Zu einer handlungstheoretischen Unterscheidung des Aristoteles, in: Zeitschrift für philosophische Forschung 30 (1975) 12-30.

Eccles, John C. / Popper, Karl Raimund, Das Ich und sein Gehirn, München/Zürich 1982.

Eccles, John C., The Human Mystery. The Gifford Lectures. University of Edinburgh 1977-1978, Berlin/Heidelberg/New York 1979.

Eckstaedt, Anita, Nationalsozialismus in der „zweiten Generation“. Psychoanalyse von Hörigkeitsverhältnissen, Frankfurt 1992.

Edelstein, Wolfgang / Nunner-Winkler, Gertrud (Hg.), Zur Bestimmung der Moral. Philosophische und sozialwissenschaftliche Beiträge zur Moralforschung, Frankfurt 1986.

Ehmann, Annegret / Kaiser, Wolf / Lutz, Thomas / Rathenow, Hanns-Fred / vom Stein, Cornelia / Weber, Norbert H. (Hg.), Praxis der Gedenkstättenpädagogik. Erfahrungen und Perspektiven, Opladen 1995.

Eibl-Eibesfeldt, Irenäus, Der vorprogarmmierte Mensch. Das Ererbte als bestimmender Faktor im menschlichen Verhalten, Wien/München/Zürich [2]1973.

Eibl-Eibesfeldt, Irenäus, Die Biologie des menschlichen Verhaltens. Grundriß der Humanethologie, München 1984.

Eibl-Eibesfeldt, Irenäus, Grundriß der vergleichenden Verhaltensforschung, München [3]1972.

Eibl-Eibesfeldt, Irenäus, Universalien im menschlichen Sozialverhalten, in: Hans Rössner (Hg.), Der ganze Mensch, 80-91.

Elias, Norbert, Humana conditio. Beobachtungen zur Entwicklung der Menschheit am 40. Jahrestag eines Kriegsendes (8. Mai 1985), Frankfurt 1985.

Engelhardt, Michael von, Biographie und Identität. Die Rekonstruktion und Präsentation von Identität im mündlichen autobiographischen Erzählen, in: Walter Sparn (Hg.), Wer schreibt meine Lebensgeschichte?, 197-247.
Engelkamp, Johannes, Das menschliche Gedächtnis. Das Erinnern von Sprache, Bildern und Handlungen, Göttingen 1990.
Engels, Eve-Marie, Erkenntnis als Anpassung? Eine Studie zur Evolutionären Erkenntnistheorie, Frankfurt 1989.
Erikson, Erik H., Identität und Lebenszyklus, Frankfurt [4]1977.
Erikson, Erik H., Jugend und Krise, Stuttgart 1970.
Erler, Gernot, Ohne Rücksicht auf Verluste. Der deutsche „Historikerstreit" im Spiegel des Auslands, in: Gernot Erler u.a., Geschichtswende? Entsorgungsversuche zur deutschen Vergangenheit, Freiburg 1987, 116-127.
Ernst, Wilhelm, „Klassische" und „moderne" Begründung der Sittlichkeit im Hoch- und Spätmittelalter, in: Concilium 17 (1981) Heft 12, 769-774.
Essen, Georg, Geschichte als Sinnproblem. Zum Verhältnis von Theologie und Historik, in: Theologie und Philosophie 71 (1996) Heft 3, 321-333.
Esser, Hartmut, Kommunikation und „Handlung", in: Gebhard Rusch / Siegfried J. Schmidt (Hg.), Konstruktivismus und Sozialtheorie, 172-204.
Etzioni, Amitai, Die Verantwortungsgesellschaft. Individualismus und Moral in der heutigen Demokratie, Frankfurt/New York 1997.
Evans, Richard J., Im Schatten Hitlers? Historikerstreit und Vergangenheitsbewältigung in der Bundesrepublik, Frankfurt 1991.
Eylmann, Horst, Eine Wohltat wird zur Plage. Das Problem, die Vergangenheit juristisch zu bewältigen, in: Die Zeit, 13. März 1992.

Faber, Karl-Georg, Geschichte in unserer Gegenwart, in: Werner Conze / Karl-Georg Faber / August Nitschke (Hg.), Funk-Kolleg Geschichte. Band 1, 15-32.
Faber, Karl-Georg, Objektivität in der Geschichtswissenschaft?, in: Jörn Rüsen (Hg.), Historische Objektivität, 9-32.
Fauser, Peter, Schule als Sozialisationsfaktor in der politischen Bildung, in: Bundeszentrale für politische Bildung (Hg.), Verantwortung in einer unübersichtlichen Welt, 229-248.
Fellmann, Ferdinand, Das Ende des Laplaceschen Dämons, in: Reinhart Koselleck / Wolf-Dieter Stempel (Hg.), Geschichte – Ereignis und Erzählung, 115-138.
Fikentscher, Wolfgang, Demokratie. Eine Einführung, München 1993.
Fischer, Hans Rudi / Retzer, Arnold / Schweitzer, Jochen (Hg.), Das Ende der großen Entwürfe, Frankfurt [2]1993.
Fischer, Hans Rudi, Zum Ende der großen Entwürfe, in: Hans Rudi Fischer / Arnold Retzer / Jochen Schweitzer (Hg.), Das Ende der großen Entwürfe, 9-34.
Fischer, Joseph A., Die Geschichte und ihr Sinn, in: Michael Schmaus / Alfred Läpple (Hg.), Wahrheit und Zeugnis. Aktuelle Themen der Gegenwart in theologischer Sicht, Düsseldorf 1964, 354-367.
Fleischer, Helmut, Was kann „Theoriegebrauch" sonst noch heißen? Eine Diskussionsbemerkung, in: Jürgen Kocka / Thomas Nipperdey (Hg.), Theorie und Erzählung in der Geschichte, 221-223.
Fletcher, George P., „Ordinary Language Philosophy" und die Neubegründung der Strafrechtsdogmatik, in: Klaus Lüderssen / Fritz Sack (Hg.), Seminar: Abweichendes Verhalten IV, 181-195.
Florey, Ernst, Gehirn und Zeit, in: Siegfried J. Schmidt (Hg.), Gedächtnis, 170-189.

Foerster, Heinz von, Lethologie. Eine Theorie des Lernens und Wissens angesichts von Unbestimmbarkeiten, Unentscheidbarkeiten, Unwißbarkeiten, in: Klaus Müller (Hg.), Konstruktivismus, 1-23.
Foerster, Heinz von, Über das Konstruieren von Wirklichkeit, in: ders., Wissen und Gewissen. Versuch einer Brücke. Herausgegeben von Siegfried J. Schmidt, Frankfurt 1993, 25-49.
Foot, Philippa, Die Wirklichkeit des Guten. Moralphilosophische Aufsätze, Frankfurt 1997,
Forum für Philosophie Bad Homburg (Hg.), Intentionalität und Verstehen, Frankfurt 1990.
Frank, Manfred / Haverkamp, Anselm (Hg.), Individualität, München 1988.
Frank, Manfred, „Die eigentliche Zeit in der Zeit", in: Peter Sloterdijk (Hg.), Vor der Jahrtausendwende: Berichte zur Lage der Zukunft. Band 1, 151-169.
Frenkel, Rainer, „Tötung im Interesse der Obrigkeit". Wie ein westdeutsches Gericht versucht hat, ostdeutsche Vergangenheit zu bewältigen, in: Die Zeit, 24. Januar 1992.
Freye, Hans-Albrecht, Humangenetik. Eine Einführung in die Erblehre des Menschen, Berlin [6]1990.
Friedrich, Christoph, Aus Geschehen wird Geschichte. „Ereignis", „Struktur" und „Prozeß" in der Geschichtswissenschaft, in: Werner Conze / Karl-Georg Faber / August Nitschke (Hg.), Funk-Kolleg Geschichte. Band 1, 288-310.
Friedrich, Jörg, Die kalte Amnestie. NS-Täter in der Bundesrepublik, Frankfurt 1984.
Friedrich, Jörg, Freispruch für die Nazi-Justiz. Urteile gegen NS-Richter seit 1948. Eine Dokumentation, Reinbek 1983.
Fuchs, Josef, Moral und Moraltheologie nach dem Konzil, Freiburg 1967.
Fuchs, Josef, Sünde. Bemerkungen zu einem unzeitgemäßen Begriff, in: Stimmen der Zeit 121 (1996) Heft 1, 27-41.
Funiok, Rüdiger (Hg.), Grundfragen der Kommunikationsethik, Konstanz 1996.
Fürstenberg, Friedrich / Mörth, Ingo (Hg.), Zeit als Strukturelement von Lebenswelt und Gesellschaft, Linz 1986.
Furth, Hans G., Denkprozesse ohne Sprache, Düsseldorf 1972.

Gadamer, Hans-Georg / Vogler, Paul (Hg.), Neue Anthropologie, 7 Bände, Stuttgart/München 1972ff.
Gadamer, Hans-Georg, Hermeneutik im Rückblick. Gesammelte Werke. Band 10, Tübingen 1995.
Gadamer, Hans-Georg, Historik und Sprache – eine Antwort, in: Reinhart Koselleck / Hans-Georg Gadamer, Hermeneutik und Historik, 29-36.
Gadamer, Hans-Georg, Wahrheit und Methode. Ergänzungen, Register. Gesammelte Werke. Band 2, Tübingen 1986.
Gadamer, Hans-Georg, Wahrheit und Methode. Grundzüge einer philosophischen Hermeneutik, Tübingen [3]1972.
Gadenne, Volker / Oswald Margit E., Kognition und Bewußtsein, Berlin/Heidelberg 1991.
Gadenne, Volker, Ist der Leib-Seele-Dualismus widerlegt?, in: Hans Albert / Kurt Salmun (Hg.), Mensch und Gesellschaft aus der Sicht des Kritischen Rationalismus, Amsterdam/Atlanta 1993, 123-142.
Galliker, Mark, Sprechen und Erinnern. Zur Entwicklung der Affinitätshypothese bezüglich verbaler Vergangenheitsweise, Göttingen 1990.
Gebauer, Gunter, Überlegungen zu einer perspektivischen Handlungstheorie, in: Hans Lenk (Hg.), Handlungstheorien interdisziplinär. Band II,1, 351-371.

Gehlen, Arnold, Anthropologische Forschung. Zur Selbstbegegnung und Selbstentdeckung des Menschen, Reinbek [12]1976.
Gehlen, Arnold, Der Mensch. Seine Natur und seine Stellung in der Welt, Frankfurt [10]1974.
Gendolla, Peter, Zeit. Zur Geschichte der Zeiterfahrung, Köln 1992.
Geretshauser, Monika / Lenfert, Thomas / Weidner, Jens, Konfrontiert rechtsorientierte Gewalttäter mit den Opferfolgen, in: Hans-Uwe Otto / Roland Merten (Hg.), Rechtsradikale Gewalt im vereinigten Deutschland, 374-381.
Gestrich, Christof (Hg.), Ethik ohne Religion? (Beiheft 1996 zur Berliner Theologischen Zeitschrift, 13. Jahrgang), Berlin 1996.
Giesecke, Hermann, Zur Krise der politischen Bildung. Versuch einer Bilanz, in: Aus Politik und Zeitgeschichte. Beilage zur Wochenzeitung „Das Parlament", B 32/97, 1. August 1997, 3-10.
Giesen, Bernhard / Schmid, Michael (Hg.), Theorie, Handeln und Geschichte. Erklärungsprobleme in den Sozialwissenschaften, Hamburg 1975.
Gill, Ulrich / Steffani, Winfried (Hg.), Eine Rede und ihre Wirkung. Die Rede des Bundespräsidenten Richard von Weizsäcker vom 8. Mai 1985 anläßlich des 40. Jahrestages der Beendigung des Zweiten Weltkrieges. Betroffene nehmen Stellung, Berlin 1986.
Ginters, Rudolf, Die Ausdruckshandlung. Eine Untersuchung ihrer sittlichen Bedeutsamkeit, Düsseldorf 1976.
Ginters, Rudolf, Werte und Normen. Einführung in die philosophische und theologische Ethik, Düsseldorf 1982.
Giordano, Ralph, „Wie kann diese Generation eigentlich noch atmen?" Briefe zu dem Buch: Die zweite Schuld oder Von der Last Deutscher zu sein, Hamburg 1990.
Giordano, Ralph, Die zweite Schuld oder Von der Last Deutscher zu sein, München 1990.
Glaser, Hermann, Aufarbeitung von Vergangenheit. Materialien zu wichtigen Aspekten zeitgeschichtlicher Bildungsarbeit, in: Aus Politik und Zeitgeschichte. Beilage zur Wochenzeitung „Das Parlament", B 16/80, 19. April 1980, 3-43.
Glasersfeld, Ernst von, Konstruktivistische Diskurse, Siegen 1984.
Glasersfeld, Ernst von, Radikaler Konstruktivismus. Ideen, Ergebnisse, Probleme, Frankfurt 1996.
Glasersfeld, Ernst von, Siegener Gespräche über Radikalen Konstruktivismus, in: Siegfried J. Schmitt (Hg.), Der Diskurs des Radikalen Konstruktivismus, 401-440.
Glasersfeld, Ernst von, Das Ende einer großen Illusion, in: Hans Rudi Fischer / Arnold Retzer / Jochen Schweitzer (Hg.), Das Ende der großen Entwürfe, 85-98.
Glotz, Peter, Ziviler Ungehorsam im Rechtsstaat, Frankfurt 1983.
Gödde, Ralf, Radikaler Konstruktivismus und Journalismus. Die Berichterstattung über den Golfkrieg – Das Scheitern eines Wirklichkeitsmodells, in: Gebhard Rusch / Siegfried J. Schmidt (Hg.), Konstruktivismus: Geschichte und Anwendung, 269-288.
Goffman, Erving, Stigma. Über Techniken der Bewältigung beschädigter Identität, Frankfurt [2]1977.
Gosepath, Stefan, Aufgeklärtes Eigeninteresse. Eine Theorie theoretischer und praktischer Rationalität, Frankfurt 1992.
Gould, Stephen Jay, Biologische Potentialität contra biologischer Determinismus, in: Jost Herbig / Rainer Hohlfeld (Hg.), Die zweite Schöpfung, 132-142.
Grabitz, Helge, Die Verfolgung nationalsozialistischer Gewaltverbrechen aus der Sicht einer damit befaßten Staatsanwältin, in: Jürgen Weber / Peter Steinbach (Hg.),

Vergangenheitsbewältigung durch Strafverfahren?, 84-99.
Graessner, Sepp / Gurris, Norbert / Pross, Christian, Folter. An der Seite der Überlebenden. Unterstützung und Therapie, München 1996.
Gräfin Dönhoff, Marion, Gerechtigkeit ist nicht Vergeltung, in: Die Zeit, 13. Januar 1995.
Gräfin Dönhoff, Marion, Niemand kann ein ganzes Volk durchleuchten, in: Die Zeit, 10. September 1993.
Graml, Hermann, Auschwitzlüge und Leuchterbericht, in: Heiner Lichtenstein / Otto R. Romberg (Hg.), Täter – Opfer – Folgen, 91-100.
Grasskamp, Walter, Machtwort und Aha-Effekt. Vier Entwürfe, vier Fehlschläge – das Holocaust-Mahnmal als falsches Zeichen am falschen Ort, in: Süddeutsche Zeitung, 28. Januar 1998.
Graubard, Baruch, In den Fängen des Todes, in: Wolfgang Benz / Barbara Distel (Hg.), Erinnern oder Verweigern, 118-120.
Grewendorf, Günther / Meggle, Georg (Hg.), Seminar: Sprache und Ethik. Zur Entwicklung der Metaethik, Frankfurt 1974.
Gribbin, John und Mary, Ein Prozent Vorteil. Wie wenig uns vom Affen trennt, Basel/Boston/Berlin 1993.
Gripp-Hagelstange, Helga, Niklas Luhmann. Eine erkenntnistheoretische Einführung, München 1995.
Gröf, Heino / Lißmann, Hans-Joachim (Hg.), Bilder aus „Holocaust". Spurensuche Band 1. Vier Seminarskizzen zu Zeitgeschichte für politische Bildner, Bonn [2]1984.
Groh, Dieter, Anthropologische Dimensionen der Geschichte, Frankfurt 1992.
Groh, Dieter, Die französische Strukturgeschichte und ihre Methoden, in: ders., Anthropologische Dimensionen der Geschichte, 117-147.
Grosser, Alfred, Verbrechen und Erinnerung. Der Genozid im Gedächtnis der Völker, München 1993.
Grubrich-Simitis, Ilse, Extremtraumatisierung als kumulatives Trauma. Psychoanalytische Studien über seelische Nachwirkungen in der Konzentrationslagerhaft bei Überlebenden und ihren Kindern, in: Psyche 33 (1979) Heft 11, 991-1023.
Grubrich-Simitis, Ilse, Vom Konkretismus zur Metaphorik. Gedanken zur psychoanalytischen Arbeit mit Nachkommen der Holocaust-Generation – anläßlich einer Neuerscheinung, in: Psyche 38 (1984) Heft 1, 1-28.
Gründel, Johannes, Wandelbares und Unwandelbares in der Moraltheologie. Erwägungen zur Moraltheologie an Hand des Axioms „agere sequitur esse", Düsseldorf [2]1971.
Grüsser, Otto-Joachim / Henn, Volker, Erkenntnistheoretische und anthropologische Aspekte der modernen Hirnforschung, in: Michael Lohmann (Hg.), Wohin führt die Biologie?, 111-146.
Guggenberger, Bernd, Artikel „Demokratietheorie", in: Dieter Nohlen / Rainer-Olaf Schultze (Hg.), Politikwissenschaft. Theorien – Methoden – Begriffe. Band 1, München 1989, 130-140.
Gumbrecht, Hans Ulrich, Über die allmähliche Verfertigung von Identitäten in politischen Reden, in: Odo Marquard / Karlheinz Stierle (Hg.), Identität, 107-131.
Günther, Klaus, Der Sinn für Angemessenheit. Anwendungsdiskurse in Moral und Recht, Frankfurt 1988.
Günzler, Claus (Hg.), Ethik und Lebenswirklichkeit. Theologische und philosophische Beiträge zur ethischen Dimension von Gegenwartsproblemen, Darmstadt 1982.
Guth, Klaus, Erinnern, Erzählen, Vergessen. Über den Umgang mit Erinnerungen an den jüdischen Alltag auf dem Land während des Dritten Reiches, in: Brigitte Bö-

nisch-Brednich / Rolf W. Brednich / Helge Gerndt (Hg.), Erinnern und Vergessen, 305-321.

Haase, Norbert, Desertion – Kriegsdienstverweigerung – Widerstand, in: Peter Steinbach / Johannes Tuchel (Hg.), Widerstand gegen den Nationalsozialismus, Bonn 1994, 526-536.

Habermas, Jürgen / Henrich, Dieter / Taubes, Jacob (Hg.), Hermeneutik und Ideologiekritik, Frankfurt 1971.

Habermas, Jürgen / Luhmann, Niklas, Theorie der Gesellschaft oder Sozialtechnologie, Frankfurt 1971.

Habermas, Jürgen, Erkenntnis und Interesse, Frankfurt [3]1973.

Habermas, Jürgen, Legitimationsprobleme im Spätkapitalismus, Frankfurt 1973.

Habermas, Jürgen, Vorbereitende Bemerkungen zu einer Theorie der kommunikativen Kompetenz, in: Jürgen Habermas / Niklas Luhmann, Theorie der Gesellschaft oder Sozialtechnologie, 101-141.

Habermas, Jürgen, Vorlesungen zu einer sprachtheoretischen Grundlegung der Soziologie, in: ders., Vorstudien und Ergänzungen zur Theorie des kommunikativen Handelns, 11-126.

Habermas, Jürgen, Vorstudien und Ergänzungen zur Theorie des kommunikativen Handelns, Frankfurt 1984.

Habermas, Jürgen, Moralbewußtsein und kommunikatives Handeln, Frankfurt 1983.

Habermas, Jürgen, Drei normative Modelle der Demokratie: Zum Begriff deliberativer Politik, in: Herfried Münkler (Hg.), Die Chancen der Freiheit. Grundprobleme der Demokratie, München 1992, 11-24.

Habermas, Jürgen, Theorie des kommunikativen Handelns, 2 Bände, Frankfurt 1981.

Habermas, Jürgen, Theorie und Praxis. Sozialphilosophische Studien. Neuausgabe, Frankfurt 1978.

Habermas, Jürgen, Was heißt Universalpragmatik? in: ders., Vorstudien und Ergänzungen zur Theorie des kommunikativen Handelns, 353-440.

Habermas, Jürgen, Zu Gadamers „Wahrheit und Methode", in: Jürgen Habermas / Dieter Henrich / Jacob Taubes (Hg.), Hermeneutik und Ideologiekritik, 45-56.

Haeffner, Gerd (Hg.), Schuld und Schuldbewältigung. Keine Zukunft ohne Auseinandersetzung mit der Vergangenheit, Düsseldorf 1993.

Haeffner, Gerd, „Schuld". Anthropologische Überlegungen zu einem ebenso problematischen wie unverzichtbaren Begriff, in: ders. (Hg.), Schuld und Schuldbewältigung, 10-28.

Haeffner, Gerd, Aufgrund wovon kommt einem Menschen die Würde einer Person zu?, in: Peter Ehlen (Hg.), Der Mensch und seine Frage nach dem Absoluten, München 1994, 79-107.

Haferkamp, Hans / Schmid, Michael (Hg.), Sinn, Kommunikation und soziale Differenzierung. Beiträge zu Luhmanns Theorie sozialer Systeme, Frankfurt 1987.

Haferkamp, Hans, Autopoietisches soziales System oder konstruktives soziales Handeln? Zur Ankunft der Handlungstheorie und zur Abweisung empirischer Forschung in Niklas Luhmanns Systemtheorie, in: Hans Haferkamp / Michael Schmid (Hg.), Sinn, Kommunikation und soziale Differenzierung, 51-88.

Halbwachs, Maurice, Das kollektive Gedächtnis, Stuttgart 1967.

Hanswille, Reinert, Identitätsentfaltung und Jugendkatechese. Befund – Analyse – Neuansätze, München 1981.

Hardtwig, Wolfgang, Theorie oder Erzählung – eine falsche Alternative, in: Jürgen Kocka / Thomas Nipperdey (Hg.), Theorie und Erzählung in der Geschichte, 290-299.

Hare, Richard Mervyn, Deskriptivismus, in: Günther Grewendorf / Georg Meggle (Hg.), Seminar: Sprache und Ethik, 260-284.

Hare, Richard Mervyn, Freiheit und Vernunft, Düsseldorf 1973.

Hare, Richard Mervyn, Die Sprache der Moral, Frankfurt 1972.

Häring, Bernhard, Das Gesetz Christi. Moraltheologie. Erster Band, Freiburg [7]1963.

Hart, H. L. A., Prolegomena zu einer Theorie der Strafe, in: ders., Recht und Moral. Drei Aufsätze, Göttingen 1971, 58-86.

Hass, Hans, Wir Menschen. Das Geheimnis unseres Verhaltens, München 1969.

Haß, Ulrike, Mahnmaltexte 1945 bis 1988. Annäherung an eine schwierige Textsorte, in: Wolfgang Benz / Barbara Distel (Hg.), Erinnern oder Verweigern, 135-161.

Hatch, J. Amos / Wisniewski, Richard (Eds.), Life History and Narrative, London/Washington D.C. 1995.

Hauptmeier, Helmut / Rusch, Gebhard, Erfahrung und Wissenschaft. Überlegungen zu einer konstruktivistischen Theorie der Erfahrung, Siegen 1984.

Haverkamp, Anselm / Lachmann, Renate (Hg.), Memoria. Vergessen und Erinnern, München 1993.

Hedinger, Hans-Walter, Standortgebundenheit historischer Erkenntnis? Kritik einer These, in: Reinhart Koselleck / Wolfgang J. Mommsen / Jörn Rüsen (Hg.), Objektivität und Parteilichkeit in der Geschichtswissenschaft, 362-392.

Heeschen, Claus, Grundfragen der Linguistik, Stuttgart 1972.

Heidegger, Martin, Sein und Zeit. Gesamtausgabe Band 2, Frankfurt 1977.

Heimannsberg, Barbara / Schmidt, Christoph J. (Hg.), Das kollektive Schweigen. Nazivergangenheit und gebrochene Identität in der Psychotherapie, Heidelberg 1988.

Heinz-Mohr, Gerd (Hg.), Ärger mit der Wahrheit. Denken – Leben – Glauben, Köln 1972.

Heisenberg, Werner, Der Teil und das Ganze. Gespräche im Umkreis der Atomphysik, München [8]1984.

Hejl, Peter M., Konstruktion der sozialen Konstruktion, in: Siegfried J. Schmidt (Hg.), Der Diskurs des Radikalen Konstruktivismus, 303-339.

Hejl, Peter M., Konstruktion der sozialen Konstruktion: Grundlinien einer konstruktivistischen Sozialtheorie, Siegen 1985.

Hejl, Peter M., Die Entwicklung der Organisation von Sozialsystemen und ihr Beitrag zum Systemverhalten, in: Gebhard Rusch / Siegfried J. Schmidt (Hg.), Konstruktivismus und Sozialtheorie, 109-132.

Hejl, Peter M., Die zwei Seiten der Eigengesetzlichkeit. Zur Konstruktion natürlicher Sozialsysteme und zum Problem ihrer Regelung, in: Siegfried J. Schmitt (Hg.), Kognition und Gesellschaft, 167-213.

Hejl, Peter M., Ethik, Konstruktivismus und gesellschaftliche Selbstregelung, in: Gebhard Rusch / Siegfried J. Schmidt (Hg.), Konstruktivismus und Ethik, 28-121.

Hejl, Peter M., Wie Gesellschaften Erfahrungen machen oder Was Gesellschaftstheorie zum Verständnis des Gedächtnisproblems beitragen kann, in: Siegfried J. Schmidt (Hg.), Gedächtnis, 293-336.

Hemminger, Hansjörg, Der Mensch – eine Marionette der Evolution? Eine Kritik an der Soziobiologie, Frankfurt 1983.

Hempel, Carl Gustav, Aspekte wissenschaftlicher Erklärung, Berlin 1977.

Hénard, Jacqueline, Geschichte vor Gericht. Die Ratlosigkeit der Justiz, Berlin 1993.

Hénard, Jacqueline, Nichts als eine gewisse Traurigkeit. Der gescheiterte Prozeß, in: Frankfurter Allgemeine Zeitung, 23. Januar 1993.

Henrich, Dieter, „Identität" – Begriffe, Probleme, Grenzen, in: Odo Marquard / Karlheinz Stierle (Hg.), Identität, 133-186.

Herbig, Jost / Hohlfeld, Rainer (Hg.), Die zweite Schöpfung. Geist und Ungeist in der Biologie des 20. Jahrhunderts, München/Wien 1990.
Herbig, Jost / Hohlfeld, Rainer, Auschwitz als Mahnmal angewandter Biologie, in: dies. (Hg.), Die zweite Schöpfung, 71-78.
Herbig, Jost / Hohlfeld, Rainer, Der ganze Mensch, in: dies. (Hg.), Die zweite Schöpfung, 489-504.
Herbig, Jost / Hohlfeld, Rainer, Eine Biologie von Ethik und Philosophie?, in: dies. (Hg.), Die zweite Schöpfung, 143-172.
Herbig, Jost / Hohlfeld, Rainer, Natur als normgebende Instanz?, in: dies. (Hg.), Die zweite Schöpfung, 107-121.
Herbst, Ludolf / Goschler, Constantin (Hg.), Wiedergutmachung in der Bundesrepublik Deutschland, München 1989.
Hernegger, Rudolf, Der Mensch auf der Suche nach Identität. Kulturanthropologische Studien über Totemismus, Mythos, Religion, Bonn 1978.
Herrmann, Martina, Identität und Moral. Zur Zuständigkeit von Personen für ihre Vergangenheit, Berlin 1995.
Hertz, Anselm / Korff, Wilhelm / Rendtorff, Trutz / Ringeling, Hermann (Hg.), Handbuch der christlichen Ethik, 3 Bände, Freiburg [2]1979 (Band 1+2), Freiburg 1982 (Band 3).
Hertz, Anselm, Das Naturrecht, in: Anselm Hertz / Wilhelm Korff / Trutz Rendtorff / Hermann Ringeling (Hg.), Handbuch der christlichen Ethik. Band 1, 317-338.
Hertz, Anselm, Glaube und Gewissen, in: Anselm Hertz / Wilhelm Korff / Trutz Rendtorff / Hermann Ringeling (Hg.), Handbuch der christlichen Ethik. Band 3, 43-66.
Herzog, Chaim, Ich bringe keine Vergebung oder Vergessen. Ansprache anläßlich der Gedenkveranstaltung in Bergen-Belsen am 27. April 1995, in: Heiner Lichtenstein / Otto R. Romberg (Hg.), Täter – Opfer – Folgen, 237-239.
Herzog, Roman, Wir tragen Verantwortung. Ansprache während der Gedenkveranstaltung in Bergen-Belsen am 27. April 1995, in: Heiner Lichtenstein / Otto R. Romberg (Hg.), Täter – Opfer – Folgen, 233-236.
Hey, Bernd, Die NS-Prozesse – Probleme einer juristischen Vergangenheitsbewältigung, in: Jürgen Weber / Peter Steinbach (Hg.), Vergangenheitsbewältigung durch Strafverfahren?, 51-70.
Hilpert, Konrad, Die Menschenrechte. Geschichte – Theologie – Aktualität, Düsseldorf 1991.
Hilpert, Konrad, Ethik und Rationalität. Untersuchungen zum Autonomieproblem und zu seiner Bedeutung für die theologische Ethik, Düsseldorf 1980.
Hirsch, Martin, Anlaß, Verlauf und Ergebnis der Verjährungsdebatten im Deutschen Bundestag, in: Jürgen Weber / Peter Steinbach (Hg.), Vergangenheitsbewältigung durch Strafverfahren?, 40-50.
Hirschberg, Max, Das Fehlurteil im Strafprozeß. Zur Pathologie der Rechtsprechung, Frankfurt/Hamburg 1962.
Hochkeppel, Willy, Die Philosophie ist tot – es lebe die Philosophie. Richard Rorty hinter den Spiegeln, in: Merkur 37 (1983) Heft 4, 432-438.
Hoerster, Norbert (Hg.), Recht und Moral. Texte zur Rechtsphilosophie, München 1977.
Höfer, Josef / Rahner, Karl (Hg.), Lexikon für Theologie und Kirche, 14 Bände, Freiburg (Sonderausgabe der 2. Auflage) 1986.
Höffe, Otfried, Ethik und Politik. Grundmodelle und -probleme der praktischen Philosophie, Frankfurt 1979.

Höffe, Otfried, Kantische Skepsis gegen die transzendentale Kommunikationsethik, in: Wolfgang Kuhlmann / Dietrich Böhler (Hg.), Kommunikation und Reflexion, 518-539.

Höffe, Otfried, Politische Gerechtigkeit. Grundlegung einer kritischen Philosophie von Recht und Staat, Frankfurt 1987.

Hoffmann, Beate, „Wie schmeckt eigentlich Menschenfleisch?", in: Publik-Forum 26 (1997) Heft 3, 18.

Hoffmann, Christa, Aufklärung und Ahndung totalitären Unrechts: Die Zentralen Stellen in Ludwigsburg und in Salzgitter, in: Aus Politik und Zeitgeschichte. Beilage zur Wochenzeitung „Das Parlament", B 4/93, 22. Januar 1993, 35-45.

Hoffmann, Christa, Stunden Null? Vergangenheitsbewältigung in Deutschland 1945 und 1989, Bonn/Berlin 1992.

Holtz-Bacha, Christina, Das fragmentierte Medienpublikum. Folgen für das politische System, in: Aus Politik und Zeitgeschichte. Beilage zur Wochenzeitung „Das Parlament", B 42/97, 10. Oktober 1997, 13-21.

Honnefelder, Ludger, Absolute Forderungen in der Ethik. In welchem Sinn ist eine sittliche Verpflichtung „absolut"?, in: Walter Kerber (Hg.), Das Absolute in der Ethik, 13-33.

Honnefelder, Ludger, Die ethische Rationalität der Neuzeit, in: Anselm Hertz / Wilhelm Korff / Trutz Rendtorff / Hermann Ringeling (Hg.), Handbuch der christlichen Ethik. Band 1, 19-45.

Honneth, Axel / McCarthy, Thomas / Offe, Claus / Wellmer, Albrecht (Hg.), Zwischenbemerkungen. Im Prozeß der Aufklärung. Jürgen Habermas zum 60. Geburtstag, Frankfurt 1989.

Horkheimer, Max / Adorno, Theodor W., Dialektik der Aufklärung. Philosophische Fragmente, Frankfurt 1981.

Horster, Detlef, Philosophieren mit Kindern als pädagogische Pflicht, in: ders., Politik als Pflicht. Studien zur politischen Philosophie, Frankfurt 1993, 187-210.

Hösle, Vittorio, Die Krise der Gegenwart und die Verantwortung der Philosophie. Transzendentalpragmatik, Letztbegründung, Ethik, München 1990.

Höver, Gerhard, Allgemeingültigkeit und Unveränderlichkeit sittlicher Normen, in: Walter Kerber (Hg.), Das Absolute in der Ethik, 81-121.

Hubig, Christoph, Zur Dialektik von Handlung und Identität, in: Hans Poser (Hg.), Philosophische Probleme der Handlungstheorie, 199-230.

Hungerige, Heiko / Sabbouh, Kariem, Let's talk about ethics. Ethik und Moral im konstruktivistischen Diskurs, in: Gebhard Rusch / Siegfried J. Schmidt (Hg.), Konstruktivismus und Ethik, 123-173.

Illhardt, Franz Josef, Trauer. Eine moraltheologische und anthropologische Untersuchung, Düsseldorf 1982.

Ilting, Karl-Heinz, Anerkennung. Zur Rechtfertigung praktischer Sätze, in: ders. Grundfagen der praktischen Philosophie, 13-29.

Ilting, Karl-Heinz, Grundfragen der praktischen Philosophie. Herausgegeben und mit einem Nachwort versehen von Paolo Becchi und Hansgeorg Hoppe, Frankfurt 1994.

Ilting, Karl-Heinz, Der Geltungsgrund moralischer Normen, in: Wolfgang Kuhlmann / Dietrich Böhler (Hg.), Kommunikation und Reflexion, 612-648.

Ilting, Karl-Heinz, Geltung als Konsens, in: ders. Grundfragen der praktischen Philosophie, 30-65.

Ilting, Karl-Heinz, Was heißt eigentlich „moralisch"?, in: ders, Grundfragen der praktischen Philosophie, 339-356.

Irrgang, Bernhard, Lehrbuch der Evolutionären Erkenntnistheorie, München 1993.
Isensee, Josef (Hg.), Vergangenheitsbewältigung durch Recht. Drei Abhandlungen zu einem deutschen Problem, Berlin 1992.
Isensee, Josef, Der deutsche Rechtsstaat vor seinem unrechtsstaatlichen Erbe, in: ders. (Hg.), Vergangenheitsbewältigung durch Recht, 91-111.

Jaeggi, Eva / Rohner, Robert / Wiedemann, Peter M., Gibt es auch Wahnsinn, hat es doch Methoden... . Eine Einführung in die klinische Psychologie aus sozialwissenschaftlicher Sicht, München 1990.
Jäger, Herbert (Hg.), Kriminologie im Strafprozeß. Zur Bedeutung psychologischer, soziologischer und kriminologischer Erkenntnisse für die Strafrechtspraxis, Frankfurt 1980.
Jäger, Herbert, Individuelle Zurechnung kollektiven Verhaltens. Zur strafrechtlich-kriminologischen Bedeutung der Gruppendynamik, Frankfurt 1985.
Jäger, Herbert, Strafrecht und psychoanalytische Theorie, in: ders. (Hg.), Kriminologie im Strafprozeß, 47-64.
Jäger, Herbert, Verbrechen unter totalitärer Herrschaft. Studien zur nationalsozialistischen Gewaltkriminalität, Frankfurt 1982.
Jäger, Manfred, Die Autobiographie als Erfindung von Wahrheit. Beispiele literarischer Selbstdarstellung nach dem Ende der DDR, in: Aus Politik und Zeitgeschichte. Beilage zur Wochenzeitung „Das Parlament", B 41/92, 2. Oktober 1992, 25-36.
Jakobs, Günther, Vergangenheitsbewältigung durch Strafrecht? Zur Leistungsfähigkeit des Strafrechts nach einem politischen Umbruch, in: Josef Isensee (Hg.), Vergangenheitsbewältigung durch Recht, 37-64.
Jakobs, Günther, Schuld und Prävention, Tübingen 1976.
Janich, Peter, Die methodische Ordnung von Konstruktionen. Der Radikale Konstruktivismus aus der Sicht des Erlanger Konstruktivismus, in: Siegfried J. Schmidt (Hg.), Kognition und Gesellschaft, 24-41.
Janich, Peter, Erkennen als Handeln. Von der konstruktiven Wissenschaftstheorie zur Erkenntnistheorie, Erlangen 1993.
Jarren, Otfried, Politik und politische Kommunikation in der modernen Gesellschaft, in: Aus Politik und Zeitgeschichte. Beilage zur Wochenzeitung „Das Parlament", B 39/94, 30. September 1994, 3-10.
Jaschke, Hans-Gerd, Wertewandel in Politik und Gesellschaft. Ist die „streitbare Demokratie" noch zeitgemäß?, in: Bundesamt für Verfassungsschutz (Hg.), Verfassungsschutz in der Demokratie, 225-255.
Jaspers, Karl, Die Schuldfrage, in: ders., Hoffnung und Sorge. Schriften zur deutschen Politik 1945-1965, München 1965, 67-149.
Jeggle, Utz, Auf der Suche nach der Erinnerung, in: Brigitte Bönisch-Brednich / Rolf W. Brednich / Helge Gerndt (Hg.), Erinnern und Vergessen, 89-101.
Jensen, Stefan, Systemtheorie, Stuttgart/Berlin/Köln/Mainz 1983.
Jesse, Eckhard, „Entnazifizierung" und „Entstasifizierung" als politisches Problem. Die doppelte Vergangenheitsbewältigung, in: Josef Isensee (Hg.), Vergangenheitsbewältigung durch Recht, 9-36.
Jesse, Eckhard, Streitbare Demokratie und „Vergangenheitsbewältigung", in: Bundesamt für Verfassungsschutz (Hg.), Verfassungsschutz in der Demokratie, 257-305.
Jesse, Eckhard, „Vergangenheitsbewältigung" in der Bundesrepublik Deutschland, in: Der Staat. Zeitschrift für Staatslehre, Öffentliches Recht und Verfassungsgeschichte 26 (1987) Heft 4, 539-565.
Jesse, Eckhard, Vergangenheitsbewältigung in Österreich und in der Bundesrepublik

Deutschland, in: Beiträge zur Konfliktforschung (1989) Heft 2, 77-90.
Jesse, Eckhard, „Vergangenheitsbewältigung" und politische Kultur, in: Politische Bildung 23 (1990) Heft 3, 53-66.
Jesse, Eckhard, Vergangenheitsbewältigung – Volkspädagogik – Verfassungspatriotismus, in: Materialien zur Politischen Bildung (1987) Heft 4, 5-10
Johannes Paul II., Enzyklika „Veritatis splendor", Bonn 1993.
Jonas, Hans, Das Prinzip Verantwortung. Versuch einer Ethik für die technologische Zivilisation, Frankfurt [8]1988.
Jonas, Hans, Macht oder Ohnmacht der Subjektivität? Das Leib-Seele-Problem im Vorfeld des Prinzips Verantwortung, Frankfurt 1981.
Juelich, Dirk (Hg.), Geschichte als Trauma, Frankfurt 1991.

Kaefer, Herbert, Religion und Kirche als soziale Systeme. N. Luhmanns soziologische Theorien und die Pastoraltheologie, Freiburg 1977.
Kaleri, Ekaterini, Verstehen als fundamentaler Begriff von Erkenntnistheorie und Ontologie. Zur gemeinsamen Grundlage geistes- und naturwissenschaftlicher Erkenntnis, in: Josef Simon (Hg.), Zeichen und Interpretation, 188-212.
Kambartel, Friedrich, Moralisches Argumentieren. Methodische Analysen zur Ethik, in: ders. (Hg.), Praktische Philosophie und Wissenschaftstheorie, Frankfurt 1974, 54-72.
Kamlah, Wilhelm, Philosophische Anthropologie. Sprachkritische Grundlegung und Ethik, Mannheim 1973.
Kant, Immanuel, Die Metaphysik der Sitten. Werkausgabe Band VIII. Herausgegeben von Wilhelm Weischedel, Frankfurt [3]1979.
Käser, Peter (Hg.), Wege zur neuen Wirklichkeit, Bern 1960.
Katechismus der katholischen Kirche, München/Wien/Leipzig/Freiburg/Linz 1993.
Kaufmann, Arthur, Die Naturrechtsdiskussion in der Rechts- und Staatsphilosophie der Nachkriegszeit, in: Aus Politik und Zeitgeschichte. Beilage zur Wochenzeitung „Das Parlament", B 33/91, 9. August 1991, 3-17.
Kaufmann, Arthur, Gustav Radbruch. Rechtsdenker, Philosoph, Sozialdemokrat, München 1987.
Kaufmann, Arthur, Recht und Unrecht, in: Heidi Bohnet-von der Thüsen (Hg.), Denkanstöße '90, 115-119.
Kaufmann, Arthur, Schuld in der zeitgenössischen strafrechtlichen Rechtsprechung und Lehre, in: Gerd Haeffner (Hg.), Schuld und Schuldbewältigung, 44-74.
Kaufmann, Arthur, Vierzig Jahre Rechtsentwicklung – dargestellt an einem Satz des Grundgesetzes, in: Wilhelm Bleek / Hanns Maull (Hg.), Ein ganz normaler Staat? Perspektiven nach 40 Jahren Bundesrepublik, München 1989, 62-66.
Kaufmann, Franz-Xaver / Metz, Johann Baptist, Zukunftsfähigkeit. Suchbewegungen im Christentum, Freiburg 1987.
Kausch, Erhard, Die gesellschaftlichen Funktionen des Rechts, in: Manfred Löwisch / Dieter Grimm / Gerhard Otte (Hg.), Funk-Kolleg: Recht. Band 1, 11-38.
Keller, Albert, Sprachphilosophie, Freiburg/München 1979.
Kepplinger, Hans Mathias, Theorien der Nachrichtenauswahl als Theorien der Realität, in: Aus Politik und Zeitgeschichte. Beilage zur Wochenzeitung „Das Parlament", B 15/89, 7. April 1989, 3-16.
Kerber, Walter (Hg.), Das Absolute in der Ethik, München 1991.
Kerscher, Helmut, Gesetz ist nicht gleich Recht. Von den Berliner Prozessen gegen DDR-Machthaber und Grenzsoldaten bis zur Grundentscheidung des Bundesverfassungsgerichtes, in: Süddeutsche Zeitung, 13. November 1996.

Kershaw, Ian, Neue deutsche Unruhe? Das Ausland und der Streit um die deutsche National- und Zeitgeschichte, in: Landeszentrale für politische Bildung Nordrhein-Westfalen (Hg.), Streitfall deutsche Geschichte. Geschichts- und Gegenwartsbewußtsein in den 80er Jahren, Essen 1988, 111-130.

Kestenberg, Judith, Kinder von Überlebenden der Naziverfolgungen, in: Psyche 28 (1974) Heft 3, 249-265.

Kienzle, Bertram / Pape, Helmut (Hg.), Dimensionen des Selbst. Selbstbewußtsein, Reflexivität und die Bedingungen von Kommunikation, Frankfurt 1991.

Kimminich, Otto, Garanten des friedlichen Wandels. Die Funktionen von Rechtsinstitutionen, in: Die neue Ordnung 42 (1988) Heft 2, 84-94.

Klafki, Wolfgang / Rückriem, Georg M. / Wolf, Willi / Freudenstein, Reinhold / Beckmann, Hans-Karl / Lingelbach, Karl-Christoph / Iben, Gerd / Diederich, Jürgen, Erziehungswissenschaft. Funk-Kolleg, 3 Bände, Frankfurt 1981.

Klaus, Georg / Buhr, Manfred (Hg.), Marxistisch-leninistisches Wörterbuch der Philosophie, 3 Bände, Reinbek [10]1983.

Klessmann, Christoph, Das Problem der doppelten „Vergangenheitsbewältigung“, in: Die Neue Gesellschaft. Frankfurter Hefte 38 (1991) Heft 12, 1099-1105.

Klippert, Heinz, Handlungsorientierter Politikunterricht. Anregungen für ein verändertes Lehr-/Lernverständnis, in: Bundeszentrale für politische Bildung (Hg.), Methoden der politischen Bildung – Handlungsorientierung, 9-30.

Klüger, Ruth, Kitsch, Kunst und Grauen. Die Hintertüren des Erinnerns: Darf man den Holocaust deuten?, in: Frankfurter Allgemeine Zeitung, 2. Dezember 1995.

Knapp, Wolfram, Die vierte Dimension – meßbar aber unfaßbar. Das Wesen der Zeit – ein Problem der Philosophen und Naturwissenschaftler, in: Bild der Wissenschaft (1995) Heft 1, 66-71.

Kneer, Georg / Nassehi, Armin, Niklas Luhmanns Theorie sozialer Systeme. Eine Einführung, München 1993.

Knight, Ute / Kowalsky, Wolfgang, Deutschland den Deutschen? Die Ausländerfrage in Deutschland, Frankreich und den USA, Erlangen/Bonn/Wien 1991.

Knopp, Guido (Hg.), Fragen zur Zeit. Band 2, Aschaffenburg 1982.

Knußmann, Rainer (Hg.), Anthropologie. Handbuch der vergleichenden Biologie des Menschen, 3 Bände, Stuttgart/New York 1988.

Koch, Gertrud, Der Engel des Vergessens und die black box der Faktizität. Zur Gedächtnisrekonstruktion in Claude Lanzmanns Film „Shoah“, in: Anselm Haverkamp / Renate Lachmann (Hg.), Memoria, 67-77.

Koch, Hannsjoachim W., Der Sozialdarwinismus. Seine Genese und sein Einfluß auf das imperialistische Denken, München 1973.

Koch, Kurt, Menschliche Sinnfrage und christlicher Glaube, in: Stimmen der Zeit 119 (1994) Heft 6, 402-414.

Koch, Reinhard, Deeskalation der Gewalt. Erfahrungen aus Projekten mit gewaltbereiten Jugendlichen in Sachsen-Anhalt, in: Hans-Uwe Otto / Roland Merten (Hg.), Rechtsradikale Gewalt im vereinigten Deutschland, 350-355.

Kocka, Jürgen / Nipperdey, Thomas (Hg.), Theorie und Erzählung in der Geschichte (Theorie der Geschichte: Beiträge zur Historik. Band 3), München 1979.

Kocka, Jürgen, Angemessenheitskriterien historischer Argumente, in: Reinhart Koselleck / Wolfgang J. Mommsen / Jörn Rüsen (Hg.), Objektivität und Parteilichkeit in der Geschichtswissenschaft, 469-475.

Kocka, Jürgen, Zurück zur Erzählung? Plädoyer für historische Argumentation, in: Geschichte und Gesellschaft 10 (1984) 395-408.

Kogon, Eugen, Der SS-Staat. Das System der deutschen Konzentrationslager, München [18]1988.
Kohl, Helmut, Ansprache in der Gedenkstunde im ehemaligen Konzentrationslager Bergen-Belsen am 21. April 1985, in: Richard von Weizsäcker / Helmut Kohl, Nachdenken über unsere Geschichte. Reden zum vierzigsten Jahrestag des 8. Mai 1945, Presse- und Informationsamt der Bundesregierung, Bonn 1986, 5-16.
Kohli-Kunz, Alice, Erinnern und Vergessen. Das Gegenwärtigsein des Vergangenen als Grundproblem historischer Wissenschaft, Berlin 1973.
König, Eckart / Volmer, Gerda, Systemische Organisationsberatung. Grundlagen und Methoden, Weinheim, 1993.
König, Helmut / Kuhlmann, Wolfgang / Schwabe, Klaus (Hg.), Vertuschte Vergangenheit. Der Fall Schwerte und die NS-Vergangenheit der deutschen Hochschulen, München 1997.
Koop, Volker, „Der inneren Einheit einen Dienst erwiesen", in: Das Parlament, 6. Dezember 1996.
Koppe, Franz, Hermeneutik der Lebensformen – Hermeneutik als Lebensform. Zur Sozialphilosophie Peter Winchs, in: Jürgen Mittelstraß (Hg.), Methodenprobleme der Wissenschaften vom gesellschaftlichen Handeln, 223-272.
Korn, Salomon, Holocaust-Gedenken: Ein deutsches Dilemma, in: Aus Politik und Zeitgeschichte. Beilage zur Wochenzeitung „Das Parlament", B 3-4/97, 17. Januar 1997, 23-30.
Kornelius, Stefan, Das dreiste Geschäft mit dem Klatsch. Gefährden die modernen Massenmedien die Demokratie? Die Affäre um Bill Clinton als Menetekel, in: Süddeutsche Zeitung, 14./15. Februar 1998 (Beilage: SZ am Wochenende).
Koselleck, Reinhart / Gadamer, Hans-Georg, Hermeneutik und Historik. Sitzungsberichte der Heidelberger Akademie der Wissenschaften. Philosophisch-historische Klasse, Heidelberg 1987.
Koselleck, Reinhart / Mommsen, Wolfgang J. / Rüsen, Jörn (Hg.), Objektivität und Parteilichkeit in der Geschichtswisenschaft (Theorie der Geschichte: Beiträge zur Historik. Band 1), München 1977.
Koselleck, Reinhart / Stempel, Wolf-Dieter (Hg.), Geschichte – Ereignis und Erzählung, München 1973.
Koselleck, Reinhart, Historia Magistra Vitae. Über die Auflösung des Topos im Horizont neuzeitlich bewegter Geschichte, in: ders., Vergangene Zukunft, 38-66.
Koselleck, Reinhart, Historik und Hermeneutik, in: Reinhart Koselleck / Hans-Georg Gadamer, Hermeneutik und Historik, 9-28.
Koselleck, Reinhart, Standortbindung und Zeitlichkeit. Ein Beitrag zur historiographischen Erschließung der geschichtlichen Welt, in: Reinhart Koselleck / Wolfgang J. Mommsen / Jörn Rüsen (Hg.), Objektivität und Parteilichkeit in der Geschichtswisenschaft, 17-46.
Koselleck, Reinhart, Vergangene Zukunft. Zur Semantik geschichtlicher Zeiten, Frankfurt 1979.
Koselleck, Reinhart, Kriegerdenkmale als Identitätsstiftungen der Überlebenden, in: Odo Marquard / Karlheinz Stierle (Hg.), Identität, 255-276.
Krahfeld, Franz Josef, Außerschulische Jugendarbeit mit „rechten" Gruppierungen, in: Bundeszentrale für politische Bildung (Hg.), Verantwortung in einer unübersichtlichen Welt, 202-214.
Krahfeld, Franz Josef, Jugendarbeit mit rechten Jugendszenen. Konzeptionelle Grundlagen und praktische Erfahrungen, in: Hans-Uwe Otto / Roland Merten (Hg.), Rechtsradikale Gewalt im vereinigten Deutschland, 310-318.

Kramaschki, Lutz, Wie universalistisch kann die Moralphilosophie diskutieren? Hinweise aus radikalkonstruktivistischer Sicht, in: Gebhard Rusch / Siegfried J. Schmidt (Hg.), Konstruktivismus und Ethik, 249-275.

Krappmann, Lothar, Soziologische Dimensionen der Identität. Strukturelle Bedingungen für die Teilnahme an Interaktionsprozessen, Stuttgart ^{3}1973.

Krauß, Detlef, Das Prinzip der materiellen Wahrheit im Strafprozeß, in: Herbert Jäger (Hg.), Kriminologie im Strafprozeß, 65-91.

Krings, Hermann / Baumgartner, Hans Michael / Wild, Christoph (Hg.), Handbuch philosophischer Grundbegriffe, 5 Bände, München 1973.

Krings, Hermann, Artikel „Freiheit", in: Hermann Krings / Hans Michael Baumgartner / Christoph Wild (Hg.), Handbuch philosophischer Grundbegriffe. Band 2, 493-510.

Krohn, Wolfgang / Küppers, Günter (Hg.), Selbstorganisation. Aspekte einer wissenschaftlichen Revolution, Braunschweig 1990.

Kroner, Bernhard, Psychologie und Präsentismus. Drei Anmerkungen, in: Das Argument. Zeitschrift für Philosophie und Sozialwissenschaften, Nr. 75, Oktober 1972, 33-55.

Krüll, Marianne, Systemisches Denken und Ethik. Politische Implikationen der systemischen Perspektive, in: Zeitschrift für systemische Therapie 5 (1987) Heft 4, 250-255.

Kubon, Rupert, Aktuelles zum Thema Desertion, in: Pax Christi. Zeitschrift der deutschen Sektion der internationalen katholischen Friedensbewegung Pax Christi 47 (1995) Heft 4/5, 12.

Kuçurad, Joanna / Cohen, Robert S., The Concept of Knowledge, Dordrecht/Boston/London 1995.

Kuczynski, Jürgen, Lügen, Verfälschungen, Auslassungen, Ehrlichkeit und Wahrheit: Fünf verschiedene und für den Historiker gleich wertvolle Elemente in Autobiographien, in: Peter Alheit / Erika M. Hoerning (Hg.), Biographisches Wissen, 24-37.

Kudera, Sabine, Erfahrungen des Nationalsozialismus in kleinbürgerlichen Gruppen: HJ-Identifikation, Lebenslauf und heutiges politisches Bewußtsein bei Männern in der 1930er Kohorte, insbesondere HJ-Führern und „Eliteschülern", in: Peter Alheit / Erika M. Hoerning (Hg.), Biographisches Wissen, 70-98.

Kuhlmann, Wolfgang / Böhler, Dietrich (Hg.), Kommunikation und Reflexion. Zur Diskussion der Transzendentalpragmatik. Antworten auf Karl-Otto Apel, Frankfurt 1982.

Kuhlmann, Wolfgang, „Prinzip Verantwortung" versus Diskursethik, in: Dietrich Böhler (Hg.), Ethik für die Zukunft. Im Diskurs mit Hans Jonas, München 1994, 277-302.

Kuhlmann, Wolfgang, Reflexive Letztbegründung. Untersuchungen zur Transzendentalpragmatik, Freiburg/München 1985.

Kuhlmann, Wolfgang, Die Kommunikationsgemeinschaft als Bedingung der Möglichkeit sinnvoller Argumentation, in: Wolfgang Kuhlmann / Dietrich Böhler (Hg.), Kommunikation und Reflexion, 159-190.

Kuhlmann, Wolfgang, Ist eine philosophische Letztbegründung moralischer Normen möglich?, in: Karl-Otto Apel / Dietrich Böhler / Karlheinz Rebel (Hg.), Funkkolleg: Praktische Philosophie / Ethik. Band 2, 572-605.

Kuhlmann, Wolfgang, Ist eine philosophische Letztbegründung moralischer Normen nötig?, in: Karl-Otto Apel / Dietrich Böhler / Karlheinz Rebel (Hg.), Funkkolleg: Praktische Philosophie / Ethik. Band 2, 545-571.

Kuhlmann, Wolfgang, Zur logischen Struktur transzendentalphilosophischer Normenbegründung, in: Willi Oelmüller, (Hg.), Materialien zur Normendiskussion. Band 1: Transzendentalphilosophische Normenbegründung, 15-26.

Kühnl, Reinhard (Hg.), Vergangenheit, die nicht vergeht. Die „Historiker-Debatte“. Darstellung, Dokumentation, Kritik, Köln 1987.

Kulenkampff, Arend, Hypothetische und kategorische Imperative. Zu einer offenen Frage der praktischen Philosophie, in: Wolfgang Kuhlmann / Dietrich Böhler (Hg.), Kommunikation und Reflexion, 591-611.

Kuntz, Andreas, „Entnazifizierungs-Geschichten“, in: Peter Alheit / Erika M. Hoerning (Hg.), Biographisches Wissen, 99-122.

Kuntz, Andreas, Objektbestimmte Ritualisierungen. Zur Funktion von Erinnerungsobjekten bei der Bildung familialer Geschichtstheorien, in: Brigitte Bönisch-Brednich / Rolf W. Brednich / Helge Gerndt (Hg.), Erinnern und Vergessen, 219-234.

Kurt, Ronald, Soziologie ohne Subjekt ist sinnlos, in: Gebhard Rusch / Siegfried J. Schmidt (Hg.), Konstruktivismus und Sozialtheorie, 331-357.

Kutschera, Franz von, Sprachphilosophie, München ^{2}1975.

Kutschera, Franz von, Der erkenntnistheoretische Realismus, in: Hans Jörg Sandkühler (Hg.), Wirklichkeit und Wissen. Realismus, Antirealismus und Wirklichkeits-Konzeptionen in Philosophie und Wissenschaft, Frankfurt 1992, 27-40.

Lair, Katina, Berichte vom Überleben. Frauen in Auschwitz-Birkenau, in: Heiner Lichtenstein / Otto R. Romberg (Hg.), Täter – Opfer – Folgen, 82-90.

Landeszentrale für politische Bildung / Staatskanzlei Rheinland-Pfalz, Aufklärungsarbeit über den Nationalsozialismus in Rheinland-Pfalz 50 Jahre nach der Landesgründung, Mainz 1997.

Landeszentrale für politische Bildung Rheinland-Pfalz (Hg.), Gedenkstätten für die Opfer des Nationalsozialismus in Rheinland-Pfalz, Mainz ^{2}1991.

Lanzmann, Claude, Ihr sollt nicht weinen. Einspruch gegen „Schindlers Liste“, in: Frankfurter Allgemeine Zeitung, 5. März 1994.

Laschet, Armin / Melangré, Heinz (Hg.), Philipp Jenninger. Rede und Reaktion, Aachen/Koblenz 1989.

Lassahn, Rudolf, Pädagogische Anthropologie. Eine historische Einführung, Heidelberg 1983.

Lauer, Werner, Schuld – das komplexe Phänomen. Ein Vergleich zwischen schicksals- und daseinsanalytischem Schuldverständnis im Lichte christlicher Ethik, Kevelaer 1972.

Lauth, Reinhard, Die Konstitution der Zeit im Bewußtsein, Hamburg 1981.

Le Goff, Jacques, Geschichte und Gedächtnis, Frankfurt 1992.

Lefèvre, Wolfgang, Die Entstehung der biologischen Evolutionstheorie, Frankfurt/Berlin/Wien 1984.

Leif, Thomas (Hg.), Leidenschaft: Recherche. Skandalgeschichten und Enthüllungsberichte, Opladen/Wiesbaden 1998.

Leilich, Joachim, Die unbeantwortete Frage. Bemerkungen zur Kontroverse zwischen Karl-Otto Apel, Jürgen Habermas und John R. Searle, in: Andreas Dorschel / Matthias Kettner / Wolfgang Kuhlmann / Marcel Niquet (Hg.), Transzendentalpragmatik, 45-61.

Lenk, Hans (Hg.), Handlungstheorien interdisziplinär, 4 Bände, München 1977-1980.

Lenk, Hans / Maring, Matthias, Das moralphilosophische Fundament einer Ethik für Organisationen – korporative und individuelle Verantwortung, in: Gerhard Blickle (Hg.), Ethik in Organisationen, 19-35.

Lenk, Hans / Maring, Matthias, Verantwortung – Normatives Interpretationskonstrukt und empirische Beschreibung, in: Lutz H. Eckensberger/Ulrich Gähde (Hg.), Ethische Norm und empirische Hypothese, Frankfurt 1993, 222-243.
Lenk, Hans, Handlungsinterpretationskonstrukte. Zum Stand der philosophischen Handlungstheorie als eines Grundbausteins der Sozialwissenschaft, in: ders., Zwischen Sozialpsychologie und Sozialphilosophie, 207-226.
Lenk, Hans, Interpretationen und Imprägnationen, in: Josef Simon (Hg.), Orientierung in Zeichen, 19-40.
Lenk, Hans, Interpretationskonstrukte als Interpretationskonstrukte in: Josef Simon (Hg.), Zeichen und Interpretation, 36-55.
Lenk, Hans, Interpretationskonstrukte. Zur Kritik der interpretatorischen Vernunft, Frankfurt 1993.
Lenk, Hans, Das metainterpretierende Wesen, in: Allgemeine Zeitschrift für Philosophie 20 (1995) Heft 1, 39-47.
Lenk, Hans, Das Ich als Interpretationskonstrukt. Vom kognitiven Subjektivitätskonzept zum pragmatischen Handlungszusammenhang, in: ders., Zwischen Sozialpsychologie und Sozialphilosophie, 152-182.
Lenk, Hans, Der methodologische Individualismus ist (nur?) ein heuristisches Postulat, in: ders., Zwischen Sozialpsychologie und Sozialphilosophie, 67-81.
Lenk, Hans, Deskriptive und normative Zuschreibung von Verantwortung, in: ders., Zwischen Wissenschaft und Ethik, 76-116.
Lenk, Hans, Handlung als Interpretationskonstrukt. Entwurf einer konstituenten- und beschreibungstheoretischen Handlungsphilosophie, in: ders. (Hg.), Handlungstheorien interdisziplinär. Band II/1, 279-350.
Lenk, Hans, Interpretation und Realität. Vorlesungen über Realismus in der Philosophie der Interpretationskonstrukte, Frankfurt 1995.
Lenk, Hans, Konstruktive Interpretationsprozesse in der Kognition, in: ders., Von Deutungen zu Wertungen, 90-119.
Lenk, Hans, Motive als Interpretationskonstrukte. Zur Anwendung eines interpretationstheoretischen Handlungsmodells in der Sozialwissenschaft, in: ders., Zwischen Sozialpsychologie und Sozialphilosophie, 183-206.
Lenk, Hans, Philosophie als kreatives Interpretieren, in: Zeitschrift für philosophische Forschung 50 (1996) Heft 4, 585-600.
Lenk, Hans, Philosophie und Interpretation. Vorlesungen zur Entwicklung konstruktivistischer Interpretationsansätze. Überarbeitet unter der Mitwirkung von Ekaterini Kaleri, Frankfurt 1993.
Lenk, Hans, Praxisnahe Ethik für die Wissenschaft, in: ders., Zwischen Wissenschaft und Ethik, 14-52.
Lenk, Hans, Technik und Wirtschaftsfolgen: Ökologie und Ethik, in: ders., Zwischen Wissenschaft und Ethik, 117-153.
Lenk, Hans, Verantwortung zwischen Individualismus und Institutionalismus, in: ders., Zwischen Wissenschaft und Ethik, 101-116.
Lenk, Hans, Von Deutungen zu Wertungen. Eine Einführung in aktuelles Philosophieren, Frankfurt 1994.
Lenk, Hans, Werte als Interpretationskonstrukte, in: ders., Zwischen Sozialpsychologie und Sozialphilosophie, 227-237.
Lenk, Hans, Zwischen Sozialpsychologie und Sozialphilosophie, Frankfurt 1987.
Lenk, Hans, Zwischen Wissenschaft und Ethik, Frankfurt 1992.
Lenk, Kurt, Probleme der Demokratie, in: Hans-Joachim Lieber (Hg.), Politische Theorien von der Antike bis zur Gegenwart, Bonn ²1993, 933-989.

Lenk, Hans, Zu Wittgensteins Theorie der Sprachspiele, in: ders., Metalogik und Sprachanalyse. Studien zur analytischen Philosophie, Freiburg 1973, 57-81.
Lense, Fritz (Hg.), Biologie, Frankfurt 1973.
Léon-Dufour, Xavier, Wörterbuch zum Neuen Testament, München 1977.
Lesch, Walter, Theologische Ethik als Handlungstheologie, in: Edmund Arens (Hg.), Gottesrede – Glaubenspraxis. Perspektiven theologischer Handlungstheorie, Darmstadt 1994, 89-109.
Leschke, Rainer, Metamorphosen des Subjekts. Hermeneutische Reaktionen auf die (post-) strukturalistische Herausforderung, Frankfurt/Bern/New York/Paris 1987.
Lévi-Strauss, Claude, Das wilde Denken, Frankfurt 1968.
Lewis, Michael, Scham. Annäherung an ein Tabu, München 1995.
Lichtenstein, Heiner / Romberg, Otto R. (Hg.), Täter – Opfer – Folgen. Der Holocaust in Geschichte und Gegenwart, Bonn 1995.
Lichtenstein, Heiner, NS-Prozesse. Zum Ende eines Kapitels deutscher Justizgeschichte, in: Heiner Lichtenstein / Otto R. Romberg (Hg.), Täter – Opfer – Folgen, 114-124.
Liebsch, Burkhard, Für das Vergangene die Augen öffnen. Über Geschichte und Wahrnehmung, in: Phänomenologische Forschungen. Neue Folge 1 (1996) 2. Halbband, 198-220.
Loewy, Hanno (Hg.), Holocaust: Die Grenzen des Verstehens. Eine Debatte über die Besetzung der Geschichte, Reinbek 1992.
Lohmann, Georg, „Beobachtung“ und Konstruktion von Wirklichkeit. Bemerkungen zum Luhmannschen Konstruktivismus, in: Gebhard Rusch / Siegfried J. Schmidt (Hg.), Konstruktivismus und Sozialtheorie, 205-219.
Lohmann, Hans-Martin (Hg.), Psychoanalyse und Nationalsozialismus. Beiträge zur Bearbeitung eines unbewältigten Traumas. Neuausgabe, Frankfurt 1994.
Lohmann, Michael (Hg.), Wohin führt die Biologie? Ein interdisziplinäres Kolloquium, München 1977.
Lorenz, Chris, Konstruktion der Vergangenheit. Eine Einführung in die Geschichtstheorie, Köln/Weimar/Wien 1997.
Lorenz, Konrad, Vergleichende Verhaltensforschung: Grundlagen der Ethologie, Wien/New York 1978.
Lorenz, Konrad, Das sogenannte Böse. Zur Naturgeschichte der Aggression, München ^{5}1977.
Lorenz, Konrad, Psychologie und Stammesgeschichte, in: ders., Vom Weltbild des Verhaltensforschers. Drei Abhandlungen, München ^{9}1976, 35-95.
Lorenzen, Paul, Normative Logic and Ethics, Mannheim 1969.
Löw, Reinhard, Evolution und Erkenntnis – Tragweite und Grenzen der evolutionären Erkenntnistheorie in philosophischer Absicht, in: Jost Herbig / Rainer Hohlfeld (Hg.), Die zweite Schöpfung, 221-245.
Lowen, Alexander, Körperausdruck und Persönlichkeit, München 1981.
Lowen, Alexander, Bio-Energetik. Therapie der Seele durch Arbeit mit dem Körper, Reinbek 1979.
Löwisch, Manfred / Grimm, Dieter / Otte, Gerhard (Hg.), Funk-Kolleg: Recht, 3 Bände, Frankfurt 1985.
Lübbe, Hermann, Geschichtsbegriff und Geschichtsinteresse. Analytik und Pragmatik der Historie, Basel 1977.
Lübbe, Hermann, „Orientierung“. Zur Karriere eines Themas, in: Hermann Lübbe / Oskar Köhler / Wolf Lepenies / Thomas Nipperdey / Gerhard Schmidtchen / Gerd Roellecke, Der Mensch als Orientierungswaise? Ein interdisziplinärer Erkundungsgang, München 1982, 7-29.

Lübbe, Hermann, „Das Strafrecht ist ein nötiges, aber schwaches Mittel zur Aufarbeitung des Totalitarismus“, in: Universitas 46 (1991) Heft 11, 1029-1031.
Lübbe, Hermann, Bewußtsein in Geschichten. Studien zur Phänomenologie der Subjektivität. Mach – Husserl – Schapp – Wittgenstein, Freiburg 1972.
Lübbe, Hermann, Die Modernität der Vergangenheitszuwendung, in: Gunter Scholtz (Hg.), Historismus am Ende des 20. Jahrhunderts, 146-154.
Lübbe, Hermann, Identität und Kontingenz, in: Odo Marquard / Karlheinz Stierle (Hg.), Identität, 655-659.
Lübbe, Hermann, Sind Normen methodisch begründbar? Rekonstruktion der Antwort Max Webers, in: Willi Oelmüller (Hg.), Transzendentalphilosophische Normenbegründungen, 38-49.
Lübbe, Hermann, Theorie und Entscheidung. Studien zum Primat der praktischen Vernunft, Freiburg 1971.
Lübbe, Hermann, Was heißt „Das kann man nur historisch erklären“? Zur Analyse der Struktur historischer Prozesse, in: ders., Fortschritt als Orientierungsproblem. Aufklärung in der Gegenwart, Freiburg 1975, 154-168.
Lübbe, Hermann, Wieso es keine Theorie der Geschichte gibt, in: Jürgen Kocka / Thomas Nipperdey (Hg.), Theorie und Erzählung in der Geschichte, 65-84.
Lübbe, Hermann, Zur Identitätsrepräsentationsfunktion der Historie, in: Odo Marquard / Karlheinz Stierle (Hg.), Identität, 277-292.
Lübbe, Hermann, Zur Theorie der Entscheidung, in: ders., Theorie und Entscheidung, 7-31.
Luchterhandt, Otto, Menschenrechtspolitik im KSZE-Prozeß, in: Aus Politik und Zeitgeschichte. Beilage zur Wochenzeitung „Das Parlament“, B 19/86, 10. Mai 1986, 21-32.
Luckmann, Thomas, Persönliche Identität, soziale Rolle und Rollendistanz, in: Odo Marquard / Karlheinz Stierle (Hg.), Identität, 293-313.
Luckmann, Thomas, Theorie des sozialen Handelns, Berlin/New York 1992.
Luckmann, Thomas, Zeit und Identität: innere, soziale und historische Zeit, in: Friedrich Fürstenberg / Ingo Mörth (Hg.), Zeit als Strukturelement von Lebenswelt und Gesellschaft, 135-174.
Luckmann, Thomas, Zwänge und Freiheiten im Wandel der Gesellschaftsstruktur, in: Hans-Georg Gadamer / Paul Vogler (Hg.), Neue Anthropologie. Band 3: Sozialanthropologie, 168-198.
Lüderssen, Klaus / Sack, Fritz (Hg.), Seminar: Abweichendes Verhalten IV. Kriminalpolitik und Strafrecht, Frankfurt 1980.
Lüderssen, Klaus, Vergeltung und Sühne vor dem Forum der christlichen Ethik – kein Platz mehr für absolute Strafzwecke?, in: Gerhard Dilcher / Ilse Staff (Hg.), Christentum und modernes Recht. Beiträge zum Problem der Säkularisierung, Frankfurt 1984, 222-231.
Lüderssen, Klaus, Was ist das – ein „Rechtsstaat“?, in: Erhard Denninger / Klaus Lüderssen (Hg.), Polizei und Strafprozeß im demokratischen Rechtsstaat, Frankfurt 1978, 79-101.
Lüer, Gerd / Lass, Uta (Hg.), Erinnern und Behalten. Wege zur Erforschung des menschlichen Gedächtnisses, Göttingen 1997.
Luhmann, Niklas, Identitätsgebrauch in selbstsubstitutiven Ordnungen, besonders Gesellschaften, in: Odo Marquard / Karlheinz Stierle (Hg.), Identität, 315-345.
Luhmann, Niklas, Die operative Geschlossenheit psychischer und sozialer Systeme, in: Hans Rudi Fischer / Arnold Retzer / Jochen Schweitzer (Hg.), Das Ende der großen Entwürfe, 117-131.

Luhmann, Niklas, Die Zukunft kann nicht beginnen: Temporalstrukturen der modernen Gesellschaft, in: Peter Sloterdijk (Hg.), Vor der Jahrtausendwende: Berichte zur Lage der Zukunft. Band 1, 119-150.

Luhmann, Niklas, Erleben und Handeln, in: Hans Lenk (Hg.), Handlungstheorien interdisziplinär. Band II,1, 235-253.

Luhmann, Niklas, Funktion der Moral, in: Otfried Höffe / Gerd Kadelbach / Gerhard Plumpe (Hg.), Praktische Philosophie / Ethik. Reader zum Funk-Kolleg. Band 2, Frankfurt 1981, 136-152.

Luhmann, Niklas, Paradigm lost: Über die ethische Reflexion der Moral. Rede anläßlich der Verleihung des Hegel-Preises 1989, Frankfurt 1990.

Luhmann, Niklas, Soziale Systeme. Grundriß einer allgemeinen Theorie, Frankfurt ^{3}1988.

Luhmann, Niklas, Suche der Identität und Identität der Suche – Über teleologische und selbstreferentielle Prozesse, in: Odo Marquard / Karlheinz Stierle (Hg.), Identität, 593f.

Lukes, Steven, Fünf Fabeln über Menschenrechte, in: Stephen Shute / Susan Hurley (Hg.), Die Idee der Menschenrechte, 30-52.

Lüthy, Herbert, Geschichte als Funktion unserer Gegenwart, in: Peter Käser (Hg.), Wege zur neuen Wirklichkeit, 75-103.

Lutz, Felix Philipp, Junge Deutsche im Ausland: Vergangenheitsbewältigung und Vorurteilsabbau, in: Beiträge zur Konfliktforschung (1989) Heft 2, 91-112.

Lutz, Thomas, Historische Orte sichtbar machen. Gedenkstätten für NS-Opfer in Deutschland, in: Aus Politik und Zeitgeschichte. Beilage zur Wochenzeitung „Das Parlament“, B 1-2/95, 6. Januar 1995, 18-26.

Maaßen, Ludwig, Massenmedien. Fakten – Formen – Funktionen in der Bundesrepublik Deutschland, Heidelberg ^{2}1996.

MacIntyre, Alasdair, Der Verlust der Tugend. Zur moralischen Krise der Gegenwart, Frankfurt 1995.

Mackie, John Leslie, Ethik. Auf der Suche nach dem Richtigen und Falschen, Stuttgart 1981.

Maier, Charles S., Die Gegenwart der Vergangenheit. Geschichte und die nationale Identität der Deutschen, Frankfurt/New York 1992.

Maihofer, Werner (Hg.), Naturrecht oder Rechtspositivismus?, Darmstadt 1962.

Mann, Golo / Heuß, Alfred (Hg.), Propyläen Weltgeschichte. Eine Universalgeschichte, 10 Bände, Berlin/Frankfurt 1986.

Marcic, René, Rechtsphilosophie. Eine Einführung, Freiburg 1969.

Marquard, Odo, / Stierle, Karlheinz (Hg.), Identität, München 1979.

Marquard, Odo, Merkende Vernunft. Beobachtungen über Vernunft und Zufall beim Menschen, in: Hans Rössner (Hg.), Der ganze Mensch, 247-256.

Marx, Rita, Rechtsradikale Jugendgewalt. Psychoanalytische Frageperspektiven, in: Hans-Uwe Otto / Roland Merten (Hg.), Rechtsradikale Gewalt im vereinigten Deutschland, 166-175.

Maser, Werner, Nürnberg – Tribunal der Sieger, Düsseldorf 1977.

Massing Almuth / Beushausen, Ulrich, „Bis ins dritte und vierte Glied“. Auswirkungen des Nationalsozialismus in den Familien, in: Psychosozial 9 (1986) Heft 28, 27-42.

Maturana, Humberto R., Biologie der Sozialität, in: Siegfried J. Schmidt (Hg.), Der Diskurs des Radikalen Konstruktivismus, 287-302.

Maturana, Humberto R., Kognition, in: Siegfried J. Schmidt (Hg.), Der Diskurs des Radikalen Konstruktivismus, 89-118.

Maturana, Humberto, Erkennen. Die Organisation und Verkörperung von Wirklichkeit, Braunschweig 1982.
Maurer, Friedemann (Hg.), Lebensgeschichte und Identität. Beiträge zu einer biographischen Anthropologie, Frankfurt 1981.
Mayr, Ernst, Die Darwinsche Revolution und die Widerstände gegen die Selektionstheorie, in: Jost Herbig / Rainer Hohlfeld (Hg.), Die zweite Schöpfung, 44-70.
Mee, Charles L., Das Ende des Zweiten Weltkrieges. Die Potsdamer Konferenz 1945, München 1995.
Meggle, Georg (Hg.), Analytische Handlungstheorie. Band 1: Handlungsbeschreibungen, Frankfurt 1985.
Meier, Horst, „... uns das nicht anzutun". Anmerkungen zum gesetzlichen Versuch, die Bundesrepublik von der „Auschwitz-Lüge" zu befreien, in: Wege des Ungehorsams. Jahrbuch II für libertäre und gewaltfreie Aktion, Politik und Kultur, Kassel 1986, 13ff.
Meier, Horst, Der Preis der Freiheit. Die Strafjustiz kann dem Gerede vom „Auschwitzmythos" nicht beikommen, in: Die Zeit, 15. September 1995.
Mengel, Hans-Joachim, Recht und Politik. Zur Theorie eines Spannungsverhältnisses im demokratischen Staat, in: Aus Politik und Zeitgeschichte. Beilage zur Wochenzeitung „Das Parlament", B 13-14/89, 24. März 1989, 30-38.
Mentzos, Stavros (Hg.), Angstneurose. Psychodynamische und psychotherapeutische Aspekte, Frankfurt 1984.
Merkel, Angela, „Die Kleinen hängt man, die Großen läßt man laufen ...", in: Die politische Meinung 37 (1992) Heft 273 (August 1992), 23-26.
Merkel, Reinhard, Die Barbarei vor dem Welt-Gericht. Das Straftribunal der Vereinten Nationen in Den Haag wäre ohne den Nürnberger Gerichtshof undenkbar, in: Die Zeit, 17. November 1995.
Merritt, Anna / Merritt, Richard (Eds.), Public Opinion in occupied Germany. The Omgus-Surveys, Urbana/Chicago/London 1970.
Metz, Johann Baptist, Glaube in Geschichte und Gesellschaft. Studien zu einer praktischen Fundamentaltheologie, Mainz [3]1980.
Metz, Johann Baptist, Anamnetische Vernunft, in: Axel Honneth / Thomas McCarthy / Claus Offe / Albrecht Wellmer (Hg.), Zwischenbetrachtungen, 733-738.
Metz, Johann Baptist, Für eine anamnetische Kultur, in: Hanno Loewy (Hg.), Holocaust: Die Grenzen des Verstehens, 35-41.
Metz, Johann Baptist, Mit der Autorität der Leidenden. Compassion – Vorschlag zu einem Weltprogramm des Christentums, in: Süddeutsche Zeitung, 24./25./26. Dezember 1997.
Meyer, Peter, Soziobiologie und Soziologie. Eine Einführung in die biologischen Voraussetzungen sozialen Handelns, Darmstadt/Neuwied 1982.
Meyers Lexikonredaktion, Schlaglichter der Weltgeschichte (Ausgabe für die Bundeszentrale für politische Bildung), Bonn 1996.
Milgram, Stanley, Das Milgram-Experiment. Zur Gehorsamsbereitschaft gegenüber Autorität, Reinbek 1982.
Miller, Max, Kollektive Lernprozesse. Studien zur Grundlegung einer soziologischen Lerntheorie, Frankfurt 1986.
Mitscherlich, Alexander und Margarete, Die Unfähigkeit zu trauern. Grundlagen kollektiven Verhaltens, München [9]1973.
Mitscherlich-Nielsen, Margarete, Die Notwendigkeit zu trauern, in: Hans-Martin Lohmann (Hg.), Psychoanalyse und Nationalsozialismus, 15-23.
Mittelstraß, Jürgen (Hg.), Methodenprobleme der Wissenschaften vom gesellschaftlichen Handeln, Frankfurt 1979.

Mohler, Armin, Vergangenheitsbewältigung, Krefeld 1980.
Mohr, Hans, Biologische Grenzen des Menschen, in: Jost Herbig / Rainer Hohlfeld (Hg.), Die zweite Schöpfung, 187-203.
Mommsen, Hans, Erfahrung, Aufarbeitung und Erinnerung des Holocaust in Deutschland, in: Hanno Loewy (Hg.), Holocaust: Die Grenzen des Verstehens, 93-100.
Mommsen, Wolfgang J., Gesellschaftliche Bedingtheit und gesellschaftliche Relevanz historischer Aussagen, in: Eberhard Jäckel / Ernst Weymar (Hg.), Die Funktion der Geschichte in unserer Zeit, Stuttgart 1975, 208-224.
Mommsen, Wolfgang J., Der perspektivische Charakter historischer Aussagen und das Problem von Parteilichkeit und Objektivität historischer Erkenntnis, in: Reinhart Koselleck / Wolfgang J. Mommsen / Jörn Rüsen (Hg.), Objektivität und Parteilichkeit in der Geschichtswissenschaft, 441-468.
Mommsen, Wolfgang J., Die Mehrdeutigkeit von Theorien in der Geschichtswisenschaft, in: Jürgen Kocka / Thomas Nipperdey (Hg.), Theorie und Erzählung in der Geschichte, 334-370.
Mongardini, Carlo, Dimensionen der Zeit in der Soziologie, in: Friedrich Fürstenberg / Ingo Mörth (Hg.), Zeit als Strukturelement von Lebenswelt und Gesellschaft, 37-58.
Moore, George Edward, Principia Ethica, Stuttgart 1977.
Moore, Ruth, Die Evolution, Reinbek 1976.
Morris, Ch., Sprechen und menschliches Handeln, in: Hans-Georg Gadamer / Paul Vogler (Hg.), Neue Anthropologie. Band 7: Philosophische Anthropologie. Zweiter Teil, 235-251.
Mörth, Ingo, Einleitung: Umrisse und Perspektiven der Zeitsoziologie, in: Friedrich Fürstenberg / Ingo Mörth (Hg.), Zeit als Strukturelement von Lebenswelt und Gesellschaft, 1-21.
Moses, Stéphane, Eingedenken und Jetztzeit. Geschichtliches Bewußtsein im Spätwerk Walter Benjamins, in: Anselm Haverkamp / Renate Lachmann (Hg.), Memoria, 385-405.
Mozetic, Gerald, Individualismus und Kollektivismus. Eine methodologische Kontroverse und ihre pragmatische Valenz, in: Karl Acham / Winfried Schulze (Hg.), Teil und Ganzes, 240-277.
Müller, Anselm Winfried, Praktische und technische Teleologie. Ein aristotelischer Beitrag zur Handlungstheorie, in: Hans Poser (Hg.), Philosophische Probleme der Handlungstheorie, 37-70.
Müller, Anselm Winfried, Praktisches Folgern und Selbstgestaltung nach Aristoteles, Freiburg/München 1982.
Müller, Arno, Zentrale Aspekte und philosophische Implikationen des Zeitbegriffs in den Naturwissenschaften, in: Friedrich Fürstenberg / Ingo Mörth (Hg.), Zeit als Strukturelement von Lebenswelt und Gesellschaft, 59-89.
Müller, Günter F., Prozedurale Gerechtigkeit in Organisationen, in: Gerhard Blickle (Hg.), Ethik in Organisationen, 57-70.
Müller, Ingo, Furchtbare Juristen. Die unbewältigte Vergangenheit unserer Justiz, München 1987.
Müller, Jörg Paul, Demokratische Gerechtigkeit. Eine Studie zur Legitimität rechtlicher und politischer Ordnung, München 1993.
Müller, Klaus (Hg.), Konstruktivismus. Lehren – Lernen – Ästhetische Prozesse, Neuwied/Kriftel/Berlin 1996.
Müller-Hill, Benno, Genetik nach Auschwitz, in: Jost Herbig / Rainer Hohlfeld (Hg.), Die zweite Schöpfung, 79-105.

Müller-Hohagen, Jürgen, Psychotherapeutische Erfahrungen bei der Behandlung von psychischen Störungen in der dritten und vierten Generation, in: Helmut Schreier / Matthias Heyl (Hg.), Das Echo des Holocaust, 43-56.

Müller-Hohagen, Jürgen, Verleugnet, verdrängt, verschwiegen. Die seelischen Auswirkungen der Nazizeit, München 1988.

Murken, Jan-Diether, Aggressivität als Problem der Genetik, in: Arno Plack (Hg.), Der Mythos vom Aggressionstrieb, 121-144.

Müssen, Peter, Gnothi seauton. Konstruktivismus und die sokratische Methode der Maieutik. Versuch über konstruktivistische Fragen zur Ethik, in: Gebhard Rusch / Siegfried J. Schmidt (Hg.), Konstruktivismus und Ethik, 178-209.

Nagl-Docekal, Herta / Pauer-Studer, Herlinde (Hg.), Jenseits der Geschlechtermoral. Beiträge zur feministischen Ethik, Frankfurt 1993.

Nagl-Docekal, Herta, Die Objektivität der Geschichtswissenschaft. Systematische Untersuchungen zum wissenschaftlichen Status der Historie, Wien/München 1982.

Niederland, William G., Folgen der Verfolgung: Das Überlebenden-Syndrom. Seelenmord, Frankfurt 1980.

Niederland, William G., Psychiatrie der Verfolgten und seelischer Verfolgungsschäden, in: Uwe Henrik Peters (Hg.), Psychologie des 20. Jahrhunderts. Band X, München 1980, 1055-1067.

Niegel, Lorenz, Der 8. Mai – Kein Tag der Befreiung für ganz Deutschland, in: Ulrich Gill / Winfried Steffani (Hg.), Eine Rede und ihre Wirkung, 159-169.

Niethammer, Lutz (Hg.), Lebenserfahrung und kollektives Gedächtnis. Die Praxis der „Oral History", Frankfurt 1985.

Niethammer, Lutz, Einführung, in: ders. (Hg.), Lebenserfahrung und kollektives Gedächtnis, 7-33.

Nietzsche, Friedrich, Jenseits von Gut und Böse, in: ders., Werke in vier Bänden. Herausgegeben von Gerhard Stenzel. Band IV, Salzburg 1983, 153-280.

Noll, Peter, Gesetzgebungslehre, Reinbek 1973.

Nolte, Reinhard, Sprachphilosophische Aspekte der Ethik. Konsequenzen der Theorie der Sprechakte John R. Searle's für die Ethik, Münster 1976.

Nowotny, Helga, Eigenzeit. Entstehung und Strukturierung eines Zeitgefühls, Frankfurt 1989.

Nüse, Ralf / Groeben, Norbert / Freitag, Burkhard / Schreier, Margit, Die Erfindung/en des Radikalen Konstruktivismus. Kritische Gegenargumente aus psychologischer Sicht, Weinheim 1991.

Obermeier, Otto-Peter, Zweck – Funktion – System. Kritisch-konstruktive Untersuchung zu Niklas Luhmanns Theoriekonzeptionen, Freiburg/München 1988.

Oehler, Klaus, Über Grenzen der Interpretation aus der Sicht des semiotischen Pragmatismus, in: Josef Simon (Hg.), Zeichen und Interpretation, 57-72.

Oelmüller, Willi (Hg.), Materialien zur Normendiskussion. Band 1: Transzendentalphilosophische Normenbegründung, Paderborn 1978.

Oeser, Erhard / Seitelberger, Franz, Gehirn, Bewußtsein und Erkenntnis, Düsseldorf [2]1995.

Öfsti, Audun, Ist diskursive Vernunft nur eine Sonderpraxis? Betrachtungen zum „Verbindlichkeitstransfer" von transzendental-reflexiv (letzt-) begründeten Normen, in: Karl-Otto Apel / Matthias Kettner (Hg.), Zur Anwendung der Diskursethik in Politik, Recht und Wissenschaft, 296-316.

Ogden, Charles K. / Richards, Ivor A., Die Bedeutung der Bedeutung, Frankfurt 1974 (Original 1923).
Opp, Karl-Dieter, Zur Anwendbarkeit der Soziologie im Strafprozeß, in: Herbert Jäger (Hg.), Kriminologie im Strafprozeß, 21-46.
Orzessek, Arno, Sie befahlen uns zu leben. James E. Young erzählt von den Gedenkstätten des Holocaust, in: Süddeutsche Zeitung, 21./22. Februar 1998.
Oser, Fritz / Fatke, Reinhard / Höffe, Otfried (Hg.), Transformation und Entwicklung. Grundlagen der Moralerziehung, Frankfurt 1986.
Oser, Fritz, Moralisches Urteil in Gruppen – Soziales Handeln – Verteilungsgerechtigkeit. Stufen der interaktiven Entwicklung und ihre erzieherische Simulation, Frankfurt 1981.
Ostendorf, Heribert, Kriminalität und Strafrecht. Informationen zur politischen Bildung. Herausgegeben von der Bundeszentrale für politische Bildung, Heft 248, 3. Quartal 1995, Bonn 1995.
Ott, Konrad, Zum Verhältnis von Radikalem Konstruktivismus und Ethik, in: Gebhard Rusch / Siegfried J. Schmidt (Hg.), Konstruktivismus und Ethik, 280-320.
Ott, Walter, Der Rechtspositivismus. Kritische Würdigung auf der Grundlage eines juristischen Pragmatismus, Berlin 1976.
Otte, Gerhard, Rechtsanwendung, in: Manfred Löwisch / Dieter Grimm / Gerhard Otte (Hg.), Funk-Kolleg: Recht. Band 1, 104-125.
Otto, Hans-Uwe / Merten, Roland (Hg.), Rechtsradikale Gewalt im vereinigten Deutschland. Jugend im gesellschaftlichen Umbruch, Bonn 1993.

Pampel, Bert, Was bedeutet „Aufarbeitung der Vergangenheit"?, in: Aus Politik und Zeitgeschichte. Beilage zur Wochenzeitung „Das Parlament", B 1-2/95, 6. Januar 1995, 27-38.
Patzig, Günther, Theoretische Elemente in der Geschichtswissenschaft, in: Jürgen Kocka / Thomas Nipperdey (Hg.), Theorie und Erzählung in der Geschichte, 137-152.
Patzig, Günther, Das Problem der Objektivität und der Tatsachenbegriff, in: Reinhart Koselleck / Wolfgang J. Mommsen / Jörn Rüsen (Hg.), Objektivität und Parteilichkeit in der Geschichtswissenschaft, 319-336.
Pauls, Rolf Friedemann, Der Weg zurück in die Familie der Völker, in: Rudolf Pörtner (Hg.), Kinderjahre der Bundesrepublik, München 1992, 204-218.
Pawlik, Michael, Das Strafrecht gerät an seine Grenzen. Warum die Verfolgung der Taten des SED-Staates unsere Gerichte überfordert, in: Frankfurter Allgemeine Zeitung, 31. März 1992.
Peukert, Helmut, Wissenschaftstheorie – Handlungstheorie – Fundamentale Theologie. Analysen zu Ansatz und Status theologischer Theoriebildung, Frankfurt 1978.
Piecha, Detlev / Zedler, Peter, Die Erinnerung erziehen. Negative Dialektik und Erziehungswissenschaften, in: Jürgen Naeher (Hg.), Die Negative Dialektik Adornos. Einführung – Dialog, Opladen 1984, 330-358.
Pieper, Annemarie, Einführung in die Ethik, Tübingen ^{2}1991.
Pieper, Josef, Über den Glauben. Ein philosophischer Traktat, München 1962.
Piper, Ernst, Von der Entfernung zur Vernichtung oder Wir standen in der Pflicht gegenüber der SS, der Firma Topf und dem NS-Staat, in: Jean-Claude Pressac, Die Krematorien von Auschwitz, IX-XXVII.
Pius XII., Die Schuldvergeltung als metaphysisches Strafziel, in: Norbert Hoerster (Hg.), Recht und Moral, 185-191.
Plack, Arno (Hg.), Der Mythos vom Aggressionstrieb, München ^{2}1974.

Plessner, Helmuth, Conditio Humana, in: Golo Mann / Alfred Heuß (Hg.), Propyläen Weltgeschichte. Band 1, 33-86.
Plessner, Helmuth, Der Mensch als Lebewesen, in: ders., Mit anderen Augen, 9-62.
Plessner, Helmuth, Der Mensch als Lebewesen. Adolf Portmann zum 70. Geburtstag, in: ders., Die Frage nach der Conditio Humana. Aufsätze zur philosophischen Anthropologie, Frankfurt 1976, 111-123.
Plessner, Helmuth, Die Stufen des Organischen und der Mensch. Einleitung in die philosophische Anthropologie, Berlin ²1965.
Plessner, Helmuth, Mit anderen Augen. Aspekte einer philosophischen Anthropologie, Stuttgart 1982.
Pöggeler, Otto (Hg.), Hermeneutische Philosophie, München 1972.
Pöppel, Ernst, Über die zeitliche Struktur des Bewußtseins, in: Hans Rössner (Hg.), Der ganze Mensch, 110-126.
Popper, Karl, Objektive Erkenntnis. Ein evolutionärer Entwurf, Hamburg 1973.
Poser, Hans (Hg.), Philosophische Probleme der Handlungstheorie, Freiburg/München 1982.
Poser, Hans, Probleme einer Philosophie der Handlung, in: Hans Poser (Hg.), Philosophische Probleme der Handlungstheorie, 11-33.
Prange, Klaus, Motivation als theoretisches Konstrukt und als Handlungskonzept, in: Wolfgang Kuhlmann / Dietrich Böhler (Hg.), Kommunikation und Reflexion, 444-462.
Pressac, Jean-Claude, Die Krematorien von Auschwitz. Die Technik des Massenmordes, München ²1995.
Presse- und Informationsamt der Bundesregierung (Hg.), Demokratie als Auftrag. Drei Jahrzehnte Bundesrepublik Deutschland, Bonn ²1979.
Prewo, Reiner / Ritsert, Jürgen / Stracke, Elmar, Systemtheoretische Ansätze in der Soziologie. Eine kritische Analyse, Reinbek 1973.
Prigogine, Ilya, Vom Sein zum Werden. Zeit und Komplexität in den Naturwissenschaften, München 1979.
Protzner, Wolfgang / Neubauer, Alexandra / Schuster, Christel, Der Geschichtsunterricht in der DDR als Instrument der SED-Politik, in: Aus Politik und Zeitgeschichte. Beilage zur Wochenzeitung „Das Parlament“, B 29-30/93, 16. Juli 1993, 42-51.
Putnam, Hilary, Repräsentation und Realität, Frankfurt 1991.
Putnam, Hilary, Vernunft, Wahrheit und Geschichte, Frankfurt 1982.
Puvogel, Ulrike / Stankowski, Martin / Graf, Ursula, Gedenkstätten für die Opfer des Nationalsozialismus. Eine Dokumentation. Band 1, Bonn ²1995.

Quandt, Siegfried / Stemmler, Gunter, 40 Jahre Bundesrepublik Deutschland im Fernsehen – dokumentarische Rückblicke. Eine Programmanalyse, in: Wolfgang Becker / Siegfried Quandt (Hg.), Das Fernsehen als Vermittler von Geschichtsbewußtsein, 15-33.

Radbruch, Gustav, Gesetzliches Unrecht und übergesetzliches Recht, in: Süddeutsche Juristenzeitung 1 (1946) Heft 5, 105-108.
Rahner, Karl (Hg.), Herders Theologisches Taschenlexikon, 8 Bände, Freiburg 1972ff.
Rahner, Karl / Vorgrimler, Herbert (Hg.), Kleines Konzilskompendium. Alle Konstitutionen, Dekrete und Erklärungen des Zweiten Vaticanums in der bischöflich beauftragten Übersetzung, Freiburg ²1967.
Rahner, Karl, Schuld und Schuldvergebung als Grenzgebiet zwischen Theologie und Psychotherapie, in: ders., Schriften zur Theologie. Band II, Zürich/Einsiedeln/Köln ⁷1964, 279-297.

Rahner, Karl, Schuld-Verantwortung-Strafe in der Sicht der katholischen Theologie, in: ders., Schriften zur Theologie. Band VI, Zürich/Einsiedeln/Köln 1965, 238-261.

Raphael, Lutz, Die Erben von Bloch und Febvre. „Annales"-Geschichtsschreibung und „nouvelle histoire" in Frankreich 1945-1980, Stuttgart 1994.

Rath, Claus-Dieter, „Erinnern ist Übersetzungsarbeit ...", in: Brigitte Bönisch-Brednich / Rolf W. Brednich / Helge Gerndt (Hg.), Erinnern und Vergessen, 63-87.

Rawls, John, Eine Theorie der Gerechtigkeit, Frankfurt 1979.

Reich, Jens, Durch den Export wird der Rechtsstaat zum Esel, in: Die Zeit, 12. Januar 1993.

Reichel, Peter, Vergangenheitsbewältigung als Problem unserer politischen Kultur. Einstellungen zum Dritten Reich und seine Folgen, in: Jürgen Weber / Peter Steinbach (Hg.), Vergangenheitsbewältigung durch Strafverfahren?, 145-163.

Reinalter, Helmut, Konstruktivistische Geschichtswissenschaft und Mentalitätshistorie – ein neues Paradigma, in: Fritz G. Wallner / Joseph Schimmer (Hg.), Wissenschaft und Alltag, 46-56.

Renz, Ulrich, Zum Schutz der Mörder. NS-Verbrechen waren keine Kriegsverbrechen, in: Heiner Lichtenstein / Otto R. Romberg (Hg.), Täter – Opfer – Folgen, 125-135.

Rescher, Nicholas, Handlungsaspekte, in: Georg Meggle (Hg.), Analytische Handlungstheorie. Band 1, 1-7.

Richter, Horst Eberhard, Wer nicht leiden will muß hassen. Zur Epidemie der Gewalt, Hamburg 1993.

Riedel, Manfred, Handlungstheorie als ethische Grunddisziplin. Analytische und hermeneutische Aspekte der gegenwärtigen Problemlage, in: ders., Norm und Werturteil, 17-47.

Riedel, Manfred, Norm und Werturteil. Grundprobleme der Ethik, Stuttgart 1979.

Riedel, Manfred, Normative oder kommunikative Ethik? Zur Begründbarkeit moralischer Werturteile und Überzeugungen, in: ders., Norm und Werturteil, 67-90.

Riedel, Manfred, Was heißt „Handeln"?, in: Karl-Otto Apel / Dietrich Böhler / Karlheinz Rebel (Hg.), Funkkolleg: Praktische Philosophie / Ethik. Band 1, 157-184.

Riedl, Rupert / Bonet, Elfriede Maria (Hg.), Entwicklung der Evolutionären Erkenntnistheorie. Wiener Studien zur Wissenschaftstheorie. Band 1, Edition der Österreichischen Staatsdruckerei 1987.

Riedl, Rupert / Wuketits, Franz M. (Hg.), Die Evolutionäre Erkenntnistheorie. Bedingungen – Lösungen – Kontroversen, Berlin/Hamburg 1987.

Riemann, Fritz, Grundformen der Angst. Eine tiefenpsychologische Studie, München 1987.

Ritsert, Jürgen, Gesellschaft. Einführung in den Grundbegriff der Soziologie, Frankfurt/New York 1988.

Rohrhirsch, Ferdinand, Letztbegründung und Transzendentalpragmatik. Eine Kritik an der Kommunikationsgemeinschaft als normbegründende Instanz bei Karl-Otto Apel, Bonn 1993.

Rohs, Peter, Eine neue Hypothese zur Einheit von Gehirn und Geist, in: Wolfgang Kuhlmann / Dietrich Böhler (Hg.), Kommunikation und Reflexion, 399-428.

Rorty, Richard, Der Vorrang der Demokratie vor der Philosophie, in: Zeitschrift für philosophische Forschung 41 (1988) Heft 1, 13-17.

Rose, Romani, Erinnerung an die Vergangenheit – Verantwortung für die Gegenwart, in: Ulrich Gill / Winfried Steffani (Hg.), Eine Rede und ihre Wirkung, 27-35.

Rosenthal, Gabriele (Hg.), Die Hitlerjugend-Generation. Biographische Thematisierung als Vergangenheitsbewältigung, Essen 1986.

Rosenthal, Gabriele (Hg.), „Als der Krieg kam, hatte ich mit Hitler nichts mehr zu tun". Zur Gegenwärtigkeit des „Dritten Reiches" in Biographien, Opladen 1990.
Rössner, Hans (Hg.), Der ganze Mensch. Aspekte einer pragmatischen Anthropologie, München 1986.
Roth, Eugen, Das große Eugen Roth Buch, München 1966.
Roth, Gerhard, Autopoiesie und Kognition: Die Theorie H.R. Maturanas und die Notwendigkeit ihrer Weiterentwicklung, in: Siegfried J. Schmidt (Hg.), Der Diskurs des Radikalen Konstruktivismus, 256-286.
Roth, Gerhard, Erkenntnis und Realität: Das reale Gehirn und seine Wirklichkeit, in: Siegfried J. Schmidt (Hg.), Der Diskurs des Radikalen Konstruktivismus, 229-255.
Roth, Gerhard, Gehirn und Selbstorganisation, in: Wolfgang Krohn / Günter Küppers (Hg.), Selbstorganisation, 167-180.
Roth, Gerhard, Kognition. Die Entstehung von Bedeutung im Gehirn, in: Wolfgang Krohn / Günter Küppers (Hg.), Emergenz. Die Entstehung von Ordnung, Organisation und Bedeutung, Frankfurt 1992, 104-133.
Rotter, Hans, Grundlagen der Moral. Überlegungen zu einer moraltheologischen Hermeneutik, Zürich/Einsiedeln/Köln 1975.
Roxin, Claus, Der Allgemeine Teil des materiellen Strafrechts, in: Manfred Löwisch / Dieter Grimm / Gerhard Otte (Hg.), Funk-Kolleg: Recht. Band 2, 169-195.
Rückerl, Adalbert, Staatsanwaltschaftliche Ermittlung der NS-Verbrechen – Schwierigkeiten und Ergebnisse, in: Jürgen Weber / Peter Steinbach (Hg.), Vergangenheitsbewältigung durch Strafverfahren?, 71-83.
Rudolph, Wolfgang / Tschohl, Peter, Systematische Anthropologie, München 1977.
Rumelhart, David E., Schemata. The Building Blocks of Cognition, San Diego/La Jolla 1978.
Rusch, Gebhard / Schmidt, Siegfried J. (Hg.), Konstruktivismus: Geschichte und Anwendung (Delfin 1992), Frankfurt 1992.
Rusch, Gebhard / Schmidt, Siegfried J. (Hg.), Konstruktivismus und Sozialtheorie (Delfin 1993), Frankfurt 1994.
Rusch, Gebhard / Schmidt, Siegfried J. (Hg.), Konstruktivismus und Ethik (Delfin 1995), Frankfurt 1995.
Rusch, Gebhard, Erinnerungen aus der Gegenwart, in: Siegfried J. Schmidt (Hg.), Gedächtnis, 267-292.
Rusch, Gebhard, Auffassen, Begreifen und Verstehen. Neue Überlegungen zu einer konstruktivistischen Theorie des Verstehens, in: Siegfried J. Schmidt (Hg.), Kognition und Gesellschaft, 214-256.
Rusch, Gebhard, Erkenntnis, Wissenschaft, Geschichte. Von einem konstruktivistischen Standpunkt, Frankfurt 1987.
Rusch, Gebhard, Geschichte als Wirklichkeit. Erkenntnistheoretische Überlegungen zur Geschichte und zur Geschichtswissenschaft, 1991.
Rusch, Gebhard, Theorie der Geschichte, Historiographie und Diachronologie, Siegen 1986.
Rüsen, Jörn (Hg.), Historische Objektivität. Aufsätze zur Geschichtstheorie, Göttingen 1975.
Rüsen, Jörn, Geschichtsbewußtsein und menschliche Identität. Gefahren und Chancen der Geschichtsschreibung, in: Aus Politik und Zeitgeschichte. Beilage zur Wochenzeitung „Das Parlament", B 41/84, 13. Oktober 1984, 3-10.
Rüsen, Jörn, Historische Vernunft. Grundlagen einer Historik. Band I: Die Grundlagen der Geschichtswissenschaft, Göttingen 1983.

Rüsen, Jörn, Historisches Lernen. Grundlagen und Paradigmen, Köln/Weimar/Wien/Böhlau 1994.
Rüsen, Jörn, Rekonstruktion der Vergangenheit. Grundzüge einer Historik. Band II: Die Prinzipien der historischen Forschung, Göttingen 1986.
Rüsen, Jörn, Wie kann man Geschichte vernünftig schreiben? Über das Verhältnis von Narrativität und Theoriegebrauch in der Geschichtswissenschaft, in: Jürgen Kocka / Thomas Nipperdey (Hg.), Theorie und Erzählung in der Geschichte, 300-333.
Ryle, Gilbert, Der Begriff des Geistes, Stuttgart 1982.

Sahlins, Marshall, The Use and Abuse of Biology. An Anthropological Critique of Sociobiology, Ann Arbor 1976.
Sallinen-Gimpl, Pirkko, Das „Goldene Karelien" in der Vorstellung der Umsiedlerkarelier in Finnland, in: Brigitte Bönisch-Brednich / Rolf W. Brednich / Helge Gerndt (Hg.), Erinnern und Vergessen, 367-377.
Sander, Wolfgang, Rechtsextremismus als pädagogische Herausforderung für Schule und politische Bildung, in: Bundeszentrale für politische Bildung (Hg.), Verantwortung in einer unübersichtlichen Welt, 215-226.
Sandkühler, Thomas, Aporetische Erinnerung und historisches Erzählen, in: Hanno Loewy (Hg.), Holocaust: Die Grenzen des Verstehens, 144-159.
Sarcinelli, Ulrich, Politikvermittlung durch Massenmedien – Bedingung oder Ersatz für politische Bildung? in: Bundeszentrale für politische Bildung (Hg.), Verantwortung in einer unübersichtlichen Welt, 443-458.
Sarcinelli, Ulrich (Hg.), Politikvermittlung und Demokratie in der Mediengesellschaft, Bonn 1998.
Savigny, Eike von / Neumann, Ulfried / Rahlf, Joachim, Juristische Dogmatik und Wissenschaftstheorie, München 1976.
Savigny, Eike von, Zum Begriff der Sprache. Konvention, Bedeutung, Zeichen, Stuttgart 1983.
Scharfe, Martin, Erinnern und Vergessen. Zu einigen Prinzipien der Konstruktion von Kultur, in: Brigitte Bönisch-Brednich / Rolf W. Brednich / Helge Gerndt (Hg.), Erinnern und Vergessen, 19-46.
Scheit, Herbert, Wahrheit, Diskurs, Demokratie. Studien zur „Konsensustheorie der Wahrheit", Freiburg/München 1987.
Scheler, Max, Die Stellung des Menschen im Kosmos, Bern [7]1966.
Schelsky, Helmut, Die Arbeit tun die anderen. Klassenkampf und Priesterherrschaft der Intellektuellen, München 1977.
Scherr, Albert, Möglichkeiten und Grenzen der Jugendarbeit mit rechten Jugendlichen, in: Hans-Uwe Otto / Roland Merten (Hg.), Rechtsradikale Gewalt im vereinigten Deutschland, 325-333.
Schiele, Siegfried, Politische Bildung in Richtung auf das Jahr 2000, in: Aus Politik und Zeitgeschichte. Beilage zur Wochenzeitung „Das Parlament", B 37/91, 6. September 1991, 19-26.
Schiller, Dietmar, Politische Gedenktage in Deutschland. Zum Verhältnis von öffentlicher Erinnerung und politischer Kultur, in: Aus Politik und Zeitgeschichte. Beilage zur Wochenzeitung „Das Parlament", B 25/93, 18. Juni 1993, 32-39.
Schirp, Heinz, Demokratie und Erziehung in der Schule – „Moralkognitive Entwicklung" und „Öffnung von Schule", in: Bundeszentrale für politische Bildung (Hg.), Verantwortung in einer unübersichtlichen Welt, 262-278.
Schlosser, Gerhard, Einheit der Welt und Einheitswissenschaft. Grundlegung einer Allgemeinen Systemtheorie, Braunschweig/Wiesbaden 1990.

Schmälzle, Udo Friedrich (Hg.), Neue Medien – neue Verantwortung! Analysen und pädagogische Handreichungen zur ethischen Medienerziehung in Schule und Jugendarbeit, Bonn 1992.
Schmid, Michael, Autopoiesis und soziales System: Eine Standortbestimmung, in: Hans Haferkamp / Michael Schmid (Hg.), Sinn, Kommunikation und soziale Differenzierung, 25-50.
Schmidhäuser, Eberhard, Einführung in das Strafrecht, Reinbek 1972.
Schmidt, Matthias, Albert Speer: Das Ende eines Mythos. Aufdeckung einer Geschichtsfälschung, München 1983.
Schmidt, Siegfried J. (Hg.), Der Diskurs des Radikalen Konstruktivismus, Frankfurt 1987.
Schmidt, Siegfried J. (Hg.), Gedächtnis. Probleme und Perspektiven der interdisziplinären Gedächtnisforschung, Frankfurt 1991.
Schmidt, Siegfried J. (Hg.), Kognition und Gesellschaft. Der Diskurs des Radikalen Konstruktivismus 2, Frankfurt 1992.
Schmidt, Siegfried J., Gedächtnisforschungen: Positionen, Probleme, Perspektiven, in: ders. (Hg.), Gedächtnis, 9-55.
Schmidt, Siegfried J., Radikaler Konstruktivismus. Forschungsperspektiven für die 90er Jahre, in: ders. (Hg.), Kognition und Gesellschaft, 7-23.
Schmidt, Siegfried J., Selbstorganisation – Wirklichkeit – Verantwortung. Der wissenschaftliche Konstruktivismus als Erkenntnistheorie und Lebensentwurf, Siegen 1986.
Schmidt, Siegfried J., Vorbemerkung, in: ders. (Hg.), Der Diskurs des Radikalen Konstruktivismus, 7-9.
Schmidt, Siegfried J., Der Radikale Konstruktivismus: Ein neues Paradigma im interdisziplinären Diskurs, in: ders. (Hg.), Der Diskurs des Radikalen Konstruktivismus, 11-88.
Schmidt-Sinns, Dieter, Zeitgeschichte im Bild nach vier Jahrzehnten. Überlegungen zum Projekt, in: Wolfgang Becker / Siegfried Quandt (Hg.), Das Fernsehen als Vermittler von Geschichtsbewußtsein, 9-13.
Schmidtchen, Gerhard, Was den Deutschen heilig ist. Religiöse und politische Strömungen in der Bundesrepublik Deutschland, München 1979.
Schneede, Uwe M., Kein Held aus Erz, nur ein Jude im Staub. Die Schwierigkeit, Denkmäler in einer Zeit zu enthüllen, die wenig Siege zu feiern hat, in: Rheinischer Merkur / Christ und Welt, 20. Januar 1989.
Schneider, Christian, Kaum Schutz für die Folteropfer, in: Süddeutsche Zeitung, 8./9. Februar 1997.
Schneider, Hans Julius, Pragmatik als Basis von Semantik und Syntax, Frankfurt 1975.
Schober, Otto (Hg.), Funktionen der Sprache, Stuttgart 1979.
Schoch, Agnes, Vorarbeiten zu einer pädagogischen Kommunikationstheorie, Frankfurt 1979.
Scholtz, Gunter (Hg.), Historismus am Ende des 20. Jahrhunderts. Eine internationale Diskussion, Berlin 1997.
Schopenhauer, Arthur, Preisschrift über die Freiheit des Willens, in: ders., Sämtliche Werke. Band III. Herausgegeben von Wolfgang Freiherr von Löhneysen, Darmstadt 1968, 521-627.
Schreier, Helmut / Heyl, Matthias (Hg.), Das Echo des Holocaust. Pädagogische Aspekte des Erinnerns, Hamburg 1992.
Schüller, Bruno, Der menschliche Mensch. Aufsätze zur Metaethik und zur Sprache der Moral, Düsseldorf 1982.

Schüller, Bruno, Die Begründung sittlicher Urteile. Typen ethischer Argumentation in der Moraltheologie, Düsseldorf [2]1980.
Schulte, Joachim, Wittgenstein. Eine Einführung, Stuttgart 1989.
Schulz von Thun, Friedemann, Miteinander reden: Störungen und Klärungen. Psychologie der zwischenmenschlichen Kommunikation, Hamburg 1981.
Schwan, Gesine, Politik und Schuld. Die zerstörerische Macht des Schweigens, Frankfurt 1997.
Schwanitz, Dietrich, Der Antisemitismus oder die Paradoxierung der Außengrenze, in: Soziale Systeme 3 (1997) Heft 2, 237-256.
Schwartz, Steven, Wie Lorenz auf die Graugans kam... Klassische Experimente in der Psychologie, München 1994.
Schwemmer, Oswald, Philosophie der Praxis. Versuch zur Grundlegung einer Lehre vom moralischen Argumentieren, Neuausgabe, Frankfurt 1980.
Schwemmer, Oswald, Verstehen als Methode. Vorüberlegungen zu einer Theorie der Handlungsdeutungen, in: Jürgen Mittelstraß (Hg.), Methodenprobleme der Wissenschaften vom gesellschaftlichen Handeln, 13-45.
Searle, John R., Intentionalität. Eine Abhandlung zur Philosophie des Geistes, Frankfurt 1987.
Searle, John R., Sprechakte. Ein sprachphilosophischer Essay, Frankfurt 1971.
Searle, John R., Geist, Hirn und Wissenschaft. Die Reith Lectures 1984, Frankfurt [3]1992.
Seeber, David, Vergangenheitsbewältigung, in: Herder-Korrespondenz 46 (1992) Heft 4, 149-151.
Seifert, Josef, Das Leib-Seele-Problem und die gegenwärtige philosophische Diskussion. Eine systematisch-kritische Analyse, Darmstadt [2]1989.
Seifert, Theodor, Unterentwickelte Sinne als Quelle unerfüllter menschlicher Beziehungen, in: Deutscher Werkbund Bayern (Hg.), Der Mensch ohne Hand, 61-86.
Seiffert, Helmut, Einführung in die Hermeneutik. Die Lehre von der Interpretation in den Fachwissenschaften, Tübingen 1992.
Sekretariat der Deutschen Bischofskonferenz (Hg.), Umkehr und Versöhnung im Leben der Kirche. Orientierungen zur Bußpastoral, Bonn 1997.
Sekretariat der Deutschen Bischofskonferenz (Hg.), „Die Last der Geschichte annehmen". Wort der Bischöfe zum Verhältnis von Christen und Juden aus Anlaß des 50. Jahrestages der Novemberpogrome 1938, Bonn 1988.
Sekretariat der Deutschen Bischofskonferenz (Hg.), Worte der Versöhnung. Erklärungen der Bischöfe Deutschlands und der CSFR, Bonn 1990.
Sekretariat der Deutschen Bischofskonferenz (Hg.), Erinnerung – Umkehr – Versöhnung, Bonn 1990.
Shute, Stephen / Hurley, Susan (Hg.), Die Idee der Menschenrechte, Frankfurt 1996.
Sichrovsky, Peter, Schuldig geboren – Kinder aus Nazifamilien. Wir wissen nicht, was morgen wird – Wir wissen wohl, was gestern war – Junge Juden in Deutschland und Österreich, Wien 1987.
Siems, Martin, Dein Körper weiß die Antwort. Focusing als Methode der Selbsterfahrung, Reinbek 1986.
Sievernich, Michael, Schuld und Sünde in der Theologie der Gegenwart, Frankfurt 1982.
Simenauer, Erich, Die zweite Generation – danach. Die Wiederkehr der Verfolgermentalität in Psychoanalysen, in: Friedrich Wilhelm Eickhoff / Wolfgang Loch / Horst Eberhard Richter / Gerhard Scheunert / Edeltrud Seeger-Meistermann (Hg.), Jahrbuch der Psychoanalyse. Band XII, Bern 1981, 8-17.

Simon, Josef, Orientierung in Zeichen. Zeichen und Interpretation III, Frankfurt 1997.

Simon, Josef, Zeichen und Interpretation, Frankfurt 1994.

Simon-Schaefer, Roland / Zimmerli, Walther Chr. (Hg.), Wissenschaftstheorie der Geisteswissenschaften. Konzeptionen, Vorschläge, Entwürfe, Hamburg 1975.

Singer, Wolf (Hg.), Gehirn und Kognition, Heidelberg 1990.

Skirbekk, Gunnar, Rationaler Konsens und ideale Sprechsituation als Geltungsgrund? Über Recht und Grenze eines transzendental-pragmatischen Geltungskonzepts, in: Wolfgang Kuhlmann / Dietrich Böhler (Hg.), Kommunikation und Reflexion, 54-82.

Sloterdijk, Peter, Regeln für den Menschenpark. Ein Antwortschreiben zum Brief über den Humanismus – die Elmauer Rede, in: „ZEITdokument" 2/1999: Der Streit um den Menschen, 4-15.

Sloterdijk, Peter (Hg.), Vor der Jahrtausendwende: Berichte zur Lage der Zukunft, 2 Bände, Frankfurt 1990.

Spaemann, Robert, Niklas Luhmanns Herausforderung der Philosophie. Laudatio, in: Niklas Luhmann, Paradigm lost, 49-73.

Sparn, Walter (Hg.), Wer schreibt meine Lebensgeschichte? Biographie, Autobiographie, Historiographie und ihre Entstehungszusammenhänge, Gütersloh 1990.

Speck, Manfred, Wertevermittlung – nur eine Aufgabe der Politik?, in: Ansgar Klein (Hg.), Grundwerte in der Demokratie, Bonn 1995, 167-169.

Sperry, Roger, Naturwissenschaft und Wertentscheidung, München/Zürich 1985.

Spieles, Martin, Ausländer in der deutschen Sprache. Historische Entwicklungen – aktuelle Pressetexte, Wiesbaden 1993.

Spital, Hermann Josef, Erinnern – Gedenken – Versöhnen. 50 Jahre Reichspogromnacht, Trier 1988.

Stachowiak, Herbert (Hg.), Pragmatik. Handbuch pragmatischen Denkens, 5 Bände, Hamburg 1986ff.

Stachowiak, Herbert, Einleitung. Sprache – Zeichen – Form. Einleitendes zum vierten Pragmatik-Band, in: ders. (Hg.), Pragmatik. Band IV, XVII-LXVII.

Steenblock, Volker, Die Legitimität des Historismus, in: Gunter Scholtz (Hg.), Historismus am Ende des 20. Jahrhunderts, 174-191.

Steffensky, Fulbert, Schuld und Identität. Die Fähigkeit, mit sich selbst zu brechen, in: Helmut Schreier / Matthias Heyl (Hg.), Das Echo des Holocaust, 121-133.

Steinbach, Peter, Nationalsozialistische Gewaltverbrechen in der deutschen Öffentlichkeit nach 1945, in: Jürgen Weber / Peter Steinbach (Hg.), Vergangenheitsbewältigung durch Strafverfahren?, 13-39.

Steinbach, Peter, Widerstand im Widerstreit. Der Widerstand gegen den Nationalsozialismus in der Erinnerung der Deutschen. Ausgewählte Studien, Paderborn 1994.

Steinbach, Peter, Der Historikerstreit, in: Heiner Lichtenstein / Otto R. Romberg (Hg.), Täter – Opfer – Folgen, 101-113.

Steinbach, Peter, Die Vergegenwärtigung von Vergangenem. Zum Spannungsverhältnis zwischen individueller Erinnerung und öffentlichem Gedenken, in: Aus Politik und Zeitgeschichte. Beilage zur Wochenzeitung „Das Parlament", B 3-4/97, 17. Januar 1997, 3-13.

Stelzenmüller, Constanze, Handschlag über Massengräbern? Fünfzig Jahre nach Nürnberg: Wieder muß ein Tribunal für Gerechtigkeit nach dem Krieg sorgen, in: Die Zeit, 17. November 1995.

Stempel, Wolf-Dieter, Erzählung, Beschreibung und der historische Diskurs, in: Reinhart Koselleck / Wolf-Dieter Stempel (Hg.), Geschichte – Ereignis und Erzählung, 325-346.

Stierle, Karlheinz, Erfahrung und narrative Form. Bemerkungen zu ihrem Zusammenhang in Fiktion und Historiographie, in: Jürgen Kocka / Thomas Nipperdey (Hg.), Theorie und Erzählung in der Geschichte, 85-118.
Stierle, Karlheinz, Geschichte als Exemplum – Exemplum als Geschichte. Zur Pragmatik und Poetik narrativer Texte, in: Reinhart Koselleck / Wolf-Dieter Stempel (Hg.), Geschichte – Ereignis und Erzählung, 347-375.
Strohtmann, Dietrich, Gezänk um ein Gesetz. Kein Ende im Streit um die „Auschwitz-Lüge", in: Die Zeit, 22. März 1985.
Sutor, Bernhard, Politikunterricht und moralische Erziehung. Zum Verhältnis von politischer Bildung und politischer Ethik, in: Aus Politik und Zeitgeschichte. Beilage zur Wochenzeitung „Das Parlament", B 46/89, 10. November 1989, 3-14.

Tellenbach, Gerd, Erinnern und Vergessen. Geschichtsbewußtsein und Geschichtswissenschaft, in: Saeculum 46 (1995) II. Halbband, 317-329.
Tembrock, Günter, Grundlagen der Tierpsychologie, Reinbek 1974.
Tenbruck, Friedrich H., Zur Anthropologie des Handelns, in: Hans Lenk (Hg.), Handlungstheorien interdisziplinär. Band II/1, 89-138.
Thiele, Hans-Günther (Hg.), Die Wehrmachtsausstellung. Dokumentation einer Kontroverse, Bremen 1997.
Thomas von Aquin, Summa theologiae. Herausgegeben von Robert Busa SJ, Stuttgart-Bad Canstatt 1980.
Thyen, Anke, Moralität und Verstehen, in: Thomas Jung / Stefan Müller-Doohm (Hg.), „Wirklichkeit" im Deutungsprozeß. Verstehen und Methoden in den Kultur- und Sozialwissenschaften, Frankfurt 1993, 495-513.
Tjaden, K.H. (Hg.), Soziale Systeme. Materialien zur Dokumentation und Kritik soziologischer Ideologie, Neuwied/Berlin 1971.
Tugendhat, Ernst, Es gibt keine Gene für die Moral. Sloterdijk stellt das Verhältnis von Ethik und Gentechnik schlicht auf den Kopf, in: „ZEITdokument" 2/1999: Der Streit um den Menschen, 33f.
Tugendhat, Ernst, Vorlesungen über Ethik, Frankfurt ^{3}1995.

Ullrich, Volker, Den Mut haben, davonzulaufen, in: Theo Sommer (Hg.), Gehorsam bis zum Mord? Der verschwiegene Krieg der deutschen Wehrmacht – Fakten, Analyse, Debatte (Zeit-Punkte Nr. 3/1995), Hamburg 1995, 64-69.
Ulmer, Bernd, Die autobiographische Plausibilität von Konversionserzählungen, in: Walter Sparn (Hg.), Wer schreibt meine Lebensgeschichte?, 287-295.
Urban, Susanne, Die Freiheit kam erst später. Jüdische Überlebende als Displaced Persons, in: Heiner Lichtenstein / Otto R. Romberg (Hg.), Täter – Opfer – Folgen, 170-182.
Uthmann, Jörg von, Überdruß an der Trauer? Holocaust als Fernsehspektakel, in: Frankfurter Allgemeine Zeitung, 23. Mai 1989.

Vaassen, Bernd, Die narrative Gestalt(ung) der Wirklichkeit. Grundlinien einer postmodern orientierten Epistemologie der Sozialwissenschaften, Braunschweig/Wiesbaden 1996.
Vahsen, Friedhelm, „Gebt mir 'ne echte Aufgabe" – Vom Umgang der Pädagogik mit Rechtsextremismus, in: Hans-Uwe Otto / Roland Merten (Hg.), Rechtsradikale Gewalt im vereinigten Deutschland, 393-401.
van der Dennen, Johan / Falger, Vincent (Hg.), Sociobiology and Conflict. Evolutionary perspectives on competition, cooperation, violence and warfare, London/New York/Tokyo/Melburne/Madras 1990.

Varela, Francisco J., Autonomie und Autopoiesie, in: Siegfried J. Schmidt (Hg.), Der Diskurs des Radikalen Konstruktivismus, 119-132.
Varela, Francisco J., Ethisches Können, Frankfurt/New York 1994.
Vester, Frederic, Denken, Lernen, Vergessen. Was geht in unserem Kopf vor, wie lernt das Gehirn, und wann läßt es uns im Stich?, München [5]1980.
Vogel, Christian, Ethische Überlegungen zur Anthropologie und Ethologie, in: Jost Herbig / Rainer Hohlfeld (Hg.), Die zweite Schöpfung, 122-131.
Vogel, Christian, Gibt es eine natürliche Moral?, in: Heinrich Meier (Hg.), Die Herausforderung der Evolutionsbiologie, München [3]1992, 193-219.
Vogel, Christian, Vom Töten zum Mord. Das wirkliche Böse in der Evolutionsgeschichte, München/Wien 1989.
Vogel, Christian, Von der Natur des Menschen in der Kultur, in: Hans Rössner (Hg.), Der ganze Mensch, 47-66.
Vogeley, Kai, Repräsentation und Identität. Zur Konvergenz von Hirnforschung und Gehirn-Geist-Philosophie, Berlin 1995.
Vollmer, Gerhard, Evolutionäre Erkenntnistheorie und Leib-Seele-Problem, in: W. Böhme (Hg.), Wie entsteht Geist? (Herrenalber Texte Nr. 23), Karlsruhe 1980.
Vollnhals, Clemens (Hg.) (in Zusammenarbeit mit Thomas Schlemmer), Entnazifizierung. Politische Säuberung und Rehabilitierung in den vier Besatzungszonen 1945-1949, München 1991.
Vossler, Otto, Geschichte als Sinn, Frankfurt 1979.

Waldstein, Wolfgang, Zur Frage des Naturrechts im Grundgesetz und in der Europäischen Menschenrechtskonvention, in: Aus Politik und Zeitgeschichte. Beilage zur Wochenzeitung „Das Parlament“, B 33/91, 9. August 1991, 31-37.
Wallner, Ernst M. / Pohler-Funke, Margret (Hg.), Soziologische Hauptströmungen der Gegenwart, Heidelberg 1977.
Wallner, Fritz G. / Schimmer, Joseph (Hg.), Wissenschaft und Alltag. Symposionbeiträge zum Konstruktiven Realismus, Wien 1995.
Walter, Henrik, Die Freiheit des Deterministen, in: Zeitschrift für philosophische Forschung 50 (1996) Heft 3, 364-385.
Walzer, Michael, Liberalismus und die Kunst der Trennung, in: ders., Zivile Gesellschaft und amerikanische Demokratie, 38-63.
Walzer, Michael, Kritik und Gemeinsinn. Drei Wege der Gesellschaftskritik, Berlin 1990.
Walzer, Michael, Zivile Gesellschaft und amerikanische Demokratie, Berlin 1992.
Wandruszka, Mario, Die Strukturen unserer Erlebniswelt und die Strukturen unserer Sprachen, in: Zeitschrift für Pädagogik 14 (1968) Beiheft 7, 151-171.
Warnock, Geoffrey James, Englische Philosophie im 20. Jahrhundert, Stuttgart 1971.
Wassermann, Rudolf, Zur Aufarbeitung des SED-Unrechts, in: Aus Politik und Zeitgeschichte. Beilage zur Wochenzeitung „Das Parlament“, B 4/93, 22. Januar 1993, 3-12.
Watzlawick, Paul (Hg.), Die erfundene Wirklichkeit. Wie wissen wir, was wir zu wissen glauben? Beiträge zum Konstruktivismus, München 1981.
Watzlawick, Paul / Beavin, Janet H. / Jackson, Don D., Menschliche Kommunikation. Formen, Störungen, Paradoxien, Bern/Stuttgart/Wien [2]1972.
Watzlawick, Paul, Anleitung zum Unglücklichsein, München [21]1986.
Watzlawick, Paul, Wie wirklich ist die Wirklichkeit? Wahn, Täuschung, Verstehen, München 1987.
Weber, Jürgen / Steinbach, Peter (Hg.), Vergangenheitsbewältigung durch Strafverfahren? NS-Prozesse in der Bundesrepublik Deutschland, München 1984.

Wehler, Hans-Ulrich, Entsorgung der deutschen Vergangenheit? Ein polemischer Essay zum „Historikerstreit", München 1988.

Weinreich-Haste, Helen, Moralisches Engagement. Die Funktion der Gefühle im Urteilen und Handeln, in: Wolfgang Edelstein / Gertrud Nunner-Winkler (Hg.), Zur Bestimmung der Moral, 377-406.

Weiss, Peter, Die Ermittlung. Oratorium in 11 Gesängen, Frankfurt 1965.

Weizsäcker, Richard von, Ansprache in der Gedenkstunde im Plenarsaal des Deutschen Bundestages am 8. Mai 1985, in: Richard von Weizsäcker / Helmut Kohl, Nachdenken über unsere Geschichte. Reden zum vierzigsten Jahrestag des 8. Mai 1945, Presse- und Informationsamt der Bundesregierung, Bonn 1986, 17-36.

Wellershoff, Dietrich (Hg.), Freiheit – was ist das? Aussagen zum Begriff der Freiheit, Herford [2]1987.

Wellmer, Albrecht, Was ist eine pragmatische Bedeutungstheorie? Variationen über den Satz „Wir verstehen einen Sprechakt, wenn wir wissen, was ihn akzeptabel macht", in: Axel Honneth / Thomas McCarthy / Claus Offe / Albrecht Wellmer (Hg.), Zwischenbetrachtungen, 318-370.

Welsch, Wolfgang, Topoi der Postmoderne, in: Hans Rudi Fischer / Arnold Retzer / Jochen Schweitzer (Hg.), Das Ende der großen Entwürfe, 35-55.

Wenzel, Knut, Zu einer theologischen Hermeneutik der Narration, in: Theologie und Philosophie 71 (1996) Heft 2, 161-186.

Wertgen, Werner, Die Unbedingtheit des sittlichen Anspruchs. Überlegungen zu einer kognitivistischen christlichen Metaethik. Maschinenschriftliche Lizentiatsarbeit, Trier 1986.

Wesel, Uwe, Juristische Weltkunde. Eine Einführung in das Recht, Frankfurt 1993.

Westernhagen, Dörthe von, Die Kinder der Täter. Das Dritte Reich und die Generation danach, München 1987.

Wetzel, Juliane, „Displaced Persons". Ein vergessenes Kapitel der deutschen Nachkriegsgeschichte, in: Aus Politik und Zeitgeschichte. Beilage zur Wochenzeitung „Das Parlament", B 7-8/95, 10. Februar 1995, 34-39.

Whiteburne, Susan Krauss, The Me I Know. A Study of Adult Identity, New York 1986.

Whorf, Benjamin Lee, Sprache, Denken, Wirklichkeit. Beiträge zur Metalinguistik und Sprachphilosophie, Reinbek 1978.

Wickler, Wolfgang / Seibt, Ute, Das Prinzip Eigennutz. Zur Evolution sozialen Verhaltens. Überarbeitete Neuausgabe, München [2]1991. (Die ursprüngliche Ausgabe erschien als: Das Prinzip Eigennutz. Ursachen und Konsequenzen sozialen Verhaltens, München [1]1977.)

Wickler, Wolfgang, Von der Ethologie zur Soziobiologie, in: Jost Herbig / Rainer Hohlfeld (Hg.), Die zweite Schöpfung, 173-186.

Wiegerling, Klaus, Medienethik, Stuttgart/Weimar 1998.

Wielenga, Friso, Schatten deutscher Geschichte. Der Umgang mit dem Nationalsozialismus und der DDR-Vergangenheit in der Bundesrepublik, Vierow 1995.

Wilke, Jürgen, Ein früher Beginn der „Vergangenheitsbewältigung". Der Nürnberger Prozeß und wie darüber berichtet wurde, in: Frankfurter Allgemeine Zeitung, 15. November 1995.

Wilke, Jürgen (Hg.), Ethik der Massenmedien, Wien 1996.

Williams, Bernard, Probleme des Selbst. Philosophische Aufsätze 1956-1972, Stuttgart 1978.

Willke, Helmut, Systemtheorie entwickelter Gesellschaften. Dynamik und Riskanz moderner gesellschaftlicher Selbstorganisation, Weinheim/München 1989.

Willke, Helmut, Systemtheorie III: Steuerungstheorie. Grundzüge einer Theorie der Steuerung komplexer Sozialsysteme, Stuttgart/Jena 1995.

Willke, Helmut, Systemtheorie. Eine Einführung in die Grundprobleme der Theorie sozialer Systeme, Stuttgart/Jena [4]1993.

Wilson, Edward O., Sociobiology. The new Synthesis, Cambridge 1975.

Wittgenstein, Ludwig, Philosophische Bemerkungen, Frankfurt 1981.

Wittgenstein, Ludwig, Philosophische Untersuchungen, Frankfurt 1971.

Wittkämper, Gerhard W. (Hg.), Medien und Politik, Darmstadt 1992.

Wittmeier, Manfred, 50 Jahre nach der Befreiung – Gedenkstättenarbeit mit der Internationalen Jugendbegegnungsstätte Auschwitz, in: Deutsche Jugend. Zeitschrift für die Jugendarbeit 11 (1995) Heft 11, 493-499.

Wodak, Ruth / Nowak, Peter / Pelikan, Johanna / Gruber, Helmut / de Cillia, Rudolf / Mitten, Helmut, „Wir sind alle unschuldige Täter". Diskurshistorische Studien zum Nachkriegsantisemitismus, Frankfurt 1990.

Wojak, Andreas (Hg.), Schatten der Vergangenheit. Deutsche und Juden heute, Gütersloh 1985.

Wolffsohn, Michael, Wiedergutmachung und der Westen – Tatsachen und Legenden, in: Aus Politik und Zeitgeschichte. Beilage zur Wochenzeitung „Das Parlament", B 16-17/87, 18. April 1987, 19-29.

Wolffsohn, Michael, Von der äußerlichen zur verinnerlichten „Vergangenheitsbewältigung". Gedanken und Fakten zu Erinnerungen, in: Aus Politik und Zeitgeschichte. Beilage zur Wochenzeitung „Das Parlament", B 3-4/97, 17. Januar 1997, 14-22.

Wolffsohn, Michael, Zur politischen Funktion des Holocaust in Israel, in: Andreas Wojak (Hg.), Schatten der Vergangenheit, 98-113.

Wolfrum, Edgar, Geschichtspolitik in der Bundesrepublik Deutschland 1949-1989. Phasen und Kontroversen. in: Aus Politik und Zeitgeschichte. Beilage zur Wochenzeitung „Das Parlament", B 45/98, 30. Oktober 1998, 3-15.

Wright, Georg Henrik von, Erklären und Verstehen, Frankfurt 1974.

Wuketits, Franz M., Evolutionäre Erkenntnistheorie – Die neue Herausforderung, in: Jost Herbig / Rainer Hohlfeld (Hg.), Die zweite Schöpfung, 204-220.

Wuketits, Franz M., Soziobiologie. Teil 4: Steckt wirklich alles in den Genen?, in: Kosmos. Das Magazin für die Natur (1995) Heft 2, 70-74.

Wuketits, Franz M., Zustand und Bewußtsein. Leben als biophilosophische Synthese, Hamburg 1985.

Wunden, Wolfgang, Auch das Publikum trägt Verantwortung, in: Rüdiger Funiok (Hg.), Grundfragen der Kommunikationsethik, 123-132.

Wunden, Wolfgang (Hg.), Medien zwischen Markt und Moral. Beiträge zur Medienethik, Band 1, Frankfurt 1989.

Young, James Edward, Beschreiben des Holocaust. Darstellung und Folgen der Interpretation, Frankfurt 1992.

Young, James Edward, Die Textur der Erinnerung. Holocaust-Gedenkstätten, in: Hanno Loewy (Hg.), Holocaust: Die Grenze des Verstehens, 213-232.

Zimmerli, Walter Ch., Dürfen wir, was wir können? Zum Verhältnis von Recht und Moral in der Gentechnik, in: Ernst-Peter Fischer / Wolf-Dieter Schleuning (Hg.), Vom richtigen Umgang mit Genen. Die Debatte um die Gentechnik, München 1991, 35-71.

Zimmermann, Michael, Die nationalsozialistische Vernichtungspolitik gegen Sinti und Roma, in: Aus Politik und Zeitgeschichte. Beilage zur Wochenzeitung „Das Parlament", B 16-17/87, 18. April 1987, 31-45.

Zimmermann, Moshe, Die Folgen des Holocaust für die israelische Gesellschaft, in: Aus Politik und Zeitgeschichte. Beilage zur Wochenzeitung „Das Parlament", B 1-2/92, 3. Januar 1992, 33-43.

Zulehner, Paul M., Umkehr und Versöhnung. Pastoraltheologische Überlegungen. Hg. vom Bischöflichen Ordinariat Mainz, Mainz, 1982.

Personenregister

Sachregister